창비신서 123

전환기의 한국정치

손 호 철 지음

창 작 과 비 평 사

1993

아버님과 인간을 사랑하는 모든 이에게

책머리에

세계는 전환기에 처해 있다. 특히 우리 사회의 경우, 세계사적 전환과 한국사회 자체의 전환이라는 이중의 전환 속에서 "낡은 것은 죽어가나 아직 태어나지 않은 새로운 것"을 놓고 갈등을 겪고 있다.

이 책은 이같은 '전환기의 한국정치'에 대한 필자 나름의 진단이고, 부분적으로는 처방이기도 하다.

나는 2년 전, 88년 유학을 마치고 귀국한 후 약 3년간 '진보적' 시각에서 써왔던 글들을 모아 '보다 민주적이고 민족적이며 민중적인 새로운 한국정치학'을 향한 『한국정치학의 새 구상』이라는 제목으로 출판한 바 있다. 반면, 이번에 내놓는 책은 그후 소련의 몰락 등 세계사적 전환과 한국사회의 보수화, 이와 함께 진행된 세칭 '제한적 민주화' 등 변화한 정세 속에서 6공 이후의 '전환기의 한국정치'와 새로운 쟁점으로 부각된 민주주의에 관해 지난 2년간 발표한 글들과 새로 집필한 논문들을 모은 논문집이다.

전환은 두 가지 측면을 내포한다. 하나는 분석대상으로서의 '현실의 전환'이고, 또다른 하나는 분석방법으로서의 '사고의 전환' 내지 '발상의 전환'이다.

물론 '현실의 전환'이 일어났다고 해서 항상 '사고의 전환'이 필요한 것은 아닐 것이다. 그러나 현재 진행되고 있는 세계사적 전환은 그 폭과 깊이면에서 발본적인 '사고의 전환'까지도 요구하고 있다는 것이 중론이라 할 수 있다. 그러나 그러한 전환의 방향에 대해서는 그것이 단순한 '청산'이어서는 안된다는 극히 원칙론적인 합의를 제외하고는 아직 뚜렷한 합의를 이룬 바 없고 가닥도 잘 잡히지 않고 있는 실정이다.

‘전환기의 한국정치’ 역시 이같은 두 측면에서 접근할 수 있다. 세계사가 하나의 전환기에 처해 있다는 데 대해서는 폭넓은 합의가 이루어지고 있는 것과는 달리, 하나의 ‘현실의 전환’으로서의 한국정치가 얼마나 ‘전환기적’인가, 과연 ‘전환기의 한국정치’라는 제목에 걸맞을 만큼 ‘전환기적’인가 하는 의문이 제기될 수 있다. 이는 좁게는 5공과 6공, 나아가 ‘5공 3기’로부터 2공(과거 권위주의 정권과는 질적으로 다른 정권이라는 의미에서)에 이르기까지 그 명칭에서부터 다양한 시각이 엇갈리는 새 ‘문민정부’ 간의 연속성과 단절성에 대한 평가의 문제로부터, 더 근본적으로는 한국정치의 지형과 동학의 변화 여부와 변화의 수준에 대한 평가의 문제까지 결부되어 있다.

이같은 분석대상으로서의 한국정치의 전환 여부와 전환의 수준에 대한 평가문제 못지않게 관심을 끄는 것은 한국정치를 바라보는 ‘시각의 전환’ 문제이다. 세계사적 시각의 전환이 그 방향을 잡지 못하고 혼란스러운 만큼 한국정치를 바라보는 시각의 전환 역시 혼란스러울 수밖에 없다. 게다가 세계사적 규정을 받으면서도 상대적으로 자율적인 한국사회의 특수성과 관련하여 세계사적 시각의 전환에 상응하는 이같은 수준의 시각의 전환이 한국정치에도 필요한 것인지, 특히 당장 필요한 것인지(예를 들어 한국사회가 ‘포스트주의적 발상의 전환’이 필요한 ‘포스트사회’인지)는 불분명하다.

그러나 어느 수준인지는 몰라도 일정수준의 발상의 전환이 한국정치의 연구에도 불가피하다고 할 수 있다. 이와 관련해 그 수준과 방향이 문제가 되는데, 이는 많은 논의와 논쟁이 필요한 주제이다. 다만 그같은 시각의 전환이 시각의 전환이라는 이름 아래 역사적 전통에 대한 전면적인 부정과 ‘청산’으로 나아가서는 아니될 것이다. 또 그것이 그 구체적인 내용 면에서는 전환을 필요로 하는지는 모르지만, 『한국정치학의 새 구상』에서 지적한 ‘보다 민주적이고 민족적이며 민중적인 새로운 한국정치학’을 향한 지향 자체를 부정하는 방향이어서도 아니될 것이다. 이 점에서 이 책은 『한국정치학의 새 구상』의 연장선상에 놓여 있다.

그러나 동시에 이 책은 위에서 지적한 이중적 의미에서 ‘전환기적’이다. 이는 6공 이후 한국정치의 전환기적 성격을 핵심주제로 다루고 있다는 점에서 '전환기적'이고, 동시에 이를 바라보는 시각 면에서도 일정정도는 '전환기적'이다. 다시 말해, 한국정치가 근본적이지는 않지만 일정정도는 전환기적 성격을 갖고 있다는 것을 전제로 하여 그 수준과 성격, 이를 둘러싼 쟁점들을 분석하고 있다. 또 진보적 한국정치학의 재정립을 위한 과거에 대한 자기반성 및 과제, 방향 들과 최근 쟁점이 되는 민주주의의 문제들을 비판적으로 검토하는 한편, 이같은 입장에서 전환기의 한국정치를 분석함으로써 일정정도의 '사고의 전환'도 시도하고 있다.

다만 자평을 해보자면, 일정정도 '전환기적인 한국정치'를 현실의 전환보다는 '상대적으로 덜 전환기적'인 시각에서 분석했다고나 할까? 즉 요즈음 유행하는 시민사회론이나 포스트맑스주의적 관점이 아니라(물론 일정정도의 비판적인 자기수정이 있기는 하지만) 진보이론의 '전통적인 시각'인 국가론(또는 국가론 비판)의 시각에서 한국정치를 바라보고 있다는 것이다. 또 한때 진보학계의 등록상표이자 최고의 쟁점이었던 사회구성체 논쟁과 국가성격 논쟁이, 그 핵심주창자이자 거의 '맹신적'인 논객이었던 이론가들 중 상당수에 의해 이중 어느 부분이 어떻게 해서 잘못된 것이었던가에 대한 해명도 없이 그저 일방적으로 방기되고 언제 있었느냐는 듯 망각되고 있는 것과는 대조적으로, 이에 대해 어느정도 비판적이면서도 지지를 보내왔던 나의 분석들은 아직도 이들과 같은 '발본적인 전환' 혹은 '청산'을 하지 못한 채, 아니면 하지 않은 채, 여전히 이에 대해 일정하게 수정된 '비판적 지지'의 입장에서 전환기의 한국사회와 한국정치를 분석하고 있다. (나의 이같은 전환의 '불철저성'은 5공 청문회에서 장세동이 보여준 '미련한 의리'와 '그릇된 초지일관주의'의 탓 또는 국내 맑스주의 논쟁에 '막차를 탄 재수없는 승객'의 오기 탓일 수도 있고, 아니면 한창 맑스주의가 기승을 부릴 때는 나를 '덜 맑스주의적인 급진적 자유주의자' 정도로 비판하다가 이제는 오히려 '아직도 속 못 차린 맑스주의의 잔당'으로 간주하는 이들 이론가들의 과거의 '맹신'이 '무지가 가능케 했던 용기' 탓일 수도 있다.)

물론 나의 '덜 전환기적인' 시각은 사태의 심각성을 아직도 나 자신이 과소평가하고 있고, 뼈아픈 반성과 발상의 전환이 아직도 부족한 탓인지도 모른다. 그러나 한가지 분명히하고 넘어갈 것은 내가 진보이론, 맑스주의, 한국국가성격 논쟁에 '비판적 지지'를 보냈던 것은 그것들을 문제가 없는 완벽한 이론틀이라고 믿었거나, 이제는 몰락한 현실사회주의가 안고 있는 문제점들을 과소평가하고 있었기 때문은 아니라는 점이다. 오히려 이같은 문제점에도 불구하고 이들 이론이 자본주의 사회와 한국사회의 모순을 분석하고 지양하는 데서 지니고 있는 비판적 능력에 주목했기 때문이다. (맑스의 『자본론』의 부제도 '정치경제학'이 아니라 '정치경제학 비판'이 아니었던가?) 다시 말해 나는 '프로타고니스트'가 아니라 일종의 '안타고니스트'의 입장에서 연구를 시작했고, 줄곧 그렇게 믿어왔으며, 지금도 그렇게 생각하고 있다. 그러나 80년대말 한국사회의 특수성으로 인해 진보이론과 맑스주의는, 약간 과장해서 이야기하자면, 진보이론가가 아니면 오히려 학계에서 명함을 내밀기 힘들 정도로 일종의 '프로타고니스트'의 위상을 즐길 수 있었다고 할 수 있다. 결국 이러한 위상이 무너질 때 적지 않은 이론가들은 새로운 '프로타고니스트'의 위상을 갖게 된 새로운 이론으로 발빠른 적응을 한 것은 아닌지?

나는 내 연구가 '안타고니스트'의 역할을 하는 데 만족하며, 철저하고 투철한 '안타고니스트'는 그나름대로 어설픈 '프로타고니스트'보다 우리 사회에 많은 것을 기여할 수 있다고 믿고 있다.

이에 대한 평가는 독자들, 나아가 거창하게는 역사의 평가의 몫일 것이다. 다만 '사고의 전환'의 폭과 수준이 반드시 '현실의 전환'의 폭·수준과 일치할 필요는 없음을 지적하고자 한다. 좀더 구체적으로 사회주의권의 몰락과 맑스주의의 위기가 정치 일반, 특히 한국정치에서의 '국가의 중심성'(이는 정치의 '국가환원주의'와는 다르다), 한국의 국가성격 자체를 변화시키는 것은 아닐 것이다. 결국 이 책에서 다루고 있는 한국정치의 전환기적 성격과 이를 바라보는 사고의 전환의 폭과 수준·방향에 대한 나의 입장이 이의 전환기적 성격을 과대평가하고 있는지, 아니면 아직도 과소평가하고 있는 것인지, 올바른 방향에서 분석하고 적응하고 있는지에 대한 평가는 독자 여러분의 판단에 맡길 수밖에 없다. 다만 이 글이 가지고 있을 다양한 '편향'에도 불구하고 이는 앞에서 지적했듯이 '보다 민주적이고 민족적이며 민중적'인 한국사회의 건설을 위한 '보다 민주적이고 민족적이며 민중적인 새로운 한국정치학'을 향한 내나름의 '한' 구상과 '하나'의 입장이며, 이것이 치열하되 개방적이고 건설적인 이론투쟁을 통해 이같은 정치학의 정립에 조금이나마 기여하게 되기를 바랄 따름이다.

이 책은 크게 2부로 구성되어 있다. 서론격으로 실린 「무엇을 할 것인가」는 진보적인 한국정치학의 재정립을 위한 과제를 쟁점별로 정리한 것으로 『이론』 창간호에 축약하여 발표한 것을 다시 축약 전의 원문을 가지고 수정한 논문이다.

이 책의 핵심인 제1부 '전환기의 한국정치'는 전환기의 한국정치를 이해하기 위한 전사(前史)로서 3공~5공을 다룬 「한국의 '권위주의' 정치체제와 자본주의적 발전」을 제외하고는 모두 6공 이후의 한국정치를 다양한 주제별로 다룬 것이다. 6공의 국가성격 문제로부터 6공-현대 갈등과 국민당 실험 실패의 국가론적 의미, 6공정책에 대한 구체적인 분석, 14대 총선거와 14대 대통령선거의 의미와 민중운동의 대응에 대한 평가, 지역갈등문제, 새 '문민정부'의 성격, 지역사회연구방법론, 통일문제 등 다양한 주제들을 다루었다. 특히 제1부에서는 이 책을 위해 '보론' 형식으로 미진한 부분들을 새로 집필하였고 주를 덧붙이는 등 보완하였다.

제2부는 민주주의 관련 논문들로서 미국 유학시절인 석사 3학기(1981년)에 쓴 논문을 최근 번역한 미국 『연방주의 교서』 비판과 선거사회주의와 관련된 자유민주주의와 선거 문제, 니코스 풀란차스의 정치사상, 민주주의의 이론적 문제에 대한 비판적 검토, 한국사회의 '새로운' 민주주의론, 새로운 세계질서하에서의 민주주의의 장래 문제를 다룬 것들이다. 이중 2편을 제외한 4편의 글은 나의 책임감수하에 창작과비평사에서 지난해 출간한 『현대민주주의론 Ⅰ, Ⅱ』에 실린 글들이나 한국정치의 현실 분석과 관련하여 의미가 있을 것 같아 이 책에도 수록하였다.

글을 모아놓고 보니 『한국정치학의 새 구상』 이후 앞으로는 관심분야를 좁히고, 한층 체계적이고 지속적이며 심도있는 연구를 해나가겠다고 한 의도와 달리, 과거보다는 나아졌지만 아직도 그 주제가 다양하다는 느낌을 지울 수 없다. 이는 아직도 진보적인 학자의 층이 지나치게 엷은 까닭에 연구가 전문화되어 있지 않고 한국정치라는 큰 울타리 분류만으로 막무가내로 원고를 청탁해야 하는 우리의 출판 및 연구 풍토, 그리고 인간관계 때문에 이를 거절하지 못하고 수락해온 나 자신 탓이리라. 대부분 내가 관심을 가졌던 주제들이기는 하나 나 자신의 장기적인 연구계획에 의해서가 아니라 청탁에 의해 씌어진 것들이라 그만큼 책 전체의 구성상 체계성이 떨어짐을 독자들에게 사과드린다. 또 다양한 독자군을 대상으로 씌어졌던 글들이라 추상성이나 난이도가 고르지 않고 내용상 중복이 있는 데 대해서도 양해를 구한다. 또 내가 지난해 이후 뜻하지 않은 건강상의 이유로 상당기간 당초 계획하고 있던 본격적인 이론적 문제들을 다루지 못하고 거의 펜을 놓은 상태에서 다소 '수월한' 정세분석류의 글(물론 제대로 된 과학적인 정세분석은 오히려 더 어려운 것이지만)을 쓸 수밖에 없었던데다가, 다른 한편으로는 구체적 정세적인 차원에서 '이론적 개입'을 하고 싶었던 까닭에 『한국정치학의 새 구상』에 비해 정세분석적인 글들이 다수 포함되었다.

한국정치는 내가 여러 글에서 지적했듯이 한국전쟁 등 역사적 특수성의 결과로 현대역사에서 사상 유례없이 협소한 이데올로기적 지형 속에서 계급정치, 진보정치가 금기시된 채 파행화되어오던 중 80년대 들어 5·18민중항쟁의 덕으로 그 복원이 이루어져오다가 현실사회주의의 몰락 등으로 채 뿌리를 내리지도 못하고 '된서리'를 맞았다. 그 결과 근대적이고 초보적인 진보정치마저 아직도 한국정치에서 '시민권'을 획득하지 못하고 있는 실정이다. 이는 물론 우리 힘으로 어쩔 수 없는 세계사적 전개이고 우리 사회에 대한 세계사적 규정이다. 이 점에서 우리는 '억세게 재수가 없는'지도 모른다. 그러나 좁게는 맑스주의, 넓게는 사회과학 일반의 숙제로 남아 있는 '구조-행위' 관계의 문제를 본격적으로 거론하지 않더라도, 6월항쟁 이후 한국정치는 지배구조가 위기를 겪는 유동적인 '사회적 교착상태' 속에서 그만큼 우리의 행위와 구체적 실천의 규정력과 역할이 증대된 기간이었다. 그럼에도 불구하고 민중운동진영은 이같은 결정적인 시기에 전술·전략적인 선택의 오류를 범함으로써 아직도 '시민권'을 획득하지 못한 채 고통을 받고 있다. 특히 새 '문민정부'의 출범에 따른 민주-반민주 구도의 상대적 약화와 '개혁정국' 앞에서 민중운동진영이 방향을 상실하고 표류하고 있는 것은 이같은 실패의 결과이기도 하다.

민중운동진영은 한국정치에 진보정치를 뿌리내릴 수 있는 결정적인 몇번의 계기들을 전술·전략적 실패로 놓쳐버렸다. 사실 이제 기회는 얼마 남지 않은지도 모른다. 이같은 마지막 기회들을 올바른 실천을 통해 제대로 포착하지 못할 때 한국정치는 일본보다도 못한 보수일변도의 정치, 근대적 계급정치도 못 거친 뿌리없는 포스트근대정치로의 '건너뛰기'를 겪게 될 수도 있다. 이는 결국 우리 모두의 실천의 문제이다.

『한국정치학의 새 구상』을 내면서 그 책을 우리 모두가 현재의 우리를 빚지고 있는, 더 나은 사회를 위해 묵묵히 일해온 이름없는 다수민중에게 바치고 싶은 심정을 이에 값할 만한 무게있는 책을 내는 다음으로 미루겠다고 쓴 바 있다. 그러나 그같은 약속은 나 자신에 대한 채찍과 반성, 그리고 언젠가는 갚아야 할 빚으로 가슴속에 다시 묻어두고 다시 그에 값할 만한 책 출간은 다음으로 미루어야 할 것 같다.

김영국 교수님을 비롯한 은사님들, 정광용 교수님 이하 전남대학교의 선배, 동료교수 들, 언제나 따뜻한 마음으로 격려해주시는 최장집 교수님, 정운영 선배님 이하 세태에 흔들리지 않고 진보이론의 재정립을 위해 함께 고민하는 『이론』 동인들, 어려운 가운데서도 진보적 정치학을 위해 함께 노력하는 한국정치연구회의 동료교수들과 회원들, 강의를 통해 자극과 희망을 일깨워주는 전남대와 이화여대의 수강생들에게 감사드린다. 특히 타지인 광주에서 함께 울고 웃고 고민하며 많은 것을 깨우쳐주는 지병문 교수에게, 그리고 여러 궂은일을 도와주는 김철홍, 나형욱, 김윤한, 정상흠 조교에게 감사드린다.

또 『한국정치학의 새 구상』에 이어 이 책 표지도 만들어준 죽마교우 이대일 명지대 교수와, 색인작업을 도와준 김영순, 김유향 씨에게 고마움을 표하고자 한다.

불효자의 '표본'이라 할 수 있는 나에게 언제나 학문에 정진하라는 따뜻한 격려를 아끼지 않으시는 아버님과 항상 작업에 나를 빼앗겨온 아내 민과 딸 고은이에게 다시 한번 미안함을 표하면서, 특히 몸이 좋지 않은 아내의 쾌유를 빈다.

1993. 8.

손 호 철

차   례

책머리에/3

무엇을 할 것인가/13

제1부 전환기의 한국정치

한국국가론 연구현황/37

한국의 '권위주의' 정치체제와 자본주의적 발전/45

한국자본주의: 탈(脫)독점과 탈(脫)종속은 가능한가/84

국가권력과 계급정책/126

국가론의 시각에서 본 6공-현대 갈등/159

[보론 1] 한국국가성격과 국민당 실험/175

[보론 2] 국민당의 '재벌해체론'의 의미/183

[보론 3] 재벌의 정치참여 실험 실패의 국가론적 함의/186

[보론 4] 페로현상의 정치경제학/191

14대 총선거의 결과와 의미/201

14대 대통령선거와 민중운동: 평가와 전망/217

지역갈등의 현황과 극복방안: 14대 대선 그 이후/248

새 '문민정부'의 성격과 '호남정치'의 향방/265

[보론] '문민정부시대'의 민주당의 향로/279

지역사회연구방법론 단상/282

남북한 권력구조의 변화와 통일전망/292

제 2 부   민주주의

미국 『연방주의 교서』 비판/305
자유민주주의와 선거/316
니코스 풀란차스의 정치사상/336
민주주의의 이론적 문제/369
뻬레스뜨로이까 이후 1990년대 한국사회의 '새로운' 민주주의론/404
새로운 세계질서와 민주주의/421

찾아보기/453

무엇을 할 것인가
—— 진보적 정치학의 새로운 전진을 위하여

1. 이론적 정세

분단 등 한국사회의 역사적 특수성으로 인해 '우경반쪽 불구화'된 이데올로기 지형 속에서 지배논리의 수준을 벗어나지 못하던 한국 사회과학은 80년대 들어 민중부문의 활성화에 힘입어 한층 민중적이고 민족적이며 민주적인 사회과학으로 다시 태어나기 위한 어려운 한걸음 한걸음을 계속해왔다. 특히 정치학의 경우, 국가권력의 문제를 직접 다루어야 하는 주제의 특수성 등으로 인해 과거 다른 사회과학분야에 비해서도 많은 문제점을 안고 있었다. 서구의 탈역사적이고 현상유지적인 구조기능주의와 서구중심

* 이 글은 최근의 국내 맑스주의의 위기 논쟁 속에서 맑스주의 이론의 전환을 위한 과제들을 분야별로 다룬 『이론』지 창간특집 '무엇을 할 것인가'에 정치학부문으로 기고했던 논문의 축약적 원문을 보강한 것이다. 『이론』지에 실린 축약논문의 경우 별 문제가 없으나, 이 논문의 경우 필자가 평소 관심을 가져온 국가론, 민주주의론, 한국정치 등의 분야는 그런대로 상세히 언급된 데 반해 그렇지 못했던 국제정치, 정치사상 등은 극히 간략하게 다루어져 분야별 불균등성을 드러내고 있다. 이는 정치학 전분야를 심도있게 분석할 능력이 필자에게 부족한 탓이지 특정 분야가 덜 중요하다는 것은 아님을 밝혀두고자 한다.

적인 발전론의 무비판적 수용으로 소극적으로는 정치학의 '탈정치화'에 의한 비판의식의 마비가, 적극적으로는 개발독재논리의 옹호가 정치학의 주된 기조가 되어왔고 우리의 문제와 가장 밀접한 주제인 한국정치는 금기시되어왔다. 80년대 들어 진보적 사회과학의 부활 내지 복원의 조류 속에서 정치학분야에서도 '과학주의'의 이름 아래 실종되었던 국가론의 부활, 한국현대정치사의 민중적 시각에서의 재조명 등 정치사상, 정치이론, 국제정치론, 한국정치론, 북한정치론, 지역정치론 등 각 분야에서 진보적 정치학의 체계화를 위한 노력들이 미력하나마 그나름대로 진행되어왔다. 그러나 이 경우 역시 맑스주의 정치이론의 미발달이라는 맑스주의의 일반적 조건, 주제의 특성에서 연유하는 정치학분야의 상대적인 보수성, 진보적 연구자층의 빈약함 등으로 인해 다른 사회과학분야에 비해 진보적 이론화의 수준이 낙후되어온 실정이다.

이러한 상황에서 현실사회주의의 붕괴가 던진 충격이 한국사회, 특히 민중진영과 진보적 학술운동계를 강타했으며 긴 역사적 단절을 딛고 전통의 복원이라는 어려운 작업을 하던 진보학계가 채 뿌리를 내리기도 전에 이와 같은 시련을 맞아 혼란과 내부분열을 겪고 있다고 하는 것은 이미 잘 알려진 사실이다. 그동안 어렵게 확보한 학문적 성과와 입지들까지도 보수화의 물결에 의해 위협을 받고 있으며 진보진영 내부에서도 '고해성사'와 청산주의, '신매카시즘'적인 어투의 포스트주의 등이 전염병처럼 번져가고 있다. 이런 전반적 추세 속에서 현실사회주의 붕괴의 영향은 학문분야에 따라 불균등하게 나타나고 있다. 한때 국내 진보학계의 메카 구실을 해온 한 사회과학분야의 경우 한편으로는 그 반작용으로, 다른 한편으로는 국내 사회과학 논쟁을 선도해온 그 '선진성(?)'과 첨단성을 다시 한번, 그러나 이번에는 다른 방향으로 십분 발휘하여 "반동의 수도"[1]로 변할 기미를 보이고 있는 반면 정치학의 경우 원래의 '상대적 낙후성' 덕분에 사회주의 몰락의 영향 역시 상대적으로 더디 찾아오고 있다. 그러나 정치학에서도 그 영향력은 국가론, 변혁이론, 민주주의론 등을 중심으로 본격적으로 가시화될 기

---

1) 이는 한때 맑스주의의 선봉장이었던 프랑스가 후기구조주의와 신철학의 대두 이후 반맑스주의의 중심지가 된 것을 빗댄 표현을 빌려온 것이다. Perry Anderson, *In the Tracks of Historical Materialism*, London: Verso 1983, 32면.

미를 보이고 있다.

  진보적 정치학이 현재 당면해 있는 문제들은 현실사회주의의 몰락과 관련된 맑스주의의 총체적 위기, 정치이론의 '공백'이라는 맑스주의 내에서의 정치학의 특수한 위상, 역사적 단절과 일천함에서 연유하는 국내 진보이론 수준과 역량의 저급함, 이처럼 수준과 역량이 낮은데도 실천적 필요성에서 연구결과를 '과잉외화'시킴으로써 생겨난 편향들의 중층적 작용의 결과물이다. 특히 진보운동과 진보적 이론의 위기를 돌파하고 이를 발전의 계기로 삼기 위해서는 '전통적' 맑스주의의 교과서를 암기, 답습하는 선언적이고 교조적이며 아마추어적인 연구태도에 대한 뼈아픈 자기반성과 함께, 당연시되어온 명제들에 대해 뿌리로 돌아가 생각하는 발본적인 사고가 필요하다 하겠다. 이같은 문제의식에서 현재 정치학의 주요 쟁점들과 연구과제들을 주요분야별로 열거하면 다음과 같다.

2. 쟁점과 과제

1) 정치 이론·사상

  정치학에서 핵심적 쟁점이 되는 것은 역시 국가의 문제, 즉 국가론이다.[2] 이는 결국 궁극적으로 문제가 되는 것은 체제의 재생산과 이행의 문제이고 여기에서 핵심적인 고리는 국가권력이라는 점에서 더욱 그러하다. 국가론분야에서는 그동안 국가론의 부활과 함께, 특히 한국사회의 사회구성체 논쟁과 관련하여 그나름대로 이론이 축적되어왔다. 그러나 최근 들어 국가론은 더이상 이론적 전진이 없는 정체상태 내지 소강상태에 빠져 있으며,[3] 국가를 그 다양한 추상화수준의 위계성을 무시한 채 단순히 사회적

---

2) 물론 이에 대해서 '국가주의적' 또는 '국가중심적' 시각이라는 비판도 제기되고 있으나 이 문제에 대해서는 이 글 속에서 후에 상세히 논할 것이다.
3) 이는 해외학계의 국가론의 교착과 쇠퇴를 반영한 것이기도 하다. 서구학계의 이같은 국가론의 조류는 '비극으로 끝난 70년대의 맑스주의 국가론'과 '희극으로 판명

관계의 응집으로 이해하는 사회민주주의의 또는 유러코뮤니즘적 국가론이 유행을 하는가 하면 사회의 실정성을 부인하는 포스트맑스주의의 문제의식을 국가에까지 확대해 국가론의 존립근거인 국가 그 자체의 실정성까지도 부정하려는 극단적인 조류[4]까지도 그 수입이 시간문제인 실정이다. 따라서 국가론과 관련해 다음과 같은 방향으로 연구가 진행되어야 한다고 볼 수 있다.

(1) 국가론

현재 이론적 쟁점이 가장 근본적이고 기초적인 개념화와 그 총체적 위상으로까지 번지고 있다는 점에서 국가의 개념화, 정치의 관계, 국가권력과 권력 일반의 관계 등 근본적인 문제에서부터 이론을 엄밀화하고 발전시키는 작업이 필요하다.

① 국가개념화[5]

국가를 개념화하는 데서, 국가권력은 분산소유될 수 있는 것이 아니라는 국가권력 통일성 테제에 입각하여 계급사회에서의 국가를 단일계급, 즉 경제적 지배계급의 계급권력으로 파악해온 전통적 시각이 위에서 지적한, 국가는 단순히 사회적 역관계를 반영한 사회적 관계의 응집이며, 따라서 그 자체는 중립적이라는 시각의 도전을 받고 있다. 사회관계의 응집으로서 국가를 파악하는 이론의 경우도 생산관계와 계급이 사회관계의 중심임을 인정한 위에서 사회관계의 응집(즉 계급관계의 응집)으로서 국가를 개념화하는 것과 이를 넘어서 계급의 중심성을 부정한 채 다양한 차원의 사회관계의 응집으로서 국가를 개념화하는 것으로 분화되고 있다. 따라서 이에 대

된 80년대의 국가주의 국가론'이라고 특징지어진 바 있다. Bob Jessop, *State Theory*, London: Polity Press 1990, 2면.

4) C. Rovirosa, "Towards the Impossibility of the State: A Deconstructive Reading," Univ. of Essex, M. A. Thesis, 1988. 이의 요약은 B. Jessop, 앞의 책, 292~93면.

5) 국가의 개념화 문제는 이미 필자가 다른 글에서 상세히 다룬 바 있다. 졸고, 「민주주의의 이론적 제문제」, 한국정치연구회 사상분과 편저, 『현대민주주의론 I』, 창작과비평사 1992(이 책 369~403면) 참조.

한 과학적 분석이 시급히 요구되고 있다. 즉 이같은 두 가지 이론화는 서로 대립되는 대안적인 개념화인가, 그렇다면 그중 어느 것이 올바른 이론화인가, 그것이 아니고 이 두 개념화는 상호모순되지 않는 보완적 이론화인가, 그렇다면 이 양자간의 정확한 관계는 어떠한가 하는 문제이다.

이에 대해 시론적으로 제시할 수 있는 것은 이를 추상화수준을 달리하는 위계성하에서의 상호보완적인 관계로 이해하는 것이다. 좀더 구체적으로 국가권력의 사회적 성격이란 궁극적으로 그것을 매개로 하여 재생산되는 질서가 무엇이냐에 따라 판단되어야 하며 따라서 자본주의적 질서가 재생산되는 한 그 국가는 자본가계급의 국가라고 할 수 있다. 그러나 이같은 국가유형(type of the state)이라는 높은 추상성수준에서의 국가개념화를 전제로 하여 구체적으로 존재하는 다양한 국가들은 이 국가유형이 규정하는 구조적 한계 내에서 구체적인 사회적 역관계를 반영하는 사회관계의 응집이자 계급투쟁의 장으로서의 국가라고 할 수 있다. 논쟁의 또다른 축은 사회적 관계에서의 생산관계와 계급의 중심성 문제이다. 이는 '계급론'[6]에서 본격적으로 다루어질 문제이나 이에 대한 입장을 간략히 제시하면 다음과 같다. 원래는 고전적 입장에서도 사회관계의 총체로서의 사회구성이란 생산관계를 그 중심축으로 하면서도 성, 가족, 지역, 나아가 언어적 관계까지도 망라한 진정한 의미의 모든 사회적 관계의 총체를 의미하는 것이었는데도 불구하고,[7] 실제의 이론적 실천에서는 사회관계를 계급관계로 환원시키는 계급환원주의적 편향이 있어왔다. 한편 세칭 '주체의 다원주의'에 의해 이같은 중심성까지도 부정한 채 생산관계를 단순히 다양한 사회적 관계의 하나로 상대화시키는 '해체주의적' 경향[8]도 문제가 있다. 따라서 사회

---

6) 서관모, 「마르크스주의 계급이론의 현재성」, 『이론』, 창간호(1992년 여름호), 99~131면.

7) 예를 들어 스딸린주의적 맑스주의의 대표적인 교과서 가운데 하나인 F. V. Konstatinov, *The Fundamentals of Marxist-Leninism*(Moscow: Progress 1982)의 경우도 사회적 관계의 총체인 사회구성체를 단순히 생산관계로만 보지 않고 이같은 의미로 규정하고 있다.

8) 대표적인 예는 Chantal Mouffe, "Hegemony and New Political Subjects," in Cary Nelson et al. (eds.), *Marxism and the Interpretation of Culture*, London: Macmillan Education 1988, 89~91면.

관계의 응집은 생산관계를 그 중심축으로 하되 환원 불가능한 다른 사회적 관계들을 포함하여, 중층결정된 모든 사회관계의 응집으로 파악해야 한다고 볼 수 있다. 이같은 시론적 입장을 기초로 하여 국가개념화에 대한 한층 엄밀한 이론화가 이루어져야 한다.

② 국가와 정치, 국가권력과 권력 일반

국가와 정치의 관계 역시 중요한 또 하나의 쟁점이다. 정치의 문제를 주로 국가와 관련해 논의해온 전통적인 시각에 반해 정치의 특권화된 영역으로서의 국가를, 나아가 국가 자체의 실정성을 부인하는 경향이 생겨나고 있다. 더욱이 이같은 새로운 '포스트맑스주의적' 입론은, 정치를 국가로 환원시키는 맑스주의의 사고가 국가소멸을 곧 정치의 종말로 파악함으로써 유토피아적이고 반(反)정치적 사회주의관을 지니고 있다고 비난하고 있다. 따라서 이에 대한 본격적인 논의가 필요하다.

이같은 논의는 전통적인 입장이 원래 정치를 국가의 문제로 치환하는 국가환원론적인 시각이 아님에도 불구하고 구체적인 이론적 실천에서는 그같은 편향이 노정되어왔음을 인정하고 이를 교정하는 것에서 출발한다. 그러나 역으로 이같은 국가환원론의 거부가 정치의 중심적 영역으로서의 국가 자체를 부인하는 해체주의적 경향으로 나아가는 것은 막아야 한다. 나아가 국가의 중심성을 인정하되 그동안 등한시되어온 '국가 밖의 정치'에도 더 많은 관심을 기울이는 한편 국가를 둘러싼 '전통적 의미의 정치'와 '국가 밖의 정치' 간의 연관과 매개고리에 대한 연구를 해나가야 한다.

위와같은 국가와 정치의 외연 문제와는 별개로, 다른 차원에서의 양자간의 관계에 대한 이론화를 심화할 필요성이 있다. 이는 국가를 하나의 구조 내지 층위, 심급으로 이해하고 정치는 이같은 국가(권력의 유지·변혁)를 둘러싼 계급 등 사회세력의 실천의 총체로 파악하는 전통적인 시각[9]과 관련된 것으로, 맑스주의를 포함한 사회과학 일반의 약한 고리로 남아 있는 '구조-행위'의 관계와 관련하여[10] 이 양자간의 관계에 대한 한층 심도있는

---

9) 그 예로 Nicos Poulantzas, *Political Power and Social Classes*, London: Verso 1973.

10) P. Anderson, 앞의 책, 제2장 "Structure and subject" 참조.

이론화가 필요하다 하겠다(아래 참조).

위의 논의와 밀접히 관련된 것으로 국가권력과 권력 일반의 관계에 대한 문제가 있다. 이것 역시 '포스트맑스주의'의 문제의식을 기초로 하여 전통적인 시각에서 국가권력을 특권화해온 것을 비판하며 일상생활과 사회 도처에 산재해 있는 '소권력'(micropower)의 문제를 부각시키려는 시도가 활발히 이루어지고 있다.[11] 이 문제에 대해서도 국가-정치 문제와 동일한 원칙에서 이론적 작업이 진행되어야 한다고 볼 수 있다. 즉 국가권력을 권력의 유일한 문제로 파악하려는 환원주의적 시각에 대해 비판을 가하되 국가권력의 중심성까지도 부정하며 권력문제를 무정형적인, 산재된 소권력의 단순한 집합으로 이해하려는 해체주의도 경계해야 한다.[12] 따라서 국가권력의 중심성을 전제로 하여 그동안 등한시되어온 소권력의 문제에도 관심을 기울이는 한편 양자간의 관계와 매개고리에 대한 이론화가 필요하다 하겠다.

③ 토대-상부구조, 국가-시민사회

토대-상부구조는 오랫동안 국가론의 초석이 되어왔고 여전히 초석이다. 그러나 토대-상부구조론은 두 가지 심각한 문제를 안고 있다. 한편으로는 토대-상부구조라는 위상학적(topological) 비유의 문제점을, 다른 한편으로는 토대-상부구조론 자체의 '미발달'이라는 문제점을 안고 있다.

토대-상부구조, 따라서 국가-경제 층위라는 위상학적 내지 건축학적 비유는 경제라는 층위가 사전에 주어진 폐쇄된 영역, 즉 '정치적으로 중립적'인 영역이고 이에 국가가 외부에서 사후적으로 '개입'한다는 그릇된 인식을 갖게 한다.[13] 그러나 생산관계는 그 자체가 지배·종속의 관계이기도 하

---

11) 미셸 푸꼬, 『성의 역사, 제1권: 앎의 의지』, 나남 1990, 106~11면.

12) 이같은 입장을 선구적으로 표명한 깃으로는 Nicos Poulantzas, *State, Power, Socialism*, London: Verso 1978, 35~49면과 146~53면. 졸고, 「니코스 풀란차스」, 『이론』, 제5호, 1993년 여름호(이 책 336~68면) 참조.

13) 이는 국가가 경제에 '불개입'하는 자유방임국가라는 그릇된 신화를 낳게 된다. 이에 대한 비판은 Suzanne de Brunoff, *The Sate, Capital and Economic Policy*, London: Pluto 1978.

다. 따라서 국가와 정치적인 것(the political)은 그 자체가 생산관계의 내적인 계기 중의 하나로 재정의되어야 한다.[14]

그러나 이같은 한계에도 불구하고 토대-상부구조론은 여전히 필요한 것 같다. 왜냐하면 하나의 '독립된 실체'로서 국가는 현실로 존재하고 이를 단순히 생산관계의 한 계기로 보고 분석하기에는 실제로 어려움이 따르기 때문이다. 따라서 위의 이론적 문제점과 한계를 인식하고 전제로 한 토대-상부구조론적 사고는 계속 불가피하게 필요한 것이 아닌가 싶다.

이러한 입장을 취한다 하더라도 여전히 문제는 남는다. 그것은 토대-상부구조론의 미발달이 국가론 발전의 커다란 장애가 되고 있다는 점이다. 그 정당한 문제의식에도 불구하고 토대-상부구조론은 ① 토대가 상부구조를 (궁극적으로) 규정한다, ② 상부구조는 상대적 자율성 내지 상대적 독자성을 갖는다, ③ 상부구조는 토대에 반작용하여 적극적으로 개입한다는 극히 원론적인 수준을 벗어나지 못하고 있다.

여기서 우선 문제가 되는 것은 위의 3가지 테제간의 정확한 관계에 대한 이론화이다. 이에 대해 주류정치학에서는 그동안 진보학계가 주도해온 국가론의 복권과 연구에 대한 소극적인 대응(무시)을 넘어서 국가주의적 국가론의 개발과 보급이라는 적극적인 대응을 보이고 있다.[15] 즉 위의 3가지 테제 중 테제 ②와 ③을 절대화하는 한편 테제 ②의 상대적 자율성을 절대적 자율성으로까지 확대하고 있는 것이다. 진보학계 내에서도 그동안 맑스주의 국가이론에 일정하게 내재해 있던 속류경제환원론(테제 ①의 절대화와 테제 ②, ③의 무시)에 대한 반작용으로 테제 ②, ③을 절대화하거나 테제 ①, ②, ③을 동일한 수준의 테제로 파악하여 토대의 선차성(primacy)을 부정한 채 한 사회가 하나의 유기체적 체계(system)로서 토대, 상부구조의 각 부분들이 서로 영향을 주고받는다는 '체계이론'적인 '상호작용주의' (interactism) 내지 인과적 다원주의[16] 또는 여기서 한발 더 나아가 사회구

---

14) N. Poulantzas, *State, Power, Socialism*, 11~27면.

15) 이같은 대응에 대한 비판적 평가로는 Paul Cammack, "Review Article: Bringing the State Back In?," *British Journal of Political Science*, vol. 19, no. 2(1989년 4월호).

16) Bertel Ollman, *Alienation*, London: Cambridge Univ. Press 1976.

성의 재생산은 궁극적으로 최종 심급에서는 국가와 상부구조에 의해 결정
된다는 의미에서 상부구조의 선차성을 부여하는 상부구조 우위의 상호작용
론을 제시하고 있다.[17]

이 경우에도 이들 테제간의 관계를 하나의 주테제(테제 ①)와 이를 전제
로 한 두 개의 하위테제(테제 ②, ③)로 이해하는 것을 연구의 출발점으로
삼아야 한다고 볼 수 있다. 즉 테제 ①만을 절대화하여 속류경제환원론으
로 빠지는 것도 문제이지만, 역으로 상부구조에 대한 토대의 궁극적인 규
정을 전제로 상부구조의 상대적 자율성과 반작용을 논하는 것이 아니라 테
제 ①을 절대적으로 상대화해 단순한 상호작용론 내지 상부구조우위론으로
나아가는 편향 역시 경계해야 한다고 할 수 있다.

이같은 원칙을 출발점으로 하여 토대-상부구조론의 엄밀화와 구체화가
필요하다. 즉 궁극적 규정에서 규정의 의미를 과학적으로 밝히고, 상대적
자율성을 메타포 이상으로 과학적으로 이론화하는 것 등이 그 일례이다.
토대-상부구조 일반이론 수준에서의 고추상성의 원칙론이 아니라 구체적으
로 존재하는 다양한 사회구성에서의 토대와 상부구조 간의 관계를 구체적
수준에서 역동적으로 분석해줄 수 있는 유용한 현실분석의 무기로서 토대
-상부구조론을 풍부하게 하고 구체화하는 것이 요구되고 있다. 따라서 '추
상에서 구체로 상승'할 수 있는 추상화 사다리에서의 중범위 수준의 이론
화를 '구체에서 추상으로의 하강'을 통한 실증연구의 비교분석과 그 역순서
로의 이론분석을 통해 채워나가야 한다. 특히 국가의 적극적인 역할과 토
대에 대한 반작용을 체계적으로 분석할 수 있는 수단으로서 '헤게모니 프
로젝트', '축적전략' 등 '전략이론적' 내지 '전략관계적' 이론틀의 보완적 도

---

17) 밥 제솝, 「국가의 위상 정립」, 위르겐 쿠친스키 외, 『전환기의 마르크스주의』,
공동체 1991, 167~92면 ; René Buggie Betramsen, "From the Problems of Marx-
ism to the Primacy of Politics," in R. B. Betramsen et al., *State, Economy and
Society*, London: Unwin Hyman 1991. 후자의 경우 위에서 소개한 생산관계의 내
재적 계기로서의 국가라는 인식과 마찬가지로 국가 내지 '정치적인 것'을 하나의
층위가 아니라 사회적 관계의 하나의 차원(dimension)으로 파악하고 있으나(25
면) 이것이 선차성을 지닌다는 문제의식 면에서는 동일하다. 또 이는 '전통적' 사
고와 달리 하나의 구조로서의 '정치적인 것'(the political)과 정치(politics)를 구별
하지 않고 있다(26면).

입이 요구되고 있다.[18] 그러나 밥 제솝류의 '전략관계적' 국가론이나 조절이론적 국가론과 같이 전략적 선택성을 절대화하는 것은 경계할 필요가 있다. 또 이같은 토대-상부구조론에서 애매하게 처리되어 있는 계급투쟁 등 사회적 실천의 위상, 즉 토대와 상부구조 간의 연관과 그 매개물로서의 계급투쟁과의 관계에 대한 이론화가 필요하다(위 참조).[19]

또 한편 "국가론의 조기 은퇴와 시민사회론의 때이른 유행"이라는 한 관찰자의 지적처럼 최근 새로이 유행하고 있는 것은 시민사회론이다. 현실사회주의권의 '국가사회주의'적 모델의 실패 이후 각광을 받기 시작한 시민사회론[20]은 시민사회의 정확한 의미에서부터 국가-시민사회라는 대당(對當)과 전통적인 토대-상부구조라는 대당 간의 관계, 시민사회론의 실천적 함의 등에 이르기까지 많은 이론적 과제들을 제기하고 있다.

우선 시민사회의 정의에서, 이를 단순히 국가 밖의 '잔여영역'을 의미하는 '잔여범주'(residual category)로 이해하는 가장 조야한 개념화로부터, 시민권에 기초를 둔 시민의 생활영역으로서의 개념화, 법이데올로기적인 사적-공적 이분법에 기초를 둔 사적 영역으로의 개념화, 이와 유사한 것으로 상부구조의 일부인 사적 제도의 총체로서의 개념화, 부르조아사회로서의 개념화 등 다양한 개념화가 난립, 사실상 의사소통이 불가능한 실정이다.[21]

---

18) B. Jessop, *State Theory*; Betramsen et al., 앞의 책 등 참조.

19) 이 또한 '구조-행위'의 난제와 관련된 것으로 후기풀란차스나 후기알뛰쎄 등에서 나타나는, 세칭 '구조적 인과성에 대한 계급투쟁의 우위' 등도 이와 관련된 것일 것이다.

20) 시민사회를 해답으로 찾으려는 이같은 통념과 달리 정통좌파가 아니면서도 시민사회가 문제의 해결일 수 없다는 입장으로는 Paul Hirst, "The State, Civil Society and the Collapse of Soviet Communism," *Economy & Society*, vol. 20, no. 2(1991년 5월호), 217~42면.

21) 이와 관련하여 일정한 편향이 있기는 하지만 고전적인 시민사회의 개념화에 대해서는 John Keane, "Despotism and Democracy," in John Keane (ed.), *Civil Society & the State*, London: Verso 1988; N. Bobbio, "Gramsci and the Concept of Civil Society," in N. Bobbio et al., *Which Socialism?*, Oxford: Polity Press 1987. 국내학계의 경우 특히 이같은 개념화가 없이 마구잡이로 이 개념을 사용하고 있는 실정이다.

　이같은 개념화를 토대-상부구조론과 연결시켜 생각해볼 때 ① 전통적인 토대-상부구조론을 부정하는 국가-시민사회론(2분법), ② 국가(협의의 국가로서 정치사회)-시민사회-토대론(3분법), ③ 시민사회라는 범주를 부인하는 전통적인 토대-상부구조론(2분법), ④ 나아가 전통적인 토대-상부구조론을 부정하되 새로운 3분법으로서 국가-정치사회(국가 밖의 제도정치영역)-시민사회론 등의 입장이 제기되고 있다. [22]

　이상의 개념화는 특정 개념화가 현실을 설명할 수 있는 설명력과 역으로 설명하지 못하고 현실을 은폐하는 '사각지대화'의 대차대조론에 의해 평가되어야 할 것이다. 다만 시민사회론이라는 것이 그나름의 의미를 가지려면, 토대와 생산관계의 문제를 전면적으로 부정하거나 시민사회 내의 단순한 한 측면으로 절대적으로 상대화해 해소시켜버리는 포스트맑스주의적인 ①의 입장이나 ④의 입장은 문제가 있다 하겠다. 오히려 그것이 의미를 가지려면 토대-상부구조론의 합리적 핵심을 계승하면서 이로 설명할 수 없는 특정 영역에 대한 설명력을 보완하는 모델(토대-상부구조론의 대안적 모델이 아니라)로서의 시민사회론, 즉 그람시적 입장의 ③의 개념화를 채택해야 한다고 볼 수 있다.

　시민사회론의 이론·실천적 함의 역시 중요한 쟁점이다. 이와 관련하여 특히 쟁점이 되는 것은 ②와 ③의 입장으로, 국가-시민사회의 대당이 부르조아적인 경제이데올로기와 법이데올로기에 함몰하게 하는 "프롤레타리아 정치의 무덤"이라는 비판을 어떻게 평가할 것인가가 주된 문제가 된다. [23] 이에는 시민사회론의 득, 실에 대한 더 본격적인 논의가 필요하지만 시론적으로 이의 양면성을 동시에 파악하는 것이 중요하다고 할 수 있다. 즉, 시민사회=부르조아사회라는 등식에 의해 이를 무조건 거부하는 것은 '국가에 대한 사회의 종속'이 아니라 '사회에 대한 국가의 종속'이라는 시민사

---

22) 단순화해 이야기하자면 ①은 포스트맑스주의적 이론가들이, ②는 그람시적 맑스주의자들이, ③은 좀더 '정통적' 맑스주의자들이, ④는 최장집 교수(「한국민주주의의 이론과 실천」, 『한국민주주의의 이론』, 한길사 1993, 381~82면)가 각각 채택하고 있다.

23) 에띠엔느 발리바르, 「조우커 맑스 : 또는 동봉된 제3항」, 서관모 편역, 『역사유물론의 전화』, 민맥 1993, 48면. 이밖에 풀란차스 역시 말기까지 국가-시민사회론에 반대하고 있다.

24

회론의 문제의식 내지 변혁적 계기를 간과하는 편향일 뿐으로 문제가 있지만, 동시에 시민사회 자체가 중립적인 장이 아니며 이같은 분리 자체가 부르조아적인 것이라는 한계를 냉철히 인식할 것이 요청된다.[24]

이밖에 시민사회론 그 자체는 아니지만 이와 연관이 있는 시민권 문제, 시민운동 문제, 특히 시민운동과 민중운동의 연관 문제 등에 대한 더 체계적인 연구가 필요하다.[25]

④ 국가유형론, 국가형태론

국가유형론, 국가형태론 등 다양한 추상화수준에서의 국가를 이론화하려는 작업에서도 새로운 이론적 모색이 필요하다.

국가유형론에서는 현대사회와 밀접한 관련이 있는 자본주의 국가와 사회주의 국가에 대한 이론적인 재조명과 역사적 연구의 심화가 촉구되고 있다. 특히 현실사회주의의 몰락과 관련하여 사회주의 국가론에 대한 근본적인 재조명이 필요하다.

국가형태, 통치형태론 등 한층 구체적 수준에서의 국가연구가 맑스주의 국가론의 약한 고리가 되어왔음은 주지의 사실이다.[26] 국가형태론에서 물

---

24) 졸고, 「민주주의의 이론적 제문제」, 앞의 책 참조. 이밖에 시민사회에 대항하는 '민중사회'를 건설하자는 김세균 교수의 제의 역시 이같은 문제의식에서 대안을 제시하고 있는 것이라 볼 수 있다. 김세균, 「시민사회론의 이데올로기적 함의 비판」, 『이론』, 제2호(1992년 가을호), 104~35면. 다만 이같은 '민중사회'가 '시민사회' 내에 민중적 헤게모니에 의해 구축되는 독자적 '진지'가 아니라 시민사회 '밖'의 제3의 독자적 사회로 가능한지는 논의가 필요한 문제이다.

25) 시민권 문제에 대한 맑스주의적 입장에서의 급진적 해석으로는 에띠엔느 발리바르, 「'인간의 권리'와 '시민의 권리'」, 윤소영 편역, 『맑스주의의 역사』, 민맥 1992.

26) 예를 들어 Louis Althusser, "The Crisis of Marxism," in L. Althusser et al., *Power & Opposition in Post-Revolutionary Societies,* London: Ink Link 1979, 234면. 최근 국가 유형, 형태 등 다양한 추상성 문제에 대한 여러 입장을 정리한 중요한 글로는 김일영, 「한국국가성격 논의에 관한 방법론적 재고」, 『경제와 사회』, 1993년 봄호, 195~250면 참조. 이 글은 매우 유익함에도 불구하고 여러 문제들을 안고 있어 필자는 이 문제들과 국가형태론 일반에 관한 문제들을 한국국가성격 문제와 관련하여 「한국국가성격과 국가형태론에 대한 재조명」(가제)이라는 글에서 본

적 토대(경쟁적 자본주의냐 독점자본주의냐)와 억압성('공개적 테러독재' 여부)이라는 두 기준에 의한 '원시적'인 2×2모델(네 가지 유형)을 벗어나 다양한 통치기제와 재생산의 연관고리들을 구체적으로 파악할 수 있는 한층 세련된 국가형태론의 개발이 필요하다.[27] 왜냐하면 형태론의 목적은 단순한 분류(taxonomy)에 있는 것이 아니라 그 계급적 기반, 국가성격, 재생산의 메커니즘, 모순을 명확히함으로써 이행의 계기를 파악하는 데 있기 때문이다. 예를 들어 독점자본주의의 민주적인 국가형태인 부르조아 민주주의의 경우 '사회민주주의적 복지국가'와 '신보수주의' 국가 등 하위유형들에 대한 체계적인 이론화가 이루어져야 한다. 또 독점자본주의의 억압적 국가형태＝파시즘이라는 단순등식을 넘어서야 한다. 즉 파시즘을 대중운동을 동반한 독일, 이딸리아에서의 국가형태로만 보는 것이나, 70년대 이후 서구에서 나타난 새로운 '권위주의' 체제를 '권위주의적 국가주의'로 이론화하는 것은 문제가 있으나 이 새로운 '권위주의' 체제를 파시즘으로 볼 수 없다는 풀란차스의 문제의식에 주목해야 한다.[28] 다시 말해 세계경제의 성격, 지배블록의 성격 등 1930년대 '고전적' 파시즘의 대두를 가져온 구체적인 위기의 성격, 1970년대 새로운 '권위주의화'를 가져온 위기의 성격의 차이를 인식하는 것이 필요하고, 이같은 인식을 가능케 하는 국가형태론의 개발이 필요하다.[29]

그리고 국가형태를 결정하는 메커니즘에 대한 체계적인 이론화가 필요하

격적으로 다룰 예정이다.

27) 예를 들어 억압성이란 정도의 문제이기 때문에 부르조아 민주주의와 파시즘 간의 분류는 자의적일 수밖에 없다. 따라서 6공이 자유민주주의 체제냐 파시즘이냐는 이같은 형태구분 기준의 문제점에도 크게 기인하며 국가형태론의 미발달이 5, 6, 7공의 연속성과 차별성을 개념화하기 위한 고육지책으로서 5공은 '(신식민지)파시즘', 6공은 '자유민주주의적 파시즘', 7공은 '파시즘적 자유민주주의'라는 주장을 펴도록 하고 있다. 김세균, 「신정부의 성격」, 『노동자신문』, 1993년 1월 15일자.

28) N. Poulantzas, *State, Power, Socialism*, 209면.

29) 국가형태론을 이론적으로 추구하는 데서 자본주의 사회구성체의 단계와 국면(phase)의 시기 구분, 권력블록과 헤게모니 분파의 변화 방향 등과 관련하여 시론적 이론화를 시도한 '초기'풀란차스의 문제의식을 발전시키는 것이 그 한 방향일 수 있을 것이다. N. Poulantzas, *Political Power and Social Classes*, London: Verso 1973, 142~56면과 308~24면.

다. "토대의 궁극적 규정을 받지만 상대적 자율성을 갖는 정치와 이데올로기 층위의 중층결정이 계급투쟁을 매개로 해서 이루어진다"는 수준을 넘어서 좀더 엄밀한 이론화가 필요하다(이 역시 토대-상부구조와 구조-행위의 관계에 대한 더 정확한 이론화를 필요로 하는 것이다).[30] 또 국가형태를 결정하는 데서 자본축적과 관련된 '자본논리적' 측면과 역사적이고 '계급투쟁적'인 측면 간의 관련에 대한 이론화가 필요하다.

마지막으로 국가장치 내지 국가기구에 대한 연구, 특히 이데올로기적 국가장치에 대한 연구와 국가정책에 대한 체계적인 연구가 요구되고 있다.

(2) 민주주의론[31]

국가론의 '퇴조'와는 대조적인 또다른 현상은 민주주의론의 '폭발'이다. 특히 현실사회주의 실험의 실패는 민주주의를 진보진영의 '담화'로부터 부르조아지의 '담화'로 바꾸어놓고 민주주의=절차적 민주주의=부르조아 민주주의라는 등식이 헤게모니를 가질 정도로 형식적 민주주의와 부르조아 민주주의를 특권화하고 있다. 또 이는 '민주주의인가 독재인가'라는 낡은 대당을 부활시킨 사회민주주의론과 대의제 민주주의의 숙명론으로부터 메가이론과 메가담화에는 전체주의와 독재의 경향이 숙명적으로 내재한다고 비판하는 포스트맑스주의의 급진적 민주주의론 등이 진보진영 내부에서도 부상하고 있다.[32]

이러한 맥락에서 민주주의의 형식과 내용 간의 정확한 관계, 직접민주주의와 간접민주주의의 문제, 민주주의와 계급투쟁의 관계, 국가형태 내지

---

30) 이에 대해 국내학계의 경우 지나치게 구조적 규정을 강조해왔다는 느낌이 든다. 따라서 계급투쟁을 강조하는 것이('구조적 인과성에 대한 계급투쟁의 우위'?) 필요하지 않을까 한다.

31) 민주주의론은 중요한 주제이나 그 쟁점, 과제 들은 필자가 (이 책에 실린) 다른 글에서 상세히 다룬 바 있기 때문에 국가론처럼 자세히 논하지 않았다. 따라서 더 구체적인 내용은 졸고, 「민주주의의 이론적 제문제」, 앞의 책 참조.

32) 그 대표적인 예는 이병천·박형준 편저, 『마르크스주의의 위기와 포스트마르크스주의 Ⅰ, Ⅱ, Ⅲ』, 의암 1992, 1993; 한상진 편저, 『마르크스주의와 민주주의』, 사회문화연구소 1992.

통치형태로서의 부르조아 민주주의의 재평가와 그 재생산기제의 규명, 시민사회와 민주주의의 문제, 특히 이와 관련하여 민주주의를 국가영역의 문제로 한정한 전통적인 관점에서 등한시해온 국가 밖의 '일상생활'의 민주주의 문제, 비계급적인 사회적 '적대'와 민주주의의 문제, 다양한 수준의 다원주의와 민주주의의 문제, 사회주의와 민주주의의 연관 문제 등을 더 근본적인 관점에서 재이론화해야 한다.

이와같은 민주주의론은 그 자체로 고립되어서가 아니라 총체적인 변혁이론과의 유기적 연관 속에서 연구되어야 한다. 따라서 그간의 변혁이론들을 현재의 '총체적 위기'의 관점에서 근본적으로 재평가, 정정을 기하는 한편, 서구와 라틴아메리카의 풍부한 경험(실패의 경험을 포함한)에 대한 한층 폭넓은 연구를 통해 이론을 풍부하게 하고 한국의 구체적인 현실에 맞는 한국적 변혁이론 개발에 노력해야 한다. 이러한 이론화는 특히 진영모순의 소멸과 진정한 의미의 단일 세계자본주의 체제의 등장, 그리고 미증유의 경제활동의 국제화라는 새로운 현실에 부응하는 '21세기적' 변혁이론의 요건을 갖추어야 한다.

(3) 기 타

국가론에 비해 상대적으로 관심의 대상이 되지 못해왔고 사실상 황무지에 가까운 이데올로기론의 개발이 시급히 필요하다. 이는 특히 어떠한 이론도 그것이 (대중적) 이데올로기로 번안되지 않는 한에서는 물질적 힘과 사회적 운동이 될 수 없다는 점에서 그러하다. 그럼에도 불구하고 이데올로기론은 국가론 이상으로 동요와 공백을 경험해왔다.[33]

'구체적인 상황에 대한 구체적인 분석'을 통해 현실운동에 과학적인 지침을 제공할 수 있는 과학적인 정세분석이론의 체계화이다. 맑스주의에서 "진리는 항상 구체적인 것"[34]이며 그 정신의 핵심은 '구체적인 상황에 대

---

33) Etienne Balibar, "The Vacillation of Ideology," in C. Nelson et al. (eds.), 앞의 책; 서관모, 「마르크스주의 계급이론의 현재성」, 『이론』, 창간호(1992년 여름호), 99~131면 참조.

34) V. I. Lenin, "One step Forward Two steps Back," *CW*, vol. 7, 368면.

한 구체적인 분석'에 있음에도 불구하고 그간의 연구는 '규정들의 총괄'로서의 구체성에 대한 과학적 분석에 이르지 못하고 추상적인 원론이나 정세분석이란 이름의 저널리즘 수준을 벗어나지 못해왔다. 과학적 정세분석이론은 추상화 사다리의 위계성을 기초로 한 규정들의 총괄과 중층결정의 동학에 대한 과학적 인식을 필요로 한다. 또 이는 "유기적인 것과 복합국면적인 것 간의 정확한 관계를 파악"함으로써 기계적 인과성(유기성)을 과대평가하는 '경제주의의 과잉'과 역으로 개별적 요소(복합국면성)를 과대평가하는 '이데올로기주의의 과잉'이라는 양 편향을 피할 수 있어야 한다. [35]

마지막으로 진보적 시각에서 정치사상 전반에 대한 연구를 심화하는 것이다. 특히 그동안 등한시되어온 자유주의 정치사상을 체계적으로 연구할 필요가 있고, 과거처럼 일시적인 유행으로, 단편적인 '암기학습'식의 연구가 아니라 좀더 본격적으로 고전적인 변혁적 정치사상에 대해 한 단계 높은 수준에서 연구하는 것이 필요하다. 현재 유행하고 있는 포스트주의에 한층 효과적으로 대처하기 위해 니체(F. W. Nietzsche), 하이데거(M. Heidegger), 데리다(J. Derrida)로 이어지는 반합리주의·반계몽주의적 철학[36]과 비트겐슈타인(L. Wittgenstein), 쏘쒸르(F. de Saussure) 등으로 이어지는 언어학적 성과에 대한 정치사상사적 연구가 요구되고 있다. 또 '차이(difference)의 정치'로 일컬어지는 탈근대의 정치의 함의와 위상을 맑스주의적으로 사고할 수 있는 이론화가 필요하다. [37]

---

35) D. Forgacs (ed.), *An Antonio Gramsci Reader: Selected Writings, 1916~1935*, NY: Schocken Books 1988, 202~2면.

36) 예를 들어 니체와 관련해서는 Gilles Deleuze, *Nietzsche & Philosophy*, London: Athlone Press 1983; Nancy Love, *Marx, Nietzsche, and Modernity*, NY: Columbia Univ. Press 1986; 안드라스 게도 외, 『포스트모더니즘의 도전』, 다민 1992, 제1장 등.

37) 에띠엔느 발리바르, 「인간의 권리와 시민의 권리」, 앞의 책 참조.

2) 한국정치

한국정치는 그동안 진보적 정치학 분야에서 가장 활발히 연구가 진행되어온 분야이다. (이는 그동안 금기시되어온 한국정치를 주된 관심영역으로 삼고 다양한 연구를 통해 한국정치학의 핵심분야로 자리잡게 한 것이 진보적 정치학계라는 점에서 오히려 '과소평가'한 정확하지 않은 표현이라 할 수 있다.) 이는 실천적 필요성이라는 객관적 요구와 주제의 특성에서 연유하는 자료접근 등 연구의 용이함이 결합된 결과이다. 한국정치의 경우 포스트맑스주의를 한국정치 분석에 적용하는 것이 아직은 요원한 실정이기는 하나, '6공 이전의 한국정치=국가주의적 국가론, 6공 이후 한국정치=시민사회의 성장에 따른 다원주의 국가론'이라는 국가주의적 국가론과 다원주의 국가론의 시기적 결합 이론화가 보수학계의 주된 흐름을 이루고 있고, 해방 8년사 등 한국 현대정치사에 대한 연구 역시 임시정부의 법통을 중심으로 한 재해석을 통하여 반격이 시작되고 있다. [38]

한국정치에서 핵심적인 쟁점은 한국국가성격이다. 한국국가성격과 관련해 그간 진보학계의 '대표적'인 이론이라 할 수 있는 '신식민지파시즘론'은 6공 출범과 소련-동구 사태의 영향으로 인해 전통적인 신식민지파시즘론으로부터 이완된 신식민지파시즘론, 부르조아 민주주의론으로까지 분화를 겪어왔다. [39] 문제는 명칭이 아니라는 점을 인식하는 것이 중요하다. 억압성의 정도에 대한 인식의 차이에 의해 파시즘이냐 부르조아 민주주의냐는 평행선의 논쟁을 넘어서 현재의 한국국가의 통치와 지배의 기제와 재생산메커니즘을 앞에서 지적한 2×2 국가형태 모형을 넘어서서 구체적으로 규명해 그 약한 고리를 찾아내야 한다(앞의 국가형태론 참조). 특히 6공 들어 급속히 부각되고 있는 보수언론 등 이데올로기적 국가장치에 대한 관심이 요

---

38) 그 한 예로는 한승조 외, 『해방전후사의 쟁점과 평가 I, II』, 형설출판사 1990.

39) 이의 요약은 졸고, 「한국국가론 연구현황」, 『한국사회 이해를 위한 길잡이』, 『사회평론』, 1992년 1월호 부록, 214~21면(이 책 37~44 면).

청되고 있고 국민당 실험 등이 보여주고 있는 독점자본의 직접적인 정치세력화 시도와 직접적인 정치적 목소리 제고, 문민정부의 출범에 따른 정치지형에서의 민주·반민주 구도의 약화 등 변화하는 정치구조에 대한 역동적 분석이 필요하다.[40] 또 이러한 국가성격론과 앞에서 지적한 민주주의론, 변혁이론, 정세분석론을 종합하여 진보진영의 독자적인 정치세력화와 역량강화를 위한 구체적이고 설득력있는 '한국적 변혁이론'을 개발해야 한다. 물론 이는 그간의 연구성과에 대한 일방적인 청산 위에 이루어져서는 안될 것이다. 이와 관련하여 한국정치 발전의 심각한 질곡으로 작용하고 있는 '지역갈등'을 한국자본주의의 불균등발전과 관련하여 체계적으로 연구해야 한다.

한국정치분야의 또다른 과제는 통사적 연구를 심화하는 것이다. 여기에서 주목해야 할 점은 한국 현대정치사 연구의 시기별 불균등성이다. 그간 연구는 해방 8년사(그중에서도 1945~1948년과 1950~1953년)와 4·19혁명, 유신과 1970년대, 광주민중항쟁, 6월항쟁 등에 집중되어왔다. 따라서 연구의 공백이라고 할 수 있는 1948~1950년, 한국전쟁 후 1950년대, 5·16과 60년대 그리고 5·6공화국 등에 대한 연구가 필요하다. 특히 한국국가성격의 통사적 변천과 관련하여 1961년 5·16쿠데타와 유신으로 입장이 나누어져온 종속적(신식민지) 파시즘의 성립시기 문제,[41] '전통적 권위주의'식으로 애매하게 처리되어온 50년대 한국국가의 성격 문제 등이 한국자본주의의 전개과정과의 연관 속에서 규명되어야 한다.[42]

---

40) 졸고, 「6공-현대 격돌, 여덟 가지 가설: 국가론의 시각에서」, 『사회평론』, 1992년 3월호, 70~81면(이 책 159~74면)과 이의 「보론」들(이 책 175~200면); 졸고, 「김영삼정부의 성격과 호남지역 정치의 향방」, 『월간 길』, 1993년 6월호(이 책 265~78면) 참조.

41) 이같은 입장의 대표적인 예는 각각 송주명, 「신식민지파시즘론의 테제들」, 『경제와 사회』, 제4호(1989년 겨울호), 86~88면 ; 조형제, 「한국국가에 대한 신식민지파시즘론의 적용」, 같은 책, 70~79면.

42) 이같은 주된 흐름과는 대조적으로 이 시기의 국가성격을 집중적으로 연구, 이 시기를 '보나빠르띠슴'으로 보는 연구업적이 나와 있기는 하다(김일영, 「이승만 통치기 정치체제의 성격에 관한 연구」, 성균관대학교 박사논문, 1991년). 이는 전(前)독점자본주의 단계의 억압적인 자본주의 국가의 대표적인 형태를 보나빠르띠

　또 기존의 연구가 실증연구의 경우에는 서술적 수준을 벗어나지 못하고, 이론적 연구의 경우에는 경험적 자료가 뒷받침되지 못하는 선언적 테제의 수준을 벗어나지 못한 점을 감안하여 이론과 사실이 변증법적으로 통일된 하나의 수준 높은 한국정치 연구가 진행되어야 한다. 예를 들어 진보학계 내에는 50년 5·30선거의 결과는 단선단정세력의 몰락을 의미하며 따라서 한국전쟁은 북한이 5·30선거에서 국회를 장악한 반(反)단정, 통일지향세력을 이승만체제의 물리력으로부터 해방시켜 이 세력과 평화협상을 통해 통일을 이루려고 시작한 전쟁이라는 '제한전쟁론'이 제기되고 있으나, 5·30선거 결과가 단순히 이승만 개인의 위기였는지 단선단정세력의 몰락이었는지가 실증적으로 규명되어야 한다.[43] 또 56년 선거에서의 조봉암의 선전(善戰), 특히 영·호남 중소도시에서의 승리가 단순한 반이승만 정서의 반영인지 아니면 해방정국의 진보세력이 한국정치 이후에도 살아남아 변화한 지형의 선거공간에서 진보적 투표형태로 나타난 것인지 등이 실증적으로 분석되어야 한다.[44] 결국 이러한 작업을 통하여 한 시점을 놓고 볼 때 당시의 한국정치를 체계적으로 설명하면서도 이것이 한국자본주의의 발달과 맞물려 통사적으로 한국정치의 시기적 변화를 총체적으로 조망해줄 수 있는, 즉 역사의 씨줄과 날줄이 제대로 짜여진 일관성있는 한국 현대정치사 연구가 시급히 요청되고 있다.

　또한 급변하는 국제정세 속에서 '분단·통일 문제'가 향후 한국정치의 중요한 쟁점이자 핵심적인 변수로 등장할 것이라는 점에서 민중적 시각에서의 과학적 인식과 종전의 반쪽 한국정치론으로부터 통일한국의 '통일한국 정치학' 내지 '한반도정치론'으로의 준비를 갖추어야 한다. 이는 분단모순의 과학적 내용과 전체 모순구조 내에서의 분단모순의 정확한 위상과 연관

습으로 볼 수 있다는 점에서 일견 타당한 면이 있으나 50년대를 보나빠르띠슴의 합리직 핵심인 '파국적인 평형상태'로 볼 수는 없다는 점에서 문제가 많다고 할 수 있다.

43) 졸고, 「한국전쟁과 이데올로기 지형」, 『한국정치학의 새 구상』(풀빛 1991), 153～54면 참조.

44) 이와 관련하여, 필자는 일제하 적색농조, 해방정국의 지방인민위원회 강세지역과 56년 선거의 조봉암 강세지역, 63년 대선에서의 박정희사상 논쟁과 관련하여 박정희 우세지역간의 일치 여부에 관한 실증적인 연구를 현재 진행중이다.

에 대한 인식뿐만이 아니라[45] 북한사회에 대한 한층 과학적인 인식을 필요로 한다. 특히 북한사회의 인식에서, 반공이데올로기에 꿰어맞춘 관변 북한사회 인식에 대한 반작용으로 제시되었던 '북한바로알기운동'이나 종전의 내재비판논리의 한계를 인식하고 현실사회주의 사회의 일반이론과 북한사회주의의 특수성을 변증법적으로 통일시켜 그 내적 다이내믹과 모순, 문제점을 과학적으로 인식해야 한다. 나아가 독일, 베트남, 예멘형 통일모형을 비교·분석하고 한국적 특수성에 주목하여 일방적인 흡수통일이나 연방제를 넘어선 민중적이며 과학적인 대안적 통일모델과 통일운동을 창출해야 한다.

3) 세계정치

현실사회주의의 몰락이 세계질서에 근본적인 변화를 초래하고 있음은 주지의 사실이다. 이와 관련해 제기되고 있는 몇가지 쟁점들을 열거하자면 다음과 같다.

우선 국제관계론에 대한 전면적인 재검토이다. 국제관계론은 일국적 수준에서 정치경제학이론에 상응하는 국가이론의 미발달과 마찬가지로 세계적 수준에서 국제경제론(국제정치경제학)에 비해 발달되지 못해온 분야이다. 따라서 조야한 속류경제환원론을 넘어서서 세계경제와 국제정치의 정확한 관계를 규명해주는 재이론화가 필요하다. 특히 그간의 국제관계론이 진영모순을 특권화한 사회주의 모국방어론과 자본주의의 전반적 위기론의 파국론적 편향에 오염되어 있었다는 점을 인지하고 이를 정정해나가야 한다. 또 국제정치적 행태의 문제를 사회주의 국가, 자본주의 국가라는 사회구성체적 성격에 의해 전적으로 설명하려 해온 과거의 편향에서 벗어나 세

---

45) 분단모순 나아가 이를 발전시킨 '분단체제론'이 최근 들어 논쟁의 쟁점이 되고 있다. 「특집: 변화하는 정세, 통일운동의 전망」, 『창작과비평』, 제77호(1992년 가을호); 백낙청, 「분단체제의 인식을 위하여」, 『창작과비평』, 제78호(1992년 겨울호), 288~309면; 이종오, 「분단과 통일을 다시 생각해보며」, 『창작과비평』, 제79호(1993년 여름호), 291~307면 등 참조.

계수준에서의 법적 권위의 부재와 '무질서'로 특징지어지는 국제정치체제 자체의 특성에도 주목하여[46] 소위 현실주의, 세력정치(power politics)의 문제, 이같은 특성이 구조적으로 강제하고 있는 '국익'에 의한 국제정치적 행태의 문제를 더 심각하게 고민해야 한다.[47]

'새로운 세계질서'로 불리는 포스트현실사회주의 세계질서에 대한 과학적 이해가 필요하다. 진정한 의미의 단일 세계자본주의 체제화가 이루어지고 '제2세계'의 소멸에 따라 '제3세계'라는 용어 자체가 낡은 개념이 되어버린 새로운 현실의 새로운 운동법칙에 대한 냉철한 인식이 진보진영의 필수적인 과제라 하지 않을 수 없다.[48] 특히 경제의 세계화 추세와 블록경제화라는 모순적 운동, 유럽통합운동 등 국민국가보다 큰 단위로의 구심력적 운동과 민족문제 등 작은 단위로의 원심력적 운동의 이중적 위협 속에서 '국민국가'의 미래에 대한 이론화와 그 함의 분석이 필요하다.

마지막으로 세계체제를 구성하는 각 구성부분들에 대한 연구, 즉 지역연구를 심화하는 것이다. 선진자본주의 사회들의 경우 70년대 이후 지속되어온 구조적 위기 속에서 그 정치경제적 다이내믹과 정치가 어떤 식으로 재편되어가고 그 속에서 변혁운동은 어떠한 자기변신을 통해 회생할 것인가, 유럽합중국운동 및 일본의 부상 등이 제국주의간의 관계에 어떠한 영향을 끼칠 것인가가 분석되어야 한다. 현실사회주의 사회들의 경우 과거의 교과서적 미화론을 벗어나 그 실질적인 생산관계와 사회성격, 내적 모순을 냉엄하게 재조명하고 재자본주의화 과정과 그로 인해 생겨나는 새로운 모순, 새로운 순환의 변혁운동에 대해 연구하는 것이 필요하다. 또한 중국, 북한, 쿠바 등 '민족해방운동형' 잔존 현실사회주의의 변신과 생존에 대한

---

46) Kenneth Waltz, *Man, the State, and War*, NY: Columbia Univ. Press 1954; Waltz, *Theory of International Politics*, Reading, Addison-Wesley Pub. 1979.

47) 사실 '사회주의적 국제주의'라는 원리에도 불구하고 현실사회주의의 국가들 역시 자본주의 사회와 마찬가지로 많은 경우 이같은 국익우선의 국제징치적 행태를 보여온 것이 사실 아닌가?

48) 이는 '제2세계'가 없어져 '제3세계'의 '3'이라는 숫자가 의미가 없어졌다는 뜻이니 '제3세계의 종말론' 등이 주장하듯이 '제3세계'가 없어지고 '제3세계'라는 개념이 갖고 있는 문제의식(세계체제에서의 종속이라는 불평등한 관계)이 무의미해졌다는 의미는 결코 아니다.

분석이 필요하다. 세계사회주의 체제라는 '견제추'의 실종에 따라 앞으로 더욱 어려운 앞날이 예상되는 제3세계의 경우, 새로운 세계질서에서의 그 위상의 변화와 급속히 진행되고 있는 내부분화에 주목해야 하며 80년대의 '제한적 민주화'와 새로운 세계질서라는 조건 속에서의 민족해방과 사회변혁운동의 새로운 추이를 과학적으로 추적하여야 할 것이다.

제 1 부

전환기의 한국정치

한국국가론 연구현황

한국의 '권위주의' 정치체제와 자본주의적 발전

한국자본주의: 탈(脫)독점과 탈(脫)종속은 가능한가

국가권력과 계급정책

국가론의 시각에서 본 6공-현대 갈등

보론 1: 한국국가성격과 국민당 실험

보론 2: 국민당의 '재벌해체론'의 의미

보론 3: 재벌의 정치참여 실험 실패의 국가론적 함의

보론 4: 페로현상의 정치경제학

14대 총선거의 결과와 의미

14대 대통령선거와 민중운동: 평가와 전망

지역갈등의 현황과 극복방안: 14대 대선 그 이후

새 '문민정부'의 성격과 '호남정치'의 향방

보론: '문민정부시대'의 민주당의 향로

지역사회연구방법론 단상

남북한 권력구조의 변화와 통일전망

한국국가론 연구현황

1) 머 리 말

한국사회를 과학적으로 이해하는 데서 중요한 핵심쟁점 중의 하나는 한국국가의 성격을 어떻게 파악하느냐 하는 국가론의 문제이다. 이는 모든 현대자본주의 사회에서와 마찬가지로 생산·재생산 과정에 대한 직접적이고 전문적인 개입의 일상화로 나타나는 국가의 역할 증대라는 측면과 모든 사회변혁에서 언제나 결정적인 문제는 국가권력의 문제라는 점에서 그러하다.

이 글은 이같은 문제의식을 바탕으로 80년대 이후 그동안 활발히 진행되어온 한국국가론 논쟁의 진행과정을 간략하게 소개함으로써 이에 대한 이해를 돕고, 더 나아가 앞으로의 연구방향 설정에 다소나마 도움을 주는 데 그 목적이 있다.

＊『한국사회 이해를 위한 길잡이』(『사회평론』 1992년 1월호 부록)에 수록된 논문. 이 글은 6공, 더 정확하게는 이 글이 쓰여진 91년말까지의 연구동향을 다루고 있다. 이후 한국국가론의 쟁점이 된 6공-현대 갈등과 새 문민정부의 성격 논쟁에 대해서는 이 책 제2부의 관련논문을, 국가론 일반의 새로운 쟁점에 대해서는 서론 「무엇을 할 것인가」를 각각 참조할 것.

2) 한국국가론 연구현황

80년대 이후 복권된 국내의 국가론 논쟁은 크게 보아 세 시기를 거쳐왔다고 할 수 있다. 여기에서 세 시기는 첫번째 시기의 논쟁을 주도한 이론들이 이후 소멸하는 것이 아니라 현재도 어느 정도는 계속 유지되고 있다는 점에서 단순한 시기별 이론의 교체를 의미하기 위한 시기구분이 아니다. 다만 이같은 구분은 특정 정세 속에서 논의를 주도했던 이론과 그 논쟁의 쟁점들을 부각시킴으로써 각 이론간의 평면적 비교를 넘어선 입체적 이해를 돕기 위한 것일 따름이다.

(1) 제1기(1980년대초~1980년대 중반)

서구학계의 국가론의 부활과 함께 이를 수입한 국내 '주류학계'에서 종속이론류의 신좌파국가론이라고 할 수 있는 관료적 권위주의(B-A) 모델을 한국국가에 적용하는 것을 놓고 주로 논쟁을 벌인 시기이다(한상진).

즉 60~70년대 제3세계 선두주자군에서 나타난 강력한 군부독재는 수입대체산업화의 한계와 함께 자본주의의 심화의 필요성에서 나타나는 다국적 기업, 토착자본, 국가라는 삼각동맹의 종속적 발전을 그 경제적 기반으로 한 새로운 권위주의 체제, 즉 관료적 권위주의 체제라는 주장이다.

이에 대해 이는 경제주의적 설명이며 한국국가의 권위주의는 시민사회의 미성숙에 기초를 둔 국가의 (절대적) 자율성을 이용한 국가주도형 산업화와 관련된 국가주의적인 신중상주의적 집정관주의라는 반론이 제기되었다(박광주).

이들 이론은 그 사회성격에 조응하는 국가성격이라는 총체적 인식의 결여, 모순론의 결여에 의한 실천적 결의의 부재라는 근본적인 문제점을 안고 있고 B-A론은 베버주의적 방법론에 기초를 두고 있으며, 집정관주의론은 국가의 자율성을 절대화한다는 비판을 또한 받고 있다(손호철[a], 206~12면).

(2) 제2기(1980년대 중반~1980년대말)

　제2기는 사회구성체 논쟁이 본격화되면서 식민지반봉건사회론 또는 식민지반자본주의론의 상부구조론인 식민지대리통치론과 매판군사파시즘론이, 신식민지국가독점자본주의론(이하 신식국독자론)의 상부구조론인 신식민지파시즘론(이하 신식파시즘론)과 대립된 것이 주된 특징이다.

　이중 식민지대리통치론은 한국국가는 상대적 자율성마저 없는 미국의 대리정권이자 매판자본가, 친미지주, 반동관료층 등 친미계급의 계급지배 도구라는 '완전식민지론'을 주장하면서 그 논거로 국군통수권 문제 등을 들고 있다(『민족과 경제』).

　그러나 이같은 입장은 ① 상부구조우위론 ② 한국국가와 독점자본의 상대적 자율성까지도 부인하는 제국주의 만능론 ③ 군사주의적 편향 ④ 파시즘 규정의 비과학성 등의 문제점을 안고 있다는 비판을 받고 있다(손호철[a], 213~20면).

　반면 신식국독자의 상부구조론인 신식파시즘론의 경우 파시즘은 단순한 억압성의 극단적 형태가 아니라 그 물적 토대로서의 독점자본을 전제로 한 독점자본의 공개적·테러적 독재체제라는 인식을 바탕으로 한국국가는 해외독점자본과, 이에 종속되어 있으나 상대적 자율성을 갖는 예속독점자본을 계급적 기반으로 하여 "대외적으로 외세의 지배를" 보장해주고 대내적으로 예속독점자본의 축적기반을 확보해주는 국가형태로서의 신식파시즘이라고 주장하고 있다.

　그러나 이같은 원칙적 합의에도 불구하고 그 내부에는 여러 쟁점에 대한 견해 차이가 노정되어왔다.

　그 첫째는 토대-상부구조론의 문제로서, '정통적' 입장을 강조하는 '강한' 주장으로는 "독점자본주의의 정치적 상부구조는 민주주의에서 정치적 반동으로 전환된다"는 레닌의 테제를 논거로 한, 신식국독자의 상부구조＝파시즘이라는 일 대 일 조응론이 있고(송주명 외), 이를 자본축적의 일반법칙에서 출발하여 국가형태를 연역해내고 매개물로서의 계급갈등을 무시하는 환원론적 경향이라고 반박하는 주장이 있다(이성형[a]; 손호철[a], 230~38면).

둘째 쟁점은 신식파시즘의 성립시기 문제로, 이를 5·16쿠데타로 보는 입장(송주명)과 유신 이후로 보는 입장(조형제)이 대립되어왔다. 특히 이 문제는 단순히 그 성립시기에 대한 견해 차이를 넘어서 국독자에 대한 이해방식, 국독자의 전사(前史)에 대한 파악 등과 맞물려 중요한 쟁점이 되어왔다.

마지막으로 독특한 입장은, 한국사회성격을 종속국독자로 파악하면서도 그 상부구조론의 경우 신식파시즘론이 토대와 상부구조의 1 대 1 조응론에 기초를 두고 있다는 비판과 함께 제3세계에서의 국가의 과대성장성에 주목하여 한국의 국가성격을 단순히 군사독재로 파악하는 입장(최장집)이다.

(3) 제3기(1980년대말~현재)

제3기는 3저호황에 따른 호황국면, 제6공화국 이후 나타난 '의사(pseudo)민주화', 현실사회주의의 파국이라는 국내외적 정세의 변화로 인해 신식국독자-신식파시즘 진영의 내부분화와 이탈이 증폭되면서 신식파시즘론을 재검토하게 된 것이 그 주된 특징이라 하겠다.

이같은 분화, 이탈은 주로 이러한 정세 속에서 토대-상부구조론 등 그간에 사용해온 이론적 틀을 수정하느냐 유지하느냐라는 이론적 문제와, 제5공화국과 제6공화국 간의 단절성과 연속성을 어떻게 파악하는가라는 '실증적'인 문제를 둘러싸고 생겨났다고 볼 수 있다.

첫번째 입장은 원래의 이론적 틀을 유지할 뿐 아니라 5공과 6공 간의 단절성을 거의 인정하지 않고 6공을 '자유민주주의로 분장한 (신식)파시즘'(김진균)으로 이해하는 것이다.

두번째 입장은 미소한 차이이지만 첫번째 입장보다는 5공과 6공의 일정 정도의 차별성을 인정하여 6공을 '완화된 형태의 신식파시즘' 체제로 이해하는 것이다(김세균). 나아가 이 두 입장은 기본적으로 한국자본주의의 신식민지성으로 인해 한국국가의 탈파시즘화(부르조아 민주주의화)는 사실상 불가능하고 이를 넘어서는 민중민주주의만이 대안이라고 보는 공통점을 지니고 있다.

세번째 입장은 2기의 파시즘=이행기적 체제라는 입장을 발전시켜 신식국독자의 상부구조로 부르조아 민주주의는 현실적으로 가능하고 나아가 우리의 현실은 부르조아 공화제 때문이 아니라 그 결핍 때문에 고통을 받고 있는 권위주의 체제라는 점에서 부르조아 민주주의의 회복을 당면과제로 하여 이를 기초로 선진민주주의로 나아가야 한다는 입론을 펴고 있다(이성형[b]).

　네번째 입장은 5공과 6공의 단절성을 인정하는 경우로, 5공은 신식파시즘이었으나 6공은 민주화조치를 통해 이미 탈파시즘화하였거나 탈파시즘화하고 있다고 보는 것이다(신준희). 신식국독자-신식파시즘의 기본골격 자체를 부정하는 입론의 경우, 계급모순을 더욱 강조하는 한층 보편주의적 입장에서 신식파시즘을 '인민주의적' 관점이라고 비판하면서 한국국가성격을 부르조아적 의미의 자립화를 지향하는 '민족민주(ND)국가'라고 주장하고 있다(양우진).

　마지막으로, 사실상 맑스주의의 종언을 공언하고 나서면서 사회민주주의와 포스트맑스주의를 적극 수용하는 입장이다. 이들의 경우 모두 그간의 국가론 논쟁의 기본가정이 되어온 계급독재론, 즉 국가권력은 단일계급(경제적 지배계급)의 배타적 정치권력이라는 국가권력통일성 테제에 입각해서 자본주의 국가=자본가계급의 국가로 파악해온 국가론에 반대하여 자본주의 국가는 자본가계급의 국가이어야 할 특별한 이유가 없는 단순한 사회적 역관계를 반영한 계급투쟁의 장으로, 시민사회에서의 노동자계급의 힘이 강하면 자본주의 국가를 점진적으로 노동자계급의 국가로 만들 수 있다는 주장을 펴고 있다.

　뿐만 아니라 포스트맑스주의의 경우, 그간의 국가론 등의 사회구성체 논의가 생산관계와 계급모순을 특권화시켜왔다고 비난하면서 주체의 다원주의라는 이름하에서 사실상의 주체의 '해체주의'를 주장하고 있다(이병천).

　그러나 이들 이론의 경우 이같은 국가론 일반에 대한 근본적 문제제기에도 불구하고 구체적인 한국국가성격이 무엇인가 하는 것에 대한 구체적인 대안은 아직 제시하지 않아 본격적인 국가론 논쟁에는 뛰어들지 않고 있다.

　현실사회주의의 파국으로 촉발된 맑스주의의 위기 논쟁과 관련하여 야기된 이같은 이론의 춘추전국시대화는 앞으로 더욱 증폭될 것으로 보인다.

이같은 논쟁은 국가론분야의 경우 국가권력통일성 테제의 적실성 여부(손호철(b)), 한층 과학적인 토대-상부구조론, 국가형태 및 통치형태론, 신식민지주의론, 나아가 맑스주의의 역사철학 그 자체의 타당성을 둘러싸고 진행될 전망이다.

예를 들어 국가형태 또는 통치형태론의 경우 부르조아 독재의 민주적 관철형태인 부르조아 민주주의와 억압된 관철형태 또는 '공개적 테러독재체제'(파시즘, 보나빠르띠슴 등)라는 이분법에서 공개적 테러독재와 민주적 형태가 단절적이기보다는 하나의 연속체라는 점에서 이를 구별하는 질적 규정의 문제, 나아가 한층 엄밀한 형태론과 규정들의 개발 문제 등이 주요 쟁점이 될 것이다(손호철(b)).

참고문헌(해제)

김세균, 「한국에서의 민주주의 논의에 대한 비판적 검토」, 서울대 민교협 심포지움, 『우리에게 민주주의는 가능한가?』, 1991년 9월. 신식파시즘론을 기초로 하여 제1공화국~제6공화국을 그 초기형태로부터 '이완된 파시즘체제로의 계기적 변화'로 이해하면서 변혁론적 전략을 제시한 논문.

김진균, 「신식민지파시즘의 전개와 그 위기」, 『한겨레신문』, 1991년 5월 16일자. 신식파시즘의 입장에서 제6공화국의 허구성을 분석한 글.

대동 편집부 엮음, 『민족과 경제』, 대동 1988, 42~65면. 민족해방운동(NL)진영의 한국국가성격 이론인 식민지대리통치체제론과 매판군사파쇼독재체제론을 대표하는 글.

박광주, 「집정관적 신중상주의론」, 한국정치학회 편, 『현대한국정치와 국가』, 법문사 1987, 187~224면. 주류학계의 국가주의적 국가론(특히 국가주도형 산업화에 주목하는)의 대표적인 글.

손호철(a), 『한국정치학의 새 구상』, 풀빛 1991. 제2부 중 제4장은 한국국가성격에 관한 다양한 이론을 소개하고 평가한 글이며, 나머지 논문은 한국국가성격과 관련된 쟁점들에 관한 구체적인 분석.

______(b), 「민주주의를 다시 생각한다」, 『창작과비평』, 1991년 겨울호. 앞으로 국가론 논쟁의 쟁점으로 등장할 국가권력통일성 테제와 국가형태론의 문제

를 지적한 글.

송주명, 「신식민지파시즘론의 테제들」, 『경제와 사회』, 1989년 겨울호, 80~88
면. 신식국독자와 신식파시즘의 성립시기를 5·16으로 보는 입장을 대변.

송주명 외, 「신식민지파시즘의 이론구조」, 학술단체협의회, 『1980년대 한국사회
와 지배구조』, 풀빛 1989, 11~46면. 신식파시즘론 중에서도 신식국독자의
상부구조=신식파시즘이라는 강한 입장을 대변하는 글.

신준희, 「현정세의 성격과 민족민주운동의 당면과제」, 『정치위기와 노동운동』,
거름 1989. 6공 이후 한국국가의 성격이 부르조아 민주주의로 바뀌고 있다
고 보는 입장.

양우진, 「한국사회 인식에서의 몇가지 이론적 조류에 관하여」, 양우진 외, 『한국
자본주의 분석』, 일빛 1991, 385~409면. 신식국독자-신식파시즘론을 종속이
론의 아류로 비판하면서 한국국가성격을 부르조아적 자립화를 지향하는 '민
족민주(ND)정권'으로 파악한 글.

이병천, 「마르크스역사관의 재검토」, 『사회경제평론』4, 1991. 포스트맑스주의의
공식적인 선언의 입론.

이성형(a), 「신식민지파시즘론의 이론구조」, 『현실과 과학』2, 새길 1988, 202
~34면. 파시즘, 신식파시즘론의 이론구조를 소개하는 대표적 논문으로, 신
식국독자의 상부구조=신식파시즘이라는 입장에 반대하여 그 이행기적 성격
을 강조하고 있다.

______(b), 「신식국독자론의 주요쟁점에 대한 재검토」, 『사회평론』, 1991년 7월
호, 328~42면. 위의 논문에서 한발짝 더 나아가 신식국독자의 상부구조로
서의 부르조아 민주주의의 가능성을 인정하며, 이를 위한 일반민주주의
(GD) 투쟁의 필요성을 역설한 논문.

조형제, 「한국국가에 대한 신식민지파시즘론의 적용」, 『경제와 사회』, 1989년 겨
울호, 89~97면. 신식국독자와 신식파시즘의 성립시기를 1970년대 유신 이
후로 보며 종속약화 경향을 시사하는 글.

최장집(a), 「한국국가와 그 형태변화에 대한 이론적 접근」, 『경제와 사회』, 1989
년 겨울호, 70~79면. 한국사회성격이 종속국독자라는 데는 동의하면서도
신식파시즘론에 대해서는 경제환원론적 편향 등을 이유로 반대하며 한국국
가성격을 단순히 군사독재로 파악하는 글.

______(b), 「우리에게 민주주의는 가능한가」, 서울대 민교협 심포지움, 『우리에
게 민주주의는 가능한가』, 1991년 9월. 위의 논문의 입장을 재확인하면서

다만 이의 극복전략으로서의 민중민주주의전략을 상술하고 있다.

한국정치연구회, 『한국정치론』, 백산서당 1989. 신식파시즘론을 작업가설로 삼아 한국국가의 국가기구, 그 작동메커니즘 등을 구체적으로 분석한 실증연구서.

한국정치연구회 편, 『반파시즘민주혁명론』, 이성과현실 1990. 라틴아메리카의 파시즘 논쟁 주요문헌들을 편역한 이론서.

한상진, 『한국사회와 관료적 권위주의』, 문학과지성사 1988. 아직도 주류정치학계에 상당한 영향력을 행사하고 있는 관료적 권위주의 이론의 대표적인 저술.

한국의 '권위주의' 정치체제와 자본주의적 발전
—— 제3공화국~제5공화국 시기를 중심으로

1. 머 리 말

해방 8년사의 갈등이 남한사회에서 '자본주의적 발전의 길'의 승리로 귀결된 이래 한국(이하 한국은 남한을 지칭함) 현대사는 분단체제하에서의 '억압적 정치체제'의 일상화와 '제3세계 최고의 성공사례'로까지 일컬어지는 빠른 자본주의적 발전으로 특징지어져왔다.[1] 그러나 이같은 '예외국가'의 일상화 아래서의 급속한 자본주의적 발전은 그나름의 모순과 갈등을 잉태, 누적시킴으로써 80년대 들어 민중운동의 급속한 성장과 '6월항쟁'을 가져왔다. 그 결과로 출범한 제6공화국과 6공하에서 진행된 일련의 '민주화'는 (그 성격에 대해서는 '형태변화, 본질불변'으로부터 '제한적 민주화', '진정한 민주주의의 정착'에 이르기까지 학자들간에 이론적 이견이 팽배해 있기는 하지만[2]) 그동안 누적된 우리 사회의 제반 문제점과 모순을 폭발시키고 말았다. 6공 자신에 의해 '총체적 위기'로 표현된 이같은 위기, 더 나아가 세계사적으로는 새로운 세계질서로 불리는 세계사적 순환의 전환과 관련하

---

* 서울대학교 한국정치연구소에서 주최한 심포지움 '21세기 한국의 정치와 경제' (1992년 10월)에서 발표한 논문을 보완한 것.

여, 한국사회는 종전의 축적양식, 이와 밀접한 연관이 있는 정치적 지배방식, 사회적 갈등의 규제방식 등을 전환시키지 않으면 안되게 되었다.

이같은 전환에 올바르게 대처하기 위해 필요한 하나의 선행조건은 이러한 전환을 할 수밖에 없게 한 한국사회의 발전과정에 대한 과학적인 이해이다. 특히 그중에서도 흔히 '국가주도형 고도성장기'로 불리는 제3공화국으로부터 제5공화국에 이르는 시기의 한국자본주의의 정확한 성격과 내적 다이내믹, 이 시기의 국가 내지 정치체제의 정확한 성격, 그리고 이 양자간의 연관을 과학적으로 규명하는 것이 중요하다. 이같은 분석을 기초로 해서만이 우리는 6공 들어 폭발한 제반 갈등과 이를 바탕으로 이루어진 변화의 내용들을 체계적으로 이해할 수 있으며, 또 그것을 통해 앞으로 다가올 제7공화국하에서의 한국사회의 발전 다이내믹과 갈등의 내용을 더 근본적으로 파악할 수 있게 된다.

이 글의 목적은 이러한 문제의식을 기초로 3공에서 5공까지의 한국자본주의와 국가성격의 내용, 그 내용의 변천, 이들 양자간의 관계를 추적해보는 데 있다. 이를 위해 이 글에서는 우선 이 주제에 관한 그간의 다양한 이론적 입론들을 요약하여 비교 평가한 뒤 이같은 국가성격과 국가자율성 문제를 분석하고 한국에서의 자본주의적 발전과 정치적 '권위주의'[3] 간의 관계에 대한 이론적 쟁점 등을 짚어보고자 한다. 또 이같은 이론적 작업에

---

1) 잘 알려져 있듯이 이같은 '성공사례'에 대한 예찬과 원인분석은 세계 최대의 국제적 학술프로젝트로 일컬어지는 KDI-Harvard 공동연구로 물질화되어 있다.

2) 이에 대해 간략히 요약, 정리한 글로는 졸고, 「한국국가론 연구현황」, 『한국사회 이해를 위한 길잡이』, 『사회평론』 1992년 1월호 부록, 214~21면(이 책 37~44면) 참조.

3) 권위주의라는 개념은 사용자에 따라 이분법적(민주주의와 권위주의)으로(Almond), 또는 삼분법적(민주주의, 권위주의, 전체주의)으로(Linz) 사용되고 있다. 이분법적 의미의 권위주의의 경우 민주주의가 아닌 모든 정치체제를 의미하는 '잔여범주'(residual category)로서 분석적 능력이 결여되어 있고 "제한적 다원주의", "이데올로기가 아닌 멘탈리티" 등으로 정의되는 3분법적 의미의 권위주의 역시 이분법적 의미보다 낫지만 서술적 수준에 머무르고 있는, 문제가 많은 개념이다. 다만 이 글의 경우 권위주의라는 표현을 이런 문제점을 전제로 하여 원래 필자에게 의뢰된 제목을 그대로 살리기 위해 서술적 의미에서 사용하였다.

바탕을 두고 3공에서 5공까지의 자본주의의 전개과정과 정치체제의 변천과
정을 그 연관에 주목하며 간략하게 분석하고자 한다.

2. 이론적 문제들

1) 한국국가성격 변천에 대한 이론적 입장들

앞에서 지적했듯이 제3공화국에서 제5공화국(이 글의 직접적인 주제는
아니나 나아가 제6공화국)에 이르는 시기의 한국자본주의의 성격과 국가성
격에 대해서는 그동안 다양한 이론적 입장이 제기되어왔다. 이 장에서는
이러한 입장을 체계적으로 비교, 평가함으로써 이에 대한 과학적 이해를
돕고자 한다. 우선 이 주제에 대한 다양한 입장들을 비교, 정리해보면 다
음과 같다(표 1 참조).

표 1에서 볼 수 있듯이 이 입장들은 그간의 한국자본주의의 성격과 국가
성격에 대한 다양한 평가와 이같은 사회 및 국가 성격의 질적 변화가 생겨
나는 시점(주로 5·16쿠데타냐 유신이냐)에 대한 다양한 입장의 여러가지
조합에 의해 분화되고 있다. 그러나 이 글에서는 지면의 제약상 후자의 문
제는 일단 논외로 하고 전자를 중심으로 이들 이론들을 간략하게 비판적으
로 비교, 평가하고자 한다.

이들 중 우선 국민국가로서의 한국국가의 실체를 사실상 부정하고 한국
자본주의를 전근대적 축적방식이 지배적인 반(半)자본주의로 이해하는 매
판파시즘론은 심각한 고려의 대상이 되지 못한다.[4] 신중상주의적 집정관제
의 경우, 후발산업사회라는 사회성격의 규정이 자본주의의 성숙도와 세계
체제적 위상을 추상화시키기에는 부적합하며 국가 자체를 헤게모니적 지배
계급으로 이해하는 것은 국가자율성을 절대화하는 문제점을 안고 있다.[5]

---

4) 대동 편집부 엮음, 『민족과 경제』(대동 1988)와 그 비판인 졸고, 「한국국가성
　격의 이론적 고찰」, 『한국정치학의 새 구상』(풀빛 1991), 216~20면 참조.
5) 박광주, 「집정관적 신중상주의론」, 한국정치학회 편, 『현대한국정치와 국가』(법

〈표 1〉 한국국가성격에 대한 이론들

	전사(前史) (제1공화국)	제3공화국	유신시기	제5공화국	비　고
B-A론	전통적 권위주의(?) / 전통적 종속경제	반(半)민주주의 / 종속적 발전	B-A / 종속적 발전	(강화된) B-A / 종속적 발전	국가성격 / 사회성격
	전통적 권위주의 / 전통적 종속경제	B-A / 종속적 발전	(강화된) B-A / 종속적 발전	(완성된) B-A / 종속적 발전	
신중상주의적 집정관제	전통적 권위주의	신중상주의적 집정관제 / 후발 산업사회	신중상주의적 집정관제 / 후발 산업사회	신중상주의적 집정관제 / 후발 산업사회	
과대성장 국가론	과대성장 국가 / 종속 자본주의	군부독재(1기) / 종속적 국가독점자본주의	군부독재(2기) / 종속적 국가독점자본주의	군부독재(3기) / 종속적 국가독점자본주의	
매판파시즘론	매판파시즘 / 식민지 반봉건사회	매판파시즘 / 식민지 반봉건사회	매판파시즘 / 식민지 반봉건사회	매판파시즘 / 식민지 반자본주의	
종속적 파시즘론	전통적 권위주의 / 종속 자본주의	종속 파시즘 / 종속 국독자	(강화된) 종속 파시즘 / 종속 국독자	(완성된) 종속 파시즘 / 종속 국독자	
	전통적 권위주의 / 종속 자본주의	? / 종속 자본주의	종속 파시즘 / 종속 국독자	종속 파시즘 / 종속 국독자	
	전통적 권위주의 / 종속 자본주의	? / 국가 자본주의	종속 파시즘 / 국가 자본주의	종속 파시즘 / 종속 국독자	
민족민주(ND) 국가론	전통적 권위주의 / 종속 자본주의	ND / 국가 자본주의	(억압성이 강화된) ND / 국가 자본주의	(재편된) ND / 국가 자본주의	

　가장 광범위하게 공유되어 있고 영향력을 끼치고 있는 B-A(Bureau-cratic-Authoritarianism)와 종속적 파시즘론의 경우 우선 눈에 띄는 것은 두 이론간의 유사성이다.[6] 이 두 이론은 한국자본주의의 종속성을 인정하면서 이 종속성 속에서도 자본주의적 발전이 이루어진다는 점에 주목한다. 그리고 B-A 내지 종속적 파시즘이라고 불리는 정치체제가 제1공화국하에서의 전통적 권위주의에 단순히 억압성이 강화된 것이 아니라 그 기반 등 성격을 질적으로 달리하는 것이라고 하며 그 단절성을 강조한다.[7] 또 이 이론들은 이들 정치체제의 억압성의 원인을 종속적 자본축적의 특수성과 관련시키는 '경제결정론적' 인식(이에 대해서는 아래 참조)을 공유하고 있으며 이같은 정치체제의 지배연합을 해외독점자본, 토착자본, 국가의 삼각동맹으로 이해한다.

　그러나 종속적 파시즘의 경우 그 기초인 사회성격을 종속적 국가독점자본주의와 같이 한국자본주의의 성숙도 또는 발전단계로 명시하고 있는 반면, B-A의 경우 종속적 발전이라는 발전유형만을 제시하고 있는 한계가 있다. 이처럼 성숙도에 대한 문제의식의 결여로 인해 억압성의 계급적 기반이 되는 지배연합의 성격에 대해 B-A는 해외독점자본, 국가, 그리고 단순히 (국제화된) 현지자본이라고 인식함으로써 이를 해외독점자본, 국가, 그리고 종속적인 현지'독점자본'으로 이해하는 종속적 파시즘론에 비해 (그 정확한 시점에 대해서는 내부에도 異論이 있으나) 이미 한국자본주의가 독점자본의 지배가 관철되는 단계에 이르렀다는 인식이 결여되어 있다. 또

　문사 1987), 187~224면과 그 비판적 평가인 졸고, 「한국국가성격의 이론적 고찰」, 208면 참조.

6) 그 대표적인 경우는 각각 한상진, 『한국사회와 관료적 권위주의』, 문학과지성사 1988; 김세균, 「한국에서의 민주주의 논의에 대한 비판적 검토」, 서울대학교 민교협 심포지움 '우리에게 민주주의는 가능한가'(1991) 발표논문.

7) 제1공화국의 국가성격에 대해서도 이론화가 취약하여 전통적 권위주의로 이해하는 것이 주종이며 B-A나 종속파시즘의 성립 시기를 유신으로 보는 입장의 경우 3공의 성격을 "반민주주의 내지 반권위주의"(이정복, 「산업화와 정치체제의 변화」, 『한국정치학회보』, 제19집, 1985, 62면) 또는 "권위주의와 형식적 민주주의의 혼합"(한상진, 앞의 책, 96면)이라고 보는 등 아직 체계적 이론화가 이루어지지 못하고 있다.

이 삼각동맹의 내부관계에 대해서도 종속적 파시즘론이 현지독점자본이 해외독점자본에 대해 종속적이지만 상대적 자율성을 가지며 국가 역시 국내외 독점자본에 종속적이지만 상대적 자율성을 갖는다는 식으로 동맹 내의 위계적 관계를 이론화하고 있는 데 반해, B-A론의 경우 "갈등과 협력 간의 균형"[8]이라는 인식에 머물러 이들 동맹자간의 정확한 관계의 추상화에 실패하고 있다. 다만 B-A론으로부터 제기될 수 있는 반론은 3공-5공 국가의 경우 중산층 등 광범위한 대중적 지지와 파시스트당을 중심으로 한 이데올로기적 대중동원, 이를 기초로 한 합법적인 정권획득 등 독일, 이딸리아에서 나타난 파시즘적 특징들이 결여되어 있다는 점에서 '종속적'이라는 접두어를 붙이더라도 파시즘으로 간주할 수 없다는 주장일 것이다.[9] 바로 이 부분이 일부 학자들로 하여금 이 기간의 한국사회성격을 종속적 국가독점자본주의로 정의하면서도 국가성격에서는 종속적 파시즘이 아니고 과대성장국가에서 진화한 '군부독재'로 보아야 한다는 과대성장국가론을 개진하게 만들고 있다.[10] 풀란차스에 크게 의존하고 있는 이같은 파시즘에 대한 이해가 그동안 '정통좌파'의 파시즘론에서 등한시해온 이데올로기와 정치의 상대적 자율성을 부각시키고 이같은 층위에서의 계급투쟁이 파시즘의 성립에 끼치는 영향을 부각시키는 긍정적인 측면을 지니고 있다는 것은 분명한 사실이다.[11] 그러나 대중운동, 합법적 정권획득 등을 파시즘의 본질적 특성으로 이해하는 것은 파시즘을 1920~30년대 동구와 남유럽 전반에서 발생한 정치적 현상이 아니라 독일과 이딸리아에 국한된 특수한 예외현상으로 협애화하는 것으로서, 파시즘의 물질적 토대와 계급적 성격이라는 본질적 측면(독점자본의 '정치적 반동화'와 이에 따른 독점자본주의 국가의 억압적 국가형태)과 개별국가에서 나타나는 종별적인 형상적 특징이라

---

8) Peter Evans, *Dependent Development*, Princeton: Princeton Univ. Press 1979, 53면.

9) 이렇게 파시즘을 이해하는 것에 따른다면, 3공-5공 국가를 종속적 파시즘으로 보는 것은 파시즘에 대한 모독(?)이며 3공-5공 국가를 미화(?)시켜주는 행위일 따름이다.

10) 최장집, 「한국국가와 그 형태변화에 대한 이론적 접근」, 『경제와 사회』, 제4호 (1989년 겨울호), 70~79면.

11) Nicos Poulantzas, *Fascism and Dictatorship*, London: New Left Review 1974.

는 부차적 측면을 구별하지 못한다는 문제점을 안고 있다.[12] 뿐만 아니라 그 대안으로 제시하는 '군부독재'라는 개념은 자본주의 발전수준이 극히 낮은 다른 제3세계의 군부독재와의 차별성을 부각시킬 수 없는 서술적 개념이라는 한계를 안고 있으며, 이 모델이 제1공화국을 과대성장국가로 이해하고 이것이 제3공화국에서 군부독재로 전환한다고 보는 것은 군부독재는 과대성장국가가 아닌 그 무엇이라는, 따라서 두 개의 추상성이 완전히 다른 개념을 병렬하고 있다는 느낌을 갖게 한다.[13]

마지막으로 살펴볼 필요가 있는 것은 최근 새롭게 대두되고 있는 '민족민주(ND)국가'론이다. 이 이론은 3공-5공 국가는 B-A나 종속적 파시즘론의 주장과 달리 '종속적'이 아닌 '민족적' 국가로서 국가주도형 산업화를 통해 자본주의적 자립화를 주도해왔고 따라서 그 시기의 사회성격 역시 국가자본주의라는 주장이다.[14] 즉 이는 신중상주의적 집정관제와 그 논리가 유사한 '좌파 신중상주의론'이라 할 수 있다. 특정 국가가 종속적이냐 민족적이냐를 판단하는 데는 두 가지 기준이 있다. 하나는 그 의도를 중심으로 판단하는 것이고 다른 하나는 객관적 결과를 가지고 판단하는 것이다. 이 중 올바른 기준은 후자라 할 수 있다. 객관적 결과를 기준으로 보더라도 3공초의 한국이 다른 제3세계와 마찬가지로 이미 종속적이었으므로 이후 국가성격의 종속성은 이러한 종속성이 심화되는 경우에 국한되어야 한다는 입장(엄격한 기준)과 그것이 아니라 설사 그 종속성이 점진적으로 약화추세에 있더라도 문제의 국가의 당시 시점에서 여전히 종속적이면 민족적이 아니라 종속적인 것으로 보아야 한다는 입장(이완된 기준)으로 분화될 수 있다.[15] ND론이 3공-5공 기간중 한국자본주의가 종속적이었던 것을 부인

---

12) G. Dimitroff, *The United Front*, NY: Pro. Pub. 1975, 11~12면; 이성형, 「신식민지파시즘론의 이론구조」, 『현실과 과학』 제2호, 새길 1988, 208~10면; 김영순 외, 『국가이론』, 한길사 1991, 171면.

13) 이밖에 과대성장국가론 자체도 그 과대성장성이 국가기구 차원이 아닌 토대-상부구조의 차원에서의 과대성장성일 수 있느냐는 문제점이 있다. W. Zieman et al., "The State in Peripheral Societies," *Socialist Register*, 1977, 145면.

14) 양우진 외, 『한국자본주의 분석』, 일빛 1991, 특히 제1장과 제9장; 이재희, 「5·16군사정부의 경제개발의 성격」, 『역사비평』, 제12호(1991년 봄호), 158~68면.

15) 이중 후자는 특정 시점의 국제적 위상을 과학적으로 분석한다는 것에, 전자는

하지 않는다는 점에서 이중 후자의 입장을 취할 경우 ND론의 입지는 없어지게 된다. 문제는 전자의 입장을 취할 경우인데, 어쨌든 종속을 위계적인 국제분업의 질서 속에서 특정 국가가 차지하는 위상과 그같은 분업에의 편입 정도라는 두 기준의 조합으로 판단해야 한다고 볼 때[16] 3공-5공 기간의 경우 크게 보아 그동안에 국제분업상의 위상에서 상당한 지위상승이 일어났지만 그보다는 훨씬 큰 폭으로 편입 정도가 증대했다는 점에서 종속심화로 보아야 하고 따라서 그 기간의 국가를 민족적이라고 보는 것은 문제가 있다는 느낌이 든다.[17] 특히 이 기간의 국가를 ND국가로 이해하는 것은 일부 신비화된 ND론(ND의 관념적 이상화)에 대한 비판이라는 긍정적 효과가 있기는 하나 지나친 개념의 확장인 것 같고 해당기간의 사회성격을 국가자본주의로 이해하는 것 역시 국가자본주의의 합리적 핵심을 ‘비(非)자본주의적 발전의 길’이 아니라 단순한 국가주도형 경제운영과 산업화로 이해하는 오류인 것 같다.[18] 즉 5·16군사정권의 제1차 5개년계획 원안 등 초기의 경우 이같은 성격이 강했던 것은 사실이나 이 계획이 미국과 국내 자본의 압력, 국가자율성의 한계 등에 의해 좌절되고 미국에 의해 사실상 강요된 수정계획안이 채택된 63년 이후를 ND와 국가자본주의로 보기는 무리이다(아래 참조).[19]

설사 순수가정으로 3공-5공 기간의 국가를 민족적이라고 간주해주더라도 이 국가들이 결코 ‘민주적’이지는 않았다는 점에서 굳이 ND라면 ‘민족민주적’이라는 의미의 ND(이때 민주를 부르조아 시민혁명적 의미의 민주의 내용의 민주로 간주하더라도)가 아니라 ‘민주독재’적이라는 의미의 ND

동태적 추세를 파악한다는 것에 그 초점이 있는 개념화이다.

16) 이에 대해서는 졸고, 「뻬레스뜨로이까의 제3세계이론에 대한 비판적 고찰」, 『창작과비평』, 제19권 제1호(1991년 봄호), 355~56면.

17) 그러나 이 주장이 일부에서 주장되는 ‘종속심화론’과 같이 앞으로도 법칙적으로 계속 종속이 심화되리라는 주장은 아니다.

18) 국가자본주의를 이렇게 이해할 경우 제1세계, 제2세계, 제3세계를 모두 포괄하며 이 지구상에 국가자본주의가 아닌 체제는 없다는 아이러니에 이른다. Alex Dupuy et al., "The Problems in the Theory of State Capitalism," *Theory and Society* 8, 1979년 6~12월호, 1~38면 참조.

19) 졸고, 「5·16쿠데타의 재조명」, 『역사비평』, 제13호(1991년 여름호) 참조.

(National Dictatoral)라고 할 수 있다.

2) 국가자율성과 국가능력

위에서는 3공-5공기의 한국국가의 성격 문제를 간략히 살펴보았다. 국가성격의 문제는 국가권력의 사회적 성격이라는 총체적인 측면에 초점이 맞추어져 있다는 점에서 이 문제와는 다소 분리되어 있는 국가의 또다른 측면, 즉 국가자율성과 국가능력이라는 측면에서 이 기간의 한국국가의 특징을 이론적으로 살펴볼 필요가 있다.

자본주의 국가의 상대적 자율성은 국가유형의 수준에서 자본주의의 생산양식적 특징과 관련하여 이론화되어왔으나 더 구체적인 차원에서의 '실증적'인 연구를 위해서는 이를 한층 구체화한 개념화가 필요하다. 이같은 시각에서 바라볼 때 자본가계급 등 사회세력의 직접적인 지배와 통제로부터의 자율성이라는 '도구적 자율성'과 이들의 반대에도 불구하고 이들의 이익에 반하는 정책을 펼 수 있는 자율성이라는 '구조적 자율성', 특히 다른 제3세계와 마찬가지로 세계자본주의의 규정성이 강한 한국사회에서는 이 양자를 다시 대외적 자율성과 대내적 자율성으로 나누어 파악하는 것이 유용하다.[20] 그리고 구조적 자율성은 다시 자본의 단기적 이익에 반함으로써 장기적 경제이익을 살려주는 구조적 자율성으로부터 자본의 장기적 경제이익까지도 반하지만 이의 장기적 정치이익을 살려주는 자율성, 자본의 장기적 정치이익까지도 반할 수 있는 자율성에 이르기까지 크게 보아 4가지의 자율성으로 나누어 생각할 수 있다.[21]

이러한 시각에서 볼 때 3공-5공 국가의 특징은 시기별로 다소 차이가 있

---

20) 이에 대해서는 졸고, 「국가자율성을 둘러싼 이론적 제문제들」, 『한국정치학회보』, 제28권 제2호(1989) 참조.

21) 이같은 유형화에 기초를 둔 맑스의 공장법 분석을 재해석하고 6공화국의 토지공개념 입법에 대해 실증적으로 분석한 것으로는 졸고, 「공장법분석과 마르크스의 자본주의 국가론」, 『한국정치학의 새 구상』, 47~64면과 졸고, 「자본주의국가와 토지공개념」, 『한국정치연구』, 제2호(1991) 참조.

기는 하지만 제1공화국과 다른 대부분의 제3세계 국가에 비교할 때 상대적으로 도구적 자율성(특히 대내적인)이 크다는 점이다. 이같은 도구적 자율성의 존재는 제1공화국이나 대다수의 제3세계 국가에서와 같이 정치적 연관에 의한 특혜 등에 자본축적을 주로 의존하는 '관료자본주의'적 병폐를 상당히 제거하는 데 기여했다고 볼 수 있다. 즉 제1공화국의 관료자본주의적 특성은 자본으로 하여금 생산적 활동에 의해 자본을 축적하는 것이 아니라 환매차 등 일종의 '제로섬(zero-sum)적 축적'에 의존케 함으로써 그만큼 생산적 활동의 발전을 지체시키는 부작용을 낳았으나 3공 이후의 도구적 자율성의 제고는 이같은 관료자본적 성격의 탈각과 이에 따른 생산적 자본 우위의 '포지티브섬(positive-sum)적 축적'의 주종화를 통해 이같은 지체에서 벗어나게 했다고 할 수 있다.[22] 또한 국가가 "해외자본의 집행위원회"에 불과하고[23] "토착자본가에게는 거의 귀먹은"[24] 것으로 묘사되는 브라질이나 아르헨티나 등 라틴아메리카의 '신흥공업국'과 비교해서는 3공–5공의 대외도구적 자율성의 존재가 이의 경제정책이 상대적으로 '민족적'일 수 있도록 했다고 하겠다. 또 이같은 자율성의 존재가 비록 한국경제가 종속성을 갖기는 하지만 최소한 라틴아메리카와 같은 "초국적기업에 의한 경제의 지점화"[25]라는 극단적 형태의 종속은 피할 수 있도록 했다고 하겠다. 그러나 이런 측면을 지나치게 과장하여 3공–5공의 국가성격을 종속적이 아니고 '민족적'인 '민족민주(ND)국가'로 이해하는 것은 잘못된 것임은 이미 지적한 바 있다.

구조적 자율성이라는 측면에서 볼 때도 3공–5공 국가는 상대적으로 높은 상대적 자율성을 가지고 있었다고 할 수 있다. 물론 이들 국가는 모든 자본주의 국가가 그러하듯이 자본의 지배와 체제의 재생산 자체에 반하는 자

---

22) 물론 이같은 주장이 1공화국하의 자본이 전혀 '생산적 자본'이 아니었고 전적으로 상업자본적 성격과 제로섬 축적적 성격을 가졌다는 것은 아니다.

23) Fernando Cardoso, "Associated-Dependent Development," in Alfred Stepan (ed.), *Authoritarian Brazil*, New Haven: Yale Univ. Press 1973, 160면.

24) Guillermo O'Donnell, "Reflections on the Patterns of Change in the B-A State," *Latin American Research Review*, 제13권 제1호(1978), 19면.

25) V. 다비도프, 「라틴아메리카형 자본주의의 성숙도와 특질에 관하여」, 정운영 편저, 『국가독점자본주의론 Ⅲ: 라틴아메리카편』, 돌베개 1989, 81면.

율성, 즉 자본의 장기정치적 이익에 반하는 구조적 자율성까지는 갖지 못
하였다. 그러나 아래서 살펴볼 여러 주요정책 결정이 입증해주듯이 이들
국가들은 개별독점자본의 이익이나 독점자본 전체의 반대에도 불구하고 이
들의 단기경제이익에 반함으로써 이들의 장기적 이익을 살려줄 수 있는 대
내구조적 자율성은 가지고 있었고, 이같은 자율성 덕으로 자본 전체의 일
반적이고 장기적인 이익을 대변하는 '총자본'의 기능을 효과적으로 수행해
왔다고 할 수 있다. 또 이처럼 자율성이 제고된 것은 비록 대내외 구조적
자율성, 특히 대외구조적 자율성의 한계에 의해 5·16쿠데타 주도세력이
당초 계획한 '내포적 산업화'를 통한 자립경제의 건설이라는 '진정한' 의미
의 국가자본주의적이고 '민족민주'적인 발전계획이 좌절되기는 했지만 최소
한 자유당정권에 의해 민영화된 금융기관의 국유화에는 성공함으로써 자본
공급원에 대한 국가통제를 대폭 강화시킨 것에 크게 기인하고 있다.[26) 이
밖에도 3공-5공 국가는 1공과 마찬가지로 민중부문의 취약성으로 상대적으
로 높은 대(對)민중 구조적 자율성을 갖고 있는 다른 제3세계에 비교해볼
때도 민중세력에 대해 상당히 높은 구조적 자율성을 가지고 있었다. 이는
한국전쟁으로 인한 이데올로기 지형의 극보수화와 이에 따른 민중세력의
정치세력화 및 '계급정치'의 저발달에 기인하며, 이같은 높은 대(對)민중
구조적 자율성은 3공-5공 국가로 하여금 다른 제3세계와 비교해볼 때도 사
회복지 등 '정당화'의 기능에 대해 별 우려할 필요가 없이 일방적으로 자본
축적 지원기능에 전념할 수 있도록 해줌으로써 고도성장을 가능케 하였
다.[27)

그러나 대외구조적 자율성이라는 측면에서는 이들 국가의 자율성이 극히
제한되었다고 할 수 있다. 대외도구적 자율성을 지니고 있음에도 불구하고

---

26) 이같은 변질과정과 은행국유화의 의미에 대해서는 졸고, 「5·16쿠데타의 재조
명」, 『역사비평』, 제3호 참조. 이밖에 국가자율성의 한계에 의한 군사정권의 한층
'민족적'이었던 전략의 좌절에 대해서는 기미야 다다시(木宮正史), 「한국의 내포적
공업화전략의 좌절: 5·16군사정부의 국가자율성의 구조적 한계」, 고려대학교 정
치외교학과 박사학위논문(1991) 참조.

27) 졸고, 「한국전쟁과 이데올로기 지형」, 『한국과 국제정치』, 제6권 제2호(1990년
가을호), 14~15면 참조.

이같은 대외구조적 자율성의 한계로 말미암아 아래에서 볼 수 있듯이 이들 국가는 초기의 상대적으로 '민족적'인 차관 위주의 경제개발정책(경영권까지도 초국적기업의 통제하에 놓이는 직접투자에 비해)에서 수출자유지역 설치, 외국인기업에 대한 노동조합 금지 등의 특혜를 통한 한층 '종속적인' 직접투자 유치로의 변화, 경공업 위주의 수출주도형 산업화를 통한 '탈종속'전략이 낳은 '자본재의 종속', 자본재 종속에서 탈피하기 위해 추진한 중화학공업의 구조적 한계 등 많은 문제점을 낳게 된다.

한편 국가자율성 이외에도 살펴보아야 할 또다른 문제는 국가능력의 문제이다. 국가능력 문제는 다양한 개념화가 있으나 국가자율성이 목표설정에 대한 정책결정과 관련된 문제라면 국가능력은 이의 집행과 관련된 문제로 인식하고[28] 이 양자간의 관계를 국가자율성 우위의 위계적 관계로 이해하는 것이 가장 바람직하다.[29] 이같은 의미의 국가능력의 경우 과거 국가자율성 논의가 특정 국가가 상대적 자율성을 가질 경우 당연히 어떤 정책이 자본에 이익이 되는가를 알고 이를 집행할 수 있는 정책수단도 자동적으로 보유함으로써 의도하는 결과를 현실화시켜낼 수 있다고 가정해온 그릇된 경향을 교정하는 긍정적인 역할을 수행할 수 있다. 이같은 효과적인 정책집행 수단의 보유 여부와 관련한 국가능력의 문제는 아직 실증적인 선행연구, 특히 비교국가론적 시각에서의 연구가 희박한 상태에서 체계적으로 이야기하기는 어려우나 인상주의적 수준에서 이야기하자면 상대적으로 3공-5공 국가는 제1, 2공화국이나 다른 제3세계에 비해 높은 국가능력을 가지고 있었다고 할 수 있다.[30]

---

28) Theda Skocpol, "Bringing the State Back in," in P. Evans et al. (eds.), *Bringing the State Back in*, Cambridge: Cambridge Univ. Press 1985, 9, 16면.

29) 졸고, 「국가자율성, 국가능력, 국가강도, 국가경도」, 『한국정치학회보』(1990) 참조.

30) 이와 관련하여 KDI-Harvard 프로젝트는 한국국가의 경우 다른 제3세계에 비해 잘 훈련된 관료층 등 정책집행능력을 잘 갖추고 있었고 이것이 '경제발전성공'에 기여했다고 분석하고 있다. Leroy Jones & Il Sakong, *Government, Business, and Enterpreneurship in Economic Development: The Korean Case*, Cambridge: Harvard Univ. Press 1980, xxxi면.

3) 한국에서의 '권위주의'와 자본주의: 이론적 고찰

제3공화국에서 제5공화국에 이르는 기간의 한국 사회와 국가의 정확한 성격에 대한 이론적 합의가 없음에도 불구하고 이 기간에 한국사회가 자본주의적 발전을 지속해왔고 또 비민주적이고 억압적 정치체제를 유지해왔음은 앞에서 지적했듯이 거의 모두가 인정하는 사실이다. 그러나 여기에서도 이같은 자본주의와 억압적 정치체제 간의 연관에 대해서는 다양한 견해가 제기되고 있다. 전통적으로 시장과 자본주의는 민주주의를 신장시킨다는 주장으로부터 자본주의가 민주주의의 충분조건은 아니더라도 필요조건이라는 주장에 이르기까지 자본주의와 민주주의 간의 일정한 선택적 친화력을 주장하는 견해들이 팽배해왔다.[31]

제3세계와 한국의 민주화 문제에서도 자본주의적 발전과 근대화가 민주주의를 가져다줄 것이라는 '우파경제결정론'과 낙관론이 과거 지배적 견해가 되어왔다.[32] 그러나 이같은 낙관론이 현실에 의해 좌초되면서 '종속'이라는 제3세계적 맥락 속에서의 자본주의적 발전이 야기하는 긴장과 갈등이 민주주의가 아니라 정치적 억압성을 낳는다는 B-A 내지 종속적 파시즘류의 인식론적 전환이 이루어졌다.[33] 그러나 이같은 입장에 대해서도 이를 '경제결정론'이라고 비판하면서 오히려 정치적 변수의 중요성을 강조하는 '정치결정론'의 반박이 제기되어왔고[34] 80년대 후반의 '민주화'에 들어서는 물결까지 겹쳐 이론적 혼선을 야기하고 있다.

---

31) 앞의 견해는 Milton Friedman, *Capitalism and Freedom*, Chicago: The Univ. of Chicago Press 1962, 제1장 ; 뒤의 견해는 Charles Lindblom, *Politics and Markets*, NY: Basic Books 1977, 제12장.

32) S. M. Lipset, "Some Social Requisites of Democracy," *American Political Science Review*, 1959년 3월호.

33) G. O'Donnell, *Modernization and Bureaucratic-Authoritarianism*, Berkeley: Univ. of California Press 1973 ; Jaime Barrios et al., "Fascism in Latin America, Origins and Features," *World Marxist Review*, 제21권 제4호(1987년 4월호).

34) Fernando Cardoso, "On the Characterization of Authoritarian Regimes in Latin

이같은 논쟁에 대한 평가의 출발점으로 삼을 수 있는 것은 '경제결정론'의 논리를 가장 체계적으로 요약, 비판한 쎄라(Serra)의 논문이다.[35] 이 논문은 라틴아메리카 권위주의 논쟁에서 B-A나 종속파시즘류의 '경제주의자'들의 논리를 ① 정치적 억압성이 자본주의의 '심화'(deepening)와 관련이 있다는 심화테제, ② 신보수주의적 '정통경제정책'으로의 전환과 관련이 있다는 정통경제정책테제, ③ 제국주의의 초과착취를 보장하기 위한 노동탄압 등과 연관이 있다는 식민지초과이윤테제 등으로 요약하고 그 문제점을 비판하고 있다. 물론 이 논자는 경제주의적 설명의 대안으로 지도자의 장기집권 야욕, 권위주의적 정치문화, 안보위협에 대한 군부의 주관적 인지 등을 주로 거론하고 있는 다수 '우파'정치주의자들과는 달리 '구조에 대한 행위의 우위'("구조적 인과성에 대한 계급투쟁의 우위성")라는 입장에서 이같은 억압적 정치체제가 종속적 자본축적의 필연적인 구조적 결과라기보다는 계급투쟁 등 사회적 역관계의 결과라고 하는 한층 근본적인 정치결정론을 주장하고 있다.[36]

이같은 이론화의 성과는 양면적이다. 우선 이는 B-A 또는 종속적 파시즘과 같은 정치체제를 자본주의 발전의 특정한 단계 내지 산업화의 특정 유형, 또는 경제정책유형과 1 대 1로 조응시키려는 기계론적 경제결정론적 경향이 그간의 경제결정론적 입장에 일정하게 내재해 있었다는 점에서 이의 비판으로서 중요한 의미를 갖는다. 그러나 이에 대한 비판이 구조적 맥락을 부차화 혹은 사장시킨 계급투쟁만능론 또는 정치결정론으로 흐르는 것은 이에 대한 역편향이라고 할 수 있다.[37] 즉 이는 계급투쟁과 사회적

America," in David Collier (ed.), *The New Authoritarianism in Latin America*, Princeton: Princeton Univ. Press 1979. 유신논쟁과 관련된 국내논쟁의 경우 이정복, 「산업화와 정치체제의 변화」, 『한국정치학회보』, 제19집(1985); 박광주, 「국가론을 통한 한국정치의 파라다임 모색」, 『현상과 인식』, 제9권 제2호(1985) 등.

35) Jose Serra, "Three Mistaken Theses Regarding the Connection between Industrialization and Authoritarian Regimes," in Collier (ed.), 앞의 책.

36) 이와는 다소 입장이 다르지만 구조적 측면보다는 이같은 행위적 측면과 선택을 강조한 글로는 Hyuk-Baek Im, "The Rise of Bureaucratic-Authoritarianism in South Korea," *World Politics*, vol. 39, no. 2(1987년 1월호).

역관계가 진공상태에서 순수히 주의주의적 의지에 의해 무작위적으로 형성되는 것이 아니고 그 기반인 계급구조, 계급형성이 종속적 자본주의적 축적이라는 '경제' 층위의 구조적 규정을 받을 수밖에 없다는 점을 망각하고 있다. 물론 위에서 지적한 기계론적 경제결정론도 문제가 있지만 그 대안으로서의 정치결정론 역시 그렇다면 왜 하필 B-A 또는 종속적 파시즘이라는 제3세계사상 유례없이 체계적인 새로운 억압적 정치체제가 제3세계 일반 혹은 무작위적으로가 아니라 브라질, 아르헨티나, 한국 등 특정 수준의 자본주의적 발전을 이룬 제3세계 선두주자군에, 그것도 특정 시기에 등장하게 되는가를 전혀 설명하지 못하고 있다. 또 이 논리에 따르면 선진자본주의에서도 왜 하필 독일, 이딸리아 등 '후발자본주의국'인 남부유럽 및 동유럽 등이 파시즘의 경험 등 억압적 정치체제를 오랫동안 경험해왔고, 선진자본주의 일반에서도 자본주의화의 일정한 단계와 권위주의화 경향 간에 일정한 '선택적 친화력'이 존재하는가를 설명하지 못하게 된다.[38]

따라서 한국, 나아가 제3세계에서의 자본주의적 발전과 '권위주의' 간의 관계는 이같은 권위주의와 특정 경제정책, 발전단계, 산업화유형과 일정정도 연관이 있을 수는 있으나 이들간에 1 대 1 조응관계를 설정하려는 기계론적 경제주의나, 역으로 이같은 조응관계의 부재로 정치우위를 입증하려는 정치주의는 넘어서야 한다. 특히 이 권위주의의 성립시점에 단순한 가시적 경제지표로 지수화되는 '경제위기'가 존재했느냐 여부로 경제주의와 정치주의의 타당성을 검증하려는 논쟁은 극복해야 한다. 물론 경제적 위기의 존재 여부는 중요한 하나의 준거틀이 될 수 있으나 그것에서 경제주의와 정치주의의 타당성을 무매개적으로 도출하려는 것은 문제가 있다.[39] 이 관계는 위의 논의와는 전혀 추상성을 달리하는 한층 본질적인 차원의 '경

---

37) 한 연구자의 경우 이와 유사한 시각에서 "사회경제적 '운동법칙'은 개개인의 행위의 통계적 총합(aggregates)에 불과하다"라고 주장하고 있다. (David Becker, *The New Bourgeoisie and the Limits of Dependence*, Princeton: Princeton Univ. Press 1983, 327면)

38) 이에 대해서는 James Kurth, "Industrial Change and Political Change: A European Perspective," in Collier (ed.), 앞의 책, 319~62면.

39) 이와 유사한 중요한 문제제기로는 이국영, 「관료적 권위주의 이론의 논쟁에 대한 재평가 (I)」, 『한국정치학회보』, 제23권 제2호(1989).

제결정론', 즉 "경제의 궁극적 규정"이라는 원리를 기초로 하여 파악되어야 한다. 다시 말해 이같은 권위주의가 종속적 자본주의적 축적이라는 경제의 궁극적 규정을 받지만 상대적 자율성을 갖는 정치, 이데올로기 층위에서의 모순들의 중층적 결정과 계급투쟁이라는 사회적 실천의 매개의 산물임을 인식하는 것이 필요하다.[40] 사실 앞에서 지적한 쎄라의 경우도 제3세계에서 종속적 자본축적을 하려면 '초과착취'와 이를 위한 억압적 정치체제가 필요함을 스스로 인정하고 있으면서 다만 이같은 경제결정론이 "이를 경직된 철의 법칙의 지위로 격상시키고 모든 사회경제적 과정의 모순적 성격을 파악하지 못하는 무능력과 특정 경향을 과장하는 경향"[41]을 가지고 있음을 비판하고 있다는 점에서 기계적 경제론에 대한 올바른 대응은 쎄라류의 반사적 대립으로서의 정치주의와 계급투쟁 내지 행위결정론이 아니라 이같은 중층결정적 사고라고 할 수 있다. 또 이같은 권위주의 체제는 한층 구체적 차원에서의 다양한 유형의 국가자율성, 국가능력 소유 여부와 '헤게모니 프로젝트', '축적전략' 등 전략선택적 개입을 통해 자본주의적 발전의 구체적 경로에 영향을 끼치는 역동적 모델로 이해되어야 한다.[42] 달리 표현하자면 권위주의의 원인으로서의 소위 '위기' 논쟁 역시 특정한 국면에서 경제지표화되는 가시적 경제위기라는 측면이 아니라 민주적 방식으로 종속적 자본주의 체제를 재생산할 수 없는 '재생산의 위기'(총체적인 중층적 결정과 사회적 실천의 산물로서의)라는 관점에서 파악되어야 한다. 권위주의의 일상화 또는 '정상국가화' 역시 위계적인 국제분업질서에 의해 절대적 잉여가치의 수취를 통한 축적과 상대적 잉여가치의 수취를 통한 축적

---

40) Louis Althusser & Etienne Balibar, *Reading Capital*, London: Verso, 97면. 한국국가성격에 대한 이같은 이해의 필요성에 대해서는 이성형, 「신식민지파시즘론의 이론구조」, 앞의 책, 204면과 졸저, 『한국정치학의 새 구상』, 236면.

41) J. Serra, 앞의 글, 105면.

42) Bob Jessop, *State Theory* (London: Polity Press 1990) 제7장 참조. 물론 제숍의 경우, 국가의 '전략관계적' 측면을 절대화하는 경향이 있는 것이 문제이나 이같은 측면을 토대의 궁극적 규정을 전제로 한 위에서 국가의 토대에 대한 반작용을 체계적으로 연구하기 위한 보완적 이론틀로는 앞으로 적극적으로 활용하여야 할 극히 유용한 이론화라고 할 수 있다. 졸고, 「진보적 정치학의 새로운 전진을 위하여」, 『이론』, 창간호(1992), 26면 참조.

의 결합 등에 의해 '민중배제성'으로 특징지어지는 종속적 자본축적과 관련되어 민중부문을 체제내에 포섭해내면서 동시에 바람직한 수준의 자본축적을 지속함으로써 헤게모니에 의한 지배를 안정적으로 재생산해낼 수 없는 지배계급의 무능력과 이에 따른 재생산위기의 구조화라는 시각에서 바라보아야 한다.[43] 따라서 경제결정론의 문제를 유신 당시의 '경제위기'의 존재 여부로 검증하려 한 일부 논쟁은 한국전쟁의 원인을 1950년 6월 25일 누가 먼저 발포하였는가로, 종속(dependency)의 문제를 수출입의존도 등 대외의존도(dependence)의 문제로 검증하려는 것과 같이 '구조적 문제'를 '상황의 논리'로 검증하려는 일종의 '논쟁문법'의 부조응에 기초를 두고 있다는 느낌이 든다.[44] 다시 말해 유신 당시 '경제위기'가 일어나지 않았다는 이유를 들어(이것 역시 논쟁거리가 될 수 있으나 일단 경제위기가 없었다고 인정하더라도) 정치우위론을 주장하는 학자들과 이에 맞서 종속적 자본축적이라는 시각에서 경제우위론을 주장하는 학자 간의 '벙어리간의 대화' (dialogue of the deaf) 같은 논쟁은 한국전쟁의 기원을 사건사적 입장에서 6월 25일의 사건의 사실적 복원을 통해 파악하려는 입장과 '장기 지속' (longue durée)[45]과 같은 긴 호흡의 역사구조적 시각에서 이를 발생시킨 구조적 모순에서 찾으려는 입장 간의 평행선 같은 대립처럼, '기원'을 어떻게 이해하느냐 하는 '문법'상의 차이에도 크게 기인하고 있는 것 같다.

바로 이같은 경제의 궁극적 규정과 중층적 결정, 재생산이라는 총체적 시각에서 바라볼 때 제6공 이후 진행되고 있는 '제한적 민주화'의 장래 문제는 민중부문의 성장에 따른 사회적 역관계의 변화와 사회세력의 구체적 실천, 자본가계급의 정치적 및 이데올로기적 헤게모니의 확립 여부 등 정치와 이데올로기 층위에서의 변화 등과 연관이 있기는 하지만 궁극적으로는 이같은 헤게모니에 의한 지배 등을 가능케 하는 '개량의 물적 토대'의 확보 문제, 또 이를 가능케 하는 '탈종속' 문제를 비켜갈 수는 없다고 하겠다.

---

43) 졸고, 「제3세계와 자유민주주의」, 『사회와 사상』, 1991년 6월호 참조.

44) 이같은 오류에 대해서는 R. Duvall, "Dependence and Dependency Theory," *International Organization*, 제32권 제1호(1978년 겨울호) 참조.

45) Fernand Braudel, "History and Social Sciences, the Longue Durée," *On History* (Chicago: Chicago Univ. Press 1980) 참조.

3. 한국에서의 '권위주의'와 자본주의: 역사적 고찰

1) 5·16과 제3공화국

5·16쿠데타로 집권한 군사정권은 일차적으로 4·19 이후에 분출된 민중적 요구와 민중운동[46] 등을 강압적으로 진압함으로써 한국의 종속적 자본주의 체제를 아래로부터의 압력에 의한 체제재생산의 위기에서 구출해야 했다. 이에 따라 앞에서 다양한 성격으로 규정된 바 있는 '새로운' 억압적 정치체제를 제도화하였다. 군사정권은 이외에도 경제적 측면에서 두 가지 과제에 대응할 것을 요구받았다. 그 하나는 '원조경제'의 위기 해결이었고 다른 하나는 4·19에 의해 제기된 민족경제의 수립이었다.

이에 따라 군사정권은 내포적 공업화를 지향하는 제1차 경제개발계획을 수립하면서 농어촌 고리채 정리의 단행, 부정축재자의 처리, 내자조달을 위한 화폐개혁의 실시 등 자립경제의 기반을 마련하려는 시도를 보여주었다. 이런 시도들은 비록 쿠데타로 집권한 군사정권의 정당성 창출 (legitimacy building)을 위한 것이었다 할지라도, 4·19의 영향을 받은 초기의 소박한 민족주의적 지향을 일정하게 반영하고 있었다.[47] 즉 적어도 군사정권의 초기정책들과 1차 계획 원안의 경우에는 앞서 언급한 '민족민주'(ND)국가적인 지향을 반영하고 있었던 셈이다.

그러나 이러한 주관적·관념적 민족주의는, 군사정권이 화폐개혁과 부정축재자의 처리에 의한 내자동원의 실패, 차관도입의 부진, 곡가파동 등을 겪는 과정에서 국내외적인 구조적 자율성의 한계로 인해 좌초할 수밖에 없게 된다. 결국 군사정권은 1차 계획을 대폭 수정해 개방체제로 완전히 선

---

46) 이에 대해서는 사월혁명연구소 편, 『한국사회변혁운동과 4월혁명 1』 (한길사 1990), 제2부 참조.

47) 정윤형, 「개방체제로의 이행과 1960년대 경제개발의 성격」, 『한국사회의 재인식』, 한울 1985, 5~7면.

회하게 되는데 KDI-Harvard 프로젝트까지도 이같은 보완계획이 "미국에 의해 강제된" 것이라고 평가할 정도로[48] 이 과정에서 결정적인 영향력을 행사했던 것은 미국이었다. 처음부터 원안의 내포적 경제발전 계획에 집요하게 반대했던 미국은 보완계획의 수립과정에서 국제개발처(AID) 원조와 차관공여를 미끼로 적극 개입함으로써, 재정안정계획의 부활을 통해 한국경제를 대외의존적 개방체제에 편입시켰던 것이다. 이에 따라 박정권은 개방체제로 편입하기 위한 각종 정책과 조치들을 마련한다. 1964년 5월의 대폭적인 환율인상(1달러당 130원에서 256.53원으로 인상)과 단일변동환율제의 채택, 1965년의 금리현실화 조치, 각종 수출지원정책의 수립과 수입규제의 완화가 그것이었으며, 1966년의 외자도입법의 제정과 1967년의 관세 및 무역에 관한 일반협정(GATT) 가입 및 네거티브 시스템의 채택, 관세개혁 등 무역, 외환, 자본자유화 조치들 또한 이런 선행조치들의 연장선상에서 취해진 것이었다.[49] 또 경제개발계획도 원래의 내포적 산업화로부터 이후 한국경제 '성공'의 트레이드마크가 된 싼 국내노동력을 이용한 경공업 위주의 수출주도산업화로 변질되게 됐다. 특히 이같은 변화는 향후 국제경쟁력 확보를 목표로 한 절대노동시간의 연장과 저임금의 유지를 위한 노동운동의 탄압 등 새로운 강도높은 억압적 정치체제를 제도화하는 데 중요한 계기를 제공하게 된다.[50] 결국 보완계획의 수립과 이런 조치들은 향후 한국경제의 방향을 미일 주도의 개방경제체제로 편입시키는 일대 전환점이 되었던 것이다.

　그러나 '원조경제'의 위기를 개방체제로의 전환을 통해 극복할 수 있게 만든 결정적인 물질적 기초는 한일협정의 타결에 따라 일본 상업차관이 국

---

48) Edward Mason et al., *The Economic & Social Modernization in the Republic of Korea*, Cambridge: Harvard Univ. Press 1980, 47면. 1차 5개년계획의 미국에 의한 변질과정에 대해서는 졸고, 「5・16쿠데타의 재조명」, 앞의 책 참조.

49) 정윤형, 앞의 글, 89면; 이성형, 「국가, 계급 및 자본축적: 8・3조치를 중심으로」, 최장집 편, 『한국자본주의와 국가』, 한울 1985, 242~43면.

50) 가치창출(생산환절)과 가치실현(유통환절) 간의 분절에 따른 수출주도형 산업화의 이같은 함의에 대해서는 Alain de Janvry, *The Agrarian Question and Reformism in Latin America*, Baltimore: Johns Hopkins Univ. Press 1981, 23~40면.

내에 광범위하게 진출한 것이었다. 주지하다시피 한일협정은 동북아에서 자국의 헤게모니를 계속해서 유지하면서 일본으로 하여금 자신의 역할을 대행하게 해 한국을 포섭하고자 하는 미국의 전략적 요구[51]와 일본 독점자본의 해외진출 요구에, 경제개발을 위해 상업차관을 도입하려는 군사정권의 요구가 맞물려 이루어진 것이었다. 더구나 군사정권은 이런 경제적 목적 이외에도 동북아에서의 미국의 전략적 요구에 부응하여 그 지지를 얻어내야만 한다는 절박한 정치적인 목적 또한 가지고 있었다. 이처럼 자본축적의 위기를 돌파하기 위하여 국민적 정서와 상반되는 한일협정의 타결을 강행해야 했던 것 또한 6·3사태 등이 보여주듯이 억압성을 제도화하는 또다른 계기가 된다.

결국 1965년 6월 한일협정이 조인되고 이에 따라 일본의 상업차관이 물밀듯 밀려들어오게 된다. 이는 일본 독점자본이 한국에 새로이 진출하기 시작한 것으로서, 군사정권에 물적 토대를 마련해줌과 동시에 정치적 위기를 극복하고 안정적 지배체제를 구축하게 해주었다.[52] 이는 민중부문의 취약성 덕 등으로 제3세계 국가로는 유일하게 미국과 함께 베트남전에 참전한 덕택에 가능했던 "한국의 엘도라도"라 불리는 이후의 베트남특수(特需)[53] 와 더불어 1960년대 후반 고도성장의 기초가 되었다.

이 시기 국가-자본 관계는 구체적인 행위자의 수준에서는 흔히 '국가주도'라고 불리는 자본에 대한 국가의 압도적 우위로 요약된다.[54] 제3공화국

---

51) 지역통합전략이라고 불리는 이 전략은 미국에 의존한 일본의 공업화를 중심축으로 하면서 일본의 원조를 통한 한국의 근대화를 완성하여 극동에서의 대공산권 보루를 구축하는 것을 그 내용으로 하고 있다. 이는 1949년 중국 공산정권의 수립, 1950년 중소 군사동맹의 체결, 1950~53년의 한국전쟁을 거치면서 본격화되고, 일본이 아시아 인접국에 대해 전전(戰前) 수준으로 경제력을 회복한 60년대 이후 더욱 강화되었다. H. P. 빅스, 「지역통합전략: 미국의 아시아 정책에 있어서의 한국과 일본」, 김성환 외, 『1960년대』, 거름 1984, 208면.

52) 소정훈, 「미 세계전략의 변화와 한일협정」, 변형윤 외, 『해방 40년의 재인식』, 한울 1985, 294~97.

53) 베트남전쟁이 한국의 자본축적과 정치에 끼친 영향에 대해서는 김유향, 「한국의 베트남전 개입에 관한 연구——국가의 역할과 성격을 중심으로」, 이화여대 정치학과 석사학위논문(1988) 참조.

54) 이는 국가주의적 시각이 주장하듯이 당시 국가가 절대적 자율성을 갖고 있었고

국가는 대외적으로는 취약한 자율성을 가지고 있었지만, 대내적으로는 강력한 도구적·구조적 자율성을 가지고 자본축적을 주도했다. 도구적 자율성의 제고는, 앞에서 지적했듯이 제1공화국하의 '제로섬적 축적' 형태를 생산적 자본 위주의 '포지티브섬적 축적' 형태로 변화시켜 산업화를 촉진했다. 또 대내구조적 자율성의 원천이 되어주었던 것은 무엇보다도 차관의 배분권의 독점과 금융권 장악이었다. 사적 자본은 자기자본의 형성이 취약한 상태에서 국가의 수출지향적 산업화정책에 적극 부응할 때만 차관배분과 정책적 금융지원뿐만 아니라 세금감면을 비롯한 각종 특혜조치를 향유할 수 있었던 것이다. 그러나 이와같은 국가주도 자본축적의 기본성격은 어디까지나 국가가 총자본적 시각에서 사적 자본, 사적 독점을 선도적으로 육성지원하고, 제조업부문 기간산업(철강, 정유, 석유화학, 비료 등)의 국가자본 역시 점차 민영화하는 형태로서, 사적 자본주의 발전을 제약, 그것을 대체하는 국가자본주의 주도 발전의 길과는 뚜렷이 구분되는 것이었다.[55] 특히 이 기간에 이같은 국가의 총자본적 지원에 힘입어 독점자본은 한국경제에 대한 지배를 확장해갔고 한국자본주의의 성격도 단순한 종속자본주의로부터 종속적 국가독점자본주의로 전화해갔다.[56]

　한편 이 시기 국가는 민중부문에 대해서도 강력한 자율성을 행사했다. 한국전쟁에 의해 과잉결정된 탈계급적 정치지형 위에서 국가는 임금인상 억제, 노조 재편성, 노동법의 개악 등에 의해 뒷받침된 저임금-저곡가 체

　국가권력의 주체는 자본이 아니라 국가계급이나 국가 자신이라는 주장과는 다르다. 졸고, 「6공-현대 격돌, 여덟 가지 가설: 국가론의 시각에서」, 『사회평론』, 1992년 3월호, 70~81면(이 책 159~74면). 사실 이같은 국가의 우위에도 불구하고 5·16 후 재벌부정축재 재산몰수를 통해 경제개발 재원을 확보하려던 계획이 좌초한 것 등에서도 드러나듯이 국가의 대내구조적 자율성은 자명했다. 또 상대적으로 강한 대내구조적 자율성은 자본의 장기적 정치적 이익에 반하는, 즉 체제내를 넘어서는 자율성까지는 결코 나아가지 못했다는 점에서 절대적 자율성이 아니라 상대적 자율성이었을 따름이다.

55) 김견, 「한국의 중화학공업화 과정에서의 국가개입의 양상과 귀결」, 『오늘의 한국자본주의와 국가』, 한길사 1986, 137면; 윤상철, 「공기업 분석을 통해서 본 국가-자본 관계」, 서울대 사회학과 석사학위논문, 1986.

56) 서울사회과학연구소, 『한국에서의 자본주의 발전』, 새길 1991, 166~95면.

제를 강제함으로써 민중의 희생을 기초로 자본축적의 조건을 만들어주었던 것이다. 특히 저곡가정책은 해방공간 속에서의 민중투쟁의 활성화로 이루어진 농지개혁의 결과로 대부분 '자작농'으로 재편된 농민들을 다시 토지로부터 분리시켜, 수출주도형 산업화에 필요한 저임금노동력으로 만들어갔다. 계급구성에 현저한 변화를 초래한 이 시기의 광범위한 탈농, 관변지표에서조차 확인되는 세계 최장의 주당 노동시간, 높은 산재율·직업병 발병률 등은 이와같은 저곡가-저임금 체제에 기반을 둔 대외의존적 수출지향 산업화정책의 논리적 귀결에 지나지 않았다. [57]

결국 이 시기 국가의 강력한 자율성은 자본축적의 조건을 보장해주고 자본주의적 질서를 재생산함으로써 자본의 장기적인 경제적·정치적 이해에 봉사하는 것이었다는 점에서 궁극적으로는 총자본으로서의 국가의 역할을 충실히 수행하는 수단이었다고 할 수 있다.

여기서 하나 짚고 넘어갈 필요가 있는 것은 군사정권이 계획한 경제개발계획은 이미 장면정권이 입안한 것이고, 5·16쿠데타가 없었다면 민주주의를 하고 경제적 평등을 제고하면서도 3공식의 빠른 경제성장을 할 수 있었을 것이라는 주장이다. [58] 이는 장면정권 스스로가 이후 민중탄압의 '보도'(寶刀)가 된 악명높은 반공법, 데모규제법을 제정하는 등 그 자신 역시 권위주의적 체제로 전환하고 있었다는 사실을 무시하고 있다. 뿐만 아니라 아직껏 제3세계의 역사는 어떠한 정권도 민주주의를 실시하고 민중의 경제적 권리를 보장, 경제적 평등을 제고하면서 동시에 급속한 자본축적에 성공한 사례를 보여주고 있지 않다. 또 이같은 논리는 3공-5공의 억압성이 민중배제적인 고도의 자본축적에 그 근원이 있는 것이 아니라 군부의 통치 유지에 그 원인이 있는 것으로 희화화시키는 것에 다름아니다. [59]

---

57) 이 시기 피지배계급의 생활상태에 대해서는 문일출, 「계급구조의 변화와 민중운동」, 『해방 40년의 재인식 Ⅱ』 (돌베개 1986)와 기독교사회문제연구원, 『70년대 민주화운동과 기독교』(1982) 및 KNCC 편, 『노동현장과 증언』 (풀빛 1984) 등을 참조.

58) 정헌주, 「민주당 정부는 과연 무능했는가?」, 『신동아』, 1985년 4월호, 262~78면.

59) 이와 비슷한 논리로 들 수 있는 것은 한국경제는 성공인데 한국정치가 문제라는, '자유주의적' 입장에서의 반(反)개발독재론이다. 이는 세칭 경제성공의 지표인

주목할 필요가 있는 또다른 측면은 이 시기의 경우 정치, 경제, 사회 각 측면에서 새로운 억압성을 제도화함에도 불구하고 원조를 무기로 한 미국의 민정이양 압력에 의해 1963년 이후에는 의회민주주의적 외양을 지니고 있었다는 점이다. 그러나 이같은 외양조차 결국 종속적 자본주의적 축적과 관련된 민중배제성, 민중억압성과 양립 불가능해짐으로써 유신을 통해 거추장스러운 이 외양까지 벗어버리고 명실상부한 ‘공개적 독재체제’로 전환하게 된다.

2) 유신시기

이와같이 강력한 대내구조적 자율성을 가지고 자본축적을 주도하던 제3공화국의 국가는 60년대말 70년대초에 이르면 심각한 구조적인 정치적 위기에 직면하게 된다.

위기의 징후는 먼저 경제적 측면에서 나타나기 시작했다. 경제적 위기는 부실기업의 속출을 수반하는 불황, 국제수지 위기, 인플레이션의 동시진행으로 현상화되었는데, 그 근본원인은 이전 시기의 고도축적의 내적 모순 그 자체였다. 도입외자에 대한 원리금상환 압박,[60] 종속성하에서의 수출주도형 산업화의 수입유발성(일본과의 수직적 국제분업의 형성에 따른 중간재·자본재 수입의 급증), 그로 인한 국제수지의 악화, 사적 자본이 취약한 축적기초를 가진 상태에서 이루어진 국가의 광범한 특혜적 지원과 그것이 야기한 무분별한 과잉투자 및 과잉시설 등 외자를 기반으로 하는 국가

고도성장과 정치의 억압성 간의 내재적 연관을 보지 못하는 오류이다. 다만 분명히할 것은 이같은 필자의 입장이 따라서 개발독재가 정당했다는 것은 결코 아니다. 또하나 분명히할 점은 라틴아메리카의 경험이 보여주듯이 억압성이 고도성장을 보장해주지는 않는다는 점이다. 한국의 경우 그나마 민중배제적 고도성장이 이루어진 것은 민중배제적 억압성과 앞에서 지적한 총자본적인 국가자율성이 있었기 때문이다.

60) 예를 들어 1970년의 경우 신규도입 외자의 30%가 원리금상환에 쓰였고 이 비율은 1974년에는 63%에 이를 것으로 당시 전망되었다. 이밖에 정윤형, 앞의 글과 이성형, 앞의 글 등을 참조.

주도의 축적이라는, 이전 시기 고도축적의 내재적 모순이 경제위기의 본질적 요인이었다. 여기에 자본주의 세계경제의 구조적 불황의 심화로 인한 선진국들의 국제통화위기와 그에 따른 보호주의 경향이라는 외적 요인 또한 수출을 침체시키고 국제수지를 점점 악화시키게 된다. 게다가 2차 계획기간중 고도성장이 정착되면서 광공업부문의 고용이 증가, 노동력수요가 급증함에 따라 노동자의 실질임금도 상승하기 시작한다. 이는 여전히 노동생산성 상승에는 훨씬 못 미치는 것이었지만 저임금만을 유일한 국제경쟁력의 원천으로 삼던 당시의 수출기업에는 커다란 부담으로 작용하게 된다.[61] 결국, 70년대초 경제적 위기는 외자와 수출에 의존한 종속적 자본축적의 내재적 모순이 세계경제의 불황 심화라는 외적 요인이 매개가 되어 나타난 국민경제의 재생산구조의 위기였던 것이다. 이런 경제적 위기는 자본축적의 조건을 보장해주어야 하는 총자본으로서의 국가의 역할이 위기에 부딪혔음을 의미하는 것이었으며, 동시에 피지배계급의 상태를 악화시켜 그들의 불만을 증폭시켰다.

70년대초 박정권이 직면한 두번째의 구조적 위기는 그간의 자본축적전략의 민중배제성과 민중억압성이 야기한, 노동운동을 비롯한 제반 사회운동의 활성화였다. 70년 11월의 전태일 분신사건, 71년 8월의 신진자동차 노조원의 대규모 파업농성, 같은 해 9월의 한진상사 파월노동자들의 KAL빌딩방화사건 등에서 드러나듯이 노동운동은 그 방식에서 격렬화, 집단화, 비합법화되는 한편, 양적으로도 급격히 팽창하는 모습을 보여주었다(1971년의 경우 노동쟁의 건수는 전해 165건의 무려 10배인 1656건). 여기에 광주대단지사건으로 상징되는 도시빈민들의 생존권투쟁, 영세소상인들의 조세저항 등 기층민중의 저항운동이 활발히 일어나는 것과 더불어 71년 선거를 전후한 느슨한 통제국면에서는 언론수호운동, 사법파동, 교수들의 대학자주화선언 등 중간층운동까지 활성화되게 된다.

이런 구조적 위기들은 이밖에도 세계자본주의 체제에서의 헤게모니 약화에 따른 미국의 새로운 세계전략으로서의 닉슨독트린, 월남의 패망 등 대외적 여건의 변화 등과 중첩되면서 정치적 위기로 전화한다. 게다가 71년

---

61) 배무기, 「한국 노동경제의 구조변화」, 『경제논집』, 제21권 제4호 참조.

의 양대 선거의 과정과 결과는 이러한 정치적 위기를 증폭시키는 또하나의
기제로 작용했다. 신민당은 대통령선거에서 총유효투표의 43.7%를 획득하
는 한편, 국회의원선거에서도 이전의 44석에서 89석으로 배가 넘는 의석을
획득하여 개헌저지선인 69석보다 20석을 더 차지하는 놀라운 성과를 거두
었던 것이다.[62]

이렇게 위기가 심화되어가자 박정권은 국가역할의 재정비를 통해 구조적
위기에 부분적으로 대응해갔다. 기업의 금융공황적 자금난을 해결하기 위
한 파격적인 8·3조치,[63] 단체교섭권과 단체행동권을 사실상 폐기하는 각
종 노동관계법의 재정비, 정권안보 수단으로서의 안보이데올로기를 강화하
기 위한 끊임없는 긴장조직[64] 등이 그것이다.[65] 그러나 이런 조치들은 경
제적 위기와 사회적 위기는 일시적으로 완화시켰지만, 민심의 광범한 이반
에 힘입은 정치적 반대세력(학생 및 재야 운동)의 저항운동과 정치적으로

---

62) 『동아연감』, 동아일보사, 1973, 196면.

63) 이에 대한 자세한 분석은 이성형, 앞의 글 참조.

64) 이 시기 박정권은 동북아의 냉전구조가 동요함에 따라 심각한 안보이데올로기의
위기를 맞게 된다. 팍스아메리카나 시대의 종결에 따른 미국의 동북아전략의 변화
는 한반도에서의 주한미군의 철수와 남북대화의 종용으로 표현되었다. 이런 상황
은 냉전체제하에서 분단구조를 차신의 존립기반의 하나로 삼아왔던 박정권에 심한
위기'감'을 가져다주었다. 그러나 더 실제적인 위협이 되었던 것은 남북대화의 진
전과 긴장완화에 따른 통일논의의 확산('선건설 후통일론'에 정면으로 도전하는)
이 박정권의 최대의 '정권안보' 수단이었던 안보이데올로기의 효율성을 희석한 데
있었다. 자신에 대한 모든 정치적 도전을 이데올로기적 도전으로 환치해 탄압해온
박정권에게 이는 중요한 정권유지수단의 동요를 의미했던 것이다. 김낙년, 「동북
아정세의 변화와 남북대화」, 『해방 40년의 재인식 Ⅱ』(돌베개 1986)와 송건호,
「60, 70년대의 통일논의」, 『한국민족주의론 Ⅱ』(창작과비평사 1983) 등 참조.

65) 이런 조치들은 비록 부분적이라고는 하지만, 형식적으로나마 의회민주주의를 표
방하고 있던 제3공화국의 헌법기조를 뛰어넘는 초헌법적 조치들로서 그 자체가 기
존의 체제운영원리를 부정하는 것이기 때문에 유신체제로의 전환과정의 일부라고
볼 수 있다. 유신체제의 수립은 체제운영원리를 표현하는 현실의 변경을 통해 최
종적으로 완성되지만, 이미 이런 조치들을 통해 시작되고 있었던 것이다. 이런 의
미에서 우리는 8·3조치를 '유신의 경제적 표현'으로, 노동관계법의 개정을 '유신
의 계급통제적 표현'으로 볼 수 있다. 김영순, 「유신체제의 수립 원인에 관한 연
구: 정치경제학적 접근」, 『오늘의 한국자본주의와 국가』, 한길사 1988, 72~73면.

세력을 확장한 야당의 비판은 오히려 고조시켰다. 이런 상황에서 이미 반공과 성장——이 두 가지는 제3공화국의 핵심적 통치이데올로기였다——이라는 명분을 상실해가고 있던 박정권에 남은 수단은 강압적 대응 외에는 없었다. 하지만 이러한 물리적 대응은 비록 형식적이라 할지라도 의회민주주의의 외연이 유지되는 상황에서는 더 큰 대정부 비판을 불러일으킬 수밖에 없었고, 이는 지속적으로 증폭되어갔다. 여기서 박정권은 제한된 의회민주주의적 외양과 기제를 허용하면서는 더이상 통치를 할 수 없게 되는 지점, 즉 체제재생산의 위기에 도달하게 된다. 종속적 자본축적의 강행과 분단구조의 유지, 그리고 그것에 저항하는 사회적·정치적 반대세력의 운동을 원천적으로 봉쇄, 체제재생산의 위기를 돌파하기 위해서는 그들에 대한 통일체제의 재정비와 아울러 그러한 작업의 장애물인 의회민주주의적 체제운영 원리의 폐기가 필요했던 것이다. 이런 상황에서 박정권이 택한 대응이 바로 유신헌법을 통한 명실상부한 공개적 독재체제(종속적 파시즘체제)로의 전환이었다. [66)]

유신체제의 수립을 통해 정치적 지반을 재정비한 국가는 원활한 자본축적을 위해 더 적극적으로 개입하기 시작한다. 중화학공업화와 해외직접투자의 유치로 대변되는 새로운 축적구조의 정비와 그것을 뒷받침할 노동통제기제의 정비가 그것이다.

10월유신을 단행한 정부는 '1980년대 1000불 소득, 100억 달러 수출'이라는 화려한 청사진을 제시함으로써 그 정당성을 확보하려 했다. 또한 저임금경쟁력을 바탕으로 한 60년대말의 수출드라이브정책은 70년대말 선진자본주의국의 보호주의적 경향, 그리고 후발개도국의 추격으로 인해 장벽에 부딪혔기 때문에 대외의존적 산업화의 기조를 유지하는 가운데 이 난관을 타개하기 위해서는 수입유발효과가 큰 중간재와 자본재 부문의 수입대체

---

66) 김영순, 앞의 글, 72~76면. 이같은 공개적 독재체제의 성립시기에 대해서는 앞에서 지적했듯이 5·16으로 보는 견해와 유신으로 보는 견해가 대립하고 있다. 이같은 공개적 독재체제로서의 종속적 파시즘은 이미 5·16에 성립되었으나 그것이 본격화한 것은 민정이양이라는 미국의 압력으로 의회민주주의적 외양마저 벗어던지게 된 유신에 의해서라고 보는 것이 합당하지 않을까 싶다. 또 이같은 유신의 성립에서 박정희의 개인적인 장기집권욕은 위에서 지적한 구조적 요인들에 중층적 결정을 한 하나의 요인 정도로 이해하는 것이 올바른 이해라 하겠다.

화와 수출상품의 고도화가 절실히 요청되었다.[67] 이러한 목표를 달성하기 위한 핵심적 수단으로 채택된 것이 바로 중화학공업화였다. 정부는 중화학공업의 핵심개발분야인 철강, 조선, 기계, 전자, 화학, 비철금속 등 6대 전략업종에 대한 개발·육성 계획을 추진하기 위하여 총 2조 9800억 원(1970년 불변가격)을 투입하는 한편 재정 및 금융 정책, 세제지원 및 산업보호 정책, 자본시장육성정책, 수입규제 및 관세 정책 등을 통해 중화학공업화에 박차를 가했다. 그 결과 한국경제는 적어도 외형상 눈부신 고도성장을 계속하게 되는바 이 시기 국가-자본 관계의 특징은 다음과 같다.

첫째, 국가는 그 어느 때보다도 강력한 대내구조적 자율성을 가지고 총자본의 역할을 수행했다. 70년대 중화학공업화의 초기단계에서 국내독점자본의 참여가 그리 적극적이지 않았다는 것은 잘 알려진 사실이다. 중화학공업은 막대한 투자가 필요하고 투자의 회수기간이 긴데다 시장전망도 불투명했기 때문에, 국가의 각종 지원정책 속에서 안이하게 성장해온 독점자본은 참여를 주저했던 것이다. 그러나 국가는 전폭적이고 집중적인 지원을 통해 민간자본을 끌어들임으로써 자신의 정책목표 쪽으로 독점자본을 유도했고[68] 결국 독점자본이 급속히 성장할 수 있게 해주었다. 이는 한국경제 사상, 총자본으로서의 국가가 자본의 단기적 이익에 반하여 장기적 이익을 강력히 추구한 가장 대표적인 사례로 꼽힌다. 민간자본의 상대적 '취약성'과 유신이라는 특수한 공개적 독재체제하에서 국가가 소유한 무소불위의 권력이 이를 가능케 했던 것이다. 독점자본의 저항에도 불구하고 총자본으로서의 국가가 구조적 자율성을 가지고 주도한 이같은 중화학공업화는 결국 독점자본의 지배가 중화학부문과 자본재부문에까지 확장되도록 만듦으로써 독점자본의 한국경제에 대한 지배를 일단 완성시키게 된다.[69]

---

67) Hochul Sonn, "Towards A Synthetic Approach of Third World Political Economy," Ph. D. Dissertation, Univ. of Texas 1987, 293~315면.

68) 이렇게 국가가 독점자본을 '견인'할 수 있었던 힘의 원천은 재정융자자금과 은행자금에 대한 통제였다. 재정융자자금은 국회의 심의와 의결이 필요한 국가예산과 달리 그 테두리 밖에서 운용됨으로써 국가의 재량권이 매우 컸다. 또한 은행 역시 여전히 국가의 강력한 통제하에 있었기 때문에 국가의 정책업종인 중화학공업에 집중적으로 투자될 수 있었다. 김견, 앞의 글, 140~47면.

69) 서울사회과학연구소, 앞의 책, 200~25면.

이 시기 국가가 자본의 단기적 이익에 반해 장기적 이익을 추구한 또하나의 사례는 '기업공개촉진법'(1972년)의 제정과 '8·3기업공개보완시책' (1974년)이다. 특히 거의 반강제로 추진되다시피 한 '8·3조치'는 민간자본이 자본시장에서 직접 자금을 조달할 수 있는 제도적 장치를 마련함으로써 중화학공업화의 추진에 필요한 막대한 자본을 조달할 수 있는 통로를 개척해준 것이었다. 실제로 개별자본은 단기적 이익에 집착하여 폐쇄적인 가족경영방식을 고집, 부분적으로 저항하기도 했으나 당시 무소불위의 국가권력 앞에서 결국은 이에 따르지 않을 수 없었다. 그 결과 75년 이후 자본시장을 통한 자금의 조달규모는 급속히 증대하게 된다.

둘째, 강력한 국가주도 속에서도 자본축적에 대한 국가의 개입양식은 60년대의 직접적인 생산활동에 대한 개입(공기업형태)에서 이제 민간자본을 주체로 한 간접적인 지원으로 옮아가는 추세를 보인다. 국가의 직접적 참여형태인 재정투자보다 간접적인 지원의 성격을 갖는 재정융자의 비중이 지속적으로 증대한 것, 60년대 국영기업에 의해 건설된 중화학기업의 민간 불하[70] 민간자본의 참여가 곤란한 사회간접자본의 건설에 대한 집중적 투자 등이 이를 입증해준다.[71]

축적체제의 재편을 통해 위기를 극복하려는 또다른 대응으로는 종전의 외채로부터 한층 '종속적'인 직접투자로 외국자본 조달방식을 바꾼 것을 들 수 있다. 이는 종속성의 심화의 대가로 날로 심각해지는 원리금상환 압력을 완화시킬 수 있는 것으로 기대됐다.[72] 따라서 각종 면세와 특혜가 보장되는 수출자유지역이 건설되었고 그 덕으로 한국은 "제3세계 중 해외투자에 가장 안전한 지역"[73]으로 평가받게 되었다. 그 결과 1971~73년에 직접투자는 무려 5배나 증가했고 1978년에는 다국적기업이 국내 제조업생산에서 차지하는 비중이 1971년의 4.8%에서 11.8%로, 전체수출에 대한 비중이 5.1%에서 19%로 급증하였다.[74]

---

70) 73년 이후 중화학부문에 대한 국영기업의 참여는 한국종합화학과 포항제철에 국한되었다.

71) 김견, 앞의 글, 165~70면.

72) 주 60 참조.

73) E. Mason et al., 앞의 책, 474면.

74) 한명화, 『한미관계의 정치경제』, 평민사 1986, 163면.

한편 이 시기 국가는 강력한 노동통제를 통해 자본의 원활한 축적을 지
원했다. 70년대초 노동운동의 일시적 고양은 자본축적에 가장 중요한 장애
물이 될 만큼 심각한 것은 아니었다. 그러나 저임금만을 유일한 대외경쟁
력의 원천으로 삼던 상황에서 이는 심각한 위협요인이 될 소지를 안고 있
었고[75] 따라서 자본측으로서는 이를 조기에 타개해야만 했다. 이러한 자본
측의 노동통제강화 욕구는 당시 자본가집단의 대정부 건의에서 잘 나타난
다. 그들은 노동조합법의 경우에는 산별체계에서 직장별체계로 전환, 유니
온샵제도의 폐지를 통한 노동자들의 ‘단결하지 않을 권리의 보장’, ‘노조의
부당노동행위’ 규제 등을, 노동위원회법의 경우에는 노동위원회의 기능 강
화 등을 요구하면서 ‘한국의 실정에 맞지 않는 지나치게 진보적인 노동법’
의 개악을 정부측에 요구했던 것이다.[76] 또 투자유치에 나선 한국에 대한
다국적기업의 요구 또한 주목할 만하다. 해외독점자본은 직접투자의 조건
으로 각종 특혜 이외에도 노동쟁의의 전면금지를 요구했고[77] 자유무역단지
설립법은 이같은 요구를 그대로 받아들여 이를 법제화하였다.

------

75) 1971년 1656건에 이르던 노동쟁의 건수가 72년 346건으로 급격히 감소한 점을
   들어 노동운동의 활성화와 유신체제의 수립이 특별한 상관관계를 갖지 않는다고
   주장하는 견해가 있다. 그러나 이는 두 수치를 무매개적으로 대비시키는 데서 오
   는 오류라고 할 수 있다. 72년 노동쟁의 건수가 급격히 감소한 것은 비상사태하에
   서 단체교섭권과 단체행동권을 사실상 박탈한 ‘국가보위에 관한 특별조치법’ 제9조
   가 발효되고 있었기 때문이며, 그럼에도 불구하고 이는 1970년 165건의 2배에 달
   하는 숫자로서 ‘보위법’이 아니었더라면 오히려 71년과 유사한 수준에 달했으리라
   는 추측을 가능케 한다. 70년대초 노동운동의 활성화가 유신체제 수립의 직접적인
   원인이 될 정도로 위협적이었던 것은 물론 아니지만 심각한 위협요인으로 부상하
   고 있었던 것만은 분명한 사실이다. (김영순, 앞의 글, 46~47면.) 또 여기서 우
   리는 라틴아메리카 등에 비해 분단 등의 특수성으로 인해 이같은 민중운동에 대한
   체제적 위험 수위 수준이 극히 낮다는 사실에 주목하여 라틴아메리카 등과 단순비
   교하는 것은 삼가야 한다.
76) 이는 자본가들의 이익단체인 전국경제인연합회, 대한상공회의소 및 경영자협의
   회를 통해 정부에 건의된 요구사항들이다. 김국원, 「국가보위법(1971. 12. 27) 제
   정과정에 관한 연구: 단체행동권 규제조항을 중심으로」, 서울대 정치학과 석사학
   위논문(1986), 32~39면 참조.
77) 김금수, 『한국노동문제의 상황과 인식』, 풀빛 1986, 118면; Harold Hakwon
   Sunoo, "Economic Development and Foreign Control in South Korea, " *Journal of*

이에 따라 일련의 노동통제 강화기제의 정비가 이루어진다. 국가는 이미 유신 이전 외국인 투자기업의 노동조합 및 노동쟁의에 관한 임시특례법(1970년), 국가보위에 관한 특별조치법 제9조(1971년)를 제정한 데 이어, 유신헌법에서 노동기본권을 제한하는 조항(제29조)을 명시하고, 73년에는 노동조합법, 노동쟁의조정법과 노동위원회법을, 다시 74년에는 긴급조치 3호와 더불어 근로기준법, 노동조합법, 노동쟁의조정법을 개악했다. 집회 및 시위에 관한 법률 역시 노동통제의 일익을 담당하는 외곽입법체제로서의 기능을 수행했다. 이런 법적 통제 이외에도 중앙정보부와 경찰을 통한 노동조합의 통제와 노사분규에의 개입, 공장새마을운동 등을 통한 이데올로기적 통제 역시 중요한 몫을 하게 된다.[78] 결국 이 시기 노동운동은 거의 합법적 공간을 얻지 못한 채 형식적인 제도적 수준에서까지 배제되기에 이르렀던 것이다.

이상의 논의에서 확인할 수 있는 바와 같이 유신체제하의 국가는 강력한 대내적 자율성을 바탕으로 노동운동을 극도로 탄압하면서 민간독점'주체'의 자본축적을 강력히 '주도'했다. 그 결과 독점자본은 급속히 성장, 한국경제 전체에 대한 지배를 완성해갔지만 이는 다른 한편에서 국민경제의 대외의존성의 심화, 국내산업간의 괴리 확대, 노동자·농민 등 기층민중생활의 피폐화와 소득분배 불균형의 심화를 가져왔다. 또 한가지 국가–자본 관계에 주목할 때 눈에 띄는 것은 독점자본의 비대화에 따른 국가통제력의 약화이다. 국가가 의도했던 민간독점'주체'의 발전은 결과적으로 국가의 대내 구조적 자율성의 상대적인 약화를 초래했던 것인데 이는 후술할 80년대 이후의 '자유화', '자율화' 과정 속에서 한층 뚜렷이 드러나게 되며 궁극적으로는 6공 들어 토지공개념법안의 변질,[79] 금융실명제의 실종, 신산업정책의 좌초 등 총자본의 입장에서 독점자본의 장기적 이익을 관철시켜나갈 수 있는 국가의 구조적 자율성의 (잠식에 의한) 결여로 귀결된다.[80]

Contemporary Asia, 제8권 제3호(1978), 328면. 일부 학자의 경우 1972년 이후의 남북협상 역시 해외직접투자유치를 위한 긴장완화의 필요성에 기인한 것으로 평가하고 있다.

78) 최장집, 『한국 노동운동과 국가』, 열음사 1985, 103~4, 106, 206면.

79) 졸고, 「자본주의국가와 토지공개념」, 앞의 책 참조.

3) 제5공화국

이같이 민중배제적·민중억압적인 '공개적 독재'체제를 기반으로 하여 종속적 자본축적을 주도하던 유신체제는 바로 그 축적구조와 억압적 통치방식으로 인해 70년대말에 이르면 다시 위기에 봉착하게 된다. 공개적 독재체제의 정당성 확보를 위해 무리하게 추진한 중화학공업화는 중복, 과잉투자를 가져왔을 뿐 아니라 '규모의 경제'로 국제경쟁력을 갖기 위해 국내수요뿐만이 아니라 세계시장까지를 겨냥해 막대한 외자도입 등을 통해 초대형으로 건설되었으나 70년대말 제2차 석유파동에 의해 촉발된 세계경제의 불황 심화를 계기로 파탄을 맞게 된다.[81]

또한 심화된 분배불평등으로 인한 피지배계급의 상태 악화는 민중들의 저항 증대, 특히 노동운동의 고양을 초래한다. 70년대 동안 고도축적을 떠받쳤던 노동자계급이 감내해야 했던 열악한 생활상태는 여러 지표를 통해 확인되는데,[82] 78년 이후의 경제위기는 이를 더욱 가속화시키는 요인으로 작용한다. 이에 따라 노동쟁의는 유신의 철권통치하에서도 76년 754건에서 77년 1064건, 78년 1206건, 79년 1697건으로 급격히 증대하며, 동일방직·YH무역 사건에서와 같이 대규모화, 격렬화, 정치화하는 양상을 보이게 된다. 이와 더불어 중간층의 이반도 광범하게 진행된다.[83] 여기에 정치적 반

---

80) 현대-6공 갈등의 이같은 측면에 대해서는 졸고, 「6공-현대 격돌, 여덟 가지 가설: 국가론의 시각에서」, 앞의 책 참조.

81) Hochul Sonn, 앞의 글, 313~14면. 당시 한국 중화학공업화의 상징인 창원공단의 가동률은 30% 수준에 불과했고 전체적으로도 폐업·휴업·조업중단 업체수는 전년에 비해 40%~130%나 늘어났다.

82) 78년의 경우 최저생계비에도 못 미치는 월 10만 원 이하의 임금을 받는 노동자가 전체노동자의 64.9%나 되었으며, 60년대 이래의 세계 최장의 노동시간과 높은 산재율도 여전히 유지되었다. KNCC 편, 앞의 책, 438면과 박상렬, 「1970년대말 한국의 정치변동에 관한 연구 시론」, 서울대 정치학과 석사학위논문(1988), 171~74면 참조.

83) 70년대 동안 상대적인 수혜자집단이었던 중간층은 70년대말 경제적 위기가 진행되면서 물가앙등, 조세부담증가의 형태로 그 부담을 전가받게 되자, '침묵하는 지

대세력에 최소한의 제한적 경쟁조차 허용하지 않았던 극도의 정치적 억압
은 야당으로 하여금 전통적인 대정부 비판세력인 재야·학생 운동세력과
연합하게 한다. 그리고 이로써 노동운동-학생 및 재야 운동-야당을 잇는
느슨한 '반(反)유신연합전선'이 구축된다.

한편 세칭 카터정권의 동북아 긴장완화정책과 '인권외교'에 적절히 부응
하지 못함으로써 야기된 것으로 알려진 한미갈등 역시 점점 심화되어, 내
부적 위기가 폭발적으로 터져나오기 시작한 79년에 이르면, 박정권의 통치
력에 대한 미국의 불신과 불안감도 극도로 고조되게 된다. 이 시기 한미갈
등에 대해서는 다양한 해석이 가능하다. 최근의 오도넬-슈미트 '민주화프
로젝트'식의 해석에 의하면 이같은 억압성의 항구화가 불가능하고 그 한계
효용이 떨어지면서 억압적 정치체제의 불안정성으로 인한 지배블록 내의
내분, 즉 해외독점자본의 '이탈'(자유화를 선호하는)로 이해될 수 있다. 그
러나 인권외교라는 외면 뒤에 내재한 한층 본질적인 갈등은 한국정부의 독
자적인 핵개발이라는 주장과 그동안의 한미간의 수직적 분업체계에 중화학
공업화 등을 통해 변화를 추구한 '민족주의적' 경제정책을 둘러싼 갈등이라
는 주장 등이 제기되고 있다. [84]

결국 이런 위기들의 중층적 작용으로 정국이 불안정으로 치닫는 가운데
터져나온 부마항쟁이 박정권을 떠받치고 있던 핵심적 하위권력분파(중앙정
보부-경호실)간의 알력을 심화시키게 되자, 마침내 유신체제는 자기균열로
붕괴하게 된다. 그러나 이 경우 역시 그 붕괴원인을 단순한 내부권력투쟁
이라는 측면에서 바라보아서는 안되며 이같은 '온건파'와 '강경파'라는 대응
양식을 둘러싼 내부분쟁을 야기한 민중저항과 유신체제의 한층 근본적인
구조적 모순, 한발짝 더 나아가 민중억압적인 종속적 자본축적의 내재적
모순으로까지 거슬러올라가 파악하여야 한다. 다시 말해, 풀란차스의 그리

지세력'에서 '조용한 저항세력'으로 변모한다. 엄청난 관권선거하에서도 득표율 면
에서 신민당이 공화당보다 1.1% 앞섰던 10대 국회의원선거 결과가 이를 잘 대변해
준다. 박상렬, 앞의 글, 168~70면.

84) 이상우, 『제3공화국 외교비화』, 조선일보사 1984, 303~66면; Bruce Cumings,
"The Origins and Development of the Northeast Asian Political Economy," *International Organization*, 제38권 제1호(1984년 겨울호), 32~33면.

스군정 붕괴원인 분석을 원용하자면, 국가의 내부갈등이 유신체제 붕괴의 “직접적 요인”이었을지는 몰라도 이같은 내부갈등 자체를 규정한 것은 민중투쟁이라는 점에서 붕괴의 “궁극적으로 결정적인 요인”은 민중저항이었다고 하겠다.[85]

유신체제 붕괴 직후의 상황은 어느 세력도 국가권력의 핵심을 장악하지 못한 유동적 상태였다. 유신체제의 붕괴가 절대적이던 국가권력 핵심의 내적 균열이라는 형식으로 이루어지게 됨에 따라, 국가권력 내부의 어느 분파도 권력을 완전히 장악할 정도의 준비를 갖출 수 없었을 뿐만 아니라, 반유신 연합세력 역시 집권을 위한 준비가 제대로 되어 있지 않은 상태에서 심한 내부분열에 빠졌고, 민중의 이해를 대변할 대체권력은 아직 성숙해 있지 않았다. 즉 맑스가 보나빠르띠슴의 등장배경으로 지적한, “자본가계급은 이미 패배하였으나 노동자계급은 지배능력을 획득하지 못한”[86] 사회적 교착상태와 유사한 상황이 전개되었다.

이와 같은 교착상태를 깨뜨린 것이 신군부의 쿠데타이다.[87] 결국 신군부는 80년 5·17비상계엄 확대와 ‘5·18민중항쟁’에 대한 무자비한 진압을 계기로 각축하던 구정치세력과 민중운동을 일거에 침묵시키면서 정치현장의 전면에 등장, ‘서울의 봄’을 급격히 냉각시켰다. 그리고 누구도 저항할 수 없는 강력한 물리력과 오랫동안 단련되어온 일사불란한 자체응집력, 나아가 해외독점자본과 미국의 공공연한 지원 내지 ‘묵인’을 바탕으로 고도의 추진력을 발휘함으로써 붕괴된 공개적 독재체제를 빠르게 복원시켰다. 잘 알려진 바와 같이 신군부에 대한 미국의 지지는 이 과정에서 중요한 역할

85) Nicos Poulantzas, *The Crisis of Dictatorships*, London: Verso 1976, 78, 85면.

86) Karl Marx, “The Civil War in France,” in Robert Tucker (ed.), *The Marx-Engels Reader*, NY: W. W. Norton & Co. 1978, 631면.

87) 최근 정계의 ‘12·12’성격 논쟁과 관련하여 김종필은 12·12는 정권찬탈을 한 것이 아니기 때문에 쿠데타가 아니라고 주장한 바 있다. 그러나 이는 80년 신군부의 쿠데타가 ‘다단계쿠데타’라는 특수성을 가진 쿠데타임을 고려하지 못한 그릇된 주장이다. 80년 쿠데타는 12월 12일을 기점으로 군부를 장악한 1단계, 4월 17일 전두환의 중앙정보부장 서리 겸임을 기점으로 국가장치 전반에 대한 장악으로 나아가는 2단계, 5월 17일을 기점으로 사회 전체에 대한 장악으로 나아가는 3단계로 구성된 다단계쿠데타이다.

을 했다. 5·16쿠데타 때와는 달리 당시 미국은 다양한 수단을 통해 신군부정권을 명시적, 묵시적으로 지지했던바, 광주민중항쟁의 진압을 위한 한국군의 작전을 승인한 것은 그 대표적인 사례라고 할 수 있다.[88] 이와 관련해 미국의 역할에 대해서는 상당한 연구가 진행된 반면, 해외독점자본의 역할에 대해서는 별 논의가 없는 실정이다. 후자와 관련, 80년 봄 당시 '투자여건의 악화'를 이유로 해외독점자본들은 차관 등 추가재원 공급을 중단하였고 이들 중 한 관계자는 공공연하게 "학생과 노동을 통제하는 강력한 정부가 나와 모든 것이 꽃피어나고 우리가 계속 이윤을 창출할 수 있게 되는 것"이 바람이라고 밝힌 바 있다.[89] 그리고 광주민중항쟁의 무력진압과 김대중 사형선고 이후 록펠러는 국제금융자본의 대표로 전두환에게 '감사예방'을 하였고 한국은 국제신용도의 회복과 함께 6억 달러의 신규차관을 빌릴 수 있었다.[90] 이와 유사하게, 칠레 아옌데정권의 몰락 역시 외적 측면에서는 미국의 사주를 받아 일어난 군부쿠데타가 그 원인으로서 주목되고 있으나 더 근본적인 것은 칠레의 국민경제에서 절대적인 비중을 차지하는 것이 구리인 점을 감안, 미국 등이 세계 구리시장을 조작함으로써 국제시장의 구리가격을 폭락시키는 등 아옌데정권에 가해진 세계자본주의 체제의 경제구조적 제약이다. 결국 맑스의 표현대로 몽둥이 앞에 자본가계급을 포함한 모든 계급을 무력하게 무릎꿇게 했으며 그럼으로써 궁극적으로는 자본의 힘과 지배를 재생시켰다.

그러면 이 시기 국가의 자본축적에 대한 개입양상과 국가-자본 관계는 어떠했는가? 이를 살펴보기 위해서는 먼저 70년대말 80년대초의 경제위기 성격부터 알아볼 필요가 있다.

70년대의 중화학공업화정책은 자본, 기술, 원자재, 시장 등을 모두 해외에 의존한 상태에서 독점자본에 대한 국가의 전폭적 지원하에 이루어진 종속적 공업화 정책이었다는 점에서 그 자체가 심각한 구조적 모순을 안고 있었다. 그 첫째는 자본 및 시설재, 원자재의 도입 증대에 따른 국제수지

---

88) Hochul Sonn, 앞의 글, 317~18면; 이삼성, 「광주민중봉기와 미국의 책임」, 『사회와 사상』, 1989년 2월호.

89) *Far Eastern Economic Review*, no. 12(1982년 11월호), 40면.

90) Anthony Sampson, *The Money Lenders*, NY: Penguin Books 1983, 224면.

의 악화였다. 국내산업관련이 약한 가공무역형의 산업구조는 수출이 증대함에 따라 수입을 동시에 증대시켰고, 이런 국제수지의 악화는 그 적자보전과 투자재원의 확보를 위한 외자도입을 다시 증대시켜 외채규모를 급속히 증대시켰던 것이다. 둘째는 부문간 불균형의 심화였다. 수출 위주의 독점자본에 대한 국가의 편중지원은 수출산업과 내수산업 간, 독점대기업과 중소기업 간, 농업과 공업 간의 격차를 확대시켰던 것이다. 이런 구조적 모순들은 70년대말 2차 오일쇼크를 계기로 세계경제가 침체로 접어들고 보호무역주의가 강화되기 시작하자 급격히 현재화되어 국민경제를 파탄 직전으로 몰아넣었다. [91]

따라서 새로 집권한 5공은 경제적 측면에서 무엇보다도 이러한 구조적 모순을 교정하여, 국민경제의 재생산기반을 새롭게 복원할 것을 요구받았다. 이에 대한 새 정권의 기본적인 정책기조는 기존의 대외지향적 축적구조를 유지하는 가운데, 합리화를 통해 독점자본에 좀더 '건전한' 축적기반을 마련하게 함으로써 국제경쟁력을 제고시키는 것이었다. 이처럼 일견 모순되게 보이는 두 가지 방향으로 나아갔다. 구체적으로 이는 '안정화'와 '자유화'를 기본골격으로 하면서 다른 한편 통폐합조치 등이 보여주듯이 "박정권도 감히 실시하지 못했던"[92] 무소불위의 강제력을 가지고 철저한 국가개입을 해나가는 것으로 나타났다. [93]

---

91) 국가의 전폭적 편중지원이 초래한 중화학분야의 과잉중복투자는 생산과정에서 자본의 과잉을 증폭시켰기 때문에 수출이 봉쇄되자 급격한 조업률 감소와 휴업속출을 가져왔다. (81년의 경우 중화학공업의 가동률은 제조업 평균가동률 88.7%에 훨씬 못 미치는 50~60% 수준이었고, 81년 현재 적자기업은 중화학공업 전체의 45%, 적자규모는 2600억 원에 달했다.) 또한 투자배분의 왜곡은 경공업부문의 설비투자와 생산성을 정체시켜 불황을 전산업에 파급시켰다. 이에 따라 대기업과 중소기업을 막론하고 광범한 기업부실화가 진행되었다. 또 이런 상황에서 정부의 불황대책은 불황을 생산의 영역으로부터 화폐의 영역으로 이전시켜 은행부실화를 초래했다. 최인철, 「1980년대 부실기업의 정리과정에 대한 연구」, 『사회경제평론』 3, (1991 한울), 71~72면과 한국사회연구소, 「80년대 한국경제의 전개와 쟁점」, 『한국경제론——80년대 한국자본주의의 구조』 (백산서당 1991), 98면 참조.

92) 사가기히라 요시오, 「한국의 재벌」, 조용범 외, 『한국독점자본과 재벌』, 풀빛 1984, 206면.

93) Hochul Sonn, 앞의 글, 316~26면 참조.

먼저 안정화정책은 70년대 동안 이상비대화된 중화학공업의 투자 조정, 불황을 전면화시키는 재정·금융 긴축정책, 환율인상, 인플레이션 억제를 위한 임금 및 추곡수매가 동결 등을 포함하는 것이었다. 안정화정책의 명분은 산업합리화를 통해 국민경제의 기반을 건전히하고 물가를 안정시킴으로써 서민생계를 보호한다는 것이었으나, 그 실제적 내용은 독점대자본에 대한 새로운 형태의 특혜적 지원과 생산 및 분배 과정에서의 민중수탈의 심화였다. 국가는 긴축정책을 통해 허약한 중소자본을 대거 도산시키는 한편, 네 차례에 걸친 중화학부문의 부실기업 정리과정에서 부실기업을 막대한 특혜와 함께 독점재벌에게 인수시킴으로써 특정 개별자본이 해당업종별로 독점적 지위를 확고히하는 데 결정적 역할을 했다.[94] 또한 긴축정책을 통한 인플레이션의 억제와 환율인상은 국제경쟁력의 확보를 목표로 한 것이었으나 그 부담은 결국 노동자, 농민 등 기층민중들에게 지웠다. 즉 70년대 이래 인플레이션을 주도한 것은 수입물가, 특히 원유 등 국제 원자재 가격이었지만 이는 통제 불가능한 변수였기 때문에 정책의 목표는 정확히 임금비용 상승의 억제에 두어졌던 것이다. 또한 이를 위해서는 농산물가격 안정이 절대적으로 필요했으므로 선진국의 국내시장 개방 압력과 맞물려 추곡수매가 동결과 농산물 수입개방의 확대가 시작되었다.[95]

이런 정책들은 안정화정책이 누구를 위한 것이었는가를 명확히 보여주는데, 이는 특히 80년초 '안정화'를 위해 대폭 인상되었던 금리가 경기부양을 위해 82년까지 무려 아홉 차례나 다시 인하된 사실에 비춰보면 더더욱 그러하다. 이는 또한 쿠데타 이후의 살벌한 분위기를 바탕으로 한 산업구조 조정과정에서의 국가의 적극적 개입과 자의적인 특혜적 지원 조치들이 후술할 자유화, 자율화의 기조 속에서도 특정 부분에서는 여전히 유지되고 있었음을, 아니 오히려 강화되고 있었음을——특히 제5공화국 초기의 경우——보여주는 것이라 할 수 있다.

다음으로 개방 및 자율화 정책에 대해 살펴보자. 이 시기 국가는 물가상승의 억제를 통해 자본의 비용절감과 비경쟁적 산업의 퇴출 효과——이것의 궁극적 목표는 독점자본 대외경쟁력의 제고였다——를 노리는 한편,

---

94) 한국사회연구소, 앞의 글, 96~99면 ; 최인철, 앞의 글, 99~114면.
95) 한국사회연구소, 앞의 글, 100~1면.

외자의 원리금상승 압박에 놓인 자본에 외국의 화폐자본을 원활히 공급하기 위해 자본시장의 개방을 추진한다. 이에 따라 농산물 수입개방이 가속화되는 한편, 88년 IMF 8조국의 가입에 이르기까지 단계적인 자본시장의 개방이 이루어진다. 또한 이런 자본자유화의 본격적 추진을 위해서는 국내 금융산업의 정비, 즉 시중은행의 민영화 및 국가간섭의 축소, 금리자유화, 통화금융정책상 간접규제방식으로의 전환이 요구되었다. 이를 위해 국가는 고금리정책을 포기하고 금리인하조치를 취함과 동시에 단기화폐시장을 부양하고 은행을 민영화했다. 그리고 이로써 산업독점자본은 은행자본뿐만 아니라 제2금융권까지 소유하는 진정한 의미의 금융자본으로 전환하게 된다.[96]

이 시기 국가-자본 관계는 기본적으로 성장한 독점자본의 힘을 반영하여 국가 개입과 규제양상에서 변화를 보이기 시작했다. 70년대의 집중적인 중화학공업 투자로 급성장한 독점자본은 국가가 자본가계급에 대해 이전과 같이 과도하게 간섭하는 것을 어렵게 했을 뿐 아니라(이는 국가가 주도한 독점자본 육성전략이 국가 자신의 대내구조적 자율성을 약화시키는 결과를 가져왔음을 의미하는 것이었다)[97] 이미 그런 방식으로는 효율성 역시 기대할 수 없는 상황을 만들어냈던 것이다. 따라서 국가는 경제를, 기본적으로는 시장의 자율조정능력에 맡겨야 한다는 자유주의적 주장을 받아들이면서, 군사작전을 방불케 하던 70년대의 명령적 계획에서 후퇴하여 지침만을 제공하는 '지시적 계획'(indicative planning)으로 전환한다.[98]

---

96) 이와같은 금융자율화와 자본자유화는 성장한 독점자본의 내재적 욕구와 외채위기로 인한 직접금융방식의 화폐자본조달 요구, 이런 독점자본의 요구에 부응하면서 국내의 허약한 정통성을 '선진조국'의 OECD 가입이라는 허구로 보완하고자 했던 전두환정권의 정치적 필요, 그리고 미국을 비롯한 선진자본주의 국가의 자본시장 개방압력 등이 어우러진 결과였다. 배광복, 「80년대 경제정책과 국가」, 한국정치연구회, 『한국정치론』(백산서당 1989), 173~79면 참조.

97) 80년 8월 초헌법적인 국보위의 투자조정조치가 자본의 반발에 부딪혀 실패하게 된 것은 이제 독점자본이 국가의 정책에 의해 전적으로 좌우될 수 없을 만큼 성장했음을 상징적으로 보여주는 것이었다. 김견, 앞의 글, 168~70면; 배광복, 앞의 글, 181~82면 참조.

98) 사적 자본 주도의 시장메커니즘의 회복을 요구하는 IMF 및 미국의 압력과 당시 국가기구에 대거 진출한 통화주의적 관료들의 주장도 이런 정책기조의 전환에

그러나 앞서 언급한 바와 같이 이런 변화는 일시에 전면적으로 이루어진 것이 아니라 선별적이지만 철저하고도 적극적인 개입과 병행하여 이루어졌고 따라서 국가-자본 간의 일정한 갈등을 수반하기도 했다. 이 시기 국가개입에 대한 자본의 입장은 양면적인 것이었다. 자본은 각종 특혜조치 등 자신의 단기적 이익이 되는 국가개입은 적극 환영하면서도 총자본으로서의 국가가 장기적인 자신의 이익을 위해 단기적인 이익을 희생할 것을 요구할 경우에는 이에 즉각 반발——그 정도는 상황과 사안에 따라 달랐지만——했던 것이다.[99] 따라서 국가는 총자본으로서의 합리화정책을 수행하면서도 다른 한편으로는 구조적 자율성의 한계로 인해 총자본적 정책을 일관성있게 추구하지 못한 채 성장한 독점자본의 '편협한 단기적' 이익에 바탕을 둔 요구에 굴복, 정책을 부분적으로 수정하는 모습을 보여야 했다.[100]

전체적으로 보아 이 시기 국가의 총자본으로서의 기능은 성공적이었던 것으로 보인다. 총자본의 입장에서 산업구조조정과 각종 합리화조치에 의해 한층 '건전한' 자본축적의 기초를 마련하려 했던 국가의 정책은 독점자본의 반발에 부딪혀, 그리고 정치자금의 조성과 관련된 경제외적 요구 등으로 인해 상당정도 왜곡되기도 했지만, 한편으로는 상당한 성과를 거두게 된다. 85년 이후 창출된 3저호황의 상황에서 나타난 한국경제의 눈부신 성

중요한 역할을 했다. 배광복, 앞의 글, 160, 163면 ; 김견, 「1980년대 한국자본주의와 투자조정」, 『사회경제평론』 3, 1991, 16면. 그러나 서구 '탈규제'와 '자유화'를 내세운 새처주의가 국가독점자본주의로부터 (순수)독점자본주의로의 복귀를 의미하지 않듯이 이같은 규제양식의 변화가 종속적 국가독점자본주의 내지 국가자본주의로부터 종속적 독점자본주의로의 변화를 의미하지는 않는다.

99) 중화학 투자조정 조치의 경우, 문어발식 기업확장을 도모하던 독점자본은 정부의 합리화와 업종전문화에는 강력히 반발하면서도 주력업종에 대한 특혜지원 및 부실기업의 특혜적 인수는 기꺼이 받아들였다. 또한 수입자유화의 여건 미성숙을 들어 공산품시장(특히 자신의 주력업종인 독과점품목)의 전면개방에는 반대하면서도 자본시장의 자유화와 농산물 수입개방에는 적극 찬성했다. 배광복, 앞의 글, 170~71면과 173~74면 및 한국사회연구소, 앞의 글, 104~10면.

100) 중화학 조정에서 보여지듯 국가는 독점자본과 외국자본의 요구에 밀려 구제금융, 원리금상환유예, 신규기업의 참여억제 조치 등을 실시했고, 이러한 지원에도 불구하고 내수의 침체와 수출부진으로 독점자본의 적정이윤이 보장되지 않을 경우 세율인하, 수요자금융방출 등 노골적으로 특정 개별자본이나 독점자본 분파의 이익을 대변해주었다. 배광복, 앞의 글, 181면.

장은, 국제적인 호조건에도 힘입은 바 크지만 기본적으로는 1970년대말에 이루어진 중화학공업에의 투자와 80년대초 취해진 이런 제반 조치들이 초래한 국제경쟁력 증대의 결과였다고 할 수 있다.

　그러나 이런 성장을 가능하게 한 또하나의 중요한 변수로 우리는 쿠데타로 집권한 정권의 강력한 사회통제, 특히 노동통제를 들지 않을 수 없다. 이 시기 노동정책은 노동3권의 부정으로 집약된다. 신군부는 '사회정화'라는 미명하에 민주적인 노조지도자들을 다수 삼청교육대로 보내 노동운동을 초토화시켰고 광주학살을 통해 민중운동을 잠재웠다. 이밖에 80년대초 개악된 노동관계법들은 기업별노조의 법적 설립조건을 엄격히 규정하여 노조의 설립 자체를 어렵게 했을 뿐만 아니라, 외부의 도움을 받을 여지를 차단했고, 노조가 '공익'을 저해할 염려가 있다고 판단될 경우에는 노조의 해산권 및 임원개선권까지 국가가 보유하도록 했다. 또한 노동자의 단체행동권의 적용범위 및 시행절차에도 여러가지 제약을 두어 합법적인 단체행동을 사실상 불가능하게 만들었다.[101] 따라서 노동자들의 단체행동은 자연히 불법적인 것이 될 수밖에 없었는데 이런 '불법쟁의'가 발생할 경우 국가는 이를 물리력을 동원해 강압적으로 진압하고 연행, 구속, 블랙리스트로 대응했다.

　이와같은 노동운동에 대한 극심한 탄압은 생산과 분배의 영역 모두에서 민중부문에 대한 착취와 수탈을 가속화시켰던 안정화·자유화 정책과 더불어 이 시기 국가의 반민중적 성격을 여실히 드러내주는 것이라 할 수 있다. 이는 이 시기 자본축적의 영역에서 '자유화'가 진전된 것과 좋은 대조를 이룬다. 그러나 이와같은 노동자들을 비롯한 피지배계급에 대한 억압성의 강화는 종속적 축적구조를 유지하는 가운데 취약한 국제경쟁력을 갖는 독점자본의 이익을 보장하기 위해서는 필연적일 수밖에 없는 것이었다. 홉스와 프리드만을 결합한 야누스[102] —— 이것이 제5공화국의 얼굴이었다.

---

101) 박승희, 「대기업 일관조립작업장의 노동통제에 대한 사례연구」, 성균관대 사회학과 박사학위논문, 1989.

102) 이는 라틴아메리카의 경제적 자유주의와 정치적 전제(專制)에 대한 보론의 풍자적 표현이다. Atilio Boron, "Latin America: Between Hobbes and Freedman," *New Left Review*, no. 130(1981년 11·12월호), 45~66면.

한국자본주의: 탈(脫)독점과 탈(脫)종속은 가능한가

1. 머 리 말

　한국사회는 기로에 서 있다. 그동안 성장일변도의 경제정책에 의해 누적되어온 사회의 총체적 모순은 억압적 정치체제에 의해 현상화되지 못하고 잠복되어오다가 87년 6월항쟁 이후 폭발되어 급기야 정부로 하여금 스스로 '총체적 위기'를 선언하게 만들고야 말았다. [1] 그러나 이같은 위기는 소련, 동구의 개편으로 가시화된 거대한 현실사회주의의 위기라는 '남의 위기'에 가려서 상대적으로 관심권 밖으로 밀려나 있는 것이 현재의 이론적 정세이다.

　그러나 현실사회주의의 위기라는 '남의 위기'가 한국사회가 역사적 기로에 서 있다는 것, 한국사회가 그 내적 모순의 응집에 의해 위기에 처해 있다는 사실에서 벗어나게 해주는 것은 아니다. 이 경우 한국사회가 위기에 처해 있다는 것은 위기가 발전의 계기이기도 하다는 점에서 한국사회가 파국으로 치닫고 있다는 의미는 아니다. 문제는 이같은 위기에 어떻게 대처함으로써 이를 발전의 계기로 만드느냐는 것이다. 따라서 2천년대를 눈앞

---

* 구범모가 편저한 『2000년대와 한국의 선택』(한국정신문화연구원 1992)에 수록된 논문.

에 두고 한국사회의 현주소를 정확히 진단하고 이를 기초로 올바른 선택을
하는 것은 무엇보다도 시급한 과제라 하지 않을 수 없다.

　이 논문은 이같은 문제의식을 바탕으로 한국사회를 규정짓는 가장 주요
한 다이내믹한 한국자본주의의 현주소를 과학적으로 진단하고 이를 기초로
그 문제점과 발전전망, 문제점 극복전략을 분석하는 데 그 목적이 있다.

2. 한국자본주의의 현주소

1) 이론적 쟁점들

　한국경제는 구제불능의 만성적 "원조중독환자"[2]로부터 제3세계사상 가장
성공적인 경제성장을 이룬 대표적인 성공사례로 각광을 받아왔다. 그러나
한국경제의 과학적 평가에 대해서는 서구학계만 하더라도 이같은 성공사례
로 간주하는 주류이론으로부터[3] "제국주의 지배의 새로운 형태로서의 종속
적 산업화에 불과하다"는 종속이론류의 좌파적 평가,[4] 그 성공을 인정하고
이를 계급적 투쟁의 산물로 이해하는 더 '정통좌파'적 시각[5]에 이르기까지
다양한 평가가 이루어지고 있다. 국내학계의 경우도 한국경제에 대해, 세
칭 한국사회성격이란 형태로 광범위한 논쟁이 진척되어오고 있다.

---

1) 이같은 위기의 여러 측면에 대한 한 연구로는 김석준, 『한국자본주의 국가위기
　　론』, 풀빛 1991.

2) Karl Moskowitz, "Korean Development and Korean Studies," *Journal of Asian
　　Studies,* vol. XLII, no. 1(1982년 11월호), 64면.

3) Larry Westphal, "The Republic of Korea's Experience with Export-Led Industrial
　　Development," *World Development*, vol. 6, no. 3(1978년 3월호), 347~82면.

4) Martin Landsberg, "Export-Led Industrialization in the Third World: Manufac-
　　turing Imperialism," *The Review of Radical Political Economics*, 11(1979년 겨울
　　호), 50~62면.

5) Clive Hamilton, *Capitalist Industrialization in Korea*, Boulder: Westview Press
　　1986.

궁극적으로 한국경제에 대한 평가는 크게 보아 한국자본주의의 성숙도 내지 발전단계, 한국자본주의의 자립도, 발전전망에 대한 문제로 집약될 수 있다. 여기서 한국자본주의의 현주소란 이중 앞의 두 가지 문제(성숙도와 자립도)라 할 수 있는바, 이 장에서는 바로 이같은 문제에 초점을 맞추어 한국자본주의의 현실을 실증적으로 분석해보고자 한다.

우선 이에 대한 예비적 준거틀로서 이들 문제에 관해 그간 제기된 이론들의 입장을 간략하게 요약해 소개하면 다음과 같다.

주류이론의 경우 신고전주의건 중상주의 이론이건 모두 한국자본주의가 그 성숙도에서 선진국과 후진국의 중간수준인 중진국(흔히 신흥공업국 NICs으로 표현되는) 수준에 이르렀고 자립도 역시 중간수준에 이르러 있으며 앞으로 계속 자립화되어나갈 것이라는 낙관론적 발전전망을 제시하고 있다.[6]

반면 이에 비판적인 '급진이론'의 경우 그 평가가 다양하게 나누어져 있다. 우선 '식민지반자본주의론'의 경우 한국자본주의의 성격이 자본주의는 자본주의이되 전근대성이 지배적인 반(半)자본주의로 자립도도 극히 낮아 '식민지'에 다름아니고 그 전망 역시 극히 비관적이라는 것이다.[7] 주변부자본주의론은 한국자본주의 성격이 자본주의이기는 하지만 생산력의 발전이 저급한 자본주의(주변부자본주의)이며 자급도 역시 주변부로서의 종속성을 벗어나지 못해 낮고, 발전전망에 대해서는 그 주변성으로 인한 생산력발전의 일정한 한계로 탈종속의 가능성이 원천적으로 봉쇄되어 있다고 주장하는 입장이다.[8] 한편 종속적(신식민지) 국가독점자본주의의 경우 한국자본주의가 그 성숙도에서 발전된 자본주의(국가독점자본주의)에 이르러 있으나 종속성을 갖고 있다고 주장하고 있다. 그러나 발전전망에 대해서는 종속이 계속 심화되어 탈종속의 전망이 없다는 입장으로부터 종속이 약화

---

6) 정부의 공식입장 참조.

7) 한기영, 『한국사회성격논의』(대동 1989)와 대동편집부 엮음, 『민족과 경제』(대동 1989) 등.

8) 이대근, 「한국자본주의의 성격에 관하여」, 『창작과비평』, 제57호(1985), 346～73면; 정성진, 「80년대 한국사회구성체논쟁과 주변부자본주의론」, 『한국사회연구』, 제5권, 한길사 1987, 7～33면.

〈표 1〉 한국자본주의에 대한 이론의 평가

	성숙도	자립도	발전전망
중진국론(신흥공업국)	중간수준	중간수준	자립화, 선진화
식민지반(半)자본주의론	전근대적 반(半)자본주의	식민지	극히 부족함
주변부자본주의론	생산력발전 취약	종속성	생산력발전에 한계, 종속심화
종속적(신식민지) 국가독점자본주의론(Ⅰ)	고성숙(국가독점자본주의)	종속성	독점강화 / 종속심화
종속적(신식민지) 국가독점자본주의론(Ⅱ)	고성숙(국가독점자본주위)	종속성 내지 비대칭적 상호의존	독점강화 / 종속약화
종속적(신식민지) 국가독점자본주의론(Ⅲ)	고성숙(국가독점자본주의)	종속성	독점강화 / 종속심화 약화 여부 구체분석
중위자본주의론	중간수준(생산력, 생산관계 면)	종속 내지 비대칭적 상호의존	탈종속, 선진화

되고 있다는 입장, 나아가 종속심화약화는 법칙적으로 예측할 수 없고 구체분석의 대상인 '열려진 문제'라는 입장으로 내부분화가 이루어져 있다.[9] 마지막으로 중진자본주의론은 한국경제가 자본주의적 관계가 지배적이나 비자본주의의 부문이 널리 존재하고 생산력과 생산관계의 발전수준이 중위수준에 이르러 있으며 대외적으로는 선진국에 대해 종속적 내지 비대칭적으로 상호의존하고 있으나 제3세계에 대해서는 '선진국'으로서 아제국주의적 입장을 취하고 있고, 앞으로 지속적으로 탈종속화를 거쳐 자립화를 이

---

9) 그 대표적인 입장으로는 윤소영, 「식민지반봉건사회론과 신식민지 국가독점자본주의론」, 『현실과 과학』, 제2호(1988); 이병천, 「한국사회성격론 및 변혁론 연구의 새로운 전진을 위하여」, 박현채 외, 『한국사회구성체논쟁(Ⅰ)』(죽산 1989), 573~607면; 이성형, 『라틴아메리카자본주의논쟁사』(까치 1990) 등.

루게 될 것이라는 낙관론을 펴고 있다.[10]

앞에서 요약한 이론들의 입장을 정리해보면 다음과 같다(표 1 참조).

2) 발전단계

한국자본주의는 과연 얼마나 성숙했고 어떠한 발전단계에 이르러 있는가? 한 경제의 성숙도 내지 발전단계를 판단하는 중요한 기준 중의 하나는 생산력 발전수준이다. 단 이같은 생산력의 발전수준(비록 경제발전수준 일반은 아니더라도)을 측정하는 지표로는 역시 1인당 GNP가 가장 단순하면서도 효과적인 지표라고 할 수 있다.

한국의 1인당 GNP는 89년 현재 4994달러 수준으로 제3세계 내에서는 선두주자군에 속해 있으나 스위스, 미국, 일본, 독일 등 선진국의 1/6~1/4 수준에 불과하고 같은 아시아 신흥공업국 내에서도 하위그룹에 속해 세계적으로 약 40위 수준에 불과한 실정이다(표 2 참조).[11]

이같은 선진국과의 생산력격차는 정부의 극히 낙관론적인 전망에 의하더라도 한국이 지금과 같은 고도성장(연평균 7%)을 계속하고 선진국이 현재의 성장속도(연평균 3%)를 유지하는 경우 선진국수준을 좇아가는 데 약 35년이 걸리는 격차이다.[12] 이같은 현재의 발전수준을 놓고 '중진자본주의' 류의 '중위수준'(선진도 아니고 후진도 아닌 중간단계)이라는 명칭을 붙일 수도 있으나 이같은 분류는 그 기준이 극히 자의적인 성층론(stratification)적 분류로 문제가 많다는 점에서 다만 제3세계 중 선두주자군이기는 하나 선진국과의 격차는 아직 현저하다는 정도로 요약하는 것이 오히려 적합하다고 할 수 있다.

그러나 이같은 1인당 GNP를 중심으로 한 생산력 발전수준 분석은 유용

---

10) 中村哲, 『세계자본주의와 이행의 이론』(비봉출판사 1991), 27~92면; 안병직, 「중진자본주의로서의 한국경제」, 『사상문예운동』, 제2호(1989년 겨울호), 8~29 면; S. S. 수술리나, 『남한경제론』(솔밭 1989) 등.

11) 한국은행, 『세계 속의 한국경제』, 1991.

12) 21세기위원회, 『한국의 현안과 기본발전방향』, 1990년 12월, 121면.

〈표 2〉 1인당 GNP

(단위: 달러)

순위	국 가 명	1989	순위	국 가 명	1989
1	스　　위　　스	28,055	36	그　리　스	5,354
2	룩 셈 부 르 크	25,120	*	사 우 디 아 라 비 아	..
3	일　　　　본	23,463	38	오　　만	5,177
4	핀　란　드	23,231	*	리　비　아	..
5	스　웨　덴	21,834	40	한　　국	4,994
6	미　　국	20,907	*	트 리 니 다 드 토 바 고	..
7	노 르 웨 이	20,881	*	포 르 투 갈	..
8	캐　나　다	20,147	43	체 코 슬 로 바 키 아	3,225
9	덴　마　크	19,832	*	가　　봉	..
10	아 이 슬 란 드	19,684	*	수　리　남	..
11	서　　독	19,404	*	아 르 헨 티 나	..
12	카　타　르	..	*	유 고 슬 라 비 아	..
13	아 랍 에 미 리 트	17,592	48	헝　가　리	2,730
14	호　　주	17,526	49	우 루 과 이	2,620
15	프　랑　스	17,061	50	남아프리카공화국	2,521
16	오 스 트 리 아	16,468	*	알　제　리	..
17	벨　기　에	15,646	*	이　라　크	..
18	네 덜 란 드	15,040	*	브　라　질	..
19	이 딸 리 아	14,852	54	루 마 니 아	2,298
20	영　　국	14,732	55	베 네 수 엘 라	2,172
21	뉴 질 랜 드	11,907	56	말 레 이 시 아	2,099
22	쿠 웨 이 트	11,260	57	모 리 셔 스	1,995
23	홍　　콩	10,916	58	보 츠 와 나	1,967
24	싱 가 포 르	10,780	59	파　나　마	1,937
*	이 스 라 엘	..	*	칠　레	..
26	스　페　인	9,637	*	페　루	..
*	브 루 나 이	..	*	멕　시　코	..
*	바　하　마	..	*	쿠　바	..
29	아 일 랜 드	8,441	*	이　집　트	..
30	대　　만	7,512	*	그 레 나 다	..
*	바　레　인	..	*	피　지	..
*	이　　란	..	*	시　리　아	..
*	바 베 이 도 스	..	68	코 스 타 리 카	1,650
*	키 프 로 스	..	69	자 메 이 카	1,470
35	몰　타	5,877	70	터　키	1,417

주: 별표로 표시되어 있고 1인당 GNP가 표기되지 않은 것은 1989년 통계가 없는 것으로 전년도 기준으로 가상적으로 순위를 잡은 것임.

하기는 하나 이를 통해 자본주의의 발전단계와 관련된 한국경제의 구조적 특성을 파악하기는 어렵다는 점에서, 한층 본질적인 '질적 규정'이란 측면에서 한국자본주의의 성숙도를 분석하는 것이 필요하다 하겠다.

자본주의의 총체적인 질적 규정에 대해서는 전통적으로 경쟁적 자본주의, 독점자본주의 등이 그 중요한 유형으로 제기되어왔고 이밖에 제3세계적 변형으로서 앞에서 본 반(半)자본주의, 중진자본주의 등이 새로운 이론틀로서 거론되고 있다. 이중 "원자재의 공급과 기술, 금융 할 것 없이 모든 면에서" "자본주의적 관계의 발전이 비정상적이고 전근대적인 자본축적을 거쳐 이루어"[13]진다는 질적 규정을 내리고 있는 반(半)자본주의류의 논리를 일단 논외로 한다면 결국 특정 자본주의의 핵심적인 질적 규정이란 그 발전도가 독점자본주의에 이르렀는지 여부, 어떠한 독점자본이냐(단순독점, 국가독점)라는 문제라고 할 수 있다. 따라서 이같은 문제의식에서 한국자본주의의 성숙도를 실증적으로 분석해볼 필요가 있다.

특정 자본주의가 독점자본주의냐 아니냐 하는 것은 독점자본, 특히 금융과두제가 확립되어 경제 전체(재생산구조)에 대해 질적 규정력을 갖고 있느냐의 문제이다. 이를 더 구체적으로 이야기하자면 ① 독점자본이 확립되어 있느냐, ② 이들 독점자본이 단순히 존재하는 것이 아니라 경제 전체에 지배력을 갖느냐는 것이다. 또 ①의 경우 문제는 단순한 생산의 집중, 집적의 규모에 달려 있는 것이 아니라 이들 자본이 지속적이며 안정적으로 '독점초과이윤'을 확보하고 있느냐의 문제이다.[14] 국내논쟁의 경우도 이같은 한층 엄격한 잣대로 독점초과이윤 문제를 실증적으로 검증해보려는 중요한 시도가 있었으나 여러가지 방법론적 문제들이 내재해 있다 하겠다.[15]

한 연구자는 상장기업을 기준으로 대기업의 이윤율이 1982~85년간 평균

---

13) 대동 편집부 엮음, 앞의 책, 158면.

14) Lenin, "Imperialism and the Spirit in Socialism," *Collected Works*, vol. 23, 114면; Dieter Klein, 『자본주의 정치경제학 II』 (세계 1990), 49~63면 등.

15) 이재희, 「한국대기업의 독점화과정 연구」, 서울대학교 경제학과 박사학위 논문, 1989; 정성진, 「독점강화론비판」, 『동향과 전망』, 1990년 겨울호, 286~307면. 이의 문제점에 대해서는 조원희, 「현대자본주의에서 독점분석의 방법론」, 『민족지평』, 1991년 봄·여름호, 182~213면, 특히 207면; 양원태, 「한국자본주의 연구의 이론적·실증적 쟁점」, 『현실과 과학』, 제9호(1991), 264~68면 등 참조.

〈표 3〉 독점초과이윤의 역사적 추세

	평균이윤율		A-B
	대기업(A) (독점이윤)	중소기업(B)	(독점초과이윤율)
1975~78	11.53	8.06	3.47
1979~81	12.21	8.22	3.99
1982~85	12.72	7.55	5.17

자료: 이재희, 「한국대기업의 독점화과정 연구」, 서울대학교 경제학과 박사학위 논문, 1989.

12.72%로 같은 기간의 중소기업의 이윤율(7.55%)보다 무려 5.17%나 높은 독점초과이윤을 누리고 있으며 이같은 독점이윤과 평균이윤 간의 격차가 역사적으로 벌어지고 있음을 통해 독점심화 추세까지도 실증하고자 하였다 (표 3 참조).

이에 대해 이같은 이윤율 산출방식에 문제가 있고 독점자본의 이윤율이 오히려 중소자본의 이윤율보다 낮다는 반론이 제기되었고 이 반론에 대해 다시 방법론적 문제점들이 지적된 바 있다. 이 문제와 관련하여 현재의 이론수준과 접근 가능한 자료의 제한성을 감안할 때 독점초과이윤의 존재 여부라는 한층 엄밀한 기준에 의한 성숙도 판단은 거의 불가능한 현실이다.

이같은 한계를 전제로 하여 한국자본주의의 독점자본주의화 문제를 차선적 방법으로 생산의 집적(양적 팽창)과 집중(소수에의 집중화) 가운데서 질적 규정에 좀더 가까운 집중도의 문제와 이같은 독점자본주의 경제 전체에 대한 지배력이라는 시각에서 실증·분석해보고자 한다.

한국경제에 독점자본이 확립되어 있는지 여부와 그 시기에 대해서는 이견이 분분하나 삼백(三白)산업으로 일컬어지는 제1공화국하의 원료가 공산업에서 일종의 '조기적 독점' 형태의 맹아를 발견할 수 있다.[16] 이후 60년대부터 시행된 수출주도형 산업화와 관련, 재벌기업들의 경제적 집중이 가속화되어왔다.

---

16) 변형윤, 「한국의 경제발전과 독점자본」, 변형윤 외, 『한국사회의 재인식 Ⅰ』, 한울 1985, 203~30면.

〈표 4〉 재벌기업 집중도

(단위: %)

	고 용			출 하 액			수 출 액	
	1977	1985	1987	1977	1985	1987	1977	1985
5대	9.1	9.7	9.9	15.7	23.0	22.0	24.2	27.0
10대	12.5	11.7	11.9	21.2	30.2	28.2	29.0	32.2
20대	17.4	15.5	15.1	29.3	36.4	33.9	35.3	38.3
30대	20.5	17.6	17.6	34.1	40.2	37.3	38.5	41.3

자료: 한국사회연구소, 『한국경제론』, 백산서당 1991, 196면.

우선 대기업의 대기업이라고 할 수 있는 재벌기업의 경우, 5대재벌기업이 고용을 기준으로 77년에 전체의 9.1%, 85년에 9.7%이던 것이 87년에는 9.9%를 차지하고 있고 초과액을 기준으로 할 때는 77년 15.7%, 85년 23%, 87년 22%를 차지하고 있는 것으로 나타나고 있다. 30대 계열기업을 기준으로 할 경우 87년을 기준으로 우리나라 전체고용의 17.6%, 전체출하액의 37.3%, 수출의 41.3%를 점하고 있는 놀라운 집중도를 보여주고 있다(표 4 참조).

특히 여기에서 주목해야 할 것은 70년대말 중화학공업화와 관련,[17] 독점적 대자본의 중화학공업에서의 집중도는 이보다 훨씬 높은 수준을 기록함으로써 중화학부문과 관련된 제1부문(자본재부문)에서 독점이 '완성'되었다는 점이다. 즉 87년 현재 4대재벌의 매출액이 전체 제조업부문의 매출액에서 차지하는 비율이 22%에 이르고 있는 반면 중화학공업에서는 집중률이 그 배인 55.1%에 달하고 있는 실정이다. 이를 12대재벌을 기준으로 해서 볼 경우 전체제조업의 매출액집중률은 33.4%, 중화학공업의 매출액집중률은 무려 85.4%에 이르고 있다(표 5 참조).[18]

---

17) 이에 대해서는 정관용, 「중화학공업화 정책을 통해 본 한국의 국가성격」, 한국산업사회연구소, 『오늘의 한국자본주의와 국가』, 한길사 1990; 김견, 「한국의 중화학공업화과정에서의 국가개입의 양상과 귀결」, 한국산업사회연구소, 앞의 책, 90~183면.

18) 이재희, 앞의 글, 109면.

〈표 5〉 재벌기업의 중화학부문 집중도

	4대재벌		12대재벌	
	전체제조업	중화학공업	전체제조업	중화학공업
1972	7.0	24.0	14.6	43.1
1978	13.3	39.5	21.2	55.5
1981	16.2	45.9	31.5	83.7
1987	22.0	55.1	33.4	85.4

〈표 6〉 대기업의 집중도

	1970	1975	1980	1985	1987
사업체수	2.9	3.8	3.4	2.5	2.4
생 산 액	69.7	69.3	68.1	64.6	62.2
부가가치	71.2	68.3	64.8	62.4	60.6
출 하 액	–	69.2	68.0	64.7	62.0

주: 1970년은 200인 이상, 그 이후는 300인 이상 고용기업.
자료: 한국사회연구소, 『한국경제론』, 백산서당, 1991, 296면.

한편 독점대기업이 반드시 계열기업(재벌기업)은 아니라는 점에서 이를 대기업 대 중소기업이라는 생산규모 기준으로 비교해볼 필요가 있다. 이렇게 비교할 경우 대기업의 집중도는 더욱 크다는 것을 알 수 있다. 즉 87년 현재 300인 이상을 고용하고 있는 대기업은 전체사업체 중 2.4%에 불과하나 전체생산액의 62.2%, 전체부가가치의 60.6%, 출하액의 62%를 차지하고 있다(표 6 참조).

그러나 이같은 제1부문을 비롯한 제조업 전반 내지 산업자본에서의 독점의 '완성'에도 불구하고 문제가 되는 것은 금융자본과 '금융과두제'의 성립 여부 문제이다. 즉 독점자본주의란 단순한 산업적 독점을 넘어서 이같은 독점적 산업자본과 은행자본이 결합한 '금융과두제'의 확립을 기준으로 한다는 고전적 명제[19]를 엄격히 적용하려는 입장에서 볼 때 한국의 경우

---

19) Lenin, *Imperialism: The Highest Stage of Capitalism*, New York: International Publishers 1979, 89면.

5·16군사쿠데타 이후 금융기관의 국유화가 이루어지게 되는바[20] 금융과두제가 부재하다는 문제를 제기할 수 있기 때문이다.

그러나 국가소유의 금융자본을 단순히 국가소유라고 파악할 것이 아니라 총체적인 독점자본주의의 재생산구조 속에서 '총독점자본의 소유'[21]라는 입장에서 이 문제에 접근해야 하며, 이밖에 80년대 이후의 은행민영화에 따른 은행소유에서 나타나는 집중화현상과 날로 그 중요성이 커지고 있는 제2금융권에서의 집중화에 주목하여야 한다. [22]

즉 1980년 12월 '일반은행 경영의 자율화방안'이 마련된 이후 1981년 한일은행, 1982년 서울신탁은행, 제일은행, 1983년 조흥은행 순으로 시중은행들이 민영화되고 은행자율화가 이루어지면서 산업독점체(특히 재벌기업)의 은행소유, 이에 따른 금융자본의 성립이 빠르게 진척되어왔다. 예를 들어 재벌기업 중 가장 많은 은행주식을 가지고 있는 삼성그룹의 경우 1988년말 현재 조흥은행 전체주식의 7.7%, 상업은행의 11%, 제일은행의 5.3%, 한일은행의 6.3%, 서울신탁은행의 2.7%, 한미은행의 6.7%를 보유하고 있고 여기에 그치지 않고 지방은행까지 손을 뻗쳐 대구은행의 주식 중 11%를 장악하고 있다(표 7 참조).

산업자본에서와 같이 시각을 더 넓혀 비(非)자본기업 대기업을 포괄해 대기업의 은행자본 집중도를 분석해보면 은행주식의 1% 이상을 소유한 '독점자본'이 시중은행의 경우 한미은행 주식 전체의 94.91%, 가장 낮은 신한은행의 경우 전체주식의 4.20%를 소유, 평균 36.30%를 소유하고 있는 것으로 집계되고 있다. 이같은 현상은 지방은행에도 마찬가지로 나타나 최고 60.91%(제주은행)로부터 최저 8.78%(충북은행)에 이르기까지 평균 34.62%를 독점적 대자본이 소유하고 있는 것으로 나타나고 있다(표 8 참조).

이는 대주주 동일인에 의한 주식소유한도 8% 조항이 사실상 유명무실해

---

20) 이 과정과 그 함의에 대해서는 Hochul Sonn, "Towards A Synthetic Approach of Third World Political Economy: The Case of South Korea," Ph. D. Dissertation, Univ. of Texas at Austin, 1987, ch. 10.

21) 짜골로프, 『정치경제학교과서 Ⅰ-3』, 새길 1989, 129면.

22) 류제한, 「한국산업독점체의 형성과 금융적 자본의 관계,」 한국산업사회연구회, 앞의 책, 184~254면 참조.

〈표 7〉 **그룹별 금융기관 주식소유 현황**(88년말 현재)

그룹별	금융기관 주식 지분율
삼성그룹	조흥 7.7, 상업 11.0, 제일 5.3, 한일 6.3, 서울신탁 2.7 한미 6.7, 대구 11.0
쌍용그룹	조흥 1.2
럭키금성그룹	상업 1.0, 제일 3.2, 한일 3.9
기아산업그룹	제일 1.1
현대그룹	제일 2.2, 한일 1.9, 서울신탁 4.5, 강원 23.6
한진그룹	한일 4.6, 경기 11.2
동아건설그룹	서울신탁 4.2
대림산업그룹	한일 3.7
동국제강그룹	서울신탁 1.5, 부산 4.4
대우그룹	한미 8.6, 전북 1.6, 충북 1.7
삼미그룹	한미 2.9
고려합섬그룹	한미 2.9
코오롱그룹	대구 4.9
롯데그룹	부산 21.4
미원그룹	부산 1.8, 전북 8.0
한국화약그룹	충청 11.3
금호그룹	광주 15.6
선경그룹	경기 4.5
효성그룹	경남 4.1
한일합섬그룹	경남 1.2

주: 은행법 시행령상 동일인을 기준으로 한 1% 이상 대주주를 그룹별로 집계한 지분율임.

자료: 한국은행.

지고 은행자본의 집중과 산업자본과의 결합이 이루어지고 있음을 보여주고 있다 하겠다.

　이같은 현상은 제2금융권의 경우 더욱 두드러지게 나타나고 있다. 자본주의의 발달에 따라 기업자금 조달의 핵심기관으로 중요성이 커지게 되어 있는 증권회사의 경우 88년말 현재 총 25개사 중 48%에 달하는 12개사가

〈표 8〉 시중은행 및 지방은행의 1% 이상 보유 주요주주 현황(88년말 현재)

(단위: %)

구분	은행명	지분율계	구분	은행명	지분율계
시	조흥은행	32.25*1)	지	대구은행	22.64
중	상업은행	25.22	방	부산은행	35.33
은	제일은행	32.92	지	충청은행	43.54
행	한일은행	35.74	행	광주은행	36.96*2)
	서울신탁	25.87		제주은행	60.91
	신한은행	4.20		경기은행	37.02
	한미은행	94.91		전북은행	41.25*3)
				강원은행	38.13
				경남은행	21.57
				충북은행	8.78*4)
평 균		36.30	평 균		34.62

주: *1) 1989년 6월 17일 현재 *2) 1989년 5월 18일 현재
    *3) 1989년 5월 25일 현재 *4) 1989년 7월 15일 현재
자료: 은행감독원.

30대재벌 계열사의 소유이며 단자회사의 경우 총 38개사 중 34.2%인 13개
사가, 보험회사의 경우 총 35개사 중 51.4%인 18개사가 각각 30대재벌 계
열사이다(표 9 참조).[23]

이같은 독점적 대자본의 금융기관 장악은 은행자본에 대한 독점적 대자
본의 지배력 강화를 통한 사금고화(私金庫化), 이에 따른 대자본에의 대출
집중, 그 결과로서 기업합병, 인수(대출금을 이용한) 등을 통한 산업부문
에서의 독점의 심화라는 악순환을 가속화하고 있다. 지난 88년말 현재 지
급보증을 포함한 전체여신 중 30대 계열기업군에 대한 여신이 차지하는 비
중은 은행의 경우 26.9%에 이르고 있고 제2금융권의 경우 이같은 현상은
더욱 심해 그 비율이 36.5%에 달하고 있다(표 10 참조).[24]

---

23) 김상조, 「금융부문의 구조와 변화」, 양우진 외, 『한국자본주의분석』, 일빛
    1991, 264~68면; 한국사회연구소, 앞의 책, 298면.
24) 한국사회연구소, 앞의 책, 298면.

〈표 9〉 재벌기업의 제2금융권 소유현황(1988년말 현재)

	전체수(A)	30대 재벌 계열사수(B)	B/A(%)
증 권 사	25	12	48
단 자 사	38	13	34.2
보험회사	35	18	51.4
총계	98	43	43.9

〈표 10〉 30대 계열기업군의 국내여신 독점현황

	1987	1988
은　　　행	29.1%	26.9%
제2금융권	37.9%	36.5%

　결론적으로 한국자본주의는 생산의 집중이란 측면에서 파악할 때 제1부문(생산재)을 포함한 전산업자본 부문에서 독점이 확립되었으며 은행의 국유화라는 역사적 특수성에도 불구하고 80년대 은행자율화 이후 제1,2금융권을 통틀어 은행자본에서의 독점화현상도 빠르게 진척되고 있다고 볼 수 있다.

　다음에 다루어져야 할 것은 이같이 확립된 독점자본이 한국경제 전반에 대하여 질적 규정력 내지 지배력을 확보하고 있느냐는 문제이다. 이에 대해 일차적으로 이야기할 수 있는 것은 12개 재벌 계열기업이 전체제조업의 30% 이상을, 특히 중화학공업 중 생산재부문의 80% 이상을 생산할 때 그같은 독점적 힘만으로도 경제 전체에 상당한 지배력을 발휘한다는 당연한 사실일 것이다. 그러나 이같은 독점자본의 규정력을 좀더 체계적으로 파악하기 위해서는 재생산구조 전반에 대한 이들 독점자본의 규정력에 대한 분석이 필요하다 할 수 있다.

　여기에서 주목해야 할 점은 80년대 들어 부가가치, 출하액 등을 기준으로 볼 때 전체생산 중 독점적 대기업이 차지하는 비중이 그간의 증가추세에서 정체되거나 오히려 낮아지는 추세를 보이기 시작했다는 점이다. 그러나 이같은 사실이 독점강화 내지 독점자본의 지배력 강화가 80년대 이후 약화 쪽으로 반전된 것을 의미하지는 않는다. 이는 70년대말 80년초 불황국면의 위기를 겪으면서 독점적 대기업의 가공생산부문 중소기업 인수전략이 상당부문 후퇴하고 분리, 하청 전략으로 전면화된 것을 의미하며, 따라서 독점의 지배력 약화를 의미하는 점에 주목할 필요가 있다. [25]

사실 1987년말 현재 영업중인 제조업사업체 3만 3214개 업소 중 61.1%가 1981년 이후 설립된 것인 만큼 80년대 들어 중소기업의 절대수가 급증했고[26] 앞의 표 6 등이 보여주듯이 전체생산 중 중소기업생산이 차지하는 비중도 80년의 31.9%에서 87년 현재 37.8%로 높아졌다. 그러나 중요한 것은 이같은 중소기업의 증가는 대기업의 전략변화에 따라 80년대 들어 중소기업성 업종이 크게 늘어난 반면 대기업성 업종이나 양자가 공존, 경쟁하는 공존업종이 크게 줄어든 데 기인한다는 사실이다(표 11 참조).

뿐만 아니라 80년대 들어 나타난 중소기업의 증가와 비중증대가 독점자본의 지배력 약화를 의미하지 않는다는 것은 이들 중소기업 중 하청기업의 비중이 급격히 높아지고 있다는 사실이 잘 보여주고 있다. 즉 80년 현재 전체 중소제조업체 중 하청업체의 비율이 30%에 불과했던 것이 88년 현재

〈표 11〉 대·중소기업 사업분야의 변동

	1966 → 73	1974 → 77	1978 → 84
대기업성업종	21 → 35 (14△)	48 → 52 (4△)	54 → 44 (10▼)
공 존 업 종	25 → 46 (21△)	54 → 49 (5▼)	68 → 53 (15▼)
중소기업성업종	104 → 69 (35▼)	95 → 96 (1△)	164 → 189 (25△)

주: 1) 중소기업성 업종과 대기업성 업종이란 중소기업 또는 대기업의 출하액 비중이 각각 70% 이상인 업종이며 공존업종이란 이 양자에 속하지 않는 업종을 말함.
   2) 업종분류는 한국표준산업분류 세세분류로 시범비교가 불가능한 업종은 제외.
자료: 중소기업은행 조사부, 『중소제조산업 구조변화』, 1985(홍장표, 「1970년대 이후 대자본의 중소자본지배구조의 변화」, 109면에서 재인용).

25) 홍장표, 「1970년대 이후 대자본의 중소자본지배구조의 변화」, 양우진 외, 앞의 책, 106면.
26) 같은 글, 109면.

〈표 12〉 제조업 중소기업 중 하청기업의 비율

	1969	1975	1980	1984	1985	1986	1987	1988	일본 (1981)
제조업	11.6	17.4	30.0	41.7	42.2	42.5	48.5	55.5	65.5
일반기계	-	31.3	50.0	63.1	67.9	63.5	73.7	77.2	84.1
전기전자	-	43.1	58.3	62.6	77.6	76.8	65.4	82.9	85.3
수송용기기	-	40.0	23.4	66.4	77.5	73.8	78.8	80.5	87.8

자료: 중소기업협동조합중앙회, 『중소기업실태조사보고서』 등.

〈표 13〉 제조업 중소기업 총판매액 중 하청생산의 비중

	1979	1980	1981	1982	1983	1984	1985	1986	1987	1988
섬유·의복·가죽	26.8	29.0	32.7	36.3	41.5	52.1	48.0	45.0	48.2	43.3
조립금속·기계장비	32.0	42.7	49.1	53.2	52.3	56.3	52.5	54.6	57.5	60.2
전 체	22.3	25.6	28.8	34.6	35.7	40.5	37.6	38.2	43.8	46.6

자료: 상공부·중소기업협동조합중앙회, 『중소기업 실태조사보고서』.

에는 55.5%로 거의 배 가까이 급증하였다. 특히 일반기계, 전기전자, 수송용기기의 경우 그 비율이 77.2~82.9%에 달하고 있는 실정이다(표 12 참조).

이는 판매액을 기준으로 볼 때도 마찬가지이다. 제조업부문 중소기업의 총판매액 중 하청생산액의 비중은 1979년의 22.3%에서 1988년의 46.6%로 배 이상 높아졌고, 특히 기계장비 등의 경우 그 비중이 32.0%에서 60.2%로 높아진 것으로 나타나고 있다(표 13 참조).

이같은 사실은 중소기업의 비중 증대에도 불구하고 그것이 독점적 대기업의 지배력 약화가 아니라 독점적 대기업이 중소기업을 대기업 중심의 생산체제 내에 종속된 형태로 포섭해왔음을, 즉 독점적 대기업과 중소기업 간의 지배종속의 하청계열관계의 확대를 통해 경제 전반에 대한 독점적 대기업의 지배력이 확대되어왔음을 보여주고 있다 하겠다.

마지막으로 부딪히는 문제는 이같은 한국의 독점자본주의가 어떠한 독점자본주의, 즉 단순한 독점자본주의(사적 독점자본주의)인가 아니면 국가독

점자본주의인가라는 문제이다. 국가독점자본주의의 역사적 위상에 대해서
는 이것이 독점자본주의와 질적으로 다른 단계라는 주장에서부터 이것이
다만 독점자본주의에 내재한 특성이 전면화된 특성이라는 특성론, 새로운
단계는 아니라고는 하지만 그 특성이 전면화된 소단계라는 주장 등이 팽팽
히 맞서고 있다.[27] 그 역사적 위상이 어떠한 것이건 국가독점자본주의의
핵심적 본질이 생산과 재생산 과정에 대한 국가의 직접적이고 전문적인 개
입, 그리고 나아가 국가권력과 독점자본의 단일메커니즘으로의 결합[28]에
있다고 할 때 또 토착자본의 상대적 미발달에 기인하여 세칭 '국가주도형
산업화'라는 형태로 일찍이 체계화되어온 생산 및 재생산 과정에 대한 국
가의 직접적이고 전면적인 개입을 고려할 때 한국의 독점자본주의는 단순
한 독점자본주의라기보다는 국가독점자본주의에 가깝다고 할 수 있다.

3) 세계체제적 위상

한국자본주의의 현주소를 판단하는 데서 중요한 또다른 쟁점은 한국자본
주의의 자립도 문제이다. 특히 현대와 같이 하나의 경제체제가 고립된 단
위로 존재하는 것이 아니라 상호연관된 하나의 세계자본주의 체제를 이루
고 있는 상황에서는 이같은 자립도 면에서 세계자본주의 체제에서 차지하
는 위상이 하나의 경제를 평가하는 데서 간과해서는 안되는 핵심적인 척도
중의 하나이다.

이같은 문제의식에 기초를 두고 이 절에서는 한국자본주의의 자립도를
그 교역구조와 자본수출입, 기술자립이라는 세 가지 쟁점을 중심으로 실증
적으로 분석해보고자 한다.[29]

---

27) Dragilev et al.,『국가독점자본주의론 연구』 (벼리 1989) ; Ben Fine & L. Har-
   ris, *Rereading Capital* (London: Macmillan 1979) ; Paul Boccara, *Etudes sur le
   capitalisme monopoliste d'état* (Paris Editions Sociales 1977) 등.
28) 짜골로프,『정치경제학교과서 Ⅱ-3』, 새길 1990.
29) 이중 상품교역구조와 자본수출입의 경우 졸고,「신흥공업국의 정치경제학」,『한
   국과 국제정치』, 1990년 봄호를 기초로 하여 재구성하였음.

(1) 교역구조

현대 세계자본주의 체제는 지역적으로 분화되고 수직적으로 통합된 국제
노동분업을 그 핵심적인 본질로 하고 있다.[30] 또 이 국제분업은 최고이윤,
최고임금의 최첨단산업으로부터 최저이윤, 최저임금의 산업에 이르는 위계
적 구조를 형성하고 있는바 일국의 경제적 위상은 해당사회가 국제분업에
서 어떠한 산업을 특화함으로써 국제분업의 위계질서에서 어디에 위치해
있느냐에 다름아니라 하겠다. 이같은 국제분업의 위상을 판단하는 데서 중
요한 지표는 해당사회의 수출입상품구조라고 할 수 있다.

이같은 관심에서 한국의 상품교역구조는 한국경제의 자립도를 이해하기
위한 많은 학자들의 관심거리가 되어왔다.[31] 한국의 상품교역구조는 60년
대초의 경우 비내구소비재를 생산, 수출하던 비내구소비재 수출특화의 저
급한 단계에 머물러 있었으나 70년대 이후 비내구소비재 이외에도 내구소
비재와 노동집약적 중간재를 생산, 세계시장에 수출하는 내구소비재 및 노
동집약적 소비재 특화로 바뀌어왔다.[32] 더 구체적으로 88년 현재 비내구소
비재와 노동집약중간재, 내구소비재의 무역특화지수는 플러스를 기록하고
있으나, 자본재와 자본집약중간재의 무역특화지수는 마이너스를 기록, 한
국경제가 60년대와는 달리 내구소비재와 노동집약적 중간재는 생산, 수출
하는 단계에 이르렀으나 아직도 기계류는 스스로 생산하는 선진적 산업구
조가 아니라 외국으로부터의 수입에 의존하는 '종속적 가공무역형 구조'를
나타내고 있음을 보여주고 있다(표 14 참조).

이같은 무역구조상의 특성, 나아가 국제분업상의 특성을 좀더 정확하게

---

30) Immanuel Wallerstein, *The Capitalist World-Economy* (Cambridge: Cambridge
　　Univ. Press 1979) 등 참조.

31) 그 대표적인 예로는 나까가와 노부요시, 『한국의 국가자본주의적 구조』, 조용범
　　역, 『제3세계와 국가자본주의』, 전예원 1984, 145~97면; 이대근, 『경제개발과
　　구조변동』, 박현채 외, 『한국사회의 재인식 Ⅰ』, 한울 1985, 177~202면.

32) 강철규, 「국제분업에서의 한국자본주의의 위치와 발전전망」, 『사상문예운동』,
　　제2호(1989년 겨울호), 34~37면.

〈표 14〉 용도별 무역특화지수 변화추이

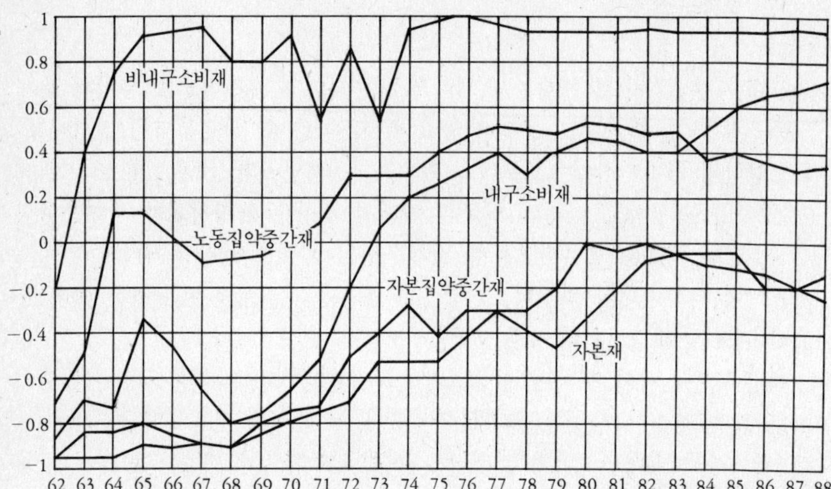

주: 무역특화지수([수출-수입]/[수출+수입])가 +이면 수출특화, -이면 수입
특화를 나타내고 +1이면 완전수출특화를, -1이면 완전수입특화를 나타낸다.
이 지수가 0인 경우는 수출과 수입이 균형을 이루고 있다고 할 수 있다.
자료: 강철규, 「국제분업에서의 한국자본주의의 위치와 발전전망」, 36면에서 인용.

이해하기 위해서는 한국의 무역구조를 지역별(선진국, 타신흥공업국, 개발
도상국 등)로 나누어 더 세부적으로 관찰해볼 필요가 있다. 88년 현재 한
국의 지역별 상품별 수출입구조를 살펴보면 다음과 같다(표 15, 16, 17, 18 참
조).

표 15~18이 잘 보여주듯이 우선 우리나라의 전체수출 중 내구소비재가
23.6%, 비내구소비재가 22.7%에 달하고 자본재는 27%, 중간재가 21.2%를
나타내고 있는 반면 한국의 전체수입 중 내구소비재와 비내구소비재가 차
지하는 비중은 3.7%, 0.7%에 불과하고 자본재와 중간재가 각각 36.8%, 32.
8%를 차지함으로써 자본재, 중간재가 수입에서 차지하는 비중이 이들이
수출에서 차지하는 비중보다 훨씬 높은 것으로 집계되고 있다. 자본재수출
이 전체수출의 27%나마 차지하고 있는 것도 자본재수출이 개도국에 대한
전체수출의 37% 이상을 차지하고 있기 때문이며 선진국에 대해서는 그 비
중이 24.6%, 특히 일본에 대해서는 14.2%에 불과한 것으로 나타나고 있다.

〈표 15〉 한국의 지역별·상품구성별 수입구조(1988년)

(단위: 억달러, 괄호 안은 구성비, %)

	총계	1차산품	중간재	비내구소비재	내구소비재	자본재
개도국	41.79(8.1)	23.19(17.3)	15.90(9.0)	0.06(1.5)	0.27(1.4)	2.37(1.2)
아시아	33.20	18.18	13.45	0.06	0.27	2.06
아프리카	1.54	1.26	0.03	0	0	0.24
라틴아메리카	7.05	3.75	2.42	0	0	0.07
OPEC	26.73(5.1)	21.08(15.7)	4.00(2.4)	0	0.03(0.1)	1.62(0.9)
NICs	29.30(5.6)	5.17(4.6)	11.77(6.5)	0.18(4.6)	1.64(8.5)	11.33(6.0)
아시아	21.93	2.59	7.34	0.18	1.53	10.29
라틴아메리카	7.37	2.58	4.43	0	0.11	1.04
선진자본주의국	390.83(75.4)	67.90(50.7)	127.53(75.7)	3.59(92.5)	16.99(88.44)	174.71(91.8)
미국	127.57	41.15	40.46	1.66	2.83	52.30
일본	159.29	6.60	50.20	1.04	11.41	90.02
유럽, 기타	103.97	20.12	36.87	0.89	2.75	32.39
기타	28.56(5.5)	15.52(11.6)	12.36(7.2)	0.05(1.3)	0.27(1.4)	0.36(0.2)
총계	518.11(100)	134.04	170.56	3.88	19.21	190.41

주: 원자료는 비내구소비재, 내구소비재, 자본재, 식품, 공업원료로 되어 있으나 공
　　업원료 중 1차산품을 상품별로 분류, 식품과 합쳐 1차산품으로 삼았고 나머지
　　중간재는 따로 중간재로 분류하였다.
자료: 한국무역협회, 『무역통계』, 1989년 6월호에서 작성.

수입에서도 이같은 패턴은 동일하게 나타나고 있다. 즉 전체수입 중 자본
재의 비중이 36.8%라고 하지만 선진국과의 교역에서는 전체수입 중 자본재
의 비중이 44.8%, 일본과의 교역의 경우는 전체수입의 절반을 넘는 56.5%
가 자본재인 것으로 집계되고 있다. 국제분업에서 자본재와는 반대로 위계
질서상 하위에 놓여 있는 원자재의 경우 이와는 정반대의 패턴이 생겨나고
있다. 즉 전체수입 중 원자재가 차지하는 비중은 25.9%에 달하고 있으나
개도국과의 교역의 경우는 전체수입 중 비중이 55.5%에 달하는 반면 선진
국과의 교역의 경우는 전체수입 중 그 비중이 17.4%, 특히 일본과의 교역

〈표 16〉 한국의 지역별·상품구성별 수출구조(1988년)

(단위: 억달러, 괄호 안은 구성비, %)

	총계	1차산품	중간재	비내구소비재	내구소비재	자본재
개도국	54.61(9)	1.53(4.8)	21.81(16.8)	3.91(2.7)	6.86(5)	20.25(12.3)
아시아	34.19	1.45	18.09	1.94	3.05	9.41
아프리카	7.53	0.03	1.39	0.83	0.59	4.69
라틴아메리카	12.89	0.05	2.33	1.14	3.22	6.15
OPEC	19.93(3.3)	0.28(0.9)	8.42(6.1)	3.61(2.5)	2.59(1.9)	5.10(3.1)
NICs	61.60(10.1)	3.07(9.6)	22.74(17.8)	1.62(1.1)	10.93(7.9)	23.47(14.3)
아시아	58.50	3.03	22.34	1.45	9.42	22.45
라틴아메리카	3.10	0.04	0.40	0.17	1.51	1.02
선진자본주의국	459.92(75.8)	26.49(82.9)	70.57(54.5)	133.59(93)	115.80(84)	113.37(69.1)
미국	214.04	3.23	20.17	62.82	62.68	65.21
일본	120.04	20.76	34.56	34.07	13.57	17.07
유럽, 기타	125.84	2.5	15.84	36.70	39.55	31.09
기타	10.96(1.8)	0.88(2.8)	6.20(4.8)	0.9(0.6)	1.74(1.3)	1.89(1.1)
총계	606.96	31.95	129.41	143.59	137.93	164.08

자료: 표 15와 동일.

의 경우는 그 비중이 전체수입의 4.1%에 불과한 것으로 나타나고 있다. 한편 전체수출 중 원자재가 차지하는 비중은 한국경제의 발전에 따라 5.3%로 낮아져 있고 특히 개도국과의 교역의 경우 전체수출 중 그 비중이 2.8%에 불과하나 선진국, 특히 일본과의 교역의 경우는 그 비중이 아직도 17.3%에 달하고 있다. 이는 한국경제가 개도국에 대해서는 일정정도의 자본재수출 특화까지도 이루어냈으나 선진국에 대해서는 아직까지도 원자재, 내구 및 비내구소비재를 수출하고 가장 핵심적인 자본재는 수입하는 '종속적' 교역 및 국제분업구조를 가지고 있음을 보여주는 것이라 하겠다. 따라서 수출입 상품구조와 국제분업특화구조라는 면에서 한국경제는 아직까지는 '선진화', '자립화'와는 상당히 거리가 있음을 보여주고 있다.

〈표 17〉 한국의 지역별 수출상품 구성　　　　　　　　（단위 %）

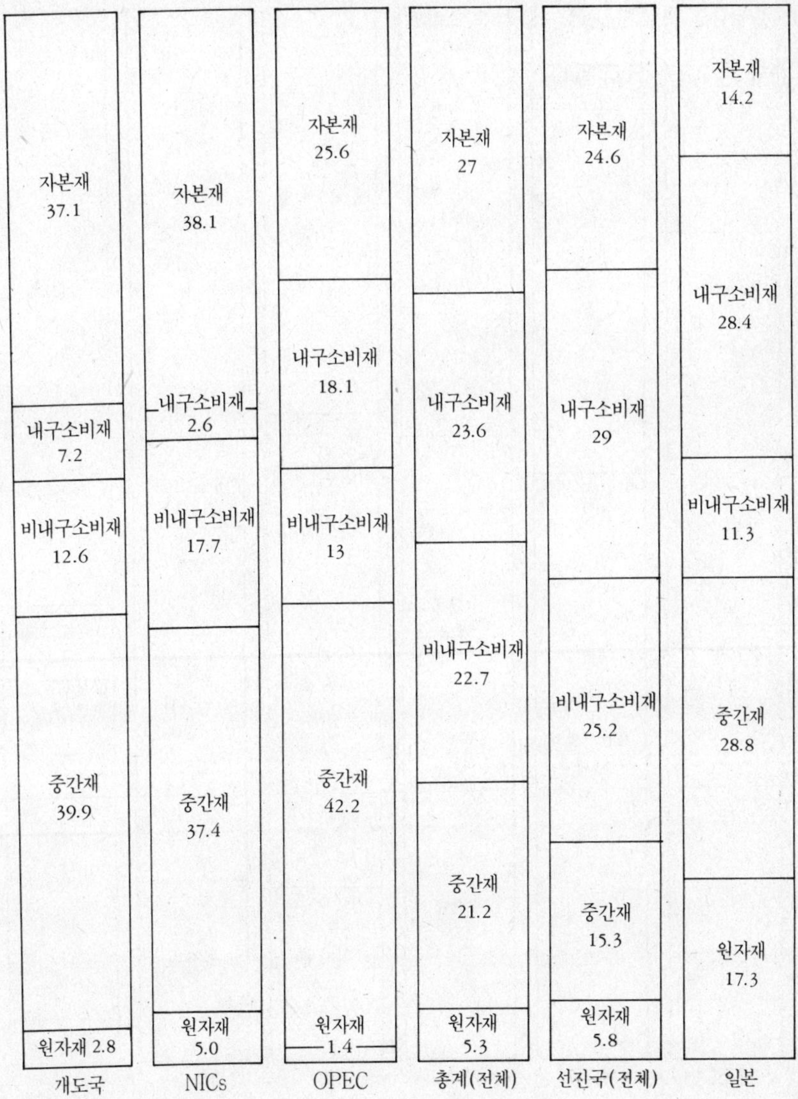

자료: 표 15와 동일.

〈표 18〉 한국의 지역별 수입상품 구성   （단위 %）

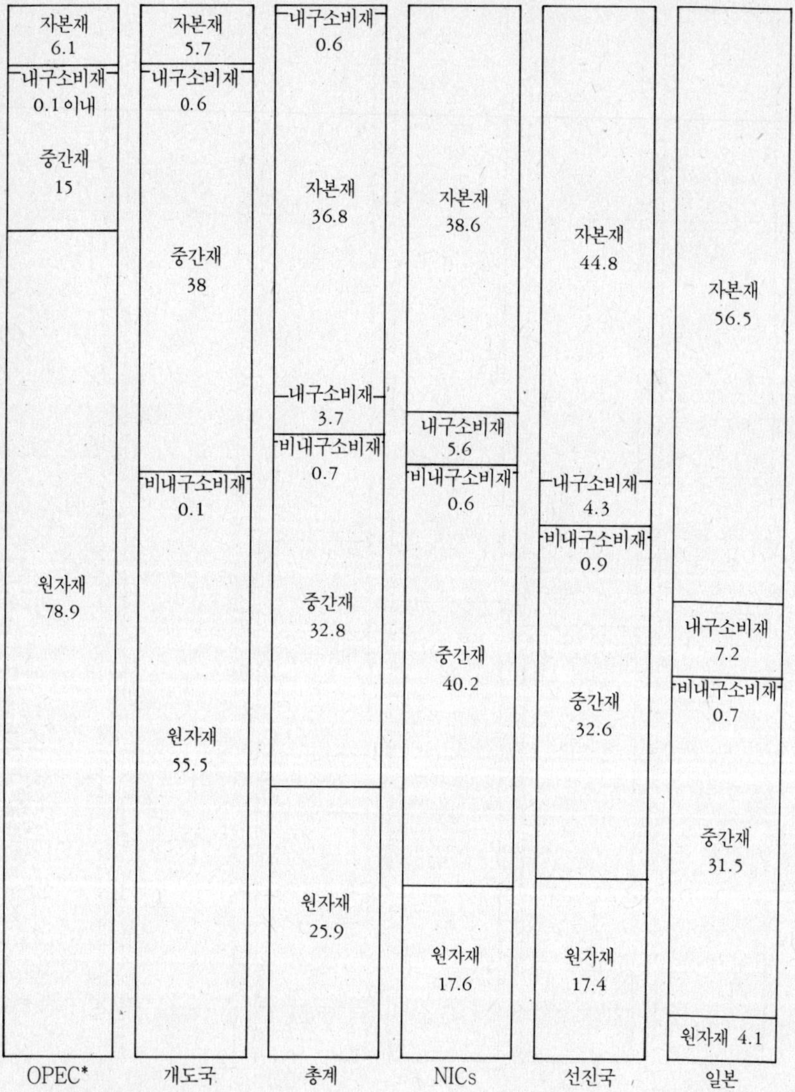

＊비내구소비재 없음.
자료: 표 15와 동일.

(2) 자본 내지 금융 자립

자본자립은 현대자본주의에서 자립도를 측정하는 또다른 중요한 지표이다. 자본의 자립, 나아가 자본의 '상대적 과잉'에 따른 해외직접투자는 현대자본주의의 가장 발달된 '경제침투' 형태이자 선진자본주의의 상징으로 특권화되어왔다.[33] 그러나 신흥공업국의 부상 이후 NICs의 해외직접투자의 등장으로 해외직접투자는 더이상 선진자본주의국의 독점물이기를 그치고 말았다.

한국도 선진자본주의 국가들의 자본을 수입하고 있지만 지난 68년 한국남양개발의 인도네시아 진출을 시발로 해외직접투자에 나서기 시작하여 '제3세계 다국적기업'[34]군의 일익을 담당하고 있고 특히 80년대말 3저호황 이후 해외직접투자가 급속히 늘어나고 있는 실정이다.

한국의 해외직접투자는 88년말 현재 순투자잔액(상환금을 제외한 순잔액)은 668건, 11억 1900만 달러에 달하고 있고 총투자액은 1989년말 현재 총 1523건에 30억 9600만 달러에 이르고 있다. 특히 이같은 해외직접투자는 1981~87년 7년 동안에 총 497건에 12억 4000만 달러를 투자한 반면, 88년 한해 동안 244건에 7억 6000만 달러, 89년 한해 동안 369건에 9억 2700만 달러가 투자되는 등 최근 들어 놀라운 신장세를 보이고 있다(표 19 참조).

이같은 한국의 해외직접투자 급증추세는 한국경제의 자본자립화, 나아가 자본수출을 통한 '제국주의화'를 의미하는가? 이를 평가하기 위해서는 ① 이같은 해외직접투자의 구조적 특성 분석과 ② 해외직접투자의 이면에 존재하는 자본수입이라는 양 측면의 대차대조표 작성이 필요하다 하겠다.

우선 한국의 해외직접투자의 구조적 특성을 알아보기 위해서는 이를 선진국들의 해외직접투자와 비교해보는 것이 유용하다.

---

33) 이에 대한 다양한 평가로는 Robert Gilpin, *U. S. Power & Multinational Corpora-tion*, New York : Basic Books 1975 ; Stephan Hymer, *The International Operation of National Firms*, Cambridge : MIT Press 1976.

34) Louis Wells, *Third World Multinationals*, Cambridge: MIT Press 1983.

〈표 19〉 한국의 해외직접투자 현황

(단위: 백만달러)

	총투자		순투자(잔액) *	
	건수	금액	건수	금액
1968~75	82	56	70	50
1976~80	331	113	217	92
1981~87	497	1,240	381	978
1988	244	760	247	824
1989(인가)	369	927		
총계	1,523	3,096	668 (88년말 현재)	1,119 (88년말 현재)

주: *는 1981~88년까지의 통계.
자료: 1988년까지는 정일용, 「한국의 해외직접투자——그 추이와 특성」, 학현경제
　　　발전쎄미나, 1989년 11월 12일 발표논문(미간행), 2면; 1989년 자료는 『동아일
　　　보』, 1990년 1월 15일.

일본의 경우 1986년 해외직접투자의 대 GNP 비중이 5.2%에 이르고 있는
반년 한국의 경우 89년 들어 비로소 1%선에 이르고 있어 대 GNP 비중이 선
진국에 비해 1/5수준의 '유아기적' 단계인 것을 보여주고 있다. 35) 또 한국
의 해외직접투자를 투자절대액을 기준으로 한 일본통산성의 해외직접투자
'단계' 분류에 비추어볼 경우36) 한국은 89년에 들어 해외투자 '도약준비기'
에 들어섰다고 볼 수 있다. 즉 일본의 해외투자 전개과정을 현재까지 7단
계로 구별한 이 분류법에 의하면 한국은 기반조성기, 기반확충기를 거쳐
제3기인 연투자액 5~9억 달러 수준의 도약준비기(일본의 1968~71년에 해
당)에 이른 것으로 볼 수 있다(표 20 참조).
이밖에 한국의 해외직접투자는 87년말 현재 전체투자의 70.7%가 50만 달

---

35) 정일용, 「한국의 해외직접투자」, 학현경제발전쎄미나, 1989년 11월 12일 발표
　　논문, 12면.
36) 김인준, 「선진국의 대개도국 경제협력정책」, 『사회과학과 정책연구』, 제11권 제
　　12호(1989년 12월호), 129면.

〈표 20〉 일본 해외직접투자의 전개과정

〈일본의 해외직접투자의 시기구분〉(일본통산성 구분)

제1기(1951~62년): 연간투자액 1억 달러 미만 기반조성기

제2기(1963~67년): 연간투자액 1~3억 달러의 기반확충기

제3기(1968~71년): 연간투자액 5~9억 달러의 도약준비기

제4기(1972~73년): 연간투자액 20~30억 달러의 활성기

제5기(1974~77년): 석유위기로 인한 정체기

제6기(1978~83년): 연간투자액 40~80억 달러의 활성기

제7기(1984~현재): 연간투자액 100억 달러 이상의 국제화 고도기

자료: 김인준, 「선진국의 대개도국 경제협력정책」, 129면에서 재인용.

〈표 21〉 한국의 지역별·업종별 투자현황(89년 6월말 현재)

(단위: 건, 괄호 안은 투자액, 백만달러)

	제조업	무역업	광업	기타	계
개도국	186(207.2)	21(7.2)	3(158.5)	69(137.2)	279(514.4)
NICs	20(17.5)	59(17)	0	30(25.4)	106(59.9)
OPEC	7(23.0)	1(0.9)	1(244.9)	25(11.6)	34(290.4)
선진자본주의국	114(425.4)	294(165.7)	12(188.3)	195(216.9)	615(996.3)
기타		1(0.2)			1(0.2)
총계	327(673.2)	383(192.0)	16(591.9)		935(1,861.2)

자료: 한국은행, 『해외투자현지법인 현황』, 1989.

러 미만의 투자로 나타나는 등 규모 면에서 영세성을 벗어나지 못하고 있는 것으로 지적되고 있다.[37]

해외투자의 구조적 특성을 가장 집약적으로 나타내주는 업종별, 지역별 투자분포 상황을 보자면 한국의 해외투자는 89년 6월말 현재 건수를 기준으로 할 때는 무역업이 40.1%를 차지해 가장 많고 제조업이 31.5%, 광업, 1.7%순이며 투자액을 기준으로 해서 볼 경우는 제조업 37.9%, 광업 31.7%, 무역업 10.2%의 순서로 나타나고 있다(표 21 참조).

---

37) 같은 글, 137면.

이같은 업종별 투자구조는 선진국의 투자패턴에 비해 상대적으로 광업과 무역업의 비중이 높고 대신 제조업의 비중이 낮은 것으로 한국의 해외투자가 아직 그 초보단계에 있는 것을 보여주는 한 지표로 지적되고 있다.

특히 이를 지역별로 보면 개도국에 대한 직접투자의 경우 무역업이 건수에서는 7.5%, 액수에서는 1.4%를 차지하는 등 그 비중이 낮은 반면, 제조업이 66.7%, 액수 면에서는 40%를 차지하는 등 저임금을 보여 상대적으로 발달된 제조업중심의 직접투자패턴을 보여주고 있는 반면 대선진국 직접투자의 경우는 무역업이 그 건수에서 무려 56.1%를 차지하고 액수로 16.6%를 차지하는 등 무역업의 비중이 큰 초보형 대직접투자패턴을 보여주고 있다.[38] 이같은 한국의 해외직접투자의 구조적 특성 이외에도 자본자립도를 알아보기 위해 짚고 넘어가야 할 것은 자본수출입의 대차대조표이다. 왜냐하면 이같은 자본수출입의 대차대조표를 보지 않은 채 한국의 해외자본수출만을 주목하여 한국의 해외자본수출＝한국의 자본자립 나아가 선진화로 이해하는 것은 잘못이기 때문이다.

이같은 대차대조표를 보자면 한국의 해외직접투자는 89년 6월말 현재(인가기준) 935건, 18억 6100만 달러인 반면 외국의 국내직접투자는 89년 8월말 현재(인가기준) 3031건, 65억 7000만 달러에 달해 아직도 약 47억 달러 규모의 직접투자 자본수입성과를 기록하고 있는 것으로 나타나고 있다. 다시 말해 한국의 해외직접투자는 외국의 국내직접투자에 비해 건수 면에서 38.6%, 액면에서 28.4%에 그치고 있는 실정이다(표 22 참조).

〈표 22〉 한국의 자본수출입현황(인가기준)

(단위: 백만달러)

한국의 해외직접투자(A) (89년 6월말 현재)		외국의 한국내직접투자(B) (89년 8월말 현재)		A-B		A/B	
건수	금액	건수	금액	건수	금액	건수	금액
935	1,861.2	3,031	6,570.5	-2,096	-4,709.3	38.6%	28.4%

자료: 한국은행, 『해외투자현지법인 현황』(1986년 6월 30일 현재), 『외국인투자동향』(1989년 8월말 현재).

---

38) 정일용, 앞의 글, 6면 참조.

이를 더 구체적으로 보기 위해 지역별로 자본수출입을 살펴보면 개도국에 대해서는 한국이 5억 1440만 달러를 투자하고 40만 달러의 투자를 받아들여 5억 1400만 달러의 자본수출 흑자를 기록하고 있는 반면, 선진국에 대해서는 9억 9600만 달러의 자본을 수출하고 61억 9500만 달러의 자본직접투자를 받아들이고 있어 무려 51억 9900만 달러의 자본수입적자를 나타내고 있는 실정이다. 다시 말해 선진국에 대해서는 선진국기업의 국내직접투자가 한국기업의 선진국직접투자의 6배에 이르고 있다(표 23 참조).

결론적으로 한국경제는 최근 들어 그간의 발전을 토대로 자본수출이 급속히 늘어나고 있기는 하나 그 구조적 특성이 극히 초보적인 단계를 벗어나지 못하고 있으며 이같은 자본수출의 증가에도 불구하고 아직 해외자본

〈표 23〉 지역별로 본 한국의 자본수출입 현황(인가기준)

(단위: 백만달러, 괄호 안은 구성비, %)

	한국해외직접투자(A) (89년 6월말 현재)		외국의 한국내직접투자(B) (89년 8월말 현재)		A-B	
	건수	금액	건수	금액	건수	금액
개도국	279 (29.9)	514.4 (27.6)	3 (0.1)	0.4 (0.06)	276	514.0
아시아	175	364.0	3	0.4	172	363.6
아프리카	25	71.1	-	-	25	71.1
라틴아메리카	79	79.3	-	-	79	79.3
NICs	106	59.9	82	248.4	-24	-188.5
OPEC	34	290.4	8	34.9	26	255.5
선진국	515 (55.1)	996.3 (53.6)	29 (96.2)	6195.8 (94.3)	-2,396	-5,199.5
미국	289	582.2	684	1,789.4	-395	-1,226.2
일본	77	37.9	1,862	3,368.8	-1,785	-3,330.0
유럽, 기타	159	377.2	354	1,028.6	-195	-651.4
기타	1	0.2	27	91	-26	-90.8
총계	935	1,861.2	3,031	6,570.5	-2,096	-4709.3

자료: 표 21과 동일.

의 국내직접투자가 압도적인 자본수입 적자국의 상태를 벗어나지 못하고 있는 실정이다. 특히 이같은 자본수입 적자현상은 대선진국의 경우 더욱 현저히 나타나 자본종속의 탈피와 자본자립을 이야기하는 것은 시기상조라고 할 수 있다. 또 80년대 후반 적자현상 등 국제환경의 호조건에 힘입어 흑자로 돌아선 무역수지가 이같은 조건의 소멸과 국내자본의 투기자본화에 따른 산업구조조정의 '실패' 등과 관련하여 지난해 이후 다시 적자로 반전되어 그 적자폭이 커지고 있다는 사실을 이같은 자본수입 적자현상과 결부시켜 생각해볼 때 한국자본주의는 금융자립과는 아직 거리가 멀다고 하지 않을 수 없다.

(3) 기술자립

현대경제에서 과학기술은 최근 급속히 진행되고 있는 과학기술혁명(STR)과 관련하여 과학기술 자체가 생산력의 일부가 되는 등 그 중요성이 어느때보다도 제고되고 있다. [39] 이런 점에서 한 사회의 기술과정 여부는 그 경제의 자립도 여부를 측정케 해주는 중요한 지표로 부상하고 있다. 특히 최근 들어 선진자본주의 국가의 초국적독점체들이 이같은 과학기술혁명과 관련하여 자신들은 새로운 최첨단기술산업만을 특화하고 전통적인 선진산업들의 경우 제3세계에 과감히 특화를 이전시켜주고 있는 등 신국제분업질서가 자리잡고 있다는 점, 이에 따라 기술종속이 새로운 종속의 주요형태로 부상하고 있다는 점 등을 감안할 때 더더욱 그러하다. [40]

기술종속의 중요한 지표인 해외기술도입현황을 보면 제1차 5개년계획기간(1962~66)에 총 33건(연평균 6.6건)이었던 것이 제2차 5개년계획기간

---

39) 이에 대해서는 N. Clark, *The Political Economy of Science and Technology* (Oxford: Basil Blackwell 1985); G. Dosi, *Technical Change & Industrial Transformation* (St. Martin's Press 1984); *Capitalism, Socialism and Scientific and Technological Revolution* (Progress Pub. 1983) 등 참조.

40) Folker Fröger et al., *The New International Division of Labor*, Cambridge: Cambridge Univ. Press 1980; E. Nukhovich, *International Monopolies and Developing Countries*, Progress 1980.

(1967~71)에는 285건(연평균 57건), 제3차 5개년계획기간(1972~76)에는 434건(연평균 86.8건), 제4차 5개년계획기간(1977~81)에는 1225건(연평균 245건), 제5차 5개년계획기간(1982~86)에는 2078건(연평균 417.6건), 제6차 5개년계획기간인 1987년에는 637건, 1988년 618건, 1989년 452건으로 계속 늘어나는 추세를 보이고 있다.[41] 이에 따라 로열티 지급액도 제1차 5개년계획기간 80만 달러(연평균 16만 달러)에 불과하던 것이 2차 5개년계획기간에는 1630만 달러(연평균 330만 달러), 제3차 5개년계획기간에는 9650만 달러(연평균 1930만 달러), 제4차 5개년계획기간에는 4억 5140만 달러(연평균 9030만 달러), 제5차 5개년계획기간에는 11억 8500만 달러(연평균 2억 3700만 달러), 1987년에는 5억 2400만 달러, 1988년 6억 7600만

〈표 24〉 해외기술 의존현황

(괄호 안은 연평균)

	도입건수(건)	로열티지불액 (백만달러)	해외기술의존도 (%)
제1차 5개년(1962~66)	33(6.6)	0.8(0.16)	–
제2차 5개년(1967~71)	285(57)	16.3(3.3)	–
제3차 5개년(1972~76)	434(86.8)	96.5(19.3)	(39.9)
제4차 5개년(1977~81)	1,225(245)	451.4(90.3)	(26.0)
제5차 5개년(1982~86)	2,078(417.6)	1,185.0(237.0)	(20.5)
제6차 5개년(1987~)	–	–	–
1987	(637)	(524)	(22.1)
1988	(618)	(676)	(19.7)
1989	(452)	(930)	(22.3)
계	5,762	3,880	

주: 해외의존도는 연구개발투자비에 대한 기술도입대가지급액 비율.
자료: 재무부.

---

41) 정일용, 「한국기술도입의 구조적 특성에 관한 연구」, 서울대학교 경제학과 박사
    학위논문(1989), 121면과 김준, 「1980년대의 산업구조조정정책」, 양우진 외, 앞
    의 책, 208면에서 작성.

달러, 1989년 9억 3000만 달러에 이르러 연지급액이 10억 달러에 육박한 실정이다.

한편 국내연구개발투자비(R&D)에 대한 기술도입대가지급액의 비율인 해외기술의존도는 제3차 5개년계획기간에 39.9%에 이르렀던 것이 기술도입대가지급액의 증가에도 불구하고 이의 증가세를 능가하는 국내연구개발투자비의 확충으로 인해 제4차 5개년계획기간에는 26.0%, 제5차 5개년계획기간에는 20.5%까지 떨어졌다. 그러나 최근 들어 선진국의 지적 소유권 요구의 강화와 개방화압력, 국내산업의 기술투자회피현상 등의 영향으로 이같은 해외기술의존도가 1987년 22.1%, 1988년 19.7%, 1989년 22.3% 등 다시 높아지는 추세를 보이고 있는 실정이다(표 24 참조).

참고적으로 이같은 해외기술의존도를 국제적으로 비교해보면 1989년 현재 한국의 해외기술의존도는 22.3%에 이르고 있는데 이는 미국의 1.6%(88년 기준)에 비해 10배 이상의 수준이며 독일의 6.2%나 일본의 6.9%에 비해서는 3배 이상 높은 수준으로 한국자본주의의 기술자립의 한계를 보여주는 것이라 하겠다(표 25 참조). [42]

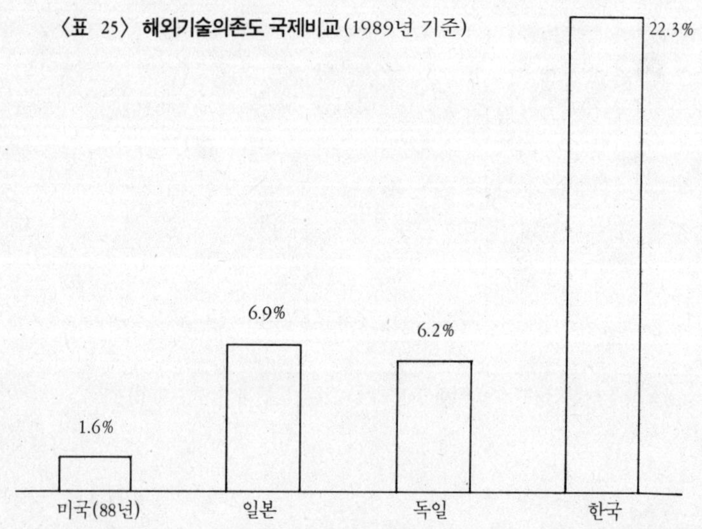

〈표 25〉 **해외기술의존도 국제비교**(1989년 기준)

자료:『한겨레신문』, 1991년 9월 21일자.

물론 이같은 기술'종속'이 종속이론 등이 주장하듯이 기술의존에 의한 생산력의 정체화를 의미하는 것은 아니다. 반대로 한 연구자의 지적대로 "1960년대 이후 1980년대 중반에 걸쳐서 한국의 기술수준은 꾸준히 높아져 왔으며 이것은 사회적 생산력이 확충된 것을 의미한다. 또한 그 기간중 외국의 자본과 기술이 도입됨으로써 지역적 개념으로서 국민경제의 생산력 수준이 크게 제고"되고, 60년대에는 '전통적 전략'에서 '의존적 전략'으로 이동이 이루어졌고 이어 70년대에는 '의존적 전략'에서 '모방적 전략'으로의 이동이 이루어져 현재 '모방적 전략'의 수준에 이르고 있다.[43] 그러나 이같은 기술향상이 "축적을 위해 요구되는 기술을 자체 개발하기보다는 해외에 의존하면서 축적을 진행시켜가는 … 종속적 기술혁신에 기초하여 축적을 이루어왔다"는 사실을 변하게 할 수는 없다.

3. 한국자본주의: 탈독점과 탈종속은 가능한가 ?

앞장에서 본 논문은 한국경제의 구조적 특성에 대한 실증분석을 통해 한국자본주의가 상당히 발전된 (국가)독점자본주의에 이르렀으나 아직도 구조적 종속성을 탈각하지 못하고 있다는 것을 지적하였다. 이 장에서는 이같은 현실분석을 기초로 한국경제의 장래를 예측해보고 아울러 이를 좀더 바람직한 방향으로 유도해나갈 수 있는 전략적 선택 문제에 대해 개략적으로 살펴보고자 한다.

1) 탈독점의 가능성과 전략

생산의 집적과 집중을 통한 경제의 독점화는 자본주의 발전의 필연적 현상이다. 그러나 그같은 현상이 필연적이라는 것과 그것이 바람직한 것이냐

---

42) 『한겨레신문』, 1991년 9월 21일자.
43) 이가종, 『기술혁신전략』, 나남 1990, 288면.

는 것은 별개 차원의 문제이다. 특히 한국과 같이 이같은 독점자본주의화가 그 자본축적과정에서의 특혜성, 천민성과 밀접히 연관이 되어 있는 경우 더욱 그러하다(아래 참조).

원론적으로 이야기할 때 경제적 집중을 ① 기업조직의 경직화, ② 비관련 분야로의 다각화, ③ 정경유착에 의한 편중된 금융자금배분 가능성, ④ 해외의존도 증가, ⑤ 가격관리로 인한 인플레이션, ⑥ 독과점형성과 소득분배 왜곡, ⑦ 경제민주주의의 후퇴 등의 부작용이 있기는 하나 ① 인적 자원의 효율적 활용, ② 내부조직의 경제화, ③ 산업구조의 고도화에의 기여, ④ 하이테크산업의 효율적 추진 등의 긍정적인 효과도 있는 것으로 지적되고 있다.[44] 그러나 이같은 득실의 대차대조표는 2차적이고 파생적인 경제효과에 대한 분석에 불과할 뿐 본질적으로 경제의 소수에의 독점은 사회정의, 민주주의 등 본질적인 가치의 면에서 극히 위험한 위협요소라 하지 않을 수 없다. 특히 한국과 같이 독점적 대자본이 아직도 천민성을 상당히 유지하고 있는 경우 더더욱 그러하다 하겠다.[45] 이는 일반국민들은 말할 것도 없고 기업인 스스로의 경우도 대한상공회의소가 지난 6월 공정거래제도 시행 10주년을 맞아 회원사기업인들을 상대로 실시한 '공정거래제도 10년의 평가와 전망'이라는 설문조사에서 이중 무려 91.5%가 재벌의 경제적 집중에 부정적 시각을 갖고 이에 완화책을 촉구하고 있을 정도라는 사실이 웅변적으로 보여주고 있다.[46]

문제는 이를 어떻게 규제하느냐는 것이다. 즉 자본주의의 발전법칙은 경쟁은 필연적으로 그 대립물인 독점으로 전화시킬 수밖에 없고 이같은 독점은 인위적인 규제가 주어지지 않는 한 경제의 집중화를 지속해나갈 것이라는 점[47]에서 별도의 획기적인 규제가 이루어지지 않는 한, 한국경제의 장

---

44) 강명원, 『경제력집중과 한국경제』 (매일경제신문사) 1991, 150~64면 참조.

45) 물론 이 경우 한국독점자본이 생산과 자본의 집중, 집적에 의거하여 독점의 내실을 확보하는 진정한 의미의 자본주의의 독점이 아니라 단순히 국가의 특혜와 유통상의 독점적 지위에 의존한 외형적 독점이라는 뜻은 아니다. 홍장표 외, 「1980년대의 한국자본주의」, 학술단체협의회, 『1980년대 한국사회와 지배구조』 (풀빛 1989), 83~84면 참조.

46) 『한겨레신문』, 1991년 6월 18일자.

47) Karl Marx, *Capital*, New York: International Pub. 1967 ; Lenin, 앞의 책.

래가 독점자본의 경제전반에 대한 지배력의 강화로 나아갈 것은 필연적 사실이다. 따라서 문제가 되는 것은 "경제에 대한 사회의 통제"[48] 내용과 방식이다. 이는 그 내용의 수준에 따라 몇가지 유형으로 구별해볼 수 있다.

첫번째 방식은 이같은 독점을 토대로 놓아둔 채 '천민성'만을 규제하는 것이다. 한국의 독점적 대기업은 그 형성과정 및 축적과정과 관련하여 '천민성'이 계속 문제가 되어왔다. 특히 이같은 천민성은 최근 들어 자본의 투기자본화와 관련하여 그 병폐를 극단적 형태로 드러냄으로써 심각한 사회경제적인 체제위협적 요소로 부상하고 있다. 한 연구팀의 추계에 의하면 지난 1988년 토지로부터의 불로소득은 무려 211조 7000억 원에 달해 그해 전체 피고용자보수의 4.2배, 전체 GNP의 1.7배에 달하는 것으로 집계되고 있다(표 26 참조).[49]

이에 따라 서울, 부산, 대구, 인천 등 4개 대도시의 토지소유의 불평등이 완전불평등(GINI계수가 1.0일 때 완전불평등)이 0.946~0.911 수준에 이르렀고,[50] 전국적으로 전체인구의 상위 10%가 76.9%의 토지를 소유함으로써 전체농가의 10%가 전체농경지의 53%를 소유, 혁명으로 치달았던 해방정국보다도 토지소유의 불평등이 오히려 심화되어[51] 체제 자체를 위협하고 있다.

<표 26> 토지로부터의 불로소득(1988)

	금액(조원)	불로소득의 배수(배)
토지로부터의 불로소득	211.7	-
GNP	123.5	1.7
피고용자보수	50.1	4.2
제조업 국내총생산	39.6	5.3
중앙정부 총세출	22.4	9.5
총통화(M2)	48.9	4.3
상품수출	43.7	4.8

---

48) 이에 대해서는 Karl Polanyi, *The Great Transformation*, Boston: Beacon Press 1944.

49) 김태용·이근식, 『땅——투기의 대상인가, 삶의 터전인가』, 비봉출판사 1989, 60면.

50) 토지공개념연구위원회, 『토지공개념연구위원회 연구보고서』, 1989, 34면.

뿐만 아니라 1974~87년의 토지투자이익은 같은 기간의 자본투자이익의 6배 이상을 기록, 자본의 산업자본의 기피와 투기자본화, 이에 따른 산업공동화(產業空洞化)가 우려되고 있는 실정이다. 뿐만 아니라 독점적 대기업의 천민성에 의해 사채시장 등 지하경제가 기형적으로 성장, 재무부의 추정에 따르면 1988년 현재 지하경제가 국민총생산의 19% 수준인 23조 5000억 원에 달하는 것으로, 전국경제인연합회의 추계에 따르면 GNP의 20~30%로, 일부 부자들에 의해서는 최고 GNP의 56%까지로 추계될 정도로 비대화되고 있다. [52] 따라서 이같이 국기를 위협할 정도로 심각해진 '비정상적'이고 '비생산적'인 경제행위를 근절하기 위해 토지공유화, 금융실명제 등의 개혁을 통해[53] 독점 그 자체는 손을 대지 않는 대신 그 '천민성'만을 발본색출하는 것이 하나의 방안이다. 이는 독점자본의 병폐 중 특수한 형태의 독점자본, 즉 가장 '악질적' 형태의 독점자본의 병폐를 교정한다는 점에서는 의의가 있으나 한층 본질적인 문제, 즉 독점자본의 경제독점에 따른 제반 문제에 대해서는 해결방안을 제시하지 못한다고 하는 근본적인 한계를 안고 있다.

두번째 전략은 독점적 대기업의 팽창을 제도적인 방식에 의해 근본적으로 방지하거나 나아가 기존의 독점적 기반을 분할함으로써 대만과 같이 중소기업 위주의 경제구조로 전환시켜나가는 것이다. 사실 대만의 경우 '민생주의'(民生主義)를 이념으로 하여 국영기업 위주의 대기업과 민간부분인 중소기업의 결합이란 경제운영을 통해 한국에 비해 훨씬 더 평등한 부의 분배와 함께 빠른 경제성장을 기록해왔다. [54] 그러나 이같은 대만의 경험은

---

51) 장상화, 「자본주의의 전개와 땅」, 『실천문학』, 1990년 봄호, 159~60면.

52) 『한겨레신문』, 1991년 10월 4일자.

53) 이같은 정책이 왜 반(半)독점 자본적 정책이 아닌가에 대해서는 졸고, 「자본주의국가와 토지공개념」, 『한국정치학의 새 구상』, 풀빛 1991, 249~73면.

54) 대만의 경험에 대해서는 Samuel Ho, *Economic Development of Taiwan, 1860 ~1970*, Yale Univ. Press 1978; Thomas Gold, *State and Society in the Taiwan Miracle*, Armonk Shorpe 1986. 이밖에 한국, 대만의 비교에 대해서는 니시무라 도시오, 『대만 vs 한국: 경제비교』, 다독 1983; Hager Koo, "The Interplay of State, Social Class, and the World System in East Asian Development: The Case of

그 특수한 역사적 경험에 기초를 두고 있다는 점, 따라서 이에 대한 '복사'의 정치사회적 조건이 우리의 경우 존재하지 않는다는 점, 대만 역시 최근 들어 이같은 중소기업 위주의 성장전략이 한계에 부딪히면서 생산의 집적·집중 법칙이 관철되는 가운데 독점화가 일어나고 있다는 점들을 간과한 상당히 비현실적인 대안이라 하지 않을 수 없다. 즉 자본주의의 역사가 보여주듯이 독점화란 어설픈 제재조치에 의해서는 막을 수 없는 자본주의의 발전과 함께 "철의 필연성을 가지고 자신을 관철시켜나가는 경향"[55] 중의 하나이기 때문에, 동시에 이미 독점적 대자본이 한국사회의 지배연합의 현실세력으로 자리잡고 있다는 점에서 이같은 규제를 실시할 수 있는 정치적 조건이 갖추어져 있지 않다 하겠다.

　세번째 방식은 독점의 '해체' 등의 방식을 통하지 않고 따라서 독점 그 자체는 건드리지 않으면서 '경제적 민주주의', '산업민주주의'의 방식을 통해[56] 이에 대한 실질적인 사회의 통제를 강화시키는 방식이다. 이는 구체적으로 ① 임금협상과정 등 고용조건에 대한 규제와 사회화를 통한 고용조건의 민주화, ② 생산과정 등에 대한 민주화, ③ 주요한 정책결정 등에 노동자들이 직접 참여하도록 하는 경영과정의 민주화, ④ 사원주식의 획기적인 확대와 스웨덴류의 임금노동자 기금(Wage-earners Fund) 등을 통해[57] 노동자들의 소유권을 확대시키는 소유의 민주화 등을 들 수 있다. 이중 특히 중요한 것은 '소유의 민주화'로서 일부에서 제기되고 있는 '재벌의 국민적 소유'라는 문제의식은[58] 그 실현 가능성은 논외로 하더라도 이같은 문제의식에 바탕을 둔 것이라 할 수 있다. 이같은 방식은 규모의 경제 등 생산의

South Korea and Taiwan," in F. Deyo (ed.), *The Political Economy of the New Asian Industrialism*, Ithaca: Cornell Univ. Press 1987, 165~81면.

55) Marx, 앞의 책, 8면.

56) Robert Dahl, *A Preface to Economic Democracy* (Cambridge Polity Press 1985); Marganet Kiloh, "Industrial Democracy," in David Held et al., *The New Model of Democracy* (Beverly Hills: Sage Pub. 1986), 14~50면; M. Carnoy et al., *Economic Democracy: The Challenge of the 1980s* (New York: Shorpe 1980) 등.

57) 스웨덴의 이같은 실험에 대해서는 Gosta Esping-Andersen, *Politics against Markets*, Princeton: Princeton Univ. Press 1985.

58) 「'국민이 주인되는 재벌' 가능한가?」, 『한겨레신문』, 1991년 5월 22일자.

집적, 집중이 가져다줄 수 있는 '성공적 효과'를 보지하면서도 완전하지는 않지만 독점적 대기업에 대한 실질적 통제를 일정하게 가능케 하고, 정치적인 형식적 민주주의로부터 '실질적 민주주의'로[59] 나아가는 매개고리를 제공한다는 점에서 중요한 전략이라 하겠다. 그러나 이같은 전략은 개별독점적 대기업에 대한 소속노동자들의 통제와 권익향상에는 상당히 기여할지는 모르나 이것이 전체적인 사회적 규제로 이어지지 못함으로써 개별독점적 대기업이 중소기업이나 소비자에게 끼치는 피해 등 사회 전체 내지 개별독점체 밖의 세계에 끼치는 병폐에 대한 규제를 불가능하게 한다는 한계를 갖고 있다. 또 지금까지의 역사적 경험을 통해 볼 때 이 전략은 그 규제의 부분성으로 인해 독점자본의 구조적 힘에 의해 변절되고 근본적인 불평등을 개선하지 못해왔다는 문제점을 안고 있다.[60]

마지막으로 제기될 수 있는 탈독점전략은 이같은 독점적 대기업을 실질적인 '사회적 소유'로 환원함으로써 사회의 전면적인 통제하에 놓는 근본적인 개혁이다. 이는 독점자본이 갖고 있는 막강한 구조적 힘을 고려할 때 철저하고 전면적이라는 점에서 그 효과가 가장 성공적일 수 있는 본질적 개혁이다. 그러나 이 전략은 그것을 채택하는 데 정치권력의 본질적 민주화와 본질적 의미의 민주주의('민중의 지배')[61]가 전제조건으로 필요하다는 점에서 현실성의 문제가 따른다. 또 이같은 실질적인 사회적 소유가 현실사회주의류의 공식적 사회화 내지 국유화로 전락함으로써 "누구의 소유도 아닌 것"이 되어버리고 그 결과 비효율성과 침체성을 유발하는 사태를 방지할 수 있는 기제의 발견이 요구된다 하겠다.[62]

---

59) G. O'Donnell & P. Schmitter, *Transitions from Authoritarian Rule Tentative Conclusions about Uncertain Democracies*, Baltimore: Johns Hopkins Univ. Press 1986, 11~14면.

60) M. Kiloh, 앞의 글, 45~46면.

61) 민주주의의 이같은 본질적 의미에 대해서는 David Held, *Models of Democracy*, Polity Press 1987, 10면.

62) 이같은 현실사회주의의 문제점에 대해서는 Charles Bettelheim, *Economic Calculation and Forms of Property* (New York: Monthly Review 1975) 등 참조.

2) 탈종속의 가능성과 전략

한국경제의 탈종속 가능성 문제는 앞의 이론적 쟁점에서 지적한 바 있듯이 이미 학계의 중요한 쟁점이 되어온 주제이다.

이에 대해 ① 독점의 강화와 종속의 심화는 유기적으로 결합되어 있어 (독점의 강화는 해외독점체의 국내지배의 한 관철형태라는 점에서) 앞으로도 라틴아메리카와 같이 종속이 심화될 것이라는 비관론으로부터 ② 국내독점체의 성장과 함께 경제의 자립적 기반의 확충에 따른 종속약화, 탈종속을 전망하는 낙관론, ③ 이같은 종속 심화·약화 문제는 법칙적으로 예단할 수 없는 구체분석의 대상이라는 입장이 개진되고 있음은 이미 지적한 바 있다. [63] 특히 일각에서는 한국경제가 이미 종속의 단계를 벗어나 비대칭적 상호의존의 단계에 이르러 있고 조만간 (대칭적) 상호의존의 단계(선진국간의 관계)로 나아갈 것이라는 낙관론이 제기되는 등[64] 탈독점의 전망에 비해 상대적으로 훨씬 낙관적인 논조가 상당히 팽배해 있는 실정이다.

이 문제에 대해 과학적으로 평가하려면 무엇보다도 먼저 종속이란 과연 무엇을 의미하는가 하는 종속의 과학적 개념화가 선행되어야 한다. 종속은 이를 "독점국가군이 이들 경제가 종속된다는 경제의 발전과 팽창에 의해 조건지어지는 상황"이라는, 즉 외적 조건으로 이해하는 방식과 이를 "특정 국민경제의 구조적 가능성을 규정하는 특정한 내적 구조를 조건짓는 구조"라는 의미의 구조적 종속으로 이해하는 방식이 경쟁을 벌여왔다. [65] 이중 종속을 단순히 외적 조건으로 협애화하는 것은 그릇된 이해방식이며 종속은 구조적 종속, 즉 "불균등발전법칙에 의해 구조화된 위계적인 국제분업 질서에 기초하여 (식민지 초과이윤을 매개로 이루어지는) 지배-예속의 국제관계상의 불평등한 관계의 총체"로 이해하는 것이 가장 올바른 이해방식

---

63) 각각의 입장의 대표적인 저술에 대해서는 주 9 참조.

64) S. S. 수술리나, 앞의 책.

65) Ian Roxborough, *Theories of Underdevelopment*, Atlantic Highlands: Humanities Press 1987, 44면.

이라 할 수 있다. 즉 다시 말해 종속(dependency)은 단순히 경험의 대외적 개방도를 의미하는 대외의존(dependence, 대칭적 대외의존과 비대칭적 대외의존)과는 본질적으로 차원을 달리하는[66] 것으로 궁극적으로 최고이윤, 최고생산성의 최첨단산업으로부터 최저이윤, 최저생산성의 후진산업에 이르는 생산구조의 세계적 연관 내지 국제분업의 위계질서 속에서 특정 사회가 차지하고 있는 불평등한 위치(즉 저급한 수준의 특화)와 국제분업에 편입된 정도에 의해 규정되는 것이라 할 수 있다. 따라서 한국경제의 탈종속 가능성이란 한국경제가 앞으로 지속적인 발전을 통해 이같은 국제분업의 위계질서 속에서 현재의 분업특화(불평등한) 수준으로부터 선진국과 같은 최첨단산업 특화로의 지위상승을 할 수 있느냐는 가능성에 다름아니다. 또 이같은 국제분업 위계질서상에서의 지위상승 가능성이란 한국경제가 지속적인(첨단산업으로의) 산업구조조정을 이루어낼 수 있느냐에 의해 결정되며 나아가 지속적인 산업구조조정 성공 가능성이란 법칙적으로 예단할 수 있는 성질의 것이 아니라 총자본으로서의 국가와 자본, 노동 등 사회세력의 구체적 선택과 사회적 역관계에 의해 매개되는 규정들의 총괄로서의 구체적이고 열려진 현상이라고 할 수 있다.[67] 다시 말해 종속이 구조적 현상이라 해서 이것을 "불변의 구조 내지 구조의 법칙"으로 이해해서는 안된다고 할 수 있다.[68]

이와 관련, 최근의 우루과이라운드, 외압에 의한 수입개방조치에 관련하여 이를 종속심화로 이해하는 경향이 있으나 이는 종속을 대외의존(시장의 개방도)으로 이해하는 그릇된 발상이다. 문제는 이같은 수입자유화가 한국의 산업구조에 어떠한 영향을 끼치고 따라서 국제분업상의 위치에 어떠한 영향(상승, 하강, 또는 현상유지)을 끼칠 것이냐는 것이다. 즉 수입자유화가 국제분업상의 지위하강으로 귀결되어 종속심화로 나아갈 가능성이 상당

---

66) 이 차이에 대해서는 James Coporaso, "Dependence & Dependency in the Global System"; R. Duvall, "Dependence and Dependencia Theory," *International Organization*, vol. 32, no. 1(1978년 겨울호), 1~12, 51~78면.

67) 졸고, 「뻬레스뜨로이까의 제3세계론에 대한 비판적 고찰」, 『창작과비평』(1991년 봄호), 365면.

68) 이성형, 앞의 책, 210면.

히 내재해 있기는 하나 이에 대한 올바른 대응(산업구조의 합리화)이 이루어지는 경우 시장개방 후 살아남는 산업이 최상부인 경우 경쟁력을 갖춘 진정한 '국제적 독점'으로 살아남아 지위상승으로 나아갈 수도 있다. 또 일각에서는 역으로 과거에 한국경제가 신발 등을 특화하였으나 이제는 이보다 선진산업인 자동차를 특화하게 되었다든가, 특정 산업(자동차 등) 내에서의 자립도(기술자립 등)가 높아지고 있다는 것을 들어 종속약화 경향을 예단하려 하고 있다. [69] 그러나 국제분업상의 위계질서의 구체적 내용이 정태적인 것이 아니라 동태적인 것이라는 점에 주목해야 한다. 즉 과거 신발 등 비내구소비재의 특화로부터 자동차 등의 특화로 국제분업상의 특화산업이 바뀌었다 할지라도 자동차산업 자체가 세계적인 산업구조의 개혁과 신 국제분업에 따라 사양산업화하여 국제분업의 위계질서상 위치가 하강한 것이라면 이같은 특화변경이 국제분업 위계질서상의 지위상승을, 따라서 종속약화를 의미하지는 않는다는 사실이다.

따라서 탈종속의 전략이란 어떻게 하면 한국경제가 지속적으로 산업구조의 첨단산업으로의 구조조정을 이루어낼 것인가 하는 산업구조전략의 문제라고 할 수 있다. 이같은 구조조정 가능성 여부 역시 선험적으로 예단할 수 있는 성질의 것은 아니지만 이같은 가능성을 극대화시킬 수 있는 총체적이고 거시적인 전략은 진단이 가능하다 할 수 있다. 산업구조조정의 성공 가능성을 극대화하기 위해서는 투기자본의 투자기회를 원천적으로 봉쇄함으로써 이같은 유휴자본이 산업자본화되고 기술투자에 집중되도록 근본적인 경제개혁을 실시해야 한다. 앞에서 보았듯이 토지에의 투자 등 불로소득에의 투기성투자가 생산적 자본에의 투자보다 6~7배 이상의 수익을 낼 수 있다는 점에서 이같은 불로소득기회를 원천적으로 봉쇄하지 않는 한, 산업기술에의 집중투자와 이를 통한 산업구조조정의 성공이란 불가능한 '그림의 떡'에 불과하다 하겠다. 여기에서 동아시아의 4인방이라고 불리는 '성공모델'인 한국, 대만, 홍콩, 싱가포르 중 한국, 대만은 제3세계 중 예외적으로 농지개혁에 성공한 나라이고 나머지 두 나라는 이같은 농지개혁이 불필요한 도시국가였다는 점에 주목할 필요가 있다. 즉 농지개혁은

---

69) 산업사회연구회, 『한국자본주의와 자동차산업』 (풀빛 1990) 등.

평균이윤율에 비해 훨씬 높은 초과이윤을 생산함으로써 유휴자본의 산업자
본화와 이에 따른 공업화를 저해하고 있었던 반(半)봉건적 토지소유를 불
완전하게나마 제거함으로써 이들 자본을 생산적 자본으로 유도, 한국자본
주의의 '성공'을 가져다주었다는 점에서[70] 이같은 농지개혁에 버금가는 토
지공유화와 같은 '제2의 토지개혁'과 금융실명제 등 근본적 개혁이 필요하
다는 사실이다. 또 지난 1년 동안 국내기업들이 공식적으로 신고한 것만으
로도 연구개발비의 3배가 넘는 1조 1368억 원을 접대비로 지출하였다는 사
실을 감안할 때[71] 이같은 사치성 소비지출을 기술투자로 전환시킬 수 있는
획기적인 세제개혁 등이 강구되어야 한다 하겠다.
　　특히 앞에서 지적했듯이 현대세계에서 과학기술혁명과 관련, 과학기술의

〈표 27〉 우리나라 첨단기술의 대선진국 기술격차

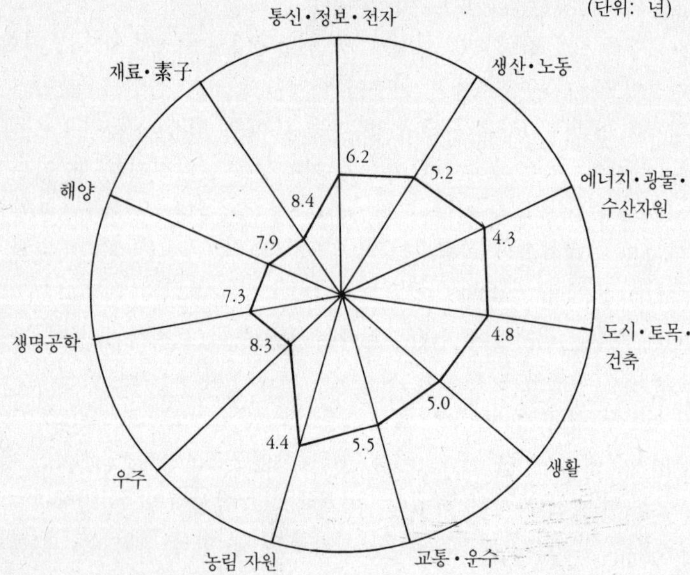

자료: 산업연구원, 1986.

---

70) 이에 대해서는 Hochul Sonn, 앞의 글, ch. 12 참조.
71) 한국은행, 『기업경영분석』, 1990.

중요성이 점점 더 커지고 있고 기술종속이 현대자본주의의 중요한 종속형태로 자리잡고 있다는 사실을 감안할 때 이같은 근본적인 개혁에 의한 과학기술투자의 획기적 증대와 산업구조조정이 없는 한, 탈종속의 가능성은 희박하다 하지 않을 수 없다. 참고적으로 과학기술혁명에 따라 과학기술의 수명(life-cycle)이 급속히 짧아지고 있는데도 불구하고 우리나라의 첨단과학기술수준은 선진국에 비해 4.3~8.4년의 기술격차를 보이고 있는 것으로 집계되고 있다(표 27 참조).

이와 관련, 이같은 근본적인 개혁의 수준에 훨씬 못 미치는 미봉책적인 토지공개념법안이 그 입법과정에서 변질되고 당초 약속한 금융실명제마저 실종되는 등 총자본으로서의 국가의 상대적 자율성의 결여와 독점자본의 편협하고 근시안적인 기업전략 등은 이같은 발전전략에 대한 심각한 장애요인으로 작용하고 있다 하겠다.[72]

---

72) 졸고, 「자본주의국가와 토지공개념: 6공화국의 토지공개념 관련법안 입법과정을 중심으로」, 『한국정치연구』, 제3호(1991) 참조.

국가권력과 계급정책
—— 6공의 교육정책을 중심으로

1. 문제제기

국가와 계급은 사회과학에서 가장 핵심적인 주제 중의 하나가 되어왔다. 특히 국가는 정치학에서, 계급은 사회학에서 각각 중심주제로 자리잡고, 이에 대한 많은 연구를 축적해왔다. 그러나 이 두 주제를 연결시키는 '국가권력과 계급정책'이라는 주제는 이 두 분야에서 그동안 등한시되어온 주제이다. 이는 다른 것은 고사하고 사회과학에서 '계급정책'이란 용어 자체가 잘 사용되지 않는 생경한 용어라는 사실이 잘 보여주고 있다.[1]

이같은 현실은 국내학계의 경우도 동일하다. 국내학계의 경우 국가의 문제는 미국의 행태주의에 의한 국가론 실종의 영향하에서 그동안 넓게는 사회과학 일반, 좁게는 정치학에서 등한시되다가 서구학계에서의 국가론의 부활과 국내 민중운동의 성장에 따른 한국국가성격에 대한 관심이 결합하여 80년대 후반부터 국가연구의 폭발을 가져왔다.[2] 계급문제 역시 분단의

＊ 사회문화연구소가 주최한 심포지움(1992년)에서 발표한 논문과 토론을 정리한 것. 1992년 6월에 집필된 것인 까닭에 교총의 교원처우교섭 등 일부 내용은 현시점에서 보면 지나간 것이나 글 속에서는 진행중인 것으로 쓰여져 있음.

특수성에 의한 사회과학의 '반쪽 불구화'에 의해 사회과학에서 자취를 감추었다가, 80년대 후반 이후 이에 대한 연구가 활발히 진행되고 있다.[3] 그러나 '한국 국가권력과 계급정책'이라는 주제는 이같은 국가론과 계급이론의 폭발에도 불구하고 연구의 사각지대로 남아 있는 분야이다.

이 논문은 이같은 연구사적 현실을 전제로 하여 한국 국가권력의 성격과 계급정책 간의 관계를 분석해보는 것을 목적으로 한다. 이를 위해 우선 국가권력과 국가정책 일반 간의 관계에 대한 이론화를 시도하고 국가정책의 특수한 유형인 계급정책의 문제를 이론적으로 다룬 뒤 한국 국가권력과 계급정책의 관계를 구체적으로 분석하고자 한다.

2. 국가권력과 계급정책: 시론적 이론화

1) 국가권력

국가에서 핵심적인 것은 무엇보다도 국가권력이다. 물론 국가권력은 허공에 매달려 있을 수 없고 따라서 국가장치라고 하는 물질적 형태를 띨 수밖에 없다.[4] 그러나 국가는 결코 일부 학자들의 분석의 기초가 되듯이 단

---

1) 필자의 경우 과문한 탓인지 서구학계에서 '계급정책'(class policy)이라는 용어가 사용되는 것을 아직 접해보지 못했다. 그럼에도 불구하고 이같은 제목의 글을 쓰게 된 것은 사회문화연구소가 원래 필자에게 원고청탁을 할 당시에는 '국가권력과 계급구조'라는 주제여서 이에 응했으나, 후에 '국가권력과 계급정책'으로 주제가 바뀌어서 서면 통보되었는데, 그동안에 많은 시간이 흘러 집필을 거절할 수 있는 처지가 아닌데다가 그 용어의 생소함에도 불구하고 주제가 제기하는 문제의식이 의미가 있고 부딪쳐볼 가치가 있다고 판단했기 때문이다.

2) 이에 대해서는 졸고, 「한국국가성격에 관한 이론적 고찰」, 『한국정치학의 새 구상』 (풀빛 1991), 199~248면과 졸고, 「한국국가론 연구현황」, 『한국사회 이해를 위한 길잡이』 (『사회평론』 1992년 1월호 부록). 214~21면(이 책 37~44면) 참조.

3) 그 대표적인 예로는 서울대 사회학연구회, 『사회계층』 (다산 1991) 등이다.

순한 국가장치들의 집합 내지 특정한 제도의 총체로 환원될 수는 없다. [5] 오히려 외형적으로 사회의 '겉과 밖'에, 나아가 사회 '위'에 존재하며, '정당화된 폭력을 독점'하는 특수한 사회적 권력, 즉 공권력으로서의 국가권력은 국가를 이해하는 데서 핵심적이다.

국가는 궁극적으로 특정한 사회구성에서 사회의 지배적 질서의 재생산을 그 기능으로 하는 특수한 '심급'이다. 따라서 국가권력은 그 사회의 성격과 분리시켜서는 파악할 수 없으며, 또 사회성격과 관련된 해당사회의 경제적 지배계급의 계급권력과 분리시켜서도 파악할 수 없다. 따라서 "국가는 일반적으로 가장 강력한 경제적 지배계급의 국가이고, 국가의 매개를 통해 이 계급은 정치적 지배계급이 된다"는 고전적 명제는 정당하다. [6] 그리고 이는 일부의 오해처럼 국가의 상대적 자율성을 무시하는 '도구주의적' 국가론을 의미하지는 않는다. [7] 국가권력의 계급적 성격은 누가 국가를 하나의 '주구'로서 좌지우지하느냐가 아니라 국가권력을 매개로 해서 재생산되는 사회적 질서의 내용이 무엇인가에 의해 규정된다. 따라서 자본주의 국가에서 국가권력이 자본가계급의 권력이라는 것은 이같은 의미, 즉 그것이 재생산하는 것이 자본주의적 질서라는 의미에서이다. 그러나 그렇다고 해서 자본주의 국가가 자본가계급의 이익만을 반영하는 것은 아니다. 이와는 반대로 자본주의 국가는 자본주의적 질서의 재생산 자체가 위협을 받지 않는 범위, 다시 말해 '구조적 한계' 내에서 노동자계급 등 다른 사회 계급 내지 계층의 이익을 반영하게 되며 이는 사회적 세력간의 역관계에 따라 변화한다고 할 수 있다. 따라서 더 낮은 수준에서의 국가권력은 '사회적 관계의 응집'이라고 할 수 있다. [8]

---

4) 국가에서 국가권력과 국가장치라는 양면성과 그 관계에 대해서는 Etienne Balibar, *On the Dictatorship of the Proletariat* (London: New Left Books 1981) 참조.

5) 그 이유와 이같은 다양한 수준의 국가권력의 개념화 간의 위계성에 대해서는 졸고, 「국가자율성의 과학적 이해」, 앞의 책 참조.

6) F. Engels, "The Origins of Family, Private Property, and the State," Robert Tucker (ed.), *The Marx-Engels Reader*, NY: W. W. Norton & Co. 1978, 753면.

7) 이에 대해서는 졸고, 「'계급지배의 도구'로서의 국가와 '도구주의적' 국가」, 앞의 책, 65~77면 참조.

이같은 원칙에 기초를 두고 볼 때 한국국가의 국가권력이란 한국사회의 사회성격 그리고 한국사회의 경제적 지배계급의 계급권력과 분리시켜서는 파악할 수 없다. 한국사회성격에 대해서는 다양한 논의가 있으나 이 글에서는 이를 종속적 국가독점자본주의라고 보는 가설에 기초를 두고 논의를 진행하고자 한다.[9] 또 이같은 입장은 한국의 국가권력이 종속적 국가독점자본주의의 재생산을 위한 해외독점자본과 이에 종속적이지만 동시에 상대적으로 자율적인 토착독점자본의 계급권력이라는 가설에서 이 글이 출발하도록 한다. 그러나 동시에 더 낮은 수준에서 보자면 한국의 국가권력은 그때그때의 국면(예를 들어 3당통합 이전과 이후)에서 변화하는 한국사회 내의 '여러 사회적 세력간의 역관계의 응집'이라고 할 수 있다.

---

8) 이와 같은 이론화로는 그람시나 풀란차스를 들 수 있다. Antonio Gramsci, *Selections from the Prison Notebooks*, NY: International Pub. 1971, 182면; Nicos Poulantzas, *State, Power, Socialism*, London: Verso 1978, 123~45면. 이에 대해서는 약간의 부가설명이 필요한바 이는 최근 유러코뮤니즘 내지 포스트맑스주의에서 이같은 구조적 한계와 추상성의 위계성을 무시하고 국가를 아무런 구조적 제약이 없는 중립적 장이자 따라서 무제한의 단순한 사회세력의 응집으로 이해하고 있기 때문이다. (이의 문제점에 대해서는 졸고, 「민주주의를 다시 생각한다」, 『창작과비평』, 1991년 겨울호 참조.) 특히 이들 이론은 그 논거를 그람시에서 찾고 있으나, 그것은 다음과 같은 인용이 보여주듯이 그람시에 대한 자의적인 해석이다. "헤게모니는 헤게모니가 행사되는 집단의 이익 … 이 고려되고 일정한 양보의 평형상태가 형성된다는 것, 즉 지배집단이 경제적·조합주의적 이익을 희생해야 한다는 것을 전제로 하고 있다. 그러나 그같은 희생과 양보가 본질을 건드릴 수 없다는 것은 의심의 여지도 없다."(Gramsci, 앞의 책, 161면) "국가는 특정 집단 팽창의 극대화에 대한 유리한 조건을 창출하기 위한 특정 집단의 기구이다. 그러나 … 지배집단은 구체적으로는 피지배집단의 일반적 이익을 조정해야 하며 국가의 일상은 기본집단의 이익과 피지배집단의 이익 간의 불안정한 평형상태가 형성되고 변화하는 지속적인 과정으로 이해될 수 있다. 그런데 그같은 평형상태에서 지배집단의 이익은 지배적이 되지만, 그것은 이들의 편협한 조합주의적 경제이익의 선까지 나아가기 직전까지만 그들의 이익으로 관철된다."(Gramsci, 앞의 책, 182면)

9) 이같은 입장에 대해서는 서울사회과학연구소, 『한국에서의 자본주의 발전』, 새길 1991 ; 졸고, 「한국자본주의: 탈독점과 탈종속은 가능한가?」, 구범모 편저, 『2000년대와 한국의 선택』, 한국정신문화연구원 1991 (이 책 84~125면).

2) 계급정책

일상적으로 정책이라고 불리는 국가정책은 국가권력이 그 물질화된 형태인 국가장치를 통해 사회질서의 재생산을 위하여 특정하게 개입하는 실천적 행위이다. 계급정책이란 사회과학에서 별로 사용되지 않는 생소한 용어라는 것은 이미 언급한 바 있다. 어쨌든 계급정책이라고 불릴 수 있는 그 무엇이 있다면 그것은 국가정책의 한 유형으로서, 한 사회에서 계급의 형성, 계급구조의 재생산 등 계급문제와 관련이 있는 일련의 정책들을 의미할 것이다.

그러나 문제는 전체 국가정책에서 어디까지가 이같은 계급정책이고 어디서부터가 계급문제와 무관한 정책들인가 하는 문제, 즉 계급정책 범위의 문제이다. 다시 말해 자본주의 사회, 나아가 계급사회 일반에서 '몰계급적' 또는 '계급중립적' 정책이란 것이 존재하느냐는 의문이다. 그렇지 않다는 것이 필자의 입장이다. 이는 모든 사회문제가 계급문제로 환원될 수 있다는 '계급환원론'을 주장하는 것은 결코 아니다.[10] 다만 간접적으로라도 계급문제에 영향을 끼치지 않는, 계급적 함의를 갖지 않는 정책은 없고 따라서 계급정책의 경계선은 단순한 정책영역(issue area)이나 정책이 겨냥하고 있는 대상의 성격(계급이냐, 성이냐 등)에 의해 그어질 수 없다는 의미이다. 예를 들어 여성정책도 최소한 간접적 또는 '중층적'으로라도 계급적 함의를 갖게 마련이다. 그러므로 계급정책을 보는 시각에 따라 엄격하게(궁극적 효과라는 시각) 또는 느슨하게(그 목표대상이라는 기준) 정의하는 경우, 모든 국가정책은 계급정책이라고 할 수 있고 따라서 이 논문의 주제인 계급정책문제는 결국 전체 국가정책문제를 다루어야 한다는 결론에 이르

---

10) '계급환원론'을 부정하는 입장은 계급의 중심성을 인정하면서도 계급문제와 연관되어 있지만 그것으로 환원 불가능한 기타 사회적 관계들의 중요성을 인정하는 시각과 계급의 중심성까지도 부인하고 상대주의를 절대화하는 포스트맑스주의의 '주체의 다원주의'로 나뉠 수 있다. 이 두 시각 중 필자는 첫번째 입장에 공감하고 있다.

게 된다. 결국 이같은 작업은 계급관계와, 계급관계로 환원될 수 없으나 계급문제와 연관을 맺고 있는 여타 사회관계가 어떤 식으로 접합되어 있는가에 대한 총체적 사회구성의 내부연관관계에 대한 과학적 이론화를 전제로 한다. 그러나 이 작업은 필자의 능력 밖의 일이다. 따라서 이 글에서는 이같은 문제의식을 전제로 하여 이중 가장 용이한, 직접적으로 계급문제와 관련이 있는 계급정책만을 분석의 대상으로 삼고자 한다.

3) 국가권력과 계급정책

앞에서 국가권력의 성격은 그 사회의 성격, 그리고 그 사회의 경제적 지배계급의 계급권력과 유기적 관계를 맺고 있다는 점을 지적한 바 있다. 따라서 국가권력의 실천적 행위인 국가정책은 이같은 사회성격과 경제적 지배계급의 성격을 반영하게 된다고 할 수 있다.

<그림 1> 국가정책 모델

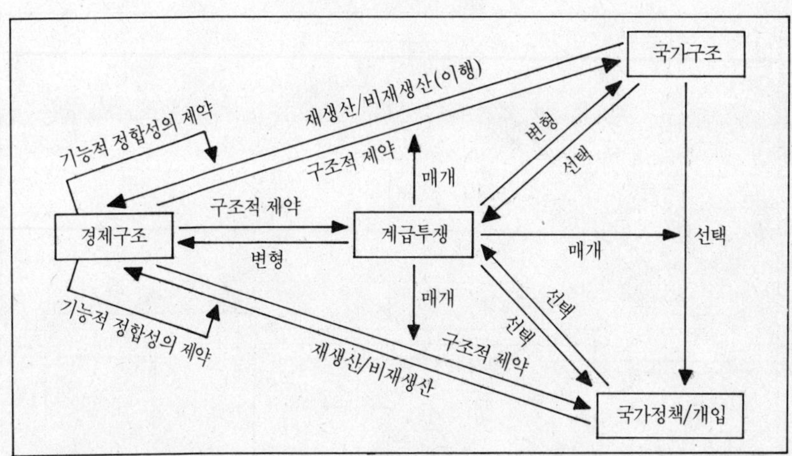

• 구조적 제약(structural limitation), 선택(selection), 매개(mediation), 변형(transformation), 재생산/비재생산(reproduction/non-reproduction), 기능적 정합성의 제약(limits of functional compatibility)의 의미에 대해서는 E.O. Wright, *Class, Crisis, and the State*, 15~26면 참조.

이러한 극히 일반적인 원칙을 출발점으로 하여 국가권력과 국가정책 일반 나아가 계급정책 간의 관계에 대한 과학적 이론화가 필요하다. 이 이론화의 준거틀이 될 수 있는 것은 라이트(Erik Olin Wright)의 모델이다(그림 1 참조).[11]

이 논문의 주제인 국가권력과 계급정책은 엄격히 이야기해 그림 1 중 국가구조, 국가정책, 계급투쟁이라는 세 가지 변수간의 관계에 관한 문제이다. 그러나 국가권력, 국가구조의 문제가 위에서 지적했듯이 해당사회의 성격에 의해 규정을 받는다는 점을 감안할 때 그림 1 전체를 참고할 필요가 있다.

결국 그림 1에서 '경제구조'는 앞에서 이야기한 '사회성격'에 해당하는 것이고, '국가구조'는 '국가권력'과 좁은 의미의 국가구조, 즉 '국가장치의 구조'를 통틀어 지칭하는 것이라고 볼 수 있다(그 함의는 아래 참조). 마지막으로 그림 1에서의 '계급투쟁'은 국가정책 일반과 계급정책이 영향을 끼치는 대상으로의 '계급구조', '계급형성', 좁은 의미의 '계급투쟁'을 전체적으로

<그림 2> 계급구조, 계급형성, 계급투쟁의 모델

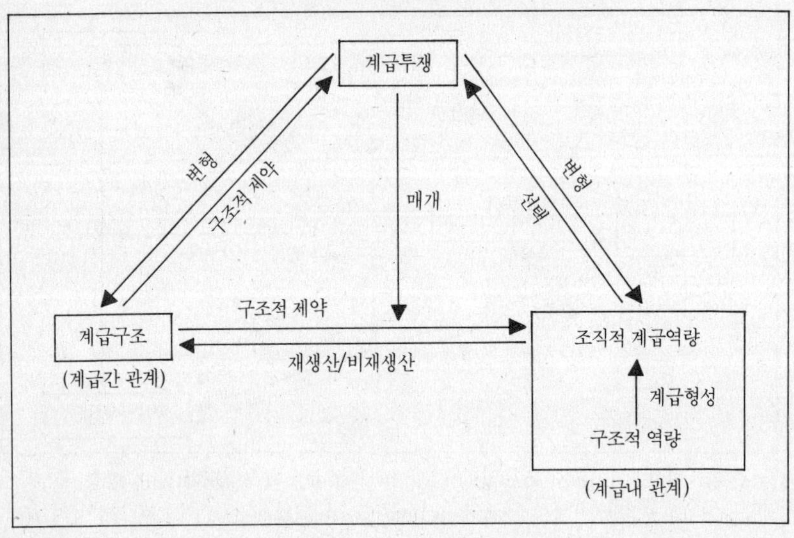

---

11) E. O. Wright, *Class, Crisis, and the State*, London: Verso 1978, 27면.

지칭하는 것으로 이해할 수 있다. (계급 구조, 형성, 투쟁 간의 관계에 대해서 라이트의 또다른 모델이 시사적이다. [12] 그림 2 참조.)

이같은 이론적 시각에서 볼 때 특정 사회의 사회성격(경제구조)은 그 사회의 국가권력의 성격을 구조적으로 '제약' 또는 '규정'하고 이렇게 규정된 국가권력은 국가정책(계급정책)이라는 '선택'을 통해 계급문제에 개입한다고 할 수 있다. 이때 계급정책은 궁극적으로는 사회성격과 관련된 국가성격에 의해 규정을 받지만, 이같은 국가성격이 허용하는 구조적 한계 속에서는 구체적인 계급형성 등과 관련된 사회적 역관계의 내용에 따라 '계급투쟁'을 매개로 '선택'된다. 그러나 국가가 이같이 추상성이 낮은 수준에서 볼 때는 사회관계의 응집이라 할지라도 단순한 사회관계의 응집이 아니라 이의 '물질적 응집'이라는 풀란차스의 주장처럼[13] 국가장치의 구조와 이에 관련된 일정한 '관료적 자율성'을 갖게 마련이다. 따라서 국가정책(계급정책)은 위에서 지적한 국가성격, 계급투쟁의 이중적 규정 위에서 일정한 국가장치 나름의 '전략적 선택성'을 반영하게 마련이다. [14]

이같이 만들어진 국가정책은 '경제구조', '계급투쟁'(계급 구조·형성·투쟁 등)에 '재생산-비재생산', '선택' 등의 다이내믹을 통해 영향을 끼친다. 그러면 '경제구조'와 '계급투쟁'은 다시 '구조적 제약'과 '선택'메커니즘에 의해 '국가구조'에 영향을 끼친다고 할 수 있다.

이를 한국사회에 적용할 경우 한국국가의 계급정책은 한국국가성격을 반영하여 종속적 국가독점자본주의와 국내외 독점자본의 지배를 재생산하도록 구조적으로 규정지어지되, 그 구조적 한계 내에서 사회적 역관계에 기초를 둔 계급투쟁의 '선택'의 매개를 거치며 이같은 이중의 규정 속에서 일정한 국가장치 나름의 전략적 선택성을 반영한다고 하겠다. 한편 이같이 결정된 한국국가의 계급정책은 종속적 국가독점자본주의의 경제구조와 계

---

12) 같은 책, 104면.

13) N. Poulantzas, 앞의 책, 43~45면.

14) 국가의 전략적 선택을 강조하는 입장으로는 Bob Jessop, *State Theory* (London: Polity Press 1990) 중 특히 "The State as Political Strategy"와 Part Ⅳ. 그러나 그의 '전략관계적' 이론화는 위에서 지적했듯이 국가의 사회관계적 측면을 절대화하고 있다는 문제점을 갖고 있다는 것이 필자의 생각이다.

급 구조, 형성에 영향을 끼치고 이들이 다시 국가권력에의 '반작용'으로 환류(feed-back)한다.

3. 한국 국가권력과 계급정책
—— 제6공화국의 교육정책을 중심으로

1) 몇가지 전제

이 절에서는 제2절에서 논의한 시론적 이론화를 전제로 하여 한국 국가권력과 계급정책의 관계를 제6공화국을 중심으로 구체적으로 분석해보고자 한다. 특히 지면관계상 모든 계급정책을 다 다룰 수 없기 때문에 노동자계급에 대한 정책과 자본가계급에 대한 정책 등 직접적으로 특정 계급을 그 대상으로 하는 계급정책, 즉 '직접적 계급정책'과, 계급문제와 직접 관련은 없어 보이지만 계급적 함의를 갖는 '간접적 계급정책' 중 후자의 교육정책을 사례로 하여 분석하고자 한다. [15] 이는 직접적 계급정책의 경우 계급적 함의를 갖는 것은 당연하기 때문에 재론의 여지가 별로 없고 오히려 그렇지 않은 간접적 계급정책까지도 국가권력의 계급적 성격을 반영할 수밖에 없음을 보여주기 위해서이다.

이 글은 앞에서 지적했듯이 한국사회의 성격을 종속적 국가독점자본주의로, 이에 따른 국가권력의 성격을 궁극적으로 국내외 독점자본의 계급권력으로 파악하는 입장에서 출발하고 있다. 그러나 이 절에서 구체적으로 다루고자 하는 제6공화국의 교육정책을 분석하기 위해서는 제6공화국의 성격에 대한 개괄적인 이해가 선행되어야 한다고 하겠다.

한국사회는 잘 알려져 있듯이 해방공간에서의 '두 개의 길'간의 투쟁에서 자본주의적 발전의 길이 승리한 이래 종속적이기는 하지만 자본주의적 발

---

15) 당초 계획은 '직접적 계급정책'의 한 사례로서 노동자계급에 대한 정책, 즉 노동정책과 '간접적 계급정책'의 한 사례로서 교육정책을 분석할 계획이었으나 지면의 한계 때문에 이중 한 부분만을 분석하게 되었다.

전을 해왔다. 특히 5·16쿠데타 이후 '국가주도형' 산업화를 통해 한국자본주의는 종속적 국가독점자본주의로 발달해왔다. 이같은 종속적 국가독점자본주의의 민중배타성과 고착취는 '종속적 파시즘' 내지 '관료적 권위주의' 등으로 불리는 억압적 정치체제를 제도화시켜왔다. 그러나 광주항쟁 이후 성장한 민중의 힘이 '6·29항복선언'을 얻어내는 데 성공했으나, '민중권력'의 수립으로까지 나아가지 못하고는 제6공화국을 탄생시켰다. 따라서 종속적 국가독점자본주의라는 한국의 사회성격과 국내외 독점자본의 계급권력이라는 국가성격은 6공 출범에도 불구하고 변화가 없다. 다만 한층 추상화 수준이 낮은 의미에서의 국가, 즉 사회적 역관계의 응집으로서의 국가라는 측면에서는 민중세력의 성장에 따라 제한적이기는 하지만 민중의 힘이 다소 관철되는 쪽으로 변화가 있기는 했다. 또 이와 관련하여 '제한적 민주화'와 '의사(疑似)개량화'를 통해 억압성 일변도의 통치로부터 변화가 생겨나고 있다.[16] 그러나 이같은 '제한적 민주화'도 3당통합과 소련·동구의 몰락 이후 다시 상당부분 찬탈되어 수구화되는 추세를 보여왔다. (따라서 더 구체적인 수준에서 이야기하자면 6공화국하의 한국국가도 사회적 역관계에 현저한 차이가 있는 3당통합 이전과 이후로 나누어 분석하여야 한다.) 그 결과 국가정책 면에서 결코 반독점자본정책이라고 볼 수 없고, 독점자본의 단기적이고 편협한 경제이익(투기자본화 등)에 반함으로써 이들의 장기적이고 더 높은 이익을 보장해주는 정책인 토지공개념과 금융실명제가 실종되는가 하면[17] 80년 '국보위'의 위헌적 악법의 대표적 사례인 노동법이 4당합의하의 개정입법에도 불구하고 대통령의 거부권 행사로 그대로 남아 있고 총액임금제 등 오히려 노동통제를 강화하는 정책들이 속속 현실화되고 있다. 한마디로 6공의 국가정책, 즉 광의의 계급정책은 민중부문의 성장 등 변화한 조건 속에서 국내외 독점자본의 지배의 재생산을 보증하기 위해 이에 장애가 되고 있는 민중부문의 정치적 활성화를 한편으로는 '부분적 개량화' 내지 이데올로기 공세를 통한 '개량화의 환상'과 다른 한편으로는

---

16) 이같은 제한적 민주화의 정도와 '탈파시즘화'와 부르조아 민주주의화 여부에 대한 논쟁에 대해서는 졸고, 「한국국가론 연구현황」, 앞의 책 참조.

17) 이에 대해서는 졸고, 「자본주의 국가와 토지공개념」, 앞의 책 참조.

'탄압강화'를 통해 무력화시키는 것을 기본목적으로 하고 있다.[18] 특히 이 같은 정책은 6월항쟁 등 현 지배블록의 그간의 정치적 억압성에 반대했던 반독재연합으로부터 중산층을 분리해내고 기층민중, 특히 전투적 기층민중 운동을 고립시키는 것을 기조로 하고 있다. 또 이는 중산층과 기층민중의 일반대중의 상당부분에 대해서는 '개량화' 내지 '개량화의 환상'을 통해 체제내화시키고 나머지 전투적 민중세력에 대해서는 오히려 '억압'과 폭력적 통제를 강화하는 양면성을 띠고 있다. 다시 말해 유신과 5공의 '전면적 억압'으로부터 '선별적 억압'(selective repression)으로 그 기조가 바뀌고 있다.[19]

이런 전체적 기조하에서 '간접적 계급정책'으로서의 6공의 교육정책을 분석하는 것이 필요하다.

2) 6공과 교육정책

교육정책은 특정 계급을 그 대상으로 하지 않는다는 점에서 일견 '계급중립적' 정책인 것처럼 보인다. 그러나 자본주의 사회에서 교육은 자본이 필요로 하는 적합한 노동력의 재생산과[20] 생산관계와 지배질서의 재생산에 핵심적 기능을 수행하고 있다는 점에서[21] 결코 '계급중립적'이지 않다.

---

18) 6공 정책의 각 분야별 특징과 평가에 대해서는 학술단체협의회, 『6공화국 백서』 (사회평론사 1992) 참조.

19) 선별적 탄압의 특징에 대해서는 G. O'Donnell, "Corporatism and the Question of the State," in James Malloy (ed.), *Authoritarianism and Corporatism in Latin America* (Pittsburgh: Univ. of Pittsburgh Press 1977), 69면 참조.

20) 독점자본이 필요로 하는 양질의 노동력의 교육·훈련 비용을 '사회자본'형식으로 사회화시킴으로써 독점자본의 자본축적을 간접적으로 지원하는 현대자본주의 국가의 기능에 대해서는 James O'Conner, *The Fiscal Crisis of the State* (NY: St. Martin's Press 1973), 111~16면 참조.

21) 현대자본주의 국가의 이데올로기 국가장치 중 '교육이데올로기 국가장치'가 차지하는 핵심적 중요성에 대해서는 Louis Althusser, "Ideology and Ideological State Apparatus," *Lenin and Philosophy and Other Essays*, NY: Monthly Review 1971, 157면. 이밖에 계급적 관점에서의 교육의 일반적 기능에 대해 살펴본 글로는 마이

　따라서 우리는 한국국가권력의 계급적 성격이 한국의 교육정책에 어떻게 각인되어 나타나고 있는가를 살펴볼 필요가 있다. 특히 한국교육정책이 갖는 계급적 성격에 대한 총론적 분석과 그 역사적 전개과정은 이미 선행연구들에서 다루어졌기 때문에[22] 이를 전제로 하여 앞에서 지적한 6공의 성격과 6공의 교육정책을 집중적으로 분석하고자 한다.

　'관념적 총자본'으로서의 국가는 구체적 국면에 따라 다른 내용과 형태로 제기되는 자본축적과 지배적 질서 재생산에의 위협과 장애요인들에 국가정책을 통해 개입하고 대응한다.[23] 따라서 국가정책에 대한 연구는 이같은 장애요인, 즉 '구체적 상황에 대한 구체분석'을 요구한다. 동일한 논리로 6공 교육정책의 계급적 성격을 분석하기 위해서는 이같은 정책을 배태시키고 이들 정책들이 목표로 하고 있는 6공하에서의 노동력 재생산과 지배질서 재생산에 장애가 되는 요인들의 구체적 내용을 파악해야 한다.

　우선 노동력 재생산이라는 측면에서 볼 때 6공하의 한국자본주의가 부딪힌 문제는 6공 들어 거의 일상화되고 있는 '경제위기'와 관련되어 있다. 더 구체적으로 이같은 경제위기는 3저현상에서 야기된 무역흑자와 '자본의 상대적 과잉' 속에서 자본의 투기자본화가 급속히 진행되고 기술투자 등에 의한 산업구조조정에 실패함으로써 국제분업체계에서 더 상위의 첨단부문으로의 생산특화로 상승하지는 못한 채 기존의 특화부문의 경우 저임금의 후발개발도상국 등의 추적으로 경쟁력을 상실하고 일종의 '샌드위치'가 되고 있는 것과 깊은 연관이 있다. 결국 이는 노동시장이라는 측면에서 볼 때 국내외 독점자본의 노동수요와 실제 노동력공급 간의 괴리, 즉 필요한 첨단과학인력의 결핍 속에 대졸 고급인력의 과잉(고학력자의 산업예비군화)이라는 이중성과 '3D'현상 등과 관련하여 고졸 이하 학력의 기능인력 및 육체노동자의 공급부족이라는 '장애'를 야기하고 있다. 특히 여기에서

　클 애플 편, 『교육의 재생산이론』 (성원사 1987) 참조.

22) 그 대표적인 예로는 김진균·홍승희, 「한국사회의 교육과 지배이데올로기」, 한국산업사회연구회 편, 『한국사회와 지배이데올로기』, 녹두 1991, 227~57면 등.

23) 이에 대해서는 Joachim Hirsch, "The State Apparatus and Social Reproduction," John Holloway et al. (eds.), *State and Capital* (Austin: Univ. of Texas Press 1978), 57~107면 참조.

주목할 필요가 있는 것은 이같은 현상이 한국자본주의의 구조 조정과 관련된 것이기도 하지만, 역사적으로는 민중배제적 특성을 갖는 한국자본주의의 체제를 '안정적으로' 재생산해온 중요한 메커니즘(사회적 신분 상승수단으로서의 교육과 이에 따른 높은 교육열),[24] 그리고 체제재생산을 위해 이를 부추긴 교육정책(5공의 졸업정원제 등에 의한[25])이 낳은 모순적 결과라는 사실이다.

두번째, 6월항쟁 이후 급속히 가시화되기 시작한 노동자계급 등 민중부문의 급성장과 급진화는 종속적 국가독점자본주의 체제라는 지배적 생산관계와 지배계급의 재생산이라는 측면에서 심각한 위협으로 떠오르고 있다. 특히 이는 교육현장에서는 지금까지의 일방적인 지배이데올로기의 도구가 되는 교육을 거부하는 '전교조'운동으로 가시화되었으며, '민교협'과 같은 대학교수들의 대학교육민주화운동, 시간강사노조운동, 대학운영에서 발언권을 획득하려는 학생들의 '대학운영협의회'운동 등 다양한 교육민주화운동으로 나타나고 있다.

이상의 장애요인들을 전제로 하여 '관념적 총자본'으로서의 6공의 국가가 교육정책이라는 '간접적 계급정책'을 통해 어떻게 이같은 장애를 극복하려 하고 있는가가 이제 남은 분석과제이다.

(1) 노동력의 재생산

3공의 교육정책에서 노동력수급의 측면이 중요시되었다면, 5, 6공의 교육정책은 이보다는 이데올로기적 장치로서의 의미를 갖는다는 한 선행연구의 타당성에도 불구하고[26] 6공의 교육정책은 앞에서 지적한 노동력수급의 불균형 해소라는 측면에서도 그 의미가 적지 않다.

24) 이에 대해서는 아래 참조.

25) 졸업정원제가 사실상의 대학정원 증대를 가져다줌으로써 고학력화에 기여한 바가 크다. 이같은 고학력화와 정통성이 결여된 정권의 체제재생산을 위한 교육정책 간의 관계에 대해서는 고형일, 「고학력화현상의 정책적 대응의 토론」, 『한국 고학력화현상의 진단과 대책』(한국개발연구원, 1989), 65면 참조.

26) 김진경, 「6공화국 교육정책의 성격과 전교조의 대응」, 『교육비평』, 창간호 (1990), 17면.

6공은 이같은 노동력수급의 불균형 해소를 위해 자본이 요구하고 있는 해외인력 수입요구를 그 사회적 부작용 등을 고려하여 전면적으로 수용하지는 못하면서도 외국인 기능연수라는 편법으로 해외인력 수입을 사실상 허용하는 등[27] '교육 외적' 정책으로 대응하고 있기는 하지만 교육정책으로도 이같은 '축적의 장애'에 대응하고 있다.

이중 가장 대표적인 것으로는 6공이 90년 5월 발표한 '고교교육체제 개혁방안'을 들 수 있다.[28] 이해 7월, 6공이 발표한 '산업인력수급: 제조업부문의 인력난 타개방안'[29]과 입체적으로 조율된 이 정책은 ① 실업계 고교의 증설과 증원을 통해 실업계 교육을 강화·내실화시킴으로써 실업계 고교생수를 전체 고교생의 50%까지 끌어올리며, ② 일반계 고교의 경우도 직업과정을 신설 내지 강화시키고 졸업반의 경우 대학 비진학 학생을 대상으로 노동부 산하 직업훈련원이나 공고 부설 직업과정, 산업체 위탁수습훈련과정 등에 의뢰하여 직업위탁교육을 실시하는 등 기술교육을 강화한다는 것을 기본골자로 하고 있다. 결국 이같은 고교교육의 혁신을 통해 대학진학과정을 전체 고교생의 20% 수준으로 하향개편한다는 것이다. 이같은 고교교육과정의 '혁명적 개편'에 대해서는 별도로 '고차원적인' 분석을 하지 않고서도 한국자본주의의 경쟁력 상실과 산업구조조정과 관련하여 '관념적 총자본'으로서의 국가가 교육정책을 통해 현재의 노동력수급 불균형을 해소, 자본축적의 장애를 극복하려는 '계급정책'이라고 할 수 있다.

정부가 추진하고 있는 기술대학 신설도 이와 관련된 또다른 예이다. 즉 상공부는 지난해 5월 기술인력 부족현상을 해소하기 위해 산업체 주도로 기술대학을 만들어 현행 교육체계 이외에도 5년제 전문학교, 산업기술대학, 기술대학원 체계를 도입, 현장중심의 기술교육을 실시한다는 '산업기술교육법' 제정을 주장하고 나왔다. 이는 전문대학과 교육부의 반발로 무산되는가 했으나, 1992년 6월 청와대와 경제부처, 민자당 등의 압력에 의

---

27) 『중앙일보』, 1990년 11월 27일자와 『한겨레신문』, 1991년 10월 30일자.

28) 이하 이에 대한 내용은 박인종, 「산업구조조정과 고교교육체제개편」, 『교육비평』, 제2호(1991), 30~45면에 크게 의존하였음.

29) 그 주요내용은 학교교육과 훈련기관을 동원, 부족한 기능인력을 확대 육성하여 1996년까지는 기능인력 공급초과를 유도한다는 것이다.

해 교육법을 개정, 기술대학 설립을 허용하는 쪽으로 기울어지고 있다. [30] 이같은 기술대학 신설은 고교교육 개편과 마찬가지로 국가가 교육정책을 통해 노동력수급 불균형을 해소, 자본축적의 장애를 극복하려는 또다른 시도로 파악되지만, 다른 한편 이는 단순한 노동력 재생산이라는 측면 이외에도 앞으로 분석할 생산관계의 재생산이라는 측면과도 밀접한 관련이 있음을 주목할 필요가 있다. 즉 이는 최근의 노동자계급의 급진화 등 사회적인 역관계의 변화와 관련하여, 이들 인력들의 양성과정 그 자체를 독점자본의 통제하에 놓음으로써 한층 '온순하고 통제가 용이한' 기술인력을 안정적으로 공급받기 위한 생산관계 재생산 위기의 적극적인 타개책 성격을 띠고 있다. [31] 또 이를 둘러싼 산업계와 전문대학 간의 갈등, 교육부의 반발과 이에 따른 교육부와 경제부처 간의 갈등은 한층 구체적인 수준에서의 자본분파간의 갈등(일반독점자본 대 '교육자본')과 '관료적 자율성'과 관련된 국가장치의 내부갈등이라는 측면에서 이해되어야 한다.

이밖에 '과학기술혁명'(STR)의 진전에 따른 독점자본의 새로운 요구를 충족시켜주기 위한 다양한 교육정책들이 새롭게 도입되고 있다. 이는 과학고등학교와 같은 과학에 초점을 둔 영재교육 등 과학교육에 대한 강조 이외에도 과학기술 교육과 연구를 자본의 순환과정 속에 직접 포섭해내고 양자간의 유기적 연관을 제고시킴으로써 '산학복합체'(industrial-academic complex)를 형성하려는 노력으로 가시화되고 있다. 이에 따라 6공은 일반 산업체의 기술인력에 대한 교수 겸임을 허용하는가 하면 주요 산업프로젝트에 참가하는 대학원생에 대해 이를 학점으로 인정하는 한편 주요공업지역에 산업계, 학계, 연구기관으로 협동연구협의회와 산·학·연 합동생산

---

30) 「기술대학 설립 찬반논란 재연」, 『한겨레신문』, 1992년 6월 13일자. 또다른 보도에 따르면 민자당은 오는 임시국회에서 산업체가 기술대학교법인을 설립, 운영하되 교육부가 이를 지도·감독하는 것을 골자로 한 「산업기술교육 육성법안」을 제정키로 하고 그 법안 초안을 작성완료하였다는 것이다. 『중앙경제신문』, 1992년 6월 24일자.

31) 이에 대해 한 교육관계자는 기술대학 추진이 "대기업이 겪고 있는 노동쟁의 해소책과 무관하지 않"으며 "지적 판단 능력이 아직 무르익지 않은 청소년단계에서부터 대기업이 직접 교육을 맡아 기업풍토에 순응하는 노동력을 확보하려는 계산이 깔려 있다"는 지적에 주목할 필요가 있다. 『한겨레신문』, 1992년 6월 13일자.

기술지원쎈터를 설치, 운영키로 방침을 정하고 이를 추진하고 있다. [32]

  한편 6공하에서의 노동력의 수급 불균형이라는 문제와는 직접적으로 관계가 있는 것은 아니지만 노동력의 재생산이라는 교육정책의 계급적 기능과 관련하여 교육정책의 구조적 규정변수로서의 한국자본주의의 특성을 적나라하게 파악할 수 있도록 해주는 측면을 짚고 넘어갈 필요가 있다. 즉 그것은 한국의 교육정책이 한국자본주의의 '종속성' 등과 관련된 '개량의 물적 토대'의 편협성을 보여주고 있다는 사실이다. 서구자본주의의 경우 중·고교 교육까지의 의무교육제 등 교육비를 '관념적 총자본'인 국가가 부담함으로써 노동력 재생산 비용의 일정한 '사회화'가 이루어져 있는 반면, 우리의 경우 아직도 교육정책이 국민학교교육의 의무교육화 수준에 머물러 있고 그것도 말만이 의무교육이지 국교생 1인당 교육비 중 학부모 부담이 공교육비보다 오히려 50% 이상 많은 실정이다. [33] 나아가 전체교육비 중 학부모 개인의 부담률이 미국과 일본이 각각 0.3%와 1.8% 수준에 불과한 반면, 우리나라의 경우 1990년을 기준으로 총교육비 18조 1243억 원 중 무려 70.7%에 달하는 12조 8138억 원을 학부모가 부담하고 있다. [34]

  특히 이같은 현상이 극적으로 표현되고 있는 것은 제6공화국이 지난해 강력히 추진하다가 사회적 반발로 인해 일단 후퇴했으나, 금명간 실시할 가능성이 큰 사립대학의 '기부금입학제'이다. [35] 서구와 같은 선진자본주의 사회의 경우 독점자본이 필요로 하는 고급인력을 양성하는 대학교육의 비용을 사립대학에 대해서도 국가가 과감한 지원을 통해 부담함으로써 국가가 고급인력 재생산 비용을 독점자본을 위해 '사회화'하는 것이 상례이다. 그러나 그같은 비용부담은커녕 교육세의 상당부분을 체제유지비로 전용해 사용해야 할 정도로[36] 아직은 '개량의 토대'가 협소한 한국자본주의의 경

---

32) 「산업계 프로젝트 참여 학점 인정」, 『한겨레신문』, 1990년 11월 24일자.

33) 박불휘, 「가난한 학교, 시드는 아이들」, 학술단체협의회, 『6공화국 백서』, 사회평론사 1992, 288면.

34) 공은배 외, 「한국의 교육수준」, 한국교육개발원 1990, 23, 52면과 박불휘, 앞의 글, 287면에서 재인용.

35) 『한겨레신문』, 1991년 8월 15일자 참조.

36) 1991년의 경우 교육세 규모가 1조 4360억 원인데 이중 8276억 원이 다른 명목으로 전용되었다. 박불휘, 앞의 글, 299~301면.

우, 사학(私學)의 재정난을 '신분상승'의 입장권인 대학입학자격을 공매함
으로써만 타개하도록 그 선택의 폭을 제약하고 있다. 물론 국가지원 이외
에도 서구와 같이 상속세의 혁명적인 강화를 통해 그 대에 축적한 재산을
대학 등에 기부할 수밖에 없도록 '강제'함으로써 사학 재정난을 타개하는
방안도 고려할 수 있으나, 이같은 방안은 한국국가의 친자본적인 계급적
성격과 자신의 단기적 이익만을 추구하는 한국자본가들의 편협성, 이같은
개혁을 '강제'할 수 있는 민중진영의 역관계에서의 열세 등으로 일종의 '무
결정'(non-decision) 메커니즘에 의해[37] 하나의 정책방안으로 상정조차 되지
않고 있다.

결국 날로 그 부담이 커지는 교육비와 입시경쟁 속에서 국가의 교육비
지원의 한계와 기부금입학제들은 앞으로 교육기회까지도 사회계급적으로
규정받게 만듦으로써 교육을 통한 '사회적 신분 상승'의 기회를 제약하게
될 것이다. (서울대학교 학생연구소, 『한국대학신보』 등의 조사에 따르면
최근 들어 대학생 중 '기층민중' 가정 출신이 점점 줄어들고 있는 것으로
나타나[38] 이런 추세가 벌써 현실화되고 있음을 보여주고 있다. 이와 관련
하여 주목할 만한 것은 '8학군'현상이다. 즉 고교평준화제도는 그 의도와는
달리 이같은 교육을 통한 사회적 신분 상승기회를 축소시키는 효과를 초래
하고 있다고 하겠다. '8학군' 명문고의 높은 명문대 진학률을 고려할 때 사
회경제적 조건, 즉 8학군이라는 한국 최고의 주거지역이 명문교육에의 접
근기회를 크게 규정하고, 따라서 교육을 통한 사회적 신분 상승기회를 조
건짓고 있다는 뜻이다.) 또 이같은 사회적 유동성의 감소는 궁극적으로는
한국사회의 피지배계급 소속원들로 하여금 개인적 지위상승을 통해 계급문
제를 '해결'하려는 지금까지의 '개인적 해결책'(이는 한국사회의 독특한 교
육열과 결합하여 효과를 발휘해왔다)으로부터 '집단적 해결책'으로의 방향
전환을 하도록 만들어, 계급형성을 강화시키고 정치의 '계급화'를 초래함으
로써 국가권력에 대한 '변혁'압력으로 '환류'되어올 가능성이 크다.

---

37) '무결정'에 대해서는 Peter Bachrach et al., "Decisions and Non-Decisions," *Amer-
ican Political Science Review*, no. 57(1963), 632~42면.

38) 이에 대한 구체적 자료는 장필선, 「학생운동의 의식과 계급구성이 변하고 있
다」, 『월간 길』, 1992년 6월호, 101면 참조.

(2) 생산관계와 지배질서의 재생산

과거에 비해 5, 6공에 들어 교육정책의 목적이 노동력의 수급이라는 측면보다는 이데올로기적 측면에서의 지배질서의 재생산에 무게중심이 이동한 것은 이미 앞에서 지적한 바 있다. 또 6공 들어 민중부문의 성장에 따른 역관계의 변화 속에서 계급정책이 종전의 '전면적 억압'으로부터 이중화와 '선별적 탄압'으로, 즉 중산층에 대해서는 '개량화' 내지 '개량화의 이데올로기적 효과'로, 기층민중, 특히 전투적 기층민중에 대해서는 '억압의 강화'로 그 기조가 바뀌었음도 역시 앞에서 지적한 바 있다. 따라서 이 절에서는 이같은 맥락에서 6공의 교육정책이 지배질서의 재생산이라는 측면에서는 어떻게 이중화되어 나타나는가를 교육당사자(교사, 학생)에 대한 정책을 중심으로 살펴보고자 한다. 이밖에도 중산층을 겨냥한 과외허용, 저학력 민중세력을 겨냥한 독학에 의한 학위인정제 등 일종의 일반국민에 대한 교육정책도 있으나 이는 지면관계상 생략한다.[39]

① 억압과 통제의 강화

6공의 교육당사자에 대한 정책에서 우선 주목할 수 있는 것은 일련의 억압 및 통제의 강화이다. 그 대표적인 것은 두말할 나위 없이 전교조에 대한 직접적인 탄압이다. 교육민주화를 내걸고 출범한 전교조에 대해 정부, 독점자본, 교육자본가 등이 혼연일치하여 가혹한 탄압을 가함으로써 1600여 명의 교사 등을 거리로 내몰았다. 특히 이같은 과정에서 주목해야 하는 것은 이에 대해 6공이 "체제수호와 안보의 차원"에서 대응할 것임을 분명히 했다는 사실과 '교원노조분쇄대책 예산' 45억 원 중 18억 원을 전경련이 부담한 것이 보여주듯이 이같은 전교조탄압에 교육문제와 직접적으로는 '무

---

39) 이는 다른 정책과 마찬가지로 3공식의 성장이데올로기의 개별화와 관련하여 계층상승에 대한 환상, 그것을 중핵으로 하는 중산층 이데올로기의 강화를 목적으로 한 '개량화' 내지 '개량화효과'의 조치들이라 하겠다. 김진경, 앞의 글, 17면. 기타 자세한 내용은 이지혜, 「제6공화국의 사회교육정책」, 『교육비평』, 제2호 (1991), 119~24면 참조.

관한' 것처럼 보이는 독점자본이 직접 총대를 메고 나섰다는 사실이다. [40] 선진자본주의 국가는 말할 것도 없이 상당수의 제3세계 국가에서도 일상화되어 있는 교원노조에 대한 이같은 탄압은 한국자본주의의 종속성과 관련하여 '개량의 물적 토대의 협소성'과 이러한 노조를 허용하고는 안정적으로 체제를 재생산할 수 없는 한국자본주의의 취약성을 웅변적으로 보여주고 있다. 그것도 현역교사 중 89.5%가 전교조가 주장하는 참교육에 찬성하는 반면, 이에 반대하는 교사는 2.3%에 불과한 현실을 감안할 때 더욱 그러하다. [41] 또한 동일한 발전수준 내지 오히려 발전수준이 낮은 다수 제3세계 국가에서 합법화되어 있는 교원노조를 쟁취하지 못하고 있는 한국의 현실은 '계급형성'과 관련된 역관계에서 한국민중부문의 미성숙을 반영해주고 있는 것이라고 할 수 있다. [42]

두번째, 통제의 강화로 지적될 수 있는 것은 교육주체들에 대한 원천적인 통제를 전면화할 수 있도록 제도화하는 '교원 임용과 양성에 관한 종합대책안', [43] 사립학교법 개정, 국립대학 정년보장교수 정원제 도입 등 일련의 조치들이다. 교원종합대책안은 전교조운동과 같은 교육민주화운동에 당면하여 사범대, 교대의 학생선발과정, 교원의 양성과정, 교원의 임용시험과정, 임용 후 수습단계에 이르는 네 단계에 걸쳐서 '여과'와 통제 메커니즘을 대폭 강화함으로써 '체제순응적'인 교원만을 안정적으로 생산, 공급하려는 중요한 자본의 공세이다. 특히 이중 교원임용고시제는 예비교원들간의 관계를 경쟁적 관계로 변화시킴으로써 계급적 통일성 확보를 통한 계급형성 그 자체에 근본적으로 장애를 설치하려는 '분리통치' 방식이다. 또 국정감사에서 폭로되었듯이 교원종합대책의 일환으로 6공이 '보안심사위원회'를 설치, 학생운동전력자 등을 본원적으로 교원진출로부터 봉쇄하고 있다는

---

40) 정재걸, 「80년대 교육지배의 정책분석」, 『동향과 전망』, 1989년 겨울호, 156
   ~163면.

41) 『한겨레신문』, 1992년 5월 13일자.

42) 한국전쟁의 영향으로서의 이같은 민중부문의 저개발에 대해서는 졸고, 「한국전
   쟁과 이데올로기 지형」, 앞의 책 참조.

43) 이에 대해서는 이용관, 「교원통제의 파시즘적 성격과 자본논리」, 『교육비평』,
   제2호(1991), 79~81면에 크게 의존하였음.

점에 주목할 필요가 있다. [44]

이와같은 교육통제강화정책의 또다른 예인 사립학교법 개정은 국립대학 정년보장교수 정원제와 함께 교육민주화단체들이 요구한 교육법개정이 3당 통합 후 '개악'의 형태로 변질된 대표적인 예로서 '사학의 자율성'이라는 명분하에 재단관계자의 총장취임 허용 등 재단의 인사권과 권한을 대폭 강화함으로써 교육자본의 통제력을 강화시키는 조치이다. [45] 다만 여기에서 주목할 점은 이같은 정책이 교육자본의 통제력 강화라는 (자본의 입장에서) '긍정적'인 효과 이외에도 사학의 족벌경영이라는 총자본적 시각에서의 '부정적 효과'를 가져올, 그것도 후자가 전자를 압도할 가능성이 크다는 점이다. 그럼에도 불구하고 이처럼 사립학교법이 개정된 것은 국회문공위원회 위원 중 대다수가 사립학교의 재단이사장, 즉 교육자본가인 까닭에 총자본으로서 개별자본으로부터 도구적 자율성을 지녀야 할 국가가 이같은 자율성을 갖지 못함으로써 국가정책이 개별자본의 편협한 이익에 좌지우지된 결과이다. [46]

이같은 교육주체에 대한 통제 강화 이외에도 교육소비자인 학생들에 대한 통제 강화도 6공의 중요한 교육정책의 한 구성부분이다. 6공은 3당통합 이후, 특히 한국외국어대생의 정원식 총리 봉변사건을 기화로 민중민주운동의 중요한 '진지' 중의 하나인 대학 캠퍼스에 대한 통제를 재강화함으로써 지배질서의 재생산에 심각한 위협으로 작용해온 학생운동을 무력화하려하고 있다. 이는 학사경고, 학사제적 제도 부활을 통한 '면학분위기 조성'과 총학생회에 대한 통제 강화를 통한 '학원의 소요거점화 방지'로 요약될 수 있다. [47] 특히 후자의 경우 ① 학생회 간부의 자격기준 강화, ② 학생회비의 분리징수, 학생회 수입사업 규제 등을 통한 학생회의 '물적 토대'의 공략, ③ 학생회 및 써클에 대한 지도 강화, ④ 대학신문 등 학내언론에 대한 통제 강화 등으로 나타나고 있다. 이밖에 전교조활동과 관련하여 활성화되기 시작한 고등학생의 학내 민주화운동에 대해서도 각종 통제가 강

---

44) 이윤미, 「6공화국의 고등교육정책」, 『교육비평』, 제2호(1991), 106면.

45) 「전격 통과된 사립학교법 뭘 담았나」, 『한겨레신문』, 1990년 3월 21일자 참조.

46) 이같은 문제에 대해서는 졸고, 「국가자율성의 과학적 이해」, 앞의 책 참조.

47) 「학생활동 규제 대학가 새 불씨」, 『한겨레신문』, 1991년 6월 13일자.

화되고 있다.

마지막으로 '사회교육' 분야에서의 통제강화를 들 수 있다. 6월항쟁 이후 민주화의 흐름 속에서 진보적 민중민주진영에서는 일반시민을 대상으로 하는 공개강좌형식의 대항헤게모니적 민중교육운동이 활발히 진행되었다. 민주적 노동운동단체들이 중심이 되어 노동자들을 대상으로 전문적인 노동교육을 실시하기 위한 '노동자대학'을 비롯하여 민청련의 청년학교, 서울민중연합의 민족학교, 민통련의 민주통일시민학교 등이 그 대표적인 예이다. 이같은 진보적 사회교육에 대해 6공은 "체제수호를 위해 공권력을 강력히 행사"한다는 방침 아래 국가보안법으로부터 학원설립운영법 등을 동원, 강도높은 탄압정책을 펴오고 있다. [48]

② '개량화' 내지 '의사개량화'

지금까지 살펴본 6공의 교육정책에서의 억압과 통제의 강화 이면에는 변화한 현실 속에서 지배질서를 재생산하기 위한 새로운 전략으로서의 '개량화'라는 또다른 정책수단이 도사리고 있다.

우선 6공은 변화한 역관계 속에서 과거와 같은 '전면적 탄압'은 지나치게 '비용'이 많이 드는 정책이라는 점을 자각, 교육민주화운동에 적극 동참하지 않는 일반교사들을 견인해내기 위해 '교원지위향상을 위한 특별법안'을 제정, 교사처우개선 등 부분적 개량화 내지 '의사개량화'를 시도하고 있다. [49] 1991년 5월 임시국회에서 민자당에 의해 단독으로 날치기 통과된 이 법안은 전교조를 약화시키고 가입회원의 69.5%가 부정적인 입장을 보이고 있는 교총의 입지를 강화시켜주기 위해 교총에 정부와의 교섭·협의권을 부여하고 있다.

또한 6공은 그 후속조치로 지난(1992년) 5월 국무회의에서 '교원지위 향상을 위한 교섭·협의에 관한 규정'을 통과시키고 교원처우개선 등 45개 사항에 대한 교섭을 현재 벌이고 있다. 이에 따라 교총이 마련한 교섭안에 의하면, 이같은 처우개선을 위해서는 2300억 원 정도의 추가예산이 필요하나, 지난해(1991년) 교총이 올 예산에 불과 171억 원의 교육예산 추가

---

48) 이에 대해서는 이지혜, 앞의 글, 124~27면.

49) 그 내용에 대해서는 이용관, 앞의 글, 81~83면에 크게 의존하였음.

책정을 신청했다가 모두 삭감당한 전례를 고려할 때 이같은 최소한의 처우
개선안도 그 실현이 비관적인 것이 현실이다. [50] 이같은 현실은 자본축적과
(개량화를 통한) '정당화' 간의 모순을, 더 나아가 이같은 개량화를 수용할
수 있는 한국자본주의의 '개량의 물적 토대의 협소성'을 또다른 측면에서
보여주고 있다고 하겠다.

개량화정책의 또다른 축은 교육자치제의 실시이다. 교육자치제는 지난해
(1991년) 지방의회라는 '반쪽 자치제'의 일환으로 일단 도입이 되었다. 그
러나 이같은 교육자치제는 교육단체장의 경우 지방단체장선거 연기와 함께
95년 이후로 미루어진 '반쪽 교육자치제'에 불과하며, 그것도 교사들이나
학부모 등 교육당사자에 의해 직선되는 교육위원이 아닌 지방의회에 의한
간선식 교육자치제에 불과하다. [51] 게다가 교육위원회의 심의·의결 사항들
이 재정, 시설관리 등에 국한되어 있어 진정한 의미의 교육자치제와는 거
리가 멀다. [52] 이같은 이유로 전교조가 최근 전국 2만 756명의 현직교사들
을 대상으로 실시한 여론조사에 의하면 이들 교사 중 81.9%가 교육자치제
실시 이후에도 교육민주화에 진전이 없으며, 84.9%가 6공 들어 교원의 권
리가 나아지지 않았다고 답하고 있다. [53]

지금까지의 논의에 대한 이해를 돕기 위해 이를 '도식화'해 정리해보면
다음과 같다(그림 3 참조).

---

50) 「교총 내달 첫 '대정부' 교섭」, 『한겨레신문』, 1992년 6월 20일자.
51) 이같은 이유로 민주당이 장악하고 있는 전남교육위원회에서조차도 도교육위 위
   원장이 전교조 대표들과 면담을 했다는 이유로 3공, 5공하에서의 '어용교육관료'
   출신 동료 도교육위원에 의해 불신임을 당하는 촌극이 벌어지기도 했다.
52) 김신복, 「교육자치제 이대로 좋은가」, 1992년 6월 12일 교육정책토론회 발표논
   문.
53) 『무등일보』, 1992년 4월 18일자.

〈그림 3〉 계급정책으로서의 6공 교육정책

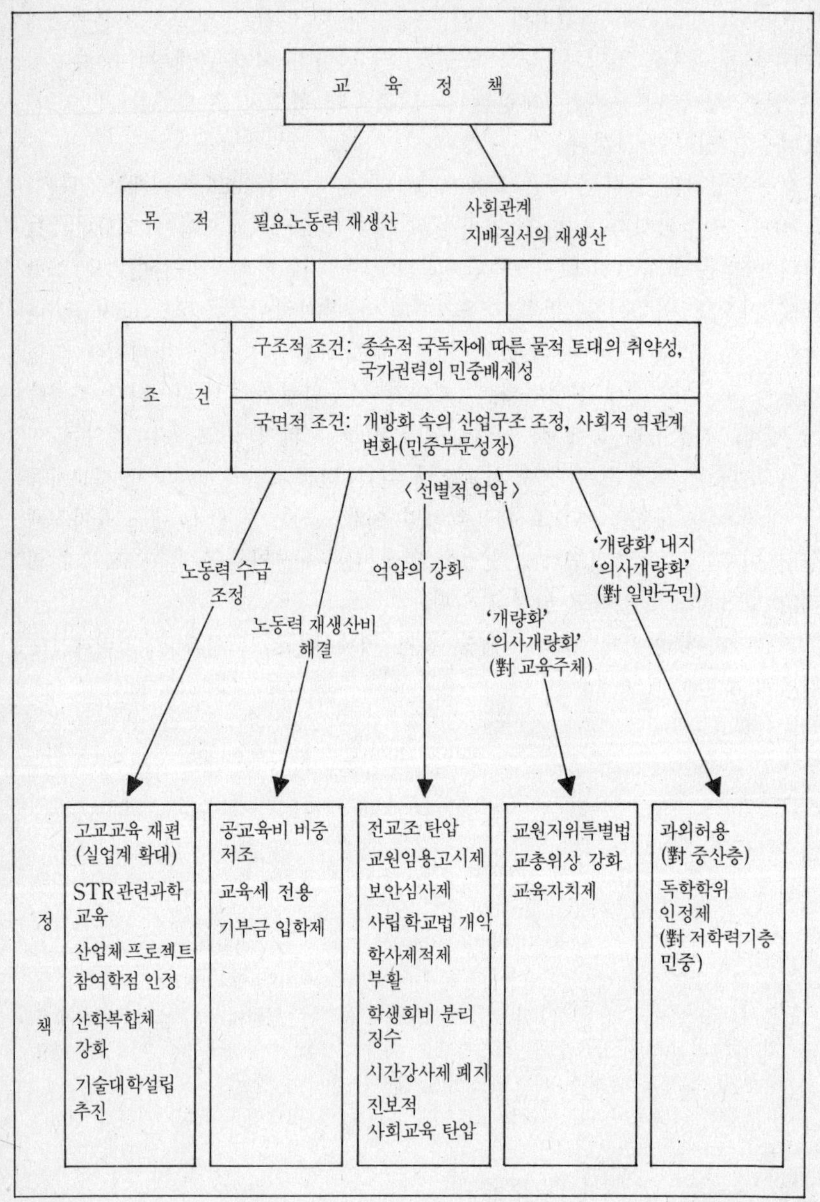

4. 맺음말

이 글에서는 국가권력과 계급정책 간의 관련이라는 문제의식에서 간접적 계급정책으로서의 교육정책을 6공의 교육정책을 사례로 하여 살펴보았다. 이같은 분석을 통해 이 논문은 특히 노동력의 재생산과 지배질서의 재생산이라는 면에서 6공의 교육정책이 한국자본주의의 성격과 국가성격을 반영하고 있음을 보여주었다. 나아가 이같은 계급정책으로서의 교육정책이 한국의 계급형성과 관련된 사회적 역관계, 국가장치의 관료적 자율성, 자본분파간의 관계 등에 의해서도 영향을 받고 있음을 '예증적' 수준에서나마 살펴보았다. 이밖에 이같은 교육정책이 역으로 어떻게 계급형성 등에 영향을 끼쳐 국가권력에 '환류'하여 돌아올 것인가도 '예증적'으로 짚어보았다.

그러나 여기에서 명확히하고 넘어가야 할 것이 있다면 그것은 사회성격과 국가권력의 성격이 계급정책을 구조적으로 규정한다고 해서 그것이 특정한 정책이 특정한 사회에서 특정 시기에 유일무이한 대안으로서 이 양자간에 1 대 1 조응관계가 존재한다는 것을 의미하지는 않는다. 다만 이같은 사회성격, 국가성격은 역관계와 계급투쟁을 매개로 하여 선택 가능한 대안의 범위들을 구조적으로 규정할 뿐이며, 이런 '구조적 규정' 위에서 국가는 상대적 자율성을 가지고 이들 대안 중 '전략적 선택'을 한다고 볼 수 있다. 따라서 6공의 교육정책 역시 이같은 이론적 맥락에서 이해되어야 하지 앞에서 분석한 특정한 개별 교육정책이 반드시 한국자본주의의 성격과 국가성격에 의해 '필연적으로' 그런 식의 정책으로 나타날 수밖에 없었다고 이야기할 수는 없다. 결국 그같은 문제는 일반화가 어쩌면 불가능한 '구체적 상황에 대한 구체분석'의 문제일 수 있으나 이같은 국가정책결정의 인과관계에 대한 한층 과학적인 이론화를 도울 수 있는 중범위의 추상화 수준에서의 많은 이론화가 필요하다 하겠다. 특히 국내학계의 경우 80년대 들어 국가론에 대한 관심의 확대와 함께 많은 연구가 진행되어왔음에도 불구하고 국가의 계급적 성격과 관련된 계급정책으로서의 구체적인 국가정책에

대한 연구는 상대적으로 등한시되어왔다는 점에서 이에 대한 더 많은 관심
이 촉구되고 있다 하겠다.

논평과 토론

논평 1: 비교적 최근에 활발해진 국가에 대한 논의는 많은 경우에 고도
로 추상적이다. 그런데 손호철 교수의 이 논문은 국가가 구체적으로 무엇
을 하는가에까지 논의를 확장하고 있다. 예증에 의하여 논의가 뒷받침되고
있기 때문에 이 방면의 이론적 배경에 대하여 이해가 부족한 사람에게도
무리없이 계몽적인 효과를 갖고 있다. 이런 의미에서 이 논문은 이 분야의
후속연구를 위해서 방향을 제시하고 있다.

이 논문의 기본적인 분석틀은 에릭 라이트의 모형이다. 손교수에 의하면
여기서의 분석틀은 경제구조와 계급투쟁의 제약성을 바탕으로 하면서도 상
대적 자율성을 갖는 국가의 전략적 선택을 도외시하지 않는다. 국가정책이
지배질서의 재생산에 궁극적으로 기여하는 것이지만 이러한 목표를 실현하
는 정책수단이 복수로 존재할 수 있는 가능성이 배제되지 않는다. 이 점에
비추어볼 때, 국가의 선호가 어떻게 형성되고 어떠한 과정을 거쳐 특정의
정책 산출이 이루어지는가 하는 질문이 의미를 갖게 된다. 그런데 그림 1
의 모형에만 의존하면 국가구조 내적인 과정이 전혀 고려되지 않게 된다.

국가나 정부를 암흑상자(blackbox)나 금전등록기처럼 개념화한다는 것이
다원주의 시각에 대한 중요한 비판의 하나이다. 그런데 그림 1의 분석모형
역시 국가구조 내적인 과정 전체를 암흑상자 속에 가두고 있다는 점에서
동일한 비판을 받게 된다. 예를 들어 ‘관료정치’ 모형과 같은 분석틀을 원
용하여 논의를 보완하면 더 충실한 분석이 될 것이다. 국가구조 안의 정책
형성과정에도 주목하여야 자본분파간의 갈등이나 영·호남 지역간 또는 서
울에서 강남·북 지역간 정책수혜의 차별성 등이 제대로 해명될 것이다.

이 논문에서의 국가개념은 결국 생산양식과 계급정책에 의하여 배태된
지배질서이다. 그러므로 국가정책은 정의에 의하여 모두 계급정책이 된다.

　그러나 구태여 계급정책이라고 했을 때는 계급이익과 객관적이고 직접적으로 연결되는 정책을 가리킬 것이다. 자본주의 사회의 양대 계급인 노동자계급과 자본가계급을 직접적 대상으로 하는 정책문제가 그것이다. 그렇기 때문에 교육정책을 사례로 든 것이 다소 예상 밖의 일이다.

　이 논문에서 문제삼는 교육은 학교교육을 중심으로 제도화된 것을 의미하고 있다. 이러한 측면의 교육은 사회의 경제적 토대가 어떤 성격이냐에 관계없이 기존의 지배질서나 생산체계를 강화하는 측면이 있을 것이다. 권력의 정당성 문제는 봉건제 사회, 국가독점자본주의 사회, 아니면 현실사회주의 사회 할 것 없이 존재하는 것이며, 제도화된 교육은 체제순응을 강조하게 마련이다.

　이와같은 입장에서 이 논문을 처음 대하였을 때 정책분야의 선택이 적절하지 않다는 생각이 들었다. 그런데 논문을 다 읽고 보니까 손교수는 간접적인 계급정책을 다루면서도 우리 사회에서 교육정책이 갖는 계급성을 잘 부각시켰다고 생각된다.

　정책입안의 의도와 정책수행의 결과를 논리적으로 구분하여 더 치밀한 분석을 제공할 수도 있었을 것이다. 의도와 결과의 상위성이 나타날 수 있기 때문이다. 계급구조와 생산양식의 재생산에 기여하는 정책의 성격을 그 입안의도에서 찾아야 할지, 아니면 의도는 불분명해도 정책수행의 결과에서 찾아야 할지도 가려볼 수 있을 것이다. 예를 들면 손교수는 ‘8학군현상’에서 교육이 부르조아 계급의 우위 유지에서 기회와 통로가 되는 점을 지적하고 있다. 그런데 이것은 정책수행의 결과에서 온 것이고, 명문고를 폐지하고 추첨입학제를 도입한 의도는 개방적인 것이 아니었는가 한다. 어쨌든 정책의도와 정책수행의 결과를 구분하고 양자간의 비교를 통해서 정책의도가 어떻게 변형되고 왜곡되는가를 규명해볼 수 있다.

　이 논문에서는 국민학교로 제한된 의무교육, 그나마도 사교육비가 비중을 많이 차지하는 현실, 사학에 대한 보조의 결여, 과도한 입시경쟁, 이를 문제시하는 전교조에 대한 탄압 등 오늘날 한국사회의 고질적인 교육문제가 많이 지적되고 있다. 그리고 손교수는 이러한 문제들의 근원을 종속적 국가독점자본주의라는 구조적 규정변수에서 찾고 있다. 그런데 교육내용의 이데올로기적 편협성이나 교육에 대한 미흡한 투자를 설명하려면, 경제구조적 요인 외에도 국제정치의 냉전상황, 반공안보정책, 군사독재와 같은 다른 요인도 못지않게 중요하다고 생각된다.

교육문제의 근원적 요인을 한국자본주의의 종속성과 국가독점적인 성격에서 찾는 것은 예리한 비판을 제공할 수 있다. 하지만 변화를 전망하거나 모색하는 데서 지나치게 비관적인 입장을 견지하도록 한다. 현재 한국사회에서 독점자본이 교육정책을 통해서 헤게모니적 지배를 관철한 상황은 아닐 것이다. 한국에서 국가나 자본가계급의 정통성은 여전히 취약하다. 한국자본주의의 본질적인 구조변화 이전에 정치사회에서 발생하는 얼마간의 변화도 교육문제들을 개선하는 데 많은 영향을 줄 수 있으리라고 생각한다. 이를테면 선거를 통해서 보수정당간의 권력교체가 이루어진다거나 대의제가 제구실을 할 수 있는 상황이 되면 현행 교육정책의 의미있는 개량적 수정이 가능할 것이다. 문제의 원인을 경제적 토대에서 찾는 거시적이고 구조적인 시각은, 문제의 심화과정에 관련된 행위자·세력·제도에 대한 더 낮은 수준의 구체적인 고려를 배제하게 되는 경우에 현실적으로 적절한 처방을 제시하기가 쉽지 않을 것이다.

답변: 여러가지 지적해주신 것에 대해서 감사드린다.

우선 경제구조와 국가성격, 그리고 계급투쟁이 국가의 전략적 선택성보다 강조되고 있다는 것에는 동의를 한다. 그런데 복수의 정책이 있는데 그런 복수의 정책 중에서 하필 어떤 정책이 선택되느냐, 즉 넘어설 수 없는 큰 규정은 분명히 있는데, 그 속에 주어져 있는 복수의 정책 중에서 하필 특정한 정책인가 하는 것을 설명하는 데는 분명히 무력하다. 그러나 이같은 선택성이 절대적이지 않고 넘어설 수 없는 한계 내에서의 선택이며 그 한계는 경제구조, 국가성격, 계급투쟁이 규정한다는 점에서 이에 대한 선차성 부여는 정당하다고 본다. 이같은 문제는 구체적 상황에 대한 구체적인 분석일 수밖에 없다고 하겠다. 그러나 구체적인 것은 단순하고 쉬운 것이 아니라 가장 복잡한 규정의 총괄이다. 따라서 국가구조의 내면적 측면을 어떻게 보느냐 하는 것, 그것이 정말 과학적인 이론이 되려면 높은 수준의 규정성에서 시작을 해서 낮은 수준의 규정성까지 계속 연구되어야 하는데, 특히 우리와 같은 사람들이 연구하는 것은 높은 추상화수준에서의 논의라고 하겠다. 그러므로 국가구조의 내적인 면이라고 하는 것이 사실 블랙박스로 남아 있다는 지적에 대하여 동감한다.

그런데 두 가지가 있을 수 있다. 예를 들면 국가관료 내에서도 교육부와 경제부처 간의 갈등 같은 것들이 바로 관료정치의 전형이라고 볼 수 있다. 그런데 국가구조의 내적인 것들이 무작위적으로 움직여준다고는 보지 않는다. 또 이를 단순히 국가장치들, 즉 부서간의 갈등으로 치환시켜서도 안된다고 본다. 거기에도 어떤 논리(logic)가 있다고 보는데, 바로 그런 것들을 찾아내야 한다는 것이다. 즉 교육부라고 하는 것이 상당히 관료적인 측면을 지니며 관료들이 자신의 이익을 극대화하려고 함에도 불구하고, 자신의 기반이 되는 교육자본의 이익을 대변할 수밖에 없다는 것이다. 예를 들면 경제부처 내에서 논하자면, 높은 추상화수준에서는 일반적으로 총자본으로 이야기할 수 있지만, 아래로부터의 다양한 시각에서 보면 개별자본의 침투가 많이 있을 수도 있고 총자본적인 이익이 무엇인가에 대한 다양한 견해의 차이가 있을 수 있다고 본다. 왜냐하면 국가기구 내에서 특정한 국가기구가 차지하는 전략적인 위치에 따라 달라질 수 있기 때문이다. 예를 들어 상공부의 경우는 개별자본의 침투가 가장 심한 곳이라고 생각된다. 재무부는 상당정도 금융자본을 대표하고, 경제기획원 같은 경우 과거에는 상당히 총자본적이면서도 전체적인 것으로 기능했다고 본다. 과거에 기획원이 외자문제를 다룰 때에 외자심의권을 가지고 있었기 때문에 외국독점자본과 연관이 심했다고 하겠다. 청와대와 같은 경우에는 상당히 격리되어 있기 때문에 그러한 의미에서 총자본적인 정책이 발표된다. 물론 거기에서도 누가 그 당시에 경제특보였느냐에 따라 다를 수 있을 것이다. 또 그러한 측면에서 예를 들면 토지공개념 법안과 같은 것도 총자본적 정책인데, 이러한 것들을 청와대에서 주도를 하고 상공부나 건설부 등 여러 부처들간의 다른 의견들을 반영하면서 입안하는 과정중 갈등이 있게 된다. 그것이 클라우스 오페(Clause Offé)에 의하면 선택과정(selection process)에 의해 구조적 선택성(structure selectivity)이 결정되는 것이라고 하겠다. 분명히 높은 수준의 추상성은 규정하고 있지만, 낮은 수준에 있는 구체적인 문제들은 해명되지 않고 남아 있다고 보기 때문에 이것은 중요한 문제를 지적한 것이라고 생각한다. 앞으로 이 분야도 상당히 연구가 진척되어야 할 것이라고 본다.

그 다음 국가정책, 계급정책인데 직접적인 노동이나 자본이 아닌 교육정책에 대한 영향을 다룬 것이 기이하게 느껴질 것이다. 노동이나 자본 정책보다는 오히려 계급적이지 않은 듯한 것까지도 계급적이라는 점을 보여주는 것이 더 나을 것 같아서 교육정책을 선택했다는 해명을 다시 할 수밖에 없다. 또한 교육이 어느 체제에서든 체제순응적인 것이 아니냐 하는 점에서는 동의한다. 사회주의 사회에서든 봉건제 사회에서든 모두 체제순응적이겠지만, 거기에는 상당한 차이가 있을 것이라는 생각이 든다. 교육이라는 것을 봉건제 사회처럼 국가가 교육을, 따라서 노동력과 생산관계의 재생산을 직접 담당하지 않는 사회와 자본주의같이 국가가 직접 담당하는 사회에는 차이가 있다. 동일한 자본주의 사회에도 예를 들면 제6공화국이나 한국국가의 교육정책과 선진자본주의 국가의 교육정책 간에 상당한 차이가 있다는 것이다. 왜 한국에서는 교원노조와 같은 것을 허용하지 못하는가 하는 점이다. 또한 한국의 교육정책은 다른 제3세계와도 차이가 있으며, 똑같은 정책을 시행하더라도 분명히 다른 측면들이 있다고 본다. 체제재생산을 체제내화시켜서 이루어내는가, 혹은 억압을 통해서 이루어내는가 하는 측면들이 있고, 노동력의 재생산이라는 측면에서도 상당히 여러가지 한계들을 보여주는 측면들이 있다고 하는, 큰 틀에서의 어떤 차이들을 보여주려고 했다.

정책분석에서의 의도와 결과는 상당히 중요한 것이라고 생각한다. 이런 문제에서 지식국가 혹은 지식국가의 인식능력이라고 할 수 있는 학습과정(learning process)이 중요한데, 그러한 부분에서 고민하여 분석한 것들이 바로 부분적으로 이 글 속에서 이야기해보려고 하는 것이다. 즉 국가가 보통 총자본적인 것으로 기능하지만, 항상 총자본적으로 기능적인 것은 아니라는 것이다. 이 글에서는 기능주의적인 설명은 피하려고 했다. 그래서 사립대학법, 사학법과 같은 사립학교법은 국가가 입안했음에도 불구하고 결과는 오히려 역기능적으로 다가올 가능성이 상당히 있다는 점, 그리고 8학군, 기부금입학제와 같은 정책들도 의도와는 달리 결과적으로는 오히려 역기능적으로 나타날 가능성이 다분히 있다고 하는 점들을 이 글에서 지적하고 있다. 즉 항상 국가를 전능하다고 보고 기능적으로 설명하거나, 국가정책의 의도와 결과가 일치한다고는 보지 않는다.

그리고 구조적인 변수와 미시적인 변수에 관해서 답변을 하겠다. 한국자본주의의 성격에 대해서 본인의 관심은 다음과 같다. 왜 동일한 자본주의임에도 불구하고 한국자본주의는 독특한가, 선진자본주의와도 다르고 또한 제1공화국이나 제2공화국에서도 다르게 나타나는 그러한 점에 대해서 좀더 관심을 가지고 고찰했다. 반공이나 분단과 같은 것도 물론 중첩결정적인 요소로 작용할 수 있지만 그것으로 환원된다고 생각하지는 않는다. 본인의 대답은 다음과 같다. 현재 탈냉전이 되고 있는데 한국의 정책들이 과연 그러한가 하는 점이다. 물론 시차가 있을 수 있겠지만 통일이 물론 자원의 분배라는 측면에서 국방비를 줄이는 결과를 가져오고 분단 자체가 구조적인 한계라고 하는 점들이 분명히 있다. 왜 국방비, 체제운용비에 돈이 그렇게 많이 들어가느냐 하는 문제 그 자체에 의문을 제기할 수 있지만, 거기까지 안 가더라도 통일이 되면 국방비가 줄어들 것이고 그러면 교육비에 더 많이 지출할 수 있을 것 같다고 보는 분단모순론에 대하여, 본인은 그것을 낙관적인 사고라고 생각한다. 북한의 130만 군대와 대치하고 있으면서도 안보, 즉 국방문제가 심각한데, 만일 통일이 되어서 약 10억 이상의 인구와 2천만 군대를 소유한 소련, 중국과 대치하게 될 때, 그때의 국방과 안보의 논리는 강화되면 강화되지 절대로 약화되지는 않을 것이라고 본다. 그러므로 국가성격 자체가 민주적으로 변화하지 않는 한 분단모순이 예를 들어 흡수통일에 의해 해소된 그러한 상황에서 국방비로 오히려 훨씬 더 많은 비용이 요구되지 않을까 하는 생각을 하게 된다.

그리고 보수정권이라도 정권교체가 되면 많은 문제들이 해결책을 찾게 되지 않겠는가 하는 이야기를 했었는데, 물론 그 추상성의 수준의 차이가 있을 수 있지만 본인은 구조적인 측면을 더 강조하는 사람이라서 그런지 몰라도 그 점에 대해서는 상당히 회의적이다. 어떤 특정 정당을 가지고 이야기하고 싶지는 않지만, 만일 보수야당이 집권을 하게 되면 얼마나 달라질까 하고 생각해보자면, 야당의 절대주도하의 전남도의회가 선출한 전남 지방 교육위원회에서 교육위원회 위원장이 전교조 대표를 만났다는 이유로 불신임당한 사실이 그 상황을 에피소드적으로 보여주고 있다고 할 수 있다.

또다른 예로 군부재자 선거에서의 부정이 폭로되었을 때 오히려 국민당은 나와서 가두성명을 받았지만 다른 정통보수야당은 그렇게 하지 못하는 현상이 벌어졌다. 그 이유는 대권에 지장이 있기 때문이다. 즉 정권을 잡을 때까지는 잠잠히 있다가 그후에 칼을 쓰겠다는 것이다. 본인은 오히려 구조적인 요인, 즉 세칭 시민사회에서의 계급 등 사회적 역관계가 문제라고 생각한다. 정권교체가 이루어진다 해도 오히려 개혁은 더 힘들다고 생각하는데, 기존세력이 권력의 기반이 없기 때문에 아마도 미국과 비슷한 현상이 일어나리라고 본다. 미국의 예를 들면 데땅뜨는 항상 민주당이 하는 것이 아니라 오히려 공화당이 할 수 있었다. 그것은 닉슨 때 그리고 레이건 때 이루어졌다. 그것은 군부의 지지를 받는 사람만이 할 수 있다. 이러한 사실 때문에 오히려 개혁이 더 힘들지 않을까 하는 생각까지도 해보게 된다. 그런 면에서 본인은 인물이나 어떤 특정한 정당에 의해서 분명히 달라질 수 있을 것이라는 점에 대해서 상당히 회의적이다. 오히려 문제는 '시민사회'에서의 힘의 관계가 중요한 것이 아닐까 생각한다. 정말 힘이 있다면 누가 정권을 잡더라도 밑으로부터 개혁을 하지 않을 수 없도록 만들 것이고, 아무리 진보적이고 급진적인 사람이 권좌에 있더라도 결국 시민사회의 힘이 뒷받침되지 않으면 개혁은 좌절될 것이다. 이러한 계급적 역관계가 더 중요하지 않을까 생각한다.

논평 2: 국가권력이라는 것이 엥겔스, 맑스의 생각에 따라서 "경제적 지배계급이 국가이다"라고 했는데, 그것은 아주 높은 수준에서 그렇다는 설명인 것 같다. 그 다음에 "낮은 수준에서의 국가권력은 사회적 관계의 응집이다. 사회적 세력들간의 역관계에서 생겨나는 결과이다"라고 했다. 그러면 높은 수준에서의 다른 여러가지 요인들이 배제된, 오로지 경제적인 요인에 의해 국가권력이 형성될 때 낮은 수준에서의 여러가지 세력요인들의 관계 사이에서, 어떠한 과정을 통해서 낮은 수준에서 높은 수준으로 올라감에 따라 그렇게 다른 요인들이 배제되는가 하는 것에 대한 설명이 없다. 그 점에 대한 답변을 바란다.

또 계급정책의 범위 문제인데, 한편으로는 "기본적으로 모든 문제는 결국 계급문제"라고 보고 있으면서, 곧 이어서 "그렇다고 해서 모든 사회문제가 계급문제로 환원될 수 있다는 계급환원론을 주장하는 것은 아니다"라고 서술하고 있다. 손교수의 입장에서는 계급문제를 어떻게 설명하는 것인지, 한편으로는 계급결정론적인 계급 위주의 문제의 성격, 국가정책의 결정구성을 이야기하면서 다른 한편으로는 그렇지 않은 것을 보게 된다. 이러한 구조적 부정을 이론적으로 설명해주기 바란다.

답변: 두 가지 질문에 대하여 답변하겠다. 계급환원론에 대한 질문에서 모든 정책이 결국 몰계급적이고 계급중립적인 정책이 존재하지 않는다고 하면 계급환원론과 모순되는 것이 아니냐라고 했는데, 본인이 보기에는 두 가지가 좀 다른 것 같다. 여성정책의 예를 들면 성의 문제라는 것이 계급문제로 환원 불가능하다는 것이다. 그런 의미에서 성의 문제도 무조건 계급문제로 치환된다는 것을 부정한다는 것이다. 문제는 그럼에도 불구하고 여성정책이나 성의 문제라는 것이 간접적으로나 중층적으로 계급적인 함의를 갖지 않느냐 하면, 그렇지는 않다는 것이다. 그런 의미에서 모든 정책들은 간접적으로라도 계급에 영향을 끼친다는 것인데, 이것은 모든 문제들의 중심성이 계급적인 것으로 환원된다는 것과는 다르다.

예를 들면 "여성문제, 환경문제와 같은 것도 계급문제로 환원이 되고, 그것은 계급문제일 따름이지 여성문제는 아니다"라고 이야기한다면 그것은 계급환원론이다. 그러나 본인의 입장은 그것이 아니다. 여성문제는 여성문제대로, 성의 문제는 성의 문제대로 환원 불가능한 독자성이 있다. 그럼에도 불구하고 여성문제라고 하는 것이, 즉 여성정책을 어떻게 펴느냐 하는 것이 예를 들면 여성근로자, 남성근로자 등등의 계급적인 함의를 간접적으로라도 갖게 된다는 의미에서 아주 넓게 보자면 모든 정책이 계급정책이 된다는 뜻이지 모든 것이 계급환원론으로 설명된다는 것은 아니다. 그러니까 이 두 가지는 구별되는 것이다.

그 다음에 높은 추상성의 규정과 낮은 추상성의 규정의 문제인데, 높은 추상성의 규정이라고 하는 것은 결국 어떻게 보면 국가권력의 단일성 폐지와 관련되어 있는 것이라고 할 수 있는데, 결국 기본적으로 국가권력의 성격이라는 것은 재생산되는 질서가 무엇이냐에 따라서 판단이 되는 것이고, 그런 의미에서 자본주의적인 권력이 재생산되는 한 자본주의적인 권력이라고 보아야 한다는 것이다. 그렇지만 이러한 높은 추상성의 규정이 어떤 구조적인 폭을 정해준다면 그 속에서 어떤 변형(variation)이 있다고 하겠다. 즉 낮은 수준에서 보면 제6공화국의 국가와 제5공화국의 국가, 또는 선진 자본주의 국가나 후진국인 국가 모두 자본주의 국가이지만, 즉 낮은 추상성의 수준에서 자본주의 국가라는 것은 다 같지만 결국 다양한 수준에서는 변형이 있다는 점을 나타내주는 것이 "구조적인 국가권력의 사회적인 응집이다"라는 의미로 사용한 것이다. 그래서 각주에서도 예를 들었지만 그람시의 경우가 전형적으로 그러한 입장이고, 후기풀란차스도 그러한 입장이라고 본다. 그것에 대해서 다르게 해석하여 결국 국가관계나 사회적 관계의 응집이라는 것을 하나의 대안적 모델로 절대화해서 "국가권력은 중립적이며 단순한 계급투쟁의 장이다"라고 보는 입장도 있는데, 본인은 분명히 그것은 독해에 문제가 있는 것이 아닌가 하고 생각한다. 즉 풀란차스와 같은 경우, 분명히 국가 속에 계급적인 갈등이 현존하며 침투되어 있지만 국가권력의 통일성은 유지되고 그 속에 국가권력을 장악, 분점할 수 없다고 하고 있다. 그래서 각주에 인용했듯이 결국 헤게모니가 행사되는 집단의 이익이 고려되고 일정한 양보의 평형상태가 형성되는데, 바로 이것이 힘의 관계의 응집이며 어떤 힘의 균형상태에 따라서 상당정도 피지배계급의 이익이 반영된다는 것이다. 즉 지배계급이 경제적 조합주의적인 이익을 희생한다는 것을 전제로 하고 있다. 그렇지만 그와같은 희생과 양보가 본질을 변화시킬 수는 없으며, 넘어설 수 없는 한계가 있다는 것이다. 그것이 높은 수준의 이야기라고 하겠다.

국가론의 시각에서 본 6공-현대 갈등

1) 머 리 말

　민중세력의 독자적 정치세력화 움직임이 급속히 진행되고 있는 가운데 이에 '맞수'라도 두려는 듯 한국 최대의 재벌 총수가 진두지휘하는 '재벌신당'이 출범함으로써 화제가 되고 있다. 이같은 재벌신당의 출현은 한국의 독점자본이 이제 경제의 독점적 지배를 넘어서 정치의 독점적 지배로까지 문어발식으로 팽창해나가는 것이 아닌가, 다시 말해 한국사회가 그간의 군부와 직업정치인, 관료라고 하는 제3자를 통한 재벌의 '간접지배'로부터 재벌 자신의 직접지배로 나아가는 것이 아니냐는 우려를 낳고 있다. 따라서 이는 민중민주운동진영뿐만이 아니고 국민 모두의 관심거리가 되고 있다.

　이같은 사태발전의 이면에는 지난해(1991) 말 정부와 현대그룹 간의 '세금전쟁'을 클라이맥스로 하는 6공-현대의 그간의 갈등이 도사리고 있다는 것은 잘 알려진 사실이다. 이와 관련하여 제기되는 것은 6공-현대의 갈등과 재벌신당의 출현은 단순히 6공과 이에 '밉보인' 현대그룹이라는 개별자본 간의 갈등인가 아니면 이를 넘어선 한층 본질적인 갈등——국가 대 독점자본 간의 갈등 등——인가이다. 또 이번 사태는 그간의 '민주화'로 인

＊『사회평론』 1992년 3월호에 수록된 「6공-현대 격돌, 여덟 가지 가설 : 국가론의 시각에서」에 주를 보완한 것.

해 제6공화국이 더이상 과거의 정권처럼 재벌 편애적이지 않게 된 데서 생겨난 것인가. 또 그간의 '국가주도형 산업화'에 의해 성장한 재벌과 이를 키워온 국가 간의 역관계가 변화함으로써 이제 재벌 스스로 독자적인 정치적 목소리를 낼 수 있게 된 데서 생겨난 것인가 하는 의문들을 불러일으키고 있다.

이 글은 이러한 문제의식을 바탕으로 국가론의 시각에서 6공-현대의 갈등을 분석함으로써 이같은 갈등에 대한 과학적 이해를 돕는 데 그 목적이 있다. [1]

2) 갈등의 현상적 내용

6공-현대 갈등을 국가론적 시각에서 이론적으로 분석해보기에 앞서 짚고 넘어가야 하는 것은 그 갈등의 현상적 내용이 무엇인가 하는 문제이다. 이에 대해서는 다양한 추측성 주장과 '설'들이 난무하고 있으나 그간 저널리즘의 차원에서 취재, 보도된 것들을 중심으로 이들을 요약해보면 다음과 같다.

첫째, 경제민주화설. 이는 정부의 공식적인 입장으로서 갈등의 본질은 정부가 부의 세습, 특히 변칙적 세습을 막고 경영과 소유를 분리시킴으로써 경제민주화를 추진해나가는 과정에서 현대를 적발해 처벌했고 이에 현대가 반발한 것이라는 주장이다. 이와 관련하여 이번에 문제가 된 주식거래를 통한 위장상속 이외에도 현대그룹이 재벌기업의 비업무용부동산 처분을 지시한 5·8조치에 가장 비협조적이었다는 것 등이 그 논거로 지적되고 있다. [2]

둘째, 정치자금 거부설. 정주영 현대그룹 명예회장의 정치자금관련 발언과 언론보도들에 따르면 현대는 제6공화국 들어 정치자금 제공에 비협조

---

1) 최장집 교수의 『한겨레신문』 시론 「현대사건——민주화가 열쇠」(1991년 11월 22일자)는 신문 시론이라는 형식의 한계와 지면의 제한에도 불구하고 이 문제를 이와 유사하게 국가론적 시각에서 다룬 중요한 글로서 이로부터 시사받은 바가 크다.
2) 김용철, 「사각지대 파고드는 정주영신당」, 『옵서버』, 1992년 2월호, 137면.

적이었던 것으로 알려지고 있다. 이 설에 의하면 이같은 정치자금 거부가 6공의 현대에 대한 탈세응징을 초래하였고 이에 대한 반격으로 현대가 재벌신당을 설립하게 되었다는 것이다.

셋째, YS(김영삼)지원 응징설. 둘째와도 관련이 있는 것으로 현대측이 6공에 정치자금 제공을 거부하면서, 다른 한편으로 김영삼 민자당 대표최고위원에게 거액의 정치자금을 제공한 것이 국세청 세무조사에서 현대 경리사원의 실토에 의해 밝혀져 이에 대한 응징을 받게 되었다는 주장이다. [3]

넷째, 정치적 비판발언 관련설. 정주영 현대그룹 명예회장은 지난 한해 동안만 해도 100여 회의 각종 강연회와 기고문 등을 통해 "믿고 나라의 미래를 맡길 만한 지도자가 없다", "민자당이 재집권하면 나라꼴이 안된다"는 등 6공을 3공과 비교해 비판해왔으며, 나아가 "나에게 나라를 10년 아니 5년만 맡겨주면 우리나라를 일본과 같은 수준으로 중흥시키겠다"는 등의 '겁없는' 발언을 해왔다. 결국 이같은 비판적 발언들이 6공-현대 갈등을 불러일으켰다는 주장이다.

다섯째, 친TK(대구·경북)재벌 대 비(批)TK 재벌 갈등설. 6공 들어 삼성 등 집권 TK 세력과 밀접한 인맥을 형성하고 있는 재벌들이 여러 혜택을 받으며 급성장하고 있다는 것이 재계에 널리 퍼져 있는 인식이다. [4] 이같은 친TK재벌의 부상과 관련하여 "현재 재계에는 새로운 합종연횡현상이 나타나고 있다. 주요그룹들이 친소(親疎)관계에 따라 기획조정실을 연합시켜 함께 정치프로젝트를 짜고 있다. 한 예로 삼성, 한국화약, 선경 등 TK라인을 끼고 있는 그룹들이 연합해 기획한 것으로 보이는 1992년 정국구상과 관련한 문서를 들 수 있다"는 주장이 제기되고 있다. [5] 즉 6공-현대 갈등은 이와 관련된 친TK재벌들과 6공으로부터 상대적으로 '푸대접' 받아온 현대 등 비TK재벌 간의 갈등이 그 본질이라는 주장이다. [6]

---

3) 같은 글, 139면.

4) 이성태, 『위대한 기업가의 가난한 철학』, 민맥 1991, 67~68면.

5) 김용철, 앞의 글, 149면.

6) 이 경우 현대의 노사분규에 대한 6공의 '충심어린' 공권력투입, 진압 등 현대가 독점자본으로서 6공으로부터 받아온 배려와 특혜를 고려하면 이같은 '푸대접'은 독점자본으로서의 특혜를 기본전제로 하여 친TK재벌에 대한 상대적인 것일 뿐이라는 점을 강조할 필요가 있다.

여섯째, **내각제개헌 음모 관련설**. 이는 다섯째와 밀접히 관련이 있는 것으로 6공의 TK세력이 내각제개헌과 영구집권 음모를 추구하면서 재계가 이를 지지하는 친TK재벌과 비TK재벌로 나누어지고 현대 등 이를 지지하지 않은 비TK재벌이 세무사찰이라는 응징을 당하고 이에 현대가 신당 설립으로 응수한 것이라는 주장이다. 양성우 민주당 의원이 주장하고 있는 가설은 1990년 가을부터 내각제개헌 및 영구집권 음모의 일환으로 정경유착을 준비해온 '21세기정책연구원'이 91년 4월 발족했는데, 이를 지원하는 재계후원회원으로 삼성·대우·선경 등 10여 개 대재벌이 참여, 정경유착 및 공생체제를 유지해온 반면 이의 후원회원으로 참여하지 않은 현대·한진·대림·삼미 등이 일제히 대대적인 세무조사를 받았다는 의혹을 제기하고 있다.[7]

일곱째, **신당추진 응징설**. 이는 6공-현대 갈등이 6공의 현대에 대한 세금징수, 이에 대한 반격으로서의 재벌신당 설립의 순서로 나아간 것이 아니라 역으로 그전부터 현대가 신당설립을 비밀리에 추진해왔고, 이를 감지한 6공이 세무조사로 이에 제동을 걸려고 한 것이라는 주장이다. 이에 따르면 정주영 현대그룹 명예회장은 80년 국가보위입법회의(이하 국보위)의 기업강제통폐합조치 후 이미 "기업인의 한계"를 느끼고 "정치에 직접 나서지 않고는 이 모든 외풍에 견딜 수 없다"는 생각에서 정계진출 결심을 하였고[8] 이미 2년 반 전부터 치밀한 정계진출 계획을 구체적으로 준비하고 창당 실무작업실인 '문화사업실' 역시 91년초 설치, 작업에 들어간 것으로 알려지고 있다.[9]

이와 유사하지만 또다른 주장은 양성우 의원의 대정부질문에서 제기된 주장으로 이는 개별기업 현대의 문제가 아니라 "2년 전부터 현대가 중심이 된 30여 개의 재벌이 축적된 부를 바탕으로 자파세력을 원내에 진출시켜 … 차기 대통령선거에 실질적 영향력을 행사할 수 있는 '재벌연합신당' 결성과 1조 7000억 원이라는 엄청난 자금을 확보했다는 혐의가 공안세력에 포

---

7) 손구선, 「정주영의 정치야망」, 『세계와 나』, 1992년 1월호, 119~20면.

8) 전육, 「탄압당하면 반격하겠다——정주영의 총력 정치구상」, 『월간중앙』, 1992년 2월호, 242면.

9) 김용철, 앞의 글, 143면.

착되어 … 재벌의 수장격인 정회장 일족에 대한 세무조사가 시작됐다"는 내용이다. [10]

여덟째, **경제정책 불화설**. 전국경제인연합회(이하 전경련), 대한상공회의소(이하 대한상의) 등 재계는 경부고속전철 조기건설, 영종도 새공항 건설계획 해외발주, 주택 200만 호 건설 등 6공의 경제정책에 대해 비판적 입장을 나타내왔다. 특히 정회장은 얼마 뒤에 국내기술 개발이 가능하며 급하지도 않은 고속전철과 같은 막대한 사업을 노대통령 임기 내에 해외기업에 발주하여 조기건설하려는 것이나, 영종도 공항 건설계획의 기술용역을 미국의 백텔사에 준 것 등에 대해 공공연하게 비판을 해왔다. 이같은 비판에는 과거의 선례들을 배경으로 하여 6공이 국내경제의 필요성보다는 이러한 대형공사의 발주를 통해 선거자금을 조달하려고 하는 것이 아니냐는 우려가 깔려 있는바 이같은 불화가 갈등을 야기했다는 설이다. [11] 이밖에 북방정책과 관련해서도 중국과 경제교류를 하는 데 현대 등 재계가 정부에 비해 적극적이었던 반면, 정부는 이에 제동을 가함으로써 불화가 생겨났다는 주장도 있다.

위에서 요약한 여덟 가지의 가설 중 어느 것이 가장 사실에 가까운가를 판단하는 것은 필자의 능력 밖의 일이다. 또 위의 여덟 가지 가설들은 그 타당성 면에서나 그 가설이 각각 시사하고 있는 갈등의 차원과 심도 면에서 불균등하다는 점에서 이중갈등의 한층 본질적인 문제를 보여주고 있는 가설과 부차적인 면을 보여주고 있는 가설들을 구별해낼 수도 있다. 그러나 중요한 또다른 측면은 이들 가설들이 상호 배타적 내지 대립적인 것이 아니라 상호보완적이며 따라서 갈등의 여러 측면들이 상호연관을 맺고 상호강화작용을 일으켜온 점이 강하지 않느냐는 것이다. 이 글에서는 일단 이같은 가설들과 가설 간의 상호연관성을 기본전제로 하여 이들 가설들을 국가론의 시각에서 이론적으로 분석해보고자 한다.

---

10) 손구선, 앞의 글, 119면.

11) 5・8부동산조치 등 경제민주화조치 역시 경제정책의 불화의 한 종류이나 이는 여기의 경제정책 불화와는 내용이 다른 것이기에 따로 구분하였다.

3) 이론적 전제들

위의 여덟 가지 가설로 요약되는 6공-현대 갈등의 내용을 국가론의 시각
에서 분석하기 위해서는 국가론과 관련된 몇가지 개념의 개념화에 대한 예
비적인 지식이 필요하다. 이는 6공-현대 갈등과 관련된 두 개의 주체, 즉
국가와 자본의 개념화에 대한 다양한 추상화수준의 문제이다. 앞의 문제와
관련하여 제기한 바 있는 의문들, 즉 이같은 갈등은 단순한 6공 대 현대라
는 개별자본 간의 갈등인가 아니면 한층 본질적인 갈등인가, 또 이는 국가
와 자본 간의 역관계의 변화를 의미하는가 그렇지 않은가 하는 의문들에
대해 과학적으로 답해나가기 위해서는 이같은 추상화수준에 대한 체계적인
이해가 필수적으로 요구된다.

우선 국가의 문제를 보기로 하자. 국가의 개념화는 그 추상화수준과 이
에 따른 위계적 규정성을 달리하는 다양한 수준의 개념화가 존재하지만[12]
여기에서는 이 논문의 주제의 분석과 밀접한 관련이 있는 세 가지 수준만
을 다루고자 한다.

이중 가장 추상화수준이 낮고 구체적인 수준의 의미 —— 따라서 가장 가
시적이고 그 결과 가장 상식적인 수준에서 일상적으로 이해되는 의미 ——
에서 국가를 단순히 국가기구를 장악하고 직접 운영하는 국가운영자 집단
—— 이 경우 집권 TK세력 —— 으로 이해하는 개념화를 들 수 있다. 두번
째 의미의 국가는 이보다 추상화수준이 높고 본질적인 중간수준의 개념화
로서 국가를 단순히 국가운영자라는 인적 집단의 총체를 넘어서 국가기구
와 같이 이들이 장악하고 있는 특정한 조직 내지 제도의 집합체로 파악하
는 것이다. 흔히 국가를 정부로 이해하는 것은 이같은 수준에서의 개념화
이다. 마지막으로 가장 추상화수준이 높고 가장 본질적인 개념화는 특정
사회구성에서 토대의 규정을 받으면서도 상대적 자율성을 가지고 지배적
질서의 재생산을 담당하는 상부구조이자 이 사회의 경제적인 지배계급의

---

12) 이에 대해서는 졸저, 『한국정치학의 새 구상』 (풀빛 1991), 18~21면 참조.

계급권력으로서의 국가라는 개념화이다. 국가를 개별자본에 대한 상대적 자율성을 가지고 때로는 개별자본의 이해에 반하면서까지 자본 일반의 이익을 대변해주는(관념적) 총자본으로 이해하는 것은 바로 이같은 의미에서의 국가에 대한 이해이다.

6공-현대 갈등에서 현대로 대표되는 자본의 경우도 다양한 추상화수준을 상정할 수 있다. 가장 구체적인 것은 현대, 대우와 같은 개별자본이다. 이보다 다소 추상화수준이 높은 것은 자본분파이다. 자본분파는 그 기준을 무엇으로 해서 나누느냐에 따라 독점자본 대 비(非)독점자본, 내수자본 대 수출자본, 산업자본 대 상업자본 등 다양하게 나눌 수 있고, 이에 따라 그 구체적인 추상화수준이 달라질 수 있다. 그러나 여기에서는 뒤의 분석과의 관련을 고려하여 독점자본의 내부분파로서의 자본분파—— 친TK재벌 대 비TK재벌 등—— 라는 의미로서의 자본분파를 상정하였다. 이보다 추상화수준이 높은 것은 구체적인 행위자로서의 자본 전체 내지 독점자본 전체(재벌 전체)로서의 자본이다. 정부의 경우 실체적이며 가시적이듯이 이같은 수준의 구체적인 행위자로서의 재벌 전체는 실체가 존재하며 가시적이다. 마지막으로 가장 추상적인 것은 실질적 행위자가 아니라 관념적인 상정물로서의 자본 일반(내지 독점자본 일반) 또는 총자본(내지 총독점자본, 이는 단순한 자본이나 독점자본의 산술적 합계는 아니다)으로서 이는 결국 계급권력으로서의 국가(=총자본)와 궁극적으로 수렴하는 것이다.

위의 국가개념화의 다양한 수준과 자본의 다양한 수준이 국가운영자 대 개별자본, 정부 대 자본 전체 식으로 반드시 1 대 1로 조응하는 것은 아니다. 그러나 이해를 돕기 위해 양자간의 관계를 다양한 추상성수준을 고려하여 도식화해보면 그림 1과 같다.

이같은 다양한 추상화수준과 관련하여 반드시 짚고 넘어가야 할 두 가지 잘못된 인식이 있다. 이는 앞에서 다룬 바 있는 문제제기와 관련된 것으로, 그중 하나는 6공-현대 갈등을 국가 대 자본, 더 정확하게 말해 가장 추상성이 높은 국가(계급권력으로서의 국가) 대 총자본(가장 추상성이 높은 자본) 간의 갈등으로 이해하는 오류이다. 그렇지 않다면 6공-현대 갈등은 어느 수준에서의 갈등인가에 대해서는 아래에서 더 구체적으로 분석해나갈 것이나, 확실한 것은 이러한 갈등을 이처럼 국가 대 자본의 갈등으로 이해

하는 것은 오류라는 사실이다. 왜냐하면 이는 6공하의 국가가 일정정도 반
(反)자본적인 국가가 되었다는 뜻이며, 다시 말해 더이상 자본주의 국가가
아니라는 뜻이 되기 때문이다.

<그림 1> 국가, 자본의 다양한 추상성수준

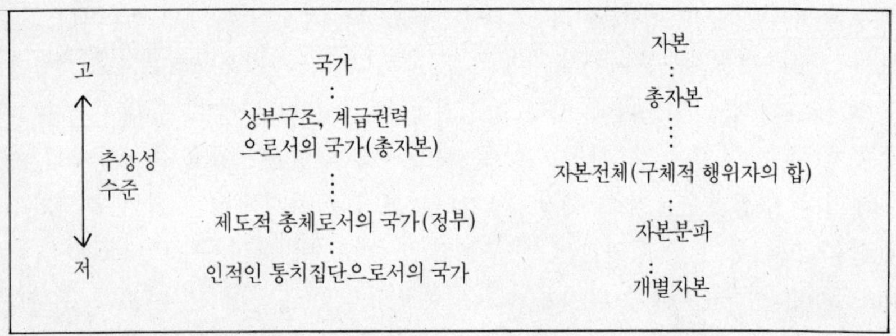

두번째 오류도 이와 관련된 것으로 6공-현대 갈등을 그동안 국가주도형
산업화로 국가 대 자본 간의 역관계가 바뀌어 이제 자본이 자기 목소리를
낼 수 있게 되었다는 주장이다. 문제는 여기에서 국가 대 자본의 역관계의
변화를 바로 위에서와 같이 가장 추상성이 높은 의미의 국가 대 자본의 역
관계 변화로 이해하는 데 있다.

이렇게 될 경우 역관계가 바뀌기 이전의, 즉 6공 이전의 한국사회의 국
가는 자본의 이익을 대변하는 총자본으로서의 국가가 아니고 독자적인 국
가 내지 초계급적 국가였는데, 이제 재벌이 성장함으로써 계급국가로 나아
가고 있으며 그같은 노력이 재벌신당이라는 주장이 되고 만다. 다시 말해
6공 이전의 한국국가는 국가의 절대적 자율성을 강조하는 국가주의적 국가
론이 맞는 이론화이고[13] 이제부터 비로소 맑스주의의 계급국가론이 맞아들
어가는 사회가 되고 있다는 식이 되고 만다.

물론 국가개념의 다양한 수준 중 가장 추상적인 수준만으로 국가를 이해
하여 60~70년대나 현재나 한국국가＝독점자본의 국가이고 국가와 자본 간
의 관계에 차이가 없다는 식으로 파악하는 ‘본질주의적’인 태도는 60~70년
대와 현재 간의 한층 구체적 수준에서의 국가·자본의 관계와 양자를 매개

---

13) 그 대표적인 예는 박광주, 『한국권위주의 국가론』(인간사랑 1992) 제2부.

하는 메커니즘, 양자의 역할분담 등에서 나타나는 차별성을 간과하는 문제점이 있다. 그러나 역으로 양자간의 관계 변화를 이처럼 고(高)추상성의 국가 대 자본 간의 역관계 변화로 이해하는 것은 그 변화의 추상화수준을 과대평가한 오류이다. '국가주도'로부터 '민간주도'로의 변화 등 60~70년대와 현재 간의 국가-자본의 관계 변화는 고추상성의 국가-자본의 관계를 전제로 한 바탕 위에서 낮은 수준에서의 구체적 행위자로서의 국가, 즉 정부대 구체적 행위자로서의 독점자본 전체 간의 관계 변화일 뿐이다.

4) 국가론에서 본 6공-현대 갈등

앞에서 우리는 최소한 6공-현대 갈등이 무엇이 아닌가 하는 부정적 분석을 명확히했다고 볼 수 있다. 이제 문제는 그렇다면 그것은 과연 무엇인가 하는 것이다. 이에 대한 해답을 얻기 위해서는 6공-현대 갈등에 대한 여덟 가지 가설들을 국가론의 시각에서 하나씩 살펴볼 필요가 있다.

이번 갈등이 정부의 경제민주화 노력에 따른 결과라는 첫번째 주장이 사실이라면 이의 국가론적 의미는 무엇일까? 이 경우는 여덟 가지의 갈등내용 중 앞에서 6공-현대 갈등이 이것은 아니다라고 이야기한 경우, 즉 가장 높은 수준에서의 국가와 자본이 대립하고 있는 것처럼 보이는 경우일 것이다. 그러나 이 경우도 결코 '경제민주화'를 추구하는 국가가 반(反)자본적인 것이라고는 볼 수 없다.

부의 부당한 세습 방지, 경영과 소유의 분리를 추구한다고 하는 6공의 현대에 대한 조치는 공장법입법, 토지공개념정책이 그러하듯이[14] 반(反)자본적 정책이라기보다는 개별자본들의 단기적이고 편협한 경제적 이익(주식 변칙상속에 따른 현대의 단기경제이익)에 반(反)함으로써 자본의 한층 본질적인 이익, 즉 자본 일반의 장기적인 경제이익(변칙상속 제어, 소유·경영 분리에 따른 경영합리화, 기업내실 고도화 등) 내지 장기적 정치이익(변칙상속, 족벌경영이 야기하는 反재벌적·국민적 저항을 중립화함으로써

---

14) 이에 대해서는 졸저, 앞의 책, 제1부 제2장과 제2부 제5장 참조.

생겨나는 체제안정성)을 살려주려는 총자본적 정책이라고 볼 수 있다.

따라서 이 경우는 전형적인 총자본(으로서의 국가) 대 개별자본(현대) 간의 갈등이라고 할 수 있다. 또 이때 국가는 총자본으로서 자본주의 질서의 재생산이라는 기능을 수행하기는 하지만, 그러한 넘어설 수 없는 구조적 한계 내에서도 사회적 역관계를 반영하지 않으면 안되는바, 80년대 이후 성장한 민중부문으로부터의 압력(경제민주화 요구)을 첨예하게 느끼는 전략적 위치에 놓여 있는 국가가 이같은 계급투쟁의 메커니즘에 의해 경제민주화라는 자본주의적 합리화를 주도하게 되는 것으로 설명하게 된다.

그러나 이같은 설명의 설득력에 의문을 제기하게 하는 측면들도 없지 않다. 우선 6공-현대 갈등을 이처럼 총자본의 자본주의적 합리화 조치 대 개별자본 간의 갈등으로 보기에는 그같은 조치들이 포괄적·보편적이지 못하고 특정 개별자본(현대, 대림, 한진 등) 내지 특정 자본분파(비TK자본)에 선별적으로 적용되고 있다는 느낌을 강하게 풍긴다.

둘째, 현대 세무사찰이 총자본적인 경제민주화조치로 이루어졌다는 가설은 6공의 그간 행적과 부합하지 않는 면이 많다. 즉 6공이 이같은 경제민주화조치를 추구하고 있다면 이는 6공이 그전의 정권에 비해 개혁적인 인사들로 구성되어 있기 때문이라기보다는 사회적인 역관계의 변화를 반영한 것일 터이다. 그러나 6공은 이미 역관계가 현재에 비해 민중부문에 훨씬 유리했던 3당통합 이전의 6공 초기에도 당시 여당을 포함한 4당이 합의 개정한 경제민주화법안(노동법)을 대통령 거부권행사로 부결시킨 바 있고, 이때보다는 역관계가 악화됐지만 현재보다는 그래도 민중부문에 유리했던 3당통합 직후에 토지공개념, 금융실명제 등 약속한 경제민주화조치들을 포기한 바 있다.

이같은 사실을 고려할 때 역관계가 훨씬 자본에 유리해진 현국면에 와서 갑자기 6공이 총자본적 시각에서 경제민주화의 주창자가 되었다고 보기에는 많은 문제점이 있다. 따라서 6공의 현대 세무조사는 경제민주화가 목적이 아니고 다른 가설이 주장하듯이 다른 갈등(신당 추진 등)과 관련이 있으며, 다만 대국민적인 이데올로기 공세의 차원에서 경제민주화를 명분으로 내세웠을 가능성이 크다.

6공-현대 갈등이 이와 달리 두번째 가설이나 세번째 가설처럼 현대의 6

공에 대한 정치자금 거부 내지 YS지원을 둘러싸고 일어난 갈등이라면 이는 전형적인 인적 집단으로서의 통치세력(TK세력) 대 개별자본(현대) 간의 갈등으로서 가장 낮은 수준의 갈등이다. 그러나 이 경우도 문제는 그리 간단하지 않다. 문제는 왜 현대가 정치자금을 거부하고 또 왜 YS를 지원했느냐, 또 이같은 정치자금 거부가 현대라는 개별자본 수준에서의 문제인가 아니면 더 높은 수준에서의, 즉 특정 자본분파(비TK재벌)의 정치자금 거부의 한 부분인가 하는 문제이다. 정치자금 거부, YS지원이 현대라는 개별자본의 수준에서의 문제가 아니라 다섯번째 가설, 즉 친TK재벌 대 비TK재벌 갈등설이나 여섯번째 가설, 즉 내각제개헌 음모 관련설이 시사하듯이 친TK재벌 대 비TK재벌 간의 갈등과 관련된 것이라면, 이는 자본분파간의 갈등이 6공-현대 갈등의 주요내용임을 의미한다.

정주영 현대그룹 명예회장의 정치자금 거부 이유도 이것이 현대라는 개별자본의 총수라는 입장에서의 거부라면 이는 단순히 TK세력 대 개별자본의 문제이지만, 비TK재벌로서의 상대적 소외의식에서의 거부라면 이는 위에서와 같이 자본분파간의 갈등이 문제가 된다. 그러나 "민자당이 재집권하면 나라가 망한다"는 정치적 비판발언(네번째 갈등) 등과 관련하여 이같은 거부가 한국재계를 대표하는 상징적인 자본가 입장에서의 거부였다면, 이는 TK세력 내지 친TK자본분파 대 독점자본 일반 내지(이를 넘어서) '총자본'의 갈등이 된다. 특히 "2년 전부터 정치헌금을 중단한 이유는 대통령이 경상도 사람과 자신의 사돈(선경그룹을 지칭하는 듯 ― 인용자)만을 위해 일하는 것 같아 공평무사하지 않다고 판단했기 때문"(『한겨레신문』, 1992년 2월 12일자)이라는 정회장의 주장은 이 거부가 6공이 도구적 자율성을 결여한 채 자본 일반이 아니라 특정 자본분파만의 이익을 대변하는 것에 대한 총자본적 반발이라는 이같은 해석 가능성을 높여준다. 이는 일견 상식에서 벗어난 기이한 주장처럼 들린다. 앞에서 보았듯이 국가론에서 국가=총자본으로 상정하는 것이 기본'전제'임에도 불구하고 여기에서는 6공=인적 통치집단 내지 특정 자본분파(친TK재벌)로 상정되고 개별자본인 현대가 '총자본'으로 부각되었기 때문이다. 물론 국가를 총자본으로 상정하는 것은 국가론의 출발점이자 이론적 지침이지만, 이를 기능주의적으로 해석하여 국가가 항상 총자본적 기능을 순기능적으로 수행한다고 가정하는 것은 잘못이다. 구체적 분석대상으로서의 특정 국가는 도구적 자율성의 결여, 자신의 정치권력 재생산과 관련된 편향 등으로 인해 총자본적 기능을 수행하지 못하고 역기능을 수행하는 경우가 적지 않게 존재한다. 즉 여기에서 6공-현대 갈등이 이처럼 도구적 자율성의 결여(친TK재벌로부터의), 자신의 정치권력 재생산과 관련된 편향으로 인해 총자본으로서의 기능을 방기하고 단순한 통치집단이나 특정 자본분파의 대표자로밖에 기능하지 못하는 6공(TK세력)에 대해 현대가 역으로 자본 일반 내지 총자본의 입장에서 문제를 제기하고 있는 경우일 수 있다는 점이다.

이같은 가능성을 풍부화해 더 구체적인 윤곽을 보여주기 위해서는 여덟번째의 경제정책 불화설을 살펴볼 필요가 있다. 이 경우는 6공-현대 갈등의 다양한 측면 중 통치집단으로서의 TK세력 대 총자본(현대) 간의 갈등이라는 측면이 가장 뚜렷하게 나타나는 경우이다. 시급하지도 않고 조만간 국내 기술개발이 가능한 초대형공사 경부고속전철을 해외기업에 입찰시켜 조기건설한다는 것이나 국내기술로 가능한 영종도 새공항 건설계획을 해외에 발주한 것 등은 6공이 총자본적 기능을 제대로 수행하고 있지 않은 경우들이라 할 수 있다. 이에 대해 6공이 본래의 총자본적 기능을 방기하고 이를 감행, 거액의 정치자금을 확보하여 통치세력으로서 TK세력의 정치권력 재생산만을 우선시한다는 비판이 자본의 입장에서 가능하고 이를 정회장이 대변하였다고 볼 수 있다. 물론 이 비판이 이들 공사를 현대가 발주할 수 있다는 가능성에 기초를 둔 개별자본으로서의 현대의 입장이라고 볼 수도 있으나 전경련, 대한상의 등도 이같은 비판적 입장을 표시했다는 점에서 이는 그 주관적 의도와 관계없이 총자본적 입장이 강하다 하겠다. 국내독점자본의 중요한 축적기제가 될 수 있는 공사들을 해외에 발주시킨 이러한 사례는 또다른 각도에서 보자면 제3세계 현지정권과 현지자본 중 대부분의 경우 "현지정권이 그들이 대표하는 자본보다도 더 (신)식민지적"이라는 종속이론가 A. G. 프랭크의 주장[15]을 상기시키는 대목이다. 이처럼 6공-현대 갈등은 자신에게 부여된 총자본적 기능을 제대로 수행하지 못

---

15) A. G. Frank, *Latin America: Underdevelopment and Revolution*, NY: Monthly Review 1969, 393면.

하는 국가에 대한 자본의 반발이라는 측면도 무시하지 못할 정도로 내재해 있다고 볼 수 있다. 북방외교와 관련하여 현대 등이 오히려 정부보다 적극적으로 공산권시장 진출에 열을 올려 '아제국주의'적 팽창을 시도하고 있는 반면, 오히려 6공이 외국의 압력 등으로 인해 이를 제지하고 있다면 이 또한 같은 맥락에서 이해할 수 있다.

네번째 가설인 정치적 비판발언 관련설("민자당이 한번 더 집권하면 나라꼴이 안된다" 등) 경우 바로 위에서 보았듯이 이것이 개별자본가 입장에서의 발언이었다면 TK세력과 개별자본 간의 갈등이 그 내용이 될 것이며, 그것이 아니라 6공하에서 상대적으로 소외된 비TK재벌로서의 발언이었다면 이는 TK세력과 친TK재벌 대 비TK재벌이라는 자본분파간 갈등이, 그것도 넘어서서 총자본의 기능을 제대로 수행하지 못하는 6공에 대한 재계 대표로서의 비판이었다면 이는 TK세력 대 '총자본'과의 갈등이 될 것이다.

다섯번째 가설인 친TK재벌 대 비TK재벌 갈등설이나 여섯번째의 가설인 내각제 개헌음모 관련설의 경우는 다른 경우와 달리 비교적 명백하게 6공-현대 갈등이 친TK재벌 대 비TK재벌이라는 자본분파간의 갈등이라는 해석을 가능케 한다.

마지막으로 남은 것은 일곱번째 가설인 신당추진 응징설이다. 이 가설은 현대측이 이미 상당기간 신당설립을 비밀리에 추진해왔다는 것이 보도에 의해 확인이 되고 있고 현실에서도 신당이 출범함으로써 관심을 끄는 가설이다. 이는 일견 6공-현대 갈등이 명백히 통치 인적 집단으로서의 TK세력 대 개별자본 간의 갈등임을 보여주는 가설인 것처럼 보이나 문제는 이 경우도 그리 간단치 않다.

문제는 왜 정주영 현대그룹 명예회장이 신당창립과 일선 정치참여를 결심하게 됐느냐는 점이다. 이것이 정회장의 개인적 야심이나 원내 교두보를 확보함으로써 '정주영 이후의 현대'에 대한 정치적 보호막을 구성하려는 현대그룹 차원의 후계구도[16]와 관련된 것이라면 이는 분명히 TK 대 개별자본 간의 갈등이다. 그러나 이것이 앞에서 지적한 비TK재벌로서의 6공하의 상대적 소외감을 만회하기 위한 노력으로서의 정치세력화라면 이것도 자본

---

16) 김용철, 앞의 글, 148면.

분파간 갈등적 측면이 없다고 할 수 없다.

마지막으로 주목되는 것은 정치진출 결심을 국보위와 관련시켜 정변 때마다 기업이 정통성 확보를 위한 희생양이 되어왔으며[17] 정치자금도 주어보고 했으나 역시 정치에 직접 나서지 않고는 기업이 외풍을 견딜 수 없다고 판단, 정계투신을 결심했다는 대목이다. 즉 이는 개별자본 현대의 입장이라기보다는 한국독점자본 일반의 입장을 대변한 것이라고 볼 수 있다. 이는 신당추진이 재벌의 직접적인 정치세력화를 필요로 한다는 재벌 일반의 이익을 대변하는 총(독점)자본적 발상이라는 점, 따라서 이 갈등은 TK세력 대 총자본 간의 갈등이라는 측면을 시사해주고 있다. 또 이 신당을 재벌이 공동으로 추진키로 했다는 재벌연합신당계획과 연관시켜본다면 이같은 주장의 타당성은 더욱 커진다.

그러나 설사 그렇다 해도 재벌의 직접적인 정치세력화와 재벌의 직접지배가 그 의도와 상관없이 자본의 이익을 살려주는 총자본적 정책인가, 즉 간접지배보다 자본에 유리한 총자본적 정책인가 하는 의문이 생긴다. [18]

이같은 의문을 갖고 볼 때 재벌의 정치세력화를 막으려는(?) 6공과 이를 추진하려는 현대 간의 갈등은 집권 TK세력 대 총자본의 갈등일 수도 있지만, 총자본 대 총자본의 갈등, 즉 과연 무엇(재벌의 직접지배 또는 간접지배)이 더 자본에게 유리한 총자본적 정책인가에 대한 총자본적 정책의 내용에 대한 이견과 갈등으로 이해될 수도 있다.

지금까지의 논의를 다시 간략하게 정리해보면 다음과 같다(그림 2 참조).

---

17) 정주영, 『시련은 있어도 실패는 없다』, 제3기획 1991, 264~65면.
18) Nicos Poulantzas, *Political Power & Social Classes*, London: Verso 1973. 자본주의 국가는 다양한 자본들의 이익을 조정, 총자본의 입장을 형성해내고 자본가계급의 계급국가라는 국가계급성을 은폐하기 위해서는 간접지배와 상대적 자율성이 '기능적으로 필요하다'는 풀란차스의 주장을 상기해보자.

〈그림 2〉 6공-현대 갈등

<table>
<tr><td>6공</td><td>대</td><td>현대</td></tr>
<tr><td>총자본</td><td>대</td><td>총자본〔가설 7〕</td></tr>
<tr><td>총자본</td><td>대</td><td>개별자본〔가설 1〕</td></tr>
<tr><td>TK세력(과 친TK자본분파)</td><td>대</td><td>총자본〔가설 2,3,4,7,8〕</td></tr>
<tr><td>자본분파(친TK재벌)</td><td>대</td><td>자본분파(비TK재벌)〔가설 2,3,4,5,6,7〕</td></tr>
<tr><td>TK세력</td><td>대</td><td>개별자본〔가설 2,3,4,7,〕</td></tr>
</table>

＊가설 1-경제민주화설, 가설 2-정치자금 거부설, 가설 3-YS지원 응징설

가설 4-정치적 비판발언 관련설, 가설 5-친TK재벌 대 비TK재벌 갈등설

가설 6-내각제개헌 음모 관련설, 가설 7-신당추진 응징설,

가설 8-경제정책 불화설

5) 6공-현대 갈등과 민중운동

6공-현대 갈등의 이같은 다양한 국가론적 의미 중 어느 것이 가장 올바른 것인가는 앞에서 지적했듯이 그 분석의 기초가 된 이 갈등의 다양한 현상적 내용(여덟 가지 가설) 중 어느 것이 가장 사실에 가까운가를 판단할 수 없는 상태에서는 이야기하기가 어렵다. 이 또한 앞에서 지적한 바이지만 위의 다양한 갈등의 내용들이 서로 맞물려 총체적인 6공-현대의 갈등을 이루고 있는 것이 아닌가 하는 것이 필자의 생각이고 보면, 필자가 국가론의 시각에서 본 6공-현대 갈등 역시 이같은 다층적이고 복합적인 갈등들로 구성되어 있다고 보는 것은 당연한 일일 것이다.

다만 확실한 것은 이같은 6공-현대 갈등의 복합적이긴 하지만 제한적 의미를 망각하고 이를 더이상 친자본적이 아니게 된 국가 대 자본의 갈등으로 이해하거나 높은 추상화수준에서의 국가 대 자본의 역관계가 바뀌어 한 국사회가 과거의 국가의 독자적 지배로부터 자본의 지배로 바뀌어가는 양 이번 갈등의 의미를 과대평가해서는 안된다는 사실이다. 또한 경계해야 할 것은 다음과 같은 가능성이다. 이는 위의 여덟 가지 가설에서 직접 다루어

지지 않은 '제9의 시나리오'로서 한국독점자본이 이번 갈등과 같은 '의사사건'(pseudo-event)을 통해 그동안 자신들의 수호자이자 충실한 '기능적 도구'로서 작동해온 현 통치세력 등 군부독재세력, 특히 TK세력과 일정한 거리를 유지함으로써 국민들의 반(反)군사독재, 반(反)TK 정서로부터 자신들을 격리시켜 보호하려는 시나리오이다. 이러한 시나리오가 고도의 계산에 의한 의도적인 경우건 의도는 다른데 궁극적으로 이와같은 효과를 창출하게 되는 경우이건 이는 결국 광주민중항쟁 등 너무나 많은 '원죄'로 인해 기능적 측면보다는 정치적 부담이 너무 커지게 된 현 집권세력은 용도폐기하면서 국민들의 반TK세력 정서로부터 자신들을 분리시킴으로써 이것이 반(反)재벌적 정서로 성장전화하는 것은 방지하는 효과를 초래할 가능성을 지니고 있다는 점에 주목해야 한다.

마지막으로 그 의미가 제한적이기는 하지만 이같은 지배블록의 내부갈등을 과학적으로 분석, 복합적인 갈등의 접점들을 파악하고 이를 민중운동이 이용할 수 있어야 한다. 예를 들어 이들 갈등주체들의 주관적 의도와는 별개로 6공이 제기한 경제민주화문제를 특정 개별자본에 대한 선별적 적용의 범위를 넘어서 보편화하도록 이 갈등을 이용하는 한편, 역으로 현대측이 제기한 정치자금, 정경유착 등을 6공과 재벌에 대한 비판의 무기로 이용할 수 있어야 한다. 또 이제 재벌의 직접지배가 가능한 것일까, 가능하다면 그것이 민중민주운동에 주는 함의는 무엇인가 등에 대해서도 사고해보아야 할 시점이다.

■ 보 론 1

한국국가성격과 국민당 실험

(1) 머 리 말

80년대 국내학계에서는 서구학계의 국가론의 수입과 민중운동의 성장에 따른 사회의 모순구조에 대한 관심이 결합하면서 국가론의 폭발이 이루어졌다. 현대국가론의 한 선두학자가 '비극적'이었던 70년대의 신좌파국가론과 '희극적'이었던 80년대 서구 주류학계의 국가주의적 국가론이라고 표현한 국가론의 '유행' 이후에 찾아온 서구학계에서의 국가론의 퇴조[1]의 수입과 현실사회주의의 몰락에 따른 국내의 이론적 지형의 변화가 결합하여 국내에서도 최근 들어 국가론의 급속한 퇴조가 이루어져왔다. 한때 학계를 떠들썩하게 했던 '사회구성체 논쟁'은 망각 속으로 사라져가고 이제 시민사회론과 담화이론 등이 또 한차례 유행하고 있다. 그러나 이 가운데서도 현대-6공의 갈등과 국민당 실험 등과 관련하여 한국국가성격 등에 대한 국가론 논쟁이 새롭게 재연될 기미를 보이고 있다.

이에 따라 이 글에서는 새로이 제기되고 있는 한국국가성격 논쟁을 중심으로 최근의 연구동향을 소개하고자 한다.

---

* 미발표논문(1993년 6월).

(2) 한국국가성격 논쟁과 국민당 실험

현대-6공의 갈등과 국민당의 부상은 (더이상 친재벌적이 아니게 된) 국가와 (더이상 친정부적이 아니게 된) 독점자본 간의 갈등이며 이는 과거의 경우 한국국가가 국가 자신이 권력의 주인인 국가주의적 국가였으나 국가주의적 국가의 국가주도형 산업화의 결과로 독점자본의 힘이 성장함에 따라 국가와 독점자본 간의 역관계가 역전되어 이제 독점자본의 국가로 나아가고 있는 것인가, 또 독점자본의 직접적인 정치세력화의 성공은 한국국가가 이제 서구식의 부르조아 민주주의로 나아가고 있다는 증거인가 등에 관한 논쟁을 불러일으키고 있다.

이 논쟁은 원래 최장집 교수가 『한겨레신문』 시론으로 기고한 「현대사건 ── 민주화가 열쇠」(1991년 11월 22일자)에서 촉발되었다. 최교수는 이 글에서 신문 시론이란 형식의 한계에도 불구하고 현대-6공 갈등을 국가 대 자본의 대립과 국가기구를 장악하고 있는 특정 정치세력(TK세력)과 개별자본 현대라는 두 수준에서의 갈등으로 이해해야 한다는 전제하에 이 문제를 분석함으로써 이를 직접적으로 한국국가성격 문제와 연관시키지는 않았지만 국가론적 시각에서 이 문제를 처음 다루었다. 이어 필자는 이같은 최교수의 문제의식을 발전시켜 그동안 보도된 갈등의 내용을 경제민주화설, 정치자금거부설, TK재벌 대 비TK재벌 갈등설, 경제정책 관련 불화설 등 여덟 가지 가설로 정리하고 이를 국가론적 시각에서 분석한 바 있다.[2] 이 글은 현대-6공 갈등을 국가주도 산업화의 성공에 따른 국가와 자본 간의 역관계의 역전에 따른 고추상성의 국가 대 자본의 갈등으로 이해하려는 것은 기본적으로 6공 이전의 국가가 자본, 특히 독점자본의 국가가 아니라 국가관리자 자신, 즉 군부의 국가였다는 극히 피상적인 파악에 기초를 둔 것이라고 비판하고 있다. 나아가 이 글은 따라서 현대-6공의 갈등은 이같은 고추상성의 국가 대 자본의 갈등이 아니라 인적 통치집단으로서의 TK 대 개

---

1) Bob Jessop, *State Theory*, Polity Press 1990.
2) 졸고, 「6공-현대 격돌, 여덟 가지 가설: 국가론의 시각에서」, 『사회평론』, 1992년 3월호(이 책 159~74면).

별자본, 자본분파 대 자본분파, 자본분파 대 총자본, 총자본 대 개별자본, 총자본 대 총자본 등 그 의미가 훨씬 제한적인 '집안싸움'격의 갈등임을 주장하고 있다.

이같은 분석에 대해 현재까지 몇가지의 비판이 제기됐으며 앞으로 이를 둘러싼 본격적인 논쟁이 기대되고 있다. 그중 하나는 『말』지에 논평형식으로 제기된 다양한 시각들로서[3] 한국국가의 식민지성을 강조하는 시각, 즉 한국국가의 궁극적 주권은 미국이 장악하고 있고 현지정권은 그 하수인이라고 보는 '매판파쇼대리통치체제론'의 경우 그레그 주한 미대사가 정주영에게 "쿠데타에는 반대하나 정주영 회장이 정치하는 데에는 이의가 없다"고 말한 것에 주목하여 이같은 갈등과 국민당의 창당은 미국의 구상에 의한 것이라고 주장하고 있다. 한편 한국사회를 중진자본주의로 보는 시각의 경우 이에 상응하는 한국사회의 국가성격에 대해서는 체계적인 이론화를 하지 않고 있으나 후진자본주의라면 군부나 지주계급이 정치의 전면에 나서고 선진자본주의라면 독점자본이 정치의 전면에 나서지 않을 텐데 중진자본주의 사회이기에 재벌이 정치를 하겠다고 나설 수 있다는 점에서 이번 갈등은 한국사회가 중진자본주의임을 보여주며 나아가 이는 선진자본주의로, 민주주의로 나아가는 과정에서 발생한 과도기적 현상이라고 분석하고 있다. 또다른 글은 필자의 글에 대한 직접적이고 본격적인 반론의 형식을 통해 한국의 국가성격에 대해 독특한 해석을 가하고 있다.[4] 즉 이 글은 한국국가를 독점자본의 권력으로 볼 경우 6공-현대 갈등은 독점자본의 권력 대 독점자본 간의 대립이라는 '기이한' 사태를 야기한다고 비판하면서 엘젠한스(H. Elsenhans)의 이론을 도입하여 한국사회를 '관료지배적 발전사회'로, 한국국가를 이에 상응하는 '관료지배국가'로서의 '관료적 발전'국가로 특징짓고 있다. 이 이론에 따르면 관료지배적 발전사회는 국가관료가 '국가계급'이라는 "독자적 계급으로서 부르조아가 주도하는 축적이 정상적으로 진행되지 않는 사회경제적 환경에서 경제잉여의 중앙집권적 전유·배분을 통하여 산업화를 주도하는 사회"이다. 또 5·16 이후의 한국국가는 국

____

3) 최진섭, 「정주영-노태우 갈등으로 본 한국국가성격」, 『말』, 1992년 4월호.

4) 이국영, 「6공-현대의 격돌: 국가계급과 대자본의 갈등」, 『사회평론』, 1992년 6월호, 169~81면.

가계급의 패권적 분파와 대자본의 후원-호혜 관계에 입각한 방사형적 권력 관계로 구성되어 있으며 6공-현대 갈등은 국가계급 주도 산업화에 의한 대자본의 힘의 성장과 국가계급의 힘의 상대적 약화 속에 이 양자간의 경제적 규제 방식, 즉 지금까지의 국가주도의 권위주의적 경제규제와 대자본이 요구하는 자유방임적 경제원칙 간의 갈등이라는 것이다.

이들 주장에 대해 간략하게 논평을 해보면 다음과 같다.

우선 민족모순을 강조하는 시각의 경우 그레그 대사의 극히 일상적인 외교적 발언(정주영의 정치개업에 미국이 반대를 않는다는)을 논거로 해서 미국의 음모설을 입증하려는 것은 과학적으로 그 논리가 너무 취약하다. 그러나 더 본질적인 문제는 다른 데 있다. 이 설명은 기본적으로 미국이 야권분열을 통해 민자당의 재집권을 관철하기 위해 국민당 실험을 음모했거나 최소한 부추겼다는 주장인데, 이는 논리적으로 말이 되지 않는다. 민주당은 최근 몇차례 선거가 잘 입증해주듯이 기본적으로 호남지역을 중심으로 한 거의 절대적인 고정표에 기반을 둔 정당으로서, 여권이 최소한 3당 이상으로 분열되어 이중 어느 당도 이같은 고정표 이상의 득표가 불가능한 경우의 다당제하에서만 집권이 가능하다. [5] 다시 말해 국민당의 출현은(실제 선거결과가 보여주었듯이) 여권에 불리하다. 따라서 미국이 이같은 사실을 모를 정도로 '멍청'하거나 아니면 민주당의 집권을 도와줄 의사가 없었다면 국민당 실험을 음모하거나 부추겼을 리가 없다.

독점자본이 정치 전면에 나서는 것이 한국사회가 후진자본주의도 선진자본주의도 아닌 중진자본주의임을 증명하는 것이라는 주장 역시 앞의 주장에 비해서는 낫지만 설득력이 작다. 물론 선진자본주의, 아니 선진이고 후진이고 자본주의 사회에서는 국가가 총자본의 역할 수행을 위해 개별자본가에 대한 상대적 자율성을 지닐 필요가 있기 때문에 독점자본의 직접적인

---

5) 이 점에서 민주당은 과반수 지지는 못 받지만 일정한(20~30% 수준의) 고정 지지기반에 기초를 둔 구이딸리아공산당과 상황이 유사하다. 또 이딸리아공산당이 다른 이유도 있지만 바로 이같은 다당제(특히 '양극적 다당제')라는 이딸리아 정치 제도 덕으로 유러코뮤니즘 정당 중 가장 성공할 수 있었다는 점을 주목할 필요가 있다. 이에 대해서는 졸고, 「자유민주주의와 선거」, 『경제와 사회』, 1992년 봄호(이 책 316~25면) 참조.

정치참여와 직접지배는 이론적으로도 역사적으로도 상례라고 할 수가 없다. 또 국민당 실험을 야기한 6공의 총자본적 역할 수행 부족, 그렇다고 해서 직접적인 정치참여를 결정한(상대적 자율성의 잠식 등 직접지배에 따른 부작용을 심각하게 고려하지 않고) 한국재벌의 단기적이고 편협한 사고방식 등 이번 실험이 한국자본주의의 많은 문제점을 드러낸 것도 사실이다.[6] 그러나 재벌이 정치하겠다고 나설 수 있다는 것이 중진자본주의의 증거라고 주장하는 것은 논리의 비약이다. 왜냐하면 구구하게 설명할 필요도 없이, 이같은 주장이 맞다면 독점자본가 페로가 정치를 하겠다고 직접 나선 미국도 동일한 논리로 중진자본주의(! !)이기 때문이다.[7]

위에서 지적했듯이 중진자본주의론의 경우 그나름의 체계적인 국가성격론을 개진하고 있지 않기 때문에 이에 대한 더이상의 분석은 불가능하다. 다만 여기서는 그 기초가 되는 사회성격론으로서의 중진자본주의론에 대해 간단히 짚고 넘어가기로 하겠다.

흔히들 중진자본주의론을 중진에서 선진으로의 이행, 따라서 자립화라는 전망과 관련하여 파악하고 있으나 자립화 여부 그 자체가 중진자본주의론을 평가하는 기준이 될 수는 없다. 왜냐하면 다른 이론, 예를 들어 종속적 국가독점자본주의론 역시 그중 한 분파인 종속심화론을 제외하고는 종속약화와 자립화 가능성을 이론적으로 배제하고 있지 않기 때문이다. 예를 들어 설사 한국사회가 앞으로 종속약화를 거쳐 자립화가 되더라도 그것이 중진자본주의론의 주장대로 중진자본주의에서 선진자본주의로 나아간 것이 아니라 종속적 국독자에서 (자립적) 국독자로 나아간 것일 수 있기 때문에, 미래의 가상적인 자립화 자체가 한국사회가 현재 중진자본주의임을 증명하는 근거가 되지는 못한다. 따라서 중진자본주의론에 대한 평가는 그 이론적 범주에 대한 평가와 이를 한국사회에 적용하는 것이 적실한가 여부를 둘러싸고 내려야 한다.

국내에서 이에 대한 가장 체계적인 이론화를 시도한 안병직 교수는 중진

---

6) 이에 대해서는 졸고, 「6공-현대 격돌, 여덟 가지 가설: 국가론의 시각에서」, 앞의 책 참조.

7) 이에 대해서는 졸고, 「페로돌풍, 격동하는 미국정치」, 『월간 길』, 1992년 7월호 (이 책 191~200면) 참조.

자본주의를 "독자적인 발전단계"로 규정하고 있다.[8] 그러나 또 한편 동시
대적으로 선진자본주의, 중진자본주의, 저개발국이 세계체제 수준에서 공
존한다며 다음과 같은 그림을 제시하고 있어 이를 발전단계이자 세계체제
적 위상이라는 이중규정으로 파악하고 있음을 알 수 있다(그림 참조).

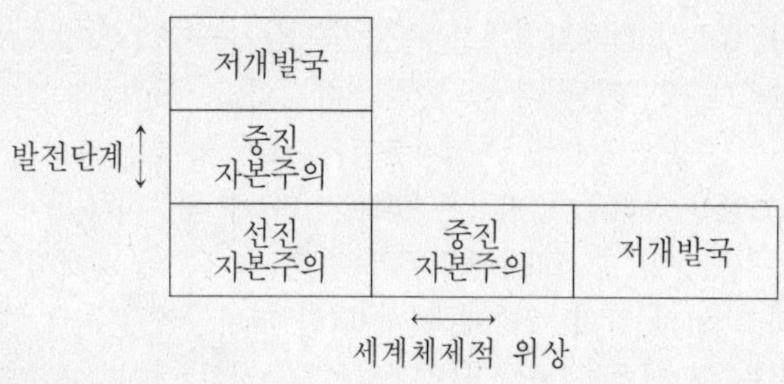

그러나 안교수는 발전단계 그리고 세계체제적 위상으로서의 '중진'을 규
정하는 질적 규정이 무엇인지에 대해서는 체계적으로 서술하고 있지 않다.
따라서 이 대목에서는 안교수 이론의 초석이자 이같은 규정을 체계적으로
시도한 나까무라(中村哲)의 중진자본주의론을 검토할 필요가 있다.

나까무라는 중진자본주의를 안교수처럼 "세계자본주의에서의 위치와 국
내 경제구조에 의해 규정"[9]되는 것으로 전제한 뒤 대내외적 규정을 내리고
있다. 대내적으로는 ① 자본주의 관계가 지배적이나 비자본주의 부문이 널
리 잔존하고, ② 노동력 재생산을 비자본주의 부문이 담당하여 저임금이
며, ③ 고자본축적률, 고경제성장, 저노동분배율이 그 특징이며, 대외적으
로는 ① 자본재와 첨단산업을 수입에 의존하며, ② 수입초과이고, ③ 선진
국에 한편으로는 종속되어 있으면서도 한편으로는 경쟁하는 관계이며, ④
저개발국에 공산품을 수출하고 1차상품을 수입하는 관계이고, ⑤ 아제국주
의라는 것이 특징이다.[10]

---

8) 안병직, 「중진자본주의로서의 한국경제」, 『사상문예운동』, 제2호(1989년 겨울
호), 14면.

9) 中村哲, 『세계자본주의와 이행의 논리』, 비봉출판사 1991, 54면.

10) 같은 책, 60~62면.

여기에서 우선 주목할 것은 대내적 규정이 타국가와의 상대적 비교가 아닌 절대적 기준에 의한 단계규정이라는 사실이다. 따라서 시간이 흐르면서 '제4세계'라고 불리는 세계 최빈곤국들까지도 언젠가 자본주의적 관계가 지배적이 되는 등 이 기준을 만족시키면 중진자본주의가 될 것이고 나아가 이같은 절대적 기준에 의해 규정된 선진자본주의국이 되어 전세계가 선진자본주의가 될 가능성이 높다. 그러나 그 경우도 상대적 기준으로 볼 때는 '선선선진자본주의', '선선진자본주의', '선진자본주의' 식으로 내부분화와 상대적 선진, 낙후성은 계속 남을 텐데 이를 중진이라 부르건, 선진자본주의라 부르건 무슨 의미가 있느냐는 것이다.

이를 세계체제적 위상의 규정과 결합시켜보면 이론적 문제점은 자명해진다. 즉 절대적 단계기준으로 선진화가 된다 할지라도 이미 선진국이었던 나라들 역시 절대적 단계 면에서 더욱 선진화가 될 것이기 때문에 대외적 위상에서의 선진, 중진, 후진의 문제는 남고 절대적 단계에서 지위상승이 자동적으로 위상 면에서의 지위상승을 의미하지 않는다. 따라서 단계상의 지위상승이 위상에서의 지위상승을 수반하는 메커니즘에 대한 설명이 필요하나, 이에 대해 이 이론은 침묵하고 있다. 이밖에 선진국들은 그들 역시 단계 면에서는 이같은 중진자본주의를 거쳐갔다고 주장할 수 있으나 세계체제 면에서는 그렇지 않았기 때문에(단계와 상관없이 처음부터 위상 면에서는 선진이었으니까) 이같은 문제를 해소하기 위해 영국만은 중진자본주의를 거쳐가지 않았다거나 중진자본주의라는 것은 19세기초에 비로소 성립되었다는 궁색한 이론적 부연설명을 하게 된다.[11]

관료지배적 발전사회-관료적 발전국가론의 경우 그 내적 이론적 정합성 등에서 훨씬 체계적이고 세련되어 있다는 점에서 한층 체계적인 분석과 비판이 필요하다. 이같은 작업은 이 글의 범위 밖의 일이라 할 수 있으므로 우선 몇가지 문제만을 지적하고자 한다.[12] 신중상주의적 집정관제 등 주류이론의 국가주의적 국가론과 그 내용 면에서 맥을 같이하면서도 '국가계급'

---

11) 같은 책, 54면.

12) 이 이론과 기타 최근의 한국국가성격 논쟁의 쟁점 및 이와 관련된 국가형태론 일반에 대해서는 「한국국가성격과 국가형태론에 대한 재조명」이란 글을 별도로 집필하고자 현재 준비중이다.

이란 개념의 도입 등 계급론 내지 좌파적인, 따라서 '좌파국가주의' 내지 '좌파신중상주의' 국가론이라 할 수 있는 이 모델은 6공-현대 갈등을, 필자와 같이 국가와 자본의 관계를 복잡한 추상화수준으로 구별하고 이중 특정 수준에서 양자간에 갈등이 빚어진 것으로 이해하는 번거로움(이교수의 입장에서 볼 때는 '옹색함') 없이, 국가계급이 지배하는 사회에서 자본가계급이 지배하는 사회로 넘어가는 과정에서의 국가계급 대 자본가계급의 갈등이라는 '간단한' 설명을 가능케 하는 장점이 있다. 그러나 그나름의 문제점 역시 만만치 않다.

첫째, 국가계급이라는 독자적 계급이 계급론적으로 가능하고, 나아가 이 같은 계급이 지배하는 계급사회가 가능하며, 한국사회가 그러한 사회인가라는 문제이다.

둘째, 관료지배적 발전사회-관료적 발전국가의 추상화의 수준으로서 이 이론은 이 사회를 독자적인 생산양식, 이 국가를 독자적인 국가유형이라고 주장하고 있다는 점이다. [13] "비자본주의 생산양식에서 자본주의 생산양식 또는 제3의 생산양식으로 이행하는 과정에서 중간단계로서"의 독자적 생산양식인 이 사회는 한국과 같은 세칭 국가주도형 경제발전의 제3세계 국가들 이외에도 중국, 북한 등 '발전도상의 사회주의 국가'(Developing Socialist Countries)들도 포함하는 개념으로 주장되는바, 이같이 생산관계 자체가 다른 사회들을 동일한 생산양식으로 규정할 수 있을지 심각한 의문이 든다. 또 우리 사회가 아직 자본주의 사회가 아니라, 자본주의 사회가 가고 있는 또다른 생산양식의 사회라는 주장도 설득력이 약하다.

셋째, 이교수는 정확하지는 않으나 그간의 글을 보아 5·16 이후를 관료지배적 발전사회로 보고 있는 듯하다. [14] 그렇다면 일제하의 사회성격은, 나아가 "국가계급아… 경제잉여의 중앙집권적 전유·배분을 통하여 산업화를 주도하는 사회"라고 보기 어려운 제1공화국의 사회성격은 어떠한 것이었느냐는 의문이 남게 된다.

---

13) 이국영, 「관료적 권위주의 이론의 논쟁에 대한 재평가(Ⅰ)」, 『한국정치학회보』, 제23권 제2호(1989), 291~92면.

14) 이국영, 「박정희정권의 지배구조」, 『역사비평』, 1993년 여름호, 132~44면.

■ 보 론 2

국민당의 '재벌해체론'의 의미

정주영 전현대그룹 명예회장은 지난번 14대 총선에서 국민당돌풍을 통해 90년대 한국정치를 과거의 '정경유착'으로부터 '정경일치'로 한단계 발전(?)시킨 바 있다. 이같은 정주영 국민당 대표가 얼마 전 공산당의 합법화 발언으로 '신선한' 사회적 충격을 준 데 이어 재벌해체론을 주장하고 나섬으로써 대선을 앞두고 관심을 끌고 있다.

그러면 정대표의 재벌해체론은 지난 14대 총선의 아파트 반값분양과 마찬가지로 유권자들의 관심을 끌기 위한 단순한 득표전략에 불과한가? 특히 형식적으로는 국내 최대재벌인 현대그룹 경영에서 손을 뗐다고 하지만 아직도 사실상의 '실권자'이고 당운영에서도 현대그룹에 절대적으로 의존하고 있는 정대표가 진정으로 재벌해체의 의지를 가지고 있으며 대권을 잡을 경우 재벌해체를 주도할 것인가?

이같은 문제를 심도있게 분석하기 위해서는 국민당이 주장하고 있는 재벌해체의 의미를 정확히 이해할 필요가 있다. 여기에서 주목해야 하는 것은 국민당이 주장하고 있는 것이 '재벌해체'이지 '독점자본의 해체'나 '대기업의 해체'가 아니라는 점이다.

재벌이란 서구와 같은 발달된 자본주의 사회에서 생겨나는 독점자본 일

---

* 『빛고을신문』, 1992년 10월 24일자.

반을 의미하는 것이 아니라 이같은 독점자본의 한국적인 형태, 즉 족벌에
의한 다수 독점자본의 수평적 결합체를 의미한다.

따라서 국민당이 실시하겠다고 내세우고 있는 재벌해체는 일부 진보진영
이 주장하는 독점자본의 해체 내지 독점자본의 사회화를 통한 국민기업화
와는 아주 거리가 멀다. 여기서의 재벌해체란 단지 재벌을 형성하고 있는
개별독점자본은 그대로 두고 이들 독점자본들을 상호분리시켜 독립된 독점
자본으로 만들겠다는 의미이다.

즉 예를 들어 현대그룹을 해체하여 현대자동차, 현대중공업, 현대정공,
현대전자 등의 독립된 독점자본기업으로 만들어야 한다는 뜻이다. 이 점에
서 국민당의 재벌해체론은 크게 보아 6공이 주력업종 지정, 상호보증한도
설정, ‘신산업정책’ 등을 통해 추진한 바 있는 6공의 재벌해체론과 맥을 같
이한다.

이같은 재벌해체는 업종을 가리지 않는 재벌의 문어발식 팽창을 제어하
려는, 상대적으로 ‘진보적인’ 정책이다. 그러나 이는 결코 일반인들이 생각
하듯이 ‘급진적’이고 반(反)재벌적인 정책은 결코 아니다. 이는 최근 가속
화하고 있는 시장개방과 국제화와 관련하여 방만한 기업확장이 국제경쟁력
의 상실을 통해 재벌의 ‘자멸’을 가져오는 것을 막고 업종전문화를 통해 국
제적인 독점자본으로 살아남도록 하기 위한 일종의 ‘산업합리화’정책일 따
름이다.

게다가 이 정책은 독점자본 그 자체는 하나도 건드리지 않기 때문에, 아
니 오히려 강화시켜주는 결과를 가져오기 때문에 우리 사회에 대한 독점자
본의 지배와 폐해는 전혀 손을 대지 않으면서도 팽배해 있는 반재벌적 정
서를 중화시킬 수 있는 이득까지 있는 아주 효과적인 독점자본전략이다.

그럼에도 불구하고 재벌들이 이에 저항감을 나타내고 있는 것은 이같은
자신들의 장기적 이익보다는 눈앞의 편협한 이익에만 급급한 근시안적 태
도와 개별재벌간의 알력에 의한 손익계산 때문이다.

또 이같은 재벌들의 근시안적 태도와 이들의 반대를 누르고 이를 강행할
수 있는 국가의 상대적 자율성 결여 등을 고려할 때 국민당이 내세우는 재
벌해체론 역시 그것이 반재벌적 정책이 아님에도 불구하고 6공의 금융실명
제, 신산업정책처럼 재벌의 반대로 좌초할 것이 거의 확실시된다.

물론 이같은 분석이 국민당이 진정으로 재벌해체를 할 의도를 갖고 있다고 단정하는 것은 아니다. 다만 6공의 신산업정책과 마찬가지로 정주영이 장기적 안목을 가진 '진정한 독점자본가'라면 독점자본 자신을 위해서도 이를 주장할 충분한 이유가 있고 (나아가 주장해야 하며) 이것이 결코 반재벌정책도 아니고, 따라서 전혀 놀랄 이유도 없다는 점이다.

또 정대표가 이같은 깊은 생각까지 한 것은 아니고 6공-현대 갈등 당시의 일부 보도처럼 현대측이 7공 들어 새 정권이 국민들의 반재벌적 정서를 무마하기 위해 대표적인 재벌기업인 현대를 시범사례로 해체시킬 것을 우려하여 혼자만 해체당하느니 재벌해체론을 내세워 도매금으로 다른 재벌까지도 함께 해체시켜 '경쟁상의 평등한 지위'를 확보하려는 의도일 수도 있다.

이와 관련하여 주목할 국민당의 다른 공약은 정경유착 단절과 재벌의 음성적인 정치자금제공 금지이다. 이는 위의 재벌해체론과 마찬가지로 단순한 득표전략으로 보아서는 안된다. 정경유착이 아니라 정경일치로서 스스로 정치자금조달이 가능한 국민당의 이같은 주장은 그러한 조건에 있지 못하고 따라서 재계에 정치자금을 의존해야 하는 다른 정당(여야를 불문하고)을 경제적으로 고사시키려는 전략이다. 즉 자신들처럼 제 주머니에서 정치자금을 동원하지 못할 정당은 폐업을 해야 한다는 선언으로서 비재벌 정치세력 고사책 내지 재벌의 정치독점책에 다름아니다. (따라서 정경유착에 대한 비판은 선거 및 정치자금 공영제와 같은 근본적인 제도적 혁신이 병행되어야만 한다.)

결론적으로 국민당의 재벌해체론은 그 의도의 진위 여부를 떠나 단순한 득표를 위한 공약(空約)이 아니라 설사 진정한 실시의도가 있고 실시되더라도 반재벌적 정책이 아닌 재벌합리화정책이라는 점을 인식할 필요가 있다. 그리고 우리의 올바른 대안은 재벌해체가 아니라 독점자본 그 자체의 사회화, 그것이 힘들다면 최소한 이에 대한 강력한 민주적 통제이다.

■ 보 론 3

재벌의 정치참여 실험 실패의 국가론적 함의

정주영 현대그룹 명예회장의 국민당 창당과 14대 총선에서의 국민당의
예상외의 돌풍, 이에 이은 김우중 대우그룹 회장의 대권도전설 등은 재벌
의 직접적인 정치세력화라는 점에서 한국자본주의의 성격과 그 변화, 한국
국가의 성격과 그 변화 등과 관련하여 비상한 관심을 모은 바 있다. 뿐만
아니라 이같은 추세가 '엑셀당', '티코당'에 이어 '미풍당', '롯데당', '럭키
당' 식으로 국내재벌들이 그간에 쌓아온 경제력을 토대로 정당을 하나씩
만들고 나와 '한국정치의 재벌 춘추전국시대'가 도래하는 것이 아니냐는 우
려까지 제기된 바 있다.[1]

그러나 김우중 회장은 결국 대권도전을 포기하고 말았고 정주영 회장 역
시 14대 대선에서 대권장악에 실패, 결국 정계를 떠남으로써 재벌의 정치
참여 실험은 실패로 끝나고 말았다. 이에 따라 갖게 되는 의문은 이같은
실패가 한국사회성격론이나 국가성격론과 관련해 뜻하는 바가 무엇이냐는
것이다. 이를 6공-현대 갈등에 대해 그나름의 의미를 제시한 바 있는 이론
들을 중심으로 간략히 살펴본다면 다음과 같다.[2]

한국국가의 주권을 미국이 장악하고 있고 현지국가는 단순한 대리통치체
제라고 이해하는 시각의 경우 6공-현대 갈등을 야권분열을 통한 민자당의

---

* 미발표논문(1993년 6월).

재집권을 관철하려는 미국의 '음모'로 파악하나,[3] 국민당의 사실상의 해체와 실험의 실패는 이같은 해석에 당혹스러운 '이탈현상'으로 다가온다. 궁여지책으로서의 설명은 야권분열을 통한 민자당의 재집권전략이 관철되어 그 기능적 효용성이 소진됨에 따라 이를 해체했다는 분석일 것이다. 그러나 이같은 해석은 국민당이 야권분열이 아니라 여권분열을 가져와 집권당이 선거과정에서 이를 고무하는 것이 아니라 탄압하는 데 혈안이 되어 있었다는 사실에 의해 그 설명력을 잠식당하고 있다. 아니라면 미국은 국민당을 '음모'로 지지한 반면 민자당과 한국의 현지국가는 이를 탄압, 이들간에 근본적인 갈등이 있었다는 이야기인데 그렇다면 이는 현지정권을 단순한 미국의 대리통치체제로 보는 자신의 시각과 정면으로 모순되는 것이 아닌가? 또한 지난 대선에서 정권교체를 위해 민주당을 지지하는 입장에서 국민당의 민자당표 잠식에 기대를 걸고 정부의 국민당 탄압을 비판했던 자신들의 정치적 행동을 어떻게 설명할 것인가 하는 의문에 부딪힌다.

후진국이면 군이나 지주가 정치를 하고 선진국이면 독점자본이 직접 정치의 전면에 내서지 않았을 터인데 재벌이 직접 정치에 나선 것이 바로 우리 사회가 중진자본주의라는 주장의 경우[4] 재벌의 정치참여 실패의 의미는 불분명하다. 다만 논리적으로 유추해볼 수 있는 설명은 한국사회에서 재벌의 직접적인 정치참여 시도가 실패한 것으로 보아 우리 사회가 이제 중진자본주의를 벗어나 선진자본주의로 가고 있는 중이라거나 아니면 아직 후진국에서 중진자본주의로 본격적으로 이행하지 않은 것이라는 주장(이중 전자일 가능성이 크지만)일 것이다. 이것만으로는 재벌의 직접적인 정치참여 시도를 중진자본주의의 증거로 본 이같은 입장의 타당성 여부를 평가할 수는 없는 것 같다. 그러나 필자가 「한국국가성격과 국민당 실험」에서 자적했듯이 이같은 해석은 만일 이 이론이 맞다면 페로와 같은 독점자본아

---

1) 졸고, 「한국정치 재벌 춘추진국시대?」, 『한겨레신문』, 1992년 10월 28일자.

2) 6공-현대 갈등에 대한 이들 이론들을 해석하고 비판적으로 평가한 글로는 졸고, 「한국국가성격과 국민당 실험」(이 책 175~82면) 참조.

3) 최진섭, 「정주영-노태우 갈등으로 본 한국국가성격」, 『말』, 1992년 4월호 속의 인용 참조.

4) 구체적 내용은 같은 글 속의 인용 참조.

직접적인 정치참여를 시도한 미국 역시 중진자본주의라는 기이한 결론으로 우리를 끌고 가게 된다.

한국사회의 지배계급을 자본가계급이 아니라 국가관료 내지 '국가계급'으로 파악하는, 신중상주의적 집정관사회-신중상주의적 집정관제와 그 좌파적 변형이라 할 수 있는 관료지배적 발전사회-관료적 발전국가론의 경우 6공-현대 갈등과 재벌의 직접적인 정치참여를 국가계급 대 대자본 간의 갈등이자 국가계급이 지배하는 사회에서 국가지배하의 경제발전으로 자본의 영향력이 증대한 사회로 이행하는 과정과 관련된 증후군으로 이해한 바 있다.[5] 따라서 이 이론은 재벌의 정치참여 실험의 실패를 한국사회가 아직도 국가계급의 힘이 대자본보다 훨씬 강하고 아직도 자본주의 사회가 되기에는 자본가의 힘이 미성숙한 사회, 즉 관료지배적 발전사회라는 증거로 해석할 것이다.

이같은 해석은 그 자체로는 일관성이 있고 대리통치체제론처럼 뚜렷이 가시적인 논리적 모순도 없다. 따라서 이는 관료지배적 발전사회-관료적 발전국가론 자체의 평가로 거슬러올라가야 하는바, 이에 대해서는 필자가 이미 독자적 계급으로서의 '국가계급'의 문제점, 독자적인 생산양식(자본주의 생산양식의 하위유형이 아니라)으로서의 관료지배적 발전사회론의 문제 등을 지적한 바 있다.[6]

그러나 이같은 이론 자체의 이론적 문제점까지 나아가지 않아도 재벌의 정치참여 실험의 의미와 그 실패에 대한 이 이론의 해석이 타당하지 않음을 보여줄 수 있다. 나아가 6공-현대 갈등을 국가 대 자본의 갈등이 아니라 국가관료 대 개별자본, 총자본 대 개별자본 내지 자본분파 등 더 낮은 추상화수준의 이들 양자간의 갈등으로 이해한 필자 나름의 해석이 한층 올바른 해석임을 보여줄 수 있다.[7]

이 이론의 경우 6공-현대 갈등을 국가계급 대 대자본의 갈등으로 보고

---

5) 이국영, 「6공-현대의 격돌: 국가계급과 대자본의 갈등」, 『사회평론』, 1992년 6월호, 169~81면.

6) 졸고, 「한국국가성격과 국민당 실험」 참조.

7) 졸고, 「6공-현대 격돌, 여덟 가지 가설: 국가론의 시각에서」, 『사회평론』, 1992년 3월호(이 책 159~74면).

재벌의 정치참여 실험 실패를 대자본의 힘의 열세에 의한 패배로, 아직까지 국가계급이 우위임을 증명하는 근거로 파악하고 있으나 문제는 6공-현대 갈등이 국가계급 대 대자본 전체의 갈등의 형태를 결코 취하지 않았고 따라서 재벌의 정치참여 실험의 실패가 국가계급에 대해 대자본 전체가 단결해 싸웠으나 그래도 역부족으로 패배한 것이 결코 아니라는 데에 있다. 오히려 선거과정이 보여주었듯이 현대를 제외한 대다수의 재벌들은(필자가 「국가론의 시각에서 본 6공-현대 갈등」에서 지적했듯이 현대의 입장이 단순한 개별자본의 이익이 아니라 총자본 내지 총독점자본의 입장을 대변하는 측면이 있음에도 불구하고) 같은 대자본이 아니라 집권당, 아니 이 이론의 표현을 빌리자면 '국가계급'을 도왔다.

이와 관련하여, "자본주의 국가가 개별자본의 영향력으로부터 독립함으로써 총자본의 역할을 수행할 수 있는 상대적 자율성을 필요로 한다면, 재벌의 정치참여는 이같은 자율성을 잠식하고 국가가 개별자본이나 특정 자본분파에 의해 좌우됨으로써 전체자본의 '일반이익' 수준에서도 자본 스스로에게도 역기능적이라는 점을 주목할 필요가 있다. 사실 이 점에서 개별자본간의 경쟁성, 특히 잘 알려진 정(주영) 전회장과 김(우중) 회장 간의 '알력'을 고려할 때 정 전회장의 정치참여는 이에 대응하기 위한 '자구책' 수준에서도 김회장의 정치참여를 경향적으로 예고하고 있었던 것이다. 또 앞으로도 제3, 제4의 재벌정당의 출현을 예고할 수도 있다"는 재벌정치 실험 실패 이전에 행해진 필자의 분석을 상기할 필요가 있다.[8]

즉 6공-현대 갈등은 바로 필자가 분석했듯이 국가 대 자본(대자본 일반)의 갈등이 아니라 다양한 수준의 낮은 추상성수준에서의 이 두 행위자간의 갈등이었기 때문에, 개별독점자본 현대(내지 이를 지지하는 특정 자본분파)가 아닌 다수 독점자본들은 자본간의 경쟁성 때문에 '자구책' 수준 등에서라도 같은 독점자본인 현대가 아니라 집권당을 지지한 것이다. 다시 말해 6공-현대 갈등은 필자가 지직했듯이 총독점자본(으로서의 국가) 대 개별독점자본(으로서의 현대) 등의 다양한 수준의 갈등이었고 이같은 갈등에서 다수 독점자본들이 경쟁적 관계에 있는 개별독점자본이 아니라 총독점자본

---

8) 졸고, 「한국정치 재벌 춘추전국시대?」.

(국가)을 지지한 것은 당연하며, 총독점자본대 개별독점자본의 싸움에서 개별자본이 패배하는 것은 '정상적'인 것이 아니겠는가?[9]

---

9) 재벌 정치참여의 실패를 필자와 같이 '총독점자본 대 개별자본' 간의 싸움에서의 후자의 패배로 이해하는 유사한 견해로는 홍덕률, 「한국사회와 재벌의 정치참여」, 『사회평론』, 1993년 3월호.

■ 보 론 4

페로현상의 정치경제학

(1) '한국엔 정주영, 미국엔 페로'

14대 총선에서 자칭 '돈많은 노동자' 정주영열풍이 세상을 놀라게 하더니 이번에는 '미국판 정주영' 페로가 돌풍을 일으키고 있다. 주머니돈을 '씨돈'으로 해서 미국 굴지의 억만장자로 성공한 '아메리칸 드림'의 주인공 페로가 무소속후보로 차기 대통령선거 출마를 선언한 뒤, 양당의 대통령후보를 정하는 '예비선거'가 끝난 현재, CNN 방송과 『타임』지가 실시한 여론조사에서 페로의 인기도는 37%로서 현직 부시 대통령과 민주당의 클린턴 후보의 24%를 크게 앞서고 있다.

이제 미국 역사상 유례없는 무소속후보 대통령이 출현할 것인가? 이같은 돌연변이적인 페로열풍의 원인은 어디에 있으며 그 함의는 무엇인가? 정주영열풍과 페로열풍은 현실사회주의의 몰락과 자본의 전일적 지배의 시대에 상응하는 독점자본의 직접지배와 정경일치 시대의 도래를 의미하는가?

---

* 『월간 길』 1992년 7월호에 「페로돌풍, 격동하는 미국정치」라는 제목으로 게재한 논문. 집필 시점이 92년 미국 대통령선거 이전임을 고려할 것.

(2) 미국정치의 특수성

미국은 선진자본주의 국가 중에서 드물게 '계급정당' 내지 '이념정당'이
존재하지 않는 나라이다. 즉 다른 선진자본주의 국가들의 경우 자본의 이
익을 대표하는 보수당 대 노동자계급 등의 이익을 대표하는 사회당, 공산
당 등 '진보정당'이라는 대립구조가 정치의 기본골격을 이루어왔다. 반면에
미국의 경우 공화당과 민주당이라는 '실용주의 정당' 내지 '보수 양당'의 대
립이 정치의 중심이 되어왔고 우리나라와 비슷하게 '계급정치'가 발달해오
지 못했다.

이는 다양한 미국의 역사적 특수성의 결과이다. 좀더 구체적으로 이는
미국이 '백인이주식민국'으로서 봉건적 질서가 유제로서 존재하지 않았기
때문에 부르조아 혁명과 같은 계급투쟁의 전통이 없다는 사실, 건국 이후
에도 초기의 경우 서부로의 지속적인 영토확장('프런티어 이론'), 20세기에
들어서서는 세계 헤게모니국으로서의 세계적 팽창, 원래 타고난 영토의 방
대함, 풍부한 자원 등으로 계급적 갈등의 완화가 가능했다. 나아가 이에
따라 상당한 개인들의 상향지위상승 유동성('아메리칸 드림'으로 표현되는)
이 존재하고 게다가 다인종 이민국가로서 노동자계급이 인종별로 나누어져
노동계급의 통일성 확보가 어렵다는 사실 등에 기인하고 있다.

이밖에 미국정치의 제도적 특성도 '진보정당'의 등장을 방해해왔다. 대통
령선거의 경우 '선거인단'이라는 간선제 방식과 '승자독식주의'(winner-
takes-all system)라는 독특한 제도가 문제이다. 즉 유권자들은 선거인단을
뽑고 이들 선거인단이 대통령을 뽑는데 그 주에서 1등을 한 승자가 그 주
의 선거인단 전체표를 다 가져가도록, 다시 말해 독식하도록 되어 있다.
따라서 기존 제도정당의 기득권은 계속 확대재생산되는 반면 어차피 군소
정당으로 출발하여 커나가야 할 '진보정당'의 경우, 예를 들어 유권자표의
10%를 얻어도 선거인단은 단 한 석도 확보하지 못함으로써 제도정치권 진
출이 저지되도록 되어 있다. 이같은 이유로 미국정치에서는 보수 양당 이
외에는 진보정당을 포함한 제3당의 진출이 구조적으로 제약을 받아왔고 무
소속후보 역시 별로 맥을 못추어왔다.

(3) 페로현상의 역사적 기원

페로현상을 이해하기 위해서는 일단 이같은 미국정치의 특수성을 전제로
하여 미국정당사를 파악해야 한다. 미국정치가 '계급정치'와 '계급정당'이
미발달했다고 해서 미국정당의 변천이 계급적 문제와 무관해온 것은 아니
다.

이와는 달리 미국 정치와 정당사는 계급적 갈등 내지 계급분파간의 갈등
과 밀접히 연관을 맺고 있다. 우선 건국 초기의 갈등은 뉴욕 등 북부의 은
행, 부동산업자 들과 남부의 자영농들 간의 갈등이 중심축이었다. 그것이
더 강력한 중앙정부를 바란 워싱턴 등 연방주의자들과 이에 반대한 제퍼슨
등 '국가연합주의자'들 간의 대립이었다. 즉 남부 농민들에게 막대한 영농
자본을 대준 북부는 국가연합체제하에서 주경계를 넘어가면 공권력을 행사
할 수 없었기 때문에 대부금회수의 어려움에 봉착, 강력한 통일된 중앙정
부체제를 바랐고 채무자인 남부는 이에 대해 반대했던 것이다.

이후 미국 정치와 정당사는 미국자본주의의 발전, 이에 따른 산업구조의
변화와 계급 간의, 특히 지배계급 내의 다양한 계급분파간의 역관계의 변
화에 따라 변해왔다. 이중 특히 페로현상의 역사적 뿌리가 되는 것은 남북
전쟁 이후 생겨난 공화당 중심의 지배연합과 이것이 깨어지는 뉴딜연합이
다.

남북전쟁은 잘 알고 있듯이 미국의 산업혁명이 급속히 진행되던 시기에
노예제의 폐지 문제를 계기로 일어났다. 링컨을 비롯한 북부는 남부보다
휴머니스트가 많았기 때문이 아니라 산업자본의 중심지였던 까닭에 노예노
동에 의존하는 남부는 당연히 이에 반대했다.

이때 대립의 또다른 축은 무역정책이었다. 후발산업국으로 유럽에 비해
공업화의 수준이 낮고 국제경쟁력이 약한 북부 산업자본은 보호무역주의와
고립주의를 원했고, 유럽에 농산물을 수출하고 유럽의 싼 공산품을 수입하
기를 바랐던 남부는 자유교역개방정책을 원했다. 어쨌든 남북전쟁은 북부
의 승리로 끝났고 이후 북부 산업자본의 지지에 기초를 둔 공화당지배의
시대가 계속되었다. 보수적인 남부 농민을 대표하는 민주당은 소수야당의

위치를 벗어나지 못했다.

그러나 이같은 보호무역주의하에서 급속한 자본주의 발전을 지속, 미국이 국제경쟁력을 가진 선진자본주의 국가로 발돋움하면서 중대한 변화가 1920~30년대에 생겨났다. 국제경쟁력을 갖춘 새로운 선진적 자본분파, 특히 록펠러 등 금융자본과 석유자본들은 이들의 경제적 힘에 상응하는 정치권력을 갖추고 이를 통해 그간의 고립주의를 버리고 국제무대에 나아가 세계경제의 패권을 장악하기를 원했다. 따라서 이들은 집권세력이 아닌 다른 정치세력과의 연합을 필요로 했고 그것이 '만년야당'인 민주당이었다.

여기에 합세한 또다른 세력은 자본주의의 발전 속에 성장한 노동자계급이었다. 이들은 사실상 노동조합마저 불법화된 채 정치로부터 완전히 소외되어 있었다. 선진적 자본분파는 돈은 있으나 궁극적으로 득표머릿수가 승패를 좌우하는 '수의 게임'인 선거에서 승리하기 위해서는 이같은 노동자들을 제도정치권에 신참자로서 편입시켜 이들과 연합할 필요성을 느꼈다. 특히 이들은 자본집약적이고 기술집약적 산업이었기 때문에 임금상승을 수용할 수 있는 여력이 있었고 따라서 노동자계급과의 연합이 용이했다. 그 결과 역사적으로 민주당의 뿌리인 보수적인 남부와 선진적이고 국제적인 자본분파 그리고 노동자계급(특히 노동조합)이라는 기이한 삼각 선거연합이 생겨났다. 그것이 바로 '뉴딜연합'이고 이 새로운 선거연합은 뉴딜이라는 개량화를 매개로 미국의 세계패권국화를 주도했다.

(4) '뉴딜연합'의 해체와 레이건, 부시의 등장

민주당 우위와 뉴딜연합이 깨어지기 시작한 것은 1980년대에 들어서이다. 이는 케인즈주의로 대표되는 세칭 '복지국가의 위기'와 미국경제력의 쇠퇴에 따른 미국의 헤게모니의 약화와 밀접한 관련이 있다. 미국경제력의 쇠퇴는 국제경쟁력을 상실한 많은 자본분파들을 국제주의적 뉴딜연합으로부터 이탈하도록 만들었고 복지국가의 위기에 따른 신보수주의라는 보수화의 물결은 많은 유권자, 특히 보수적인 남부 유권자들을 민주당 지지로부터 멀어지게 했다. 원래 보수적인 남부 유권자들은 역사적으로 자신들의 정당이 민주당이었다는 이유로 '진보적인' 민주당을 지지해왔으나 신보수주의의 물결과 뒤에서 지적할 ‘정당정치의 약화’추세 속에서 민주당을 이탈, 공화당에 표를 던짐으로써 레이건을 당선시키고 말았다. 특히 레이건은 ‘미국의 영화를 다시 한번’이라는 캐치프레이즈 아래 미국이 세계 최강국이었던 ‘좋았던 옛 시절’에 대한 미국인들의 향수를 자극함으로써 성공을 거둘 수 있었다.

그러나 레이건의 처방은, 레이거노믹스가 있기는 하지만 기본적으로는 ‘람보’로 상징되는 군사주의적 방식이었다. 따라서 레이건은 군비경쟁을 통해 미국의 완력을 증강시키고 그라나다, 니까라과 등 ‘체급이 다른’ 허약한 제3세계와 전쟁을 벌여 완승을 거둠으로써 미국인들의 주관적 만족감은 증가시켜주었지만 경제적으로는 ‘지는 해’를 막을 수는 없었다.

그것은 부시의 경우도 동일하다. 특히 군사주의적 처방전을 인수받은 부시의 경우 현실사회주의의 몰락이라는 ‘호재’를 이용하여 걸프전을 ‘유발’하고 이에서 압승, 세계의 유일패권국으로서의 미국의 위상을 드높이는 듯했다. 그러나 이 쾌감도 잠시뿐, 미국인들은 일시적 쾌감에서 깨어나자 이같은 군사적 승리가 날로 악화되는 국제경쟁력, 누적되는 무역적자, 하루가 다르게 늘어나는 일본의 미국기업 인수를 바꾸어놓지는 못한다는 냉엄한 현실을 인지하게 될 것이다. 이런 국민들의 불만을 뒤늦게 감지한 부시는 경제문제 개선을 위한 일본 등 아시아 경제외교순례 등으로 사태를 진정시켜보려 했으나 별 소득 없는 이 방문은 오히려 역효과만 내고 말았다. 이때 시기적절하게 나타난 것이 바로 페로라고 할 수 있다.

한마디로 페로현상은 복지국가의 위상과 미국경제의 쇠퇴에 따라 80년대 이후 가속화되어온 뉴딜연합의 해체와 미국경제의 부흥에 대한 미국국민의 열망이 결합된 결과이다.

(5) 정당정치의 쇠퇴와 페로현상

이상의 요인 이외에도 페로현상을 가능케 한 중요한 변수는 ‘정당정치의 쇠퇴’라는 중요한 미국정치의 최근 경향이다.

현대정치는 정당정치이고 정당을 떠나서 현대정치를 이해할 수는 없다. 그러나 미국의 경우 이같은 정당정치가 급속하게 쇠퇴하고 있는 추세이다.

이는 크게 다음과 같은 몇가지 요인에 연유한다. 첫째, 이는 미국정치의 특징인 양당제, 특히 '실용주의 정당'의 양당제와 관계가 깊다. 양당제의 경우 결국 좌우 이데올로기 분포에서 양 정당의 입장 사이에 분포한 중간층이 승패를 좌우하는바, 양 정당은 이들의 표를 얻기 위해 가운데로 그 정치적 입장이 수렴하는 경향이 있다. 이같은 수렴경향에다가 미국정당은 두 정당이 모두 이념적으로 별 차이가 없는 실용주의적 보수정당이기 때문에 양 정당이 별 차이가 없는 '그놈이 그놈'인 상황을 야기하고 있다. 그 결과 정당의 차이의 중요성이 점점 약화되고 따라서 정당정치의 쇠퇴를 가져오고 있다.

두번째 원인은 대중매체의 발달에 따른 '대중매체정치', 특히 텔레비전을 통한 'TV정치'의 발달이다. 과거의 경우 정당은 정치인들과 유권자를 연결시켜주는 '특권적인' 매개고리로서 그 위력을 떨쳐왔다. 즉 정치인들은 정당의 조직을 통해서만 유권자들에게 체계적으로 접근할 수 있었고 또 유권자들은 정당을 통해 정치인들에 대한 정보를 획득하고 자신들의 요구를 정치인들에게 전달할 수 있었다. 그러나 매스미디어, 특히 TV의 발달은 이 모든 것을 바꾸어놓았다. 왜냐하면 이제 TV광고 등 대중매체를 통해 정당이라는 중개인을 거치지 않고 정치인과 유권자 간의 '직거래'가 가능해졌기 때문이다. 이제 유권자들의 요구와 의식상태 파악은 정당이 아니라 정치광고회사의 여론조사가 대신해주고 이같은 여론조사에 맞추어 제작되고 포장된 정치적 메시지들을 TV가 직접 유권자들의 안방으로 배달해주기 때문에 정당의 역할과 의미는 쇠퇴하고 있다. 따라서 이제 선거의 승패는 극단적으로 이야기하자면 어느 정당 후보냐가 아니라 얼마나 유능한 정치광고 전문회사를 고용하느냐에 좌우된다 해도 과언이 아니다. 이같은 TV정치의 대두는 일찍이 음흉한 '원숭이상'의 닉슨과 젊고 미남형인 케네디의 대결에서 위력을 발휘하여 최초의 TV대통령으로 일컬어지는 케네디의 승리의 견인차 역할을 한 바 있고, 이미지 메이킹 전문가가 '제조한' 때묻지 않은 '옥수수웃음'의 카터가 포드에 대해 거둔 승리를 가능케 했다.

세번째, 대중매체정치와 관련이 있는 부차적 요인으로서 60년대 민권운동 등 민주화물결에 따라 미국정치에 도입된 '예비선거제도'이다. 종전의 경우 각 당의 후보는 당간부들로 구성된 대의원들이 결정함으로써 당은 후보결정, 나아가 미국정치 전체에 막대한 영향력을 행사할 수 있었다. 그러나 월남전 반전운동이 기승을 부리던 60년대말 민주당 대통령후보지명전에서 반전의 입장을 표명한 맥가번 후보가 일반당원들의 절대다수 지지를 받고 있었으나, 당간부들의 지지를 받고 있던 참전 입장의 험프리가 당간부들에 의한 후보선출방식으로 민주당후보로 당선됨으로써 일대 폭동이 일어났다. 이에 따라 미국정치에는 당후보를 일반당원들이 투표로 선출하는 예비선거제도가 도입되었다. 그리고 이같은 예비선거제 도입은 당간부조직의 영향력을 대폭 약화시킴으로써 정당정치의 쇠퇴의 한 요인으로 작용하게 되었다.

어쨌든 이같은 원인들로 인한 정당정치의 쇠퇴는 과거에는 꿈도 꿀 수 없었던 페로현상이라는 무소속후보의 대권경쟁을 가능케 했다. 특히 페로가 과거의 다른 무소속후보와 달리 독자적인 자금력을 갖춘 억만장자라는 사실은 막대한 선거자금이 소요되는 '자본집약적' 선거체제인 미국선거에서 거대정당들과의 경쟁을 가능케 하는 또다른 요인이라 하겠다.

마지막으로 한국에서의 '정주영현상'과 마찬가지로 기존정치권에 대한 불신이다. 워터게이트사건을 필두로 하여 이란-콘트라 스캔들, 전하원의장의 재정특혜 스캔들, 대통령후보들의 잇따른 섹스 스캔들 등이 잘 보여주듯이 미국의 기존정치권은 최근 들어 국민들로부터 심각한 불신, 특히 도덕적 불신을 받고 있다. 따라서 '워싱턴 인물'이 아닌 정치신인 페로는 이 점에서도 많은 덕을 보고 있다고 할 수 있다.

(6) 무소속대통령은 현실화될 것인가?

그러나 페로 대통령을 이야기하기에는 아직 시기상조이다.

첫째, 문제가 되는 것은 여론추이의 가변성이다. 미국정치의 경험은 여론이 쉽게 변할 수 있고 특히 실제선거가 가까워지면서 이는 원소속정당에 대한 지지로 복귀하는 경향이 있음을, 나아가 실제투표에서는 소속정당 소속감, 사표 우려 등으로 인해 여론조사와 실제투표 간에 차이가 생기는 경향이 있음을 보여주고 있다.

특히 이와 관련하여, 부시는 현역대통령이라는 특권을 이용하여 "내치에 문제가 있을 때는 전쟁 등을 통해 관심을 밖으로 돌리라”는 전래의 낡은, 그러나 효과적인 ‘비방’을 사용할 가능성이 있다. 부시는 이같이 ‘제2의 걸프전’이나 거기까지 나아가지는 않더라도 중요한 국제분쟁을 인위적으로 ‘제조’하여 국민적 분위기와 선거의 지형을 완전히 바꾸어놓을 수 있다. 이런 시나리오로 나아갈 경우 그 대상후보국으로는 그동안 ‘제2의 이라크’로 거명되어온 북한이나 리비아 등이 유력시되는바, 한반도의 긴장강화가 우려된다. 이밖에 페로의 인기는 그가 정치적 신인이라는 데서 연유하는 상대적인 참신함에 크게 기초를 두고 있지만 본격적인 선거전이 시작되고 전국적인 매스컴의 집중 분석대상이 될 경우 그동안 숨겨온 과거나 약점이 노출되어 그 인기가 급하락할 가능성도 배제할 수 없다.

두번째, 투표성향의 문제이다. 현재 페로가 크게 앞서고 있는 각종 여론조사는 전국유권자들을 상대로 한 여론조사이나 모든 유권자들이 다 선거를 하지는 않는다는 점을 주목해야 한다. 즉 미국은 투표율이 극히 낮은 나라이고 정당당원, 특히 골수당원일수록 기권을 하지 않고 투표를 할 확률이 크다는 사실이다. 그러나 페로의 지지기반은 이같은 민주·공화 당원들보다는 비당원 일반유권자에 있다고 볼 수 있는데 바로 이들은 실제투표율이 낮은 ‘기권층’이라는 점이다. 따라서 페로의 승패는 이같은 기성정치 불신 기권층을 얼마나 투표장으로 끌어낼 수 있느냐에 크게 달려 있다 하겠다.

마지막으로 미국 정치제도의 구조적 장애요인들이다. 앞에서 지적했지만 미국 선거제도는 거대 기성정당에 극히 유리하고 신참에게 불리하게 되어 있어 페로가 이같은 장벽을 효과적으로 넘어설 수 있을지는 미지수이다. 특히 설사 페로가 이같은 벽을 넘고 선거인단투표에서 1위를 하더라도 3파전에서 과반수 득표에 실패할 가능성이 매우 높다. 이 경우 미국 선거제도의 또다른 독소조항이 페로를 ‘물먹일’ 가능성이 크다. 이는 어느 후보도 선거인단의 과반수를 획득하지 못한 경우 하원이 대통령을 뽑는다는 규정이다. 사실 이같은 조항으로, 득표에서는 1위를 하고도 하원선거에 의해 대통령이 되지 못한 사례가 역사적으로 존재한다. 따라서 페로가 과반수 확보에 실패할 경우 민주, 공화 양당이 장악하고 있는 하원이 페로를 ‘물먹일’ 가능성이 크다.

(7) 페로현상의 의미

마지막으로 페로현상이 의미하는 것은 무엇일까? 이는 정주영현상과 함께 독점자본의 직접지배시대의 개막을 알리는 것일까?

독점자본의 직접적인 대권도전, 기존정치권에 대한 불신과 구조적 경제위기에서 연유한 경제대통령 갈구 등과 관련된 이들의 인기 등 정주영현상과 페로현상은 현상적 유사성을 갖고 있는 것이 사실이다. 그러나 이같은 유사성에도 불구하고 정주영현상과 페로현상은 그 구조적 맥락을 달리하는 두 개의 별개 현상이다. 정주영현상이 국가주도의 산업화가 배태한 제반 모순과 위기 속에서 진행되고 있는 지배블록의 재편과 독점자본의 총체적 헤게모니화, 독점자본분파간의 상이한 헤게모니 프로젝트간의 갈등 등과 관련이 있다면[1] 페로현상은 위에서 보았듯이 뉴딜연합의 해체, 미국경제력의 쇠퇴, 정당정치의 쇠락 등과 관련된 '기형적' 현상이다.

독점자본이 미국사회 전체에 대해 이미 탄탄하게 확보해놓은 총체적인 헤게모니를 고려할 때 설사 페로 대통령이 현실화되더라도 별로 달라질 것은 없다. 페로 대통령이 사회적 역관계에 구조적 변화를 가져올 수도 없고 중병상태인 미국경제를 회생시키고 '지는 해'를 다시 떠올릴 수도 없다. 왜냐하면 페로는 미국경제를 좌지우지하는 군산복합체를 해체할 의사도 능력도 없으며 미국의 하락은 자본주의 불균등발전법칙과, 일국자본주의와 세계자본주의 간의 모순에서 연유하는 주기적인 헤게모니 이행과 관련된 구조적 문제이지 경제대통령의 명처방으로 치유될 성질의 것이 아니기 때문이다.

미국의 정치사가 앞에서 지적한 미국적 특수성으로 인해 자본에 의한 전일적 지배의 역사였다면 미국경제의 쇠퇴와 세계사적인 새로운 '역사의 순환'의 시작은 자본의 전일적 지배의 사슬을 끊고 민중적 대안을 시작할 좋은 기회이다. 미국의 대안은 경제대통령 페로가 아니라 군산복합체를 해체하고 막대한 자원과 고도의 생산력을 민중의 더 질높은 삶을 위해 재겨냥

---

1) 이에 대해서는 졸고, 「14대 총선 결과와 그 의미」, 『이론』, 창간호, 1992년 여름호(이 책 201~16면) 참조.

할 수 있는 '무지개연합'과 같은 민중적 대안이다. 국제경쟁력의 약화 속에 공장을 폐쇄하고 제3세계의 저임금수탈을 위해 속속 미국을 떠나는 다국적기업 덕분에 일자리를 잃고 '옛날의 황금시절'을 그리워하는 미국의 다수노동자들의 올바른 선택은 페로가 아니라 제3세계 민중과의 연대를 통한 다국적기업과의 국제적 내지 '다국적' 민중투쟁이다. 다국적기업에 대항하는 '다국적 민중운동', 자본의 국제화시대에 대응하는 '민중운동의 국제화'야말로 미국민중과 한국민중, 나아가 전세계민중의 유일한 대안일 뿐이다.

14대 총선거의 결과와 의미

1) 총 론

이제 파티는 끝났다. 총선은 끝났고 냉철한 평가와 반성의 시간이 도래
했다. 14대 총선의 결과는 민자당의 과반수의석 확보 실패, 민주당의 부분
적 약진, 국민당의 원내교섭단체 구성 등 '눈부신' 성공, 민중후보의 원내
진출 실패, 무소속의 대거진출을 그 특징으로 하고 있다. 이는 일부 언론
에서 떠벌리듯이 '제2의 여소야대'와는 거리가 멀다. 왜냐하면 무소속 당선
자의 대부분이 5공인사와 민자당 계보지분 싸움에서 생긴 공천탈락자들이
어서 그들 중 대부분의 민자당 입당은 시간문제(이미 이들 중 일부가 민자
당에 입당, 산술적인 여소야대도 깨진 지 오래이다)이고, 국민당 역시 민
중의 입장에서는 야당과 거리가 먼 민자당과 '초록은 동색'이다. 3당통합
이전의 여소야대의 경우도 공화당과 같이 친여(親與)성 정당이 존재하고
있었지만 이러한 경우는 5공청산이라는 절대적 과제가 존재했기 때문에 공
공연한 야합이 불가능했다는 차이가 있다. (이 점에서 악법개폐라는 제도
적 청산이 없이 청문회와 인적 청산으로 5공청산을 마무리짓기로 합의해준
민주당〔구평민당〕역시 3당통합과 그후의 정치적 반동화에 從犯적 책임이 있

＊『이론』 창간호(1992년 여름호)에 「14대 총선 결과와 그 의미」라는 제목으로 수록
된 논문.

다 하겠다.) 물론 민자당의 입장에서는 이번 총선은 패배이자 '여소야대'이
자 3당통합에 대한 심판의 성격을 갖는다. 그러나 문제는 이번 총선이 민
자당이 아니라 민중에게 어떤 의미를 갖느냐는 것이다. 결국 이번 총선의
본질적 의미는 ① 민주당의 개헌저지선 확보 실패(변형된 형태의 민주-반
민주 구도에서의 패배), ② 민중후보의 원내진출 실패와 이에 대조적인 독
점자본의 정치적 지배의 심화, 즉 국민당의 성공에 따른 '정경유착'으로부
터 '정경일치'로의 도약(보수-진보 구도에서의 패배), ③ '지역감정'과 지역
적 투표행태 극복 실패로 집약될 수 있다(표 1 참조).

〈표 1〉 정당별 시도별 당선자 및 득표율   ( )은 득표율

	민자	민주	국민	신정	민중	무소속
서울	16(34.7)	25(37.2)	2(19.2)	1(2.9)	(1.8)	(4.2)
부산	15(51.8)	(19.4)	(10.2)	(1.3)	(1.9)	1(15.2)
대구	8(46.1)	(12.1)	2(28.8)	(3.2)	(0.9)	1(8.9)
인천	5(34.5)	1(30.8)	(20.6)	(1.5)	(5.3)	1(7.1)
광주	(9.1)	6(76.4)	(3.9)		(1.5)	(9.1)
대전	1(27.6)	2(25.6)	(21.3)	(1.3)	(0.4)	2(23.8)
경기	18(37.3)	8(31.9)	5(19.5)	(1.6)	(1.9)	(7.8)
강원	8(38.8)	(11.7)	4(31.9)	(1.3)	(2.3)	2(14.0)
충북	6(44.6)	1(23.8)	2(21.5)	(2.6)	(0.9)	(6.5)
충남	7(43.4)	1(20.2)	4(16.0)	(3.0)		2(17.4)
전북	2(31.8)	12(55.0)	(4.8)	(0.6)	(0.6)	(7.1)
전남	(25.2)	19(61.0)	(5.0)	(0.7)	(0.1)	(7.4)
경북	14(49.0)	(6.8)	2(17.9)	(0.7)	(1.7)	5(23.9)
경남	16(45.8)	(8.7)	3(20.4)	(1.4)	(0.9)	4(22.4)
제주	(34.1)	(19.9)				3(48.0)
계	116 (38.5)	75 (29.2)	24 (17.3)	1 (1.8)	(1.5)	21 (11.5)

자료: 『한겨레신문』, 1992년 3월 26일자.

2) 국민당의 부상

이번 선거의 압권은 무어라고 해도 재벌신당인 국민당의 놀라운 성공이
다. 그동안 정계진출을 꾸준히 준비해온 정주영 전현대그룹 명예회장이
‘울고 싶은데 뺨 때려준’ 제6공화국의 ‘고마운’ 세금‘탄압’을 계기로 만든 국
민당[1]은 이제 90년대 한국정치의 ‘태풍의 눈’으로 부상했다. 이는 국민들
이 단순히 현대의 ‘자작극’(현대위기설)에 속아 동정표를 던진 덕분인가 아
니면 군부를 대리통치자로 한 독점자본의 간접지배보다는 독점자본의 직접
지배가 그래도 견딜 만하고 나은 선택이라고 판단했기 때문일까?

(1) 원 인

국민당의 성공은 다음과 같은 몇가지 사실에 기인한다고 볼 수 있다. 첫
째, 지역적 투표행태이다. (지역문제는 그나름의 상대적 자율성에도 불구
하고 단순한 지역감정의 문제가 아니라 자본주의의 불균등발전과 관련하여
그 물적 토대를 가지고 있으며 계급문제와 중층적으로 결합되어 있다.) 우
선 주목해야 할 점은 국민당이 서울과 호남 지역을 제외하곤 민주당에 비
해 오히려 지역적으로 골고루 득표를 하고 의석을 차지한 ‘전국적 보수야
당’의 모습을 띠고 있다는 사실이다. 특히 영남의 경우 이러한 강세는 더
욱 뚜렷이 나타나고 있다. 이는 민자당의 과반수의석 확보 실패가 보여주
듯이 이 지역 유권자들 사이에도 반민자당 감정이 광범위하게 퍼져 있음에
도 불구하고 바로 망국적인 지역감정으로 인해 민주당을 찍을 수는 없다는
유권자들의 의식을 반영하고 있고 바로 이같은 유권자들의 표를 끌어모아
성공을 거둔 것이 국민당이라는 것을 보여주고 있다. (물론 이 경우 이 표
가, 특히 이 지역 민중의 표가 민중후보들에게 갈 수도 있었겠지만 그렇지
못하였다. 그 이유는 아래 참조.) 다시 말해 이 지역 유권자들의 경우 민자

---

1) 그 배경과 의미에 대해서는 졸고, 「6공-현대 격돌, 여덟 가지 가설: 국가론의 시
   각에서」, 『사회평론』, 1992년 3월호(이 책 159~74면) 참조.

당이 싫지만 민주당은 더 싫다는 일종의 '반민주, 비민자' 노선이 상당수를 차지하고 있었고 이 세력이 국민당의 지지기반이 되었다고 볼 수 있다. 지역문제로부터 '상대적으로' 자유로운 서울에서도 지역문제, 특히 계급문제와 중층적으로 결합된 지역문제를 보여주고 있다. 서울의 경우 비서울 지역 정도는 아니지만 출신지역과(이와 밀접히 연관이 있고 중층적으로 결합되어 있는) '계급지위'가 투표행태에 중요한 영향을 끼치고 있다. 서울주민에서 호남출신이 상대적으로 '서민' 내지 기층민중으로 과대대표되고 있다고 볼 수 있다. 또 이같이 호남출신이 과대대표되고 있는 기층민중이 집중적으로 거주하고 있는 강북 등에서 민주당이 의석 확보에 성공한 반면, 중산층 이상이 집중되어 있는 강남의 핵심부에서는 이완된 형태의 호남-비호남 구도와 위에서 지적한 '반민주, 비민자' 노선이 기조를 이룸으로써 열세를 면치 못했다. 이를 극적으로 보여주는 것은 김동길과 함께 서울에서 유일하게 국민당 당선자를 낸 송파 갑이다. 송파 갑의 경우 민주당후보가 개표 초반부터 줄곧 '당선유력'으로 앞서가다가 마지막에 역전되었는바, 이는 세칭 주공의 '서민아파트'가 몰려 있는 잠실지역에서는 민주당후보가 줄곧 앞서갔으나 고급아파트촌인 올림픽아파트촌에서 국민당에 몰표가 나왔기 때문이다. 국민당의 성공과는 직접적인 관련이 없으나 서울지역의 이같은 투표행태는 '서민'주거지역과 '중산층 이상'의 주거지역의 혼합선거구인 영등포 을의 경우 전자에서는 민주당이, 후자(여의도)에서는 민자당이 압도적 우세를 보였다는 점, '서민'집중 선거구의 경우도 민주당후보자가 평민련 활동 등과 관련, 당지도부와 알력이 있는 것으로 알려져 '호남표' 중 상당부분이 이탈한 지역에서는 민주당후보자가 낙선했다는 사실 등이 잘 예증해주고 있다.

두번째로 들 수 있는 것은 기존정치권에 대한 불신이다. 6공이 과거의 정권과 달리 가장 성공을 거둘 수 있었던 것 중의 하나는 수서비리 등이 보여주듯이 보수언론의 막강한 지원사격을 업고 보수야당을 도덕적으로 자신들과 같은 수준으로 격하시킬 수 있었다는 것, 아니 좀더 정확히 말해 그 허상을 벗겨 실체를 폭로할 수 있었다는 점이다. (뿐만 아니라 이 정도 수준까지는 못 미치지만 6공과 보수언론은 밀가루정국과 유서대필사건의 언론조작을 통해 민중민주운동진영의 도덕성에 대한 국민들의 인식에도 타

격을 주는 데 상대적으로 성공했다.) 민주당은 '자유경쟁'의 특성 때문에
자격을 갖춘 후보를 내야 하는 서울(이런 이유로 민주연합파의 수혈을 받
은 서울의 경우 이들 재야출신 후보들이 정치불신을 중화시키는 데 성공함
으로써 대거 진출하였다)이나 출마자 조달 자체가 어려운 영남지역을 제외
한 타지역, 특히 '독점권'을 행사하고 있는 호남지역의 경우 민자당 전국구
의원으로 교육법 개악의 주역을 담당한 뒤 지역 특성을 감안, 민주화운동
에 헌신키로 변절(?), 민주당에 입당한 김인곤 의원을 민주화교수협의회
의 경고에도 불구하고 공천하는 등 스스로 '표잃기'에 진력함으로써 정치불
신의 가속화를 자초하였다. 이같은 정치불신의 사각지대는 결국 국민당이
라는 그릇된 대안을 "그래도 민자, 민주보다 못할 수가 있을까?" 하는 심
정에서 선택하도록 만들었다고 볼 수 있다.

  셋째, 현행 선거법 등 제도적 특성이다. 현행 선거법은 선거기간을 불과
20일로 정해놓고 호별 방문도 금지하는 등 선거운동을 극히 제한하고 있으
며 '몸으로 때우는' 노동집약적 선거운동에 극히 불리하고 내용보다는 광고
와 선거전문가에 의한 이미지 메이킹이 좌우하는 자본집약적 선거운동에
유리하도록 되어 있다. 따라서 국민당은 그 유명한(아파트 반값분양) 정책
광고 시리즈와 선거를 앞두고 갑자기 늘어난 현대그룹의 이미지 광고, 헬
기를 동원한 기동전, 전국적인 현대 조직망과 사원, 연고지를 완전가동한
그룹 차원의 선거운동 등 자본의 힘을 한껏 발휘하여 선거를 유리하게 끌
고 갈 수 있었다.

  넷째, 6공 들어, 특히 소련 몰락 이후 나타나고 있는 중산층의 보수화와
이에 따른 재벌에 대한 거부감의 감소이다. 6월항쟁 당시 민주화투쟁에 동
참한 바 있는 중산층은 단지 외면만을 보고 군부독재가 종식된 것으로 간
주하고, 다른 한편 노동자대투쟁 등 기층민중의 요구가 분출되면서 그 계
급적 한계로 인해 보수화되기 시작했다. 또 보수언론을 앞세운 지배블록의
이데올로기적 공세가 민중진영의 그것을 압도함으로써 중산층의 양면성 중
보수성이 주된 기조를 이루도록 지배블록에 견인당해왔으며 특히 현실사회
주의의 몰락은 이를 가속화하였다. 따라서 이같은 중산층의 입장에서는 군
부세력에 비해 국민당의 지배가 자신들에게 경제적으로 손해볼 것이 없고
국민당이 군부보다는 억압적이지 않을 것이라는, 따라서 정치적으로도 '얼

을 것만이 있다'는 판단에서 국민당이 '합리적인 선택'으로 다가왔다고 볼 수 있다. 특히 이같은 인식의 이면에 그동안 한국정치에 나타난 억압성의 원인이 단순히 군부통치에 있는 것이지 독점자본의 종속적 축적과는 별 관계가 없다는 극히 현상적인 파악이 내재해 있다는 점을 주목할 필요가 있다(아래 참조). 게다가 현대-6공 갈등과 6공에 의한 '현대탄압'은 이같은 국민당에 대한 상대적인 '민주성'의 기대를 증폭시키는 데 일조를 했다. 선거 이후에도 군부재자 선거부정 등과 관련하여 민주당은 대선을 앞두고 군부의 심기를 불편하게 않는 것이 낫겠다는 판단에서 장외투쟁을 자제키로 한 것과는 대조적으로 국민당은 정주영 대표가 직접 가두서명작업을 벌이는 등 대국민 공세를 통해 민주당보다 강성 선명야당의 이미지 구축에 노력하였던 점을 주목할 필요가 있다.

마지막으로 '아파트 반값분양'과 같은 황당무계하지만 국민들의 가려운 데를 긁어주는 '담화구성'을 통한 이들의 헤게모니 프로젝트의 효율성과 이와 대조적인 민중진영의 무능력이 국민당 성공의 한 원인이라 할 수 있다. 아파트 반값분양의 경우 물론 토지개발공사의 아파트부지의 헐값공급 등을 통해 현실적으로 가능할지도 모르나, 과거 정부의 아파트부지의 '시가'(時價)공급에 의해 생겨난 이익이 독점자원 지원 내지 이를 위한 체제유지비 등으로 사용된 점을 감안할 때, 비록 용지 헐값공급에 의해 반값에 아파트를 공급받더라도 독점자본 지원 내지 체제유지를 위한 비용부담 재원을 국민들이 다른 형태로 부담해야 하므로 '한쪽으로 이익보고 다른 한쪽으로 손해보는', 따라서 실질적으로는 득이 되지 않는 조치라는 점을 첨언하고자 한다.

(2) 의 미

국민당의 등장에 대한 이해는 현대-6공 갈등의 내용에 대한 이해와 밀접한 관련을 맺고 있다. 여기에서 거듭 명백히해야 하는 것은 이 갈등과 국민당의 등장이 국가(더이상 친재벌적이 아니게 된)와 자본(더이상 친군부통치세력이 아니게 된) 간의 갈등이 아니면 인적 통치집단 대 개별자본, 자본분파 대 자본분파, 총자본 대 자본분파 등 다양한 수준에서의 '집안싸움'에 불과하다는 사실이다.[2] 또한 이것이 지배블록 내에서의 낮은 추상성의, 구체적 행위자의 수준에서의 인적 통치집단 내지 정부와 재벌 간의 역관계의 변화를 반영하는 것이지, 한국자본주의의 발달에 따른 높은 수준과 본질적 의미에서의 국가 대 자본 간의 역관계의 변화를 의미하는 것이 아니라는 점이다.[3] 또 이는 과거 군부의 지배로부터 정상적인 의미의 자본의 지배로의 이행을 의미하는 것이 아니라(이 경우 과거 한국의 국가권력의 주체는 독점자본이 아니라 군부 등 국가 그 자체였다는 그릇된 인식에 기초를 두고 있다) 군부 등을 내세운 자본의 간접지배로부터 자본의 직접지배로의 변화를 의미할 따름이다.

이와 관련하여 짚고 넘어가야 하는 핵심적 쟁점은 국민당의 등장이 일부에서 지적하듯이 '군부파시즘'으로부터 부르조아 민주주의로의 이행을 의미하느냐는 문제이다. 이를 부르조아 민주주의로의 이행 증후군으로 이해하는 데에는 몇가지 잘못된 전제가 내재해 있다고 볼 수 있다. 우선 이는 부르조아 민주주의는 직접 통치를 담당하는 인적 집단의 계급적 구성(자본가냐 아니냐)에 의해 결정되는 것이 아니라, 자본의 지배와 헤게모니가 민주적 방식에 의해 관철되는 정치체제냐 아니냐에 의해 판단되어야 한다는 점을 망각하고 있다. 사실 부르조아 민주주의 국가치고 독점자본이 스스로 정당을 만들어 직접 통치를 하고 있거나 이를 시도하고 있는 나라는 없다. 더 본질적으로는 이같은 이해는 군부 등 현 지배집단은 '반동적 부르조아지'이고, 독점자본 일반 내지 그 특정 분파(현대 등)는 '자유주의적 부르조아지'라는 가설에 바탕을 두고 있다. 한 발자국 더 나아가면 그간의 한국 정치의 억압성은 (종속적) 자본축적과 독점자본의 지배와 관련이 있는 것이 아니라 단순히 군부통치에 연유한 것이라는 가설을 전제로 하고 있다. 물론 이것이 한국국가의 부르조아 민주주의로의 이행 가능성을 본원적으로 부정하고자 하는 주장은 아니다. 다만 설사 부르조아 민주주의로의 이행이 가능하더라도 이를 국민당의 대두식으로 자본가의 대리통치세력을 거치지 않은 직접지배로의 이행과 연관시켜 이해하려는 것은 잘못된 인식이라는 것이다. 즉 부르조아 민주주의로의 이행 여부는 위에서 지적했듯이 국가운

---

2) 같은 글 참조.
3) 같은 글 참조.

영자의 계급적 구성의 변화 여부가 아니라 자본이 그 지배를 관철하는 방식이 '민주적' 방식(현대의 노동운동에 대한 '식칼테러'식이 아니라)으로 변화했는지 여부에 의해 판단되어야 한다.

오히려 주목해야 하는 것은 지배블록 내의 구체적 행위자 수준에서의 세력개편과 급변하는 국내외적 정세와 한국자본주의의 발전과 관련된 상이한 헤게모니 프로젝트의 대립의 가능성이다. 내각제를 통한 보수대연합은 일단 이번 총선결과로 단기간 내에는 어려워진 실정이나 대선의 결과에 따라 다시 살아날 가능성은 아직도 매우 크다. 이같은 지배블록 내의 세력개편과 지배블록 내에서 구체적 행위자 수준에서의 독점자본의 직접적 통제하의 헤게모니 관철 여부는 대선결과에 크게 영향을 받겠지만, 장기적으로는 군의 '탈정치화'와 완결된 형태의 서구형 군산복합체제하에서의 군의 새로운 위상과 독점자본의 축적과정 속으로의 실질적 포섭화 여부에 달려 있다고 볼 수 있다.[4] 또 후자는 한국자본주의의 향후 발전전망과 이러한 발전을 기초로 군을 병영에 묶어둘 수 있도록 민중부분을 체제내에 포섭할 수 있는 한국독점자본의 물적 토대와 헤게모니의 획득능력에 달려 있다고 볼 수 있다. 어쨌든 특별한 돌연변수가 등장하지 않는 한 지배블록의 세력개편 방향에 대한 캐스팅보트를 국민당이 쥐게 된 것이 한국정치의 현실이다. 이제 우리의 경제뿐만 아니라 정치의 운명까지도 독점자본이 '간접'이 아니라 '직접' 좌지우지하게 된 것이 14대 총선이 낳은 비극적 결과이다. 이 점에서 국민당의 성공은 한국 노동자계급, 나아가 민중운동 전체의 위기에 다름아니다. 그 점에서 "폭력은 눈에 보인다. 생채기를 남긴다. 그러나 돈의 거래는 눈에 보이지 않는다. 생채기도 남지 않는다. … 때문에 금력은 폭력보다 무서운 것이다"라는 한 언론인의 경고[5]에 귀를 기울일 필요

---

4) 이에 대한 한층 구체적인 분석은 김진균, 「총선거와 민주화 전망」, 민교협 제2회 시민토론회 발표논문, 1992년 4월 11일, 12면 참조. 이는 지금까지의 '병력집약적' 방위체제로부터 최첨단 군수산업과 연관된 기술집약적, 자본집약적 방위체제로의 변화를 의미한다. 이와 관련하여 최근 들어 국방부가 '전방위 국방' 개념을 제시한 바 있다는 사실, 전경련이 병력집약적 방위에서 장비집약적 방위로의 전환을 통한 군의 소수정예화와 군병력 감축을 요구하고 나섰다는 사실이 시사하는 바가 크다. 『한겨레신문』, 1992년 5월 13일자 참조.

5) 김중배, 「재벌당의 위기놀음」, 『사회평론』, 1992년 4월호, 36면.

가 있다.

3) 민중후보의 실패

국민당 도박의 성공과는 대조적으로 민중후보는 이번 선거에서 참패함으
로써 민중진영의 독자적 정치세력화에 커다란 시련을 안겨주고 있다. 민중
당은 원내진출 실패와 함께 정당유지에 필요한 최소득표율 획득의 실패로
당 해체의 수모를 감내해야 했고, 민중당 주류가 당 건설을 당분간 포기하
고 재야운동에 복귀하기로 결정한 가운데 한국노동자당 계열, 민중회의,
민정추 등이 대선을 대비한 새로운 형태의 진보정당 건설 내지 민중후보선
거대책본부 구성 등을 모색하고 있는 실정이다. 따라서 이처럼 실패하게
된 원인에 대한 냉혹한 평가와 자기반성이 필요하다. 이를 위해서는 민중
후보의 득표현황에 대한 한층 구체적인 파악이 선행되어야 한다(표 2, 3, 4
참조).

다음 표들이 보여주듯이 민중후보는 이번 총선에서 민중당 51명, 전국연
합 6명, 민중회의 3명, 민정추 6명, 개인 노동자후보 4명(노총 독자후보
제외) 등 모두 70명의 후보가 출마하여 민중당이 출마선거구에서 평균 6.
25%, 비출마선거구를 포함한 전국선거구에서 1.5%(31만 9108표)를 득표하
는 등 출마선거구 평균 6.84%, 전국득표율 2.15%인 44만 8236표를 획득했
다. 이는 민중후보의 지지세력이 있는 지역의 경우도 민중후보의 불출마로
이같은 세력이 표로 환원되지 못했다는 점에서 그 지지기반이 전국득표율
인 2.15%보다는 높으나 민중후보들이 상대적으로 민중운동의 지지기반이
강한 지역에서 주로 출마했으며 현재의 자금동원력, 조직력 등이 민중후보
들이 전국적으로 다 출마했을 경우 분산되었을 것이라는 점에서 출마선거
구 평균득표율인 6.84%보다는 낮다는 의미로 대강 해석할 수 있다. (물론
이때 민중후보들의 선거전략, 강령 들이 같았다는 전제하에서의 평가이
다.) 따라서 이중 한 숫자만을 강조하는 것은 객관적 평가를 그르칠 우려
가 있다.

(1) 원 인

그러면 왜 민중후보는 이번 총선에서 실패하였는가 ?

우선 들 수 있는 것은 한국정치의 구조적 특성으로서의 뿌리깊은 ‘보수의 벽’이다. 한국전쟁 이후 사상 유례없이 협소해진 이데올로기 지형 속에서 반공교육이 낳은 진보세력에 대한 거부 의식, 80년대 민중운동의 성장과 함께 이같은 이데올로기적 동맥경화증으로부터 어려운 탈피과정을 겪어오던 상황 속에서 맞게 된 현실사회주의 실험의 실패와 이를 이용한 보수언론의 이념공세로 초래된 국민의식의 재보수화 경향, 이를 돌파할 수 있

〈표 2〉 시도별·정당별 민중후보 득표율

구분	민자당		민주당		국민당		민중후보(출마지역구만)		
	의석수	득표율	의석수	득표율	의석수	득표율	출마자수	득표율	총득표수
서울 44	16	34.8	25	37.2	2	19.1	12	7.87	112,146
부산 16	15	51.8	0	19.2	0	10.2	6	10.19	73,075
대구 11	8	46.9	0	11.8	2	28.6	5	5.45	28,464
인천 7	5	34.3	1	30.4	0	20.4	5	7.20	47,156
광주 6	0	9.1	6	76.4	0	3.9	6	2.25	11,542
대전 5	1	27.6	2	25.5	0	21.3	1	2.68	2,111
경기 31	18	37.1	8	31.8	5	19.6	13	4.76	65,708
강원 14	8	38.8	0	11.7	4	31.9	4	7.40	18,330
충북 9	6	44.6	1	23.8	2	21.5	1	5.09	5,871
충남 14	7	43.4	1	20.2	4	16.0	1	1.46	1,216
전북 14	2	31.8	12	55.0	0	4.8	4	2.54	10,418
전남 19	0	25.2	19	61.6	0	5.0	1	1.75	1,182
경북 21	14	49.0	0	6.8	2	17.7	7	9.46	51,234
경남 23	16	45.6	0	8.7	3	20.4	4	6.35	19,783
제주 3	0	34.1	0	19.9	0	0.0	0	0.00	0
총계237	116	38.5	75	29.2	24	17.4	70	6.34	448,236

자료: 「민중회의 소식」, 제11호에서 재수록.

는 민중진영의 능력 부재(표 2 참조)이다.

둘째, 지난 대선 이후 급속히 제도화된 한국정치의 구조적 특성으로서의 계급적 담화를 능가하는 '지역갈등'의 담화의 규정성과 이에 따른 지역적 투표행태이다(표 2 참조). 이러한 지역적 투표행태를 타파하지 못한다면 앞으로도 진보정당은 심각한 어려움에 봉착할 것으로 보인다.

셋째, 제도적 문제점이다. 현행 선거법은 앞에서 지적했듯이 극히 제한적이고 자본집약적 선거운동에 유리하게 되어 있어 민중진영에 극히 불리하게 작용하였다. 참고로 예를 들면, "살농정책을 펴는 민자당을 찍지 마라"는 가장 기본적인 정치적 표현의 자유마저도 금지하는 위헌적 선거법으로 인해 일부지역(호남)의 경우 선거사범의 절반 이상이 학생과 농민이 되어버린 촌극이 벌어졌다. (이와 관련해 현행 선거법 제정과 동시에 위헌소송 등을 통해 선거법 자체의 문제점을 지적하고 개정을 위한 적극적인 투쟁을 벌이지 않은 것도 민중진영의 심각한 전술적 오류였다.) 더 본질적으로는 재벌의 경우 합법적, 음성적 정치자금 기부가 허용되고 국민당과 같은 사기업의 인력, 자금, 조직을 동원한 직접적인 정치활동까지도 허용하면서, 노동조합의 경우 정치활동, 정치자금 기부를 금지하는, 더 나아가면 전경련, 대한상의 등 자본간의 '총자본적 결합'은 허용·장려하면서 노동자계급의 연대와 통일성 확보에 핵심적인 산별노조는 금지하는 현행 노동조합법 등 즉 최소한의 형식적 평등과 형식적 자유마저도 위반한 비민주적인 악법들이 민중후보 실패의 또다른 구조적 요인이다. 특히 민중당의 경우

〈표 3〉 **민중후보 득표율 현황**(민중후보 출마 65개 선거구 통계)

	유효투표수	총득표수	평균득표율	전국득표율
민중당(51명)	5,108,496	319,038	6.25	1.5
전국연합(6명)	554,813	59,774	10.77	
민중회의(3명)	319,171	16,087	5.04	
민정추(6명)	671,371	20,619	3.07	
노동자후보(4명)	338,055	29,123	8.61	
민중후보 누계	6,551,665	448,236	6.84	2.15

자료: 「민중회의 소식」, 제11호에서 재수록.

<표 4> 민중후보 중복지역 득표현황

선 거 지역구	출 마 후보자	유 효 투표수	민 중 득표수	민 중 득표율
대구 북구	민중당 후보	128,379	4,457	3.47
	민정추 후보	128,379	6,333	4.93
광주 광산구	민중당 후보	76,825	1,416	1.84
	민정추 후보	76,825	1,043	1.36
서울 구로 병	민중당 후보	114,534	3,367	2.94
	'노동자계급'후보	114,534	3,685	3.22
경기 안산 옹진	민중당 후보	137,407	4,859	3.54
	노운협 후보	137,407	6,179	4.50
경북 안동시	민중당 후보	58,264	1,461	2.51
	전국연합 후보	58,264	2,723	4.67

자료: 「민중회의 소식」, 제11호에서 재작성.

민중과 결합된 이같은 비민주적 제도 철폐투쟁을 통해 민중의 힘을 기초로 자력에 의해서가 아니라 청와대 회담과 정치자금 제공 등 위로부터의 '시혜'(회담 결과 '민주주의는 게임'이라는 부르조아 정치이론의 당연명제를 뒤늦게 터득해 만천하에 공포했다. 부르조아 정치학 교과서 첫장만 읽어도 알 수 있는 이러한 초보적 진리를 '각'(覺)하기 위해 그 긴 세월을 형극의 반독재 민주변혁투쟁에 헌신했던가!)에 의해 제도정치권에 진입하려 한 안이한 발상이 실패로 끝난 것은 어쩌면 당연한 귀결이다. 또 민중진영의 '적전 분열', 특히 3%조항(전국득표율이 3%를 넘을 경우 전국구의석 획득이 가능하다는)의 '함정'에 빠져 민중진영의 후보 조정작업을 마다하고 일방적으로 후보를 출마시켜 민중후보간의 중복출마사태를 초래한 민중당의 '패권주의'도 선거법의 구조적 요인과 관련하여 짚고 넘어가야 할 문제이다.[6] 사실 사후약방문 같은 이야기지만 민중후보의 득표율이 2.15%라는 점에서 민중진영이 단합했을 경우 당 해산사태를 피할 수 있었고 단결의 부

---

6) 참고로 민중후보가 중복출마한 5개 선거구 중 4개 선거구에서 민중당후보가 비민중당후보보다 높은 득표를 하지 못했다.

대효과까지 고려하면 3% 이상의 득표에 의해 원내진출까지 바라볼 수도 있었다.

넷째, 민중당의 전략·전술적 오류이다. 이를 과학적으로 평가하기 위해서는 원내진출의 실패가 반드시 총선의 실패가 아니라는 점을 명확히할 필요가 있다. 즉 민중진영의 독자적 정치세력화와 독자적 총선 참여는 제도정치권에의 진출과 합법적 공간에서의 선전활동과 상호연관되어 있지만, 상대적으로 분리된 목표를 가지고 있고 이중 어디에 무게중심이 실리느냐는 장기적 프로젝트의 구체적 내용과 시간표에 달려 있다. 따라서 민중진영이 비록 원내진출에 실패했더라도 후자에 성공을 거두었다면 이는 선거 참여의 실패라고 결코 볼 수 없다. 그러나 민중당은 이 모두에서 실패했다. 그 단적인 예로 80년대 노동운동의 핵심이론가이자 민중당 내의 좌파인 한국노동자당 계열로 광주에서 출마한 한 후보의 경우 지역적 투표행태에 입각한 주민들의 의식을 '계몽'하고 변화시키려고 하기보다는 이에 '야합'하려다가 위의 양자에서 모두 실패했다. 즉 민중당의 강령과 정책을 선전하고 보수야당의 정체를 폭로하기보다는 김대중 민주당총재를 "근현대사 1세기에 하나 나올까말까 한 위대한 정치가"로서 존경하나 그가 80세가 되는 2002년, 즉 '김대중 이후'를 위해 저금하는 기분으로 자신을 밀어줄 것을 호소했다. 그렇다면 민주당에 입당, 2002년을 기다릴 것이지 민중의 독자적 정당이 왜 필요한가라는 의문을 유권자들은 상식적으로 가질 것이므로 본말이 전도되어도 한참 전도된 선거에 대한 접근태도였다. 그 결과는 독자적 민중후보의 필요성을 정공법으로 설파한 광주의 인근 선거구의 민중회의후보의 과반수 득표에도 못 미치는 1200여 표의 득표였다.

이를 더 잘 분석해볼 수 있는 사례들은 민중후보들이 복수출마한 중복출마 선거구이다. 민중당후보들은 대중의 지지를 좀더 광범위하게 얻기 위해 급진 이미지를 불식하려는 데 급급해하고 보수야당과 별 차별성이 보이지 않는 선거운동을 벌였지만 그 결과는 이들 5개 중복선거구 중 4개 선거구에서 민중당 원칙에 좀더 충실했던 다른 민중후보들보다 적은 표를 얻어 득표 면에서도 오히려 실패하고 말았다. 문제는 '급진성'이라기보다는 '관념성'이다. '급진성'으로 따지자면 아파트 반값분양을 내세운 국민당이 오히려 '급진적'이지 않았던가.

이와 관련하여 짚고 넘어가야 할 또하나의 문제는 민중당이 그간 대중의 신뢰를 획득하고 이들과 결합하는 데 실패했으며 이는 그간의 민중당이 취해온 행적과 밀접한 관련이 있다는 사실이다. 즉 '민중당이 무엇이다'라는 '긍정적 정체성'(positive identity)을 심어주고 이를 통해 대중과 결합하는 데 실패했다는 것이다. 이는 민중당이 '민중당은 무엇이다'라는 긍정적 정체성을 부여하는, 즉 고통스럽고도 많은 노력이 필요하며 그에 비해 가시적 효과는 별로 나타나지 않는 작업에 힘을 쏟기보다는 '민중당은 무엇이 아니다'라는 '부정적 정체성'(negative identity)의 형성이라는 안이하고 손쉬운 접근법을 통해 대중과 접근하려 한 결과이다. 구체적인 예로 민중당의 명실상부한 이론가란 사람이 민중당의 긍정적 프로그램의 개발과 선전보다는 민중당이 이것(맑스주의)이 아니다라는 공공연한 맑스주의의 비판에 전력하고(덕분에 부르조아 언론의 대서특필을 받으며) 그 반대급부 내지 반사효과로 대중에 뿌리내리려 해왔다. 이같은 노력은 자신의 '순수한' 주관적 의도와는 달리 맑스주의와 민중당의 민중주체민주주의의 차별성을 대중에게 인식시켜 대중적 지지를 획득하는 효과보다는 '이이제이'(以夷制夷)의 한국판 '신매카시'역의 수행, 이에 따른 대중들의 진보혐오증의 증폭과 보수화를 통한 '자기무덤 파기'를 초래했다고 볼 수 있다. 마지막으로 이 모든 것은 창당 당시부터 민중당에 내재해 있던 위의 두 가지 목표, 즉 제도정치권 진입과 합법공간을 이용한 민중당 프로젝트의 선전 간의 무게중심에 대한 내부의 이견과 긴장이 시간이 흐르면서 일방적으로 전자를 강조하는 쪽으로 흐르고 암암리에 무엇을 위한 민중당의 독자적 정치세력화인가 하는 문제의식이 제도정치권 진출 그 자체의 지상목표화 속에 매몰되어 목적과 수단이 본말 전도되어버린 조급증의 비극적 결과라고 할 수 있다.

(2) 의 미

민중후보의 참담한 패배에도 불구하고 민중진영의 독자적 정치세력화는 포기할 수 없는 지상명제이다. 무수한 패배와 장구한 시행착오를 통해 발전해온 서구 등 다른 나라들의 경험을 비추어봐도 그러하다. 다만 문제는 이번 패배를 통해 무엇을 배울 것이냐는 것이다.

　무엇보다도 먼저 무엇을 위한 독자적 정치세력화인가를 다시 한번 명확히할 필요가 있다. 그리고 보수의 벽을 돌파하고 민중과 대중의 신뢰를 얻고 이들과 결합할 수 있는 설득력있는 정치적 프로젝트와 담화의 개발이 시급하다. 특히 지역적 투표행태에 대한 당위론적 비판을 넘어서 이것이 계속 재생산되는 악순환의 매개고리를 끊고 계급적 담화의 우위성을 확보할 수 있는 지역갈등의 재생산 메커니즘에 대한 과학적 이론화와 그 처방 그리고 담화의 개발이 시급히 요청되고 있다.

　위에서 지적한 악법개폐(산별노조, 노동쟁의 3자개입, 노동조합의 정치참여 금지 등의 노동법, 선거법 등)를 위한 대중투쟁과의 결합과 이를 기초로 한 밑으로부터의 힘을 바탕으로 정치권으로의 진출을 모색해야 한다. 특히 이와 관련하여 노동자계급이나 전체민중은 말할 것도 없고 진보적 운동단체의 연합체인 전국연합 소속 회원수의 5분의 1 미만의 표를 민중후보들이 득표했다는 점을 주목할 필요가 있다. 이는 민중후보가 일반대중이 아니라 민중의 선진적 분자들의 결사체인 이 소속 회원들의 표만 모은다 해도 현재보다 5배의 득표가 가능하다는 이야기이고, 그렇다면 우리의 진보정당운동은 멀리 나가 일반대중을 설득하는 단계가 아니라 이들 회원들을 설득하는 단계일지도 모른다는 이야기이다. 따라서 민중진영의 독자적 정치세력화는 상층부의 정당 결성만큼이나 이같은 선진인자들을 정치적으로 결합시켜 하나의 투표블록 내지 통일된 정치세력으로 성장시키는 것이 시급히 필요하다. 따라서 이들 기층조직의 결정이 회원 모두에게 실질적인 지도력과 구속력을 가질 수 있는 조직의 내실과 결합도의 심화가 필요하다.

　이와 관련하여 조급증과, 기층민중의 대중운동과 결합하지 않고 상층부 위주의 가분수형 정당운동으로 문제를 해결하려는 주의주의적이고 엘리뜨주의적인 '고급정치(high politics) 지상주의'를 경계해야 한다. 이와 관련하여 우려되는 것은 민중의 독자적 정치세력화가 기층민중의 대중운동의 성숙과 외화의 결과로 이루어져 정당형태의 고급정치운동과 대중운동이 상호 강화효과를 창출하며 변증법적으로 발전하는 것이 아니라, 기층운동역량이 고급정치운동으로 빠져나감으로써 기층운동이 조합주의의 헤게모니에 포섭되고 그 역량이 약화되어 고급정치운동의 기반이 붕괴되는 제로섬적 상황

의 출현이다. 이같은 증후군이 일각에서 나타나고 있는 것은 심각히 우려
할 만한 사항이다. 즉 일부 지역의 경우 총선에서의 독자후보 출마와 관련
하여 역량이 그곳에 집중되고 내적 분열을 겪는 가운데 임투준비마저 하지
못하고 어렵게 지켜온 민주노조가 독점자본과 공권력의 집중포화 속에 붕
괴하여 진지 자체를 잃어버리는 사태까지 발생하고 있다. 역사에 비약이나
지름길은 없다.

이 점에서 민중진영의 독자적 정치세력화는 '긴 호흡, 강한 걸음으로' 차
분하게 다시 시작되어야 한다.

14대 대통령선거와 민중운동: 평가와 전망

1. 14대 대선은 우리에게 무엇인가?

정권교체의 가능성이 그 어느 때보다도 높은 것으로 기대됐던 14대 대통령선거는 패배로, 그것도 예상 밖의 엄청난 표차의 참담한 패배로 막을 내렸다. 그 결과 김대중 전민주당대표는 정계를 떠났고 일각에서는 진정한 문민정권으로, 또다른 일각에서는 '6공 2기'정권으로[1] 불리는 김영삼정권이 '기대'와 '우려'의 교차 속에 출범하였다. 또 대선 결과, 90년대 한국정치에 파란을 몰고 왔던 '국민당 실험'은 일장춘몽으로 끝났다. 특히 이번 대선에서 민주당과 '민주대개혁과 민주정부수립을 위한 정치연합'을 실시하였던 '전국연합민주주의민족통일'(이하 전국연합)과 이같은 '주류'에 대항하여 독자적 민중후보를 내세웠던 민중민주운동(이하 민민운동)진영의 '소수파'는 모두 깊은 패배의 충격에 빠져 있다. 그러나 패배는 패배이고 역사를 되돌릴 수는 없다. 다만 문제는 민민운동이 이번 패배를 통해서 무엇을 배울 것이냐는 것이다.

이 글은 이같은 문제의식에서 14대 대선의 특징과 의미를 살펴보고 이번 대선에 대한 민민운동의 대응을 비판적으로 평가해본 뒤 향후 정치의 전망

---

* 『이론』 제4호(1993년 봄호)에 「14대 대통령선거와 민중민주운동: 평가와 전망」이라는 제목으로 수록된 논문.

과 민민운동의 장래를 진단해보는 데 그 목적이 있다.

2. 14대 대선의 의미와 특징

이번 대선을 일각에서는 본격적인 문민정치의 시대를 연 선거로, 민민운
동진영에서는 주로 야권분열이라는 과거와 달리 여권분열로 정권교체의 가
능성이 역사상 가장 컸으나 망국적 지역감정으로 정권교체에 실패한 선거
로 파악하고 있다.

그러나 이같은 관찰은 14대 대선의 한층 근본적인 특징과 의미를 은폐하
고 있다. 이번 대선은 무엇보다도 한국정치에서 최초로 민주 대 반민주의
대결구도가 사라져버린 선거라는 데 그 특징과 의미가 있다. 여기에서 중
요성은 단순히 그동안 한국정치를 지배해온 민주-반민주의 대립구도의 소
멸 그 자체에 있는 것이 아니라, 수적으로 5공을 능가하는 양심수의 양산,
사상의 자유 및 노동운동을 탄압하는 각종 반민주악법의 존재 등 민주 대
반민주의 대립구도가 현실 속에서 계속 살아 있음에도 불구하고 정치의 쟁
점 속에서는 사라져버렸다는 '기이성', 즉 정치현실과 정치구도 간의 불일
치에 있다.

이는 불가피하게 6공의 국가성격을 쟁점으로 떠올릴 수밖에 없다.[2] 그러
나 이에 대한 거창한 논쟁까지 나아가지 않더라도 6공의 '민주화'는 형식적
민주주의와 자유민주주의라는 제한적 기준에서 판단해도 '제한적 민주화'
(제한적 제한적 민주화)에 불과하다는 점에서 민주-반민주의 문제는 아직
도 유효하다.

그렇다면 왜 이같은 현실과는 대조적으로 민주-반민주의 구도는 이번 선

---

1) 임영일, 「대선 이후의 민주화운동」, 민교협 제6차 정책토론회 발표논문, 1993년
   1월 12일, 33면.
2) 이에 대한 요약으로는 졸고, 「한국국가론 연구현황」, 『한국사회 이해를 위한 길
   잡이』, 『사회평론』 1992년 1월호 부록(이 책 37~44면); 졸고, 「국가론의 최근 연
   구동향」, 『대학신문』, 1992년 5월 18일자.

거에서 소멸해버렸느냐는 의문이 제기된다. 이는 ① 6공의 효과와 ② 이와 밀접히 관련된 민주당과 전국연합의 선거전략의 결과이다. 6공의 정책을 한마디로 요약하자면 '선별적 억압'(selective repression)이라 할 수 있다. 다시 말해 과거의 '전면적 억압'과는 달리 중간계층에 대해서는 개량화와 (형식적) 민주주의를 제공해주는 반면 기층민중, 특히 전투적 기층민중에 대해서는 억압성의 유지, 강화, 세련화로 대응하는 이중전략이라 할 수 있다. 이 결과 중간계층에게는 6공의 민주화는 허상이 아니고 '실질적'인 것 (실질적 민주주의라는 뜻이 아니라 형식적 민주주의의 기준에서 실제적이라는 의미)이었고 이것이 동구 몰락 등에 따른 보수화와 맞물려 이들에게는 민주 대 반민주의 구도는 상당히 소멸하였다. 그러나 기층민중에게는 민주 대 반민주의 구도가 여전히 절실하고 유효한 것이다.

이같은 정치구도의 이중화 자체가 민주 대 반민주 구도의 소멸을 의미하지는 않는다. 민주 대 반민주 구도의 소멸은 이같은 이중화효과 속에서 민주당이 이번 선거의 캐스팅보트를 쥔 것으로 판단한 중간계층의 지지 획득을 위해 '뉴DJ플랜'이라는 이름하에 민주 대 반민주 구도를 포기함으로써, 나아가 민민운동의 대표적인 연합체인 전국연합이 민주당과의 정치연합을 통해 이같은 구도의 쟁점화를 간접적으로 포기함으로써 완결되었다. 달리 표현하자면 이번 대선의 의미는 6월항쟁 등 민주화에 대한 국민의 여망 속에서 탄생한 6공이 이같은 민주화를 얼마나 달성하였는가에 대한 6공심판과 이를 기초로 90년대 한국정치의 민주화의 방향(특히 향후 정계개편을 둘러싼)을 결정한 중요한 선거였다. 그러나 민주당과 민민운동은 스스로 이같은 6공심판의 쟁점화를 포기함으로써 향후 한국정치의 전개에 중요한 악영향을 끼치고 말았다. 특히 민민운동의 경우 6공 민주화의 허구성을 폭로하고 기층민중을 조직해내기보다는 민주-반민주의 구도 설정을 포기한 민주당과의 정치연합을 통해 제대로 링 위에 올라가보지도, 싸워보지도 못하고 패배한 꼴이 되고 말았다.

여기에서 주목할 점은 이번 대선에서 6공심판과 민주-반민주의 구도 설정을 고수한 후보는 백기완 민중후보진영뿐이었다는 점이다. 이는 이번 대선을 계기로 80년대 이후 한국정치에 존재해온 '민주-반민주'와 '진보-보수'라는 두 개의 대치선이 민주-반민주=진보-보수라는 하나의 대치선으로 수

렴해버렸음을 의미한다. 또 이는 한국정치에서 ‘자유민주주의의 완성’이라는 ‘제한적 과제’까지도 보수야당과 자유주의적 부르조아가 스스로 포기해버렸음을, 따라서 이러한 과제까지도 진보진영이 달성해야 할 몫이 되어버렸음을 의미한다.[3]

이번 대선의 두번째 특징은 한국선거정치의 ‘형식’에서의 질적 변화이다. 몸으로 때우는 노동집약적 선거운동을 금지한 선거법에 의해 지난 14대 총선 이후 자본집약적으로 변해온 한국선거는 이번 대선을 통해 여론조사, 광고, TV유세, 점보트론, 프롬프터 등 최첨단 기법과 장비를 이용한 선거정치 ‘형식의 선진화’를 이룩하였다. 여기서도 문제는 이같은 형식의 선진화 이상의 의미를 갖는다. 문제는 앞에서 지적한 바 있듯이 한국정치 곳곳에 ‘건재’한 반민주적 요소, 즉 한국정치의 ‘내용의 후진성’에 이같은 최첨단의 ‘형식의 선진성’이 덮씌워져 ‘내용의 후진성’을 은폐하고 한국정치가 선진화되고 있다라는 이데올로기적 효과를 창출했다는 점이다. 이는 위의 ‘민주-반민주 구도의 조기소멸’과 함께 앞으로 한국정치가 전개되어나가는데 심각한 악영향을 끼칠 것으로 우려된다.

이와 관련된 또다른 측면은 정치의 상품화, 소비문화화, ‘정치자본’화, 나아가 정치과정 자체의 자본의 재생산순환과정으로의 통합이다. 정치는 더이상 사회세력간의 투쟁이나 이들의 적극적인 사회적 실천이 아니라 광고와 이미지 전문가들에 의해서 조작되고 포장된 하나의 상품이자 소비문화, 나아가 상징과 기호, 이미지 전쟁에 불과한 것으로 희화화되고 있다. 뿐만 아니라 ‘돈 안 드는 깨끗한 선거’라는 캐치프레이즈에도 불구하고 역대 선거보다 몇배의 돈이 들어가는 이같은 자본집약적 선거는 ‘정치산업’의 ‘선거자본’이 TV, 언론, 광고산업 등 몇몇 독점자본(‘선거독점자본’)의 자본

---

3) ‘자유민주주의의 완성’의 판단기준이 무엇인가는 논란이 될 수 있다. 김세균 교수는 그 1차적 기준으로서 ① 국가보안법 등 반자유민주주의적 악법 개폐(사상의 자유 등 자유민주주의적 기본권 보장), ② 억압적 국가기구에 대한 국민적·의회민주제적 통제, ③ 파시즘체제유지 정치세력의 국가기구로부터의 퇴장을 들고 있다. 「자유민주주의란 무엇인가」, 『사회평론』, 1991년 6월호. 이중 ③은 국가성격을 국가기구 장악세력의 인적 성격으로부터 유추하려고 한다는 점에서 문제가 있고 필자의 견해로는 위의 ①, ②와 ③ 강제력으로부터 동의로의 주된 통치기제의 변화를 들 수 있을 것 같다.

축적기제화되어 재순환되는 계기로 변질되고 말았다. (이처럼 막대한 선거자금을 소모하고도 일반유권자들에게는 TV이미지와 환경오염의 또다른 원인이 될 호화판 선거유인물만 전달되는 이런 선거에 비교할 때, 과거의 막걸리, 고무신 선거는 '현물뇌물'을 통해 최소한 '소득재분배기능'이라도 수행해온 것이 아닐까?)

여기에서 한가지 짚고 넘어갈 점은 민주당은 이번 대선에서 6공심판과 민주-반민주 구도를 포기, 스스로 이번 선거를 '쟁점없는 선거', 따라서 '내용의 경쟁'이 아닌 형식과 이미지의 경쟁(뉴DJ플랜)으로 몰아감으로써, 싸움의 장을 잘못 설정해 패배를 자초하였다는 사실이다(아래 참조).

셋째, '지역갈등'의 문제이다. 결국 이번 대선의 향방을 결정지은 것은 지난 총선에서 국민당과 무소속 의원의 지지기반이 된 비호남지역 야성유권자들이었다. 이번 대선은 정치적(민주 대 반민주 구도 면)으로는 '야성'(野性)이지만, 지역갈등구도하에서는 '여성'(與性, 비호남)인 모순적 위치에 놓인 이들이 기본적으로 지역갈등구도의 우위 속에서 '비민자, 반민주'(민자당은 싫지만 DJ의 민주당은 더 싫다는)임을 다시금 입증해주었다. [4] 이같은 결과 역시 민주당이 민주 대 반민주의 구도를 포기하고 이번 선거를 쟁점없는 선거로 만들어버림으로써 투표행태의 결정요소로서 정치성향이 지니는 중요성을 격하하고 지역적 요인을 격상시킨 것과 관련이 깊다.

정치권과 언론은 선거종반까지 87년 대선에서 나타난 것과 같은 상대후보유세 방해, 폭력사태 등이 이번 선거에서 없어진 점을 들어 지역적 갈등의 약화를 전망하였으나 그 예상은 빗나갔다. 이번 선거에서 13대 대선과 같은 가시적인 지역갈등 폭발사태가 나타나지 않은 것은 지역갈등이 약화된 결과라기보다는 이같은 지역갈등구도의 '내면화'의 결과였다는 느낌이 강하다. 즉 과거의 경우 유세장 폭력사태와 같은 외부의 자극에 의해 지역적 투표행태가 이루어졌다면 이제는 이같은 지역적 구도가 오랜 기간의 상징조작과 '호명'(interpellation)을 통해 개체적 주체 속에 상당수준까지 안정적으로 내면화되어 일종의 자율메커니즘처럼 외부의 충동 없이도 작동하는 수준에 이른 것이 아니냐는 것이다.

---

4) 이에 대해서는 졸고, 「14대 총선 결과와 그 의미」, 『이론』, 창간호(1992년 여름호), 156~57면(이 책 201~16면).

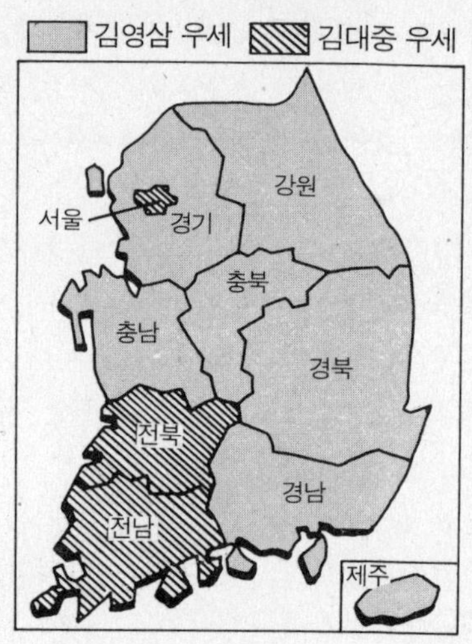

또 30년 만의 비(非)TK 여당 대통령후보의 등장에도 불구하고 지속적인 지역적 투표행태로 귀결된 이번 선거는 지역적 갈등구조가 과거의 호남 대 TK의 수준을 넘어서 지역적 갈등구조의 '전국화'와 그 표출형태로서의 호남 대 비호남 구도화를 보여주었다(그림 1 참조).

특히 여기에서 주목해야 할 점은 이같은 호남 대 비호남 구도화가 지난 30년간 군부정권에 의해 만들어진 DJ와 그 지지기반인 호남에 대한 부정적 이미지 등에 연유하는 면이 있기는 하지만 궁극적으로는 바로 3당합당이라는 지배블록의 '2개의 국민'(two nations) 헤게모니 프로젝트의 결과라는 사실이다. (이 점에서 3당통합의 가장 큰 죄악은 단순한 13대 총선시 국민이 여소야대로 표현해준 민주화여망의 배반이 아니라 이같은 망국적인 지역갈등구조의 고착화이다.) 사회민주주의적 '복지국가'처럼 전국민을 헤게모니 포섭대상으로 설정하는 '1국민'(one nation) 헤게모니 프로젝트와 달리 '2개의 국민' 헤게모니 프로젝트는 '복지국가'의 계급타협을 가능케 한 물적 토대의 붕괴 이후 나타난 새처주의처럼 국민을 근면하고 성실한 '선량한 국민'과 복지수혜자 등 기생적이고 게으른 '불량한 국민'으로 나누어 상호적대화시키고 이중 전자만을 가지고 헤게모니를 관철시키는, '의도적 분열'을 통한 지배전략이다.[5] 이같은 맥락에서 볼 때 호남을 그 지지기반으로 하는 민주당만을 소외시킨 3당통합은 이같은 '선량한 국민'으로서의 비호남 대 '불량한 국민'으로서의 호남이라는 '의도적 분열'을 통해 호남 대 비호남의 대결구도를 창출하고자 한 '2개의 국민' 헤게모니 프로젝트였다. 결국 이같은 프로젝트의 결과가 이번 대선에서 민자당의 승리로 나타난 것이라 하겠다.

넷째, 한국사회의 반북이데올로기가 얼마나 뿌리깊은가가 재확인된 선거, 특히 '남한조선노동당사건'과 관련하여 진보세력이 우리 사회에 뿌리내리고 '제도정치권'에 진입하기 위해서는 북한과의 관계를 명확히할 필요가 있다는 문제가 본격적으로 제기된 선거이다.

이번 사건은 그 발표시점이나 수사 및 발표 과정 등에서 선거를 겨냥한 '공작적' 의도가 내재해 있다는 의혹을 씻을 수 없고 그 진상 역시 재판과정을 지켜봐야 할 문제이다. 그러나 그 핵심당사자들이 기소내용의 상당부분을 시인하고 있다는 점에서 종전의 '조작된 공안사건'과는 질적으로 그 내용을 달리하고 있다. 이에 대해 일부 진보세력은 북한에 대해, 공작적 차원에서 남한 민중운동에 개입하려는 일체의 시도를 즉각 중단하고 남한조선노동당사건에 대해 공개사과할 것을 요구하는 한편, 남한 진보세력이 기대고 믿을 수 있는 것은 오로지 "우리 자신과 사회의 진보를 열망하는 남북한 노동자, 민중뿐"이므로 남한의 주체사상파는 북한을 무조건 신뢰해 온 것에 대해 철저히 반성할 것을 촉구했다.

그동안 진보진영은 지난 40여 년간 극우정권에 의해 주입된 반북이데올로기에 대한 반작용으로 공개적인 대북한비판을 자제해왔다는 점에서 이같은 공개비판은 중요한 의미를 갖는다. 물론 이번 공개비판에 대해서는

---

5) '1국민' 헤게모니 프로젝트와 '2개의 국민' 헤게모니 프로젝트의 차이에 대해서는 Bob Jessop, *State Theory*, London: Polity Press 1990, 211~12면; '2개의 국민' 헤게모니 프로젝트로서의 새처주의에 대해서는 Bob Jessop et al., "Authoritarian Populism, Two Nations, and Thatcherism," *New Left Review*, no. 147(1984), 32~60면. 이같은 개념틀은 제솝과 같이 그 '선택성'을 절대화할 경우 많은 문제점을 안고 있으나 그 구조적 한계를 전제로 하여 제한적인 보완적 이론틀로서 사용할 때는 매우 유용하다는 것이 필자의 판단이다.

그 시기의 적실성, 비판양식 등을 둘러싸고 이론(異論)이 제기되고 있기는 하다.[6] 그러나 이같은 문제제기는 소련·동구의 몰락과 관련하여 주체사상에 대한 맹종은 말할 것도 없고 북한바로알기운동, 북한에 대한 내재비판적 접근법 등이 관변적 북한비판만큼이나 북한사회를 과학적으로 이해하는 데 한계가 있다는 점, 남한사회의 민주변혁은 북한콤플렉스의 극복과 남한 민민운동과 북한사회 간의 정확한 관계설정 없이는 불가능하다는 점에서 앞으로 계속 활발히 논의되어야 할 문제를 정당하게 제기한 것이라 하겠다.

다섯째, 우려했던 재벌의 직접적인 정치세력화에 제동이 걸렸다는 점이다. 김우중 대우그룹회장의 정계진출 좌절로 한국정치의 '재벌 춘추전국시대화'에 제동이 걸렸고, 다양한 수준에서의 갈등을 둘러싼 권력블록의 내분으로 출범한 국민당[7] 역시 정주영돌풍이 '실속없는 허풍'으로 끝남으로써 그의 정계은퇴를 강제했다. 그러나 권력블록 내의 개별행위자간의 관계의 변화, 권력블록 자체의 외연의 변화 등 정계개편의 문제는 아직 내연하는 문제로 유동적으로 남아 있다.

이밖에도 정주영 후보의 유세는 한국정치에 '포퓰리즘'적 정치가 발생할 수 있는 가능성을 시사했다는 점을 주목할 필요가 있다. 물론 포퓰리즘의 실체에 대해서는 다양한 이견이 존재하지만[8] 하나의 정치형태로서의 포퓰리즘의 중요한 특징으로는 카리스마적 지도자의 존재, 중간매개를 거치지 않은 카리스마적 지도자와 대중 간의 '직접적'인 연계, 선동에 의한 대중의 정서(이성보다는)에 대한 호소, 계급적 갈등을 은폐하는 '포퓰리즘적 담화'(특히 '지배계급의 포퓰리즘'의 특징으로서의) 등을 들 수 있다. 정주영 후

---

6) 이에 대해서는 이승철, 「남한조선노동당사건이 진보세력에 남겨준 파문」, 『진보 저널』, 1992년 11월 20일, 20~23면.

7) 그 내용에 대해서는 졸고, 「6공-현대 격돌, 여덟 가지 가설: 국가론의 시각에서」, 『사회평론』, 1992년 3월호(이 책 159~74면) 참조.

8) 이에 대한 다양한 이론적 입장의 비교검토와 현실 속에서의 다양한 포퓰리즘 정치의 비교연구로는 V. Khoros, *Populism: Its Past, Present and Future*, Progress 1980. 이밖에 포퓰리즘에 대한 최근 논쟁으로는 Ernesto Laclau, *Politics and Ideology in Marxist Theory*, New Left Books 1977; Nicos Mouzelis, "Ideology and Class Politics: A Critique of Laclau," *Post-Marxist Alternatives*, Macmillan 1990.

보의 대중에 대한 직접적 호소, 아파트 반값분양류의 '포퓰리즘적 담화', 재벌이라는 계급적 '적대'에도 불구하고 정후보가 상당히 광범위하게 누린 서민층에서의 지지 등은 이같은 예이다. 이는 광범위한 대중동원운동을 동반한 독일이나 이딸리아류의 '진성민간파시즘'의 맹아일 수도 있다는 점에서 이에 대한 주의가 요망되고 있다(아래 참조).

3. 민중민주운동의 대응: 비판적 평가

이번 대선에 대한 민민운동의 대응은 13대 대선시의 대응과 일정한 유사성을 갖고 있다. '비판적 지지' 대 '독자적 민중후보'라는 87년의 대치구도와 이번 대선의 '범민주단일후보' 대 '독자적 민중후보'라는 대치구도 간의 유사성이 그것이다.[9]

물론 이같은 유사성에도 불구하고 일정한 차별성이 내재해 있는 것 또한 사실이다. 그 구체적인 유사성과 차별성의 정도, 내용에 대해서는 이미 다양한 평가가 내려지고 있고[10] 앞으로 본격적인 논쟁도 기대된다. 다만 여기서는 앞으로의 본격적인 논쟁을 위한 기초작업으로서 이와 관련된 쟁점들을 간략히 짚고 넘어가고자 한다.

우선 그 평가가 비교적 간단한 독자후보의 경우를 보자면, 87년과의 유사성에도 불구하고 두 가지의 중요한 차이를 발견할 수 있다. 첫째, 오세철 백기완선거본부(이하 백선본) 위원장의 말대로 "87년 민중후보는 (후보)단일화를 위한 전술적 후보였다. 그러나 현재의 민중후보를 하나의 전술로

---

9) 이번 대선의 경우 이 두 입장 이외에도 전노협 등이 제기한 '개방적 독자후보'안도 있었으나 이 안은 실천화되지 않았기 때문에 일단 논외로 하였다. 그렇다고 이 안의 타당성을 필자가 선험적으로 부정한다는 의미는 아니다.

10) 그 대표적인 예로는 민주당과의 정치연합을 '민중주도의 민주대연합'으로 파악하는 전국연합의 공식입장(전국연합, 『연대와 전진』, 제10호, 1992년 10월호 참조)과 이를 단순히 비판적 지지의 재연으로 보는 비판적 입장(신명수, 「재연된 비판적 지지 노선과 우리의 대응」, 『민중회의 소식』, 제29호, 1992년 11월 23일, 28~31면)을 들 수 있다.

이해해서는 안된다. 전략단위이며 물러설 수 없는 것"이라는, 즉 "사퇴하지 않는 후보"라는 차이이다.[11] 두번째 차이는 87년과 달리 진보정당추진위, 민중회의, 사회당추진위, 전국노동단체연합 등 진보정당 창당을 추진해온 단체들이 조직적 차원에서 체계적으로 추진한 선거였다는 점이다.[12]

전국연합의 '범민주단일후보'전술도 87년 '비판적 지지'와는 일정한 차이가 있다. 첫째, 내부적 절차의 문제로 '범민주단일후보'전술의 경우 민민운동의 대표적 연합체가 조직적 차원에서 결정해 집행한 전술이라는 차이이다. 그러나 87년의 '비판적 지지' 역시 민통련(민주통일민중운동연합)의 조직적 결정이었다는 점에서 그 차이가 얼마나 본질적인 것이냐는 반론이 가능하다. 또 이는 전노협(전국노동조합협의회), 전대협(전국대학생대표자협의회) 등 대중조직의 연합체인 전국연합과 이 수준에는 이르지 못했던 민통련이라는 두 가지 조직의 성격과 전체운동에서의 위상에 대한 평가결과에 따라 달라질 수 있다.

둘째, 87년과 달리 민주당과의 정책연합을 통해 독자적 정치세력으로서 운동진영을 공식적으로 인정받고 나아가 민민운동의 개혁요구를 일정하게 반영시켰다는 점이다. 즉 이번 전술은 "민족민주운동의 독자적 주장 없이 단순하게 야당을 지지한다거나, 난립한 야당후보자들간 단일화를 물리적으로 밀어붙이겠다는 것이 결코 아니"[13]라는 것이다. 그러나 이 문제 역시 그리 간단하지 않다. 국가보안법 폐지 등 양 협상당사자간의 이견이 있는 정책에 대해서는 민민운동진영의 요구를 하나도 관철시키지 못하고 이미 민주당의 정책강령 속에 포함되어 있던, 즉 민민운동권과의 정치협상 없이도 민주당이 내세울, 따라서 쉽게 양자가 합의할 수 있는 정책들만을 합의한 정책연합을 진정한 정치연합은 말할 것도 없고 진정한 정책연합이라 할 수 있느냐는 의문이 생긴다. 다시 말해 이같은 수준의 정책강령은 정치연

---

11) 서형태, 「진보정당건설에 나선 민중후보진영의 대선전략」, 『말』, 1992년 2월호, 58면에서 재인용.

12) 그 과정에 대해서는 「특집: 92 대선 사회주의 후보 나오는가」, 『진보저널』, 1992년 10월 22일, 6~12면 참조.

13) 전국연합, 「30만 동지들이 앞장서서 민주승리의 길을 개척합시다」, 『연대와 전진』, 제10호(1992년 12월호), 6면.

합이 없었던 87년 당시에도 김대중 후보가 내세운 강령의 수준 내지 일부의 경우 오히려 87년 수준에 비해 후퇴한 수준(그간의 한국사회의 보수화를 반영하여)이 아니냐는 것, 87년 당시에도 '비판적 지지' 세력이 공식적으로 김후보에게 요구했다면 얼마든지 들어줄 수 있었던 것들이 아니냐는 것이다.

이같은 대전제하에서 이 글은 이번 대선에 대한 민민운동의 대응을 비판적으로 평가해보고자 한다. 한가지 더 전제할 것은 이 글에서는 당파성, 계급성과 같은 고추상적인 원칙에 의해 어떤 입장이 옳았느냐는 식의 평가를 하지는 않겠다는 점이다. 물론 이같은 원칙은 항상 잊어서는 안되는 중요한 원칙이지만 구체적인 선거전술의 문제를 이같은 추상적 원칙 그 자체에 의해 재단하고 평가할 수는 없기 때문이다. 문제는 구체적인 정세와 역관계, 주체적 역량, 전략적 고려의 시간표(얼마나 장기적인 전략적 목표하에서의 선택이냐는) 등에 관한 종합적 평가의 문제일 것이다. 즉 '범민주단일후보'전술의 경우도 그 옹호론자의 주장대로 최소한 자유민주주의를 완성시킬 수 있는 '민주정권'이 출범하여 사상의 자유, 노동자들의 정치활동의 권리 등이 주어지면 진보세력의 질적 비약이 가능하다는 논리 그 자체가 잘못된 것은 아니라는 점에서 해당전술 자체를 당파성이라는 원칙 그 자체로 비판하는 것은 설득력이 약하다. 오히려 그 전술에 문제가 있다면 그같은 전술이 기초로 한 구체적 정세판단, 역량평가 등이 올바른 것인가 하는 '구체적 상황에 대한 구체분석'에 대한 비판이어야 한다는 점이다.

1) '범민주단일후보'전술

전국연합의 '범민주단일후보'전술이 참담한 패배로 끝난 가운데 일각에서는 그래도 이 선거전술이 "최선의 선택"이었고 "오히려 선전(善戰)을 한 것"[14]이라는 평가가 제기되고 있다. 또 그 실패에도 불구하고 이번 실험은 ①그 과정에서 분열보다는 단결의 모습을 보여준 점, ②대선투쟁을 통해

---

14) 오연호, 「민족민주운동은 이제 무엇을 할 것인가」, 『말』, 1993년 1월호, 53면에서 재인용.

지역조직 구심체를 마련한 점(150개 지역, 80개 시·군에 국민회의 조직),
③부분적이기는 하지만 지역감정에 눌려 있던 계층의식이 되살아난 점,
④대중의 헌신적이고 자발적인 참여와 대중정서에 걸맞은 투쟁이 이루어
진 점, ⑤정치협상을 통해 전국연합의 실체를 알린 점, ⑥민민운동이 선
거과정에서 '절제'와 유연성을 보인 점, ⑦민주당 개혁파의원이 선전(善戰)
한 점, ⑧운동방식이 과학화된 점 등의 성과가 있었다는 긍정적 평가도
나타나고 있다. [15]

물론 이같은 긍정적 측면 중 상당부분은 동의할 수 있는 것이다. 그러나
'범민주단일후보'전술은 과연 최선의 선택이었는가?

이 문제를 이 글은 ①그 결정절차, ②전략적 선택, ③선거법 등 제도
적 측면과 전술선택 간의 관계를 중심으로 검토하고자 한다.

(1) 절차의 문제

전국연합의 이번 실험은 그동안 성장한 다양한 대중조직들이 다양한 입
장차이에도 불구하고 민주적 토론과 절차를 통해 단결된 모습을 보여줌으
로써 중요한 역사적 의미를 갖는다. 그러나 그 절차에서 잡음을 낳은 것도
부인할 수 없는 사실이다. 이는 ①지난 10월 10일의 전국연합 대의원회의
의 '범민주단일후보'전술 결정이 중집위에 의해 구체화되는 과정의 문제와
②이를 기초로 민주당과 벌인 협상의 문제이다.

첫번째 문제는 10월의 대의원대회 결정의 해석을 둘러싼 논란으로서, 전
국연합 집행부가 대의원대회 결정을 왜곡했다는 비판에 대한 평가 문제이
다.

집행부측은 대의원대회 결의안을 ①전국연합만이 아니라 전체 민민운동
진영에서도 독자후보 추대를 반대한다는 것, ②독자후보전술을 구사하지
않는다는 것, ③정치연합 대상은 민민운동진영, 민주당, 중간세력으로 민
민운동진영은 전국연합이 대표한다는 것으로 해석, 전국연합 외부에서 민
중후보가 나온다 하더라도 정치연합의 대상이 아니라는 입장을 취했다. [16]

---

15) 같은 글, 50~53면.

16) 이같은 입장은 전국연합 제18차 중집위 제출자료, 『연대와 전진』; 노문상, 「민

이에 대해 민중후보측은 집행부가 대의원대회 결정을 왜곡하였다고 비판하고 있다.[17] 분명히 대의원대회 통과안인 1안 해설은 "전국연합 밖에서 독자후보가 출마할 경우 이 부분에서 '승리를 위한 민주대연합'의 대원칙에 동의할 수 있다면 전국연합은 범민주진영의 단결을 위해 마지막까지 노력해야 할 것"[18]이라고 전국연합 밖에서 독자후보가 출마할 경우 이를 부정하지 않겠다는 점과 정치협상의 한 대상으로 설정하고 있음을 분명히하고 있다. 따라서 민중후보측의 문제제기는 정당한 것이고 중집위의 대의원대회 결정에 대한 확대해석 내지 '왜곡'은 전국연합의 운영방식이 지니고 있는 문제점을 드러냈다는 느낌이 든다.

이와 관련하여 전국연합의 성격과 운영방식이라는 원론적 문제도 재검토할 필요가 있다. 이번 결정과 관련하여, 김근태씨 등 일각에서는 전국연합이 주요정치사안을 2/3의 의결로 한다고 규정하고 있으나 범민주단일후보안이 이같은 득표에 실패할 것을 우려하여 과반수 결정으로 대선방침을 정해야 한다는 입장을 개진하였다. 한편 민중후보측에서는 사안의 성격상 만장일치여야 한다는 정반대의 입장을 피력한 바 있다.[19] 또 중집위 결정에서도 중집위안이 대의원대회의 결정사항을 왜곡하고 있다는 이유로 전노운협(전국노동운동단체협의회)이 퇴장하는가 하면 이 안에 반대투표를 하였으나 조직의 결정에 따른 전노협에 대해 서노협(서울지역노동조합협의회) 구로지구 등 조합원들이 반발한 것으로 전해지고 있다.[20] 문제는 이같은 내부분쟁 그 자체가 아니라 정당과 같은 정치조직이 아니고 대중운동단체의 연합체인 전국연합의 성격과 관련하여 이같은 연합체가 주요한 정치적 결정을 내

중대통령후보진영의 현황」, 『정세연구』, 1992년 12월호, 124면.

17) 그 대표적인 예는 신명수, 앞의 글, 29면; 박장근, 「노동계급의 통일단결로 야당들러리정국을 돌파하자」, 『노동전선』, 1992년 11월 15일자, 8~14면; 이기철, 「전국연합-민주당의 정치협상: 그 경과와 문제점」, 『노동운동』, 1992년 12월호, 56면; 송병희, 「민주당과 전국연합의 정치연합협상의 실상」, 『진보저널』, 1992년 12월 9일, 10면.

18) 박장근, 앞의 글, 10면에서 재인용.

19) 강남훈, 「민족민주운동권의 대선방침 논의」, 『이론』, 제2호(1992년 가을호), 240면 참조.

20) 송병희, 앞의 글, 9~10면 참조.

리는 방식, 결정된 사항의 구속력 등에 대한 한층 진지한 검토가 필요하다
는 것이다. [21]

다음은 민주당과의 협상 과정과 결과 문제이다. 앞에서 지적했듯이, 민
주당과의 '정책연합'은 가장 핵심적 쟁점이 배제된, 좋게 말해 극히 '제한
적인 정책연합', 나쁘게 말해 '일방적'인 민주당정책을 수용한 데 불과했
다. 뿐만 아니라 그 과정 역시 공개제안, 비공개공식협상, 공개타결이라는
당초의 원칙마저 포기한 채 대표자 서명도, 완전 공개타결도 이루어내지
못했다. 민주당은 예정된 공동기자회견도 일방적으로 취소해버리고 정치연
합의 평가절하 내지 '은폐'에 급급했다. 결국 '민중주도의 민주대연합'은 설
사 '민주대연합' 부분에 대해서는 인정을 해준다 하더라도 '민중종속의 민
주대연합'이라는 비판을 면하기 어렵다.

이와 관련하여, 주목해야 할 점은 전국연합이 이번 협상에서 중점을 둔
것은 협상타결 방식이지 그 내용이 아니었다는 익명의 관계자의 발언 보도
이다. [22] 즉 전국연합 상층부는 이번 협상에서 합의를 이루지 못한 5개항의
내용을 민주당이 받을 수 없다는 것을 알고 있었고 이를 관철시킬 의지도
없었으나 계속 협상에 임한 이유는 민주당 내 '민주연합파'가 대선 이후 민
주당을 탈당할 명분을 주기 위한 것이며 대선 후 이들과 '민주연합당'을 창
당한다는 구도에 의한 것이라는 주장이다.

'민주연합파'와 전국연합에 의한 '민주연합당' 창당은 그 자체가 잘못된
것이라고 예단할 수 있는 것은 아니며 논의거리가 될 수도 있다. 그러나
문제는 그것이 전국연합의 민주적 토의를 거친 조직적 결정이 아니라 위의
보도처럼 공식적으로 논의도 안된 일부 상층부의 개인적 구상으로, 이에
의해 후보전술과 민주당과의 협상이 진행되었다면 심각한 문제라 하지 않
을 수 없다.

---

21) 이와 관련하여 "정파적 입장을 다수의 힘으로 관철시키려고 하는 패권주의적 태
　　도가" "최근 모든 결정을 충분히 토론하고 상호 의견을 충분히 수렴하기보다는 무
　　조건 다수결로 밀어붙이려고 하는 전국연합의 각종 회의에서 두드러지게 나타나고
　　있다"(이기철, 앞의 글, 56면)는 지적이 사실이라면 우려되는 바가 크다.
22) 송병희, 앞의 글, 11면 참조.

(2) 전략적 선택: 당선 가능성이라는 '함정'

전국연합은 이번 대선에서 내부이견에도 불구하고 '단결된 모습'으로 범민주단일후보전술을 채택, 추구하였다.

문제는 그같은 단결이 왜 하필 독자후보가 아닌 범민주단일후보로의 단결이었느냐는 것이다. 이는 민민운동, 특히 전국연합 내의 역관계(세칭 NL진영의 우세)의 결과이다. 이같은 사회학적 요인은 그 자체가 범민주단일후보전술이 올바른 전술이었음을 보장해주는 것은 아니다.

전국연합 나아가 민민운동진영은 이번 대선전술 결정에서 ① 민주대개혁의 가능성, ② 당선 가능성이라는 측면을 고려의 축으로 하였다고 할 수 있다. 즉 민주대개혁을 할 수 있는 민주후보이자 당선 가능한 민주후보를 내세운다는 것이다. 특히 당선 가능성 문제는 소련·동구 몰락에 따른 보수화와 역관계의 변화, 민중당 실험의 좌초, 민민운동진영의 주체적 역량의 한계와 관련하여 중요한 결정요인으로 대두됐다. 전국연합측은 범민주단일후보전술이 단순히 "당선 가능한 야당후보를 찍자"는 전술이 아니라고 주장하고 있으나[23] 당선 가능성이 이 전술채택에 결정적인 요인이었음은 부인할 수 없다. 민주대개혁과 당선 가능성이 일종의 상쇄(trade-off)관계에 있을 경우 부득이 일정수준에서 두 요인간의 절충이 불가피한바, 독자후보는 민주대개혁에서 민주당보다 점수가 훨씬 크지만 그 차이를 상쇄하고 남을 만큼 당선 가능성에 격차가 있어 그릇된 전술이라는 판단이다.

협상과정에서 나타났듯이 민주대개혁의 핵심적인 쟁점에 견해를 달리했던 민주당이 '민주대개혁'의 조건을 충족시키는 '범민주단일후보'냐는 문제는 일단 논외로 하더라도, 문제는 전국연합의 전술이 당선 가능성이라는 문제에서 결정적인 오판을 했다는 것이다. 물론 누구도 그 가능성을 100% 예언할 수는 없고 "모험 없이 득도 없다"(No venture, no gain)라는 서양속담처럼 모든 실험에서 일정한 위험부담은 불가피하다.

그러나 이번 선거결과가 보여주었듯이 지금과 같은 지역갈등의 구도하에

---

23) 전국연합, 「30만 동지들이 앞장서서 민주승리의 길을 개척합시다」, 앞의 책, 6면.

서 김대중 후보는 애당초 "당선 불가능"했다. 이는 결코 사후 결과론적인 설명이 아니다. [24) 왜냐하면 김후보가 나서는 한, 선거구도의 지역갈등구도화가 '불가피'한 것이, 비극적이지만 한국정치의 현주소이기 때문이다. 이 점에 관한 한 김후보는 결코 당선 불가능하다는 백기완 후보의 예언은 올바른 것이었고 전국연합이 좀더 경청했어야 할 "김대중 후보가 갖고 있는 현실적 한계"[25)였다. 따라서 범민주단일후보론자들은 그들이 독자후보론에 대한 비판의 보도로 사용한 당선 가능성 문제를 바로 자신들과 민주당 간의 정치연합 그 자체에 적용해 심각하게 고민했어야 했다.

이에 대해 범민주단일후보론이 그래도 민민운동이 대선에 '불개입'하거나 독자후보를 내는 것보다는 나은 최선의 선택이 아니었느냐는 반론이 가능하다. 이 반론처럼 범민주단일후보라는 특정 전략선택이 가져다줄 득과 성공 가능성을 곱하여 다른 선택과 단순비교할 때 그 합계가 가장 크므로 최선의 선택이고 그 전략이 성공하면 득이 오고 실패하면 득이 오지 않는다는 식으로 판단하는 것은 전략선택의 ABC를 모르는 오류이다. 여기에서 함께 고려해야 할 것은 그 전략이 실패할 경우 가져올 손실과 흔히 '기회비용'이라고 부르는 것, 즉 이 전략을 채택함으로써 실현되지 못한 다른 전략의 득이다. 다시 말해 범민주단일후보론은 당선 가능성에 대한 오판과 관련하여, '이기지 못할 경우에 대한 대비'를 충분히 심사숙고하지 못했다. [26) 이같은 전략선택적 문제의식에서 전국연합 및 민민운동의 이번 대선 전술을 비교해보자면 다음과 같다(그림 2 참조).

그림에서 볼 수 있듯이 '범민주단일후보'전술은 성공을 전제로 할 경우 '최선의 선택'이지만 실패할 경우 '최악의 선택'이다. 여기에다가 원래부터 극히 희박했던 당선 가능성을 고려하면 '범민주단일후보'전술은 출발부터

---

24) 전남사회문제연구소 주최 심포지움, '광주지역 14대 총선 평가와 향후전망' (1992년 5월)에서 필자는 주제발표와 토론을 통해 현 지역구도하에서 김후보의 '당선 불가능성'을 단호하게 예측한 바 있다.

25) 정문화, 「지역감정에 맥없이 무너진 범민주단일후보」, 『말』, 1993년 1월호, 33면.

26) 『한겨레신문』의 일관된 범민주단일후보 지지 논조 속에서 정운영 논설위원이 제기한 "이기지 못할 경우에의 대비"라는 문제의식은 바로 이 점을 지적한 것이다. 「전망대: 두 개의 악 사이에서」, 『한겨레신문』, 1992년 12월 15일자.

<그림 2> 민중민주운동의 전략선택 모형

	범민주단일후보(DJ지지)	독자후보 내지 '불개입'
DJ당선	1	2
DJ낙선	4	3

* 숫자는 대선 후 민민운동에 유리한 결과의 순위.
** 관점에 따라 1, 2는 2, 1로 바뀔 수도 있다.

문제가 있는 전략적 선택이었음이 자명해진다. 다시 말해 전국연합은 그림의 1(민주당과의 연합, 민주당 승리, 개혁; 반대급부로의 독자적 정치세력화 기회 지연)과 3(독자적 정치세력화 기회와 그 반대급부로의 민자당 승리, 개혁기회 상실)을 놓고 이중 1을 택했으나 이는 애당초 잘못된 문제설정이었다. DJ의 '당선 불가능성'을 고려할 때 현실적 선택치는 3과 4였고, 이중 3을 택해야 했다. 이와 관련하여, 김대중 전민주당대표가 정계은퇴 후 지구당위원장들에게 토로한 "내가 어리석은 생각에서 이길 수 있다고 오판한 것을 되풀이해서는 안된다"는 자기반성과 충고는 뒤늦은 감이 있기는 하지만 민민운동이 귀담아들어야 할 정확한 지적이다.[27] 이 문제를 좀더 구체적으로 살펴보자.

기회비용의 문제를 고려해보자면, 우선 '범민주단일후보'전술이 얼마나 많은 표를 민주당에 몰아주었는지(일반적 평가는 오히려 감표에 기여했다는 것이지만)[28]는 미지수지만, 이들 표가 모두 사표가 됐다는 점이다. 왜냐하면 33%의 패배나 민민운동이 민주당을 지지하지 않은 경우의, 예를 들어 28%의 패배나 사표가 되기는 마찬가지이기 때문이다. 이는 독자후보의 1%도 마찬가지이다.

---

27) 『동아일보』, 1993년 1월 17일자. 김 전대표의 이같은 솔직한 자기반성과는 대조적으로 정책연합을 주도했던 민민운동진영의 일각에서 자기반성 없이 당선 가능성의 오판에 바탕을 둔 정책연합이 "그래도 최선의 선택이었다"는 식의 자기정당화를 고수하고 있는 것은 '패배에서 배우지 못하는' 바람직하지 못한 태도이다.

28) 이에 따라 전국연합과의 연합이 민주당의 자충수이고 전국연합이 진정으로 민주당을 도와주고 싶었다면 정책연합을 하지 말았어야 했다는 역설까지도 제기되고 있는 실정이다.

그러나 그것은 다른 중요한 의미를 갖는다. 독자후보의 경우 어차피 이번 대선 그 자체가 아니라 정계개편과 그후라는 장기적 기획을 염두에 둔 것이라는 점에서, 전국연합의 독자후보 반대 속에서 실제로 획득한 1%와, 예를 들어 민민운동 전체가 독자후보를 전력지원해 얻은 5%의 득표는 민주당의 경우와는 달리 엄청나게 다른 의미를 갖는다. 독자후보노선에 대해 20만 표 남짓한 결과를 보고도 진보정당을 결성한다면 그것은 스스로 '구경거리'와 주변화를 자초하는 것이라는 경고가 제기되고 있다.[29] 이같은 주변화의 우려는 현실적으로 심각한 문제이다. 이러나 이같은 경고가 간과하고 있는 것은 바로 위에서 지적한 이유 때문에 전국연합의 전략선택 그 자체가 진보세력의 '주변화'에 막대한 기여를 했다는 사실이다. 한마디로 전국연합은 김후보의 당선 가능성에 대한 냉엄한 현실적(희망사항이 아닌) 평가를 기초로 해 당선 가능성의 '환상'을 버리고 진보세력의 강화라는 제한적인 장기적 목표에 집중, 대선 이후의 정계개편에 대비했어야 했다는 것이 필자의 생각이다. 아니면, 즉 주·객관적 여건이 진보적 독자정당의 수립에 부적합하고 이의 추진이 민민운동의 분열 등 부작용이 더 크다고 판단된다면, 민주당과 '동반자살'하기보다는 차라리 '불개입'전략을 추구했어야 한다. '불개입'이란, 선거라는 중요한 시점에 민민운동이 두 손을 놓고 있자는 이야기가 아니라 직접적인 후보전술로 개입하지 않는다는 의미이다. 대신 전교조(전국교직원노동조합), 전노협, 전농(전국농민회총연맹) 등이 대중운동으로서 6공의 반민주성을 폭로하고 부문별 민주화요구들을 정치쟁점화하여 각 당에 강제하여야 했다는 뜻이다.

결국 민민운동이 대중조직을 중심으로 독자적으로 민주-반민주 구도와 6공심판을 주도, 선거지형을 변화시키는 한편 기층대중을 조직해내고 대중운동을 활성화시킬 수 있는 소중한 기회를 '뉴DJ플랜'의 민주당과의 연합을 통해 스스로 포기하고 만 셈이다. 그 결과 상당수준의 정치적 요구와 투쟁의식을 가진 대중조직원들을 경실련(경제정의실천연합) 수준의 공명선거 내지 기권방지캠페인 수준에 묶어둠으로써 이들의 불만, 무력감, 허무주의를 조장하는 악영향까지 일부에서는 자초한 감이 든다. 이는 후보전술이라

---

29) 오연호, 앞의 글, 55면 참조.

는 정치운동이 대중운동의 기폭제가 아니라 '족쇄'가 되어버린 셈이다.

　물론 이번 실험이 앞에서 지적한, 대선 후 '민주연합당'이라는 전략적 목표를 지닌 범민주단일후보전술이었다면 문제는 다르다. 그러나 이 경우 전국연합의 의사결정과정의 민주성이라는 또다른 문제가 남는다.

　범민주단일후보전술의 또다른 문제점은 민주당의 이번 대선전략이 국민당의 약진에 대한 기대에 바탕을 둔 "자력보다는 타력에 의한 승부수"[30]였다는 점과 밀접한 관련이 있다. 그 결과 민주당과 정책연합을 한 전국연합은 재벌당의 성공에 자신들의 운명을 걸고, 재벌당의 약진과 재벌당의 금권선거를 '기원'하고, 정부의 재벌당 금권선거 탄압에 '분노'하는, 나아가 재벌당의 약진 실패에 '비통'해하는 기이한 운명에, 즉 작은 단기적 이익을 위해 크고 장기적인 화를 자초하려고 하는 상황에 민민운동을 몰아넣은 것이 아니냐는 느낌까지 든다.

　여기에서 전국연합의 이번 선거전략과 밀접한 관계가 있는 민주당의 선거전략을 간단히 짚고 넘어가고자 한다. 민주당 역시 당선 가능성에 대한 '환상'을 버리고 6공심판과 민주-반민주 구도로서 정면승부를 했어야 했다. 그랬을 경우 선거에서 패배하더라도 최소한 명분을 살리고 '의제(agenda) 설정'을 통해 궁극적으로 민주개혁에 기여할 수 있었다.[31] (뿐만 아니라 개인적으로는 김대중 후보가 정계은퇴를 할 필요가 없었을지도 모른다.) 그러나 이같은 정공법보다는 뉴DJ플랜이란 이미지전쟁을 택했을 때 명분을 잃었을 뿐만 아니라 선거는 '쟁점없는 선거'가 되어버렸고 따라서 차별성이 없을 바에는 동향 대통령이라는 지역구도화, 이미지경쟁화로 나아가, 김대중 후보는 취약한 싸움의 장에서 싸우지 않으면 안되게 되었다. '쟁점없는 선거'에 기여한 중립내각의 경우도 자업자득적 성격이 강하다. 구체적으로 이야기하자면 지방자치단체장선거 문제를 민주당은 누구도 법률 위에 있을 수 없다는 입장에서 원칙적으로 대응한 것이 아니라 부정선거를 이유로 자치단체장선거 실시를 주장해왔다. 그 주장은 뒤집으면 부정선거 불실시 보장만 있으면 법을 어겨도 된다는, 여당의 논리를 뒤집은 똑같은

---

30) 정문화, 앞의 글, 32면.
31) 이와 달리, 집권을 해야만 민주개혁을 할 수 있다는 발상은 '도구주의적' 국가론의 발로이다.

편의주의적 발상으로서, 6공이 그 보장책으로 중립내각을 선언하자 명분을 상실하고 말았고, 그 결과가 ‘쟁점없는 선거’였다. 이 문제와 관련해서도, 앞에서 인용한 김 전대표의 “이길 수 있다는 오판의 어리석음과 이같은 오류 불반복 충고”, 나아가 야당이 처한 문제를 ‘뉴DJ플랜’류의 편법이 아니라 정공법으로 “정면돌파하는 수밖에 없다”[32]는 고언은 때늦지만, 올바른 지적이다.

(3) 선거제도와의 연관

이번 대선은 14대 총선에 이어 당원 이외의 선거운동 금지라는 ‘포괄적 금지조항’에 의해 국민의 참정권을 극단적으로 제한하는 가운데 치러졌다. (이같은 법적 강제에 크게 기인한 ‘조용한 선거’, ‘바람의 부재’ 등을 제도언론의 경우 ‘선거문화의 선진화’라고 찬미하고 있다.)

이같은 위헌적 선거제도하에서 민민운동과 민주당의 정치연합은 ‘양손이 다 묶인’ 의미없는 무력한 연합이었다.

전국연합과 국민회의는 이번 선거에서 소속 ‘상시활동 조직원’ 30만 명, 그 가족 1백만 명을 포함하여 민민운동 지지표를 100% 동원하는 등 7대 전략방침과 5대 선거투쟁 기본방침 등을 수립, 시행하였다.[33] 그러나 포괄적 금지조항을 기조로 한 선거법에 의해 전국연합이 실질적으로 할 수 있었던 것은 김대중 후보에게 범민주단일후보라는 상징성을 부여해준 정책연합의 발표(그것이 기능적이었는지 역기능적이었는지 자체도 미지수이지만) 이외에 별로 없었던 것 같다. 물론 이에 대해 전국연합 조직원들이 민주당원으로 가입하거나 민주당 선거운동원으로 등록해 민주당을 돕는 방안이 논의가 되었고 기타 비공개 내부지침이 있었던 것으로 알려지고 있다. 그러나 법적 제도의 한계와 뉴DJ플랜에 의한 민주당의 전국연합과의 정책연합 여론화 기피로 인해 그 지침활동이 얼마나 활발히 진행되었는지는 회의적이

---

32) 『동아일보』, 1993년 1월 17일자.

33) 그 구체적 내용은 정문화, 「전국연합·민주당의 정치연합은 실현될 것인가」, 『말』, 1992년 12월호, 56면과 『연대와 전진』에 연재된 「대통령선거 투쟁지침서」 참조.

다. 예를 들어 김후보의 '홈그라운드'인 광주유세의 경우에서조차 정책연합 플래카드를 설치하려는 국민회의측과 민주당 간의 실랑이가 벌어지는가 하면 결국 절충책으로 이를 설치, 증명사진만 찍고 철거하는 촌극이 벌어졌다. 결국 이같은 정책연합은 '면피용 정책연합' 내지 '증명사진용 정책연합'이라는 인상을 지우기 어렵다.

결론적으로 전국연합이 정책연합을 했으면 대량 선거법위반 구속사태를 각오하고라도 정공법으로 밀고 나갔어야 했고 그렇지 않을 바엔 무의미한 정책연합이었다는 점이다. 이 점에서 이번의 정책연합은 선거법이라는 제도적 조건을 고려하지 않은 연합이라는 비난을 면하기 어렵다.

마지막으로 이와같이 국민의 참정권을 제한하는 위헌적 선거법 제정에 동의해준 민주당의 책임을 짚고 넘어갈 필요가 있다. 민주당이 이를 전혀 문제삼지 않은 것은 정치활동을 정당이 독점하려는 독점욕의 집단이기주의적 발상의 결과인지, 아니면 그같은 규제조항의 심각성을 인지하지 못한 야당 특유의 '무지'의 결과인지는 불분명하지만[34] 어쨌든 이에 대한 책임을 피할 수 없다. 그 결과 절대다수의 민중들은 "선거국면이 '열린 정치공간'이기는커녕 평상시와 같은 '의사표현의 자유'조차도 박탈당한 완벽한 '폐쇄공간'임을 실감해야만 했다."[35] 또 이것이 요즈음 유행하고 있는 한국의 '그 잘난' 시민사회의 냉엄한 현주소이다.

2) 독자적 민중후보 전술

독자적 민중후보 전술은 진정추(진보정당추진위원회), 민중회의 등 전국연합의 정식 소속단체가 아닌 민민운동의 '재야', 즉 '재야의 재야'세력에 의해 주도되었다.

이들은 전국연합의 대의원회의 결정안이 전국연합 밖에서의 민중후보 출마를 배제하지 않는다는 원안 그대로의 해석을 기초로 전국연합의 범민주 단일후보 협상에 동참하려 했고 공동투쟁본부 구성을 제의하였다. 그러나

---

34) 그간의 보도를 종합해보면 후자에 가깝다.
35) 임영일, 앞의 글, 36면.

전국연합은 중집위의 대의원회의 결정의 확대해석에 근거를 두고 독자후보 전술을 "분열주의"로 규정하는 한편[36] 전국연합의 참관단체인 민중회의, 진정추 등을 참관단체 내규위반을 이유로 참관단체 자격을 박탈하였다. 또 민중후보로 추대된 백기완 후보는 전대협 등 전국연합소속 단체회원들에 의해 유세장에서 사퇴압력을 받기도 했다. 이는 앞에서 살펴보았듯이 중집위의 해석이 대의원회의 결정을 올바르게 반영한 것인가라는 문제와 관련하여 앞으로도 논쟁이 될 문제이다.

백기완 후보진영은 이번 대선에서 ① 그동안 분열되어 있던 좌파진영을 선거투쟁을 통해 하나로 묶어내어 단일한 진보정당 결성을 위한 기초작업을 벌이며, ② 보수-진보의 대립점을 부각시킴으로써 대선 후에 예상되는 정계개편에 대비한다는 것을 주된 목표로 삼았다.[37] 그러나 이같은 주된 목표 이외에도 선거선전활동을 통해 진보세력을 확산시켜 이를 표로 묶어냄으로써 그 세를 확인하고 선거의 쟁점을 만들어내어 '정치지형'의 변화를 도모한다는 부차적인 목표를 설정하였다.

독자후보진영이 대선 후 전국연합보다 상대적으로 덜 타격을 입고 있는 것은 독자후보진영이 이번 대선에서 전국연합보다 선전(善戰)했기 때문이라기보다는 그만큼 기대치와 목표가 낮았기 때문일 뿐이다. 우선 진보정당 결성준비라는 목표를 보자면 다양한 좌파세력 내의 정파들이 그 내부적인 노선의 차이에도 불구하고[38] 이번 대선에서 백선본을 구성해 단일대오를 갖추었다는 점에서 그 의미가 크다. 그러나 아직까지 이들이 대선 이후 단일한 진보정당으로 성공리에 출범할 것인가를 판단하기에는 시기상조이고 아직도 많은 난관이 남아 있다. 뿐만 아니라 비록 득표 자체가 주목적이 아니었다고는 하지만 민중후보가 이번에 획득한 표의 미미함을 고려할 때 진보진영이 독자적인 진보정당을 출범시킬 만한 주·객관적인 조건이 갖추

---

36) 전국연합, 「30만 동지들이 앞장서서 민주승리의 길을 개척합시다」, 앞의 책, 7면.

37) 정문화, 앞의 글, 60~61면.

38) 이들의 강령적 입장 차이에 대해서는 사회당추진위 정책실, 「사회주의세력이 제기하는 한국사회 4대 개혁쟁점」, 『진보저널』, 1992년 11월 20일, 25~33면 참조.

어졌는가라는 문제가 다시 대두될 가능성이 크다. 더 궁극적인 문제는 이렇게 출범한 진보정당이 어떻게 하면 도중에 좌초한 민중당의 전철을 밟지 않고 장기적으로 생명력이 있는 정치세력으로 살아남을 수 있느냐는 것이다. 이와 관련하여, "더욱 중요한 것은 남한 변혁운동을 이끌 만한 전략구상이 없다"[39]는 것이라는 백기완 후보의 고뇌가 진보세력이 풀어야 할 심각한 숙제이다. 뿐만 아니라 전국연합의 독자후보 반대 결정의 영향 탓이라고는 하지만 백선본이 이번 선거에서 전노협 등 기층대중조직의 적극적인 지지를 획득하지 못한 것도 문제이다. 따라서 향후 진보정당 움직임이 과거처럼 민주노조 등의 조직적인 지지를 바탕으로 하지 못하고 상층부 위주의 '가분수형' 정치조직에 그칠 때는 그 한계가 자명하다 하겠다.

보수-진보 대립점화를 통한 정계개편 대비 역시 TV유세 등을 통해 상당한 성과를 거둔 면이 있기는 하지만 그 성과라는 것이 "통쾌하다"는 수준의 정서적 반응을 넘지 못한 느낌이 강하다. 따라서 진보정당 결성을 통한 보수일변도의 정계개편 대비라는 것이 얼마나 성공을 거둘 수 있을지는 아직 미지수이다.

득표 면에서 민중후보는 지난 총선시기 민중당이 얻은 표를 바탕으로 전국규모로 계산한 80만 표, 최대 3백만 표(유권자의 10% 수준)를 목표로 삼았다.[40] 그러나 결과는 전체투표자의 1% 수준인 23만 7000표를 얻는 데 그친 '대실패'였다. 이는 지난 14대 총선시 민중당이 득표한 1.5%에도 못 미치고 전체 민중후보가 득표한 2.15%(44만 8000표)의 절반수준에 불과한 것이다.

이같은 득표하락에 대해서는 두 가지 해석이 가능하다. 하나는 한국사회의 보수화가 진행되면서 총선을 치른 지 반년밖에 지나지 않았음에도 불구하고 보수화가 더욱 진전되어 기존의 민중후보 지지세력까지도 진보진영을 떠났다는 해석이다. 또다른 해석은 그같은 요인보다는 대선과 총선의 차이에서 비롯된 결과라는 해석이다. 즉 총선의 경우 민중후보가 1석이라도 원내에 진출하는 것이 목표이고 의미가 있다는 점에서 진보세력이 대부분 민중후보에 표를 던졌지만, 대선의 경우 어차피 민중후보의 당선 가능성이

---

39) 「민중대통령후보 백기완 인터뷰」, 『노동전선』, 1992년 11월 15일, 43면.
40) 「오세철 교수와의 대담」, 『진보저널』, 1992년 11월 20일, 15면.

없다는 점에서 사표를 우려, 민중후보에게 투표하지 않았다는 것이다. 여기에 민중당 실험의 실패, 전국연합의 '범민주단일후보'전술 등도 민중후보의 득표 저조에 기여했다는 주장이다. 이 두 해석이 상호모순되는 것이 아니고 두 요인이 상호복합적으로 작용했을 수도 있으나 후자의 요인이 더 결정적이었으라는 것이 필자의 입장이다. 어쨌든 이같은 득표결과는 앞으로 진보정당 결성, 활동에 중요한 짐으로 계속 진보진영을 괴롭힐 것은 부인할 수 없는 사실이다.

독자후보진영의 이번 대선의 중요한 성과 내지 의미는 민주당과 '범민주단일후보'진영과는 달리 6공심판과 민주-반민주 구도를 고수함으로써 올바른 의제 설정과 선거지형 변화를 시도했다는 점이다. 그러나 그 역량의 한계 등으로 인해 이같은 선거지형 변화를 성공적으로 수행해내지는 못한 것 같다. 이밖에 민중후보진영이 내세운 강령의 적합성, 선전양식, 유세 및 조직 방법, 대중과의 결합방식 등 중요한 내용적 문제들은 지면의 제한과 정보의 부족으로 다루지 못한 채 남겨놓는다. 이는 추후 많은 논쟁이 필요한 주제이다.

4. 향후 정치와 민중민주운동의 진로

패배를 자탄하는 순간에도 역사는 계속되고 있다. 따라서 이제 신발끈을 고쳐매고 다시 일어서야 한다. 그리고 문제의 관건은 산별노조의 결성 등으로, 위축된 대중운동을 활성화하는 것이다.

김영삼 대통령의 탄생은 이번 대선에서 민민운동이 패배한 결과이지만 또 한편으로 긴 호흡의 역사 속에서는 민민운동이 승리해나가는 과정이기도 하다. 민자당이 3당통합을 단행하지 않고는 체제를 안정적으로 재생산하지 못하게 됐던 것, 나아가 김대통령이 소수파로서도 '가출위협'의 '땡깡의 정치'를 통해 후보직을 차지하고 이번 선거에서 승리할 수 있었던 것은 민민운동의 성장과 국민들의 정치의식의 성장에 기초를 두고 있다.

물론 군사정권＝독재정권, 문민정권＝민주주의 정권은 결코 아니며 문민

정권 그 자체에 지나친 의미를 부여하는 것은 위험하다. 또 새 정권의 등
장으로 국내외 독점자본이라는 그 계급적 기반과 국가성격에 근본적인 변
화가 일어나리라고는 아무도 기대하지 않으며 이번 선거 자체에 이같은 의
미를 부여한 사람 역시 별로 없을 것이다. 오히려 대다수가 김영삼체제는
"87년 민주항쟁 이후 위기에 처했던 지배블록의 안전성을 복원하는 계
기"[41]가 될 것이며 국내외 독점자본의 지배를 더욱 공고히하는 새로운 강
력한 부르조아 정권으로 등장하리라고 보고 있는 것이 사실이다. 그럼에도
불구하고 일정정도의 '탈파시즘화' 내지 '보수의 정상화', 즉 '부르조아 민
주주의화'에 대한 기대를 선험적으로 배제할 수는 없다.

이제 김대통령의 민자당행이 단순한 '변절'인지 아니면 개혁을 위한 '위
장취업'인지를 예의 주시하고 개혁을 강제하여야 한다. 이 점에서 "민자당
이 (당선)되어도 일반민주주의의 진전은 있을"[42] 수밖에 없다는 관찰은 일
면적이지만 그래도 시사적이다. 아니 어쩌면 김대통령이 김대중 전민주당
대표보다도 더 많은 개혁을 가져다줄 가능성도 있다. 기득권세력의 저항과
색깔콤플렉스 등으로 핸디캡을 지닌, 따라서 국가원로회의 창설, 노사휴
전, 거국내각 등을 내세울 수밖에 없었던 김 전대표에 비해 김대통령은 전
략적으로 유리한 위치에 있고 리더십 스타일 등 여러 면에서 오히려 개혁
에 유리한 점도 있다.[43] 문제는 불을 보듯 자명하게 예상되는 기득권세력
의 저항이며 이를 민민운동의 활성화로 무력화하고 개혁과 민주화를 강제
해야 한다. 그리고 우리에게 중요한 것은 누가 대통령이 되느냐가 아니라
개혁과 민주화의 속도와 폭, 그리고 내용이다. 다만 우려되는 것은 새 정
권의 '개혁'이 현재 그 단초가 서서히 나타나고 있듯이 자유화와 민영화라
는 이름 아래 일각에서 '신보수주의'라고 잘못 명명하고 있는 '개악'으로 나
아가는 것이다.[44] 다시 말해, 정치의 영역에서는 현상적인 '개혁'의 제스처

---

41) 최장집, 『신성부의 정치체제적 구조와 성격』, 학술단체협의회 대선 심포지움 발
   표논문, 1992년 12월, 5면.

42) 서형태, 앞의 글, 59면.

43) 미국의 경우도 군비통제, 즉 전략핵무기제한협정을 성사시킨 정권은 민주당이
   아니라 가장 극우적인 닉슨과 레이건 정권이었음을 상기할 필요가 있다.

44) 신보수주의란 기본적으로 복지정책 등 민중의 힘의 성장과 이의 체제내 포섭을
   위한 사회민주주의적 정책이 한계에 부딪히면서 축적과 재생산의 위기를 타파하기

(그것도 국가보안법, 노동악법 개폐 등 비민주적 정치구조의 개혁이 아니라 사면조치와 같은 대국민 과시용 개혁)를 보이되 경제의 영역에서는 금융기관의 민영화(즉 금융기관까지도 재벌지배화) 등 자율화를 통한 독점자본의 지배강화라는 본질적인 '개악'이 우려되고 있다. 그러나 '억압적 국가통제'에 대한 개혁은 '민주적 국가통제'이지 '자유방임'을 통한 '독점자본의 방목'이 아니다. 또 세칭 한국판 '신보수주의'는 독점자본의 지배강화라는 대내적 문제점 이외에도 국가가 총자본으로서 산업구조를 주도적으로 조정해갈 기회를 박탈함으로써 우루과이라운드 등 거센 경제개방의 압력 앞에서 한국경제가 좌초할 수도 있는 대외적 문제점도 안고 있다. 만일 새 정권의 기조가 관념적 '시장지상론자'들인 그 경제참모들의 주장대로 이같은 '신보수주의'로 나아간다면 이는 비록 재벌들의 반발에 의해 좌초되기는 하였지만 그래도 최소한 신산업정책 등을 통해 '독점자본의 합리화'를 시도했던 6공보다도 오히려 후퇴하는 것이다. 뿐만 아니라 '국민의 고통분담론'과 총액임금제의 강화계획이 보여주듯이 이는 자본에 대해서는 '작은 정부' 정책과 세칭 '신보수주의'를, 일반국민과 민중에게는 '더 큰 정부' 정책과 '신억압통제주의'를 펴는 '두 얼굴의 사나이'에 다름아니게 될 것이다. 국가가 정하는 가이드라인 이상으로 임금을 올리는 기업에 대해 금융제재 등 처벌을 가하는 총액임금제가 어떻게 '자율화'이며 '신'이건 '구'이건 '보수주의'일 수 있는가?[45] 이 점에서 만일 이같은 '개악'노선이 새 정권의 기조가 된다면 이는 '신보수주의'가 아니라 오히려 자본에는 자율화를, 노동에는 통제강화를 선사했던 5공의 '완화된 모습', 즉 "홉스(Hobbes)와 프리드만(Friedman)을 결합한 야누스"가 될 것이다.[46] 이밖에 클린턴(Clinton) 행정

위해 이같은 국가의 '복지적' 측면의 '비대성'을 공격하는 이론이다. 반면 우리 사회의 경우 이같은 국가의 민중복지적 기능은 사실상 전혀 존재하지 않았다는 점에서 최근의 '작은 정부론'은 신보수주의(국가에 응집되는 독점자본과 민중 간의 힘의 관계의 재조정)와는 그 맥락이 완전히 다르고 다만 권력블록 내의 국가-독점자본 간의 관계조정이라는 제한적 의미만을 갖는다. 게다가 우리에게 '신'보수주의라는 이름을 가능케 할 수 있는 (구)'보수주의'라는 것이 과연 존재했었는가?

45) 임금을 많이 주는 기업에 대해 국가가 '훈장'은 못 줄망정 처벌을 가한다는 것은 필자가 과문한 탓인지 들어보지도 못한 '한국 특유'의 기이한 현상이다.

46) Atilio Boron, "Latin America: Between Hobbes and Friedman," *New Left*

부 출범으로 예상되는 경제개방 압력과 관련하여, '시카고 마피아' 경제참 모들이 앞장선 대외종속성의 '개악', 대북관계에서도 이미 걸림돌이 되어버 린 핵문제에다가 북한의 인권문제까지를 남북대화에 연계시켜 남북관계를 '개악'시킬 가능성도 크다.

새 정부의 '개혁'방향은 결국 권력블록 내의 구체적인 행위자로서의 국가 (관료 등)와 독점자본 간의 관계의 재정립, 나아가 권력블록 자체의 재편 이라는 정계개편과 밀접하게 맞물린 문제로서, 시민사회 내의 역관계(특히 민민운동의 재활성화 여부)와 권력블록 내의 이 두 세력간의 일정수준의 내부갈등을 통해 판가름날 수밖에 없다. 따라서 민민운동은 이같은 내부갈 등을 충분히 이용하여, 국가에 대해서는 그 억압성과 '비대성'을 공격하되, 그같은 공격이 독점자본의 '신보수주의론'을 도와주지 않도록 동시에 독점 자본 지배의 폐해를 집중적으로 폭로하는 양면작전을 통해, 개혁의 방향을 '민주적 국가통제'의 방향으로 강제하여야 한다. 이를 정리해서 이야기하자 면 김영삼정권의 전개방향은 과거의 억압적 국가통제의 수구적 현상유지와 신보수주의와 '민주적 국가통제'라는 두 방향의 변화를 합쳐 세 가지의 가 능성이 열려 있다. 앞으로 민민운동이 계속 침체되고 권력블록 내의 수구 파가 득세할 경우 그 결과는 첫번째 시나리오의 현상유지이다. 그러나 권 력블록 내에서 새로운 위상 정립을 주장해온 독점자본, 시장경제지상론자 들인 김대통령의 경제참모, 시장개방과 자율화를 강요하고 있는 제국주의 세력의 논리가 득세할 경우 신보수주의가 향후 주된 기조가 될 것이다. 이 와 달리 민민운동의 활성화와 함께 이같은 힘을 등에 업고 '개혁파'의 입지 가 강화될 경우 변화의 방향은 비록 한계가 있더라도 '민주적 국가통제'의 방향으로 나아갈 것이다.

이러한 '개혁의 강제' 이외에도 민민운동은 이번 대선에서 국민당의 선거 공약으로 제기되었고 민자당 내에서도 상당한 지지를 받았었던 내각제개 헌 등을 통한 정계개편과 '보수대연합'의 추진동향을 예의 주시하고 이에 대비해야 한다. 이는 일단 민자당의 승리와 국민당의 와해로 인해 당분간

은 물밑으로 잠복할 것이지만 궁극적으로는 다시 쟁점으로 부상할 것이 자명하다. 제도정치권 내에서 이같은 정계개편에 현실적인 심각한 걸림돌이 되고 있는 것은 개헌을 통한 정계개편 추진시 대통령임기와 국회의원임기의 불일치에 따른 현임 대통령의 잔여임기 처리문제와 이에 따른 청와대의 반대 정도로 이에 대한 광범위한 암묵적인 합의가 이루어져 있는 것이 아닌가 하는 우려가 든다. 특히 이는 앞으로 예상되는 남북정상회담 등 남북관계의 질적 변화와 맞물려 폭발적으로 제기되어나올 가능성이 크다. 마지막으로 7공 내지 '6공 2기'는 그동안 민민운동진영에서 활발히 논의되어 온 사회성격 및 변혁노선 논쟁과 관련하여, 한국자본주의가 얼마까지 개량화를 하면서 안정적인 자본축적과 재생산을 할 수 있는가, 또 한국사회에서 진정한 의미의 자유민주주의는 과연 가능한가를 증명해줄 중요한 시금석이 될 것이라는 점에서 그 전개를 예의 주시할 필요가 있다. 다만 이와 관련하여 한가지 짚고 넘어갈 것이 있다. 민민운동 내부에서조차도 일각에서는 새 정권이 그 문민성, 정권창출과정 등을 고려할 때 더이상 "비민주, 반민주의 전통적 권위주의 정권으로 규정될 수 없는" '부르조아 민주주의' 정권이며 '절차적 민주주의'의 문제는 더이상 문제가 될 수 없다고 보는 견해가 팽배해 있는 것 같다. 이는 앞에서 '민주-반민주 구도의 조기소멸'론에서 지적했듯이 잘못된 인식이다. 문민성, 정권의 창출과정, 선거절차는 '절차적' 민주주의와 부르조아 민주주의의 중요한 판단기준의 일부이지만 그 전체는 아니다. 이들이 부르조아 민주주의의 판단기준 전체라면 다당제 하에서 선거에 의해 집권한 문민정부인 나찌도 부르조아 민주주의 정권이다! 그 문민성, 정권창출과정의 '무하자성'에도 불구하고 최소한 앞에서 지적한 세 가지 기준,[47] 특히 사상의 자유 등 부르조아 민주주의적 기본권이 보장되지 않고 자본의 정치활동은 보장하면서 노동조합의 정치활동은 금지하는 식으로 '형식적 평등성'마저도 지켜지지 않는 한, 그 정권은 부르조아 민주주의라고 볼 수가 없다. 따라서 이는 김영삼체제가 국가보안법과 노동악법 등을 개폐할 것인가의 구체적 개혁내용에 의해서만이 판가름날 수 있는 문제이다. 이밖에 한편으로는 전교조에 대항하는 새로운 '우파'교사모

---

47) 주 3의 세 가지 기준 참조.

임의 결성 등이 보여주듯이 시민사회 내에서의 부르조아 헤게모니가 강화되면서 과거의 '서북청년단'이나 관제민간단체와는 질적으로 내용을 달리하는, '상당부분 자발적인' 민간부문에서의 '진성민간파쇼화' 움직임이 대두할 가능성이 적지 않다는 데 유의할 필요가 있다.

이와 관련하여, 앞으로 민민운동은 다음 두 가지 편향을 경계하는 가운데 진행되어나가야 한다. 그중 하나는 절차적 민주주의의 문제는 이미 해결되었다고 보고 '민주-반민주 구도'를 포기하고 '진보-보수'의 구도만을 주대치선으로 보는 견해이다.[48] 또다른 하나는 이와 정반대로 5공-6공-'7공'(내지 '6공 2기')의 차별성을, 즉 어쨌든 그동안 제한적으로나마 이루어져온 절차적 민주주의의 진전을, 따라서 그동안 진행되어온 '민주-반민주' 구도의 상대적 약화를 무시하는 편향이다. 6공하에서의 경우 두번째 편향이 민민운동의 주된 경향이어서 주된 경계대상이었다면, 앞으로는 오히려 첫번째 경향이 주로 경계해야 할 대상이 될 것 같다. 또 '민주-반민주 구도'의 소멸 여부, 소멸 시기·형태는 새 정권의 개혁(내지 '개악') 여부, 아니 좀더 정확히 표현하자면 민중세력의 개혁강제 성공 여부에 좌우될 수밖에 없다는 점에서 이를 예의 주시할 필요가 있다.

민민운동은 대선에 대한 본격적인 평가와 함께 운동방식을 놓고 앞으로 치열한 내부논쟁과 분화가 예상되고 있다. 현재 태동하고 있고 앞으로 본격화될 입장들은 크게 보아 여섯 가지 정도로 정리될 수 있을 것 같다. 첫번째는 '대중운동강화론'이다. 이는 아직 우리 사회의 기층대중조직이 취약하므로 우선 이를 강화해야 한다는 주장이다. 산별노조운동 등이 그 대표적인 예이다. 두번째와 세번째는 그 반대 극단으로서 두 개의 다른 입장의 '전면적인 정치세력화론'이다. 이중 하나는 민중의 독자적 정치세력화를 내세워온 백선본의 진보정당 결성 움직임이고, 다른 하나는 민중운동의 현실적 한계를 인정하고 민주당으로 '통합'해들어가야 한다는 일종의 '투항론'

---

48) 불분명한 점도 있기는 하지만 새 정권의 출범을 "60년대 이래 군부통치의 종식, 정치권력의 문민화, 절차적 민주주의의 확립 등으로 집약될 수 있는 '민주화'운동의 과제…의 한 순환의 마감"이라고 본 임영일 교수의 견해(앞의 글, 32면)는 이 입장이 아닌가 싶다. 이중 앞의 둘에는 동의할 수 있으나 '절차적 민주주의의 확립'은 위에서 보았듯이 문제가 있다.

내지 '민주당 내 진보블록강화론'이다. 네번째는 대선과 관련해, 암암리에 진행되어온 '민주연합당론'이다. 이는 사회운동의 독자적 기반을 가지고 이를 지분으로 하여 민주당 전체 내지 당내 진보블록과 연합의 형식을 통해 정치세력화를 도모해야 한다는 입장이다. 다섯번째는 '대중운동-정치운동 병행론'이다. 이 신중론은 실사구시적 입장에서 양자를 병행하되, 현실적 성과에 따라 검증되는 쪽을 강화해나가야 한다는 '경험주의적' 입론이다. 마지막으로 지역단위를 기초로 한 전국수준의 새로운 '민중주도의 시민운동론'이다. 이는 정세변화에 따른 새로운 운동양식의 필요, 특히 제도정치 영역과 선거게임의 중요성이 부상함에 따라 지역단위를 중심으로 한 시민조직의 필요성이 제고되고 있다는 평가 속에서 새롭게 대두하고 있는 입장이다. 다시 말해, 과거의 계급·계층적 운동과는 달리 선거 및 생활 단위인 지역을 단위로 하여 주민들을 결집시킬 수 있는 주민운동을 전국적으로 묶어내되, 경실련류의 중산층적이고 위로부터의 시민운동이 아니라 좀더 민중적이고 아래로부터 조직화되는 시민운동을 주도해나가야 한다는 주장이다.

이들 입장을 간단히 시론적으로 평가해보자면 '대중운동강화론'의 경우 모든 운동의 성패는 궁극적으로는 기층대중운동의 활성화 여부에 달려 있다는 점에서 아무리 강조하여도 지나치지 않는 원칙이다. 뿐만 아니라 그간의 민민운동이 일종의 '조급증'에서 일정정도 지나치게 정치운동, 좀더 정확히 표현해 정당운동류의 '고급정치'운동 지향적인 '편향'을 지녀오지 않았나 하는 점에서 이에 대한 '반명제'로서 의미를 가질 것 같다.[49] 그러나 동시에 이를 일방적으로 강조하는 것은 '자생주의'의 일반적인 문제점을 갖고 있을 뿐 아니라 대중운동의 활성화는 노동악법 등 제도적 장애의 극복에 크게 달려 있으나 이에 대한 투쟁은 어떤 형태로건 본격적인 정치운동을 통한 제도정치권에서의 정치투쟁이 아닌 대중운동의 분산적이고 소모적인 대항으로는 한계가 있다는 문제점을 안고 있다. '진보정당결성론'의 경우 그 당위성에도 불구하고 이미 앞에서 지적했듯이 주·객관적 조건의 평가 문제, 과거와 같이 대중조직의 조직적 지지에 기초를 두지 못한 상층부

---

49) 이같은 문제의식에서의 뛰어난 문제제기로는 임영일, 앞의 글.

위주의 가분수형 정당운동, 나아가 대중운동과 '제로섬적' 관계의 정당운동의 극복 문제, 대중적 설득력을 가진 새로운 전략구상의 문제 등의 숙제를 안고 있다. '민주당입당론'은 그 '투항적'인 실천적 함의는 일단 차치하고라도 지난 대선에서의 정책연합에 따른 색깔론파동, DJ은퇴 이후 예상되는 '민주당의 보수화' 등을 고려할 때 그 대상인 민주당이 이 구상에 부정적일 것이라는 점에서 실현 가능성 면에서 문제점을 안고 있다. '민주연합당론' 역시 민주당이 그 연합에 부정적이라는 점에서 '짝사랑'론에 가깝다. 민주당 전체가 아닌 당내 진보세력과의 연합의 경우도 대선 후 입지가 좁아진 당내진보블록이 역량부족을 이유로 연합을 거부할 것이 거의 자명하다. '대중운동-정치운동 병행론'은 일단 무난하게 들리나 문제는 이 양자의 병행 그 자체가 아니라 이 양자간의 올바른 관계설정이라는 점에서 병행 그 자체가 문제의 해답이 되지는 못한다. 또 이 입장의 경험주의적 입론은 운동을 전적으로 정세에 좌우되는 무원칙적인 것으로 만들어버림으로써 '운동의 표류'를 가져올 우려가 있다. '민중적 시민운동론'의 경우 그 참신성을 평가받을 수 있을지 모르나 계급·계층적 이익을 넘어선 '전주민적' 이해를 묶어낸다는 것이 민민운동에 어떠한 의미를 지니는지가 불분명하며 이같은 운동이 궁극적으로 경실련과 갖는 차별성이 무엇인가 하는 의문이 생긴다.

어쨌든 이상의 입장들은 사물을 보는 '관점'과 현실에 대한 인식 차이뿐만이 아니라 다양한 조직과 활동가들의 지지기반, 활동공간 등 물적 토대 그 자체의 차이에도 크게 기인한다는 점에서, 그리 쉽게 그 차이가 해소될 것처럼 보이지는 않는다. 그럼에도 불구하고, 민민운동은 치열한 내부논쟁과 발본적 사고를 통해 대중운동의 새로운 내용과 형식, 정치운동의 올바른 내용과 형식, 그리고 이 양자간의 관계설정에 대한 과학적 해답을 끌어내는 한편 이를 실천해야 하는 엄중한 과제를 안고 있다.

이제 다시 일어나 이것으로부터 '새로운 순환의 역사'를 시작할 때다.

지역갈등의 현황과 극복방안: 14대 대선 그 이후

1) 머 리 말

DJ는 갔다. 30여 년간 응어리져온 호남인들의 한, 특히 80년 봄의 광주의 한을 남겨놓은 채. 이번 대선 이후 호남인들은 2중의 충격에서 고통을 받고 있다. 하나는 정권교체의 패배에서 오는 좌절감이고, 또다른 하나는 DJ(김대중)의 정계은퇴라는 폭탄선언으로 받은 충격이다. 요즈음 호남인들은 만나면 이민을 가겠다느니, 5년간 텔레비전 뉴스를 안 보겠다느니, 앞으로 영원히 투표를 안하겠다느니 하는 극단적인 자포자기를 토로하고 있다.

한쪽에서는 '신한국'이라는 장미빛 청사진을 내세우고 있으나 우리 사회는 지역갈등이라는 거의 '불치'의 심각한 병을 앓고 있다. 그리고 이같은 '호남의 한'을 치유하지 못하는 '신한국'은 결코 '신한국'일 수 없다는 점에서 이에 대한 근본적인 대책이 촉구되고 있다.

여기에서 우리는 한국사회의 지역갈등의 이론적 문제와 이같은 지역갈등이 이번 선거에서 나타난 양상, 그 원인들을 먼저 간략히 살펴본 뒤 'DJ

---

* 『월간중앙』 1993년 2월호에 수록된 「DJ 이후의 호남」을 일부 수정한 것. 이 글은 14대 대선은 끝나고 대통령 취임은 이루어지지 않은 때 집필·발표된 것이므로, 일부 용어(대통령당선자)에 대해서는 집필시점을 고려할 것.

이후의 호남’이 나아가야 할 방향을 본격적으로 다루고자 한다.

2) 지역갈등의 과학적 이해

우리가 지역갈등문제를 접근하는 데서 부딪히는 첫번째, 그리고 가장 어려운 난관은 ‘지역갈등의 지역갈등’이다. 다시 말해 지역갈등의 내용과 원인이 무엇인가에 대해 지역간의 인식의 차이가 있고, 이것이 갈등을 일으키는 ‘지역갈등에 대한 지역갈등’이다. 예를 들어 영남권 사람들의 경우 우리 사회의 지역갈등을 기본적으로 지역감정의 문제, 즉 심리적 문제로 이해하는 경향이 강하다. 따라서 김대중 후보에 대해 절대적 지지를 보내는 호남인들의 ‘배타성’이나, 자신들이 동향후보를 지지하는 자신들의 ‘배타성’이나 차이가 없다는 것이다. 이에 비해 호남인들은 지역갈등을 기본적으로 정치·경제적 문제, 즉 지역차별적 권력구조와 지역적 낙후성의 문제로 인식한다. 따라서 지역갈등의 해소를 위해서 선행되어야 하는 것은 이같은 지역갈등에 대한 지역갈등의 해소이다.

학계의 경우도 지역갈등에 대한 다양한 연구를 진행해왔으나 이에 대한 이론적 합의는 부재하고 그 이론화수준도 아직 초보적 수준에 그쳐 있다.

다만 지역갈등에 대한 과학적인 이해의 기본적 방향만을 이야기한다면, 우선 지역갈등을 단순히 지역감정의 문제로 이해하는 심리환원론이나, 역으로 이를 단순히 경제적 낙후성 등으로 환원시키려는 ‘토대환원론’은 모두 문제가 있다는 점이다.

전자는 심리적 측면을 절대화함으로써 지역갈등이 지역갈등해소운동이나 ‘서로 상대방 이해하기 운동’ 등으로 해소될 수 있다는 착각을 하게 한다. 후자 역시 정치·경제적 측면을 절대화해 호남의 지역적 낙후성만 극복되면 지역갈등이 사라질 것이라는 인식을 가져다준다. 지역갈등은 이같이 단순한 것이 아니라 궁극적으로는 지역적 불균형발전이라는 ‘토대’의 규정을 받고 있지만, 이의 규정을 받으면서도 이로부터 상대적으로 자율적인 심리적 측면, 또 이같은 심리적 측면과 지역갈등을 정치적으로 이용하여 정치권력을 유지해온 정치권의 전략적 개입의 총체적 산물이자 동태적 과정으로 이해해야 한다고 할 수 있다.

3) 지역갈등과 14대 대선

그러면 이번 선거가 우리 사회의 지역갈등과 관련해 지니는 의미는 무엇인가? 대부분의 언론과 학자들은 이번 선거기간에 87년 대선시와 같은 타지역 후보자의 유세방해·폭력사태 들이 재연되지 않는 것을 보고, 지역갈등이 완화되고 있고 따라서 지역적 투표행태가 완화될 것이라고 예측했었다. 특히 선거가 지역갈등구조로 가는 한, 승리 가능성이 없다고 본 김대중 후보는 이를 예방하기 위해 호남유세를 1회로 자제하였고 호남인들은 스스로 목소리를 낮추는 한편 몸가짐을 극히 조심했다. 다른 후보들 역시 전반적으로 지역감정의 부추김을 자제하였다. 그러나 결과는 예상을 빗나갔다.

물론 이같은 지역적 투표행태의 재연을 선거막판에 발생한 '부산 관계기관장회의 파동'의 탓으로 돌릴 수도 있다. "호남에 가 맞고 와야 하는데", 타후보가 되면 "영도다리에 빠져죽자" 등 상식을 초월한 이들 기관장들의 생생한 지역감정 부추김 발언들이 국민들의 분노를 불러일으켜 지역적 투표행태를 자제하게 만들기보다는 오히려 지역적 투표행태를 자극시켰음(특히 영남의 경우)은 여론조사기관의 여론조사가 입증하고 있다.

그러나 더 근본적인 원인은 다른 곳에 있었던 것 같다. 선거기간 타지역 후보 유세방해·폭력사태 들이 재연되지 않은 것은 정치에 대한 지역적 구도화가 약해졌기 때문이 아니라, 이같은 외향적 행동에 대한 그간의 비난에 의해 이러한 행동이 자제되었으나 지역구도화는 오히려 '내면화'되어, 단지 표출되지 않았을 따름이 아니었느냐는 것이다. 다시 말해 과거의 경우 폭력사태 등의 외부적 자극에 의해 일반유권자들의 지역감정이 자극되고 지역적 투표행태로 나아갔지만, 이제는 오랜 기간의 상징조작과 '호명'(interpellation)을 통해 이같은 지역적 인식이 개체시민들에게 내면화되어 외부적 자극 없이도 일종의 자율메커니즘처럼 작동하게 된 것이 아니냐는 것이다.

여기에서 이번 선거의 지역갈등구조화와 관련된 두 가지 점을 언급하고 넘어갈 필요가 있다. 그 하나는 후보들의 동향지역득표와 관련된 것으로 김대중 후보의 경우 호남지역에서의 득표율이 88~95%에 이르고 김영삼 후보의 경우 부산에서의 득표율이 72.6%에 '불과'하다는 '편차'문제다. 또 김영삼 후보의 광주에서의 득표율은 2.1%에 불과한 반면 김대중 후보의 부산에서의 득표율은 12.4%에 이른다는 편차의 문제다. 이는 일반적으로 '피해자'가 더 단결을 하게 마련이라는 것으로 설명할 수도 있다. 그러나 이 수치를 기초로 부산의 지역적 투표행태가 호남보다 훨씬 덜 심각하다고 예단하기에는 문제점이 있다. 왜냐하면 이같은 편차는 호남지역의 경우 외지인, 특히 영남출신의 인구가 얼마 안되지만 부산의 경우 외지인, 특히 호남출신이 상당히 많기 때문이다. 따라서 부산출신의 부산거주인, 즉 순수 부산인 중 김영삼 후보의 득표율은 72.6%보다 훨씬 높을 것이고, 김대중 후보의 부산 득표율 중 대부분은 부산거주 호남인들의 표라는 점을 고려해야 한다.

두번째는 김대중 후보가 이번 대선에서 서울을 제외하고 모든 비호남지역에서 김영삼 당선자에게 패배했다는 사실이다. 이는 이번 선거에서 우리 사회의 지역갈등구조가 호남 대 비호남으로 표출되었음을 의미한다. 이와 관련하여 드는 의문은 한국사회의 지역갈등구조가 왜 하필 호남 대 비호남으로 표출되었느냐는 것이다. 왜 영남 대 비영남이 아니냐는 것이다. 이는 오랜 군사독재정권에 의해 만들어진 DJ에 대한 부정적 이미지의 결과인 면도 적지 않다. 또 한국 최대의 곡창지대로서 일찍이 많은 이농을 경험하며 도시서민층을 형성한 계층의 상당수가 호남인이며, 이중 극히 일부가 사회경제적 조건과 관련된 부정적인 행동양상을 보임으로써 타지역에 호남인에 대한 부정적 이미지를 심어준 데 기인하는 면도 있을 것이다. 그러나 이는 문제의 본질을 은폐하고 있다.

지역갈등구조가 호남 대 비호남화 되는 데 결정적인 계기가 된 것은 3당통합이다. 3당통합은 기본적으로 각각 지역적 기반을 지닌 4당 중 호남에 기반을 둔 평민당(현 민주당)만을 소외시킨 채 나머지 3당을 통합함으로써 지역갈등구조를 호남 대 비호남으로 만들어놓았다. 이는 서구에서 복지국가의 위기라는 지배질서의 위기 속에서 영국 보수당의 새처주의가 구사한

‘2개의 국민’ 지배전략의 한국판이라는 사실이다.

70년대 들어 경제위기로 인해 복지국가의 계급타협을 가능케 했던 물적 기초가 붕괴되면서 서구의 지배세력은 복지수혜자와 빈민에게까지도 혜택을 주고, 이들의 지지까지도 얻어내는 종전의 사회민주주의적 ‘1개의 국민’ 전략을 포기하였다. 대신 이들은 국민을 중산층 등 열심히 일하는 근면하고 ‘선량한 국민’과 게으르고 사회에 기생적인 복지수혜자·소수민족 등 ‘불량한 국민’으로 나누어 전자의 지지만으로 체제를 유지하는 일종의 ‘의도적 분할지배’ 전략을 채택하였다.

이와 유사하게, 국민이 만들어낸 여소야대의 정국으로 체제의 안정적 재생산이 위기에 봉착한 기득권세력이 3당통합을 통해 우리 사회를 ‘선량한 국민’으로서의 비호남과 ‘불량한 국민’으로서의 호남으로 분열시키고 전체의 과반수 이상을 차지하는 전자의 지지만으로 체제를 유지하는 ‘2개의 국민’ 지배전략을 구사한 것이다. 이같은 전략의 성공결과가 바로 이번 대선 결과라고 할 수 있다.

4) 새 정부 무엇을 할 것인가

어쨌든 이미 주사위는 던져졌다. 그리고 80년 봄 광주의 비극으로 이미 그 도를 넘어선 호남의 한은 이번 선거결과로 다시 심화되게 되었다. 문제는 이제 이의 치유를 위해 우리는 무엇을 할 것인가에 있다.

김영삼 대통령당선자는 이의 치유를 위해 호남출신 인사를 대폭 과감히 기용, 인사정책의 차별을 없애겠다고 밝히고 있다. 공정한 인사정책은 중요하다. 그러나 대부분의 호남인들은 이같은 정책이 의도한 목표 달성에 별 효과를 거두지 못할 것이라고 생각하고 있다.

이를 이해하기 위해서는 우리 사회의 과거, 그리고 나아가 다른 나라의 소수민족, 특히 미국 흑인의 경험을 살펴볼 필요가 있다. 이는 우리 사회에서의 호남인의 위상이 미국에서의 흑인과 마찬가지라는 뜻이라기보다는 특정 사회의 소외집단 문제에 대한 해결책으로서의 인사정책이 가져올 수 있는 일반적 문제점을 흑인의 경험을 타산지석으로 삼아 분명히 파악하기 위해서다.

여러 통계자료들은 고위공무원 등 주요직책에서 인구비율에 비해 호남이 '과소대표'되고 있음을 입증해주고 있다. 그러나 일부 호남출신 여권인사들의 경우 지역안배의 차원에서, 나아가 이같은 인사정책의 차별성을 은폐하기 위해 3공 이후 역대정권에 의해 계속 중용되어왔다. 극소수 호남출신 여권인사들의 '순환보직'이 그것이다.

미국 흑인의 경우도 좋은 귀감이 된다. 그간의 소외에 저항한 흑인들의 60년대 민권운동이 전체고용인 중 일정비율의 흑인고용을 의무화한 혁명적인 인사정책 등을 통해 흑인들의 지위 향상을 가져온 것은 부인할 수 없는 사실이다. 그러나 기본적으로 미국사회는 절대다수 흑인들의 삶을 별로 개선하지 못한 채 소수 흑인상층부의 '흑인 귀족화'와 '중산층화'만을 가져다 주었다는 비난을 면치 못하고 있다. 즉 이같은 소수 상층부를 제외한 절대다수의 흑인은 아예 계급축에도 끼지 못하는 '언더클래스'(underclass)라고 불리는 슬럼가의 무직자가 되어 있다.

이처럼 지역갈등 해소를 위한 호남인사 대폭기용이 호남인들의 삶을 개선시키지 못한 채 '호남귀족'만을 만들어낼 가능성이 크다. 따라서 문제는 호남인사 대폭기용이라는 인사정책 그 자체나 기용의 양이 아니라 어떠한 호남인사인가 하는 인사정책의 내용과 질이다. 다시 말해 인사정책이 '호남의 한' 치유에 기여하기 위해서는 과거와 같이 줄곧 군사정권에 협력해 호남인들의 지탄의 대상이 되고 있는 때문은 여권인사들이 아니라 지역주민들로부터 신망을 받고 있는 도덕적인 호남인사·재야인사 들을 과감하게 기용해야 한다. 그때만이 인사정책을 통한 지역갈등 해소가 일정하게 제기능을 발휘할 수 있다.

인사정책과 함께 지역갈등 해소를 위해 단골메뉴로 등장하는 것이 호남개발을 통한 지역간 균형발전전략이다. 이번 대선의 경우도 모든 후보들이 호남지역공약으로 이를 내걸었다. 여기에도 함정이 있다. 공단조성 등을 공약하고 있으나 이미 전남지역에 대규모로 조성된 대불단지의 경우 입주업체들이 거의 없어 심각한 문제에 봉착해 있다. 이러한 실정에서 추가 공단조성 자체는 별 의미가 없다.

또 설사 공단이 추가 설치되고 모두 업체들이 입주하더라도 문제는 남는다. 물론 이같은 정책은 호남인들의 현지 고용창출효과를 유발하고, 따라서 타지역으로의 이주를 통한 취업과 타지에서의 '돌이신세'를 개선할 수 있다. 또 산업연관효과를 통해 지역경제활성화에 기여할 것이다. 그러나 그간의 정치권력으로부터의 소외 등의 결과로 호남의 경우 자본다운 자본이 거의 부재하다는 문제가 걸림돌이다.

이런 상황에서 지역개발정책은 결국 TK재벌 등 외부 독점자본에 의한 호남지역경제의 지배만을 강화시킬 것이라는 우려를 낳고 있다. 환경오염 등 그 부작용은 일단 논외로 하고라도 말이다. 따라서 지역개발정책은 단순히 그것만으로는 부족하고 그간에 이미 형성되어 있는 지역간, 계급·계층간 부의 불균형을 개선할 수 있는 경제정의 실현이라는 질적인 면의 정책이 보완될 때만이 그 효과를 발휘할 수 있다.

새 정부가 '호남의 한'을 치유하기 위해 진정으로 할 수 있는 중요한 '진짜' 정책은 오히려 다른 데 있다고 할 수 있다. 이중 가장 중요한 정책은 개혁과 민주화다. 이는 언뜻 보기에 지역문제와 전혀 무관한 것처럼 보이나 그렇지 않다. 필자가 알고 있는 한 대부분의 호남인들은 그것이 사실이든 아니든, 또 타지역사람들이 인정하든 말든 자신들이 김대중을 지지해온 것은 그가 호남인이기 때문이라기보다는 민주주의를 위해 지지하다보니 그 인물이 '우연히' 김대중이었다고 생각하고 있기 때문이다. 따라서 그들이 바라온(설사 사실은 그것이 아니고 단순히 그들이 바라는 것으로 주관적으로 생각해온 것이라고 해도 이야기는 동일하다), 그러나 좌절한 그들의 민주주의의 꿈을 과감한 개혁과 민주화를 통해 채워주는 것이다.

다시 말해 이들이 김대중이 집권했으면 시행했을 것이라고 생각하는 개혁과 민주화보다도 많은 개혁과 민주화를 새 정부가 해 보이는 것이다. 또 광주의 한의 진정한 극복은 광주의 비극을 야기한 한국사회의 구조적 모순을 극복함으로써만이 가능하다는 점에서 이들 모순의 과감한 치유를 통해 광주의 한을 풀어주는 것이다.

그래도 호남의 한과 불만이 남는다면 그때는 이야기가 달라진다. 그때는 호남의 한은 우리 사회 전체의 책임이라기보다는 다만 '호남인들의 문제'가 되고 만다. 왜냐하면 이럴 경우 그간의 호남의 김대중 지지, 80년 광주민중항쟁 등 민주화투쟁이 민주주의와 개혁을 위한 노력이 아니라 다만 '호남대통령' 창조를 위한 지역이기주의가 우연히 김대중 지지를 위한 반독재 투쟁으로 나타났던 것이었음이 입증되는 것이기 때문이다.

이를 앞에서 지적한 인사정책문제와 연결시켜보면 그 의미가 뚜렷해진다. 진정한 지역문제의 해결은, 또 필자가 보기에 대다수 호남인들 역시 바라는 것은 과거와 같은 억압적인 정치와 민중배제성을 그대로 둔 채, 호남인사들을 인구비율로 등용함으로써 억압에 대한 호남의 동등한 참여권을 부여하는 그런 것이 아니다. 또 80년 '광주사태'에 상응하는 '대구사태'나 '부산사태'를 호남정권이 자행할 수 있는 동등한 권리나 TK정권에 대응하는 KC(광주-전남)정권을 만들 수 있는 권리를 호남에 부여하는 것도 아니다.

다음은 지방자치단체장 선거의 조기실시와 지방자치제도의 완성이다. 전국수준의 정치권력을 창출하는 데 실패해 좌절감에 싸여 있는 호남인들에게 지방자치제의 완성은 최소한 자신들의 삶과 관계가 많은 지방정부의 수준에서만이라도 자신들의 권력을 창출할 수 있고 정책을 스스로 결정해갈 수 있다는 자신감을 조금이나마 불어넣어줄 수 있다.

마지막으로 호남을 비롯한 지방대학출신의 취업기회의 확대와 일반기업체 수준에서의 호남출신 기피 방지를 위한 제도적 장치의 마련이다. 이는 특히 정부의 힘만으로 가능한 문제는 아니고 일반기업들의 협조가 필요하다. 그러나 최소한 정부가 이를 위한 강력한 제도적 틀을 마련해야 한다.

지방대학출신의 경우 실력부족 탓도 있겠지만, 동일한 실력을 갖춘 학생들마저도 지방대학출신이라는 이유로 취업시 핸디캡을 안고 있는 형편이다. 특히 호남지역 지방대학의 경우 이들이 지역정서를 반영하여 특히 '반정부적'일 것이라는 선입견 때문에 취업에 심각한 애로를 겪고 있다. 따라서 과거 같으면 전남대학 등 지역 명문대학을 지원하던, 서울 명문대학 지원학생 다음 수준의 호남지역 우수학생들이 이제는 지방분교라도 서울의 대학을 지망하거나 아니면 부산대학, 경북대학 등 영남지역 지방대학으로 '유학'을 가는 웃지 못할 기현상이 생기고 있다. 서울의 명문대학을 나온 호남출신의 경우도 출신지역을 이유로 취업을 거부당하는 경향이 강하다는 것이 호남지역 주민들의 공통된 의견이다. 특히 최근 들어 많은 대기업들이 신규사원 채용에서 과거와 같은 공채를 지양하고 인턴사원제, 추천심사제, 서류심사제 등의 방식에 의존하는 경향이 심해지고 있다는 점에서 더욱 그러하다.

결국 이같은 추세가 계속된다면 아무리 열심히 공부해봐야 취업은 안되므로 '반체제'화되고, 그러면 다시 "역시 이 지역 출신은 '반체제'적이라 채용해선 안되겠다"는 심각한 악순환이 우려된다. 아무리 상층부 고위직에 호남인사를 대폭 기용하여도 이같은 일반대중들의 취업문제가 제대로 해결되지 않는다면 지역소외의식은 개선될 수 없다는 점에서 이에 대한 근본적인 대책이 수립돼야 한다. 기업 역시 이같은 특정 지역 출신 채용기피가 궁극적으로는 사회적 불안정을 야기함으로써 기업 자신의 장기적 이익에도 해가 된다는 점을 자각해 이의 개선에 정부와 공동노력을 경주해야 한다.

5) 호남은 무엇을 할 것인가

그러면 이제 테이블을 돌려 호남은 앞으로 무엇을 할 것인가를 생각할 차례다. 무엇보다도 우선 시급한 것은 문제는 오히려 이제부터라는 것, 즉 이제부터 호남인들이 어떻게 행동하느냐에 미래뿐만이 아니라 과거까지도, 모든 것이 달려 있다는 것을 명확하게 인식하는 것이다.

앞에서 지적했듯이 호남인들의 대부분은 자신들이 김대중을 그토록 지지한 것은 30여 년간 민주주의를 위해 가장 일관되게 투쟁해온 사람이 그였기 때문이지, 그가 호남인이기 때문이 아니라고 생각한다. 그러나 타지역 사람들의 상당수는 호남인들의 김대중 지지를 단순히 '호남대통령'을 위한 지역적 투표행태로 이해한다.

결국 김대중에 대한 지지가 호남대통령에 대한 지지라면 이는 영남권의 영남출신 후보에 대한 지지와 별다를 것이 없고, 다만 힘의 열세로 호남이 지금까지 패배해온 것에 불과하다는 뜻이 된다. 그러나 호남인들의 김대중 지지가 이것이 아닌, 민주주의를 위한 투쟁이 '우연히' 김대중 지지로 나타난 것이라면 완전히 다른 이야기가 된다.

호남인의 김대중 지지가 이 두 경우 중 어떠한 것이었는가를 궁극적으로 평가받는 것은 앞으로 호남인들이 정치적으로 어떻게 행동하느냐에 달려 있다. 김대중의 은퇴에 따라 정치적 허무주의에 빠져 민주화에 대한 노력을 포기한다면 그동안 호남이 보여준 많은 정치적 투쟁들은 결국 '호남대통령' 창조를 위한 지역주의의 발로에 불과했던 것으로 최종평가를 받게 된다.

이 경우 나아가 한국의 지역갈등에 대하여, 호남대통령을 만들기 위한 호남인들의 '단결투표'가 타지역사람들을 자극, 지역적 투표행태의 전국적 확산을 야기했다는 식으로 지역갈등의 책임을 호남이 뒤집어쓸 가능성이 높다. 이는 현실 속에서 죽고 나아가 역사의 평가 속에서도 죽는, 결국 두 번 죽는 꼴이 될 것이다.

그것이 아니라 그간의 김대중에 대한 지지가 기본적으로 동학농민전쟁으로부터 광주학생의거·광주민중항쟁으로 면면히 이어지는, 한국사회의 모순의 응집을 끌어안고 민주주의의 최선봉장으로 투쟁해온 호남의 역사적 전통이, 30여 년간 반독재투쟁으로 일관된 정치인이 김대중이었다는 사실과 결합하여 김대중 지지로 나타난 것이라는 평가를 받으려면 김대중 은퇴에서 주저앉지 말고, 계속 민주주의를 위해 투쟁해나가야 한다.

물론 김대중이 30여 년간의 반독재투쟁에서 일관되게 가장 민주적 투사였느냐는 논란의 여지가 있으나 일단 순수가정으로 이를 인정하고 과거는 그렇다고 치자. 그렇다면 문제는 이제 'DJ 이후'의 한국에서 가장 민주적 정치인과 정치적 조직은 누구인가를 판단하여 그들이 호남인이든 아니든 그들을 적극 지지하는 것이 과거의 김대중 지지가 정당하게 평가를 받을 수 있는 길임을 인식해야 한다. 이같은 대전제 아래 각론적인 문제를 거론한다면 다음과 같다.

첫째, 모범적인 지방자치의 달성이다. 중앙무대의 정치와 달리 지방자치의 경우 호남주민들이 스스로의 정치를 가꾸고 꾸밀 수 있다. 특히 앞에서 새 정부가 조기실시해야 한다고 지적한 지방자치단체장 선거까지 실시되어 행정부 쪽에서도 지방자치가 실시되면 더욱 그러하다. 따라서 지방자치의 수준에서만이라도 가장 민주적이고 개혁적인 지방자치를 실시하는 것이다. 그러면 패배주의에 빠져 있는 호남인들의 자긍심이 살아날 것이다. 또 호남을 타지역이 배우고, 실현시키고 싶은 지방자치의 전범으로 만듦으로써 호남에 대한 타지역의 평가가 달라질 것이다. 나아가 이같은 성공적인 지방자치를 통해 키워진 새로운 호남의 정치지도자들이 중앙무대에 진출할 때 과거와는 다른 새로운 평가와 대접을 받게 될 것이다. 이 점에서 호남주민은 지난 1년 반 남짓한 기간의 지방자치경험에 대해 한번 냉철하게 되돌아보아야 한다.

지방자치의 수준에서, 즉 지방의회의 수준에서 민주당은 호남지역에서 야당이 아니라 여당, 그것도 절대적 여당이다. 문제는 그동안 호남의 지방의회가 타지역의 지방의회에 비해 얼마나 더 민주적이고 모범적인 의회였느냐는 것이다. 단순비교를 하자면 호남지역의 지방의회가 타지역에 비해서 특별히 못한 것도 없고, 후한 점수를 주자면 다소 나았을 수도 있다. 그러나 스스로를 한국민주주의의 1번지라고 자부하는 호남인들의 자부심을 고려할 때, 호남의 지방자치는 이같은 기대치와 자부에 비해 낙제점이라는 것이 필자의 판단이다.

물론 이를 지방자치단체장 선거가 이루어지지 않은 반쪽 지방자치의 한계 탓으로 돌릴 수도 있다. 현재의 경우 지방의회가 갖고 있는 권력의 한계로 지방의회가 민주적 개혁을 주도하여도 이를 실현시키지 못하는 실정인 것도 사실이다. 그러나 그것만으로는 충분한 변명이 되지 못한다. 왜냐하면 주어진 권력의 범위 내에서도 충분히 가능한 민주화와 개혁의 노력을 등한시한 것 같은 느낌이 강하기 때문이다.

예를 들어 민주당은 이번 대선에서 전교조(전국교직원노동조합)의 합법화를 내세웠다. 그러나 지난 1년여간의 지방자치경험은 민주당의 이같은 공약과 모순되고 있다. 민주당이 장악하고 있는 시·구 의회가 선출권을 가진 광주시 교육위원회의 경우 전교조출신을 한 명도 임명하지 않아 주민들의 분노를 산 바 있다. 또 전남도 교육위원회의 경우 극소수이기는 하지만 전교조출신을 교육위원으로 임명하기는 했으나, 이같은 개혁을 '보상(?)'하기라도 하는 듯 교육위원회 위원장이 전교조 대표들과 간담을 했다는 이유로 불신임을 당하는 폭거가 발생하고 말았다.

이는 3공·5공에서 반민주적 교육정책에 앞장서온 지역 '어용교육관료'들이 발빠르게 민주당에 줄을 댔고, 민주당 도의원들이 심증은 가나 물증이 없는 뻔한 이유로 이들을 다수 교육위원에 추천, 임명했기 때문이다. 결국 이같을진대, 교육자치화가 이들 '어용교육관료'들에게 민선교육위원이라는 면죄부를 발급해주고 날개를 달아준 것 이외에 달라진 것이 과연 무엇이냐는 반문까지 제기되는 것은 당연한 일이다. 결론적으로 이같은 경험을 비판적으로 반성하고 호남에서만이라도 민주적이고 개혁적인 지방자치의 모범을 창출해 보여주어야 한다.

두번째로 중요한 문제는 민주당의 미래이다. 기본적으로 호남을 그 지지기반으로 하는 민주당은 김대중 은퇴 이후 심각한 재편의 진통을 겪고 있다. 앞으로 예상되는 당내 갈등의 축은 민주계 대 신민계의 당권을 둘러싼 갈등과 신민계, 특히 호남의 'DJ후계자'를 둘러싼 계파 내 갈등, 나아가 재야입당파 등 개혁세력 대 보수파의 갈등이다. 이중 지역문제와 관련하여 가장 주목되는 것은 민주계 대 신민계의 갈등이다.

현재의 세력관계나 지지기반을 고려할 때 신민계가 당권을 차지하는 것이 어쩌면 '순리'인 것처럼 보인다. 또 현실정치의 전개가 그렇게 진행될 가능성이 매우 높다. 그러나 호남이 앞으로도 계속, 극단적으로 말해 자손대대에 이르기까지 계속 호남 대 비호남의 지역구조 속에서 소외된 '2등 시민'으로 남아 있고 싶지 않다면, 호남출신의 신민계가 당권을 장악하거나 대통령후보가 되는 것을 당분간 막아야 한다. 그리고 그것을 할 수 있는 것은 신민계 지지기반인 호남주민들밖에 없다.

호남출신의 신민계 의원의 경우 지역구도에 의해 일반주민들이 고통을 당하든 말든, 지역구도가 존재하는 한 자신들의 정치생명은 안전하다는 이유로 신민계의 당권장악을 원하고, 이를 추구할는지도 모른다. 그러나 이렇게 되면 호남 대 비호남 구도는 계속되고, '호남의 소외' 역시 계속될 것이다.

'호남출신 신민계 당권장악 불가론'에 대해 이는 13대 총선시 민주당이 지역구도 탈피를 위한 고육책으로 호남지역구(영광-함평)에 영남인사를 공천했던 것같이, 이제는 중앙무대의 정치권력은 말할 것도 없이 호남지지기반 정당까지도 외부인이 말아먹게 하는 수모라는 '정서적 반발'이 야기될 수 있다. 이는 충분히 이해할 수 있는 자연스러운 반응이다. 그러나 이는 호남인들에게 성자가 되라고 요구하는 것이 아니다. 이는 고통스럽지만, 어쩔 수 없는 올바른 선택을 하라는 것이다.

호남은 선택해야 한다. 민주당의 당권이나마 차지하고 전국 정치구도에서는 호남 대 비호남 구도의 존속 속에서 계속 소외세력으로 남을 것인가, 아니면 '살신성인'의 정신으로 작은 것을 버림으로써 지역구도의 타파를 능동적으로 주도하여 큰 것을 얻는 지혜를 추구할 것인가를. 민주당이 당분간 비호남지도부에 의해 주도될 때만이 지역구도는 깨어지고, 나아가 현재의 지지기반 호남에 타지역 지지기반까지 보태짐으로써 수권정당이 될 수 있다.

개혁 대 보수의 갈등의 축과 관련해서도 그간의 호남의 김대중 지지가 민주주의와 개혁을 위한 것이었다면 호남은 개혁세력을 적극 지지해야 한다. 또 그것이 바로 80년 봄의 광주의 비극을 승리로 이끄는 것이다. 특히 이와 관련하여 주목할 만한 것은 민주당 내 개혁세력 대부분이 서울지역 등 비호남지역에 포진해 있고 호남의 경우 대부분의 의원들이 보수세력이라는 점이다.

결국 이를 달성하기 위해서는 호남주민들이 그 지지정당인 민주당의 당권경쟁과 당운영에 적극 개입해야 한다. 시민단체, 재야단체 등은 주민여론을 조성하고 주민의 힘을 적극 동원하여 호남출신 신민계 의원들에게 이같은 취지를 설득시키고 이를 강제하여야 한다. 이밖에 주민들이 직접 나서 민주당의 당내민주주의 활성화를 촉발시키고 호남지역에서만이라도 14대 총선 당시 광주의 이길재 의원이 공약으로 내걸었던 것처럼 지역의원이 주민의 의사에 반하는 반민주적 행위를 했을 때는 이들을 소환하는 '주민소환제'를 도입하도록 요구, 책임정치 구현을 제도화하여야 한다.

마지막으로, 차세대지도자의 육성이다. 김대중 은퇴 이후 민주당, 특히 이중 호남지역은 지도자의 공백을 겪고 있다. 이같은 지도자의 공백을 메울 차세대의 지도자감을 생각할 때, 과잉일반화의 위험을 안고 감히 이야기한다면 일부 예외가 있기는 하지만 전반적으로 볼 때 호남지역 의원들이 타지역에 비해 자질, 특히 현대정치에서 점점 그 중요성이 배가되고 있는 전문적 자질이 부족한 게 아니냐는 느낌이 든다. 타지역의 청문회 스타에 견줄 만한 호남지역의 청문회 스타가 부재한 것이 그 한 징표다.

이같은 현상은 김대중이라는 워낙 뛰어난 거목의 존재 때문이기도 하지만 또다른 중요한 이유가 있다. 이는 선거공영제라는 제도의 부재 속에서 야당이 정치자금을 조달하기 위한 '필요악'의 결과다. 민주당이 정치자금을 조달하는 중요한 한 방법은 거의 '공천＝당선'이라는 등식이 성립되는 호남지역 공천에서 재력가 등을 공천, 특별당비 형식으로 자금을 염출하여 사용하는 것이라는 사실은 잘 알려져 있다.

따라서 호남의 경우 '함량미달'의 정치인들이 다수 배출되고, 그 반대급부로 여기에서 조달된 정치자금이 서울 등지에서 돈은 없으나 뛰어난 능력의 정치인들을 지원하는 데 사용되는 민주당 내 '지역간 정치인 자질의 불균등분포' 현상을 야기하게 되었다. 이를 경제적 부라는 측면에서 조명해보자면 호남지역은 금호그룹을 제외하곤 내놓을 만한 전국적인 재벌기업이 부재한 상태에서 TK재벌 등에 의해 지역의 부가 외부로 유출되어왔다. 뿐만 아니라 이같은 불균형을 극복하기 위한 자구책으로서 호남지역에서의 공천을 통해 조달된 정치자금이 타지역의 유능후보 지원, 타지역에서의 선거운동 등에 사용되기 위해 타지역으로 유출되는 '2중의 부의 유출' 현상을 야기해온 것이 아닌가 싶다.

호남정치인들의 자질 면에서의 경쟁력 부족은 이밖에도 '정치시장'의 성격과 관련이 있다. 서울이라는 '정치시장'이 기본적으로 경쟁시장이라면 호남이라는 '정치시장'은 기본적으로 공천＝당선인 민주당의 '독점시장'이다. 이는 영남이라는 '정치시장'이 기본적으로 민자당공천＝당선인 민자당 '독점시장'인 것과 유사하다. 다만 차이는 영남의 경우 국민당의 등장으로 이같은 독점이 흔들리고 일종의 '과점시장'으로 변한 것일 것이다.

어쨌든 경쟁시장인 서울·중부권의 경우 자질과 능력을 갖춘 뛰어난 재목을 상품으로 내놓지 않으면 민자당, 국민당 등과의 경쟁에서 이길 수 없다. 따라서 이들 지역의 경우 후보공천에서 김대중에 대한 충성도나 자금면에서 문제가 있어도 자질이 후보선발의 제1차 기준이 될 수밖에 없다. 그 예로 당운영방식을 놓고 김대중 대표와 알력을 빚고 탈당소동까지 벌였던 의원들까지도 이같은 경쟁성 때문에 14대 총선시 다시 공천할 수밖에 없었고 젊고 자질있는 재야인사들을 대폭 공천하여 큰 성공을 거두었다.

반면 호남지역의 경우 공천＝당선이라는 경쟁의 부재로 인해 자질이 중요한 결정요인이 되지 못하고 김대중에 대한 충성도와 자금능력 등이 중시되어왔다고 볼 수 있다. 또 일정수준의 자질과 능력을 갖춘 정치인들의 경우도 경쟁의 부재로 각고의 노력을 통해 계속 이같은 자질을 발전시키고 정진해나아갈 자극이 사라져 그 자질을 상대적으로 제대로 발전시켜오지 못한 감이 든다.

따라서 호남은 기존 호남정치인들에 대해 자질향상을 위한 매서운 채찍질, 자질부족 정치인들에 대한 과감한 물갈이를 통해 자질 면에서 전국적으로 경쟁력을 가진 차세대지도자들을 장기적 안목에서 육성해나가야 한다. 이를 위해서는 과감한 경쟁체제의 도입이 필요하다. 그 한 예로 후보공천과정이 밀실거래에 의해서가 아니라 올바른 경쟁에 의해 이루어질 수 있도록 지역당원들이 스스로 후보를 선출하는 일종의 '예비선거'제도나 지역당원, 지역명망가 등으로 구성된 '후보심사위원회' 구성 등을 도입하여야 한다. 또 14대 총선에서의 이문옥 시민후보추대 등과 같은 시민후보추대를 통해 개혁성이나 자질 면에서 문제가 있는 후보들을 교체하거나, 최소한 경종을 울려주어야 한다.

결론적으로 다시 한번 강조하자면 호남에서 문제의 해답은 패배주의나 자포자기적 현실도피, 한풀이의 배타주의가 아니라 마음을 열고 긴 호흡의 역사의 안목으로 다시 일어서, 다시 시작하는 것이다. 이것은 말은 쉽지만 실천은 무척이나 어렵고 고통스러운 일임에 분명하다. 그러나 그것이 아무리 고통스러워도 이를 피해갈 수는 없고, 다른 길은 없다.

물론 호남인들이 80년 봄에 흘린 피 등을 통해 바라온 것이 민주주의가 아니라 단순히 '호남대통령'이었다면 앞에서 지적한 호남인들의 과제라는 것들은 별 도움이 되지 않는 일일 것이다. 따라서 호남인들이여 스스로 자문해보라. 그리고 그간의 노력이 '호남대통령'을 위한 노력이었다고 생각된다면 골치아픈 이 글의 제안들은 다 잊어버리고 인구수를 늘려 수의 게임에서 이길 궁리나 할 일이다.

6) 맺 음 말

지역갈등은 정부나 호남인들만의 문제는 결코 아니다. 우리 모두의 운명을 좌우하는, 정말 '전국민적' 문제다. 다만 이 글에서는 주제의 성격상 지역갈등 해소를 위해 정부와 호남이 해야 할 일을 중심으로 이야기를 전개할 수밖에 없었다.

지역갈등의 피해자는 호남인들만이 아니라는 것을 우리는 명심하지 않으면 안된다. 지역갈등의 피해자는 호남인들만이 아니라 우리 사회의 모든 민중이며, 어쩌면 이들 중 호남인 이상의 지역갈등의 피해자는 영남의 민중들일지도 모른다. 또 지역갈등의 피해자는 호남인 전체도 결코 아니다. 왜냐하면 호남인 중에는 지역갈등의 덕으로 오히려 지역갈등 무마용으로 지속적으로 요직을 차지하는 등 혜택을 받아온 '호남귀족'도 존재하기 때문이다.

TK 30년 정권하에서 대구가 전국 대도시 중 최고의 부도율을 기록하는 등 낙후해 있음은, 소수 기득권층을 제외한 다수 대구민중의 삶이 TK장기집권과 상관없이 피폐해 있다는 것을 간접적으로 시사한다. 이처럼 영남의 민중들이 지역갈등의 최대의 피해자일 수도 있다는 것은 이들의 삶의 질이 호남민중의 삶의 질보다도 못하다는 의미가 아니다. 그것은 호남의 민중은 최소한 이같은 소외 속에서 기득권세력에 의한 자기소외를 자각하고 있는 반면 영남의 민중은 망국적인 지역갈등구조, 특히 지역세력의 지역구도 부추김 탓으로 이같은 소외마저도 인지하지 못하고 지역갈등구도에 놀아나고 있다는 의미에서 최대의 피해자라는 뜻이다.

지역갈등의 최대의 폐해는 어쩌면 그것이 더 본질적인 사회적 갈등, 즉 계급·계층적 갈등을 은폐함으로써 사회발전을 가로막는다는 것이다. 소수 기득권층은 지역갈등구조로 사회적 모순을 은폐하고 체제를 계속 재생산해낼 수 있는 반면, 다수민중은 이같은 지역갈등구조 속에서 자신들의 이익과 요구를 표출할 수 있는 기회를 박탈당하고 이에 놀아나게 된다.

따라서 호남인들만이 아니라 소수 기득권세력을 제외한 다수국민은 지역갈등구조 타파에 모두 동참해나가야 한다. 이는 지역갈등이 바람직한 것이 아니라는 도덕적 명제에 의해서가 아니라, 자신들의 이익이 이를 타파하는 데 달려 있다는 현실정치적 명제에 의한 것이다.

우리는 이제 우리의 지역갈등문제가, '분리주의'가 현실적 선택으로 다가올 수준에까지 이를 정도로 심각함을 냉철하게 인식해야 한다. 14대 대선 이후 호남인 중 적지 않은 사람들에게 '분리주의'라는, 과거에는 상상도 못할 단어가 자신들의 유일한 대안으로 다가오고 있음을 느끼게 된다. 외신에서나 접해본 소수민족들의 분리주의 운동이나 끔찍한 민족분규가 이제 남의 이야기가 아닌 것 같은 불길한 예감이 든다.

세계는 한반도가 이제 조만간 남북통일을 달성할 것이라고 낙관하고 있다. 국내적으로도 통일의 전망에 대한 기대는 그 어느 때보다도 높고 김영삼 당선자는 이번 대선에서 금세기 내 통일을 공약으로 내건 바 있다.

이처럼 민족통일의 전망이 그 어느 때보다도 밝은 이 시점에서 한반도의 반쪽인 남한사회에서 ‘동서분열’의 위험이 최고도에 달해 있음은 아이러니라 하지 않을 수 없다. 남한사회에서의 지역간의 ‘지역통일’조차 달성하지 못하고 국가 내 분열의 위기에 처해 있으면서 남북통일을 이야기하는 것은 현실을 망각한 하나의 착각이 아닐까?

14대 대선 이후의 광주와 호남을 바라보면서, 현재 우리 사회는 남·북한 사회의 ‘국가간 통일’과 남북통일이 아니라 남한사회의 ‘국가 내 통일’과 ‘동서통일’이 더 시급한 것이 아니냐는 느낌을 지울 수 없다. 이같은 ‘지역통일’을 통해서 우리 모두가 서로 적대하는 지역이 아니라 하나의 국민이라고 느낄 때, 그때만이 ‘신한국’은 가능하다.

그리고 선택은 우리 모두의 몫이다.

새 '문민정부'의 성격과 '호남정치'의 향방

1) 머 리 말

30여 년 만의 문민정부의 출범 이후 한국정치는 급격한 변화를 겪고 있다. 지난 14대 대선을 시발로 본격적으로 개막한 문민정치시대, 정치지형에서의 '민주-반민주' 구도의 소멸, 일련의 '개혁'조치와 재산공개파동, TK 세력의 몰락 등 한국정치의 '구조개혁'은 그 정확한 성격은 아직 예단하기 어려운 실정이나 그 폭과 깊이가 예사롭지 않음을 부인할 수 없다.

이같은 구조개혁은 특히 호남정치[1]에 새로운 심각한 도전을 던져주고 있다. 호남은 그간의 '지역갈등'의 구도(민주-반민주 구도와 중층규정된) 속에서 지난 대선에서 현 문민정부의 '반대편'에서 대선에서 충격적인 패배를 경험했고, 그동안 호남정치의 명실상부한 '대부'였던 김대중씨가 대선패배 후 정계은퇴를 단행했으며, 현 문민정부가 최소한 '기대 이상'의 개혁을 주도하고 있다는 점에서 당혹감 속에서 이같은 도전을 맞고 있다.

이 글은 이같은 문제의식을 바탕으로 새 문민정부의 성격과 새 정권이 주도하고 있는 한국정치의 구조개혁의 성격을 분석하고 이를 기초로 하여 호남정치의 향방을 시론적으로 살펴보는 데 그 목적이 있다.

---

* 광주권 발전연구소가 주최한 심포지움 '문민시대의 호남정치의 향방'(1993년 5월)에서 발표한 논문 「김영삼정부의 성격과 호남지역 정치의 향방」을 보완한 것.

2) 한국사회와 호남 —— 역사적 고찰

새 문민정부와 한국정치의 구조개혁의 성격을 살펴보기에 앞서 필요한
것은 그동안 한국정치를 지배해온 갈등구조의 성격과 그 속에서의 지역갈
등, 특히 호남의 위상을 분석해보는 일이다.

(1) 제1공화국~1970년대

한국정치의 갈등구조를 이해하는 데서 핵심적인 것은 해방정국에서의 좌
우익간의 대립, 한국전쟁, 분단체제의 항구화에 따른 이데올로기 지형의
'반쪽우경불구화'다. [2] '계급'이라는 단어까지도 일상인들의 언어에서뿐만
아니라 순수 학술용어로부터도 사라져버려야 했던 이같은 유례없는 이데올
로기 지형의 극우화는 현대사회의 정치구조가 선진자본주의 사회는 말할
것도 없고 제3세계에서조차도 현대사회의 기본적인 갈등인 자본-노동의 갈
등을 중심으로 보수-진보의 대립축을 기본골격으로 하고 있는 것과는 대조
적으로 이같은 갈등구도의 소멸을 가져다주었다. 또 이같은 갈등구도의 부
재는 '시민사회' 속에서 발생하고 있는 계급·계층적 갈등들을 '정치사회'
(좁은 의미의 국가)에 반영시켜 제도적으로 해소하지 못함으로써 언제 폭
발할지 모르는 '누적효과'를 야기해왔고, 이같은 폭발을 막기 위한 '억압정
치의 항시화'를 초래하였다.
한국정치의 갈등구조를 이해하는 데서 중요한 두번째 특징은 민중배제적
이고, 민중억압적인 자본축적의 필요성에서 연유된 억압적인 '예외국가'의

---

1) '호남정치'란 우리에게 익숙하지 않은 용어이다. 하나의 지역정치로서의 '호남(지
   역)정치'는 여기에서는 단순한 지방자치식의 하위수준의 지방정치를 의미하는 것
   이 아니고 호남주민들을 주체로 하는 정치적 실천의 총체(전국수준의 중앙정치에
   영향력을 행사하기 위한 정치적 실천을 포함하여)를 의미한다.
2) 이에 대해서는 졸고, 「한국전쟁과 이데올로기 지형」, 『한국정치학의 새 구상』
   (풀빛 1991) 참조.

일상화다. '관료적 권위주의' 내지 '종속적 파시즘'이라고 불리는 이같은 예외국가의 일상화는 한국정치의 갈등구조를 줄곧 민주-반민주의 대립구도로 만들어왔다. 한국정치사가 독재정권과 이에 대항하는 반독재투쟁으로 점철되어온 것은 이같은 이유에서다.

(2) 1980년대～제6공화국

성장일변도의 국가주도하의 종속적 자본주의의 발전, 억압정치의 일상화와 민중배제성 등 한국사회의 모순은 1980년 봄 결절점화하여 광주민중항쟁으로 폭발하였다. 광주민중항쟁은 무자비한 폭력 앞에서 좌절되지만, 이를 계기로 해서 민중운동이 폭발적으로 성장하면서 한국전쟁 이후 한국사회에서 사라져버린 보수-진보 구도의 복원이 이루어지게 되었다. 이에 따라 70년대까지의 단순한 민주-반민주 구도로부터 민주-반민주 구도와 보수-진보 구도라는 정치구조의 '이중화'로의 변화가 일어났고 이 두 구도간의 과학적 관계에 대한 다양한 논쟁이 벌어지게 되었다.

6월항쟁과 그 결과로 쟁취된 대통령직선제와 13대 대선은 이밖에 새로운 갈등구조, 즉 지역갈등구조를 한국정치에 추가시켰다. 물론 지역갈등은 그 이전에도 존재해왔으나 이는 잠재적 형태로서 민주-반민주 구도의 압도적 중압감 속에서 독자적 갈등구도로 전면화되지는 않았다. 그러나 13대 대선에서의 '야권분열' 속에 생겨난 지역주의적 투표행태와 3당통합 등은 지역갈등구도를 한국정치의 독자적 갈등구도로 정착시켰으며, 이에 따라 이같은 지역갈등구도의 우위 아래 민주-반민주, 보수-진보의 갈등구도라는 3개의 갈등구도가 결합되어온 것이 새 문민정부 출발 이전의 한국정치구조였다.

(3) 지역갈등과 호남

한반도의 가장 비옥한 땅인 호남은 그 비옥성으로 인해 오랫동안 고착취의 '풍요 속의 빈곤'을 경험해왔다. 이같은 모순의 응집은 동학농민전쟁 등이 보여주듯이 호남을 한국민중운동의 중심지로 만들어왔다.

그러나 해방 후 현대한국사에서의 호남의 낙후성은 궁극적으로 '분단체제'로부터 연유했다고 볼 수 있다. '분단체제' 속에서 한국사회가 미·일을 중심으로 한 세계자본주의 경제에 편입되었을 때 지리경제학적으로 호남의 낙후화는 사실상 시간문제였다.[3] 이같은 구조적 규정은 60년대 군사정권이 수출주도형 산업화를 추구하고 나섬에 따라 현실화되어 나타났고, 이에 군사정권이 기본적으로 경상도에 기반을 둔 '경상도정권'이라는 사실이 중첩결정적 역할을 했다.[4] 한편 이같은 근대화과정 속에서 오랜 곡창인 호남은 가장 큰 폭의 이농을 경험하며 '출혈근대화'의 노동력을 제공하는 한편 인구유출을 경험하였다.[5]

그러나 이때까지만 해도 지역갈등구도는 잠재적으로는 존재해왔는지는

---

3) 그러나 이같은 지리경제학적 불리함이 호남 낙후화의 원인이라는 것이 분단체제의 수출주도산업화하에서 호남은 경제논리(수송비 등)에 의해 필연적으로 낙후될 수밖에 없다는 의미는 아니다. 오히려 이같은 지리경제학적 불리함에도 불구하고 지역별 불균등발전에 따른 경제·정치·사회적 부작용과 비용이 크다면 공장입지의 경제논리를 넘어서 '정치적 개입'을 통해 균형발전을 유도해나가는 것이 정치의 소임일 것이다. 그러나 현실은 그렇게 나아가지 않았다.

4) 따라서 50년대에 호남의 낙후가 아직 가시화되지 않은 것은 궁극적으로는 TK정권이 아직 집권하지 않았기 때문이라기보다는 이때까지의 수입대체산업화에 의해 원조를 제외하곤 우리 경제가 세계자본주의 체제에 본격적으로 편입되어 있지 않았기 때문이다. 참고로 50년대 한국정치의 개방도(수출입 / GNP)를 보면 평균 13.3% 수준으로 일제하 1936~40년의 평균인 60.4%에 비해 무려 1/5 수준으로 낮아졌다.

5) 이와 관련하여, 현재 인구 면에서 영남에 대한 호남의 절대적 열세와는 달리 이같은 이동이 본격화되지 않았던 1950년대말의 경우 호남-영남의 인구격차는 그리 크지 않았다. 구체적으로 60년 현재 1.35배였던 격차는 85년에는 2.03배로 늘어나 그 격차가 1.5배나 커졌다.

호남·영남 인구추세 비교

(단위 : 만명)

	1960년 (ㄱ)	1985 (ㄴ)	ㄴ/ㄱ
호남 (A)	595	595	1.00
영남 (B)	801	1206	1.50
B/A	1.35	2.03	1.50

몰라도 유신의 붕괴에 기여한 부마항쟁, 87년 6월항쟁(호남지역에 국한되지 않은) 등이 보여주듯이 민주-반민주 구도의 압도적 우위 속에서 독자적 갈등구도로 전면화되지는 않았다. 이같은 잠재적 갈등구도를 전면화시킨 것은 13대 대선, 특히 대선에서의 ‘야권분열’이다. [6] (물론 광주민중항쟁은 호남지역에 대해서는 피해자로서의 지역갈등구도를 전면화시켰으나 전국적으로는 결코 그렇지 않았다.) 야권분열은 민자당의 승리를 가져다주었을 뿐 아니라 ‘지역주의의 전국화’를 통해 사상 유례없는 4개의 ‘지역당’을 창출하였다.

　여소야대의 정국하에서 안정적인 체제재생산에 위협을 느낀 기득권층은 ‘두 개의 국민 지배전략’(일종의 ‘분리통치’전략)에 의해 호남을 제외한 나머지 3개 지역당의 통합을 통해 지역갈등구도를 현재와 같은 호남 대 비호남의 구도로 전환시켰다. 그러나 비호남 야성유권자(민자당은 싫지만 김대중의 민주당은 더 싫은 ‘비민자·반민주’의 유권자)들이 겨냥한 국민당의 출현은 14대 총선거에서 국민당돌풍을 일으켰다. [7]

　결국 과거에 비해 성숙한 국민들의 정치의식을 고려할 때 최소한 개혁적 문민후보가 아니고서는 대선승리를 이룰 수 없게 된 지배세력은 소수파인 김영삼 후보를 지명할 수밖에 없었고 3당통합이 만들어준 호남 대 비호남의 갈등구도, 6공의 ‘제한적 민주화’의 효과와 문민후보의 등장에 따른 민주-반민주 구도의 상대적 약화, 6공심판과 민주-반민주 구도를 내건 정공

---

6) 이에 대한 강조는 임영일, 「대선 이후의 민주화운동: 과제와 전망」, 민교협 제6회 정책토론회(1993년 1월 12일) 발표논문, 35면. 임교수의 표현을 빌리자면 지역주의의 “보다 직접적인 연원”, 필자의 표현을 빌리자면 잠재적 갈등구조의 독자적 갈등구조로의 전면화를 13대 대선에서의 야당의 지역분할로 파악한 임교수의 분석은 필자와 맥을 같이하는 것이나, 그러나 그 잠재적 근원으로서의 그동안의 “지역차별직 산업화 정책”의 역할, 4개 지역당구조를 3당통합 등을 통해 호남 대 비호남의 구도로 전환시킨 ‘지역패권주의적’ 지배전략 등에 대해서는 임교수가 과소평가하고 있다는 느낌이 든다. 한편 이같은 13대 대선의 야권분열, 이후 3당통합이란 요인을 무시하고 지역주의의 연원을 그간의 호남차별이라는 구조적 요인에서만 찾으려는 것도 역편향이다.

7) 구체적 내용은 졸고, 「14대 총선 결과와 그 의미」, 『이론』, 창간호, 1992년 여름호(이 책 201~16면) 참조.

법 대신 '뉴DJ플랜'류의 이미지전쟁을 택한 김대중 후보의 선거전략의 오류 등은 호남 대 비호남의 지역갈등구도의 압도적인 우위 속에 현재의 김영삼정권의 출범과 '호남의 패배'를 초래하였다. [8]

3) 새 문민정부와 향후 한국정치구조의 성격

새 문민정부가 민주화의 커다란 진전임은 누구도 부인할 수 없는 사실이다. 그러나 새 문민정부의 정확한 성격에 대해서는 다양한 이견이 존재한다.

새 정부의 명칭을 둘러싼 논쟁이 이를 웅변적으로 보여주고 있다. 그 논쟁은 가장 일차적으로 '숫자논쟁'의 형태로 가시화되고 있다. 우선 이를 '7공'으로 인식하는 '전통적'이고 일반적인 시각으로부터, 이를 6공의 태반에서 태어난 '배다른 자식'으로 파악, '6공 2기'로 명명하는, 더 나아가 6공 그 자체를 놓고 5공의 일란성 쌍생아로 보고 그 연장선상에서 새 정권을 '5공 3기'로 파악하는 비판적 시각이 있다. 다른 한편 5·16군사정권으로부터 6공까지를 하나의 단일공화국으로 파악, 새 정권을 제3공화국으로 인식하는 시각, 더 나아가 김영삼진영 내에서는 지금까지의 모든 정권이 다양한 형태의 권위주의 체제였다면 새 정권이야말로 이와는 단절하는 새로운 시작이라는 점에서 이 정권이 제2공화국이라는 주장까지 제기되고 있다.

좀더 구체적으로 새 문민정권의 국가성격 문제와 관련해서도 아직까지 본격적인 논의가 시작되지 않았지만 그 성격을 '(종속적) 파시즘적 자유민주주의'로 규정하는 시각과 본격적인 '부르조아 민주주의'로 규정하는 시각이 제기되고 있다. 전자의 경우 6공이 5공의 '종속적 (신식민지)파시즘' 체제에 자유민주주의적 요소가 가미된 '자유민주주의적 파시즘' 내지 '이완된 파시즘' 체제라면 김영삼체제는 "파시즘체제로서의 성격을 보존하면서도 절차적 민주주의 요소가 더욱 강화된 '파시즘적 자유민주주의' 정권"이라는 주장이다. [9] 반면에 후자의 경우 과거의 비민주, 반민주의 전통적 권위주의

---

8) 구체적 내용은 졸고, 「14대 대통령선거와 민중운동: 평가와 전망」, 『이론』, 1993년 봄호(이 책 217~47면) 참조.

정권으로 규정될 수 없으며 60년대 이래 군부통치의 종식, 정치권력의 문민화, 절차적 민주주의의 확립 등으로 집약될 수 있는 '민주화운동'의 과제 …의 한 순환의 마감을 의미하는 부르조아 민주주의 정권이라는 분석이다.[10]

결국 이같은 논쟁의 중심을 가로지르고 있는 것은 5공-6공-'7공'의 연속성과 단절성에 대한 과학적 인식의 문제이다. 특히 김영삼체제가 아직 '분석의 대상'이 아니라 '예측의 대상'이라는 시기적 문제에 기존의 정권과 달리, 또 역사상 유례없이 야당지도자가 집권여당에 들어가 정권을 장악했다는 사실에서 연유되는 그 내적 성격 자체의 불안정성, 그 '헤게모니 프로젝트'의 불확실성까지 겹쳐 문제를 복잡하게 만들고 있다. 이밖에 민주주의-권위주의라는 주류정치학의 비과학적인 정권체제 분류법은 일단 논외로 하더라도 국가권력의 계급적 기반과 억압성 여부라는 두 개의 기준을 조합시킨 2×2식의 원시적 수준의 '전통적' 국가형태 분류법이 안고 있는 이론적 한계도 이같은 논쟁에 크게 기여를 하고 있다.[11]

우선 확실한 것은 새로운 문민정권의 출발이 국내외 독점자본이라는 국가권력의 계급적 기반 나아가 대외종속성에 근본적인 변화를 의미하지는 결코 않는다는 것이다. 이 정권의 등장은 87년 민주항쟁 이후 위기에 처했던 지배블록의 안정성을 복원하는 계기로서[12] 새 정권은 국내외 독점자본의 지배를 공고히해주는 총독점자본으로서의 새로운 강력한 부르조아 정권임에 분명하다. 다만 문제가 되는 것은 다음 세 가지일 것이다. 하나는 새 정권에 의한 한국국가성격의 '탈파시즘화' 여부이다. 두번째는 그간의 '국가주도형 산업화'의 결과이자 국민당 실험이 상징하고 있는 것으로서 지배

---

9) 김세균, 「신정부의 성격」, 『노동자신문』, 1993년 1월 15일자.

10) 임영일, 앞의 글, 32면.

11) 이같은 전통적 분류에 따르면 억압성 여부는 결국 정도의 차이 문제이므로 억압성의 연속체상에서 어느 지점이 파시즘과 자유민주주의 체제를 가르는 질적 단절의 지점인가가 모호하다. 따라서 다양한 국가들을 구분하기 위한 고육책으로 '자유민주주의적 파시즘', '파시즘적 자유민주주의'라는 개념이 생겨나게 되는 것이다.

12) 최장집, 「신정부의 정치체제적 구조와 성격」, 학술단체협의회 대선심포지움 발표논문, 1992년 12월, 5면.

블록 내부에서 추상성수준이 낮은 구체적 행위자로서의 국가(관료 등)와 자본 간의 관계의 재정립 여부 문제이다.[13] 세번째는 그 가능성 면에서 위의 두 문제에 비해 희박하다는 점에서 별로 쟁점이 되고 있지 않는 문제이지만 일단 상정할 수 있는 문제로서 지배블록의 외연의 일정한 확대 여부 문제이다.[14] 좀더 구체적으로 '보수대연합' 등을 통해(물론 정치세력의 수준과 그 토대로서의 계급적 기반 사이에는 많은 매개가 존재해 1 대 1 조응관계를 설정할 수 없지만) 그 계급적 기반(정권을 지지하는 지지기반이란 의미가 아니라 정권이 대표해주는 계급)을 일정정도 중소자본까지 그 하위세력으로 넓힐 수 있을 것이냐는 문제, 즉 '총독점자본'의 국가로부터 '총자본'의 국가로 변신할 수 있을 것이냐는 문제이다. 이는 설사 '보수대연합'이 성사되고 새 정권이 일정하게 '친중소자본'적 정책을 펴나간다 할지라도 이것이 '독점화'라는 토대에서의 운동경향을 거스를 수는 없을 것이라는 것이 필자의 입장이기 때문에 일단 이 글에서는 논외로 하겠다.

결국 김영삼체제의 국가성격 논쟁에서 가장 쟁점이 되는 것은 '탈파시즘화' 문제이다. 이와 관련하여, 우선 지적할 점은 '군사정권=독재(내지 파시즘)', '민간정권=민주주의'라는 그릇된 등식에 기초를 두고 새 체제를 자유민주주의로 예단하는 것은 오류라는 것이다.

두번째는 이같은 단순논리는 아니더라도 이러한 문민성, 중립내각과 '공정한' 선거 등 정권창출과정의 '절차적 민주주의'의 '무하자성' 등을 이유로 해서 김영삼체제를 자유민주주의로 규정하는 경향(새 정권의 출범을 군부통치의 종식, 정치권력의 문민화, 절차적 민주주의의 확립 등으로 집약되었던 과거의 민주화운동 과제의 마감으로 파악하는 것이 그 대표적 예이

---

13) 이에 대해서는 졸고, 「국가론의 시각에서 본 6공—현대 갈등」(이 책 159~74면) 참조.

14) '보수대연합'이란 용어는 최근 많이 사용되고 있으나 이 용어의 과학적 위상은 애매하다. 대부분 이를 '종속적 파시즘'에서 '보수대연합'으로의 이행이라는 식으로 사용하고 있으나 이것이 종속적 파시즘과 같은 차원 내지 같은 추상화수준에서 사용될 수 있는지 의심스럽다. 종속적 파시즘과 같은 추상화수준이라면 자유민주주의로 전자에서 후자로의 이행은 이야기할 수 있으나 이같은 이행과 보수대연합으로의 이행과의 관계가 불분명하다. 다시 말해, 자유민주주의와 보수대연합 간의 관계가 애매하다는 것이다.

다)이 있으나 이것도 잘못이다.

물론 정권의 문민성, 집권과정의 절차적 민주주의는 절차적 민주주의를 본질로 하는 자유민주주의의 중요한 구성요소이자 필요조건이지만, 그 전체도 충분조건도 아니다. 만일 이것이 자유민주주의의 판단기준의 전부라면 문민정치인이 선거에 의해 집권한 독일의 나찌스도 자유민주주의 정권으로 분류돼야 한다. 자유민주주의 여부를 결정하는 것은 문민성이나 집권과정의 절차성이 아니라 정치구조와 정책 자체의 민주성 여부다. 더 구체적으로 자유민주주의 체제는 최소한 사상·결사의 자유 등 자유민주주의적 기본권의 확립, 정보기관·군 등 ‘억압적 국가기구’에 대한 국민통제, 즉 국민의 대표기관인 의회 통제, 강제력이 아니라 동의를 주통치기제로 하는 지배 등의 조건을 만족시켜야 한다.

따라서 새 정권이 자유민주주의 체제라는 명칭을 부여받기 위해서는 정치범과 양심수의 전원석방과 사상의 자유를 가로막는 국가보안법의 폐지, 자본가에게는 정치자금 기부뿐만이 아니라 직접적인 정치참여까지도 허용하면서 노동자에게는 이를 금함으로써 형식적인 평등까지도 해치고 있는 노동악법의 개폐, 국가안전기획부 등에 대한 의회의 실질적인 통제 확립 등의 발본적인 개혁이 이루어져야 한다.

다른 한편, 또다른 편향은 과거의 정권에 비한 현정권의 ‘상대적인 민주성’과 ‘개혁성’을 무시하고 과거와의 연속성만을 강조하는 ‘본질불변론’류의 역편향이다. 위에서 지적했듯이 위의 조건들을 충족시키기 전에는 현정권을 자유민주주의 체제로 볼 수 없는 것은 사실이지만 동시에 과거의 정권과 다른 문민성, 집권과정의 ‘무하자성’, 집권 후 보여주고 있는(그것도 기대 이상으로 보여주고 있는) 일련의 ‘개혁’ 등을 과소평가하여 과거와의 연속성만을 강조하는 것 역시 오류다.

새 정권이 위에서 열거한 조건들을 충족시키고 진정한 의미의 자유민주주의 체제로 나아갈 것인가, 또 그 결과 그동안 한국정치를 지배해온 민주-반민주 구도가 진정한 의미에서(단순한 정치지형에서가 아니라 실제적인 현실정치에서) 소멸하고 말 것인가를 이야기하기는 시기상조다. 또 이는 새 정부의 개혁의지에 의해서만 좌우될 수 있는 성질의 것이 아니고 시민과 민중세력이 운동의 활성화를 통해 기득권세력의 반발을 무력화시키고 이같은 개혁을 강제할 수 있을 것이냐는 실천의 문제이기도 하다.

그럼에도 불구하고, 현정세와 현정권의 개혁추진 추세를 기초로 하여 이야기하자면(TK세력 고사, 군부개혁, 공직자재산공개 등의 개혁조치에도 불구하고 국가보안법 등 반민주악법 개폐의 움직임은 전혀 보이지 않고 있으며 오히려 자본에 대한 자율화조치와 '작은 정부론'과는 대조적으로, 노동에 대해서는 총액임금제의 강화 등 '통제의 강화'와 '더 큰 정부'가 선사되는 등 '개악'이 진행되고 있는 점 등), 현정권이 본격적인 자유민주주의 체제가 될 가능성은 희박할 것 같다. 오히려 자유민주주의적 요소가 강화되지만 결코 자유민주주의 체제라고는 볼 수 없는 '양면적인 체제'의 성격을 띨 가능성이 매우 높다. [15]

따라서 향후 한국정치의 구도 역시 민주-반민주 구도의 완전소멸보다는 과거에 비해 민주-반민주 갈등구도가 현저하게 약화되지만 소멸되지 않고 장기적으로 지속되며 보수-진보, 지역갈등이라는 여타 갈등구도와 중첩되어 작동하는 과도기적 양태를 보일 것이라고 할 수 있다.

민주-반민주 구도의 약화는 동시에 진보-보수, 지역갈등구도의 '상대적 격상'을 경향적으로 예고하고 있다. 그러나 민주-반민주 구도의 약화에 따른 이같은 보수-진보, 지역갈등구도의 강화는 무매개적으로 자동적으로 이루어지는 것은 아니라는 점에서 한층 세심한 분석이 필요하다.

보수-진보의 정치구도는 시민사회의 계급·계층적 갈등을 정치사회에 집약시켜 변증법적인 발전을 추동해낸다는 점에서 바람직하고 때늦은 감이 있으나, 한국전쟁 이후 수십년간 형성된 우리 사회의 이데올로기적 경직성, 분단체제라는 특수성, 소련·동구 몰락에 따른 세계적 보수화 등을 고려할 때 이같은 구도로의 전환은 상당한 우여곡절과 지체를 겪을 가능성이 크며, 과거와 같은 보수일변도의 지배구조가 당분간 지속될 위험이 있다. 특히 이같은 구도를 강화하는 데서 최대의 장애는 지역갈등구도다. 최근 일련의 정치적 경험은, 지역주의적 담론의 지배하에서의 대부분의 기층민중이 이같은 지역주의의 '포로'가 되어 자신의 계급·계층적 이익을 정치적

---

15) 이를 '이행기적 체제'가 아니라 '양면적 체제'라고 부른 이유는 전자의 경우 결국 자유민주주의 체제로 이행하게 될 것이라고 선험적으로 전제하고 있으나 이는 열려진 문제이기 때문이다.

으로 표현하지 못하고 있음을 입증해주고 있다. 따라서 보수-진보 구도의 강화 여부는 망국적인 지역갈등구도의 약화, 소멸 여부와 밀접한 관련을 맺고 있다.

　민주-반민주 구도의 약화는 이미 우리 정치의 주된 갈등구도가 되어버린 지역갈등의 위상을 경향적으로 더 높여놓을 것이다. 왜냐하면 민주-반민주의 뚜렷한 대립구도가 있을 경우 그나마 민주성의 문제가 지역주의를 제어할 수 있었으나 이같은 대립구도가 약화될 경우 어차피 별 차이가 없을 바엔 ‘동향후보’라는 식으로 지역주의적 투표행태가 강화될 것이기 때문이다. (이 점에서 민주-반민주 구도 설정을 포기한 ‘뉴DJ플랜’이 지역주의적 투표행태를 불러일으켜 패배한 것은 당연한 논리적 귀결이다.) 물론 지역갈등구도의 심화 여부는 김영삼정권이 ‘원죄’(현정권이 ‘호남소외’의 3당통합에 그 뿌리를 두고 있다는 점에서)이자 아킬레스건인 지역갈등, 특히 호남문제의 해소를 위해 얼마나 획기적인 조치들을 도입할 것인지, 또 민주당이 새 지도부하에서 내부개혁과 설득력있는 대안 제시를 통해 지역당의 한계를 벗어날 수 있을지 여부에 따라 크게 달라질 것임은 사실이다.[16] 그러나 현재의 상황을 종합해보건대 그 전망은 그리 밝은 것 같지 않다. 따라서 망국적인 지역갈등구조의 심화, 이에 따른 ‘분리주의’의 대두를 막기 위해서는 한층 근대적이고 건설적인 갈등구도, 즉 서구와 같은 보수-진보의 갈등구조를 활성화함으로써 지역주의가 아닌 자신들의 계급·계층적 이익에 기초를 둔 합리적 정치형태로 나아가도록 유도하는 것이다.

　결국 향후 한국정치가 망국적인 지역주의의 포로로 남아 있을 것인가 아니면 이를 넘어서 진정한 의미의 하나의 국민으로서 ‘국민국가’의 형태로 나아갈 것인가를 결정할 구조적 변수는 ‘현대정치의 두 날개’ 중 역사적 특수성에 의해 불구화된 한쪽 날개, 즉 진보세력이 제도정치권 속에 뿌리를 내리고 보수-진보의 구도를 정착시킬 수 있을 것인가 여부라고 할 수 있다.

---

16) 이에 대해서는 졸고, 「DJ 이후의 호남」, 『월간중앙』, 1993년 2월호(이 책 248
　~64면) 참조.

4) 호남정치의 향방

호남정치는 위기에 처해 있다. 호남 대 비호남의 대립구도 속에서 대선
의 충격적인 패배를 경험했고 김대중씨도 떠났다. 대안도 보이지 않고 호
남 대 비호남 대립구도 역시 뚜렷한 변화의 조짐도 보이지 않고 있다. 민
주-반민주의 대립구도가 약화되고 있는데다, 그나마 김대중씨와 민주당이
지난 대선에서 민주-반민주의 대립구도를 스스로 서둘러 '조기은퇴'시켜버
림으로써 이제 새삼 이 깃발을 다시 쳐들 명분도 없어져버렸다.

뿐만 아니라 김영삼정권의 '기대 이상의 저돌적인' 개혁추진은 호남을 곤
혹스럽게 만들고 있다. [17] 사실 재산공개파동과 관련된 민자당의 (한계가
있기는 하지만 그래도) '상대적으로 과감한' 대응(물의의원 제명·구속 등)
과 민주당의 '우유부단'을 바라보고 있노라면 누가 여당이고 누가 야당인
지, 누가 더 개혁의지를 가진 정당인가가 혼동스러울 따름이다.

확실한 것은 '과거의 감정'에 연연, 새 정권의 개혁에 등을 돌릴 경우 호
남의 소외는 더욱 심화되고 호남 대 비호남의 대립구도에 이제는 명분까지
부여해주는 꼴이 될 것이라는 점이다. 따라서 호남은 그간의 김대중 지지
가 개혁과 민주화를 위한 것이었다면, 새 정권의 개혁에 적극적인 지지를
표명하는 한편, 이같은 개혁이 용두사미가 되거나 한계를 드러낼 경우 가
차없는 비판을 통해 부분적·단편적 개혁을 전면적·총체적 개혁으로 강제
해나가야 한다.

더 근본적으로는 앞에서 지적한 새 정권의 한계와 관련하여, 악법개폐
등 자유민주주의의 확립과, '일반민주주의'의 전진을 위해 민주-반민주의
구도가 명실상부하게 소멸될 수 있도록, 약화되긴 했지만 아직도 여전히

---

17) 호남주민들의 이같은 당혹스러움과 '자기분열'은 여론조사에서도 잘 나타난다.
93년 5월 3일 현재 호남주민들은 현정권의 개혁에 대해 절대적 다수가 지지를 보
내고 있을 뿐 아니라 김영삼 대통령에게도 69.6%의 높은 지지를 보이면서 동시에
민주당에 대해서도 민자당(23%)에 비해 배에 가까운 42.1%의 높은 지지를 보이고
있다. 「월간중앙—JOINS 민심추적조사」, 『월간중앙』, 1993년 6월호, 226면.

존재하는 이 대치선을 부각시키는 한편, 진보세력의 성장의 밑거름이 됨으로써 건전한 보수-진보 구도의 정착을 선도해나가야 한다.

호남이 이를 선도해야 하는 데는 세 가지의 이유가 있다. 첫째, 동학농민전쟁으로부터 한국민중운동의 선봉에 서서 한국사를 이끌어온 역사적 전통이다. 결국 민주-반민주의 구도하에서 민주주의의 1번지로 반민주투쟁을 이끌어온 전통은 변화한 정치 지형과 구도 속에서 진보세력의 1번지가 되어야 함은 당연한 논리다. 둘째, 앞에서 지적했듯이 지역주의적 갈등구도를 깨뜨릴 수 있는 가장 강력한 대안은 보수-진보의 구도이며 지역주의 갈등구도의 최대의 피해자는 호남이기 때문이다. 셋째, 지역갈등은 단순한 심리적 문제나 정치적 문제가 아니라 경제적 토대와 계급적 문제가 중층결정되어 있기 때문이다. 이는 도시서민의 다수를 차지하고 있는 것이 호남인이라는 것이 잘 입증해주고 있다. 이같은 호남의 사회경제적 낙후성과 사회계급적 위치는 호남이 진보정치의 본거지가 되어야 하는 데 충분한 이유가 된다. 물론 이것이 호남인 전체가 진보정치를 지지해야 하는 '민중'이라는 주장은 아니다. 분명, 타지역에 비해 그 수준이 낮기는 하지만 호남에도 계급분화가 있다.[18] 따라서 이중 상층유산계급은 그 계급적 위상에 걸맞게 보수정치를 지지하면 되고, 다수민중은 지역주의 벽을 넘어 타지역 기층민중과 연대, 진보정치를 지지하면 된다.

특히 이같은 하나의 방법으로서 최소한 과도기적으로 호남과 노동을 결합시켜 이 두 세력을 진보의 지지기반으로 하는 정치연합을 생각해볼 수 있다.[19] 이는 전통적인 '계급동맹'의 입장에서 보면 다소 기이하고 생소한

---

18) 자본주의의 상대적 미발달에 따른 호남의 상대적인 계급적 미분화와 호남의 계급적 특성에 대해서는 김창진·이광일, 「광주민중항쟁」, 박현채 편, 『청년을 위한 한국현대사』, 소나무 1992, 314~15면.

19) 이는 필자가 이 글을 원래 쓰면서 어설프게 생각했던 것으로 이후 최장집 교수가 '균형사회를 여는 모임' 창립총회(1993년 6월)에서 발표한 「지역발전과 국민통합」이라는 글에서 직접 언급함으로써 그 글에서 직접적인 단서를 얻어 새로 추가한 것이다. 호남+노동 이외에도 농민 등 다른 민중세력도 고려해야 하나 이는 가장 중심세력인 노동으로 단순화했다. 그리고 농민의 경우 그중 상당수, 특히 진보적인 전농(전국농민회총연맹)이 호남에 기반을 두고 있어 지역으로서의 호남과 중첩되고 있다.

동맹이기는 하다. 그러나 위에서 지적했듯이 지역문제가 계급문제로 환원될 수는 없지만 계급문제와 중층적으로 접합되어 있고, 정치적 지지라는 것이 역사성으로 인해 쉽게 바뀌는 것이 아니기 때문에 이러한 정치연합이 필요하다. 사실 이같은 '지역＋계급연합'은 역사상 전례가 없지 않은 것으로 30년대 이후 70년대까지 미국을 지배해온 뉴딜연합이라는 것 역시 미국 민주당의 오랜 지지기반인 남부에, 20세기 초에 정치적 시민권을 획득하려고 노력했던 '신흥세력' 노동이 연합한 일종의 '지역＋계급연합'이다.[20]

물론 이의 구체적인 방식은 민주당의 개혁적 성격 강화를 통한 '진보정당화', 제3의 정치세력화, 시민후보식의 운동 등 다양한 형태를 띨 수 있다.

20) 뉴딜연합의 경우 이밖에 가장 선진적인 국제자본이 포함되었고 오히려 이 세력이 연합 내에서 헤게모니를 쥐었다. 졸고, 「브루스 커밍스의 한국현대사 연구 비판」, 『한국정치학의 새 구상』, 풀빛 1991, 131~4면. 게다가 뉴딜연합의 한 부문인 남부는 우리의 호남과 달리 미국 내에서 오히려 보수적 지역으로서 뉴딜연합의 진보성은 한계가 자명할 수밖에 없었다.

■ 보 론

‘문민정부시대’의 민주당의 향로

새 문민정부하에서 ‘호남정치의 위기’와 함께 주목되고 있는 것은 민주당의 위기이다. 아니 차라리, 새 정권하에서 직접적인 위기를 겪고 있는 것은 민주당이고 이를 매개로 해서 나타나고 있는 것이 민주당에 절대적 지지를 보내온 호남정치의 위기라고 할 수 있다.

현재 민주당이 취할 수 있는 것은 3가지 시나리오 중 하나이다. 첫째는 과거와 같은 민주-반민주의 구도하에서 보수야당으로서 보수여당에 대해 (자유주의적) ‘민주성’을 놓고 경쟁을 벌이는 것이다. 이는 현재 민주당이 택하고 있는 노선이고 또 지금까지의 민주당의 행보로 보아 돌연변수가 없는 한 앞으로도 민주당이 택해나갈 가능성이 가장 높은 선택이다. 즉 민주당이 재산공개파동에 집권당보다 오히려 우유부단한 태도를 보이는 등 구태의연한 자세로 일각에서는 ‘개혁민자, 수구민주’라는 비아냥거림을 받기도 하지만 공직자윤리법, 국가보안법, 안기부법 등 제도개혁과 5·18, 12·12 등의 처리에서는 집권당보다 ‘부르조아 민주주의적’인 입장을 견지하고 있는바 이를 통해 경쟁을 하는 것이다.

그러나 이같은 노선은 민주-반민주의 구도가 상대적으로 약화되고 있어 급격히 협소해진 지형 속에서 집권당, 특히 ‘개혁’을 주도하고 있는 문민정

---

* 미발표논문(1993년 6월).

부와 차별성을 부각시키고 경쟁해나가야 한다는 어렵고 자기패배적인 전략이다. 다시 말해, 이는 새 문민정부의 개혁정치가 '민주주의의 후퇴'로 '개악정치'화하지 않는 한, 사실상 정권교체를 통한 수권정당화는 포기한 채 현재의 지역갈등구조가 지속되고(과거의 '역사성'에 연유한) 호남주민들이 계속 지지해주는 데 기대는 '지역당'이지만 그래도 '제1야당'이라는 현상유지에 만족하려는 수동적 방어전략이다.

두번째 전략은 민주-반민주의 대치선을 명확히해 절차적 민주주의의 완성을 강제하면서도 이를 넘어 진보정당화함으로써 진보-보수 구도로의 전환을 주도하는 것이다. "민주당은 노동자, 농민(포괄적인 농민 모두가 아니라 농민 가운데서 일부 기생적이고 비생산적인 지주계급을 제외한 근로농민적 범주의 농민 일반), 순환계열상의 도시빈민을 핵으로 하여 민중의 외연으로서 신구의 중산층, 중소자본을 갖고, 민족자본가로서의 거대독점자본과의 동맹에 의한 민족적 연합세력에 기초할 때만이 민주당의 정치적 기반을, 얼마 되지 않는 일부 지주와 매판적 거대독점자본에 한정지으면서 민족·민주적 세력으로서의 정치적 기반을 확보할 수 있을 것[1]이라는 박현채 교수의 제언은 이같은 선택에 대한 충고라고 할 수 있다.

이 제언은 한국사회에서 민중의 범위에 중소자본가까지를 포함시킬 수 있느냐, 민중의 동맹세력으로서의 '민족적인 거대독점자본'이 현실적으로 존재하느냐는 의문을 낳고,[2] 또 이 제언이 제시하고 있는 사회적 기반이

---

1) 박현채, 「민주당의 변화──그 가능성과 한계」(민교협정책토론회 발표논문), 『범야권의 혁신과 재편』, 1993년 4월 30일, 6면.

2) 위의 구상은 한국사회에서 반제(反帝)전선과 반독점전선이 분리되어 있고 우선 시급한 것은 반제전선이며 이같은 반제전선에는 반독점전선에서 타도대상인 민족적 거대독점자본이 연합세력으로 포함될 수 있다는 주장으로서, 이는 이 구상이 기초로 하고 있는 국가독점자본주의라는 한국사회성격(같은 글, 6면)과도 모순된다는 느낌이 든다. 다시 말해, 민족적 거대독점자본을 포함한 반제전선이란 한국사회를 종속적 국가독점자본주의 사회가 아니라 식민지반자본주의로 보는 세칭 NL론의 변혁동력 분석과 일치하고 있다. 또 이는 '민족적 거대독점자본'의 구체적인 일례로 현대를 들 수 있고 따라서 국민당과 민주당이 연합, 지지기반을 합쳤으면 지난 대선에서 정권교체가 가능했다는 일부 재야의 논리(필자는 그랬을 경우도 망국적인 지역갈등구도 때문에 국민당의 지지표 중 다수가 민주당으로 오지 않

진보정당으로서의 민주당이 목표로 삼아야 할 지지기반의 유일한 대안은 아니며 그 범위와 진보적 강령의 수준에 대해서는 다양한 입장이 있을 수 있다.

그러나 한층 본질적인 문제는 다른 곳에 있다. 즉, 이는 3가지의 시나리오 중 한국정치의 발전을 위해 가장 바람직한 시나리오이지만 가장 가능성이 희박한, 현재의 상태로 보아 사실상 불가능한 시나리오라는 점이다. 분명 민주당의 절대적 지지기반인 호남주민들의 정치의식의 '상대적 진보성'을 감안할 때[3] 지지기반이란 측면에서는 상대적으로 가능성이 있으나 문제는 민주당의 지도부(의원들)가 서울지역과 기타지역의 일부 개혁파의원들을 제외하곤 기본적으로 '수구적'이어서 민주당의 진보정당화는 이같은 지도부의 사실상의 전면 물갈이가 없는 한 불가능하다는 것이다.[4] 사실 민주당의 진보정당화보다는 제3의 진보정당 창당이 오히려 훨씬 용이하다고 할 수 있다.

마지막은 민주당의 '선택'이라기보다는 정계개편 등 외적 환경변화에 의해 민주당에 강제되는 결과로서 민주당의 '수구정당화'를 통한 경쟁과 생존이다. 즉, 최근 정계에서 회자되고 있는 정계개편이 현실화되어 민주당 내의 개혁파들이 민자당으로 입당, '개혁대연합'을 구성하는 경우, 민자당의 민정계(내지 그중 일부 등) 수구세력들이 자의 내지 타의에 의해 탈당, 민주당 내의 잔여 수구세력과 결합하여 '수구대연합'을 결성하는 경우이다.

아 징권교체에 실패했을 것이라고 보지만)와 일정한 연관이 있는 것이 아닌가 하는 상상도 가능하다.

3) 이에 대해서는 「새 '문민정부'의 성격과 '호남정치'의 향방」(이 책 265~78면) 참조.

4) 이는 김대중 은퇴 이후 나타나고 있는 민주당의 보수화가 잘 보여주고 있다.

지역사회연구방법론 단상

1) 머 리 말

최근 들어 우리 사회에도 지역사회, 나아가 지역사회연구에 관한 관심이 고조되고 있다. 과거의 '중앙무대' 일변도의 연구에서 탈피해 지역사회에 관한 연구에도 연구의 초점이 주어지고 있고 학술운동 역시 '중앙무대' 일변도에서 벗어나 지역사회연구회 등 자신들의 지역문제에 초점을 둔 지역단위의 연구활동을 활발히 펴나가고 있다.

이는 다양한 요인들이 중첩적으로 작용한 결과라고 할 수 있다. 우선 지역적 단위에 기초를 둔 '지역운동'은 5공 당시 국가의 억압적 국가기구를 통한 탄압에 효과적으로 대응하기 위해서는 지역단위가 아니라 부문(노동, 농민 등)별로 결합된 단순한 부문운동으로는 부적절하다는 현실적 한계 속에서 '방어적' 측면에서 시작된 느낌이 강하다. 그러나 이같은 소극적 측면을 넘어서 우리들의 구체적인 삶의 터전이자 실천의 장으로서의 '지역사회'의 중요성에 대한 자각, 한국자본주의의 불균등발전의 결과라고 할 수 있는 '지역모순', 즉 비대해지고 특권화된 서울 대 지방의 모순과 지방간의

---

* 전남대학교 사회과학연구소 연구간담회의 발제문(1992년 6월)을 확대, 보완한 미발표논문.

발전수준의 격차에서 연유한 지방지역간의 모순에 대한 자각이 심화되면서 '능동적'인 측면에서 지역사회와 지역사회연구에 대해 더 많은 관심을 쏟아왔다. 이밖에 지방자치의 실시 역시 이에 대한 관심제고에 기여를 하고 있다.

이 글은 이같은 관심제고와 관련하여 지역사회연구를 어떻게 해나갈 것인가 하는 지역사회연구방법론에 관한 필자 나름의 단편적 상념들을 정리해본 것이다. 아울러 필자 자신이 지역사회연구 전문가가 아니기 때문에 지역사회연구에 관한 전문적 지식에 의존하기보다는 사회과학 일반의 방법론적 측면에서 지역사회연구를 바라보고 이때 제기될 수 있는 문제들을 다소 '형식주의적'이고 '원론적'인 수준에서 검토한 것임을 밝혀두고자 한다.

2) 지역사회연구방법론에 대한 몇가지 단상

(1) 국내외 연구동향과 방법론적 정향

지역사회연구방법론 문제를 본격적으로 다루기에 앞서 우선 이에 대한 해외의 연구동향을 간략히 짚어보고 이를 기초로 지역사회연구가 나아가야 할 기본적인 방법론적 정향을 시론적으로 제시해보고자 한다.

필자의 '아마추어'적 지식에 의하면, 지역사회연구는 미국권과 유럽권으로 대별되는 것 같다. 방법론적으로 상이하다고 할 수 있는 이들 두 지역권의 연구방법론적 특징을 과잉일반화의 위험에도 불구하고 간략히 요약, 소개하자면 다음과 같다.

미국에서의 지역사회연구는 유명한 다원주의 정치학자인 로버트 달(R. Dahl)이 뉴헤이번지역의 정책결정과정을 실증분석한 『누가 지배하는가?』(*Who Governs?*) 이후 소위 다원주의 대 엘리뜨주의의 논쟁으로 발전한 커뮤니티권력구조(community power structure) 연구가 기본골격이 되어왔다고 볼 수 있다. 지역사회에서 누가 권력을 장악하고 있느냐를 주관적 인지도에 의한 명성법, 객관적 지표에 의한 지위법 등을 통해 규명하려는 지역권력구조 연구는 이후 지역사회의 다양한 의제영역(issue area)에서 재개발,

핵발전소 건설, 환경 문제 등을 놓고 지역 내의 다양한 이익단체들이 어떠한 동맹정치(coalition politics)를 통해 자신들의 입장을 관철시키려고 애쓰는가를 분석하는 연구로 발전해왔다.

이처럼 미국권의 연구가 권력구조와 정치의 문제에 주로 초점을 맞추어 왔다면 유럽권의 연구는 방법론에서 정치경제학적 지향을 한층 분명히하고 있을 뿐 아니라 주된 관심도 자본주의의 불균등발전과 관련된 지역발전의 문제에 두어온 듯하다. 특히 유럽권의 연구는 미국식의 실증주의적 전통과는 대비되게 넓은 의미의 맑스주의적 전통에서 자본주의의 불균등발전법칙에 대한 지역간의 불균등발전, 분석단위 면에서의 지역발전의 세계체제적인 연관 등을 강조한다. 따라서 미국권의 지역사회연구가 정치학과 사회학을 중심으로 이루어져왔다면 유럽권은 경제학, 지리학 등이 중심이 되어 '공간의 정치경제학'이라는 독특한 영역의 개발로 이어져 조절이론 등의 도입 등이 이루어져왔다.

우리나라의 경우 지역사회연구라는 것이 최근래에, 그것도 진보학계와 민중운동진영에서 관심을 갖고 주도해온 탓으로 미국권의 연구경향이 지배적인 다른 사회과학 분야와 달리 유럽식의 연구가 지배적이 되어왔다는 느낌이 든다. 물론 이는 바람직한 현상이나 주제 면에서 지역간의 불균등발전 등 정치경제학적 문제에만 주로 초점이 맞추어지고 지역사회의 권력구조와 이의 재생산이라는 문제는 거의 등한시되는 파행적 현상을 보이고 있다 하겠다. 즉, 권력구조문제의 경우 기껏해야 중앙정치무대에 특정 지역 출신이 얼마나 대표되고 있느냐는 중앙권력구조의 지역적 구성 문제만이 초점이 되고 있을 뿐 본격적인 지역사회의 권력구조 문제를 체계적으로 다룬 연구는 필자가 알고 있는 한 아직 없지 않나 싶다.

그러면 지역사회연구는 어떠한 방법론적 정향을 가져야 하는 것일까?

그것은 가칭 '세계구조역사적(world structural-historical) 접근법'을 취해야 한다고 할 수 있다.

우선 그것은 분석단위 측면에서 세계체제적 연관 속에 지역사회를 분석하려고 하는 '세계적' 시각을 가져야 한다. 둘째, 그것은 '구조적'이어야 한다. 지역사회를 구성하고 있는 지역정치구조, 지역경제구조, 지역문화구조 등 각 '층위'의 성격과 이들 층위간의 연관을 밝혀냄으로써 지역사회의 '구조적 총체성'(헤겔류의 '표현적 총체성'이 아니라 중층결정적 관계로 접합된 복합적 총체성)을 규명해내야 한다. 셋째, 역사적이어야 한다. 구조적 인식이 일종의 공시성(synchronicity)의 문제라면 역사적 인식은 통시성(diachronicity)의 문제이며 형성사적 인식이다. 지역사회가 하나의 독특한 지역사회로 이루어지고(becoming), 주체적으로 만들어지는(making) 동태적 변화에 대한 분석이다.

(2) 분석단위: 세계-일국-지역의 위계적 연관

지역사회를 연구하는 데서 우리는 대부분 지역사회, 그것도 광주, 전남, 부산, 경남이라는 식으로 행정단위에 의해 인위적으로 정의된 지역사회를 하나의 분석단위로 전제하고 시작하는 경향이 있다.

그러나 우리는 하나의 '사회체계'(social system)로서 지역사회 내지 지역은 과연 존재하는가 하는 아주 근본적인 질문을 던지지 않을 수 없다. 하나의 사회체계가 성립하려면 사실상의 노동분업(effective division of labor)의 존재, 동력의 내재화 등 몇가지 조건이 충족되어야만 한다. 그렇다면 이같은 노동분업이 이루어지고 동력이 내재화되어 있는 지역사회라는 것이 현재의 우리 사회에 존재하느냐는 것이다.

이와 관련하여, 프랑스의 아날(Annales)학파의 선구적인 연구를 상기할 필요가 있다. 이들은 사회과학의 분석단위를 민족국가로 삼는 통념에 반대하여, 브로델(F. Braudel)은 지중해를 중심으로 한 유럽의 '세계체제'를 분석단위로 해서, 블로끄(M. Bloch)는 프랑스 중세의 하나의 '경제체계'로서 민족국가의 하위단위인 지역사회를 분석단위로 해서 독자적인 연구를 한 바 있다. 이중 지역사회연구에 특히 시사적인 것은 블로끄의 연구일 것이다. 블로끄의 문제의식에서 볼 때 우리 사회에서도 지역사회가 가장 중요한 '사회체계'였던 시절이 있었을 가능성이 높고 '사실상의 노동분업'이 그 내부에서 이루어진 5일장을 중심으로 한 지역사회에 대한 연구 등이 가능할 것이다.

그러나 문제는 현대사회에서 이같은 하나의 사회체계로서 지역사회는 존재하는가, 존재할 수 있는가라는 것이다. 이와 관련해, 경제의 국제화 등을 고려할 때 월러스틴(I. Wallerstein)의 주장처럼 이같은 과학적 의미의 사회체계로는 이제 '세계체제'만이 존재할 따름이라는 입장에 동의하지 않을 수 없다.

여기에서 우리는 심각한 문제에 부딪힌다. 즉 지역사회연구는 하나의 사회체계로서 지역사회를 상정할 때만이 가능한데 이같은 사회체계가 존재하지 않는다면 우리는 지역사회연구를 시작할 수조차 없게 된다는 것이다. 따라서 우리는 하나의 독자적 사회체계로서의 지역사회는 존재하지 않으나 그럼에도 불구하고 연구의 필요성이라는 불가피한 현실적 목적에서 이같은 한계를 인정하고 지역사회를 하나의 분석단위로 상정해야 한다. 다만 이 경우도 지역사회는 단순한 행정단위를 기초로 일상적으로 분류된 지역사회가 아니라 '하나의 실질적인 생활권'을 외연으로 하는 지역사회로 재정의 되어야만 한다.

일단 이같이 하나의 분석단위로서의 지역사회를 상정하면 그 다음 문제는 이를 세계체제적 연관, 그리고 그 하위단위로서의 일국적 연관 속에서 파악하는 것이다.

비틀스로 대변되는 '문화도시'로서의 리버풀(Liverpool)의 '재탄생'은 세계자본주의 체제에서의 대영제국의 성장 및 몰락과 밀접한 연관이 있으며 텍사스 등 미국남부의 세칭 썬벨트(Sunbelt)의 부상은 70년대 석유위기 등 '자원민족주의'의 부상과 밀접히 관련을 맺고 있다. 울산의 발달은 그 지구 반대편의 세계적인 자동차도시 디트로이트의 몰락과 슬럼화와 연관되어 있다. 일제하 목포의 발달은 일본제국주의를 생각하지 않고는 과학적으로 분석할 수 없고 하나의 지역사회로서의 전남권(국내 최대의 곡창지대로서의)의 향방은 세계자본주의의 재조정, 특히 우루과이라운드와 밀접히 관련되어 있다.

이처럼 지역사회를 세계체제적 연관, 더 구체적인 예로서 지역경제를 세계자본주의 체제의 위계적인 국제분업상의 위상과 연관 속에서, 나아가 그 하위단위로서의 일국경제의 연관 속에서 파악하는 '세계-일국-지역'의 위계적 연관 연구전략을 간략히 도식화하면 그림 1과 같다.

그림 1처럼 지역경제는 세계경제와, 세계경제의 규정을 받으면서도 상대적 자율성을 갖고 그나름의 전략적 선택(축적전략)을 하는 국민경제라는

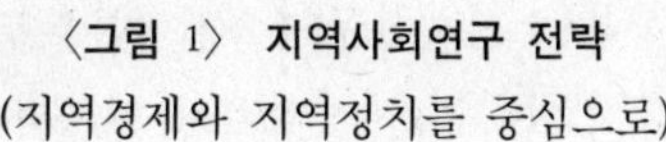

〈그림 1〉 **지역사회연구 전략**
(지역경제와 지역정치를 중심으로)

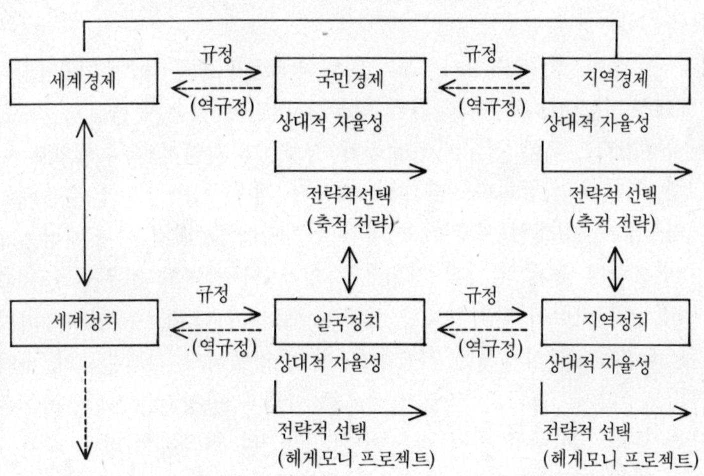

이중의 규정 속에서 그나름의 상대적인 자율성을 갖고 그나름의 전략적 선택을 하는 것으로 이해되어야 한다. 또 이같은 지역경제의 선택과 움직임은 역으로 국민경제, 나아가 세계경제를 규정한다. 지역정치의 경우 분석단위 면에서 세계경제(세계자본주의 체제)에 더 큰 비중이 주어지는 경제에 비해 상대적으로 일국적 수준에 비중이 더 주어진다는 것 이외에는 동일한 연관 속에서 파악되어야 한다고 볼 수 있다.

(3) '구조적' 분석

지역사회연구는 지역사회의 구조를 총체적으로 규명하는 '구조'분석이어야 한다.

우선 이는 지역경제, 지역정치, 지역 문화·이데올로기 등 지역사회를 구성하는 구조들 내지 층위를 실증적으로 각각 규명해내는 작업으로부터 시작되어야 한다.

지역경제를 예를 든다면 그것은 단순히 해당지역의 타지역에 대한 상대적 낙후성 여부, 산업구조적 특성 등의 규명에 그치지 않고 그 지역사회의 경제구조 내의 다양한 부문(소상품부문, 독점자본부문, 중소자본부문 등)들이 어떠한 식으로 서로 연결되어 재생산되고 있는가 하는 구조적 연관을 파헤쳐내야 한다.

지역정치구조의 경우 마찬가지로 그 권력구조가 실증적으로 규명되어야 한다. 앞에서 지적했듯이 이는 거의 연구가 안되어 있는 분야로서 더 많은 관심이 촉구된다. 특히 광주, 전남북의 경우 그 지역적 특수성으로 인해 이에 대한 연구가 시급하다. 즉, 이 지역의 경우 지역정치의 수준에서는 야당인 민주당이 '절대적 여당'이고 집권 민자당이 '절대적 야당'이다. 게다가 5·18민중항쟁 등의 역사적 경험으로 인해 이 지역의 경우, 특히 광주의 경우 민중의 권력이 타지역보다 상대적으로 강하다 할 수 있다. 따라서 행정부와 집권당, 독점자본을 기축으로 한 중앙무대의 지배블록의 지역현지세력과 보수야당, 그리고 그중 인적으로 야당과 중첩되는 '대형중소자본'(독점자본이라고 볼 수는 없지만)의 권력, 민중의 권력이 어떻게 배치, 대립, 연합, 재생산되고 있느냐 하는 지역권력구조의 분석이 필요하다.

일단 이같은 각 층위의 분석이 끝나면 이들 각 층위가 접합되어 중층결정적 관계에 의해 복합적 총체로서의 지역사회를 구성하고 있는가 하는 연관과 접합의 성격 내지 지역적 특수성을 밝혀내야 한다. 그리고 그 속에서 지역수준에서의 이같은 구조적 총체의 재생산과 전화(transformation)의 계기들을 파악해야 한다.

이같은 지역사회의 구조 분석이 이루어지면 이를 앞에서 지적한 분석단위와 연결해 공간적으로 확대하여 일국사회, '세계사회'의 구조와의 연관을 규명해내야 한다.

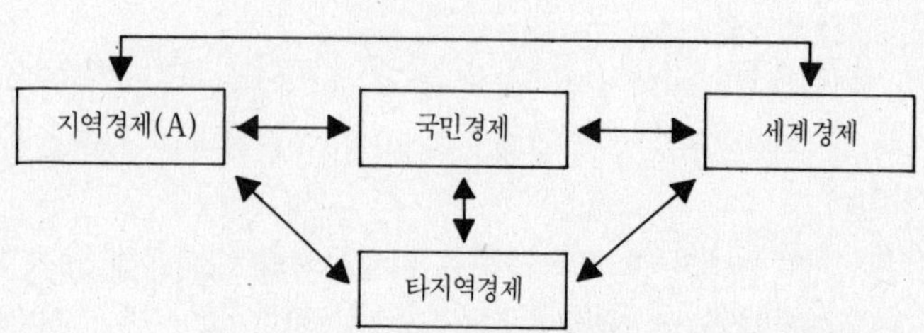

〈그림 2〉 지역경제와 세계경제 간의 연관 분석

　지역경제구조를 예로 든다면 이처럼 지역경제구조가 다른 지역경제, 국민경제, 세계경제와 어떠한 연관을 맺고 있는지를 추적해나가야 한다(그림 2 참조).

　광주를 예로 든다면 광주가 중앙의 국민경제, 세계경제와 맺고 있는 연관, 나아가 전남 농촌지역과 맺고 있는 연관을 추적해야 한다. 이렇게 될 때 서울 등 '중앙경제'와 세계경제 속에서 '수탈'을 당하면서도 전남 농촌지역을 '수탈'하는 일종의 '아제국주의'(subimperialism) 도시로서의 광주의 특성과 위상, 그 결과로서의 소상품 부문의 (양적) 지배성, 소비도시라는 광주의 특성을 과학적으로 규명할 수 있다.

　특히 이러한 연구에서 결정적인 것은 단순한 지역경제발전 정도나 산업구조적 특성이 아니라 경제활동의 '흐름'(flow)과 그 내용을 추적하는 것이다. 다시 말해 상품, 자본, 화폐, 기술, 노동력, 나아가 잉여가치의 흐름과 그 내용을 규명하는 것이다. 국민경제를 분석하는 데서 특정 국민경제가 어떠한 상품(예, 자본재)을 수입특화하고 어떠한 상품(예, 내구소비재)을 수출특화하느냐가 해당 국민경제의 세계체제적 위상과 연관 규명에 중

〈그림 3〉 '세계구조적' 분석전략

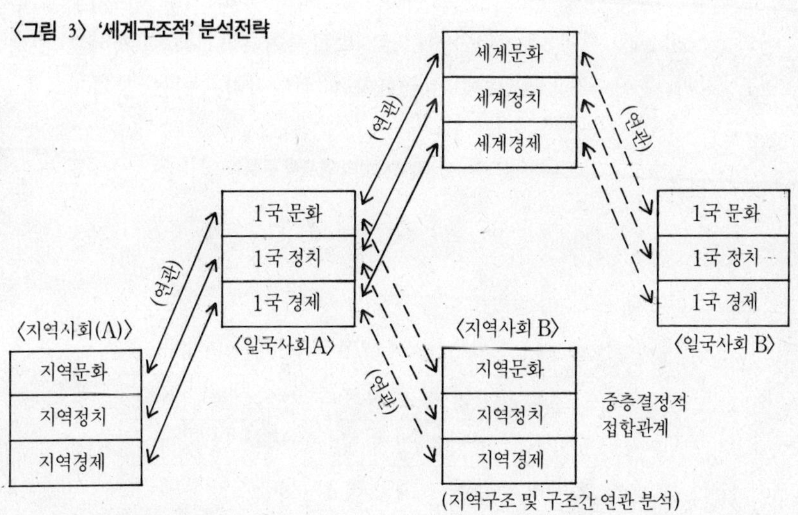

• 지역-일국-세계 연관의 구체적인 내용에 대해서는 그림 1참조.

요한 단서를 제공하듯이 상품, 자본, 기술, 노동력 들의 유입, 유출의 내용을 분석할 때 지역경제의 위상을 과학적으로 밝혀낼 수 있다.

이같은 '세계구조적' 분석전략을 도형화하면 그림 3과 같다.

(4) '역사적' 분석

마지막으로 지역사회연구는 '역사적' 분석이어야 한다. 이는 세 가지 의미에서 그러해야 한다.

첫번째 의미는 일종의 '구조의 역사'라는 측면에서의 역사적 분석이다.

특정 지역사회의 경제구조가 세계체제와 일국경제의 이중적 규정 속에서 그나름의 상대적 자율성을 갖고 전략적 선택을 통해 어떻게 시기적으로 변모해왔는가, 이와 동일한 논리로 지역정치, 지역문화 등은 어떠한 식으로 역사적으로 발전해왔는가를 추적하는 것이다. 나아가 이는 이러한 각 층위 간의 구조적 연관과 접합들이 시기적으로 어떻게 변화해가고 있는가를 규명해내야 한다.

이를 간단히 도식화하면 그림 4와 같다.

두번째 의미는 단순한 '구조의 역사'라는 의미가 아니라 지역사회를 만들어가고(making) 이를 특정한 방향으로 변화시켜나가는 능동적이고 주체적인 실천의 운동사적 측면에서 집근한다는 의미이다. 이는 불가피하게 그

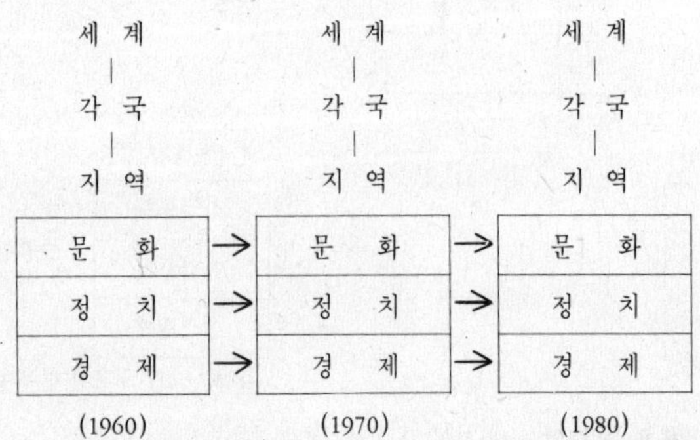

〈그림 4〉 지역사회의 역사적 분석

말썽많은 '구조-행위'의 관계와 관련된 것으로서 구조 자체가 하늘에서 떨어진 것이 아니라 인간의 실천의 역사적 결과라는 점에서 지역사회를 이같이 주민의 실천이란 측면에서 접근하는 것이다.

마지막으로 '환원 불가능한 역사성'이라는 의미에서의 역사적 분석이다.

여기서 필자가 '환원 불가능한 역사성'이라고 하는 것은 어떠한 현상을 설명하는 데 반드시 필요한 역사적 사건 또는 현상이나 어떤 이론적인 것으로 환원할 수 없는 역사적인 것을 의미한다. 지역사회를 연구하는 데서도 특정 지역사회의 분석에 반드시 필요한 사건 등, 어떤 이론적인 것으로 단순히 설명되거나 환원되지 않는 역사적인 것에 대한 '역사적 분석'이 필요하다.

예를 들어 최근 그리고 향후 호남지역사회를 연구하는 데서 3당통합은 무시할 수 없는 중요한 변수이다. 즉 3당통합이란 사건 내지 선택은 호남지역사회가 특정한 방향으로 나아가도록 규정하는 중요한 요인이지만 왜 그 당시 거론되던 다른 대안인 민주-평민 연합(호남을 배제하지 않는 '1국민 헤게모니전략')이 아니라 3당통합이 선택되고 현실화되었는가는 어떤 이론으로 환원시킬 수 없는 그나름의 '고유한', 환원 불가능한 역사성이라 할 수 있다.

이같은 환원 불가능한 역사성에 대한 관심도 '이론재단주의'를 넘어서 구체성에 기초를 둔 과학적인 지역사회연구를 위해 필요한 부분이라고 하지 않을 수 없다.

남북한 권력구조의 변화와 통일전망

1) 문제제기

현실사회주의의 몰락과 이에 따른 탈냉전으로 특징지어지는 새로운 세계질서 속에서 한반도 통일문제는 그 어느 때보다도 낙관적인 전망 속에 관심의 초점이 되고 있다.

특히 누구도 예측하지 못했던 갑작스러운 독일통일은 한반도통일에 대한 관심을 불러일으키고 낙관론을 갖게 하는 데 커다란 기여를 했다고 볼 수 있다.

이 글의 목적은 이같은 한반도통일에 대한 관심과 관련하여, 남북한 사회의 권력구조의 변화와 통일의 관계를 분석해보는 데 있다. 이를 위해 우선 국가권력구조와 국가정책, 특히 그 특수한 유형으로서의 통일정책 간의 관계에 대한 이론적 전제 위에서 남북한 사회의 국가권력구조의 특징과 남북한의 통일정책, 이 양자간의 관계를 분석해보고자 한다. 이어 다양한 통일 시나리오 중 바람직한 통일유형은 무엇인가를 살펴본 뒤, 이를 기초로 이같은 통일을 위해 남북한 권력구조가 바뀌어나가야 할 변화방향을 제시하고 이를 현실적 개연성이 큰 권력구조 변화방향과 대비하고자 한다.

＊ 전남대학교 통일문제연구소에서 주최한 심포지움 ‘남북한의 변화와 통일전망’ (1992년 10월)에서 발표한 논문.

2) 남북한 권력구조와 통일정책 —— 역사적 고찰

　한 사회의 권력구조(power structure)와 국가정책 간에는 밀접한 관계가 있음은 자명한 사실이다. 그러나 이 글의 주제인 '남북한의 권력구조와 통일'이라는 주제를 다루는 데서 먼저 분명히해야 하는 것은 국가권력구조란 무엇을 의미하느냐는, 즉 권력구조의 추상성수준이다. 국가권력구조란 일상적으로 우리가 이해하듯이 대통령제, 내각책임제 등과 같은 정부형태구조를 의미하는 것이 아니라 가장 근본적으로는 서구에서의 다원주의와 엘리뜨이론 간의 권력구조 논쟁이 보여주듯이 국가권력이 누구의 권력인가 하는 국가성격의 문제에 다름아니다. 국가권력구조의 문제는 이러한 고추상성의 국가권력의 성격 문제를 전제로 하고서 이같은 국가성격의 규정하에서 국가정책의 구체적 입안에 영향을 끼치는 국가기구의 구성(대통령제 등), 관료정치(bureaucratic politics) 구조의 문제와 연관을 맺게 되는 것이다. 이같은 이중적 내지 다층적 의미의 국가권력구조는 국가정책이 특정한 방향으로 결정지어지도록 영향을 끼치지만 다른 한편 국가정책은 그 정책적 효과를 통해 권력구조에 '환류'(feed-back) 내지 반작용하여 이에 영향을 끼친다. 물론 이같은 운동은 진공상태에서 이루어지는 것이 아니라 세계체제의 운동 맥락과 구조적 규정 속에서 이루어진다.

　그러면 역사적으로 남북한의 국가권력구조는 어떠한 성격을 띠어왔으며 이러한 국가권력구조는 남북한의 통일정책에 어떠한 영향을 끼쳐왔는가? 또 역으로 통일을 이루지 못한 분단체제는 남북한의 권력구조에 어떠한 영향을 끼쳐왔는가?

　이 글에서는 이 문제를 국가권력의 성격과 관련된 의미에서의 권력구조를 중심으로 간략히 살펴보고자 한다. 우선 남한의 권력구조를 보자면 이에 대해서는 관료적 권위주의(B-A)론으로부터 신중상주의적 집징관제, 과대성장국가론, 매판파시즘론, 종속적 파시즘론, 민족민주(ND)국가론에 이르기까지 다양한 이론들이 논쟁을 벌여왔다. 이중 가장 영향력이 있고 이론적으로 세련된 것은 남한의 권력구조를 해외독점자본과 토착자본, 국가의 삼각동맹으로 보는 B-A와 이와 유사하면서 해외독점자본, 이에 종속적이되 상대적 자율성을 갖는 토착독점자본의 국가로 보는 종속적 파시즘론이라 하겠다. 이중 전자는 이론적 유사성에도 불구하고 삼각동맹의 국내적 주체를 단순히 토착자본(토착독점자본이 아니라)이라고 봄으로써 자본주의의 발전에 따라 이미 남한사회에 독점자본의 지배가 관철되고 있다는 한국 자본주의의 성숙도에 대한 문제의식이 결여되어 있다는 문제점이 있다. 일단 남한의 권력구조를 국내외 독점자본과 국가관료를 지배블록으로 하는 권력구조로 이해하더라도 6공 들어 진행되고 있는 '제한적 민주화'에 따라 통치방식의 '탈억압성화', 즉 그 특수한 형태로서의 '탈파시즘화' 여부가 논쟁이 되고 있다.

남한의 권력구조에 비해 북한의 권력구조에 대해서는 기본자료가 거의 부재하고 체계적이며 과학적인 연구가 이루어지지 않아왔다. 기존연구의 경우 '혁명적 조합주의'(커밍스) 등 일부 예외가 있기는 하지만 기본적으로 분단논리에 기초를 둔 관변이론(전체주의론)과 이에 대한 반작용으로 제기된 '북한바로알기운동' 등의 '내재비판론'이라는 양극적인 입장이 주종을 이루어왔다. 따라서 이에 대한 분석은 극히 인상주의적인 수준에 머무를 수밖에 없으나 북한의 권력구조를 김일성 1인지배식으로 이해하는 관변논리도 잘못되었지만 대부분의 내재비판논리가 전제하듯이 북한의 권력구조가 북한의 공식입장인 프롤레타리아독재론이나 이의 스딸린적 변형인 '전인민국가론'의 주장처럼 노동자, 농민 내지 '전인민'이 실질적인 권력의 주체인 구조로 보기에는 어려움이 많다. 즉 북한의 권력구조가 권력의 주체라는 실질적 민주주의의 측면에서는 별로 문제가 없지만 다만 권력의 행사방식인 형식적 민주주의의 측면에서 문제가 있다고 보는 것은 잘못된 것이 아니냐는 것이다. 다시 말해 단순히 '어떻게 지배하느냐'(how rules)는 권력의 행사방식과 민주주의의 절차적 측면에서의 문제만이 아니라 '누가 지배하느냐'(who rules) 하는 권력의 주체 면에서도 심각한 결함이 있다는 것이 필자의 생각이다. 물론 북한사회가 이미 몰락한 다수 현실사회주의 사회와 달리 '혁명적 군중노선' 등을 통해 관료화 등을 상대적으로 제어해왔는지는 몰라도 프롤레타리아 독재의 '당에 의한 프롤레타리아트에 대한 독재'로의 변질은 북한사회에도 관철되고 있는 보편적 특성이라 할 수 있다. 또 사회적 생명론에 기초를 둔 혁명적 수령론 역시 그 역사적 형성과정의 그나름 대로의 이유를 어느정도 이해한다 할지라도 이는 현실사회주의 사회의 보편적 특성인 스딸린주의(개인숭배)의 극단화에 다름아니지 않느냐는 것이다.

특히 여기에서 주목할 만한 것은 이미 여러 학자들이 누차 지적한 바 있듯이 한반도의 분단체제가 남북한에서 모두 그 권력기반의 협소화와 '반민주성'의 강화에 기여해왔다는 점이다. 그러나 이같은 권력구조는 남북한의 통일정책이 완전히 다른 방향으로 나아가도록 조건지었다고 할 수 있다. 분단 후 현실까지의 남북한관계와 통일정책은 크게 보아 1980년대말을 기점으로 두 시기로 나누어볼 수 있다. 그 이전의 시기는 남한정부가 현상유지적이고 분단고착적인 통일정책을 펴온 수세기이고 그 이후의 시기는 현실사회주의의 몰락에 따른 세계적인 역관계의 변화와 남한자본주의의 발전에 따른 남북한간의 역관계의 변화라는 중층적 효과 속에서 남한정부가 '흡수통일'이라는 공세로 전환한 시기이다. 제1기의 경우 국내외 독점자본을 주축으로 한 남한사회의 권력구조는 그 민중배제성, 민중억압성과 대외종속성, 나아가 남한자본주의의 미성숙에 따른 이같은 자본주의의 전반도적 확장 능력의 부재(전반도적 확장은커녕 남한 내에서의 안정적인 확대재생산에의 항시적 위기) 등으로 인해 분단고착적인 통일정책을 펴나가지 않을 수 없었다. 반면에 북한의 경우 1970년대 초반까지는 역관계에서 우위에 있었을 뿐 아니라 제3세계형 사회주의 국가로서 '반제반봉건혁명'이라는 민족해방운동에 그 정통성의 기반을 두고 있고 양 진영의 대립 속에서 미국을 중심으로 한 세계자본주의 체제의 최전선에 위치하고 있었기 때문에 민주기지노선에 기초를 둔 남한사회의 혁명 완수와 통일이 그 권력의 국내적인 정통성의 주요한 기반이 되어왔다는 점에서 통일정책의 공세가 가능했다. 그러나 뻬레스뜨로이까에 의한 사회주의권 몰락, 남한자본주의의 성장에 의한 국내외적 역관계의 변화로 그 구체적인 시나리오에 대해서는 이견이 있기는 하나 국내외 독점자본에 의한 지배를 북한에까지 확장시킨다는 계획하에 남한은 과거의 분단고착적 정책에서 '통일지향적' 정책으로 정책을 전환하고 있고 북한은 오히려 흡수통일을 우려하는 수세에 놓여 있다.

3) 통일 시나리오의 비판적 평가

남북한 통일 시나리오는 크게 보아 세 가지 유형을 들 수 있다. 그 첫번째는 흡수통일이며 두번째는 연방제이고 세번째는 수렴형통일이다. 이를 좀더 구체적으로 살펴보면 다음과 같다.

우선 흡수통일 모델은 북베트남에 의한 남베트남의 무력통일, 서독에 의한 동독의 흡수통일과 같이 남북한 한쪽에 의한 다른 한쪽의 흡수통일 시나리오이다. 이는 다시 북한에 의한 남한의 흡수통일과 남한에 의한 북한의 흡수통일의 경우로 나누어 생각할 수 있다. 그러나 전자의 경우 현실사회주의의 몰락 등 세계적 정세의 변화와 남북한간의 경제력의 격차 등을 고려할 때 현실적으로 실현 가능성이 없는 '순수가정적' 모델에 불과하다고 할 수 있다. 따라서 현실적으로 고려의 대상이 될 수 있는 것은 후자의 경우이다.

남한에 의한 북한의 흡수통일 모델의 경우 다시 두 가지의 하위유형으로 나누어진다고 할 수 있다. 즉 하나는 이같은 흡수통일이 상대적으로 단기간 내에 이루어지는 경우이고 다른 하나는 상당한 시간이 흐른 뒤, 즉 장기적 내지 최소한 중장기적으로 이루어지는 경우이다. 첫번째 모델은 미국과 남한정부 내의 강경파들이 선호하고 있는 모델로서 현재 소련·동구의 몰락 등으로 국제적 고립 속에서 여러 면에서, 특히 경제적으로 심각한 어려움을 겪고 있는 북한을 이번 기회에 더욱 몰아붙이고 고립시킴으로써 자체붕괴시켜 독일식으로 북한을 흡수통일하자는 전략이다. 흡수통일 모형의 또다른 하위모형은 남한정부의 온건파와 대기업 등이 선호하고 있는 모델이다. 이 모델은 남한이 북한체제를 흡수통일해야 한다는 데는 동의를 하면서도 막대한 통일비용 등 우리 사회가 아직 북한사회를 흡수하기에는 능력이 부족하기 때문에 단기적인 흡수통일은 오히려 우리에게 부담이 된다는 것이다. 따라서 북한의 고립을 통한 단기 내의 흡수통일이 아니라 기능주의적 방식에 의한 점진적인 교류를 통해 북한사회를 점점 남한식의 자본주의 체제로 변화시키는 한편 남한사회도 국력을 더 배양함으로써 중장기적으로 북한을 남한체제에 흡수통일시킨다는 모델이다. 이 모델은 보는 관점에 따라 수렴형 모델로 간주될 수 있으나 남한사회는 크게 보아 현체제로 그대로 있고 북한사회만이 남한체제 쪽으로 점진적으로 수렴한다는 일면적 수렴 모델로서 사실상 흡수통일 모델이다.

연방제통일 모델은 북한, 국내 일부 재야세력, 일부 야당정치인이 선호하고 있는 모델로서 민족통일과 제도 내지 체제 통일을 구분하여 민족통일 우선의 원칙 아래 하나의 국가 속에 남북한의 두 개의 상이한 체제가 공존하는 통일모델이다.

마지막으로 수렴형통일 모델은 남북한 체제가 현재의 양 체제로부터 양자 모두 변화하여 그 중간의 특정 지점으로 수렴하는 모델이나 그 지점이 어디냐에 따라 다양한 변형이 생겨나고 있다. 이는 남한사회의 '사회적 민주주의'로의 변화와 북한의 '민주적 사회주의'로의 변화를 통한 수렴모델로부터, 서구형 사회민주주의로의 수렴, 그 구체적 내용이 논자에 따라 다양한 '민중민주주의'로의 수렴, 가장 급진적 대안으로는 북한사회주의의 민주화와 남한사회의 사회주의화를 통한 '진정한 사회주의'(몰락한 현실사회주의와는 다른)로의 수렴 등이다.

이같은 통일모델에 대한 평가는 어떠한 모델이 한층 '민주적'이며, '민중적'이고 '민족적'인 21세기의 통일한국을 실현시켜줄 것인가 하는 관점에서 비판적으로 평가되어야 한다. 단기형 흡수통일 모델은 북한체제의 민중봉기에 의한 붕괴 등이 아닌 한 실현 가능성이 희박할 뿐 아니라 설사 실현이 되더라도 현재 남한사회의 경제력이나 자체문제도 제대로 해결하지 못하고 있는 취약한 체제통합력 때문에 지배블록 내에서도 바람직하지 못하다는 반론이 제기되는 잘못된 모델이다. 이밖에도 이 모델은 남한사회가 자유민주주의를 넘어서 사회민주주의적인 '복지국가'를 어느정도 구현하고 있었던 서독의 경우와는 달리 자유민주주의의 수준에도 못 미치는 억압적 정치체제(일부 학자들에 의해 '이완된 파시즘' 등으로 규정되는)와 정치권력의 종속성을 탈각하지 못하고 있다는 점에서 이같은 통일이 다수 남북한 민중에게 바람직한 통일인가는 극히 회의적이다. 장기형 흡수통일 모델에 대한 평가가 단기형과 달라질 수 있는 것은 앞으로 남한자본주의가 어떻게 전개되고 이와 관련해 남한의 권력구조가 어떻게 개편되느냐에 달려 있다.

즉 앞으로 현재와 차이가 없다면 그 평가 역시 단기형과 같아질 것이다. 다만 앞으로 한국자본주의가 자립화추세로 나아가고 권력구조도 자유민주주의 체제식으로 ‘민주화’가 되어간다면 이야기는 다르다. 이 경우 우선 그 가능성 자체가 많은 논란이 필요한 주제이지만 이와 상관없이 다음과 같은 것을 언급해둘 필요가 있다. 즉 이 모델이 단기적 흡수통일 모델보다는 바람직하지만 한때 이 자유민주주의론의 대표적 이론가에서 비판적 이론가로 변신한 달(R. Dahl)이나 린드블럼(Lindblom) 등이 지적했듯이 “정치적 평등과 민주적 과정을 왜곡할 만큼 강력한 사회적 자원 및 경제적 자원의 불평등을 만들어냄으로써 평등을 실현하는 것이 아니라 저해하는 방향으로, 자유를 증진하는 것보다는 저해하는 방향으로 나아가고” 있다는 문제를 안고 있는, 즉 서구의 경험에 의해서도 그 절차적 민주성에도 불구하고 다수민중은 정치권력으로부터 배제되고 소수 독점자본에 권력이 집중되는 치명적 결함이 있는 것으로 판정이 난 자유민주주의 체제가 과연 통일한국의 바람직한 미래상인가 하는 의문이 제기된다.

연방제통일은 두 개의 상이한 이념과 체제를 가진 남북한이 통일에 따른 혼란을 극소화하면서 최소한 ‘민족통일’을 이룰 수 있다는 점에서 나름대로 매력적인 모델일 수 있다. 그러나 이 모델은 그 반대급부로 그나름의 문제점을 안고 있다. 이는 단일국가 아래 상이한 이념을 지향하는 두 개의 상이한 체제가 장기적으로 존립 가능한가 하는 현실성의 문제이다. 즉 다시 말해 연방제가 하나의 단일체제로의 궁극적 통일로 가는 과도기적인 통일국가체제일 수는 있으나 이것이 과연 과도기적 체제가 아니라 영원한 궁극적인 정치체제로 존립 가능하느냐는 문제이다. 일단 연방제의 형식으로 통일을 이루더라도 결국 중장기적으로 두 개의 체제를 구성하는 ‘하위사회’간의 교류 속에서 두 사회가 체제간의 수렴이나 특정 체제로의 흡수통일의 방향으로 나아갈 수밖에 없는 것이 현실이고 따라서 연방제는 과도기적 체제로서의 의미밖에 갖지 못한다고 볼 수 있다. 물론 그렇다고 해서 연방제가 과도기적 통일체제로서 갖는 의미 자체를 부정하는 것은 아니다.

이같은 사실들을 고려할 때 바람직한 통일모델은 불가피하게 수렴형통일모델이 될 수밖에 없는 것처럼 보인다. 다만 문제는 이같은 수렴이 현재의 양 체제의 거리에서 어느 지점에서 이루어지느냐 하는 정확한 수렴체제의 성격의 문제라 하겠다. 이는 앞으로도 다양한 논의가 진행되어야 할 주제이며 남북한 사회의 사회세력들간의 역관계와 구체적 실천에 의해 결정될 문제라는 점에서 여기서는 지면관계상 이같은 문제제기의 수준에 그치고자 한다.

4) 남북한 권력구조의 변화와 통일

위에서 이 글은 남북한 권력구조의 현황과 바람직한 통일모델에 대해서 살펴보았다. 그러면 이같은 통일을 이루기 위해서는 남북한의 권력구조는 어떠한 방향으로 변해야 하는가? 또 현재의 추세 속에서 남북한 권력구조는 실제로 어떻게 변해갈 것인가?

우선 남한사회의 경우 앞에서 지적한 대로 수렴형으로 나아가기 위한 남한사회의 변화모델로 '사회적 민주주의'로부터 사회민주주의, 민중민주주의 등 다양한 모델이 제시되고 있다는 점에서 그 권력구조의 변화방향 역시 구체적 모델에 따라 달라질 수밖에 없다. 이들 모델들을 구체적으로 비교, 검토하지 않은 상태에서 지적할 수 있는 것은 현재와 같은 국내외 독점자본의 배타적 권력으로부터 그동안 소외되어온 다수민중이 권력의 주체가 됨으로써 '민중의 지배'라는 민주주의의 원래의 의미가 복원될 수 있는 방향으로 권력구조가 개편되어야 한다는 점이다. 즉 지금까지의 권력구조의 대외종속성, 민중배제성, 민중억압성으로부터 '민족적'이고 '민주적'이며 '민중적'인 권력구조로의 이행이 필요하다. 또 이같은 권력구조의 변화는 흔히 '정치'라고 불리는 특정한 층위에서의 권력구조의 변화 추구만으로는 이루어질 수 없으며 보통선거권이라는 형식적 평등의 기제 속에서도 소수 자본의 사회 전체에 대한 실질적인 포섭과 지배를 가능케 해온 생산영역에서의 자본의 특권적 지위에 대한 근본적인 변화를 필요로 한다. 사실 이는 장구한 시간이 걸릴지 모르고 하나의 경향으로서밖에 존재할 수 없다는 점에서 우선 최소한 서구 사회민주주의 국가에서처럼 독점자본의 정치권력 자체를 무력화하지는 못하더라도 민중세력의 기층조직의 활성화와 정치세력화를 통해 시민사회에서 독점자본의 헤게모니를 압박할 수 있도록 그 권력기반을 탄탄히하는 한편 국가기구 내에 민중세력을 진출시킴으로써 '저항의 거점'을 확보, 단순한 정치적인 민주주의를 넘어서 사회적 민주주의와 경제민주주의('독점자본의 민주적 통제')를 실현해가는 수준까지는 이르러야 한다.

북한사회의 권력구조의 민주화는 지금까지의 국유화라는 형태의 형식적 사회화에서 올바른 의미의 '사회적 소유'를 관철시킬 수 있는 실질적 사회화, 민중이름하의 특정 지도자나 당에 의한 '대리통치'로부터 경제와 국가권력에 대한 북한민중의 실질적 통제, 단순한 법적 소유가 아닌 의사결정권과 생산관계의 근본적 변화를 통한 자주관리성의 제고로 나아가야 한다. 또 이같은 민주화는 내재적 갈등을 은폐하고 민중주체성을 제약하는 수령관과 같은 '의사'유기체적 사회관의 탈피, 사회 전체의 이익과 개별이익의 일치라는 당연명제적 전제가 아니라 이들간의 긴장과 갈등을 변증법적으로 통일시켜나가게 해줄 수 있는 정치조직의 다원주의(분파형성, 다당제), 의견의 다원주의의 활성화, 이를 통한 사회주의적 시민사회의 형성과 사회에 대한 국가의 종속을 그 지향점으로 삼아나가야 한다.

그러나 현재의 세계체제적인 역관계와 남한사회에서의 역관계를 고려할 때 이같은 방향으로의 권력구조의 변화는 결코 낙관적인 것 같지 않다. 오히려 남한사회에서 실질적으로 현재 가장 실현 가능성이 높은 권력구조의 변화는 다음 세 가지라 할 수 있다. 하나는 현재와 같이 폐쇄적이고 수구적인 권력구조 기반과 '의사'민주주의적 통치방식을 지속하는 '불변화'이다. 이는 최악의 시나리오로서 수구세력들이 그간의 국내외적 정세의 변화를 이용하여 최소한의 개혁과 민주화조차 거부하고 이를 다수민중이 저지하지 못할 경우이다. 두번째는 권력구조의 기반은 국내외 독점자본에 국한된 현재의 수준을 유지하면서도 통치형태에서만은 본격적인 민주화를 단행, 부르조아 민주주의 체제로 이행하는 것이다. 이는 지배블록 중 '개량적' 분파가 주도권을 장악해 개혁조치를 추진해나가고 기층민중에 대해서도 과거와는 달리 개량화 등을 통해 체제내로 포섭할 수 있는 개량의 물적 토대를 확보해갈 때 가능하다. 세번째는 지배블록 속에 중소자본가계급까지 포섭해내어 '보수대연합'의 형태로 나아가는 것이다. 이 세 가지 시나리오 모두 다 대통령중심제로부터 내각책임제로의 변화라는 좀더 낮은 수준에서의 권력구조의 변화를 동반할 수 있으나 특히 세번째 시나리오의 경우 보수야당과 그 계급적 기반까지도 지배블록 내로 견인해내야 한다는 점에서 이같은 내각제로의 변화를 동반할 가능성이 매우 높다. 또 결국 이같은 시나리오들이 현실화되는 경우 남한의 통일정책은 앞으로 문제점들을 지적한 단기형 내지 장기형 흡수통일 모델에 기초를 둔 통일정책으로 나아가게 될 것이다.

　북한사회의 권력구조의 변화를 예측하는 것은 애당초 필자의 능력 밖의 일이다. 다만 이같은 변화는 민중봉기 등 극적 사건이 아닌 한 기본적으로 권력계승의 문제와 연관되어 일어날 수밖에 없는 것처럼 보인다. 권력계승이 위에서 지적한 수준의 북한사회의 권력구조의 근본적 민주화를 가져다 줄 가능성은 거의 없을 듯싶다. 결국 현실사회주의권의 몰락의 교훈과 세계적 역관계의 변화 등을 고려할 때 중장기적으로 북한사회는 내재적 모순을 극복하기 위해 어느정도 민주화되어갈 수밖에 없겠지만(단기적으로는 체제안정을 위한 통제의 강화로 나간다 하더라도) 이같은 민주화는 개방 등을 통한 경제영역에 비해 훨씬 못 미칠 것이며 기본적으로 정치권력의 민주화의 차원이 아니라 '기술관료적' 차원에서 접근되고 관리될 가능성이 크다.

　이처럼 통일을 위해 바람직한 권력구조의 변화와 실질적으로 그 개연성이 높은 권력구조의 변화 간의 간격은 매우 큰 것처럼 보인다.

　그러나 역사는 단순히 '전망'되고 예측되는 것이 아니라 창조하고 극복하는 것이라는 점을 기억할 필요가 있다.

제 2 부

민주주의

미국 『연방주의 교서』 비판
자유민주주의와 선거
니코스 풀란차스의 정치사상
민주주의의 이론적 문제
뻬레스뜨로이까 이후 1990년대 한국사회의 '새로운' 민주주의론
새로운 세계질서와 민주주의

미국 『연방주의 교서』 비판

1) 서 론

어떤 정치사상도 공백상태에서 만들어지는 것은 아니다. 그것은 대체로 특정한 역사적 상황의 산물이다. 이것이 우리가 정치사상의 사회적·정치적 배경에 주의를 기울이지 않고서는 그것을 적절히 이해할 수 없는 이유다. 『연방주의 교서』도 예외는 아니다.[1] 그러나 이 논문에서는 지식사회학의 입장에서보다는 주로 내용분석에 초점을 두어 『연방주의 교서』를 검토하려 한다. 특히, 『교서』의 주요주장들이 함의하고 있는 내재적 또는 외재적 가정을 추론하고 그 가정들의 타당성과 부당성, 일관성과 비일관성 그리고 그것이 제시하고 있는 처방들을 분석하는 데에 초점이 맞춰질 것이다.

『교서』는 세 가지 주요요소로 구성되어 있다. ① 인간본성에 대한 가정, ② 사회의 바람직한 목적, ③ 그 목적을 달성하기 위한 수단이 그것이다. 그것의 기본도식은 그림과 같이 요약될 수 있다.

이 논문에서는 우선 인간본성, 진정한 목적과 관련해 입안자들이 지니는 문세를 검토해보고 난 다음, 『교서』의 주요내용으로 제안된 제도적 장치에 대해 분석하려 한다.

---

* "A Critical Review of the Federalist Papers"(Univ. of Texas at Austin 1981)를 번역한 것.

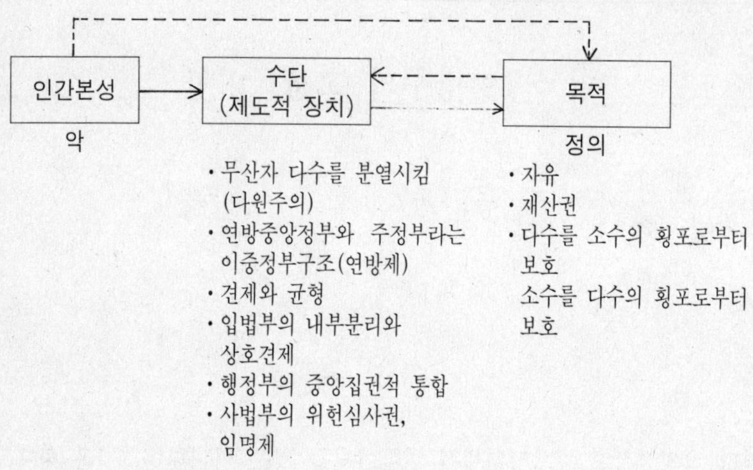

2) 인간본성과 사회의 목적

『연방주의 교서』의 저자인 해밀턴(A. Hamilton), 매디슨(J. Madison), 제이(J. Jay)는 홉스처럼 명백하게 인간본성은 악하다고 가정한다. ① "도대

---

1) 미국 『연방주의 교서』(*The Federalist Papers*)는 18세기말 미국의 헌법 제정을 둘러싸고 더 강력한 연방주의 국가형태를 지지했던 북부의 은행·토지 자본의 이익을 대변한 변호사 등이 발표한 중요한 문헌이다. 독립전쟁 후 미국은 주정부의 권력이 극대화되고 중앙정부는 의회만 존재하는 취약한 국가연합(confederation) 체제였다. 이에 따라 주와 주 사이의 상거래, 농민반란 등 많은 문제가 생겨 북부는 주로 강한 연방주의 국가를 원한 반면, 농업자본을 대표하는 남부는 종전과 같은 국가연합체제를 원했다. 이같은 대립 속에 헌법을 제정하는 과정에서 연방제의 장점을 옹호하기 위해 쓰여진 것이 바로 이 『연방주의 교서』이며 결국 이 안이 관철됨으로써 이후 미국 정치제도의 근간이 되었다. (이후 이 책의 인용은 본문 중에 괄호 안에 면수만 밝힘.)

체 정부는 왜 세워져야 하는가? 그 이유는 인간의 열정이 이성과 정의의 명령에 따르지 않기 때문이다"(110면). ②"당파의 잠재적 원인들은 인간의 본성에 심어져 있다"(79면). ③"상호적대감으로 치닫는 인류의 성향"(79면). ④"변덕스러운 인간의 심성"(108면). ⑤"그것은 권력욕에 기원이 있다"(111면). ⑥"인간의 이기심"(112면). ⑦"어떤 이성적 인간도 필요로 하는 권력욕의 극한점"(118면). ⑧"인간본성 때문에 우리는 야망을 견제하기 위해 야망을 만들어내지 않으면 안된다." 이런 가정들은 매우 문제가 많은 것들이기 때문에 더 면밀히 검토할 필요가 있지만, 여기서 더 상세하게 논의하지는 않으려 한다. 왜냐하면 인간본성이 악하냐 아니냐 하는 것은 증명될 수 있는 것이 아니며 또한 '생산적인' 문제도 아니기 때문이다. 그러나 위의 가정들은 다음과 같은 이유로 해서 주목할 만한 가치는 있다. 즉 그것들은 입안자들이 어떻게 그 가정들을 효과적으로 이용하여 자신들의 논의를 전개하고 정당화하며 또한 때로는 필요한 경우 어떻게 편의적으로 그것을 버리는가를 보여준다(3) 제도적 장치 참조).

　국가가 추구해야 하는, 사회의 진정한 목적은 무엇인가? 입안자들은 그것을 정의로 간주하며, 후반부에서는 그것을 자유와 재산권의 보호, 그리고 소수의 횡포로부터 다수의 권리를 보호하는 것 및 다수의 횡포로부터 소수의 권리를 보호하는 것으로 세분한다. 흥미로운 사실은, 그들은 절대로 평등을, 정의 즉 사회의 목적에 포함시키지 않으며 심지어는 그것을 언급조차 하지 않는다는 것이다. 그러나 그들은 정의가 어떻게 결정되는가, 즉 정의가 무엇인가를 누가 결정할 것인가에 대해서는 대답을 유보하고 있다. 그것은 철인왕에 의해서인가, 아니면 민주적 다수에 의한 결정인가? 또한 어떤 종류의 정의를 위해 어떤 종류의 정의를 희생시켜야 하는가(즉 재산권 대 평등, 다수의 권리 대 소수의 권리)? 교서의 저자들은, 정의는 민주적 다수의 결정이라고 암묵적으로 가정하는 것 같다. 왜냐하면 그들이 비록 자신들의 입장을 명확히 밝히지는 않지만 "다수로부터 독립적인, 즉 사회 자체로부터 독립적인 의지를 창출"(323면)하는 독단적인 권위를 비판하기 때문이다. 그러나 뒤에 다시 보게 되겠지만, 교서의 '엘리뜨주의적' 또는 '반(反)다수주의적' 요소는, 입안자들이 진실로 민주적 다수의 결정이 정의를 규정하는 원칙이라고 생각했는지를 의심스럽게 한다.

3) 제도적 장치

이제까지 인간본성과 목적들에 대해 살펴보았다. 그렇다면 '정의로운' 사회에 도달하기 위한 가장 적절한 제도적 장치는 무엇이라고 저자들은 생각했는가? 이 문제에 관해 그들이 가장 기본적인 과제라고 보았던 것은, 당파(faction, 동일한 이해관계를 가진 복수의 집합체라는 의미로서 현대적 용어로는 집단), 특히 공동의 이해관계에 의해 결합된 무산자 다수의 연합의 역기능적 결과라고 여겨지는 것(예를 들면 사유재산에 대한 위협 등)을 효과적으로 치유하는 방법에 대한 것이다. (그들이 이같은 문제의식을 가졌던 것은 그들이 "파당의 가장 일반적이고 지속적인 원천을 다양하고 불균등한 소유의 분배"이며 "유산자와 무산자는 유사 이래 줄곧 사회에서 뚜렷이 구별되는 이해를 형성해왔다"고 보았기 때문이다. 이 점에서 그들은 맑스주의와 마찬가지로 '계급적' 시각에서 문제를 보고 있다. 다만 차이는 이같은 분석에 기초하여 자신들의 계급적 입장, 즉 유산자의 입장에서 맑스주의와 정반대의 처방을 하고 있다는 점이다.) 사실 그들이 내린 거의 모든 처방은 대부분 이 문제를 겨냥하고 있는 실정이다. 입안자들에 의하면 유일한 치유책이란, "전체 중의 다수의 정의롭지 못한 결합이 거의 불가능하게끔 시민들을 각각 분리시키는 것"(324면, 강조는 인용자)이다. 즉 무산자 다수가 결합하여 '부정의한 것'(예를 들면 사유제 폐지, 경제적 평등)을 관철하는 것을 예방할 수 있는 처방은 '다원주의'를 통한 무산자 다수의 상호분리이다. 이같은 다수의 횡포로부터 소수의 권리(재산권 등)를 보호하기 위한 한층 구체적인 처방은 '주체의 다원주의'를 이용하여 계급적 분화 이외에도 성, 인종, 종교, 지역 등 다양한 기준을 기초로 분화를 촉진함으로써 무산자 다수가 단일한 절대다수(무산자계급의 통일성)로 뭉치지 못하고 흑인무산자 대 백인무산자, 여성무산자 대 남성무산자 등으로 나뉘어 '다원화'되도록 하는 것이다. 이 점에서 이들이 주장하는 다원주의는 현대다원주의와는 달리 일종의 '분리통치'(divide and rule)전략이며 지배전략으로서의 다원주의이다. 바로 여기에, 주에 대한 연방의 비교우위라고 여겨지는 것이 있는바, 그것은 '이익의 더 많은 다양성'이다. 그러므로 매디슨은 다음과 같이 말한다. "많은 다양한 이해관계가 존재하는 확대된 공화국인 미합중국에서는 … 다수의 연합이 … 정의와 보편적 선에 의하지 않는 다른 원칙을 취하지 않는다"(325면, 강조는 인용자). 그러나 매디슨은 (공화국의 확대에 의한) 이익의 다양성이 어떻게 그리고 왜 자동적으로 "정의롭지 못한 다수의 결합"을 "정의의 원칙"에 근거를 둔 다수의 연합으로 변화시키는지에 대해서는 설명하지 않고 있다. 또한 어떻게 그리고 누가 다수의 정의로운 결합과 정의롭지 못한 결합을 객관적으로 구별할 것인가? 예를 들면 재산권에 반대하고 더 많은 평등을 요구하는 다수가 왜 정의롭지 못한 결합인가? 재산권의 보호는 정의이고 평등은 정의가 아니기 때문에 그렇다고 말한다면 그것은 동어반복에 지나지 않을 뿐이므로 입안자들은 정의 그 자체를 규명하는 설득력있는 이론을 제시해야 한다. 또다른 예를 들자면, 정의로운 결합과 정의롭지 못한 결합을 구별하는 포괄적인 개념틀 없이, 저자들은 어떻게, 제헌의회(연방주의자의 승리에 의해 미국의 국가형태를 국가연합에서 연방제로 바꾸고 제헌헌법을 제정한 회의)에서 연방주의자(저자들을 포함한)가 거둔 승리가, 공동이해에 의해 결합된 다수의 정의롭지 못한 연합에 의한 것이라는 비난을 물리칠 것인가? 입안자들은 이러한 모든 문제에 대해서 침묵하고 있다.

연방주의와 관련하여 저자들은, 연방중앙정부가, 그것과는 다른 형태를 갖는 지방정부보다 우월하다고 설교한다. 그들에 의하면, ① 연방중앙정부의 강점은, "계몽된 견해와 덕망있는 감정으로 지역적 편견과 정의롭지 못한 음모를 압도하는 대표"(83~84면)를 확보한다는 데에 있다. ② 확대된 공화국하에서는, "당파적 지도자들의 영향력은 그들의 특정 영역에 국한해서 불을 지필 수 있을지는 모르지만 이 불이 다른 주들에 걸친 전체적인 범위에까지 퍼지게 할 수는 없다"(84면). 그러나 첫째, 어떤 근거에서, 연방중앙정부 수준의 대표는 항상 계몽된 견해와 덕망있는 감정을 갖는 반면, 지역지도자들은 자동적으로 편견과 부정의의 포로가 된다고 말할 수 있는가? 둘째, 아무런 설명 없이, 저자들은 파당의 성향이라고 여겨지는 악한 인간본성이 연방중앙지도자에게는 없다고 전제한다. 만약 연방중앙지도자들이 그렇지 못하다고 할 경우, 연방중앙정부의 수립은 파당적 갈등의 불꽃을 어느 특정 주 내부에 국한하기보다는 지역적인 것에서 전국적인 수준으로 확대할 것이라고 하는 편이 오히려 더 논리적일 것이다.

  해밀턴은 연방중앙정부의 과대성장을 염려하는 국가연합파(Confederalist)들에 대해 반대하면서 다음과 같이 말한다. "연방의회가 그들(주들)을 연결시키는 권력을 남용할 성향을 가질 가능성은 없다. 왜냐하면 … 권력을 소유하는 것은 … 연방중앙정부의 … 존엄성에 아무런 도움이 되지 않기 때문이다." 그러나 권력욕을 인간본성으로 보는 그의 가정을 우리가 인정한다면, 연방중앙지도자들이 연방정부의 존엄성을 보호해야 한다는 이유만으로 권력욕, 즉 인간본성이라고 여겨지는 것을 포기할 것이라고 보는 것은 비현실적이다. 그는 여기에서 그치지 않고, 연방정부가 주를 침해하기보다는 주들이 연방정부를 침해할 것이라는 우려를 표명하기까지 한다. 그에 의하면, 주가 연방정부에 비해 인민의 영향을 더 많이 받게 되기 때문에 그렇다는 것이다. "일반적으로 애정은 거리가 멀어질수록 약해지는 것"(119면)이 인간본성이라는 것이다. 그러나 그는 "연방정부는 시민대중의 관찰하에 덜 직접적으로 운영되며 그것이 주는 이익을, 사색적인 사람들이라면 인지하고 주목할 것이다"(120면)라고 말함으로써 스스로 자위한다. 이러한 두 개의 주장에서 우리는, 해밀턴이 간과했거나 또는 은폐하고자 했던 어떤 중요한 정치적 함의를 끌어낼 수 있다. 그가 가정한 바로 그 인간본성으로 인해 연방지도자와 연방정부는 다수의 보통인간에게보다는 부유하고 힘있는 사람에게 애착을 갖게 될 것이다. 그에 의하면 보통사람의 행동과 의식의 범위는 주로 지역적인 것에 국한되는 반면, 부자와 엘리뜨들은 자신들의 사업과 사회적 관계로 인해 먼 거리에 있는 사람과도 서로 쉽게 연결된다. 그러므로 해밀턴 자신도, 부자들이 보통사람들보다 더 연방지도자와 연방정부에 가까우며 따라서 필연적으로 연방정부가 부자들에게 유리하게 치우칠 것이라는 사실을 부인하기는 어려울 것이다. (연방정부의 장점을 이해하지 못하는 대중에 대한) 해밀턴의 두번째 불만은 또다른 정치적 함의를 이끌어낼 수 있는 논리적 근거를 우리에게 제공한다. 그 정치적 함의란, 연방정부를 수립함으로써, 지배 엘리뜨와 유산자가, 국가와 대기업의 특수한 경제적 이익의 결탁과 같은 부정의를 일반인민들이 보지 못하도록 은폐할 수 있게 된다는 것이다. 다시 말하면 지역정부가 아닌 연방정부일 때는, 그것이 주는 이익(해밀턴이 주장하는)뿐 아니라 그것이 주는 불이익(해밀턴이 결코 언급하지 않는)까지 일반사람들이 알아챈다는 것은 매우 어렵다는 것이다. 이러한 사실은, 연방정부를 창출함으로써 재산문제와 분배정책 같은 매우 민감하고 결정적인 논쟁이 일반인들의 영역을 훨씬 넘어서서 연방정부의 수준에서 이루어지고 그 결과, 정치과정에서 다수를 소외시키게 될 잠재적 위험이 존재한다는 것을 우리에게 일깨워준다. (그 저자들에 대해 한층 비판적인 입장을 갖고 있는 사람은, 입안자들이 재산권에 반대하는 무산자 다수의 반란을 가장 염려한다는 것, 그리고 입안자들이 연방정부의 행위가 지방정부의 행위보다 대중의 시선으로부터 훨씬 더 떨어져 있다는 것을 잘 알고 있었다는 것, 이 두 가지를 다같이 고려하면서 연방정부를 선전하는 입안자들의 진짜 동기는 연방주의라는 사탕발림을 통해 재산권과 관련된 중대한 정책 입안과정에서 다수의 영향력을 최소화하려는 것이라고 주장할 것이다. 이 문제에 대해서는 나중에 더 논의하기로 하자.)

정부의 내적 구조로서의 견제와 균형의 메커니즘이 필요한 이유 역시 인간본성 때문이다. "인간본성 때문에 우리는 야망을 견제하기 위해 야망을 만들어내지 않으면 안된다." 특히, 무산자 다수의 압제에 대한 저자의 두려움을 생각해보면, 그들이 대의제민주주의의 경향이라고 여기는 "선거 전제주의"에 대한 비난에서 입법부가 주요한 표적이 되고 있다고 하는 사실은 별로 놀라운 일이 아니다. ('대표 없이 과세 없다'라는 슬로건과 함께 미국독립전쟁을 시작한 바로 그 사람들이 정부의 내적 구조를 구성하는 과정에서 입법부에 대한 통제를 주요한 목표로 삼았다고 하는 사실은 역설적이다.) 입안자들은 입법부를 여러 상이한 부문들로 분리시킬 것을 제안하는 반면, 행정부는 통합되어야 한다고 주장한다. 설사 그들이 주장하듯, 행정부에서는 힘이 가장 중요한 요소라는 것을 우리가 인정한다 하더라도 왜 행정부 내부에서는 야망을 견제하기 위해 야망이 만들어질 필요가 없는 것인지에 대한 설명이 더 필요하다. 이 문제에 대한 부분적 설명은 "인민의 … 감시의 … 대상이 하나이어야 더 안전"하기 때문에, "행정권력은, 그것이 하나일 때 더 쉽게 제한될 수 있다"(430면)고 하는 해밀턴의 정당화에서 발견될 수 있다. 그러나 만일 우리가 그의 논리를 따른다면, 삼권분립이 아니라 단지 집중화된 단일정부로 구성된 주정부만을 갖는 것이, 주정부, 연방정부, 그것도 행정·입법·사법으로 분리된 3개 부문을 갖는 것보다 낫지 않겠는가? 전자의 경우가, 제한되고 감시되어야 하는 정부 및 부문의 수가 더 적기 때문에 훨씬 더 안전할 것이다. 그러나 입안자들에 따르면 행정부 역시 이제까지 헌법을 위반한 적이 없는 것은 아니었다. 그렇기 때문에 사법부에게 무엇이 정의인지, 즉 무엇이 입헌적인지를 결정하는 최종권위를 주는 것이다. 왜 입안자들이 그토록 열심히 입법부의 권력을 제한하고 사법부에게 최종적 권위를 주려고 하였는가? 이 구상은 단지 대중의 영향력을 최소화하기 위해 만들어진 '정교화된 계획'은 아닌가? (사법부가 종신임명제에 의해 선거의 영향, 즉 다수 무산자의 영향을 가장 받지 않는 반면, 입법부는 다수가 가장 쉽게 자신의 영향력을 행사할 수 있는 부문이란 사실을 상기하자.) 그것이 아니라면 실제로 그들이 말하듯 사법부는 가장 믿을 만한 것인 반면, 입법부는 대의제 공화국에서의 민주주의에 반하는 가장 위험한 위협의 원천이기 때문인가? 이 문제는 오로지 우리가 이 장에서 분석하려고 하는 『교서』의 일반적 맥락 내에서, 즉 입안자들이 그들의 입장을 입증하기 위해 내세우는 논거의 정당성, 또는 더 정확히 말해서 진실성을 통해 대답되어야 한다(4) 결론 참조).

4) 결 론

이미 살펴본 바와 같이, 입안자들은 자신들의 주장을 정당화하기 위해 매우 선택적으로 기본적 가정들을, 특히 인간본성에 대한 가정을 사용하고 있다고 말할 수 있다. 달리 말하면 그 가정들과 그들이 내린 처방 사이에는 일련의 모순들이 존재한다. 이러한 선택성(selectiveness)이 고의적인 것인가 아닌가 하는 것은, 주로 지식사회학의 관점으로 다른 관련자료들을 면밀히 검토해야 하는 어려운 문제다. 한가지 언급할 수 있는 것은, 저자들의 대부분의 문제들은 인민들을 속이기 위한 음모라기보다는 그들의 순진성과 그들 속에 내면화되어 있는 엘리뜨주의적 태도에서 유래하는 것으로 보인다는 것이다.[2] 즉 그들은 자신들이 옳다고 생각한 것을 진실로 옳다고 믿은 것으로 보인다. 예를 들면 그들은 자신들이 정의롭지 못한 것으로 간주한 것은 당연히 정의롭지 못한 것으로 믿었고 자신들이 정의롭다고 간주한 것은 역시 당연히 정의로운 것으로 믿었기 때문에, 정의에 대한 어떠한 포괄적인 개념틀 없이도 다수의 정의로운 결합과 정의롭지 못한 결합에 대해 얘기할 수 있었던 것 같다. 간단히 말해, 그들은 자신들을, 악한 인간본성을 극복하고 그들 말대로 "계몽된 견해"에 도달한 선택된 인간으로 가정한 것이다. 이러한 엘리뜨주의적 요소는 『교서』 전반에 걸쳐서 발견된다. 어떤 정당화가 필요해질 때마다 그들은 항상 최후의 수단으로 이러한 엘리뜨주의적 논거에 의존한다. ① "우리의 연방적 정부의 결점은, 연방을 옹호하는 **지적인** 지지자들에 의해 오랫동안 지적되어왔다"(106면). ② "나는 …를 인정하지 않는 **지적인** 사람을 만나본 적이 없다"(431면). ③ "공공선이 사심에 찬 다수의 우세한 세력에 의해 무시되고 있다고 하는 불평이 우리의 가장 **신중하고 덕망있는** 시민들로부터 들려오고 있다"(77면). ④ "정의롭지 못하고 사심에 찬 다수의 일치된 은밀한 소망에 반대되는 … **계몽된 견해와 덕망있는** 감정을 가진 대표들"(84면). ⑤ "… 그것(연방정부)으로부터 나오는 이익은 **사색적인** 인간에 의해 주로 인지될 것이다"(120면). 기타 등등(모든 강조는 인용자에 의한 것임).

  우리가 살펴본 『교서』의 문제들이 고의적인 결과가 아니라고 말한다고 해서, 입안자들이 우리의 비판으로부터 벗어나는 것은 아니다. 왜냐하면 그러한 사실도 그들이 내린 처방의 특정한 역기능적 결과를 막지는 못하기 때문이다. 이미 살펴본 바와 같이, 그들의 주요관심은 '더 강한' 당파의 바람직하지 못한 영향, 즉 '더 약한' 소수의 권리에 대한 '더 강한' 다수의 위협을 어떻게 제거할 것인가(강한 다수의 횡포로부터 약한 소수의 권리 보호)이다. 여기에 현실을 호도하는 저자들의 형용사의 마술이 있다. 본래의 뜻을 왜곡하지 않은 채, 소수와 다수를 각각 소수의 유산자와 엘리뜨 그리고 무산자 다수라는 단어로 대체해보자. (어떤 이는 다수와 소수는 항상

---

2) 필자가 유학시절인 석사3학기에 이 글을 쓸 때와는 달리 11년이 지난 지금, 이 문제에 대한 필자의 입장은 이를 단순히 엘리뜨주의적 태도로 환원시킬 수 있는 문제라고 보지 않는다. 이같은 입장의 변화에도 불구하고 당시의 글을 충실하게 전달하기 위해 그대로 옮긴다.

재산에 따라 나누어지는 것이 아니라고 말할 수도 있다. 그러나 입안자들까지도 재산의 불평등한 분배가 당파의 가장 강력하고 가장 영구적인 원천이라고 누차 주장하면서 대부분의 경우, 다수와 소수라는 단어를 무산자 다수와 유산자 소수라는 의미로 사용하고 있다.) 그렇게 했을 때, '더 약한'과 '더 강한'(각각 '소수'와 '다수'에 붙여지는)이라는 형용사가 말이 되는 것인가, 아니면 그것의 위치를 바꾸었을 때 말이 되는가? 현실적으로 무산자 다수가, 단지 숫자상으로 우세하다는 이유만으로 소수의 부자들보다 실제로 '강한가'? 그렇다는 그릇된 평가로 인해, 저자들은 "다수를 구성하는 많은 사람들이 … 소수가 될 수도 있고"(525면) 소수가 다수로 될 수도 있다는 낙관적인 전망을 할 수 있었다. 불행하게도, 많은 사회학적 연구들은, 부자들이 무산자 다수로 전락하는 일이 거의 없으며 그 반대의 이동(무산자의 유산자로의 지위상승)도 마찬가지로 매우 제한돼 있다는 것을 보여준다. 넓게는 인류역사 전체를, 좁게는 현대를 되돌아볼 때, 재산없는 다수의 이익을 과대대표하는 경향이 민주주의에 가장 커다란 위협이 되어왔는가 아니면 그들을 과소대표하는 경향이 민주주의에 더욱 커다란 위협이 되어왔는가? 필자가 보기에 『교서』의 비극은 입안자들이 재산에 의해 나누어진 다수와 소수 사이의 권력관계에 대한 잘못된 평가를 근거로 하여, 예상되는 희생자를 다수 무산자가 아니라 소수 유산자로 잘못 평가하고 이같이 잘못 예상된 희생자를 보호하기 위해 그릇된 방향에 섰다는 데에 있다.

결론적으로 다원주의, 국가연합에 반해 이보다 강력한 국가형태로서의 연방제에 대한 선호, 연방정부와 주정부라는 이중구조, 삼권분립, 입법부의 내부분리 견제와 행정부의 중앙집권적 통일, 사법부의 위헌심사권 등 미국 '건국의 아버지'라고 불리는 『연방주의 교서』 작성자들이 제안한 제도적 장치(현대자본주의 국가의 중요한 제도적 장치가 된)들은 우리가 현재 알고 있는 그 현대적 의미와는 달리 무산자 다수의 정치적 영향력에 대한 견제와 이들로부터의 소수의 권리, 특히 사유재산권의 보호에 그 목적이 있음을 『교서』는 우리에게 보여주고 있다.

이밖에 더 검토되어야 하는 또다른 문제가 있다. 왜 저자들은 재산권을 정의로 간주하였으며, 따라서 다수의 요구로부터 그것을 보호하려 하였는가? 부분적으로 그것은 자기 자신의 재산을 보호하려 하는 무의식적인 이기심 때문이라는 것을 아무도 부인할 수는 없을 것이다. 그러나 또한 그것은 어떤 진지한 이론적 확신, 즉 자유시장경제라는 기본가정으로부터 나왔다고도 보인다. 입안자들에 의하면 재산권은 정의롭다. 왜냐하면 그것은 "인간재능의 다양성"(78면)에서 연유한 것이기 때문이다. 그러나 차등적인 재능만이 오직 재산의 기원인가? 재산권이 재능에서 유래한 것이기 때문에 특정 재산의 보호가 정의라는 것을 인정한다 할 때, 재능과는 무관한 부당한 수단, 예를 들어 점령, 세습을 통해 얻은 재산을 정부가 보호하여야 하는가? 만약 그렇지 않다면, 우리는 어떻게 (보호되어야 하는) 재능에 의해 얻어진 재산과 (보호한다면 정의롭지 못한 것이 되는) 그렇지 않은 것을 구별할 수 있는가? 또한 신체장애자가 재능을 가지지 못했다는 이유로 재산을 가질 수 없다고 하는 것 역시 정의인가?

마지막으로, 의도적이건 아니건 간에 연방주의를 통해 정부정책의 다양한 집중화와 분산화를 이루고, 그것을 통해 '소유의 정치'를 '정치적 권리의 정치'로부터 분리하는 것은 실제로, 시장체제의 자유방임 이데올로기, 즉 정치는 경제적 문제와 무관하다고 하는, 진실로부터 벗어난 교의를 강화하는 데 기여해온 듯하다.

해밀턴, 매디슨, 제이를 현대세계의 프리즘을 통해 비판하는 것이 정당한가? 이 질문은, 과거를 그것 자체의 맥락에서 보아야 하는가 아니면 현재의 맥락에서 보아야 하는가 하는, 사회과학의 영원한 딜레마의 하나를 떠올리게 한다. 물론 18세기의 사람에게서 현대의 사람처럼 생각하고 행동할 것을 기대하는 것은 정당하지 않다. 그러나 우리를 우리 자신의 역사적 지평에 놓지 않고 그 시대정신에 놓는 단순한 역사주의는, 역사를 그 역사적 맥락을 제거한 채 현재를 통해서만 보려고 하는 '과다환원주의'만큼 위험한 것이다. 해석없는(interpretation-free) 사회과학은 없다. 즉 다시 말하면, 이해한다는 것은 재생적(reproductive)일 뿐 아니라 그 자체가 창조적(productive)인 작업이기 때문에 역사상의 거리가 이해하는 데에 항상 장애가 되는 것은 아니다. 오히려 반대로, 일정한 역사적 거리가 있을 때에만 역사를 더 잘 이해할 수 있다. 이런 의미에서 모든 사회과학은 어느정도 필연적으로 해석적이며 또한 그래야만 한다.

자유민주주의와 선거
── '선거사회주의'의 가능성과 한계를 중심으로

1) 머 리 말

하나의 주제설정은 시대정세의 궁극적인 규정을 받으면서도 상대적인 자율성을 가진 논쟁의 지형, 문제의식 등을 반영한다. 따라서 왜 '자유민주주의와 선거'라는 주제인가를 살펴볼 필요가 있다.

이에 대한 극히 일상적인 대답은 올해(1992년)가 총선, 대선이라는 선거의 해이기 때문이라는 것이겠지만, 이를 일단 논외로 한다면 그것은 80년대 이후의 민민운동(민중민주운동)의 성장과 함께 최근 급속히 진행되고 있는 '진보정당'운동과 관련된, 자유민주주의하에서의 선거의 의미에 대한 평가의 필요성과 밀접한 연관이 있을 것이다. 나아가, 더 본질적으로는 현실 사회주의의 실험(국가사회주의?)의 좌초, 맑스주의의 위기 내지 한발 더 나아가 붕괴론 등과 관련하여 '전통적'인 맑스-레닌주의에 대한 전반적인 재검토 속에서 사회주의로의 '의회주의적 길', 즉 '선거사회주의'의 가능성과 한계에 대해 재평가해볼 필요성과 관련되어 있다고 볼 수 있다.[1]

이 글은 이같은 문제의식에서 자유민주주의와 선거 간의 연관과 선거사

* 한국산업사회연구회의 1992년 1월 월례발표회의 발제문 「자유민주주의와 선거」를 보완한 것.

회주의의 가능성과 한계를 분석해보는 데 그 목적이 있다.

2) 자유민주주의란 무엇인가?

'자유민주주의와 선거'라는 주제를 다루는 데서 선행되어야 하는 것은 자유민주주의가 무엇인가 하는 자유민주주의에 대한 이해이다. 자유민주주의는 그 개념사용의 일상성이나 빈도에도 불구하고, 과학적으로 정의하기가 그다지 쉽지 않고 이론적 합의 또한 부재한 '논쟁적' 개념이다.

자유민주주의를 이해하는 데는 크게 세 가지 이해방식이 있다고 볼 수 있다. 그 첫번째 이해방식은 자유민주주의를 부르조아 민주주의와 등치시켜 이해하는 방식, 즉 자본가계급의 정치적 지배를 민주적 방식으로 관철시키는 정치형태 내지 민주적 통치형태의 자본주의 국가 일반으로 이해하는 방식이다.[2]

두번째 이해방식은 자유민주주의를 부르조아 민주주의 일반의 한 역사적 유형으로 이해하는 방식이다.[3] 즉 자유민주주의를 '야경국가'와 관련하여 개인과 기업의 자유의 극대화를 추구하는 '작은 국가'형 자본주의 국가형태로 이해하면서, 그 전형적 형태를 경쟁적 자본주의의 상부구조, 고전적 자본주의와 '신보수주의' 등으로 파악하는 이해방식이다.

세번째 이해방식은 자유민주주의가 자본주의 국가 일반과 마찬가지로 특별히 자본주의이어야 할 이유가 없으며, 탈(脫)계급 내지 초계급적인 인류보편적 유산이라고 이해하는 방식이다.[4]

이중 첫번째 이해방식은 자유민주주의의 역사적 측면(역사적 형성과정)

---

1) 이와같은 선거사회주의의 입장은 그동안 사회민주주의의 수용 등 다양한 입론에서 제기된 바 있다.

2) 그 대표적 예는 김세균, 「자유민주주의란 무엇인가」, 『사회평론』, 1991년 6월호, 112면.

3) 졸고, 「제3세계와 자유민주주의」, 『사회평론』, 1991년 6월호, 142면. 이밖에 이처럼 부르조아 민주주의를 자유민주주의의 상위개념으로 이해하고, 부르조아 민주주의의 여러 유형에 자유민주주의, 사회민주주의 등이 있다고 간주하는 입장으로는 Arthur Rosenberg, *Democracy & Socialism* (Boston: Bacon Press 1965) 참조.

에 관한 인식이 돋보이는 이해방식이다. 즉 이는 원래의 자유주의는 민주
주의와 대립된 것이었으나 이같은 자유주의가 독점자본주의의 시기에 와서
밑으로부터의 민주주의의 요구를 수용하여 자유민주주의의 형태로 나타났
다는 주장('독점자본주의 단계의 자유주의의 실현형태'로서의 자유민주주
의)[5]으로서, 자유민주주의의 기본적 전제 중의 하나인 보통선거권이 독점
자본주의 단계에 이르러 획득된 것이라는 역사적 사실(아래 참조) 등을 고
려하여 자유주의의 역사적 전개과정에 대한 올바른 분석에 기초하고 있다
하겠다. 그러나 이같은 이해방식에 기초를 둘 경우, '복지국가', '개입국가'
등으로 불리는 현대자본주의 국가가 그 전형으로 간주되게 되는바 자유민
주주의와 사회민주주의의 관계가 애매해진다는 문제점을 안고 있다. 특히
이 입장은 사회민주주의를 자유민주주의의 한 분파 내지 조류로 이해하고
있으나[6] 과연 이같은 이해가 타당한 것인가에 대해서는 본격적인 논의가
필요하다 하겠다.

두번째 입장은 자유민주주의에서 '민주주의'의 측면을 강조하는 첫번째
입장과 달리 자유민주주의의 '자유주의'라는 측면(소극적 자유, 자유경쟁
등)을 강조하고 있다고 볼 수 있다. 따라서 이같은 자유주의적 뿌리와 개
입국가·국가독점자본주의 국가 간의 차별성을 강조하는 측면이 강하다.
또 이는, 자본주의 사회에서 자유와 평등은 상품교환에서의 자유계약 및
등가교환법칙과 연관이 있다고 본 맑스의 분석의 전통이나 "민주주의는 자
유경쟁에 조응하고 (정치적) 반동은 독점에 조응한다"는 레닌의 테제들과
맥을 같이하는 이해방식이다. 즉, 자유민주주의에 대한 첫번째 이해방식이
'역사적'이고 '계급투쟁적' 측면을 강조하는 것이라면 두번째 이해방식은
'논리적' 측면, 특히 '자본논리적' 측면을 강조하는 것이라고 볼 수 있다.
이 이해방식은 결국 사회민주주의와의 경계(자유민주주의 대 사회민주주의
식으로)를 명백하게 해준다는 이점이 있으나 자유민주주의의 민주주의와의

---

4) 사회민주주의를 비롯하여 다양한 이론적 입장들이 이와같은 이해방식을 채택하고
   있다. 그 고전적 예로는 Karl Kautsky, *The Dictatorship of the Proletariat* (West-
   port: Greenwood Press 1970)가 있다.

5) 김세균, 앞의 글, 119면.

6) 같은 글, 118면.

관계를 비역사화 내지 탈역사화시킴으로써 원래의 자유주의는 민주주의와 모순되는 것이었음을 간과한다는 약점을 갖고 있다.

세번째 입장은, 자유민주주의가 궁극적으로는 '국가유형'으로서의 자본주의 국가의 하나의 '국가형태'(내지 '통치형태')로서의 자유민주주의라는 추상성수준의 위계성과 이와 관련된 자본주의 국가의 한 국가(내지 통치)형태로서의 자유민주주의가 갖는 계급적 내용을 경시하고 있다는 문제를 안고 있다. 이 입장은 특히 보통선거권의 실시, 노동자계급정당의 국가기구(의회 등) 내의 진출 등에도 불구하고 자유민주주의 체제가 재생산하는 질서는 자본주의적 질서이고 이 점에서 자유민주주의 체제하에서의 국가권력이 자본가계급과 노동자계급 등에게 다원적으로 분점되어 있는 것이 아니라, 궁극적으로 자본가계급의 권력이라는 국가권력통일성 테제를 무시하고 있다는 한계를 갖고 있다.[7]

결론적으로 자유민주주의의 이해방식 중에서 가장 올바른 이해방식은 첫번째 이해방식이지만 그 문제점, 즉 자유민주주의와 사회민주주의의 관계에 대해서는 더 본격적인 논의가 필요한 것이 아닌가 하는 것이 필자의 입장이다.

3) 자유민주주의와 선거: 그 연관의 본질

(1) 자본주의 국가와 보통선거권 —— 역사적 고찰

'자유민주주의 선거'라는 주제를 다루는 데서 핵심적인 매개고리는 보통선거권일 것이다.

보통선거권은 자유민주주의의 충분조건은 아니더라도, 그 필요조건으로서 고전적 자유주의를 자유'민주주의'로 변화시켜준 결정적 계기라고 할 수 있다. 그러나 문제는 자유주의, 자본주의 국가, 나아가 자본주의와 보통선거권 사이에는 본질적인 연관이 존재하느냐 하는 것이다. 이 문제를 검토

7) 졸고, 「민주주의를 다시 생각한다」, 『창작과비평』, 1991년 겨울호, 355~56면 (이 책 369~403면).

하기 위해서는 자유민주주의 체제라 할 수 있는 서구자본주의 사회에 보통
선거권이 언제 도입되었는가 하는 보통선거권의 역사를 간단히 살펴볼 필
요가 있다(표 1 참조).[8]

<표 1> 선진자본주의 국가의 보통선거권 도입

	남성보통선거권	보통선거권	사회주의당	사회주의당 의회 진출
오스트리아	1907	1919	1889	1897
벨기에	1919	1948	1885	1894
덴마크	(1849)	1915	1878	1884
핀란드	1906	1906	1899	1907
프랑스	1884	1946	1879	1893
독일	1871	1919	1867	1871
이딸리아	(1919)	1945	1892	
네덜란드	1917	1917	1878	1888
노르웨이	1898	1913	1887	1903
스웨덴	1907	1921	1889	1896
스위스	1898	(1971)	1887	1897
영국	1918	1928	1893	1892
미국		1970(1945)		

＊ 괄호 안은 주 8의 양 출처간에 차이가 있는 경우를 뜻한다. 미국의 경우 1945
년, 1970년이라는 커다란 차이가 나는 것은 남부 흑인들에게 실질적으로 보통선
거권이 부여된 것을 기준으로 하느냐, 단순히 형식적으로 보통선거권이 부여된 것
을 기준으로 하느냐에 따라 생겨난 차이이다.

표 1이 보여주듯이, 선진자본주의 사회에 보통선거권이 도입되기 시작
한 것은 20세기초인데, 이후 그중 일부국가에서 파시즘의 대두, 세계대전

---

8) 표 1은 Göran Therborn, "The Rule of Capital and the Rise of Democracy,"
New Left Review, no. 103(1977), 11면의 표와 Adam Przeworski et al., *Paper-
stones: A History of Electoral Socialism* (Chicago: The Univ. of Chicago Press
1988), 36면의 표에서 재작성.

등으로 선거권이 다시 박탈되는 등 우여곡절을 겪음으로써 보통선거권이 선진자본주의 사회에서 전면화된 것은 사실상 2차대전 이후라고 할 수 있다.

이는 보통선거권 등 자유민주주의의 민주주의 부분들이 시장경제나 자본주의의 내재적 요소 또는 그 산물이 아니라는 것을 보여주고 있다. 이는 역으로 계급투쟁의 산물 내지 노동자계급 등 민중부문의 전리품이고, 동시에 이같은 밑으로부터의 압력을 수용·체제내화할 수 있었던 현대자본주의(특히 '중심부자본주의' 내지 제국주의)의 팽창성과 탄력성의 결과라고 할 수 있다.[9] 다시 말해, 자유민주주의는 자본가계급이 물적 토대와 헤게모니를 기초로 하여 노동자계급 등 민중부문을 배제시키는 것이 아니고 체제내로 포섭하고 동의와 강제력이라는 통치기제 중 동의를 주된 기제로 하여 자본의 지배를 관철시키고 자본주의적 질서를 재생산하는 정치체제라고 할 수 있다.

(2) 보통선거권, 선거제도, 자유민주주의

이와 관련하여 짚고 넘어가야 하는 문제는 보통선거권, 선거제도, 자유민주주의 간의 관계이다.

보통선거권은 민주적 선거제도의 핵심적 구성요소이기는 하지만 그 자체가 민주적 선거제도와 등치될 수는 없으며, 보통선거권과 민주적 선거제도도 자유민주주의의 중요한 기준이기는 하지만 이 또한 양자가 등치될 수 있는 것은 아니다. 부르조아 민주주의에서 민중이 누리는 민주적 권리들(부르조아 민주주의적 권리라기보다는 민중적 권리)과 부르조아 민주주의적 정치제도를 구별해야 한다는 한 연구자의 지적을 빌리면[10] 보통선거권은 민중적 권리 내지 '인류보편적' 권리이지만 자유민주주의 내지 자본주의 국가적 선거제도는 기본적으로 부르조아적인 것으로 볼 수 있다. 또한 보통선거권이 자유민주주의를 판별하는 중요한 기준이기는 하나, 그것이 자

---

9) G. Therborn, 앞의 글.

10) Henri Weber, "Eurocommunism, Socialism, Democracy," *New Left Review*, no. 110(1978), 8면.

유민주주의 그 자체는 아닌 것은 자명하다. 즉 사회주의 사회에서도 보통
선거권이 가능하다는 것과 보통선거권이 있었던 한국의 역대 공화국들과
제3세계 국가들이 자유민주주의와 거리가 멀었다는 것에 대해서는 부연 설
명이 필요없을 것이다. 따라서 '자유민주주의와 선거'라는 이 주제의 논의
가 한국사회에 갖는 적실성은 한국자본주의 국가의 '국가성격'과 관련해서
볼 때, 제한적일 수밖에 없다는 점을 유의할 필요가 있다.

4) 자유민주주의에서의 선거와 민주변혁

(1) 이론적 입장들

자유민주주의에서의 선거와 민주변혁 간의 관계, 즉 '선거사회주의'의 가
능성에 대해서는 크게 세 가지 입장으로 나누어지고 있다.

첫번째는 '극좌'적 시각으로서, 자본주의 체제하에서의 선거의 의미를 전
면적으로 부정하는 입장이다. 독일 '좌파공산주의'들의 볼셰비끼 의회참여
전술에 대한 비판이 그 전형적인 예로서 "역사적으로나 정치적으로 도태되
어버린 의회주의적 투쟁형태로의 어떠한 복귀도 단순히 거부되어야 한다"
는 주장이다. [11] 이같은 입장을 세련화한 어떤 현대이론가는 보통선거권 등
자본주의 사회에서의 선거는 ① "노동계급의 급진화를 예방하기 위해 지배
계급이 의식적으로 사용하는 술책"으로서, 노동계급의 혁명적 힘을 선거정
치로 유도하고, ② 선거결과가 국민의지의 참된 반영이며 자유의지에 의한
선택인 것 같은 환상을 만들어내어 이데올로기적 정당화 기능을 수행하며,
③ 대중의 정치상태의 바로미터로서 부르조아를 위한 '조기경보체계'로 기
능하는 한편, ④ 자본가계급 내의 분파적 갈등을 조정하는 기능을 수행할
뿐이라고 주장하고 있다. [12]

---

11) V. I. Lenin, "'Left-Wing' Communism: An Infantile Disorder," *CW*, vol. 31, 56면
　　에서 재인용.

12) Albert Szymanski, *The Capitalist State and the Politics of Class*, Cambridge:
　　Winthrop Pub. 1978, 121∼24면.

두번째는, 자유민주주의에 관한 위의 세번째 이해방식에 기초를 둔 사회민주주의, 유러코뮤니즘 등 다양한 조류의 '의회주의적' 입장이다. 이 입장은 한마디로 선거를 통한 사회주의로의 이행이 가능하며(plausible) 바람직하다(desirable)는 주장이다. 실현 가능성의 문제에 대해 선거, 의회제도, 자본주의 국가가 "특정한 계급적 시각을 가져야 할 이유"도 "특별하게 내재적으로 자본주의적이어야 할 이유도 없기"[13] 때문에, 선거와 의회를 통한 이행이 불가능할 이유가 없다는 주장이다. 특히 이러한 입장은 그같은 낙관론의 색조에 차이가 있기는 하지만 이중 많은 이론가들이 세칭 '권력자원동원(power resource mobilization)이론'에 기초를 두고 결국 문제는 노동자계급이 올바른 계급동맹(선거연합)의 입장을 취하고 선거라는 게임에서 정치적인 자원을 얼마나 효과적으로 동원할 수 있느냐라는 비규정적이고 '열려진' 변수에 달린 것으로 파악하고 있다.[14] 나아가 이 시각은 실현가능성 외에도(학자에 따라서는 실현 가능성과 별개로) 자유민주주의하에서의 선거제도나 의회제도(대의제도)를 앞서 지적했듯이, 인류보편적 유산으로 보고, 이를 파괴하는 것이 아니라 계승·발전시켜야 한다는 입장을 취하고 있다.[15]

마지막으로, '정통좌파'의 시각을 들 수 있다. 맑스, 엥겔스, 레닌으로 대표되는 이같은 시각의 정확한 입장에 대해서는 보통선거권, 민주공화제, 부르조아 민주주의, '의회주의의 길'에 대한 이들의 평가 자체의 모호성, 내부모순성 등으로 인해 단언하기가 어렵고, 다양한 해석이 이루어지고 있다. 그러나 이같은 입장이 자본주의 사회에서의 선거를 단순히 변혁에 무용한 것으로 간주하는 '극좌'적 시각이나 역으로 유일한 내지 가장 효과적인 수단으로 간주하는 '의회주의적' 시각과 달리 체제를 안정화시키는 '체

13) Bob Jessop, *The State Theory*, Cambridge: Polity Press 1990, 353면; Alan Hunt, "Taking Democracy Seriously," in Alan Hunt (ed.), *Marxism & Democracy*, London 1980, 16면.

14) Walter Korpi, *The Democratic Class Struggle*, London: Routledge and Kegan Paul 1983; John Stephens, *The Transition from Capitalism to Socialism*, Chicago: The Univ. of Illinois Press 1986, 2nd Edition; Gosta Esping-Anderson, *Politics against Markets*, Princeton: Princeton Univ. Press 1985 등.

15) Norberto Bobbio, *Which Socialism?*, Cambridge: Polity Press 1986 등.

제안정적' 기능의 측면과 '계급투쟁적'이고 '변혁적' 측면이 공존하는 '양날의 칼'로 인식하고 있는 것은 확실하다 하겠다. 다만 문제는 이들이 이같은 양 측면 중 어느 측면에 더 무게중심을 두고 있느냐는 해석의 문제일 것이다.

예를 들어 맑스의 경우 국민을 위해 봉사했던 빠리꼬뮌의 보통선거제에 대비시켜 자본주의하의 선거는 "수년마다 한번씩 지배계급의 구성원 중 누가 의회를 통해 인민을 억압할 것인가를 결정하는 것"일 뿐이라고 비판하고 "노동자계급은 단순히 기존의 국가기구를 장악하여 자신의 목적으로 이용할 수 없다"고 주장하면서도[16] 다른 한편으로는 "보통선거권은 노동자계급의 정치권력에 다름아니다. … 보통선거권의 실현은 유럽에서 사회주의의 이름으로 정해진 그 어느 것보다도 더 사회주의적인 조치가 될 것이다. 그것이 가져온 결과는 노동자계급의 정치적 지배권이다"[17]라고 주장했다. 또 그는 영국처럼 보통선거권 등을 통해 "노동자계급이 그들의 목표를 평화적 선전을 통해 더 확실하게 획득할 수 있는 곳에서 봉기는 미친 짓이다"[18]라는 '모순적'인 주장을 하고 있음은 잘 알려져 있다. 레닌의 『국가와 혁명』만 하더라도 자유민주주의와 민주공화제는 "자본주의의 최상의 정치적 외피"라는 체제안정화 '기능성'을 주장하면서도 다른 한편으로는 이것이 "자본주의하에서 노동자계급을 위한 최상의 국가형태로 우리는 이를 지지해야 한다"고 지적하고 있다.[19]

이같은 일견 '모순적'인 주장은 맑스가 보통선거권의 확대에 따라 점진적으로 의회주의의 길의 방향으로 진화해온 것인가, 아니면 의회주의적 이행의 길은 구체적 사회상황에 따라 가능할 수도 있다는 역사주의적 입장을 취한 것인가 하는 문제를 야기하며, 레닌의 경우에도 의회주의 노선에 대한 상대적으로 비판적인 그의 입장이 러시아적 특수성을 반영한 것일 뿐인가 등의 문제를 낳는다.

---

16) Karl Marx, "The Civil War in France," *CW*, vol. 22, 328, 333면.

17) K. Marx, "The Chartists," *CW*, vol. 11, 335~36면.

18) K. Marx, "Interview with The World Correspondent," *CW*, vol. 22, 602면.

19) V. I. Lenin, "State and Revolution," *On the Dictatorship of Proletariat*, Progress 1976, 20, 25면.

 이같은 문제에 대한 이들 입장의 합리적 핵심은 다음과 같은 두 가지 가설로 요약될 수 있는 것이 아닌가 하는 것이 필자의 생각이다. 즉 첫째로, 선거 등 의회투쟁과 의회 밖의 투쟁은 구체적 상황에 대한 구체적인 분석의 문제라는 것이다. 예를 들어, 의회주의적 노선에 비판적인 것으로 알려진 레닌까지도 "러시아에 확고히 성립된 의회체제가 있다고 가정해보자. 그것은 의회가 지배계급이나 지배세력의 주된 지배형태가 되었다는 뜻이며, 따라서 그것이 사회·정치 이익들 간의 갈등의 주된 장이 되었다는 뜻이다. … 이 경우 의회투쟁을 방기하는 것은 심각한 오류이며 의회주의를 가장 심각하게 받아들여야 하는 것이 노동자정당의 의무이다. 그러나 현재로서는 러시아에 확립된 의회체제가 존재하지 않는다. 러시아에서의 지배계급의 주된 지배형태는 비의회적 형태이고, 의회는 사회정치적 이해의 갈등의 주된 장이 아니다. … 이 경우 의회주의는 투쟁의 주된 장이 될 수 없다"고 밝히고 있다.[20] 그러나 이 입장이 '무정형의 상대주의'를 의미하는 것은 아닌 것 같다. 위의 주장이 이같은 상대주의로 흐르는 것을 막아주는 것이 바로 두번째 가설로서 국가유형으로서의 자본주의 국가의 구조적 한계(고추상성의 규정)를 전제로 한, 따라서 선거와 의회주의의 궁극적인 한계를 전제로 한 위에서 의회주의와 선거전략을 구체분석의 문제로 간주한 것이 아니냐는 것이다.

(2) 비판적 검토

 보통선거권하에서의 선거는 본질적으로 '수의 게임'이다. 따라서 선거라는 수의 게임에서 소수의 자본가계급에 비해 절대적인 수적 우위를 확보하고 있는 노동자계급과 민중이 승리를 함으로써 '선거사회주의'를 실현시키지 못할 이유가 있는 것일까? 사실 이같은 산술적인 수적 비대칭성은, 미국의 '건국의 아버지'(Founding Fathers)들로 하여금 '다수의 횡포'(무산자 다수의 선거사회주의)로부터 소수(유산자)를 보호하기 위한 제도적 안전장치의 설치 필요성을 역설케 하는가 하면, 많은 자유주의적 사상가들로 하

---

20) V. I. Lenin, "Victory of Cadets and Tasks of Worker's Party," *CW*, vol. 10, 234
　～35면.

여금 보통선거권에 대해 반대하거나 유보하는 태도를 갖도록 만들어왔
다. [21] (이같은 우려와 선거사회주의 이론의 낙관론은 다소 과잉단순화해
이야기하면 그 정치적 입장의 차이에도 불구하고 그 방법론적 뿌리는 동일
한 일란성 쌍생아라고 볼 수 있다.)

이에 대해 자유민주주의의 보통선거제도하에서 "수가 모든 것을 결정한
다. … 〔그러나 중요한 것은〕 득표계산은 긴 과정의 마지막 의식(final
ceremony)"에 불과한 것이라는 사실을 인식하는 것이라는 그람시의 분석
이다. [22] 즉 문제는 단순한 수가 아니라 물적 토대, 생산관계에서의 지배
-종속 관계, 시민사회 내지 확장된 국가에서의 헤게모니 등 득표계산이라
는 마지막 의식에 선행하는 '긴 과정' 속에서의 구조적 제약이라는 문제이
다.

여기에서 특히 주목해야 하는 것은 자본주의 사회에서 선거가 분명히 다
수가 이기는 수의 게임임에도 불구하고 소수인 자본가가 승리할 수밖에 없
는 이유이다. 이와 관련된 핵심적인 것은 부르조아의 헤게모니인데, 이것
은 흔히들 생각하듯이 단순히 이데올로기투쟁이나 정치투쟁으로 전환시킬
수 있는 정치·이데올로기적인 것이 결코 아니라는 점을 상기해야 한다.
다시 말해, "헤게모니가 윤리적·정치적이라 할지라도, 그것은 동시에 경
제적이어야만 하고, 반드시 경제활동의 결정적 핵에서 지도집단이 수행하
는 결정적 기능에 기초를 두어야만 한다."[23] 더 구체적으로 자본주의 사회
에서 자본가계급이 헤게모니적이고 선거에서 승리할 수밖에 없는 이유는
다음과 같다. "어느 경제체제도 지속적 생산, 고용, 소비의 필요조건이 재
투자이기 때문에 자본주의 체제에서 이윤은 투자를 위한 필요조건이다. 따

---

21) Alexander Hamilton et al., "The Federalist Papers," in Pietro Nivola et al.
   (eds.), *Classic Readings in American Politics*, NY: St. Martin's Press 1986, 29~56
   면 등.

22) Antonio Gramsci, *Selections from the Prison Notebooks*, NY: International Pub.
   1971, 192~93면.

23) 같은 책, 161면. 이 점에서 그람시의 헤게모니론을 지나치게 단순히 정치·이
   데올로기적으로 해석하는 경향은 문제가 많다. 물론 그람시가 정치·이데올로기의
   자율성을 강조한 것은 사실이지만 그도 역사유물론의 원칙을 넘어선 것 같지는 않
   다.

라서 자본가가 이윤을 점유할 수 없으면, 그들이 착취를 하지 않으면, 생산은 감소하고 소비도 감소, 모든 집단이 그들의 물질적 이해를 만족시킬 수 없다. 자본가계급의 물질적 이해(착취를 통한 이윤의 보장, 자본주의 체제의 재생산—인용자)의 현재적 실현은 자본주의 체제 내의 모든 집단의 물질적 이해의 실현을 위한 필요조건이다. "[24] 이는 노동조합운동이 아무리 전투적이어도 기업 자체를 망하게 하면 안 되는 것과 동일한 논리이다.

이와 관련하여 특히 주목할 만한 것은 '분석적 맑스주의자'로 알려진 셰보르스끼와 스프래그가 지적한 "선거사회주의의 딜레마"이다. [25] (이것은, 필자가 분석적 맑스주의에 전적으로 동의한다는 뜻은 아니다. 오히려 이것은 형식주의적 추상화, 변증법의 폐기, 이론의 탈역사화, 실천적 대안 제시의 무능력 등 분석적 맑스주의의 문제점에 대한 여러 비판에[26] 공감하는 입장이나 행위의 '미시적 기초'를 제공하고자 하는 이 이론이 미시적 정치 행위, 즉 선거사회주의가 주된 문제로 설정하고 있는 투표행태라는 측면을 설명하는 데는 탁월한 설득력을 갖는다고 하는 '제한적 공감'에 바탕을 둔 인용이다.)

선거사회주의의 입장에서 노동자계급정당의 노선을 표방해온 독일사민당이 히틀러 이전의 독일에서 부딪혔던 '1/3의 장벽'(투표자의 1/3 이상의 지지를 얻을 수 없는)이라는 문제의식의 연장선상에서 셰보르스끼는 우선 프롤레타리아트는 어느 사회에서나 수적으로 절대다수가 될 수 없다고 주장하고 있다. [27]

그러므로 선거를 이행의 주된(또는 유일한) 투쟁방식으로 받아들이는 선

---

24) A. Przeworski, "Material Base of Content," *Capitalism & Social Democracy*, Cambridge: Cambridge Univ. Press 1985, 138~39면.

25) A. Przeworski et al., 앞의 책.

26) *New Left Review, Theory & Society, Politics & Society* 등에서 전개된 다양한 논쟁과 Michael Williams (ed.), *Value, Social Form, and the State* (London: Macmillan Press 1988), 손호철 편역, 『계급으로부터의 후퇴: 포스트맑스주의·분석적 맑스주의 비판』(창작과비평사 1993), 제2부 등 참조.

27) A. Przeworski et al., 앞의 책, 34면. 이것은 프롤레타리아트를 전통적인 육체노동자로 한정시킨 이해로서, 계급론과 관련하여 논쟁의 여지가 많은 개념화이기는 하다.

거사회주의의 입장에서는 수의 게임을 승인하자마자 딜레마에 빠지게 된
다. 즉 노동자계급정당의 입장을 고수하면 수의 게임에서 승리할 수 없고,
따라서 수의 게임에서 이기려면 계급정당을 벗어나 대중정당, 나아가 표가
된다고 생각되면 무엇이든 하는 인중(引衆)정당(catch-all party)화해야 한다
는 딜레마이다. 바로 이같은 선거연합 내지 득표확대 전략으로서의 대중정
당화가 바로 자기파괴적이라는 분석이다. 바로 이 부분이 주목해야 할 선
거사회주의의 아킬레스건이라고 할 수 있다.

문제는 이같은 득표확대전략과 대중정당화는 유권자들을 계급의 구성원
으로서가 아니라 하나의 '시민' 내지 개인으로서 견인하는 것이기 때문에
담화의 '탈계급화', 정치행위의 단위로서의 계급의 경시화, 궁극적으로 정
치의 탈계급화를 초래하고 만다는 것이다. 즉 그의 표현을 빌리면 당은 기
껏해야 단순히 "개인들(의 집합체)로서의 노동자의 당"(노동자'계급'의 당
이 아니라)이 되고 말며 "대중의 선거동원과정은 동시에 계급으로서의 노
동자계급의 해체과정"이 되고 만다.[28] 뒤집어 말하면, 서구에서 나타나고
있는 정치의 '탈계급화'는 바로 이같은 서구 사회당, 공산당 등의 선거사회
주의의 필연적 결과이자, 이들에 상당한 책임이 있다는 주장이다.[29] 이는
'주체위치'에서 생산관계의 중심성을 인정하면서도 이것이 정치적 행위주체
로서의 계급으로 자동적으로 전화되는 것은 아니라는 일정한 비결정성을
전제로 하여, 계급투쟁이 '계급간의 투쟁'(struggles among classes)이기 이
전에 '계급에 관한 투쟁'(struggles about class, 주체단위로서 계급이냐, 아니
면 다른 무엇이 될 것인가를 결정하기 위한 '계급투쟁')이라는 사실을 전제
로 하고 있다.[30] 이 점에서 다양한 주체위치 중에서 생산관계의 중심성을

---

28) 같은 책, 54면.

29) 따라서 서구노동자는 "종이돌(투표용지를 지칭하는 것으로 바로 셰보르스끼의
    책제목을 인용한 것 — 인용자)을 통해서도 사회주의를 택할 수 있었는데도 개량된
    자본주의를 택하였다. 우리의 노동자들은 사회주의를 선택할 것인가"라는 김용학
    교수의 문제제기(「사회과학적 비판인가, 종교적 비판인가」, 『경제와 사회』, 1991
    년 겨울호, 196면)는 종이돌에 의한 선거사회주의의 실현 불가능성이라는 셰보르
    스끼의 문제의식을 사장해버린 문제제기라고 할 수 있다.

30) A. Przeworski, *Capitalism & Social Democracy*, Cambridge: Cambridge Univ.
    Press 1985, 79면.

부인하는 무작위적 다원성과 주체형성기제로서의 담화의 절대화 등의 문제
점을 논외로 하면, 주체위치의 다원성과 비결정성에 대한 '포스트맑스주의'
의 문제제기는 (새삼 새로운 것은 아니기는 하지만) 정당한 것이라고 볼
수 있다.

 문제는 이를 넘어서 자본주의 사회의 기본모순으로서의 계급모순이 해결
되지 않았음에도 불구하고, 포스트맑스주의가 사실상 주체의 해체주의를
통해 일방적인 노동자계급의 정치의 탈계급화(자본가계급의 경우 신보수주
의가 보여주듯이, 정치의 탈계급화는커녕 계급적 공세를 강화하고 있는데
도) 효과를 창출하고 있다는 점, 특히 한국의 경우 분단의 특수성으로 인
해 생겨난 정치적 주체로서의 계급의 미발달과 '전계급적 정치'(pre-class
politics)로부터 뒤늦게 '계급정치'로의 어려운 성장을 하고 있는 시점에서
객관적 조건과는 동떨어진 '포스트계급정치'론을 기계적으로 도입하여 '계
급정치의 조로화'를 유도하고 있다는 점들이다.

 이와같은 계급정치의 형성에서 계급적 담화가 갖는 중요성은 선거사회주
의의 '상대적' 성공 여부가 정당체제와 밀접한 관계가 있음을 간접적으로
보여주고 있다. 즉 영국, 미국과 같은 양당체제나 서독식의 '온건다원주의
적' 정당체계에서는 선거에서 승리하려면 절대다수의 표(온건다원주의의
경우 연합정부의 형태로라도)를 획득해야 하기 때문에 결국 이데올로기적

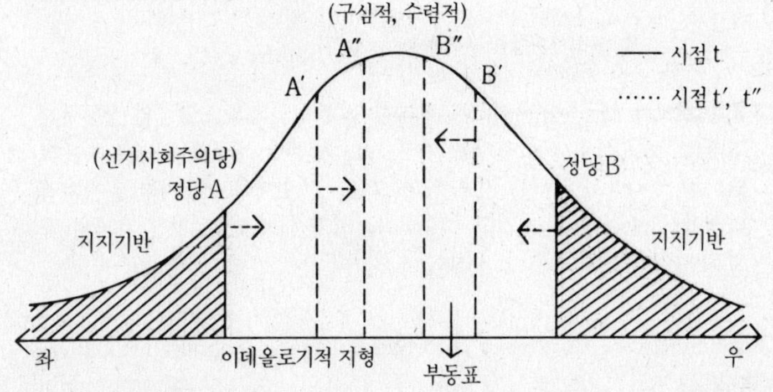

〈그림 1〉 양당체제하의 정당행태

스펙트럼에서 중간층의 획득 여부가 승패를 좌우하게 된다. 따라서 이 경우 정당의 담화와 실천은 탈계급적이고 대중정당지향형으로 나아가고, 경쟁정당간의 입장이 중심으로 수렴하는 '구심화'를 가져오게 되는 경향이 강하다(그림 1 참조).[31] 결국 이같은 상황은 앞에서 지적한 대로, 정치의 탈계급화를 초래함으로써 선거사회주의의 기반을 스스로 붕괴시키게 된다.

반면 파시즘의 경험 이후 단일정당의 독주를 막기 위한 견제정치제도를 강화시킨 이딸리아와 같은 양극다원주의(polarized pluralism) 내지 극단다원주의(extreme pluralism) 정당체계하에서는, 다당이 난립하게 되고 따라서 선거에서 승리, 제1당이 되기 위해서 (물론 제1당이 되어도 집권당이 되려면 다른 당과의 연합을 통해 연립내각을 구성하여 과반수를 확보해야 하지만) 반드시 과반수를 차지할 필요가 있는 것은 아니다. 이 경우, 이념

〈그림 2〉 양극다원주의 정당체제에서의 정당행태

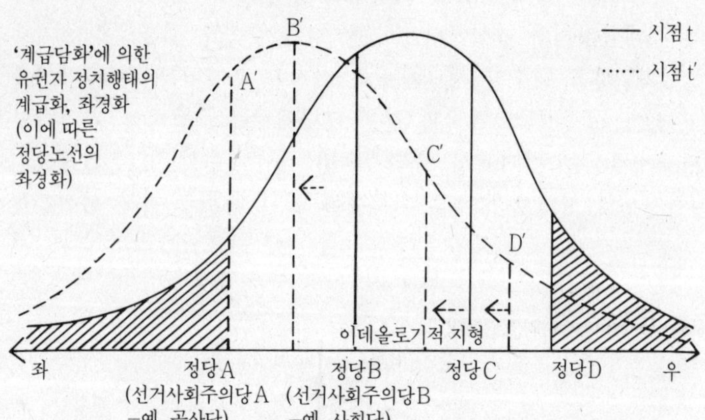

• 물론 원래의 양극다원주의 정당행태는 양극 원심적으로 양극의 쌍봉우리 형태(〰)로 나아간다는 가정이고, 정치의 계급화 속에서 자본의 담화가 오히려 승리하는 경우 위의 그림과는 반대로 유권자들의 정치적 의식이 우로 이동하는 것도 가능하나, 여기서는 계급담화가 좌파의 우세로 나아가는 경우를 상정했다.

---

31) Giovanni Sartori, *Parties and Party Systems* (NY: Cambridge Univ. Press 1976), 191면 참조.

정당 내지 계급정당의 탈계급화와 대중정당화는 오히려 자기의 지지기반의 이탈을 초래, 득보다 실이 크므로 정당은 ‘원심적’ 정치행태를 보여주고, 계급적 담화를 계속하면서도 선거사회주의 투쟁의 상대적 성공을 가능하게 해주는 경향이 있다(그림 2 참조).[32] 이딸리아공산당(PCI)의 ‘상대적 성공’ 은 ‘역사적 타협’ 등에 연유한다고 볼 수도 있지만, 이런 특성에도 상당한 영향을 받았다고 할 수 있다.[33]

선거사회주의의 문제점은 이와는 또다른 각도에서 조망될 수 있다. 이는 토대의 근본적 변혁을 동반하지 않은 선거사회주의의 ‘승리’, 더 정확하게 표현하면, 선거에서의 승리·집권은 자기패배적이라는 사실이다. 이는 그간의 사회민주주의의 경험과 80년대의 사민주의의 위기, 그리고 이같은 위기 속에서 예외적으로 선거의 승리를 경험한 스페인, 포르투갈, 그리스의 경험이라는 두 측면에서 살펴볼 수 있다.

사회민주주의는 선진자본주의 국가들에서 노동생산성과 임금, 대량생산과 대량소비를 연계시킨 축적체제를 기초로 하여 노동과 자본의 관계를 넌제로섬(non-zero sum) 게임으로 규정하는 사회협약을 통해 상당한 성과를 축적해왔으나, 이같은 넌제로섬 게임을 가능케 해준 물적 기초의 붕괴(1970년대 이후의 경제위기)와 함께 심각한 위기에 봉착했다. 이것은, 넌제로섬 게임이 궁극적으로 제로섬 게임으로 전환되는 ‘단절’의 시점에 물적 토대를 장악하지 못한 사회민주주의의 궁극적인 한계, 즉 궁극적인 이행전략으로서의 선거사회주의의 한계를 보여주는 동시에 그동안 어렵게 획득한 개혁 역시 언제라도 되돌려질 수 있음을 입증해주고 있는 셈이다. (이와 관련하여 선거와 개혁을 통한 사회주의는 이같은 개혁이 ① 가역 불가능(irreversible)하고, ② 효과 면에서 누적적이며, ③ 새로운 개혁 촉발적이며, ④ 목적 면에서 사회주의 지향적이라는 조건을 모두 충족시킬 때만이 사회주의로 나아갈 수 있으나 선거사회주의는 이를 충족시킬 수 없으므로 이행전략으로서는 실패할 수밖에 없다는 셰보르스끼의 주장을 상기할 필요가 있다.[34] 최근 현실사회주의의 붕괴 이후 사회민주주의가 국내학계와

---

32) 같은 책, 132~45면.

33) 이같은 원심적인 운동이 보비오(N. Bobbio)가 지적하는 이딸리아 민주주의의 낙후성과 위기의 주내용이기는 하다.

진보적 운동 진영에서 부상하고 있지만 사실 이 점에서 궁극적인 이행전략 (자본주의의 민주화전략으로서가 아니라)으로서의 사회민주주의는 현실사회주의의 붕괴에 따른 맑스-레닌주의 모델의 '파국' 이전에 이미 파국을 경험한 셈이다. 물론 스웨덴의 경우 80년대의 위기를 '임금노동자기금'정책을 통해 극복하려 노력하고 있으나, 스웨덴 역시 자본의 국제화와 국제경쟁 속에서 얼마나 오랫동안 이같은 넌제로섬 게임을 지속할 수 있을지, 이런 넌제로섬 게임이 제로섬 게임화할 때 다른 서구나라들의 경험을 피할 수 있을지 등의 전망에 대해 필자의 경우 회의적이라는 점에서 예외가 아닐 것이라고 본다.

특히 주목해야 할 점은 스페인, 그리스 등 선거에서 상대적으로 성공을 거두고 있는 남부유럽 선거사회주의이다. 이들은 선거에서 성공하기는 했지만, 그 게임에서 계속 승리하기 위해서는 경제실적이 중요한데, 그 물적 토대를 자본가가 장악하고 있는 상황, 특히 국제경쟁과 자본의 국제화시대 라는 상황으로 인해 사회당은 개혁의 정당이 아니라 '내핍의 당', '구조조정의 당'이 되어야 하는 자기파괴적 딜레마에 빠져 있다. [35] 사회주의당이 집권하면 "달라지는 것은 노동통제를 잘한다는 것뿐"이며, "우리는 그들 (자본가)의 더러운 일만 해준 셈"(We did their dirty job)이라는 한 유럽 사회당 고위간부의 자조나, "장기적으로 남유럽사회주의의 성장과 하락의 가장 심각한 결과는 사회주의 이념의 가치 하락이다. 사회변혁의 약속 대신 그들은 사회주의라면 내핍·실업·권력의 낡은 쎈터들의 재조정을 연상하게 될 것이다. 결과는 유권자들의 분노·냉소·탈정치화이다. … 결과적으로 사회주의자들은 황야 속으로 사라져버릴 것이다"라는 페트라스의 경고

---

34) A. Przeworski, 앞의 책, 241면. 이같은 그의 분석이 그를 '분석적 맑스주의'라는 방법론적 틀에도 불구하고 "세련된 레닌주의"라는 평을 받게 하는 이유이다. G. Esping-Anderson, 앞의 책, 14면.

35) James Petras, "The Contradictions of Greek Socialism," *New Left Review*, no. 113(1987년 5·6월호), 3~25면; Donald Shure, "Dilemmas of Social Democracy in the 1980s," *Comparative Political Studies*, vol. 21, no. 3(1988년 10월호), 408~35 면. 자본주의 사회에서 국가운영자가 그 정당이나 이데올로기적 성향과 관계없이 이와같이 행동해야 하는 이유에 대해서는 Fred Block, "Beyond Relative Autonomy," *The Socialist Register*, 1980, 227~40면.

는[36] 바로 이같은 딜레마를 파헤치고 있는 것이다.

다음으로 '동의'와 강제력의 변증법과 관련하여 선거사회주의의 다른 문제는 자본주의 체제 자체가 위협을 받는다고 할 때 경기규칙(선거, 민주주의) 자체를 바꿀 수 있는 부르조아의 '구조적 권력'의 문제를 간과하고 있다는 점이다. 동의와 강제력은 분리될 수 없는 유기적인 관계를 맺고 있으며, 동의('정치')는 주된(main) 것이지만 근본적인(fundamental) 것은 강제력('군사'적인 것)이라는 그람시의 지적을 상기할 필요가 있다.[37] 즉, 자유민주주의 체제는 동의에 의해 지배되는(dominated) 것이지만 궁극적으로 여기서도 결정적인 것(determinant)은 강제력이라는 점이다.[38] 따라서 그람시의 진지전은 선거에 의한 국가장치의 점진적 장악이라는 선거사회주의와 거리가 멀 뿐 아니라, '혼합투쟁'(mixed struggle)이라는 표현이 보여주듯이,[39] 기동전의 유기적 부분(내지 전제조건)으로서의 진지전이라고 할 수 있다. 이런 사실은, 물론 그 실패원인에 대해서는 다양한 해석이 존재하지만 칠레의 선거사회주의의 실패 경험이 잘 보여주고 있다.[40]

마지막으로 선거는 본질적으로 '대의제민주주의'의 핵심기제라는 점에서 이것이 지배 대 피지배, 육체노동 대 정신노동이라는 구분을 재생산하는 측면들을 기층민주주의와 직접민주주의라는 측면에서 검토하는 것이 필요하다.[41]

그렇다면 자유민주주의하의 변혁운동에서 선거와 의회투쟁은 의미가 없는 것일까? 물론 그렇지는 않다. 선거와 의회투쟁의 의미는 선거사회주의

---

36) J. Petras, "The Rise and Decline of Southern European Socialism," *New Left Review*, no. 146(1984년 7·8월호), 52면.

37) A. Gramsci, 앞의 책, 230면.

38) Perry Anderson, "The Antinomies of Antonio Gramsci," *New Left Review*, 1976년 11월·1977년 1월호, 42면.

39) A. Gramsci, 앞의 책, 230면.

40) 이 문제점은 '선거사회주의'라고는 할 수 없으나 '사회주의로의 민주적 길'을 표방한 '말기'풀란차스 역시 인정하고 있다. Nicos Poulantzas, *State, Power, Socialism*, London: Verso 1978, 263면.

41) 이에 대해서는 홍태영, 「사회주의적 이행과 민주주의」, 서울대학교 정치학과 석사학위 논문(1992년 봄) 등 참조.

의 주장처럼, 그 자체가 특권화된 주된 이행수단으로서가 아니라, 자본주의 국가의 구조적 한계 내에서의 열려진 정치지형 속에 사회적 역관계를 더 유리하게 반영시키는 것(낮은 수준의, 즉 사회적 역관계의 응집으로서의 국가), 이를 통해 구조적 한계 내에서 자본주의를 민주화시키는 것, 좀더 유리한 지형의 창조와 국가기구 내 '저항의 쎈터'의 확보[42]를 통해 국가 내에 계급투쟁과 모순을 각인시키고 이를 통하여 이행에 좀더 유리한 반작용과 개입을 유도해내는 데 있다 하겠다(그림 3 참조).

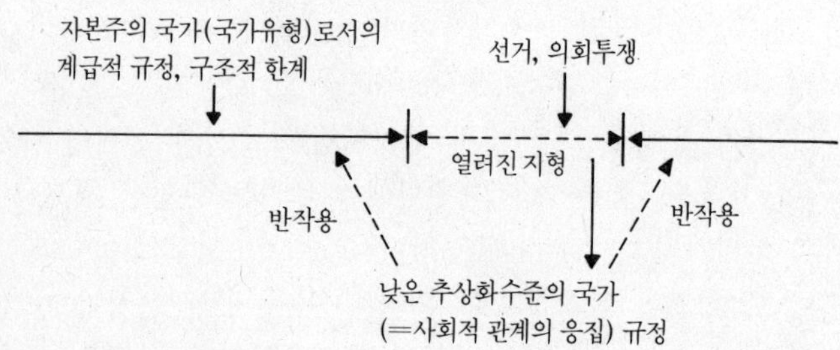

〈그림 3〉 자본주의 국가와 선거

나아가 앞서 지적한 선거와 의회주의의 양면성, 즉 체제안정화와 계급투쟁 내지 변혁적 측면 중 어느쪽이 우세한 것이냐는, 구체적 실천을 통해 어느쪽을 우세하게 만들어내느냐라는 구체적 실천의 문제이자 구체분석의 문제라고 할 수 있다.

결론적으로, 사회민주주의 등 선거사회주의의 문제점은 이런 의미(자본주의의 민주화 등)를 넘어서, 그 자체를 가능한 '궁극적인 이행전략'으로 과대평가한다는 데 있다. (이런 점에서 사회민주주의의 더 정확한 명칭은, 그것이 추구하는 주관적 목적이 사회주의냐 아니냐와 상관없이 '민주자본주의'라는 것이 필자의 생각이다.) 물론 이런 주장이 자본주의의 민주화가 중요하지 않다는 것은 결코 아니다. 자본주의의 민주화는 과거에도 중요했었고 특히 현실사회주의 실험의 파국 이후 '설득력이 있는 구체적인 대안'이 없는 것처럼 보이는 현재의 상황에서는 "자본주의를 개선시키기 위한

---

42) '저항의 쎈터'와 '권력쎈터'의 구별에 대해서는 N. Poulantzas, 앞의 책, 142면 참조.

투쟁은 그 어느 때보다도 필수적이다. 그러나 이같은 투쟁을 사회주의를 위한 투쟁과 혼동해서는 안된다"[43]는 것이다. 자유민주주의에서의 선거의 의미도 이러한 맥락에서 파악되어야만 한다.

43) A. Przeworski, 앞의 책, 248면.

니코스 풀란차스의 정치사상

> 노동자계급의 정치운동의 궁극적 목표는
> 정치권력의 정복이다.   — 맑스
>
> 모든 혁명의 근본문제는 국가권력의 문제
> 이다.   — 레닌
>
> 정치학은 지난 30여 년 이상 국가를 잊기
> 위해 믿기 어려울 정도의 긴 여정을 떠나
> 온 것 같다.
> — 지안프랑코 포기(Gianfranco Poggi)

1. 왜 풀란차스인가 ?

일찍이 맑스주의의 위기를 온몸으로 끌어안고 그 극복을 위해 몸부림친 루이 알뛰쎄는 그 위기의 이론적 근원을 맑스주의의 두 개의 '공백'과 두 개의 '난점'으로 표현한 바 있다. 이 두 공백 중의 하나인 맑스주의 정치이론이 짧지 않은 맑스주의의 역사에 줄곧 맑스주의의 '아킬레스건'이 되어왔

---

* 『이론』 제5호(1993년 여름호)에 「니코스 풀란차스」라는 제목으로 수록된 논문.

다는 것은 일종의 상식에 속한다. 그러나 아이러니하게도 서구의 60~70년대 맑스주의의 르네쌍스 속에서 좁게는 국가이론, 넓게는 정치이론이 이같은 맑스주의의 부활의 중요한 기폭제가 되었을 뿐만 아니라 맑스주의가 (적어도 최근까지는) 주류 사회과학에 대해 '비교우위'를 갖는 '강한 고리'가 되어왔다. 이같이 오랜 공백으로 남아 있던 맑스주의 국가이론, 나아가 정치이론을 다소나마 채워내고 정치학 일반에서도 '과학주의'의 미명 아래 실종되었던 국가이론을 현대정치학의 핵심분야로 복권시키는 데 핵심적인 역할을 한 이론가를 뽑으라면 그는 단연 니코스 풀란차스(Nicos Poulantzas)일 것이다.

이 점에서 그가 "전후시기의 가장 중요한 맑스주의 정치이론가"[1] 내지 "전후시기의 가장 영향력이 큰 맑스주의 정치이론가"[2]라는 평가를 받는 것은 무리가 아니다. 아니 나아가 주류이론까지를 통틀어서 '사회과학 전체에서 전후시기의 가장 중요한 국가이론가'라는 평가도 충분히 가능하다. 현대국가이론 하면 으레 '반사적으로' 떠오르는 국가의 '상대적 자율성'이란 개념만 보아도, 잘 알려져 있듯이 그의 독창적인 발명품은 아니지만 이를 '재발견'하여 제위치로 되돌려놓은 것이 바로 알뛰쎄이며, 이를 '세공', 보급, 유행시킨 결정적인 공은 단연 그의 몫이다.

그러나 그의 정치사상은, 그에게 으레 따라다니는 두 개의 꼬리표, 즉 국가의 상대적 자율성과 '구조주의적 맑스주의'로 환원시키기에는 너무도 풍부하고 앞으로 계속 발전시켜야 할 중요한, 번뜩이는 아이디어, 내적 긴장과 모순, 고뇌 들을 다수 안고 있다. 물론 그의 이름은 다른 서구의 '신좌파'이론가들에 비해 많이 알려져, 최소한 국가이론에서만은 각주에서 많이 소개되는 등 의례적이고 '의전적인' 대접을 받고 있고, 그의 이론도 널리 소개되어 있다.[3] 그럼에도 불구하고 그의 이론은 주로 그 악명높은 밀리

---

1) Bob Jessop, "On the Originality, Legacy, and Actuality of Nicos Poulantzas," *Studies in Political Economy*, Spring 1991, 75면.

2) Gregory Elliott, *Althusser: The Detour of Theory*, London: Verso 1987, 332면.

3) 국내에 소개된 풀란차스의 저서나 논문은 *Political Power and Social Classes*(이하 PPSC, 『정치권력과 사회계급』, 풀빛 1986) ; "The Problem of the Capitalist State," *New Left Review*, Nov. 1969(「자본주의 국가의 문제들」, 임영일 엮음,

반드-풀란차스 논쟁 정도로밖에, 여기서 한발 더 나아가야 '초기'의 구조주
의적 맑스주의로부터 '후기'의 유러코뮤니즘 좌파로의 이론적 변신 정도로
밖에 이해되지 않고 있는 것이 현실이다. 특히 '정통의 복원'과 당장의 실
천적 필요성이라는 강박관념이 지배적이었던 80년대의 우리 사회의 맑스주
의 (재)수용사의 특수성과 관련하여, 풀란차스는 대다수의 서구 '신좌파'이
론가들이 그러하듯이 정당한 평가를 받지 못한 채 정통의 복원으로 가는
우회로에서 잠시 소개되곤 사라진 하나의 '지적 정거장'에 불과했던 느낌이
강하게 든다. 따라서 그의 삶과 이론에 대한 총체적인 소개, 평가는 때늦
다 하지 않을 수 없다. 특히 (일반인의 눈에는) 현실사회주의의 몰락 이후
폭발적으로 가시화된 맑스주의의 위기와 관련하여, 정치이론에 관한 한,
그 위기의 전화와 극복을 위한 노력이 어떤 형태로든 그의, 특히 그의 '말
기'의 이론화와 고뇌에 찬 문제제기들을 비켜갈 수는 없다는 점에서 더욱
그러하다. 뿐만 아니라 80년대 우리 사회의 특수한 정세와 '무지가 가능케
한 용기'가 결합, 그를 '정통좌파'가 아니라는 이유로 "쁘띠부르조아적인
'죽은 개'"로 취급하던 우리 사회의 적지 않은 진보적 이론가들이 현실사회
주의의 몰락 이후 '포스트주의'라는 냉수를 먹고 '속차린'(?) 뒤 이번에는
그를 지나치게 맑스주의적이어서 "속 덜 차린 '본질주의적'인 또다른 '죽은
개'"로 취급하고 있는 현실의 아이러니와 연관시켜, 그를 다시 한번 음미
해보는 것은 특별한 의미와 감회가 있을 것 같다. 다만 이 글에서는 본격
적인 평가보다는 이를 위한 기초작업과 관심제고라는 목적의 수준에서 그
의 삶과 이론을 소개하고자 한다. 특히 지면의 제한상 이미 상당히 소개되
어 있는 초기저작은 간략히 다루고 후기저작에 상대적으로 초점을 맞추려
한다.

『국가란 무엇인가』, 까치 1985); *State, Power, Socialism* (이하 *SPS*) 중 마지막 장
「민주적 사회주의로의 길」(한국정치연구회 사상분과 편저, 『현대민주주의론 2』
창작과비평사 1992)이 있다. 이밖에 풀란차스에 관한 가장 체계적인 연구인 Bob
Jessop, *Nicos Poulantzas* (NY: St. Martin's Press 1985) 중 *SPS*의 국가이론 부
분을 요약한 제5장이 번역되어 있다(「영역이론에서 관계이론으로?」, 한국정치연
구회 엮음, 『국가와 시민사회』, 녹두 1993).

2. 삶과 죽음[4]

　니코스 풀란차스는 1936년 유럽의 '주변부 저개발국'인 그리스의 법조명
문가에서 태어났다. 그는 일찍이 그리스 현지 프랑스학교 등 엘리뜨 특수
교육을 통해 프랑스어에 능통했고 무시험으로 아테네 법과대학에 입학했
다. 수재형의 그는 그리스의 지적 폐쇄성에 반발, 프랑스 사상, 특히 싸르
트르 등의 실존주의에 심취하였다. 대학시절 이미 지하당인 그리스공산당
(KKE)관련 학생써클과 그 합법조직인 유일한 좌파정당 민주좌파연합당
(EDA)에 관여하였다. 또 그는 재학중 키프로스문제 관련시위로 체포되기
도 하였다.

　졸업 후 징병제에 의해 해군에 입대한 그는 '애정행각'을 위한 근무지이
탈로 '오지귀양'을 가기도 하였다. 3년간의 군복무 후 변호사 자격을 획득
한 그는 60년 그리스법학에 영향력이 강한 독일로 유학을 떠났다. 그러나
독일 도착 즉시 그는 독일이 나찌적 이론의 영향이 너무 강하다는 이유로
프랑스로 재유학에 나섰다. 외국인이라는 핸디캡과 치열한 경쟁에도 불구
하고 그는 소르본대학에서 조교(TA)로 발탁되었고 그곳에서 64년「사물과
법의 본성」이라는 논문으로 박사학위를 받았다. 실존주의, 현상학, 맑스주
의를 종합하여 법의 가치형성에서 사실과 가치 간의 변증법적 통일의 문제
를 다룬 이 논문은 그의 지적 성가를 높여놓았다. 정치적으로도 풀란차스
는 프랑스 도착 즉시 그리스공산당에 정식당원으로 가입, 당의 이론적 작
업뿐만 아니라 일상업무에까지 적극 개입하였다.

　학위취득 후 프랑스 지성계에 본격적으로 뛰어든 그는『현대』(*Les Temps
Modernes*) 등에 정기 기고하면서 싸르트르, 메를로-뽕띠 등과 가까운 친분
관계를 유지하였다. 2년 뒤인 66년 그는 국립과학원(CNRS)의 법학분야 연
구원으로 채용되었고 3년간 사귀어온 소설가 안니 르클레르(Annie Leclerc)

---

4) 이 장은 Jessop, 앞의 책, 제1장에 크게 의존하였다.

와 결혼하였다. 이때부터 그는 그간의 법학으로부터 관심의 영역을 넓혀 자본주의 국가이론과 맑스주의 정치이론에 대한 본격적인 연구에 착수했다. 특히 초기의 싸르트르로부터 알뛰쎄(후에는 푸꼬) 등의 프랑스 철학과 델라 볼페(Della Volpe)학파와 그람시 등의 이딸리아 맑스주의를 독자적으로 소화하여 이를 발전시키게 된다. 이중 알뛰쎄의 경우 풀란차스가 비록 빠리고등사범학교의 제자들로 구성된 '알뛰쎄사단'의 일원은 아니었지만 그와 정기적으로 만나 함께 공부하며 '초기'알뛰쎄의 '구조주의적 맑스주의'를 국가이론에 적용하고 보급하는 데 일조을 하였다. 당시까지만 해도 정치적으로 반(反)스딸린적 맑스-레닌주의자였던 그는 이때부터 서서히 국가독점자본주의론, 프롤레타리아독재론 등에 대한 비판적 평가와 함께 독자적인 이론화와 정치적 입장을 세워나가게 된다. (이후 생의 말년까지도 대부분 그는 정치적으로 볼 때 기본적으로는 맑스-레닌주의적 입장이었다.)

1967년에 군부쿠데타로 그리스군정이 수립됨에 따라 그는 해외에서이기는 하지만 이론, 실천 양면에서 반독재투쟁에 앞장선다. 68년 빠리의 5월혁명 발발 며칠 뒤 (후에 영역본을 통해 그를 현대국가이론의 일인자로 만들어놓은) 『정치권력과 사회계급』(이하 *PPSC*, 1968; 영역본 1973)[5]이 출간되었고 다음해 『신좌파평론』(*New Left Review*) 지상의 밀리반드-풀란차스 논쟁을 통해 국제적 명성을 얻게 된다. 5월혁명의 성과인 대학제도의 개편에 따라 실험대학으로 설립된 빠리8대학의 사회학과 창립멤버로 초빙되어 대학에 자리를 잡았다. 이후 그는 지적으로 '구조적 인과율에 대한 계급투쟁의 우위성'이라고 흔히들 표현하는 계급투쟁의 중요성을 강조하는 쪽으로 이론적 경향이 바뀌게 된다. 또 그는 이데올로기적 국가장치의 중요성에 주목하며 '대중노선', 문화혁명의 필요성 등 마오주의적 경향도 보이게 된다. 특히 그는 70년 들어 코민테른의 입장을 주제별로 비판적으로 평가하기 위한 소규모 연구모임을 조직하였다. 그 첫 성과에 해당하는 것이 코민테른의 파시즘론을 비판한 『파시즘과 독재』(이하 *FD*, 1970; 영역본 1974)[6]이다. 이는 파시즘과 '일반독재'를 구별함으로써, 1936년 이래의 다양한 그리

---

5) N. Poulantzas, *PPSC*, London: Verso 1973.

6) N. Poulantzas, *Fascism & Dictatorship*, London: Verso 1974.

스 국가들을 줄곧 파시즘으로 보았던 그리스공산당의 이론화에 개입하려는 정치적 목적과 관련이 있다.

그러나 그는 코민테른 연구가 학문적 가치는 있을지 모르나 현재의 정치적 실천에는 별 도움이 안된다는 주변의 충고를 받아들여 이 프로젝트를 포기한다. 대신 그는 유럽좌파의 당면한 정치적 문제, 즉 반독점, 반제국주의 계급동맹 문제와 관련하여 '계급연합'과 '민주화연합'의 이론적 기초연구에 전념하는바, 그 결과가 1974년의 『현대 자본주의의 계급들』(이하 *CCC*; 영역본 1975)[7]이다. 그해 그는 그리스의 정치전망에 대한 원고를 청탁받고 국가이론에 대한 자신의 '탁월한' 지식을 동원해 '주변부자본주의'로서의 그리스의 특수성과 관련, 그리스군정의 장기지속성을 전망하였다. 그러나 그의 예측과 달리 그리스군정은 그해 민중봉기에 의해 붕괴한다. 연이은 포르투갈, 스페인 등 '남부유럽'의 민주화를 목격하면서 그는 5월혁명 이후 이미 보이기 시작한 '계급투쟁의 우위성' 테제로의 이동을 가속화하며 국가를 그 내부에 계급투쟁의 모순이 침투되고 각인된 '계급투쟁의 장' 내지 '사회적 관계의 응집'으로 파악하는 '후기풀란차스'로 옮아가게 된다. 이 같은 '이행기적 저작'이 바로 1975년의 『독재의 위기』(이하 *CD*; 영역본 1976)[8]이다.

군정붕괴 후 비로소 고국에 돌아갈 수 있게 된 그는 문교부 교육개선위원으로 임명되어 그리스 정치에 직접 개입하는 한편 교환교수 자격으로 고국의 강단에 설 수 있게 된다(1975~76). 빠리로 돌아온 풀란차스는 막 영향력을 갖기 시작한 푸꼬의 연구에 관심을 기울이는 한편, 기승을 부리기 시작한 '반동적'인 '신철학'의 비판에 나선다. 그는 푸꼬의 권력에 대한 '관계론적'(relational) 개념화에 동의, 그것을 수용하면서도 그의 '해체적' 경향에 대해서는 적극 비판을 가한다. 그 결과가 그의 마지막 저서인 『국가, 권력, 사회주의』(이하 *SPS*, 1978; 영역본 1978)[9]이다. 그는 이 책에서 '(자본주의 국가의) 분쇄 테제'에 기초를 둔 레닌주의적 '이중권력'전략과 '(점진

---

7) N. Poulantzas, *Classes in Contemporary Capitalism*(이하 *CCC*), London: Verso 1975.

8) N. Poulantzas, *The Crisis of the Dictatorships*(이하 *CD*), London: Verso 1976.

9) N. Poulantzas, *SPS*, London: Verso 1978.

적) 장악 테제'의 유러코뮤니즘 전략을 모두 비판하면서 국가 자체의 내부로부터의 민주화를 통한 연속적인 질적 단절이라는 그나름의 독특한 '사회주의로의 민주적 길'을 주창한다. 이는 평소에도 그가 갖고 있던 '현실사회주의'에 대한 비판적 관점이 캄보디아 폴 포트 정권의 '킬링 필드'에 의해 더욱 강화되었기 때문이다. 그는 또한 레지 드브레이(Régis Debray) (알뛰쎄의 제자이자 『혁명 속의 혁명』의 저자로 라틴아메리카에서 오랜 투쟁 및 투옥 생활을 한 프랑스 맑스주의자)와 함께 1977년 프랑스공산당(PCF)과 프랑스사회당(PSF) 간의 '좌파연합'의 붕괴를 막으려고 PCF 쪽에 적극 개입하나 실패한다('좌파연합' 붕괴의 결과로 1978년 선거에서 좌파는 패배한다). 이는 특히 그에게 좌파정당과 좌파지식인 간의 관계에 대해 깊이 생각케 하였는바, 그는 좌파정당간의 연합이 이들간의 이론적 논쟁의 일시 중단을 가져와서는 안되고 오히려 민주적이고 개방적인 이데올로기 투쟁의 활성화를 동반해야 된다고 믿었다. 그리하여 그는 드브레이, 앙리 웨버(Henri Weber), 삐에르 비에른봄(Pierre Biernbaum), 크리스틴 뷔시-글릭스만(Christine Buci-Glucksmann) 등 다양한 성향의 좌파지식인 12명으로 '멜뤼신'(Melusine, 반은 여자고 반은 뱀인 신화 속의 여인)이라는 연구집단을 만들어 프랑스공산당 내의 국가독점자본주의와 프롤레타리아독재 논쟁, 프랑스사회당의 프랑스 민족자본과 아메리카 헤게모니 논쟁 등에 적극 개입했다. 그러나 이 모임 역시 내부적 견해차이를 해소하지 못하고 해체되고 만다. 그후에도 그는 현실사회주의의 '전체주의' 문제, 서유럽의 조합주의와 사회민주주의의 문제에 관심을 기울이는 한편 영미권의 논쟁에도 깊이 관여하기 시작하였다. 그러던 중 1979년 10월 3일 43세의 가장 생산적이어야 할 나이에 그는 스스로 목숨을 끊었다. 최근 출판된 『미래는 오래 지속된다』라는 자서전에서 알뛰쎄가 회고한 바에 의하면 죽기 며칠 전 그와 거리에서 우연히 마주친 풀란차스는 자신의 연구프로젝트에 대해 의욕에 가득 차 있었다고 한다. [10]

---

10) 루이 알뛰쎄, 『미래는 오래 계속된다』, 돌베개 1993, 291~92면.

3. 이 론

  풀란차스 연구의 '권위자'라고 할 수 있는 밥 제숍은 맑스와 풀란차스 간
의 재미있는 공통점을 지적한 바 있다.[11] 즉 양자 모두 법철학에서 시작하
여 국가이론을 거쳐 정치경제학으로 연구의 초점을 옮겨갔다는 점이다. 또
그는 맑스사상의 3대 기원이라고들 흔히 지적하는 독일 관념철학, 프랑스
사회주의, 영국 정치경제학에 대비하여 풀란차스의 경우 독일 철학이 아니
라 프랑스 철학(실존주의, 이후 구조주의, 말기에는 푸꼬), 프랑스 정치학
이 아니라 이딸리아 정치학(그람시, 그리고 말기에 들어서는 잉그라오
[Pietro Ingrao]), 그리고 영국 정치경제학이 아니라 로마·독일법이 그 이
론적 3대 원천이 되고 있다고 분석하고 있다.[12]

1) 자본주의 국가이론: '특수·부문' 이론

  풀란차스는 알뛰쎄를 만나기 전인 1965년 논문에서 자신의 자본주의 국
가이론의 골격이 된 주요내용을 개진한 바 있다.[13] 그러나 그는 알뛰쎄가
1960년대말에 주도한 역사유물론의 과학화작업을 기초로 하여 그동안 공백
으로 남아온 과학적인 맑스주의적 자본주의 국가이론의 건설이라는 야심적
인 기획에 착수한다. 풀란차스의 국가이론은 그가 생애 대부분 지니고 있
었던 레닌주의적 정치관에 '초기'알뛰쎄의 '구조주의적' 방법론과 그람시적
내용, 특히 헤게모니론을 접합시킨 야심적 저작이라고 할 수 있다.
  풀란차스에 의하면, 이는 생산양식 일반이론, 생산양식의 한 부문으로서
의 정치적인 것,[14] 즉 국가의 일반이론, 특수이론으로서의 자본주의 생산

---

11) Jessop, 앞의 책, 314면.
12) 같은 책, 79면.
13) 같은 책, 54~57면.

양식이론, 다시 이의 한 부문이론(특수·부문 이론)으로서의 자본주의 국
가이론의 구축의 순으로 나가야 한다(*PPSC*, 23면). 그는 알뛰쎄를 따라 하
나의 생산양식은 헤겔류의 '표출적 총체성'(expressive totality)이 아니라 경
제가 최종심급에서 규정하는 복합적 전체이며 각 층위간의 관계는 과잉결
정적 관계(overdetermination)를 맺고 있다고 주장한다(13~14면). 또하나의
층위로서의 국가는 특정 사회구성체의 각 층위간의 '응집소'(factor of
cohesion)의 기능을 수행하며, 하나의 계급적 실천으로서의 정치는 그 목
표를 바로 이 국가(의 재생산 내지 변혁)로 한다는 데 그 특수성이 있다
(43~45면). 한편 하나의 특수한 생산양식으로서의 자본주의의 특징은 생산
자의 생산수단으로부터의 분리, 소유와 점유(possession)의 일치로 특징지
어지며(27, 127면), 이는 자본주의의 경우 경제가 '최종심급에서의 규정'뿐만
이 아니라 '지배적 구조'가 되도록 한다(29면). 또 이는 자본주의 생산양식
에서는 전자본주의적 생산양식과 달리 잉여의 수취에 경제외적 강제가 불
필요하고 생산과정 속에서 잉여수취가 자연스럽게 이루어지므로 경제라는
층위와 정치층위(국가) 간의 관계는 '상대적 자율성'으로 특징지어지도록
한다(29, 127면). 이같은 이론화는 그동안 자본주의 국가의 상대적 자율성을
무시하는 '도구주의적 국가이론' 등 정통좌파 국가이론의 속류유물론적 편
향을 비판하고 상대적 자율성을 기초로 자본주의 국가를 과학적으로 이론
화하는 데 초석을 제공한다.

풀란차스는 국가의 경제로부터의 상대적 자율성은 자본주의 국가의 주요
한 특징들을 설명할 수 있게 해준다고 주장한다. 우선 이같은 자율성은 계
급투쟁에서 경제투쟁과 정치투쟁을 상대적으로 자율적으로, 즉 분리되게
만든다(130면). 이중 경제적 관계에서 자본주의 국가의 법이데올로기는 사
회계급 구성원들을 계급구성원으로서가 아니라 평등하고 자유로운 개인적
법적 주체로 구성시키고 계급관계를 은폐하는 '고립효과'를 창출한다(130
~33면).[15] 한편 정치적 관계에서 자본주의 국가는 이같이 자유롭고 평등

---

14) 풀란차스는 프랑스어의 관습에 따라 정치적인 것(the political)과 정치(politics)
　　를 구별한다. 전자는 하나의 구조, 특히 국가를 의미하며 후자는 계급적 실천을
　　의미한다. (*PPSC*, 38면)
15) 시민사회론은 이같은 은폐효과를 폭로하는 것이 아니라 '시민사회＝자유로운 개

한, 개체화된 개인들을 묶어 '인민-민족'(people-nation)으로 통합하는 기능을 수행한다(134면). 이를 통해 자본주의 국가는 계급국가임에도 불구하고 봉건제 국가 등 다른 계급국가와는 달리 계급중립적인 '일반이익'의 표상 내지 '민족-민중적'(national-popular) 국가의 형태를 띨 수 있게 되며 이에 중요한 역할을 담당하는 것이 국가의 상대적 자율성, 그리고 이에 따른 (지배계급에 대한 국가의 상대적 자율성에서 연유하는) 국가에서의 지배계급의 부재이다.

상대적 자율성과 함께 풀란차스가 자본주의 국가의 특수성으로서 '민족-민중적' 국가성격을 설명하기 위해 동원하는 이론적 무기는 그람시의 헤게모니 개념이다. 그는 그람시의 헤게모니 개념이 문제가 있지만 이를 '정화'해 사용한다(137~41면). '민족-민중적' 국가로서의 자본주의 국가가 갖는 중요한 특징은 그것이 (단순한 강제력이 아니라) '헤게모니'와 '동의'에 의해 지배한다는 점이다(190면). 여기에서 국가의 역할이 결정적이다. 그는 그람시를 따라 국가를 계급투쟁의 세력관계에 의한 "지배계급과 피지배계급의 이익 간의 절충의 불안정한 평형상태"로 이해하고[16] 지배계급으로부터 상대적 자율성을 갖는 자본주의 국가는 "지배계급의 단기적 경제이익에 반해서까지도 피지배계급의 일정한 경제이익을 보장"(190면)해줌으로써 헤게모니에 의한 지배를 가능케 해준다. 즉 "자본주의 국가는 지배계급의 경제적 이익을 **직접적으로** 대표하는 것이 아니라 그들의 정치적 이익을 대표한다"(190면, 강조는 원저자).[17] 그러나 "이같은 사회(복지)정책이 피지배계급의 투쟁에 의해 지배계급에 강제된 실질적인 경제적 희생을 내포하고 있다 할지라도 (자본가계급의 계급권력이라는) 구조적 한계 속에서 작동하기 때문에 국가의 자본주의적 유형성(type)을 의심할 수는 결코 없다"(194면).

─────────────────

인의 결사체', 시민사회와 국가의 분리 등을 인정한다는 점에서 잘못이라고 풀란차스는 그람시를 비판한다. (*PPSC*, 124면)

16) 따라서 '후기'풀란차스에 나타나는 '관계론적' 국가론은 사실 이미 '초기'풀란차스에 나타나고 있었던 것이다.

17) 정치적 이익과 경제적 이익, 단기적 이익과 장기적 이익 간의 구별과 자본가계급의 단기경제적 이익에 반함으로써 장기정치적 이익을 살려주는 자본주의 국가의 자율성 등의 문제에 대해서는, 졸고, 「국가자율성의 과학적 이해」, 「공장법분석과 마르크스의 자본주의 국가론」, 『한국 정치학의 새 구상』 (풀빛 1991) 참조.

이 구조적 한계를 넘어서서는 "자본주의 국가는 부르조아 계급의 정치적 이익으로부터 단 한발자국도 벗어날 수가 없다"(286면).

풀란차스에 따르면 자본주의 국가의 상대적 자율성은 헤게모니와 관련하여, 지배계급 자체에 대해서도 중요한 기능을 수행한다. 그것은 그들의 개별적 고립으로부터 계급적 통일성을 구성시켜주는 것이다(137면). 이들 분파들은 그들의 편협한 특수이익에 의해 분열되고 대립될 가능성이 크다. 그러나 자본주의 국가는 다양한 지배계급 내 분파(계급분파)들을 이중 헤게모니적 분파의 헤게모니 아래 하나의 '권력블록'(power bloc)으로 구성시켜 정치적 통일성을 형성시켜주는 '헤게모니 조직소'의 기능을 담당한다(299면). 삼권분립은 '외양'(appearence)에 불과하며 국가권력의 통일성(국가권력은 분점되는 것이 아니라 통일된 권력이고 단일계급의 권력이라는 통일성)은 유지된다(305면). 또 자본주의 국가는 특정한 헤게모니적 분파와 특수한 관계를 맺고 있는 것은 사실이지만 "권력블록 전체의 이익을 대표하기" 때문에 "과거의 부르조아 국가가 자본가계급(전체)의 대표자였지만 현재의 독점자본주의 국가는 독점자본분파만의 대표자라는 널리 퍼져 있는 신화는 깨부수어야"(301면) 한다.

풀란차스는 이같은 내용을 주골자로 하는 하나의 '특수부문'이론으로서의 자본주의 국가(일반)이론을 개진하는 한편, 이같은 자본주의 국가이론을 기초로 하여 추상화의 사다리를 타고 구체로 상승하여 구체적인 개별 사회구성체의 구체적인 자본주의 국가들을 연구해야 한다고 주장한다.[18] 또 이와같은 상승의 중간매개와 중범위의 추상화수준에서의 이론적 작업을 발전시키기 위해 다양한 자본주의의 국가형태, 정부형태, 레짐형태 등에 대해 자본주의 사회구성체의 단계(stage)와 국면(phase)의 시기구분, 권력블록과 헤게모니분파의 변화 등과 관련시켜 시론적인 이론화도 시도한다(142~56, 308~24면).

이같은 이론화는 '구조기능주의'적 냄새가 강하게 풍기는 기능주의적 설명방식 등 여러 문제점에도 불구하고[19] 국가이론의 활성화와 국가에 대한

---

18) 풀란차스는 정통좌파와는 달리 알뛰쎄를 따라 생산양식은 하나의 순수한 '이념형'이고 사회구성체는 '복수의 생산양식의 접합'이라고 이론화한다.

19) 이같은 비판의 대표적인 예는 Simon Clarke, "Marxism, Sociology and Poulan-

그간의 '도구주의적', '경제주의적'인 접근으로부터의 단절을 통한 발전의
계기를 제공하였다. 극히 추상적이고 난해한 이 저작은 외견적인 '관념성'
에도 불구하고 치열한 정치실천적 개입의지의 산물이다. 이 저작은 기본적
으로 유럽좌파의 사회민주주의적 경향과 국가독점자본주의론, 특히 프랑스
좌파의 단계론적 국독자론에 대한 이중의 이론적 전선에서의 비판이다. 자
본주의 국가에 대한 구조주의적 이론화와 국가권력의 통일성 테제를 통해
그는 국가와 지배계급의 관계를 구조적 관계가 아니라 주관적, 인적 관계
로 이해하는 한편 국가권력을 국가경영자의 인적 구성의 장악을 통해 점진
적으로 한 부분씩 장악해나갈 수 있다고 생각하는 사회민주주의론, 그리고
그 변형인 '제도적 조합주의'론(노동자계급이 자본과 함께 자본주의 국가
속에 제도화되어 있다는)을 비판하고자 한 것이다(257, 269~70면). 다른 한
편 그의 국가독점자본주의론 비판은 한층 복잡하다. 그는 국가독점자본주
의론의 다양한 내부분파(단계론, 경향론 등)를 구별하지 않고 뭉뚱그려 비
판하고 있는데, 그의 비판은 크게 세 가지로 요약된다. 우선 국독자론은
국가의 경제에 대한 전면적인 개입을 '사회주의적'인 것으로 보고 국가권력
의 전면적인 단절이 없이도 사회주의로 이행할 수 있다고 믿고 있다는 것
이다(이 비판은 보카라류의 국독자 단계론에만 해당된다). 또 이 이론은
자본주의적 국가장치를 분쇄하는 것이 아니라 사회주의 이행에 이용할 수
있다고 생각하고 있다(레닌까지도 『임박한 파국』에서 이같은 편향을 노정
하고 있는 것이 사실이다). 둘째 국독자론, 특히 이의 반독점전략은 국가
가 상대적 자율성을 가지고 자본가계급 전체를 권력블록으로 조직해낸다는
점, 즉 비독점자본가계급도 지배블록의 일원이라는 점을 간과한 우경적 이
론화라는 것이다(301면).[20] 셋째, 국가를 독점자본의 도구로 이해하는 국독
자론은 조야한 도구주의적 국가이론에 기초를 두고 있고 "국가를 소수독점

---

tzas's Theory of the State," in Simon Clarke (ed.), *The State Debate*, NY: St.
Martin's Press 1991.

20) 이같은 비판이 갖고 있는 문제점, 즉 자본 전체를 대표하는 '총자본으로서의 국
   가'와 특정 자본분파(독점자본)를 대표하는 '자본분파로서의 국가' 간의 관계에 대
   해서는 졸고, 「'총자본'으로서의 국가와 '자본분파'로서의 국가」, 앞의 책, 73~77
   면 참조.

가의 손에 놓아두기 위해 개인적 인적 관계를 이용하는 음모”(273면), 즉 인적 유착만 청산하면 문제가 해결될 것이라는 그릇된 처방을 준다는 것이다.[21]

2) 예외국가이론(Ⅰ): 파시즘

이후 나타난 풀란차스의 중요한 저작들(‘중기’풀란차스)은 이같은 자본주의 국가 일반이론에 기초를 두고 자본주의 국가의 다양한 국가형태들, 특히 ‘예외국가’(exceptional state)[22]들을 분석한 것들(FD, CD)이다.

이들 연구는 ① 맑스주의에 팽배해 있는 ‘경제주의’적 편향과 정치의 자율성과 계급투쟁에 대한 과소평가에 대한 비판, ② 자본주의 국가 일반이론에 기초를 두면서도 ‘규정들의 총괄’로서의 구체(구체적인 역사적 자본주의 국가)를 이해하는 데서 ‘환원론적’ 시각을 벗어나 추상화의 사다리를 타고 규정들의 복합적 총체와 구체적인 정세(conjuncture)를 파악해나가는 구체적 분석방법의 제시, ③ (남부유럽과 제3세계에서의) 군부독재를 파시즘과 동일시하는 좌파경향에 대한 비판과 군부독재의 특수성에 대한 강조, ④ 계급투쟁에 의해 각인되는 자본주의 국가의 내적 모순과 ‘취약성’에 대한 초점, ⑤ 반파시즘, 반독점 동맹과 관련된 계급과 민중 동맹 간의 문제에 대한 인식 제고 등 여러 면에서 중요한 의미를 갖는다.

---

21) ‘국가=독점자본의 도구’라는 인식이 반드시 도구주의적 국가론도 아니고 국가의 상대적 자율성을 부인하는 것도 아니라는 반론으로는 졸고, 「‘계급지배의 도구’로서의 국가와 ‘도구주의적’ 국가」, 앞의 책, 66~72면 참조. ‘계급지배의 도구로서의 국가’라는 이해와 ‘도구주의적 국가’에 대한 혼동은 국가가 계급지배의 도구라는 등식에 대해 그가 국가를 “그것을 가지고 있는 사람에 의해 완전히 조종되는 ‘도구’”로 이해하는 “도구주의적 국가론”이라고 비판하고 있는 것에서 알 수 있다. (CCC, 163면)

22) 풀란차스에 따르면, 부르조아 민주주의 형태의 ‘정상국가’는 부르조아 헤게모니가 안정되어 ‘동의라는 계기’가 지배적인 국가형태이며 ‘예외국가’는 헤게모니의 위기에 따라 피지배계급에 대한 억압이 가시화되는 국가형태이다. (PPSC, 226, 293면)

우선 그의 파시즘론을 보기로 하자. 풀란차스는 파시즘은 국가유형
(type)으로서의 자본주의 국가의 하위형태라는 극히 상식적인, 그러나 중
요한 일반적 규정으로부터 출발한다(*FD*, 310면).[23] 즉 파시즘은 이중의 규
정 속에서의 하나의 자본주의 국가형태이다. 그것은 독점자본주의와 제국
주의 단계의 자본주의 국가의 한 형태(18면)이며 동시에 '예외국가'의 한
형태이다. 따라서 이의 예외국가적 성격을 과소평가하여 '(국가)독점자본
주의의 상부구조=파시즘'으로 이해하는 편향과 동시에 이의 독점자본주의
와의 연관을 경시하고 예외국가적 성격만을 강조하여 이와 보나빠르띠슴
등과의 차이를 간과하는 편향을 동시에 경고한다(310면). 다시 말해 이는
제국주의 단계의 특수한 복합국면에서 계급투쟁의 결과로 생겨나는 '정치
적 위기'의 필요에서 배태되는 특수한 하나의 예외국가이다.

이와같은 인식은 파시즘을 "자본주의의 '경제적' 발전의 불가피한 필요로
환원시킬 수 없고 계급투쟁의 구체적 상황에 의해서만이 설명될 수 있다"
(39면, 강조는 원저자)는 인식, 즉 경제주의적 설명의 비판으로 나아간다.
그러나 불행히도 코민테른의 파시즘론은 경제결정론에 빠져 있었다는 것이
다.

우선 그는 레닌을 따라 제국주의적 세계체제를 자본주의의 불균등발전법
칙에 의해 불균등하게 발전된 사슬·고리의 연결체로 이해한다. 또 고리의
강약 역시 단순한 경제적 모순이 아니라 경제, 정치, 이데올로기적 모순의
과잉결정으로 파악하여(23면) 그 고리가 가장 약한 러시아에서 혁명이 일
어났고 그 다음으로 약한 두 개의 고리, 즉 독일과 이딸리아에서 파시즘이
등장하게 된다는 것이다(24면). 그러나 코민테른은 제국주의를 단순히 경
제적 현상으로 이해하고(18면) 모순의 축적 및 고리의 강약 문제를 이같은
과잉결정이 아니라 경제적 발전 정도로 간주함으로써 파시즘이 생겨날 국
가를 제대로 파악하지 못하고 말았다(24면).

이같은 제국주의 고리에서의 위상은 핵심적으로 중요하지만, 그로 인해
이들 나라에서 숙명적으로 파시즘이 생겨날 수밖에 없었다는 것은 아니므
로 이에 못지않게 중요한 것은 이들 나라에서의 구체적인 계급투쟁의 상황

---

23) 제솝의 풀란차스의 파시즘론 해석은 이같은 측면을 과소평가하고 있다.
  (Jessop, 앞의 책, 243면)

이다(24면). 그러나 코민테른은 이같은 '계급투쟁의 선차성'을 무시하고 '자본주의의 내재적 모순＝경제위기의 필연화＝붕괴의 필연화'라는 "경제주의적 파국론"에 빠져 있었고(40～44면) '경제적 위기＝노동자계급의 공세기'라는 기계론적 발상에서 파시즘을 부르조아의 취약성의 징표이자 "그 최후순간의 임박성에 대한 확실한 징표"(50면)로 파악, 반파시즘투쟁에서 좌우편향 사이에서 동요하는 오류를 범하고 말았다. 대안으로 풀란차스는 구체적인 계급투쟁의 양상에 대한 '구체분석'을 제공한다.

코민테른의 분석과 달리, 파시즘의 등장은 지속되는 구조적 위기 속에서 시기적으로 선행한 계급투쟁에서의 노동자계급의 연이은 패배가 있었기에 가능했던 것이다(139면). 이같은 패배에 뒤이어 지배계급의 권력블록 내의 내적 모순이 심화, 누구도 헤게모니를 행사할 수 없는 '헤게모니의 위기'가 발생하고 이에 정당대의제의 위기와 지배이데올로기의 위기까지 가세하여 파시즘이라는 예외국가를 통해 금융자본 내지 거대독점자본의 헤게모니를 확립해주게 된 것이다(71～78면).

그는 또 파시즘을 쁘띠부르조아지의 독재체제로 보지 않으면서도 쁘띠부르조아지의 중요성에 주목한다. 구조적 위기 속에서 경제적 하락을 경험한 쁘띠부르조아지는 노동자계급 쪽으로 경도되다가, 파국론에 기초를 둔 공산당과 쁘띠부르조아지 간의 동맹정책의 부재로 인해 사회민주주의로 나아가나 이에도 환멸을 느낀다(248면). 이때 권력블록의 위기, 이데올로기 위기 등이 생겨나자 이들은 파시즘에 경도됨으로써 그 중요한 지지기반이 되며(248면) 이들의 쁘띠부르조아 이데올로기가 노동자계급 등 피지배계급에 영향을 끼쳐 이들을 무력화한다는 점에서 중요한 역할을 수행한다(251～56면).

노동자계급의 경우 1차대전 후 "혁명적 상황" 속에서 국가권력 장악에 실패한 뒤 "상대적 안정기"의 지구전 속에서 노동자계급과 대중은 점점 수세에 몰려갔고 게다가 부르조아의 정치투쟁전략과는 대조적으로 경제투쟁을 우선시함으로써 부르조아의 공세에 결정적으로 패배, 파시즘의 대두를 막지 못했다(139～43면). 그는 특히 이같은 패배의 원인으로 노동자계급의 이데올로기적 위기와 혁명조직의 위기를 주목한다(143면). 대중노선의 결여에 따른 당과 노동자계급대중의 분리, 당내 분열이라는 혁명조직의 위기

(143~44면)는 당이 '지도'라는 이데올로기적 역할 수행에 실패하도록 함으로써 무정부주의, 자생주의, 폭동주의와 같은 쁘띠부르조아 이데올로기와 노동조합주의, 개량주의와 같은 부르조아 이데올로기가 노동자계급으로 침투(144~45면)할 수 있게 하였다. 그 결과는 경제투쟁 위주의 우편향과 사회파시즘론류의 좌편향이라는 동요로서 이는 파시즘의 대두에 대한 노동자계급의 과학적 대응을 가로막았다(166~67면).

풀란차스의 파시즘론은 이처럼 경제주의 비판, 정치와 이데올로기의 상대적 자율성, 계급투쟁에 대한 강조와 이에 따른 계급투쟁동학의 구체분석 등 그 의미가 지대하다. 특히 주목할 만한 점은 그가 파시스트 이데올로기에 대한 쁘띠부르조아지와 일부 기층민중의 정치적 동원과 지지 등을 파시즘의 핵심요소 중의 하나로 파악하고 이같은 대중동원이 아니라 대중의 정치적 탈동원(demobilization)을 특징으로 하는 60~70년대의 남유럽의 군부독재와 '종속적 국가독점자본주의'로 불리는 일부 제3세계 국가의 독재를 파시즘으로 규정하기를 거부한다는 사실이다(CD, 80~81면). 이는 풀란차스가 파시즘의 종별적 형태 중의 하나인 독일과 이딸리아의 경험을 일반화해[24] 파시즘의 부차적 성격인 대중동원을 본질적 요소로 격상시키고 있다는 비판을 야기하고 있다.[25]

3) 예외국가이론(Ⅱ): '군부독재'와 그 위기

풀란차스는 70년대 중반 그리스, 스페인, 포르투갈에서 독재체제가 붕괴하는 것을 목도하면서 『독재의 위기』를 통해 이 체제의 성격과 붕괴원인, 그 과정에서의 이행전략문제에 관한 이론화를 시도한다. 그는 앞에서 지적했듯이 이들 체제가 예외국가이기는 하지만 좌파의 통념과 달리 파시즘은 아닌 '군부독재'라는 가설에서 출발한다.

우선 그는 이들 군사독재를 현단계 제국주의 세계체제에서의 이들 국가

---

24) 당시 유럽 파시즘의 다양한 형태에 대해서는 G. Dimitrov, *United Front* (San Francisco: Proletarian Publishers 1975), 11~12면 참조.

25) 그 한 예는 김영순 외, 『국가이론』, 한길사 1991, 171~72면.

들의 위상, 즉 종속성과 관련시킨다. 그러나 그는 내적 요인의 우위성을 강조하며, 나아가 생산의 국제화라는 제국주의의 현국면에서는 외적 요인의 '내면화'에 따라 양자의 기계적 구분이 무의미하다고 지적한다(CD, 22면). 종속적 자본주의 국가의 특수형태로서의 군부독재(21면)는 포르투갈과 스페인의 경우 매판부르조아지와 대지주 간의 계급동맹을, 그리스의 경우 헤게모니적 계급분파인 매판부르조아지와 종속적 산업화가 성장시킨 국내(domestic)부르조아지[26]로 구성된 권력블록을 그 계급적 기반으로 한다(47~48면).

군부독재의 붕괴는 종속적 산업화의 과정에서 생겨난다. 우선 다국적 기업에 의한 생산의 국제화와 종속적 산업화과정 속에서 주도권을 쥔 것은 미국자본이지만 미국헤게모니의 약화와 함께 유럽공동체(EC)가 부상하면서 '제국주의간 모순'이 격화한다(25~28면). 이에 따라 지배계급 내에 '친미적 분파'와 '친EC적 분파' 간의 갈등이 첨예해지고 국가기구 내에서도 북대서양조약기구(NATO)문제들을 둘러싼 갈등이 생겨나 권력블록의 불안정화에 기여하게 된다(29~33면).

권력블록의 위기를 더 자세히 분석하자면, 종속적 산업화는 종전의 매판자본과는 다른 국내자본의 성장을 가져다준다. 이 분파는 종속성에서 연유하는 물적 토대의 취약성, 이데올로기 및 정치적 취약성 때문에 그나름의 부르조아 민주주의혁명을 수행하지는 못하나, 매판자본과 달리 군부독재로부터 거리를 두기 시작하여 민주화를 지지한다(46면). 또 이들은 일반대중, 특히 노동자계급에 대해서도 유화적이고 개방적 태도를 가지며 자유화와 민주화를 요구한다(55면). 그러나 예외국가의 특성으로서의 체제의 경직성 때문에 이같은 요구를 체제내에 수용, 권력블록의 불안정을 해소하지 못하고 정치적 위기를 가속화하게 된다(93~95면).

또한 종속적 산업화는 프롤레타리아계급의 급성장, 이농과 농민의 양극분화, 신중산층의 증대를 가져다주는 한편 계급투쟁을 심화시켰다(68면). 물론 이들 피지배계급의 투쟁은 인민전쟁, 정치적 총파업, 대중폭동 등

---

26) 국내부르조아지는 해외자본에 완전히 종속적이지는 않다는 점에서 매판부르조아지와는 다르나 그렇다고 이로부터 완전히 독립하여 반제투쟁에 가담할 수는 없다는 점에서 민족부르조아지와도 다른 자본분파를 일컫는다. (CD, 42~43면)

"체제를 직접적으로 패배시킬 수 있는 '정면'공격"을 수반하지는 않았다(76면). 오히려 투쟁은 "대중투쟁의 전위"인 노동자계급의 경우 임금, 고용보장 등의 요구와 근무태만 등 소극적 사보타주 등의 형태를 띠었고 보건 등 사회정책에 대한 투쟁, 농민투쟁, 학생운동, 여성해방운동, 그리고 지식인의 저항의 형태를 띠었다(70~71면). 파시즘의 대중동원, 이데올로기적 헤게모니와 대조적인 이같은 "민중의 무언의, 다양한, 그러나 지속적인 저항이 이들을 고전적 파시즘과 구별해주는 특징"이다(79면). 또 대중투쟁이 아니라 권력블록과 국가의 내부갈등이 군부독재 붕괴의 "직접적 내지 주된 요인"이지만 이같은 내부갈등 그 자체를 규정한 것은 민중투쟁이라는 점에서 붕괴에 '궁극적으로 결정적인 요인'은 민중저항이었다(78, 85면).

이는 풀란차스로 하여금 단일지주적(monolithic)이고 강력하게만 느껴온 국가에 대한 재이론화로 나아가게 한다.[27] 물론 "국가권력의 통일성은 항상 존재하지만" 국가는 하나의 관계이자 힘의 관계의 응집으로서 "계급국가로서의 본성 그 자체에 의해 국가 내부에 계급적 모순을 재생산한다"는 것이다(82면). 국가 속에 "민중은 아무데도 없지만 … 사실은 도처에 존재한다"(83면). '민주적 단절'은 전면폭동과 같은 국가에 대한 '정면공격' 없이는 불가능하다는 통념은 그릇된 것이라는 주장이다(87면).

전략적인 면에서 좌파는 국내부르조아지와 매판부르조아지 간의 모순, 따라서 반독재동맹의 동맹세력으로서의 국내부르조아지의 역할을 과소평가하였다. 또 이들 나라에서 반독재민주화과정은 반제반독점과정으로 전환되고 있지 못한바, 이는 반독재투쟁이 국내부르조아지의 헤게모니하에 이루어졌다는 점과 연관이 있다(60면). 결국 좌파는 국내부르조아지를 이중적으로, 즉 동맹세력(반독재투쟁에서의)으로서, 그리고 동시에 적(반제반독점과 사회주의 투쟁에서의)으로서 과소평가했다는 비판이다.

---

27) 이는 '후기'풀란차스에서 더욱 본격화된다.

4) 계급이론

국가 이외에 풀란차스가 관심을 기울인 주요주제는 계급이론이다. 정치에서 핵심주체가 계급이라는 점을 상기하면, 맑스주의 정치이론을 '완성'시키고자 한 그가 계급이론에 각별한 관심을 기울인 것은 어쩌면 당연하다 하겠다. 그는 『정치권력과 사회계급』에서도 계급문제에 상당한 지면을 할애하고 있지만 여기서는 이후 이를 더욱 발전시킨 『현대자본주의의 계급들』을 중심으로 그의 계급이론을 간략히 살펴보고자 한다.

풀란차스는 계급을 '경제, 정치, 이데올로기라는 구조들 전체의 결과'로 이해하던 초기의 '구조주의적' 계급이론(*PPSC*, 67~69면)을 벗어나, 재정의된 '생산관계론적' 계급이론을 제기한다. 계급은 생산관계의 우위하에서의 "노동과정, 생산력, 그리고 생산관계의 통일체"(*CCC*, 20면)인 "생산과정에서의 그들의 객관적 위치에 의해서만은 아니지만 주로 이에 의해 정의되는 사회적 행위자들의 집단"(14면)이라는 것이다. 여기에서 두 가지 점이 중요하다. 우선 '순수한' 경제적 측면에서의 생산관계는 소유(단순한 법적 소유가 아니라 '실질적인 경제적 소유'), 점유, 착취 관계를 포함한다. 이같은 생산관계 개념의 엄밀화는 '생산관계=법적 소유' 여부로 세속화시켜 '경영자혁명'(소유, 경영의 분리)으로 맑스주의 계급이론이 논거를 잃었다는 우스꽝스러운 비판[28]을 체계적으로 반비판하게 만들어주는 한편, 소유와 점유의 다양한 결합, 분리 형태가 자본주의의 단계와 국면에 따라 어떻게 변화하는가를 파악할 수 있게 해준다(134~35면). 둘째로 생산관계의 '구성'에는 정치·이데올로기적 관계가 이미 현존하고 "이미 그 속에 있기" 때문에, 즉 정치, 이데올로기가 경제와 함께 생산관계의 내적 계기이기 때문에, 계급을 규정하는 데서 생산관계에 정치·이데올로기적 관계가 첨가되는 것이 아니라 계급의 구조적 규정에 정치와 이데올로기 관계가 구성적 역할을 수행한다(21면)[29]는 사실이다. "생산과 착취의 과정은 동시에 정

---

28) 그 대표적인 예가 C. W. Mills, *Power Elite*, Oxford: Oxford University Press 1956이다.

치·이데올로기적 지배와 종속 관계의 재생산과정이다"(21면).

한편 풀란차스는 '노동귀족'의 예가 잘 보여주듯이 이같은 계급의 '구조적 규정'이 개별국면, 즉 구체적인 계급투쟁의 상황에서 특정 계급이 실질적으로 취하는 '계급적 입장'(class position)과 반드시 일치하지는 않으며 이 양자를 구별해야 한다고 주장한다(15~16면). 여기에서 개입되는 것은 '계급투쟁'의 중요성이며 "계급은 계급투쟁 속에서만 존재한다"(14면)는, 발리바르와 궤를 같이하는 주장을 개진한다.[30] 그러나 이같은 강조가 역으로 계급적 입장에서 계급적 규정을 거꾸로 읽어내려는 '주의주의적' 해석으로 나아가서는 안된다(14~15면). 결국 그의 계급이론에도 '구조'와 '행위' 간의 긴장이 내재해 있다.[31]

이같은 이론적 전제에 기초를 두고 그는 현대자본주의의 계급에 대한 구체적인 분석을 시도한다. 풀란차스는 우선 현국면의 독점자본주의와 제국주의를 생산의 국제화에 따른 자본주의적 생산관계의 국제화(38~69면), 트러스트 등 경제적 소유의 집중에 따른 (다양한 자본분파간의) 경제적 소유와 점유 간의 분리(124~25면) 등으로 파악하고, 이를 바탕으로 자본가계급 내부모순을 분석한다. 현대자본주의는 해외자본 대 국내자본, 독점자본 대 비독점자본, 독점자본 내의 산업자본과 은행자본 등 다양한 자본분파간의 모순과 개별독점체들간의 모순을 야기한다. 독점자본에 대한 비독점자본의 예속이 심화되고 잉여가치의 상당부분이 후자에서 전자로 이전되는 등 양자간의 갈등이 첨예해지고 있다(150면). 그러나 착취란 전체부르조아 대 노동자계급 및 민중 간에 이루어지는 것이기 때문에 독점자본-비독점자본 간의 관계를 착취라고 이야기할 수 없고(150~51면) 비독점자본이 지배계급이 아닌 것으로 봐서도 안된다(156~64면). 산업자본과 은행자본의 융합으로 이야기되는 금융자본 역시 그 구성적 요소인 생산적 자본과 화폐자본 간의 갈등이 심화되고 있다(130~31면).[32] 이들간의 갈등의 양상과 특정 분파의

---

29) 이같은 문제의식은 후에 '후기'풀란차스의 국가이론 속에 더욱 발전되어 나타난다.

30) 발리바르, 『역사유물론 연구』, 푸른산 1989, 157면.

31) 이에 대한 일반적 개관은 Perry Anderson, *In the Tracks of Historical Materialism*, London: NLB 1983, 제2장.

주도권 여부는 구체적 상황 분석의 문제이다(133면).

또 풀란차스는 앞의 이론틀로 고용사장, 전문경영인, 국가고위관료 등에 대한 계급분류를 시도한다. 고용사장, 경영인 들은 법적 소유자는 아니지만 실질적인 경제적 소유 및 점유와 관련하여 일정한 권한을 행사하며 공장과 기업의 위계적 권위체계 속에서 생산관계의 내적 계기들인 정치적 이데올로기적 지배-종속 관계에서 자본의 기능을 수행하므로 이들은 부르조아계급의 구성원이다(180면). 국가관료의 경우 "사회적 분업, 특히 정치·이데올로기적 지배-종속 관계의 재생산을 위한 국가의 역할을 작동"하고 있기 때문에 고위관료의 경우 부르조아계급에 속하고[33] 지식노동-육체노동, 결정-집행의 분리 속에서 육체노동과 집행을 담당하는 나머지 중간그룹은 신쁘띠부르조아지에 속한다(187~89면).

그의 계급이론에서 극히 논쟁적인 것은 노동자계급이론으로서, 그는 써비스부문의 팽창, 육체노동자의 축소, 화이트칼라 근로자의 증가 등을 둘러싼 서유럽 계급논쟁을 비판적으로 고찰하면서[34] 모든 임금생활자가, 나아가 모든 생산적 임금생활자가 노동자인 것은 아니라는 극히 엄격한, 협의의 노동자계급이론을 피력한다(20면). 우선 그는 맑스의 '생산적-비생산적 노동'의 구분에 기초를 두고 써비스부문 종사자와 공무원(국영기업의 생산적 노동자 제외) 등은 잉여노동이 수취당하기는 하지만 그것이 자본주의적 착취형태, '잉여가치'의 형태를 통해 착취당하는 것이 아니므로 노동자계급이 아니라고 주장한다(209~14면). 노동자계급의 규정에는 이같은 경제적 기준만으로는 부족하고 생산관계의 내재적 계기들인 정치·이데올로기적 관계가 고려되어야 한다. 사실 쁘띠부르조아지를 규정하는 데서 결정적인 것은 이같은 정치·이데올로기적 관계들이다(225면). 공장의 십장

---

32) 물론 여기에는 상업자본 및 기타자본과의 갈등도 있지만 제국주의 단계에서는 상업자본은 기본적으로 금융자본에 종속되는 경향이 있다는 것이다. (*CCC*, 136면)

33) 풀란차스는 이들을 국가부르조아지로 분류하는 데는 반대하며 국가부르조아지는 국영기업이나 국가자본주의하에 국한된 것이라고 주장한다. (*CCC*, 188~89면)

34) 예를 들어 풀란차스는 프랑스공산당이 이 새로운 임금생활자집단을 독자적 계급도 노동자계급도 아닌 '중간계층'으로 파악하면서도(*CCC*, 197~98면) 정치적으로는 이들을 무비판적으로 반독점동맹세력으로 당연시해 이들을 노동자계급으로 보는 사회민주주의적 오류를 범하고 있다고 비난한다. (*CCC*, 203~4면)

(foreman) 등은 생산직 노동에 종사하지만 공장전제(factory despotism) 속에서 노동과정에 대한 감독, 통제를 통해 노동자계급의 잉여가치 추출을 주기능으로 함으로써 노동자계급이 아니라 (신)쁘띠부르조아지이다(227~28면). 이들에게 지배적인 것은 '정치적 관계'이므로 이들의 계급적 성격을 이중적인 것으로 파악하는 것도 오류이다(228면).

이데올로기 관계에서 핵심적인 것은 지식노동-육체노동의 분리이다. 프랑스공산당은 엔지니어, 기술자 등을 '지식노동자'로서 노동자계급의 일부로 파악하고 있으나 이는 지식, 과학, 테크놀러지를 중립적으로 보는 오류이다(231~32면). 자본주의의 발달에 따른 지식의 직접생산자로부터의 분리(240면), 지식과 부르조아 이데올로기 간의 관련의 심화(239면) 등을 고려할 때 이들은 경제적으로는 생산적 노동을 하고 있으나 자본이 지배하는 데 필요한 이데올로기적 관계를 유지하는 데 점점더 중요한 역할을 담당하므로 노동자계급이 아니라 신쁘띠부르조아지이다(242면). 한마디로 신쁘띠부르조아는 지식노동-육체노동의 분리 속에 위치하며(251~52면) 이는 교육적 국가장치의 노동력훈련과정이 야기하는 이같은 분리에 의해 재생산된다(259면). 나아가 이같은 신쁘띠부르조아지는 생산수단의 소유와 타인 노동의 비착취를 특징으로 하는 구쁘띠부르조아지(285면)와 단일한 동일계급이다(204면). 이들을 단일계급으로 묶어주는 것은 둘 다 부르조아지도 프롤레타리아트도 아니라는 사실이다(206면). 이것은 단순히 '부정적(negative) 정의'가 아니다. 왜냐하면 문제는 이같은 부정적 공통성이 야기하는 정치·이데올로기적 효과이기 때문이다.

쁘띠부르조아지는 자본주의가 야기하는 '양극화' 속에 위치지어볼 때 장기적으로 독자적인 계급적 입장을 갖지 못한다(297면). '부르조아지의 길'과 '프롤레타리아트의 길'에 상응하는 제3의 길은 없고 이들의 정치적 입장은 부르조아지와 프롤레타리아트 간의 세력관계에 좌우된다(297면). 따라서 이들의 정치적 입장이 자본주의 단계와 국면, 그리고 구체적인 정세의 한계 속에서 좌우로 동요하는 것은 불가피하다(298면).

현대자본주의 사회에서 좌파의 문제는 객관적 양극화가 '계급적 입장'의 양극화로 나아가지 못했다는 데 있다(332면). 농민(소농)은 역사적으로 부르조아지를 지지해왔으므로 노농동맹은 신화이고 노동자계급화한 이들의 자녀들에게 희망을 걸어야 한다. 또 부르조아지가 '반(反)자본주의적이나 현상유지적인' 이데올로기를 지닌 구쁘띠부르조아지를 견인하는 데는 성공해왔으나 '반자본주의적이며 개량주의적'인 신쁘띠부르조아지를 견인하는 데는 한계를 노정해왔으므로 좌파는 신쁘띠부르조아지와의 동맹을 통한 지구전을 펴나아가야 한다(333~34면). 신쁘띠부르조아지의 견인은 프롤레타리아트의 힘이 강할 때만이 가능하므로 프롤레타리아트의 힘을 축적하는 것이 필요하다. 또 쁘띠부르조아지는 독자적 정치조직을 갖기 어렵기 때문에 노동자계급의 계급투쟁기관을 통해 이들의 이익을 대표해줌으로써 프롤레타리아 헤게모니하에 계급동맹을 추구해야 한다(334~35면)는 주장이다.

그의 이같은 계급이론은 노동자계급의 정의에 문제가 있고 기본적으로 '성층론적'이고 분류론적 계급이론의 잔재를 갖고 있다는 비판을 받기도 하나[35] 라이트(E. O. Wright)의 계급이론 등[36] 현대계급이론에 중대한 영향을 끼쳤다.

5) '후기'풀란차스

풀란차스의 마지막 저서인 『국가, 권력, 사회주의』는 풍부하면서도 도처에 모순이 가득 찬 특이한 저작이다.

이 저작에서 풀란차스는 그간의 자신의 국가이론에 중요한 수정을 가한다. 즉 토대-상부구조라는 그간의 범론적(汎論的, topological) 내지 건축학적 비유나 국가를 상대적으로 자율적인 하나의 층위로 파악하던 '구조주의적' 시각을 벗어나 생산관계에 기초를 둔, 더욱 철저한 '맑스주의적' 국가이론을 제시한다.[37] 과거의 층위론적 국가이론의 경우 경제라는 층위 자

---

35) 맑스주의 계급론은 '분류론'이 아니라 계급투쟁의 분석이라는 주장은 발리바르, 앞의 책, 155~57면; 서관모, 「신중간제계층과 계급분석」, 『경제와 사회』, 1989년 겨울호, 40~42면.

36) E. O. Wright, *Class, Crisis and the State* (London: NLB 1978) 등 참조.

37) 여기에서 우리는 후기알뛰쎄에서 나타나는 과거 자신의 "'구조주의'와의 지나친 불장난"에 대한 자기비판과의 일정한 유사성을 찾아볼 수 있다. 풀란차스의 재정

체가 정치나 이데올로기의 도움이 없이도 자기 규제와 운동을 하는 자기완
결적 공간으로 파악되고 있으나, 이는 세칭 '경제의 기초'인 생산관계의 구
성과 재생산에 국가와 정치가 이미 현존해 있다는 점에서 오류라는 것이다
(*SPS*, 16~17면). 따라서 국가와 정치는 생산관계의 구성과 재생산의 다양
한 계기 중의 하나로 재정식화된다(26~27면).

이같은 재정식화를 바탕으로 풀란차스는 국가의 경제에 대한 비개입으로
특징지어지는 고전적 자본주의, 경제에 대한 국가개입으로 특징지어지는
현대자본주의('국독자') 등에 대한 통념은 (경제 속에 이미 내재해 있는 국
가의 현존을 인식하지 못한 채) 이미 전제된 경제에 '외부'로부터의 국가의
'사후적인' '개입' 내지 '비개입'이라는 그릇된 인식에 이르게 된다고 경고한
다(167면). 이같은 인식은 결국 역사상 국가가 경제에 개입하지 않고 따라
서 국가와 경제의 관계가 외적 관계인 자본주의(즉 자유방임자본주의)가
존재한다는 환상을 가져다준다는 것이다. 이는 모든 자본주의는 궁극적으
로 이같은 의미에서의 국가자본주의이고 모든 자본가는 국가자본가라는
'중기'발리바르의 문제의식의 발본적 심화와 궤를 같이하는 것이다. [38]

이같은 '생산관계론적' 국가이론은 풀란차스로 하여금, 자본주의 국가의
특수성을 생산관계가 아니라 상품교환의 교환관계에 정초시키고 국가-계급
투쟁이 아니라 국가-시민사회의 대당(對當)에 위치지우는 파슈카니스(E.
Pashukanis), 이딸리아 델라 볼페학파나 독일 일부 '자본논리'파에 대한 비
판(50~51면)과 현실사회주의에 대한 독특한 평가를 가능케 해준다. 즉 현
실사회주의 사회의 국가와 자본주의 국가의 유사성은 노동자배제적인 생산
관계와 사회적 분업의 유사성에 기인하며 그 결과가 전자에서의 "생산의
진정한 사회화가 아닌 국가화", 그 정치적 표현인 "프롤레타리아에 대한
독재"라는 것이다(51면). 또 역으로 소련·동유럽의 정치권력의 '전체주의
적 특징'은 그가 '권위주의적 국가주의'라고 표현한 현대자본주의 국가에서

식화는 특히 『'자본'을 읽자』의 토대-상부구조라는 건축학적 은유로부터의 알뛰
쎄·발리바르의 탈피 노력과 극히 유사한 방향으로 나아간다. 발리바르, 「"이행"
의 아포리들과 마르크스의 모순들」, 윤소영 엮음, 『마르크스주의의 역사』(민맥
1991), 282~88면 등 참조.
38) 발리바르, 앞의 책, 180면.

도 발견되는바, 그것은 소위 '기술관료적' 측면에서 연유한 것이 아니라 주로 "생산관계와 사회적 분업의 '자본주의적 측면'에서 연유한 것"이라는 것이다(207~8면). 때문에 "자본주의 국가의 모든 민주적 형태들 그 자체가 전체주의적 경향을 가진다"(209면).

후기풀란차스의 또다른 특징은 관계적, 특히 '관계-전략적'(relational-strategical) 국가이론과 권력이론이다. 그는 이전 저작에도 이미 나타난 그람시적 요소를 더욱 발전시켜 국가는 자본과 마찬가지로 하나의 (사회적) 관계, 즉 "계급과 계급분파 간의 세력관계의 특수한 물질적 응집"이라고 주장한다(129면). 다시 말해 사회적 관계의 응집이되 이의 기계적 반영이 아니라 그 힘의 관계가 국가장치의 제도적 물질성을 통해 반영되는 응집이며, 이 가운데 관계(계급투쟁)가 제도적 측면에 대해 선차성을 갖는다는 것이다(45면). 따라서 국가는 그 자체가 계급투쟁의 장(site)이 되며 더이상 단일지주적 존재가 아니라 그 속에 모순과 계급투쟁, 지배계급이 다양한 헤게모니 전략들, 피지배계급의 현존이 각인된 존재로 이해된다.

문제는 이같은 이론화가 국가권력은 여러 계급이 분점할 수 없는 단일계급의 권력(국가권력통일성 테제)이며 지배계급의 '도구'(도구주의적 의미가 아니라 과학적 의미의)[39]라는 그동안 풀란차스가 공유해온 맑스주의적 가정과 어떤 관계가 있느냐는 것이다. 이 점에 관한 한 그의 입장은 모순적이다. 그는 국가가 세력관계의 응집이고 국가장치 속에 피지배계급이 저항의 쎈터를 장악할 수는 있어도 "국가권력의 통일성 때문에" 국가권력을 분점할 수는 없다는 종래의 입장을 고수한다(140~42면). 나아가 그는 국가권력의 통일성뿐만이 아니라 국가장치의 장치적 통일성까지도 주장한다(138면). 이는 세력관계의 변화에 따른 국가권력의 점진적 장악을 통한 민주적 이행이라는 유러코뮤니즘 전략에 대한 비판이며 자본주의 국가의 분쇄 테제를 고수함을 의미한다. 그러나 다른 한편 '민주적 사회주의' 전략론에서 그는 이딸리아공산당류의 점진적 국가권력 장악 이행론과 레닌주의적 이중권력전략(국가 밖에서의 쏘비에뜨권력)을 모두 비판하면서[40] 자본

---

39) 졸고, 「'계급지배의 도구'로서의 국가와 '도구주의적' 국가」, 앞의 책 참조.
40) 이같은 비판이 레닌의 '이중권력'론을 잘못 이해한 데 기인한 것이라는 지적은 Clarke, 앞의 책, 100~1면 참조.

주의 국가 내에 피지배계급이 권력의 쎈터를 장악하는 것이 가능하며 국가
내부의 세력관계의 변화와 국가의 민주화(국가 밖에서의 민주화와 국가의
분쇄가 아니라)가 '복수의 실질적 단절'들을 통해 민주적 이행을 가져다줄
수 있다고 주장한다(259면). 그러나 그가 주장하는 질적 단절이 구체적으로
무엇이며 그것이 유러코뮤니즘과 구체적으로 어떻게 다른지는 설명되지 않
고 남아 있다. 또 그 질적 단절까지는 국가권력이 세력관계의 변화에도 불
구하고 지배계급의 권력이었다가 단절 이후에는 피지배계급의 민중권력으
로 된다고 볼 수도 있다는 점에서 이 주장 자체가 국가권력통일성 테제의
폐기는 아닐 수 있으며 이에 대한 그의 입장이 정확히 무엇인지는 불분명
하다. 어쨌든 이 속에서 레닌주의적 전통과 유러코뮤니즘 좌파, 오스트로
맑스주의의 전통 간의 긴장과 모순을 읽을 수 있으며 그의 고민을 생생히
느낄 수 있다.

그는 또 맑스주의의 위기를 돌파하기 위해서는 언어학과 정신분석학, 푸
꼬의 권력론의 도움이 필요하다는 전제하에[41] 푸꼬의 지식과 권력관계에
초점을 둔 정치이론에 주목한다. 그는 '지식=권력'이라는 푸꼬의 테제를
적극 수용하되 지식과 권력의 문제를 어떻게 보면 '진부한 시각'에서, 그러
나 또 다르게 생각하면 한층 '발본적인 시각'에서 지식노동과 육체노동 간
의 자본주의적인 분업 속에 위치지운다. 지식노동과 육체노동의 분리 속에
서 후자는 민중 속에 집중되는 반면 전자(지식-권력)는 자본주의 국가('과
학자-국가') 속에 물질화된다(56면). 그러나 풀란차스는 푸꼬의 (자신과 유
사한) 권력에 대한 '관계-전략적' 이론화와 지식-권력론을 적극 수용하면서
도 푸꼬의 맑스주의 비판에 대해 반비판을 가하는 한편 맑스주의적 원칙에
기초하여 세칭 포스트주의적 문제의식을 끌어안으려는 노력을 시도한다.
우선 그는 푸꼬의 맑스주의의 비판의 두 가지 핵심주장이 '무지'와 '오해'의
산물임을 정확히 지적한다. 첫째 맑스주의가 정치와 권력의 문제를 국가의
문제로 환원시키는 '국가주의적' 시각에 빠져 있다는 푸꼬의 비판이다.[42]
이는 푸꼬가 국가를 (최소한 속류맑스주의가 아닌) 맑스주의와 달리 극히

---

41) Poulantzas, "Is there a Crisis in Marxism?," *Journal of the Hellenic Diaspora*, no.
    3(1979), 14~15면.

42) 미셸 푸꼬, 『성의 역사 I: 앎의 의지』, 나남 1990, 106~7면.

협의의 법적 정의에 의해 아주 세속적으로 이해하고 있다는 점에 크게 기인하며, 더 나아가 맑스주의가 그토록 강조해온 것이 생산관계 그 자체가 권력현상이자 계급권력의 핵심적 기초라는 사실을 망각한, '허상의 맑스주의'에 대한 비판이라는 반비판(36~37면)이다. 두번째로 맑스주의가 경제를 중립적인 생산기술의 문제로 당연시함으로써 "권력관계를 … 경제과정과 외재적 위치"에 있는 것으로 파악하고 있다는 푸꼬와 들뢰즈(Gilles Deleuze)의 비판(후에 라끌라우·무페 등 포스트맑스주의자들에 의해 반복되는) 역시 맑스주의에 있어 "경제과정 자체가 계급투쟁이고 따라서 권력관계"(36면)라는 점에 대한 무지의 결과라는 것이다. 또 맑스주의에서 "그 구성요소가 개인들인 사회모델은 계약과 교환의 추상적, 법적 형태에서 빌려온 것이라고 말해지며 이 모델에 따르면 상품생산사회가 고립된 법적 주체의 계약적 연합으로 표상된다"[43]고 전제해놓고 시작되는 푸꼬의 맑스주의의 경제결정론 비판은 자본주의 사회를 착취와 생산 관계가 아니라 교환과 유통 관계에 기초를 둔 상품생산사회로 '오해'한 데 기인한 것이라는 비판이다(68~69면).

결국 풀란차스는 "계급분열이 권력구성의 유일한 지반이 아니"(43면)며, "권력을 국가와 동일시하거나 이로 환원시킬 수 없기"(35면) 때문에 과거 맑스주의에서 일정하게 나타나온 사회적 적대의 계급환원론적 시각과 권력과 정치의 국가환원론적 시각도 문제이지만 푸꼬 등에서 특징적으로 나타나는 계급관계의 중심성의 부정과 "국가로부터 미시권력의 다원주의"(44면)로의 중심의 이동 역시 "계급과 계급투쟁의 중요성을 과소평가하고 국가의 중심적 역할을 무시"(44면)하는 오류라고 지적한다.[44] 그는 푸꼬나 해체주의가 주장하고 있는 총체적 전략의 부정과 단일이슈 위주의 고립분산적 '미시저항들'(micro-revolts)의 각개약진 전략이 현실설명이라는 이론 면에서도 오류이고, 현실극복이라는 실천 면에서도 문제가 있다고 비판한다.

---

43) M. Foucault, *Discipline & Punish*, NY: Vintage Books 1979, 194면.

44) 국가는 "권력의 말단적 형태에 지나지 않는다"는 푸꼬의 주장(같은 책, 106면)을 상기하면 푸꼬에 대한 풀란차스의 성격규정('미시권력의 다원주의')은 오히려 부족하다. 푸꼬의 주장은 단순한 '미시권력의 다원주의'가 아니라 '미시권력의 다원주의'+'국가의 말단화'이다.

따라서 그가 시사하고 있는 것은 위의 양 편향을 극복하고 사회적 관계에서 계급관계의 중심성을 고수하면서 이로 환원될 수 없는 여타 사회적 적대들을 이와 접합시키는 한편 정치에서 국가의 중심성을 지키면서 '국가외적 정치'(일상성의 정치 등)를 통합시키려는 이론적 프로젝트, 즉 그가 미완의 상태로 남겨놓은 프로젝트이다.

풀란차스는 이처럼 푸꼬가 권력을 그 물질성 위에 제대로 위치짓지 못했기 때문에 권력이 있는 곳에 저항이 있다는 그의 테제[45] 역시 다만 원칙의 순수한 확인과 인사치레일 뿐 공허한 주장이라고 비판한다(149면). 즉 권력이 있는 곳에는 "왜 항상 저항이 있어야 하는지? 저항은 어디에서 나오고 어떻게 그것이 가능한지"(149면)를 밝히지 못함으로써 저항의 '기반'을 제공하는 데 실패하고 말았다는 것이다(79, 150면).

이밖에 풀란차스는 푸꼬의 규율(discipline)과 '정상화'(normalization)에 대한 강조는 그동안 간과되어온 권력기술의 한 측면을 부각시킨 장점이 있는 반면, 동의와 물리적 폭력의 중요성을 경시함으로써 "현대 권력과 지배가 더이상 물리적 폭력에 기초를 두지 않는다"는 환상을 불러일으키고 있다고 비판한다(79~80면). 그 결과가 바로 국가의 역할, 특히 억압적 국가장치와 법의 역할을 무시하는 것이다(77면). 또 권력을 생산관계가 아니라 '판옵티시즘'(Panopticism, 사방을 감시할 수 있는 감옥)과 같은 탈역사적인 '추상적 기제'에 위치짓는 푸꼬의 이론화는 관념론이자 구조주의에서 흔히 볼 수 있는 '신기능주의'라는 비판이다(68면).

한편 풀란차스는 알뛰쎄에 대해서도 일정한 비판을 가한다. 알뛰쎄의 국가와 권력의 개념화는 "억압-금지와 이데올로기-은폐"라는 국가의 부정적 기능만을 주목하고 있을 뿐 "국가는 동시에 현실을 창조하고, 변혁시키고 만들어냄으로써 긍정적 방식으로도 기능한다"(30면, 강조는 원저자)는 점을 간과하고 있다는 것이다. 그러나 권력은 부정적일 뿐만이 아니라 창조적이고 긍정적이라는 푸꼬의 권력론[46]에 기초를 둔 이 비판은 알뛰쎄의 이데올로기적 국가장치론이 이데올로기를 은폐라는 부정적 측면만으로 이해하는 것이 결코 아니라는 점에서 빗나간 비판이라는 느낌이 든다.

---

45) 푸꼬, 『성의 역사 I』, 109면.
46) 같은 책, 108면.

  후기풀란차스의 또다른 주요관심사는 현대자본주의와 현대자본주의 국가, 특히 후자에 관한 새로운 이론화이다. 우선 현대자본주의를 분석하는 데서 그는 종전의 입장과 달리 정통좌파의 국가독점자본주의론에 상당히 수렴하고 있다. 그는 이제 "현재의 국가는 자유주의적 국가와 독점자본주의의 이전 국면과 질적으로 다르며"(166면) 과거의 국가의 경우 국가의 '경제적 기능'이 다른 기능에 종속적이었던 반면 이제는 그 기능이 지배적 기능이 되었다고 지적한다(167면). 또 이같은 현상은 착취에 대한 저항의 표현인 이윤율저하 경향에 대한 반경향 도입의 노력으로서 그 주된 것으로는 고정자본의 '가치잠식'과 착취율의 제고 등을 들 수 있다는 것이다(173~74면). 비독점자본까지를 포괄하는 정통좌파의 반독점전략에 대한 그의 비판 역시 상당히 완화되고 있다. 국가의 '경제개입'과 이에 따른 '경제의 정치화'의 결과, 부르조아지와 쁘띠부르조아지 간의 동맹이 의문시되고 있으며(211면) 비독점자본은 과거와 달리 종종 독자적 사회세력으로 기능할 뿐만 아니라 독점자본과의 갈등이 심화되어 종종 독점자본을 견제하기 위해 민중계급의 지지를 추구하기도 하며(CCC, 148면), 비독점자본과 민중의 연대의 객관적 장(場)이 확대되고 있다(211면)는 것이다. 그러나 그럼에도 불구하고 비독점자본은 아직도 권력블록의 일부이며 현대자본주의 국가는 독점자본이 아니라 "전체부르조아지의 장기적인 정치이익을 대표"하기 때문에 '국가=독점자본의 국가'로 파악하는 국독자론은 잘못된 것이라는 입장을 고수한다(128면). 또 자본주의 국가는 권력블록의 특정 분파로부터 상대적 자율성을 지니기 때문에 국독자론의 융합 테제는 이같은 자율성을 무시한 도구주의적 국가이론에 기초를 둔 그릇된 이론화라는 것이다(129면). 또 국독자론이 대안으로 제시하는 국유화론, 그리고 보카라류의 국독자론에서 나타나는 자본주의하에서의 국가소유를 '사회주의적'인 것으로 파악하는 경향은 잘못된 것이며, 진정한 대안은 현실사회주의 사회의 경험 등과 달리 국유화가 아니라 생산관계와 국가권력의 성격 자체에 근본적인 변화를 동반하는 '실질적 사회화'라고 주장한다(175면).

  이와 관련하여, 주목할 만한 것은 '권위주의적 국가주의'(Authoritarian Statism)라고 그가 명명한 현대자본주의 국가의 국가성격론이다. 권위주의적 국가주의란(신보수주의 등으로 상징되는) 1970년대말 복지국가와 사회민주주의적 계급타협의 위기 속에서 선진자본주의 국가 일반에서 나타난 반동적 경향에 대한 풀란차스 나름의 이론화로서 "정치적 민주주의의 급격한 후퇴와 세칭 '형식적' 자유의 다양한 형태의 가혹한 축소와 결합된 사회·경제 생활의 모든 영역에 대한 국가통제의 강화"(203면)를 그 특징으로 한다. 이밖에 이 국가는 입법부로부터 행정부로의 권력중심의 이동, 삼권분립의 약화와 행정부로의 권력집중, 정당의 퇴화와 관료제의 부상, 국가의 공식조직과 공존하는 제2의 유사권력망의 성장 등으로 특징지어진다. 이는 일시적 현상이 아니라 제국주의와 독점자본주의의 현국면, 특히 이 국면에서의 생산관계와 사회적 분업의 변화, 이와 관련된 구조적 경제위기와 정치적 위기에 상응하는 것이며 대의제민주주의가 자본주의 국가형태로서 이제는 뒤처져버린 것을 의미한다는 것이다(204~6면).

　그러나 이는 일부 좌파이론가들이 주장하듯이 '새로운 파시즘'도, 나아가 새로운 형태의 '예외국가'도 아니며 "현재의 자본주의 국면의 부르조아 공화국의 새로운 '민주적' 형태"(209면)이다. 사실 이 국가형태는 자본주의 역사상 처음으로 전체주의적 요소가 공식국가와 평행하며 항시적 구조 속에 그 유기적 특성이 응집되어 나타나는 정치체제라는 것이다(210면). 이 점에서 이 국가형태는 파시즘보다 나은 점도 있지만 오히려 더욱 위험하고 못한 점도 적지 않다. 어쨌든 그는 국가개입의 전면화가 야기하는 경제 및 사회적 이슈의 '정치화', 이에 따른 '민중투쟁의 정치화'를 유발한다는 점에서 사회주의로의 민주적 이행의 새로운 객관적 가능성을 열어주고 있다고 분석한다(206면).

　여기에서 노동자계급의 중심성, 당의 역할, 신사회운동 등 복합적 문제들이 얽혀 있는 후기풀란차스의 이행전략 문제를 짚고 넘어갈 필요가 있다. 앞에서 언급한 바 있는 그의 '민주적 사회주의론'의 두드러진 특징은 '혁명 후' 사회에서 대의제민주주의를 직접민주주의로 교체한다는 정통맑스주의의 테제를 부정하고 오스트로맑스주의의 전통에서 양자간의 결합을 추구한다는 것이다(263면). 문제는 '혁명 후' 사회구상으로서가 아니라 '이행전략'으로서의 풀란차스의 '민주적 사회주의론'의 특징이 무엇이냐는 것이다. 그것의 특징은 국가(내에서의 국가) 자체의 민주화투쟁과 국가 밖에서의 민주화투쟁의 병행이지만 정통적 맑스주의 역시 이 양자의 필요성을 부인하지는 않는다는 점에서 그 자체는 풀란차스의 특징일 수 없다. 다만 이와 관련하여 독특한 것은 민중이 국가 내에서 권력의 쎈터를 장악할 수도 있고 국가분쇄를 거치지 않고도 복수의 '진정한 질적 단절들'(258면)을 통해 국가성격의 변혁이 가능하다는 것인데 이의 모호성과 모순성은 이미 앞에서 지적한 바 있다. 또 그의 '민주적 사회주의론'이 이딸리아공산당류의 선거에 의한 의회주의적 이행을 의미하지 않는다고 스스로 밝히고 있으므로(259면) 이는 아닐 것이다. 그렇다면 결국 남은 것은 흔히 사용되어온 잘못된 의미에서의, 즉 '평화적' 이행이라는 의미에서의 '민주적' 사회주의론일 것이다('민주적'이라는 것과 '평화적'이라는 것은 두 개의 다른 개념이다). 그러나 이에 대해서도 그는 "혁명가로서 무장투쟁에 원칙적으로 반대하지 않으나 폭력에 의존하지 않고 해내는 것이 … 폭력을 사용하는 것보다 낫다"[47]는 식으로 정통적 입장과 별 차이를 보이지 않고 있다.

그러나 그는 『국가, 권력, 사회주의』 이후에 씌어진 짧은 글들과 인터뷰에서 여러 문제들에 한층 근본적 의문을 제기한다. 그는 종전의 입장과 달리 '신사회운동'이라고 불리는 생산현장 밖의 다양한 사회적 문제들의 자율성과 중요성에 주목하며 이같은 문제들을 수용하는 데서 정당이라는 조직형태가 갖는 한계와 이에 연유한 '정당의 위기'에 관심을 기울인다. [48] 따라서 '민주적 사회주의'로의 투쟁은 『국가, 권력, 사회주의』에서만 해도 신사회운동이 주목하는 비계급문제들이 계급문제로 환원될 수 없다고는 하나 매개를 거쳐 궁극적으로는 계급관계로 표현되며 이들에게 궁극적으로 정치적 의미를 부여하는 것은 계급권력이라고 주장하던 것(43~44면)으로부터 비계급세력과 신사회운동의 자율적 역할을 강조하는 다계급, 다정당적 성격의 한층 복잡한 '민족-민중적' 연합전략으로 제시된다. [49] 풀란차스는 또 마지막 인터뷰에서는 혁명과정에서의 전위당의 중심역할을 부정할 뿐 아니라 노동자계급의 헤게모니에도 근본적인 의문을 제기하고 있다. [50]

---

47) Poulantzas, "Es geht darum mit stalinistischer Tradition zu brechen," *Prokla*, no. 37(1979), 135~36면 ; Jessop, 앞의 책, 304면에서 재인용.

48) Poulantzas, "La Crise des Partis," *Le Monde Diplomatique*, Sept. 1979.

49) "Interview with Nicos Poulantzas," *Marxism Today*, July 1979, 201면.

50) Poulantzas, "Une Révolution Copernicienne dans la Politique," in C. Buci-Glucks

4. 맺 음 말

위에서 보았듯이 풀란차스, 특히 후기풀란차스는 정치와 국가, 토대(생산관계)-상부구조(국가) 대 국가-시민사회의 대당, 거대권력과 미시권력, 다양한 사회적 '적대'들과 계급적 '적대', 노동조합과 정당을 중심으로 한 전통적인 계급운동과 신사회운동, 대의제민주주의와 직접민주주의 간의 관계 등 소위 포스트맑스주의 논쟁 등의 형태로 '사회변혁적' 정치이론에서 현재 쟁점이 되고 있는 주제들에 대해 일찍이 독자적인 이론화를 시도하였다. 이들 쟁점들에 대해 풀란차스는 정치를 국가의 문제로 치환하는 '국가주의'적 정치관, 사회적 적대를 계급의 문제로 환원하는 '계급환원론' 등 전통적 맑스주의에 내재해 있던 일정한 편향에 대해 비판을 가하면서도 역으로 모든 것을 상대화하고 해체해버리려는 '해체주의적' 정치이론에 대해서도 맹렬히 저항하였다. 결국 국가, 계급, 계급정치의 중심성을 전제로 하여 세칭 '포스트맑스주의적' 문제의식을 맑스주의 정치이론에 통합시키려 한 그의 노력은 많은 내적 긴장과 모순을 안은 채 미완의 프로젝트로 끝나고 말았다. 또 그의 마지막 인터뷰 등에서 나타나는 여러 문제제기들을 고려할 때, 그는 '맑스주의의 벼랑'에 서 있었으며 그의 '때이른 죽음'이 아니었다면 그의 이론이 어떠한 방향으로 나갔을 것인가는 쉽게 예측할 수 없는 것인지도 모른다.

이에 대해 일각에서는 그가 정치의 상대적 자율화를 통해 정치의 '절대적 자율화'로 넘어가는 초석을 닦아주는 등 포스트맑스주의를 가능케 해준 '원흉' 중 하나로 비판하는가 하면[51] 다른 일각에서는 그가 끝까지 "고전적 맑스주의 정치경제학의 함정 속에 갇혀 있음"[52]으로써 이를 버렸으면 가능

---

mann (ed.), *La Gauche, le Pouvoir, le Socialisme: Hommage à Nicos Poulantzas*, 1981, 37~41면.

51) Ellen M. Wood, *Retreat from Class*, London: Verso 1986, 25~46면.

52) Jessop, 앞의 책, 325면.

했던 많은 이론적 발전들을 실현시키지 못한 '여전히 지나치게 맑스주의적'이었던 이론가라는 상반된 평가를 하고 있다.

이중 현정세에서 특히 문제가 되는 것은 후자의 평가일 것이다. 이 평가처럼 당시 이미 서유럽 학계를 휩쓴 '맑스주의의 위기'라는 유행 속에서 '외로운 소수'로 생산관계와 사회적 분업의 중심성 등을 미련스럽게 고수한 그의 고집은 득보다 실이 큰 '풀란차스의 비극'이었을까? 이에 대해서는 많은 논란이 가능하지만 어떠한 형태의 사회주의건 그것이 또하나의 '급진적 자유주의'가 아니라 '임금노예'의 폐절을 통한 노동해방과 인간해방을 의미하는 것이라면, 이같은 원칙의 고수가 그 대안인 해체와 '절대적 상대주의'에 의한 고립분산적인 단일의제 위주의 저항의 산개보다 과연 실이 큰 것일까?

이같은 문제의식에서 볼 때, 미완으로 끝난 풀란차스의 종착점은 맑스주의 정치이론이 시작해야 하는 출발점이라고 볼 수 있다.

민주주의의 이론적 문제

1) 왜 다시 민주주의인가

민주주의는 현대사회에서 일상생활과 가장 밀접한 관계가 있는 까닭에 가장 많은 관심을 불러일으켜온 주제다. 이러한 이유 때문에 봉건제의 붕괴 이후 세계 근현대사에서 민주주의는 끊임없이(특히 자유주의적 이념과 사회주의적 이념의 투쟁과 관련하여) 논쟁의 주제가 되어왔다.

이같은 민주주의의 문제는 특히 최근 들어 세계사에 급격한 변화가 일어나면서 다시 한번 새롭게 진보적 사회과학과 민주변혁운동의 쟁점으로 부상하고 있다.

민주주의의 문제는 역사적으로 서구에서는 1970년대 프롤레타리아독재 개념의 포기와 '사회주의로의 민주적 길'을 표방한 유러코뮤니즘의 성장과 관련해서, 그리고 70년대말, 80년대 들어 가시화된 신보수주의로부터 그동안 획득한 민주주의의 성과들을 방어하기 위한 맥락에서 활발하게 논의되어왔다. 다양한 형태의 독재체제가 '정상'국가형태가 되어왔고 민주주의와 인연이 멀었던 제3세계의 경우도, 80년대 들어 세칭 '민주화의 물결'이

---

* 「민주주의를 다시 생각한다」(『창작과비평』, 1991년 겨울호)를 일부 보완하여, 한국정치연구회 사상분과가 편저한 『현대민주주의론 Ⅰ』(창작과비평사 1992)에 「민주주의의 이론적 제문제」라는 제목으로 수록된 글.

전반적으로 일면서 '민주주의의 재발견'이 있어왔다. 이같은 민주화는 '형식적 민주주의'라는 제한된 기준으로 보더라도 '자유화' 내지 '제한적 민주주의'에 불과한 수준이었다. 그럼에도 불구하고 이 제한적 민주화는 대부분의 제3세계에서 논쟁의 중심축을 그간의 '변혁'의 문제로부터 '민주주의'의 문제로 옮겨놓고 있다는 평가가 제기되고 있다(Barros; Chilcote; Vasconi; Munck; Roberts; 정명기). 마지막으로 현실사회주의 실험의 실패, 특히 비극적이다 못해 가히 희극적이라고 해야 할 소련 군부쿠데타의 에피소드는 당연시되어온 민주주의와 사회주의의 유기적 연관 등 민주주의에 대한 기존 관념을 근본에서부터 다시 평가하기를 요구하고 있다.

이 글의 목적은 이같은 문제의식을 기초로 민주주의와 독재, '형식적 민주주의'와 '실질적 민주주의' 문제와 관련된 민주주의의 형식과 내용 문제, 부르조아 민주주의의 평가 문제, 다원주의, 국가와 시민사회 문제 등 민주주의의 쟁점들을 비판적으로 재검토해보는 데 있다. 특히 이같은 작업은 최근 들어 세계사적 정세의 변화와 함께 '맑스주의 위기' 논쟁이 '맑스주의 붕괴' 논쟁으로까지 발전하고 맑스주의의 종언을 공공연하게 선언하는 '청산주의적' 입론이 득세하고 있는 현실 속에서, '계승·발전'시켜야 할 맑스주의 민주주의론의 합리적 핵심이 무엇이며 자기정정이 필요한 부분은 무엇인가를 규명하기 위한 시론적 작업이다. 다만 필자의 능력 부족으로 이같은 작업이 완성된 해답을 주기보다는 문제제기와 극히 초보적이고 원시적인 자기정정의 방향 제시의 수준에 그치고 있다.

2) 민주주의와 독재

민주주의의 문제를 다루는 데서 선행되어야 할 작업은 민주주의에 대한 다양한 이해방식 중 어떠한 것이 가장 과학적인 이해방식인가를 규명하는 작업이다. 이를 위한 하나의 유용한 우회적 접근법은 민주주의에 관한 중요한 쟁점 중의 하나인 민주주의와 독재 간의 관계를 재조명해보는 것이다. 특히 이는 유러코뮤니즘의 정통맑스주의 비판으로부터 최근의 현실사회주의의 붕괴에 이르기까지 맑스주의 정치이론에 대한 비판이 주로 프롤레타리아독재라는 '독재론'에 초점이 맞추어져 있다는 점에서 그러하다.

맑스의 계급독재(부르조아독재, 프롤레타리아독재)의 문제의식으로부터 유명한 레닌-카우츠키 논쟁, 유러코뮤니즘의 경우 프랑스공산당 제22차 당대회를 둘러싼 논쟁, 이딸리아의 보비오논쟁에 이르기까지 민주주의와 독재의 관계에 관한 문제는 민주주의론의 핵심적 쟁점이 되어왔다. 잘 알려져 있듯이 맑스, 레닌으로 이어지는 '정통'좌파의 경우 계급관계를 초월한 '순수한' 민주주의 내지 '초계급적' 민주주의란 존재하지 않으며 부르조아 민주주의 등 민주주의는 부르조아독재 등 계급독재의 한 관철형태(즉 민주적 관철형태)라는 입장에서 독재와 민주주의 간의 관계를 대립적이고 배타적인 관계로 인식하지 않고 있다. 반면 서구정치이론의 주류를 형성하고 있는 세칭 '다원주의 이론' 등 부르조아 정치이론의 경우 이를 대립적 입장에서 파악하여 '자유민주주의냐 프롤레타리아독재냐' 하는 식으로 자본주의=민주주의, 사회주의=독재라는 등식을 제기하고 있다. 이밖에 카우츠키의 볼셰비끼 비판이 대표하고 있는 사회민주주의, 유러코뮤니즘 등 또다른 축의 대립적 입장은 비록 주류이론처럼 자본주의=민주주의, 사회주의=독재로 이해하지는 않더라도 민주주의와 독재의 문제를 '민주주의냐 독재냐'(즉 사회주의적 민주주의냐 프롤레타리아독재냐)라는 배타적이고 대립적인 관계로 인식하고 있다.

'정통'좌파의 입장에 대한 여러 비판의 논거는 논자에 따라 차이가 있으나 크게 보아 ① 독재와 민주주의를 대립적 관계로 보지 않는 계급독재이론 그 자체가 잘못된 것이라는 주장으로부터(다원주의 이론, Kautsky; Bobbio〔a, b〕; Jessop; Hunt〔a〕), ② 이같은 주장까지는 안 나가더라도 보통선거 등이 실시되지 않았던 맑스·레닌 시대의 자본주의 국가는 부르조아독재였으나 이후 보통선거제도 등이 실시된 뒤의 자본주의 국가는 부르조아독재에서 부르조아 민주주의로 바뀌었다는 식으로 계급독재론을 역사주의적으로 해석하는 경향(이 경우도 독재와 민주주의를 대립적으로 보는 것은 ①과 마찬가지라는 점에서 ①의 변형이다)(황태연), ③ 자본주의 국가에 대해서는 부르조아독재라는 주장이 맞지만 이보다 '진보적'이고 민주적이어야 할 사회주의 내지 포스트자본주의에서는 독재(프롤레타리아독재)가 아니라 '민주주의'(다원적 민주주의, 사회주의적 민주주의 등)이어야 한다는 주장

(이병천)으로 집약될 수 있다.

이같이 대립하는 주장을 본격적으로 평가하는 데 앞서 '정통'좌파의 계급독재론에서 말하는 '독재'의 정확한 의미와 추상화수준을 따져보아야 한다. 이는 여러 논쟁에서 잘 나타났듯이 부르조아독재 내지 프롤레타리아독재에서 독재의 의미는 군부독재와 같이 공공연한 억압성을 드러내는 통상적 의미의 독재, 즉 '통치형태' 내지 '국가형태'로서의 독재가 아니라 국가권력의 사회적 성격을 지칭하는 '국가유형' 수준에서의 독재, 즉 단일지배계급의 국가권력 소유라는 의미의 '독재'이며 따라서 민주주의와 추상화수준을 달리하는 개념이다.[1] 다시 말해 이 경우 부르조아독재란 자본주의 국가, 프롤레타리아독재란 사회주의 국가라는 의미 이상이 아니다. 따라서 이때 독재는 '더 민주주의'적이기 위해 전략·전술적으로 채택하거나 버리거나 하는 '선택의 개념'이 아니라 고추상성의 '현실분석' 개념일 따름이다.

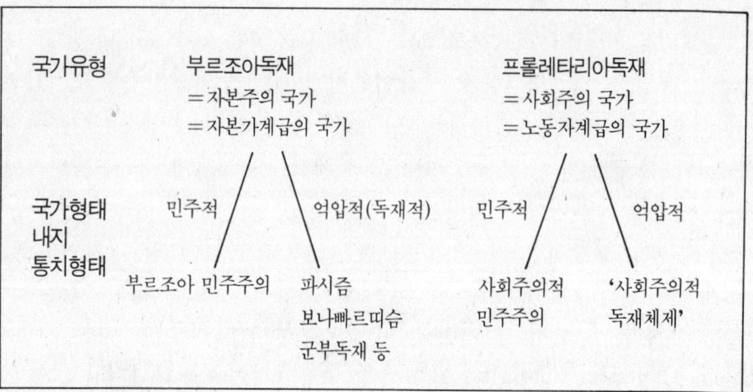

다만 여기에서 한가지 더 명확히해야 할 점은 부르조아 민주주의=부르조아독재라는 정식은 통치형태 내지 국가형태로서의 부르조아 민주주의도 국가유형의 수준에서 볼 때는 자본가계급이 국가권력을 소유한 자본주의

---

1) 그 대표적인 예는 자주 인용되는 문구이지만 "부르조아 국가는 그 형태가 다양하나 그 본질은 동일하다. 모든 부르조아 국가는 그 형태가 어떠하든 궁극적으로 부르조아독재다. 자본주의로부터 공산주의로의 이행은 분명히 다양한 정치형태를 띨 것이나 그 본질은 항상 동일하다. 그것은 프롤레타리아독재다"라는 레닌의 주장을 들 수 있다. (Lenin〔b〕, 38~39면)

국가, 즉 부르조아독재라는 뜻이지 이 등식이 역으로 모든 부르조아독재는 부르조아 민주주의라는 뜻은 아니다. 여기에서 바로 일상적 의미의 '독재' 개념(민주주의에 대립되는)의 도입이 이루어지게 되는바, 국가유형으로서의 부르조아독재는 그 통치형태에서 민주적인 부르조아 민주주의 이외에도 통치형태 자체도 억압적인 파시즘, 보나빠르띠즘, 제3세계 군부독재 등 '공공연한 독재체제'를 취할 수 있고, 프롤레타리아독재도 통치형태가 민주적인 사회주의적 민주주의로부터 통치형태가 억압적인 '사회주의적 독재체제'라는 다양한 형태를 취할 수 있게 된다.[2] 따라서 통치형태라는 의미에서의 독재(군부독재류의)는 민주주의와 대립적이지만 국가유형으로서의 독재, 즉 계급독재론의 독재는 민주주의와 대립하는 것이 아니다.

이같은 이론적 이해를 전제로 해서 평가할 때, 보통선거권 도입 여부에 따라 부르조아독재와 부르조아 민주주의가 구별된다는 식으로(앞의 ②의 주장) 부르조아독재를 부르조아 민주주의와 같은 추상수준의 통치형태론으로 이해하는 비판은 단지 독재라는 개념에 대한 이해부족에서 발생한, 존재하지도 않는 가상의 적과의 싸움에 불과하다 하겠다.

다만 더욱 근본적인 문제는 ①의 비판과 관련된 것으로, 이같은 계급독재론의 독재가 민주주의와 추상수준에 차이가 있음을 인정하더라도 과연 자본주의 국가는 그 통치형태와 관계없이 자본가계급이 배타적으로 국가권력을 소유하는 '부르조아독재'인가 하는 문제에 대한 평가다. 다시 말해 맑스주의가 주장해온 계급국가론과 '국가권력통일성' 테제[3](국가권력은 나누어갖는 것이 아니고 단일계급의 국가권력이라는)가 과학적인 주장이냐는 문제다. 역으로, 이는 자본주의 국가가 자본가계급이 국가권력을 배타적으로 소유한 자본가계급의 국가(따라서 부르조아독재)가 아니라 국가권력이 다원적으로 분산소유된 '초계급국가' 내지 '다원주의' 국가이냐는 문제다.

---

2) '사회주의적 독재체제'란 그 자체가 언어모순일 수도 있으나 여기에서는 적합한 용어가 없어 억압적 통치형태의 프롤레타리아독재란 의미의 서술적 용어로 사용하였다.

3) 그 대표적인 예는 "국가는 일반적으로 가장 강력한 경제적 지배계급의 국가이며 국가의 매개를 통해 이 지배계급은 정치적 지배계급"이 된다는 엥겔스의 주장이다. (Engels, 753면)

(이 점에서 계급독재론에 대한 올바른 對當은 민주주의론이 아니라 다당제류의 정치조직의 다원주의와는 다른 의미에서의 국가권력의 다원주의론이다.)

따라서 현대자본주의 국가의 국가권력이 사회세력들에 다원적으로 분산되어 있다는 사실에 대한 입증 노력이 없이 국가권력의 차원에서가 아니라 정치조직의 차원에서 '다원주의 국가'론을 입증하려는 일상적인 시도, 즉 다당제이므로 다원주의 국가이며 따라서 자본가계급의 국가나 부르조아독재가 아니라는 입장은 잘못된 것이다. 이보다 한발 더 나아간 것은 서구 정치학계의 '정치권력' 논쟁에서 제기된 바 있는 '다원주의 이론'이다. 즉 이 이론은 실증적 차원에서 현대자본주의 국가의 정치권력이 정책영역에 따라 사회세력들에 분산되어 있다는 것을 정책결정과정에 대한 실증분석을 통해 입증함으로써 계급독재론을 비판하고 있다(Dahl[b]). 그러나 이러한 이론화 역시 정책결정과정 연구가 자본가의 '구조적 힘'(이데올로기적 헤게모니 등)에 의해 아예 정책고려대상에서 자동적으로 제외되어 제기조차 되지 않는 무결정(non-decision) 등 구조적 현상을 보지 못하고 있으며 (Bachrach et al.) 고추상성의 국가권력의 주체 문제를 특정 사안의 정책결정 문제로 검증될 수 있는 성질의 것으로 협애화한다는 많은 문제점을 안고 있다. 이같은 이유 때문에 이들 다원주의 이론가들이 스스로 자기비판을 통해 국가권력의 분산소유 다원화 테제를 사실상 폐기하게 되는 것은 우연이 아니다.

이와 관련하여 주목해야 할 것은 사회민주주의, 유러코뮤니즘 등 서구에서 논의되고 있는 '신좌파'국가론이다. 이들의 경우 국가는 사회세력들간의 양보와 절충의 '불안정한 평형상태'라는 그람시의 국가개념화(Gramsci, 182면)에 대한 일면적이고 우경적인 해석을 기초로 하여 국가는 '계급지배의 도구'가 아니라 '계급투쟁의 장'이며 사회세력들간의 역관계의 응집이라는 주장을 펴고 있다. 즉 국가가 특정한 계급적 내용을 가져야 할 이유도, 자본주의 국가가 특별하게 내재적으로 '자본주의적'이어야 할 이유도 없기 때문에 그때그때 사회세력의 역관계에 따라 다른 내용을 갖게 된다는 것이다 (Jessop, 353면; Hunt[a], 16면). 따라서 이같은 이론화는 궁극적으로는 자본주의 국가도 사회적 역관계만 바뀌면 얼마든지 '사회주의 국가'화할 수 있기 때문에 국가기구 내의 계급투쟁을 통해 자본주의 국가기구를 점진적으로 장악해감으로써 사회주의 국가화한다는 세칭 '장악테제'로 나아갈 수 있게 만들어준다. 여기에서 되새겨볼 필요가 있는 것은 이들 신좌파국가론, 특히 유러코뮤니즘의 국가론이 그람시를 일면적이고 우경적으로 해석한 데 기초를 두었다는 앞에서의 필자의 지적이다. 문제가 되는 것은 그람시의 진지전 개념과 이들 이론의 (국가기구) '장악테제' 간의 연관이다. 그람시의 진지전은 시민사회에서의 프롤레타리아트 헤게모니를 형성하기 위한 장기적인 투쟁(그것도 기동전과 유기적으로 결합된)을 의미하는 것이지 단순히 국가기구(협의의)를 점진적으로 장악하기 위한 장기간의 진지전을 의미하는 것은 아니며 이 점에서 유러코뮤니즘의 정신적 지주는 그람시가 아니라 카우츠키라는 한 연구의 지적은 올바른 평가라고 볼 수 있다(Weber, 7면).

이같은 국가=사회적 역관계의 응집이라는 이론화는 자본주의 국가=자본가계급의 도구로서의 부르조아독재라는 '본질주의적' 정식화를 넘어서 좀더 구체적인 수준에서 사회적 역관계에 따른 다양한 형태의 자본주의 국가가 갖는 계급적 내용의 차별성을 파악하게 해주며 계급투쟁을 통해 국가기구 속에 각인되는 계급적 모순을 인식하게 해주는 장점이 있다. 그러나 문제는 이같은 이론화가 자본주의 국가=부르조아독재론과 모순되는 것, 따라서 부르조아독재론은 파기되어야만 하며 자본주의 국가가 자본주의적이어야 할 특별한 이유나, 역관계에 따른 다양한 변형에도 불구하고 넘어설 수 없는 구조적 한계는 존재하지 않는다는 것을 의미하느냐는 것이다. 노동자계급의 투쟁에 의해 역관계가 상대적으로 호전된 현대 서구자본주의 국가들(특히 공산당 등 '노동자계급을 대표한다'고 자처하는 정당들이 의회나 연립정부 등을 통해 행정부에까지도 참여한 바 있는 이딸리아, 프랑스 등)은 이같은 역관계를 반영하여 예컨대 자본가계급이 국가권력의 70%를 소유하고 노동자계급이 30%를 소유한 '비대칭적' 다원주의 사회이며, 이는 역관계에 따라 그 권력분포가 50 : 50, 30 : 70 등으로 바뀌어나가고, 또 역관계에 따라 자본주의 국가도 노동자계급의 헤게모니가 관철되는 '사회주의 국가'가 될 수 있다는 말인가?

그렇지 않다는 것이 필자의 생각이다. 자본주의 국가의 상대적 자율성과 사회적 역관계를 반영한 구체적인 수준에서의 계급적 내용의 차별성에도 불구하고 자본주의 국가의 사회적 성격에는 넘어설 수 없는 본질적 한계가 존재하며, 이러한 국가의 계급적 성격은 자본주의 국가가 자본의 일정수준의 특정 이익에 반하는 정책을 펼 수 있느냐 내지 펴고 있느냐가 아니라 국가권력을 매개로 궁극적으로 재생산되는 질서가 어떠한 것이냐, 자본주의적 질서냐 아니냐에 따라 판단되어야 하기 때문이다. (여기에서도 신좌파국가론의 가정을 따라가면 역관계에 따라 재생산되는 질서도 70%는 자본주의적인 질서가, 30%는 사회주의적 질서가 되어야 하는데 과연 이같은 상황이 현실적으로 가능한가?) 물론 이에 대해서도 자본주의 국가가 자본주의적이어야 하는 이유는 존재하지 않으며 다만 지금까지 자본주의 국가가 자본주의적 '질서를 재생산해온 것은 그같은 내재적 이유가 있기 때문이 아니라 다만 역사적으로 지금까지 계급역관계에서 자본가계급이 강해왔기 때문일 뿐이다. 따라서 앞으로 역관계가 바뀌면 자본주의 국가의 '노동자계급국가'화가 가능하다는 반론이 있을 수 있다. 그러나 이러한 주장의 문제는 이 자본주의 국가하에서의 역관계가 그냥 우연히 또는 자의적으로 결정되는 것이 아니라면 자본가계급의 생산수단 소유 등 구조적 요인이 역관계에 주는 구조적인 규정을 무시하고 있다는 점이다.

그렇다고 해서 '계급간 역관계의 응집' 내지 '계급투쟁의 장'으로서의 국가론이 파기해버려야 할 무용한 국가이론이라는 의미는 아니다. 앞에서 지적했듯이 이 이론은 다양한 구체적인 자본주의 국가의 구체분석에 유용한 분석틀이다. 이는 '계급독재론'과 모순되는 것이 아니고 '계급독재론'보다 추상화수준이 낮은 이론화이기 때문에 좀더 추상적인 계급독재론의 규정을 전제로 하여 이를 보완하는 좀더 구체적인 차원의 국가성격규정의 의미를 갖는다 할 수 있다(손호철[a], 18~22면). 다만 문제는 이를 격상시켜 '절대화'하고 계급독재론을 파기해야 하는 대안적 모델로 제시하는 경우다. 이 점에서, 국가를 사회세력간의 이해의 절충으로 이해하면서도 이것이 자본가계급 이해의 '본질'을 건드릴 수 없다고 본 그람시나, 국가를 사회적 역관계의 물질적 응집으로 재정의하면서도 노동자계급이 자본주의 국가에 '저항의 거점'은 확보할 수 있을지라도 '권력의 거점'은 확보할 수 없으며 자본주의 국가의 국가권력통일성은 계급적 역관계의 변화에도 불구하고 계속 유지된다고 본 '후기'풀란차스의 이론화가 이에 관한 한 올바르다고 볼 수 있다.[4] 이는 국내외 일부 학자들의 경우 이같은 위계성을 무시한 채 국가=사회적 관계의 응집이라는 자신들의 입장을 절대화하기 위해 그람시와 후기풀란차스를 일면적으로 해석, 희화화하고 있다는 점에서 꼼꼼하게 짚고 넘어갈 필요가 있다.

우선 그람시의 경우 "헤게모니는 헤게모니가 행사되는 집단(피지배집단 —인용자)의 이해와 경향이 고려되고 특정한 절충의 평형상태가 형성되어야 한다는 것, 즉 지도집단이 그들의 경제적-조합주의적 이해를 희생해야 한다는 것을 전제로 하고 있다. 그러나 그같은 희생과 양보가 본질을 건드

---

4) 유러코뮤니즘, 특히 이딸리아공산당(PCI) 비판이라는 문제의식에서 제기된 '후기'풀란차스의 이같은 이론화는 올바른 것임에도 불구하고 모호함과, 내적 비일관성, 내적 긴장이 내재해 있음도 부인할 수 없는 사실이다. 이같은 정식화가 실린 같은 저서 속의 다른 독립된 논문(*New Left Review* 발표논문을 재수록한)에서 풀란차스는 국가 밖에서의 민중권력과 국가 안에서의 부르조아 권력 간의 투쟁이라는 '이중권력' 테제를 비판하면서 프롤레타리아트도 국가장치 속에서 '권력의 쎈터'를 확보할 수 있고 국가 내의 사회적 힘의 관계를 통한 변혁만이 유일하게 가능한 민주적인 사회주의의 길의 대안이라고 주장하고 있는 듯하다. 즉 "사회주의로의 민주적 길에서 권력장악의 긴 과정은 본질적으로 대중이 … 국가의 네트워크 속에서 다양하게 산개된 저항의 쎈터들을 확산시키고 발전, 강화, 조율시켜 그들이 국가라는 전략적 지형에 진정한 권력의 쎈터로 전화되도록 하는 것"(258면)이며 "사회주의로의 민주적 길의 진정한 대안은 기동전이나 이중권력형 전략이 아니고 국가 내부에서의 힘의 관계를 변형시키는 민중투쟁의 전략"(259면)이라고 밝히고 있다. 이같은 자신의 전략에 대해 풀란차스는 그것이 "지속적인 개량의 축적, 국가기구의 점진적인 장악", 즉 사회민주주의나 유러코뮤니즘류의 사회주의로의 "의회주의적 내지 선거를 통한 길"이 아니며 "국가라는 전략적 지형 내의 힘의 관계가 민중 쪽으로 옮겨지는 진정한 일련의 단절의 단계"를 내포하고 있다고 주장하고 있으나 이같은 단절이 구체적으로 무엇을 의미하며, 국가권력통일성 테제와는 어떻게 연결되는지(PCI식으로 권력분점의 점진적 이행이 아니라면 단절 전에는 부르조아지의 단일권력으로부터 단절 후에는 프롤레타리아트의 단일권력으로 옮겨진다는 의미인지), 어떻게 가능한지, 구체적으로 어떻게 유러코뮤니즘과 다른지에 대해서는 침묵하고 있다. 이는 국가권력통일성 테제에 대한 그나름의 신념과 유러코뮤니즘류의 사회주의로의 민주적 길에 대한 고민 등이 하나의 일관된 체계로 정리되지 못한 채 그의 이론 속에 모순적으로 자리잡아 내적 긴장을 야기하고 있는 풀란차스의 '최후의 고민'을 보여주고 있는 것이라 하겠다.

릴 수 없다는 것은 의심의 여지가 없다"(Gramsci, 161면, 강조는 인용자)든가
"국가는 특정 집단의 팽창의 극대화에 유리한 조건을 창출하기 위한 특정
집단의 기관이라는 것은 사실이다. 그러나 … 지배집단은 피지배집단의 일
반적 이익과 구체적으로 조정을 해야 하며 국가의 일상은 기본집단의 이해
와 피지배집단의 이해 간의 불안정한 평형상태의 형성과 지양의 지속적 과
정, 즉 지배집단의 이익이 지배하나 그들의 편협하게 조합주의적인 경제적
이해로 전락하지 않는 선까지만 지배적이 되는 그러한 평형상태로 파악될
수 있다"(Gramsci, 182면, 강조는 인용자)고 쓰고 있다. 이처럼 그람시에게서
계급간의 힘의 평형상태로서의 국가는 무제한의 힘의 평형상태가 아니라
지배계급의 ‘도구'(도구주의적 의미가 아니고 과학적 의미의)이자 지배계급
이해의 본질을 건드리지 않는 범위에서의 낮은 추상성수준에서의 힘의 평
형상태일 뿐이다.

　풀란차스의 경우도 문제는 동일하다. 후기풀란차스의 다음과 같은 주장
에 주목할 필요가 있다. 국가는 계급 등 사회관계의 응집이며 이에 따라
"피지배계급과 그들의 특정한 투쟁은 국가구조 속에 특정하게 현존을 나타
낸다 … (그러나) 피지배계급은 그들 자신의 권력을 집중시키는 (국가)장치
들을 통해서가 아니라 본질적으로 지배계급의 권력에 대한 저항의 쎈터의
형태로 국가 속에 존재한다. 일부 이딸리아 공산주의자들의 견해와 달리
국가의 내적 모순은 한편으로는 부르조아지의 지배적 권력과 다른 한편으
로는 민중적 대중의 권력이라는 이중권력의 실제상황이 국가의 중심부에
이미 존재하는 방식으로 그 모순적 특성을 표현하지는 않는다. 민중계급은
지배계급의 국가권력의 통일성 때문에 국가 속에 그같은 권력을 장악할 수
는 없다"(Poulantzas, 140~42면, 강조는 인용자).

　마지막으로 문제가 되는 것은 ③의 주장이다. 이와 관련하여 주목할 만
한 것은 포스트맑스주의를 본격적으로 주창하면서 사실상 맑스주의의 종언
을 선고하고 나선 한 논문이다(이병천). [5] 이같은 포스트맑스주의의 입론에

---

5) 다소 격앙된 어조의 이 논문은 논쟁사적 중요성으로 보아 이에 대한 총체적 분석
　을 요하나 여기서는 이 글의 주제와 관련이 있는 민주주의와 독재의 문제만을 다
　루었다. 다만 참고로 이같은 포스트맑스주의에 대해서는 Laclau & Mouffe(a),
　(b); Mouzelis, 이에 대한 비판으로는 Geras(a), (b); Wood 등 참조.

따르면 "부르조아독재론은 부르조아 사회는 부르조아지의 계급독재사회이다라는, 사실의 차원에서 따져볼 수 있는, 사실의 입론으로 이해할 수 있는 반면에 프롤레타리아독재론은 그렇지 않다. 그것은 당위의 차원, 가치의 차원으로서 … 프롤레타리아독재론은 … 사회 모두가 프롤레타리아트가 아닌 이상, 다른 비프롤레타리아적 사회구성원에 대해 원리적으로 정치적 독재의 논리를 의미하게 된다"(이병천, 147~48면). 그러나 포스트자본주의 사회는 "어떠한 이름의 독재론과도 양립 불가능"하며 "프롤레타리아트가 선험적, 독점적으로 (해방의 주체로서—인용자) 특권적인 지위를 갖는다고 주장하는 프롤레타리아독재론——그 변형태로서의 인민민주주의론을 포함하여——과 근본적인 단절을 이루는" "적대의 다원성과 복합성"(계급적 '적대'의 특권화에 반대하는)에 기초를 둔 '주체의 다원주의'를 통한 '민중주체 민주주의'론을 주창하고 있다(이병천, 164, 166면).

　이 주장은 우선 자본주의 국가의 경우 이것이 부르조아독재라는 것을 인정하고 있지는 않지만 또 부정하지도 않은 채 "따져보아야 할 사실"의 문제로 간주하고 있다. 그러나 포스트자본주의 사회의 경우 설사 자본주의 국가가 부르조아독재라 할지라도 새로운 사회는 가치의 차원에서 어떠한 독재와도 양립해서는 안되며 이 점에서 프롤레타리아독재는 ① "그것이 아무리 새로운 프롤레타리아 민주주의를 의미하는 것이며 민주주의와 모순되는 것이 아니라고 주장하더라도 사회구성원이 모두 프롤레타리아트일 수는 없"으므로, 나머지 사회구성원에 대한 독재이며 ② "인간의 생활양식이 모두 경제생활로 환원될 수 없는 한 민주주의의 근본원리로서의 '주체의 다원주의'와 모순되므로 폐기되어야 한다"는 주장이다(이병천, 166면). 이 논문은, 올바른 민주변혁이론이란 특정한 고전이나 이론의 권위가 아니라 '의견의 다원주의'(이는 진리의 다원주의와는 다르다)에 기초를 둔 민주적인 이론투쟁을 통해 획득되는 집단적 결과라는 관점에서 평가할 때 그 내용에의 동의 여부와는 별개로 포스트맑스주의를 본격적으로 국내논쟁에 도입한 획기적이고 중요한 저술이라 하지 않을 수 없다. 특히 이 글의 주제와 관련하여 프롤레타리아독재론에 내재한 모순('다수의 독재'로서 이것이 갖는 '상대적인' 민주성의 계기와 다수의 독재라고는 하지만 독재 일반에서 연유하는 배타성과 억압성의 계기의 모순적 혼재 등〔손호철〔a〕, 470~76면 참조])을 '가치'와 '당위'의 측면에서 비판하고 있다는 점에서 주목할 만하다.

그러나 문제는 포스트자본주의 사회의 문제, 특히 그 사회에서의 '독재'와 '민주주의' 문제가 사실의 차원과 무관한 단순한 가치와 당위의 문제인가 하는 점이다. 물론 프롤레타리아독재라는 이름하에 소련·동구 등에서 행해진 '프롤레타리아트에 대한 독재'와 그같은 실험의 비극적 '종말'을 목도하면서 프롤레타리아독재론이 그 수의 많고 적음과 관계없이 비프롤레타리아적 사회구성원에 대해 본질적으로 가질 수밖에 없는 '독재'(국가권력의 배타성)를 비판하며 이같은 한계까지도 넘어설 수 있는 이론의 구축에 고민해야 하는 것은 진보적 사회과학자로서 어쩌면 당연한 의무이며, 이 점에서 이는 가치의 문제다. 그러나 국가권력통일성 테제의 진위 여부, 즉 국가권력이 여러 계급(계급이란 용어가 포스트맑스주의가 주장하는 '적대'의 다원성에 어긋나고 생산관계를 특권화하는 용어라면 말을 바꾸어 여러 적대적 사회세력)이 공유할 수 있는 성격의 것이냐는 가치의 문제가 아닌 사실의 문제다.

더 나아가 이 이론이 대안적으로 제시하고 있는 '주체의 다원주의'에 입각한 민중주체민주주의 사회[6]는 적대의 완전한 소멸을 내세우는 공산주의의 '공상주의'와 달리, 사회적 적대가 사라진 무(無)적대사회가 아니라 "자본주의와 비교하여 적대가 상대적으로 약화된" "또 하나의 새로운 적대사회"라는 '현실적 프로젝트'라는 주장(손호철, 160면)을 주목할 필요가 있다. 즉 이러한 사회는 스스로 인정하듯이 비적대사회가 아니라 경제적 착취관계를 포함하여 어떠한 사회적 '적대'도 특권화하지 않고 "상이한 복합적 적대형태에 대항하는 모든 상대적으로 자율적인 투쟁"주체들간의 동맹으로서의 민중(손호철, 165면)과 비민중 간의 복합적 적대사회라는 주장이다. 그렇다면 이 사회도 결국 프로젝트 구상자의 '가치'(국가권력의 배타적 소유로서의 '독재'에 대한 혐오)와 상관없이 궁극적으로 비민중의 적대적 질서가 확대재생산되지 않고 민중의 민주적 질서가 국가권력을 통해 재생산되는

---

6) 이때 민주주의와 다원주의가 논쟁의 의미를 갖기 위해서는, 즉 '독재'에 대립하는 의미를 갖기 위해서는 통치형태로서의 민주주의가 아니라 국가유형 차원에서의 민주주의, 즉 **국가권력의 다원주의** —— 국가권력의 배타적 소유라는 계급독재론에 대칭되는 —— 이어야 한다.

한 결국 그 국가권력은 민중의 (배타적) 국가권력인 셈이다. 그렇다면 이
주장의 프롤레타리아독재 비판의 논리대로 이같은 적대가 존재하는 한 모
든 사회구성원이 민중이 될 수 없고, 또 이 국가권력은 민중이 국가권력을
배타적으로 소유한다라는 의미에서 비민중에 대한 민중의 독재이지 않느냐
는 것이다.

　이같은 반론에 대해 이 이론이 제대로 답하지 못한다면 결국 '현실적'이
라는 이 프로젝트는 국가권력의 분산소유라는 '공상적' 이론에 기초를 둔
프로젝트라는 점에서 적대 내지 계급 사회에서 국가권력은 지배적 계급(내
지 '적대세력연합')의 권력이라는 맑스주의의 '현실적' 분석보다 오히려 더
'공상적'인 프로젝트일 수도 있는 것이다. 또 이 이론보다 '더 독재적'인 프
롤레타리아독재론을 맑스가 주창한 것은 맑스가 이 이론보다 독재에 대해
덜 비판적인 '가치관'을 가지고 있었기 때문이 아니고 냉철한 현실분석을
기초로 했기 때문이 되고 만다. (이같은 비민중에 대한 민중의 독재 문제
이외에 민중 내부문제에서도 다양한 적대형태에 대응하는 투쟁주체의 다원
주의가 동적인 측면에서 볼 때 이중 특정 세력의 헤게모니화가 아닌 '평등
적' 다원성을 유지하는 것이 가능하고 또 반드시 바람직한가도 의심스러우
나 이 문제는 지면관계상 문제제기로 그치고자 한다. 다만 이때 특정 적대
를 특권화하지 않는 다원성이라는 것도 인구수에 비례하는 다원성인가 사
안별 다원성인가, 예를 들어 인구의 반을 차지하는 여성의 성차별폐지투쟁
과 그 수가 제한된 동성연애자들의 동성연애자차별 반대운동의 평등적 다
원성은 어떻게 설정되어야 하는가 하는 의문이 든다.)

　마지막으로 생산관계를 '특권화'하는 계급론에 대항하여 제기하고 있는
'주체의 다원주의' 문제다. 이는 그간 맑스주의가 생태계 문제, 성차별 문
제 등 생산관계로부터 상대적으로 자율적인 비계급적 사회적 '적대'에 대해
상대적으로 무관심해옴으로써 이들 문제에 대한 '과소결정'(Wolf)과 계급환
원론적 편향을 가져왔다는 점에서 이에 대한 문제제기로서 그 의미가 크다
하겠다. 그러나 이같은 '주체의 다원주의'는 이를 넘어서 "비경제적 적대의
복합적 형태들은 결코 경제적 적대에 의해 최종심에서 결정되는 것이 아
니"고 "모든 사회적 적대가 단일한 원천이 없고 각각의 적대가 고유하고
제한된 것"(165면)이며 "서로 등가관계"에 있다고 주장하고 있다. 이같은

주장은 계급모순(내지 '적대')을 기본적인 중심선으로 하면서 상대적 자율성을 가진 제반 모순(내지 '적대')과의 내적 연관과 매개고리를 추적하려고 하기보다는 이들 문제들의 자율성을 절대화하는 단순한 병렬주의와 주체의 탈중심화 내지 해체주의로 나아가는 것이 아닌가 하는 우려가 든다. 결국 이같은 주체의 탈중심화와 해체주의는 칼 포퍼류의 경험주의적인 진보론과 역사를 무정형화하는 무정향의 '절대적 상대주의' 그리고 역사와 정치의 무작위화(randomization of history and politics)로 귀결되고 말 것이라는 기우가 든다(Popper; Anderson, 48면; Wood, 76면).

이같은 문제점 이외에도 눈에 띄는 것은 내적 논리의 모순이다. 적대의 다원성을 기초로 계급모순 내지 계급적 적대를 특권화해서는 안된다고 주장하면서 현대사회를 '자본주의 사회'로 인식하며 자본주의 사회와 탈자본주의 사회를 논하는 것은 현대사회를 파악하는 데 자본주의라는 생산관계에 기초를 둔 적대를 특권화하고 이를 사회적 '적대'의 중심축으로 놓는 논리의 자가당착이 아닌가? 주체의 다원주의에 따르면 현대사회는 자본주의 사회이기도 하지만 그 주체의 다원주의 원리에 따라 동등하게 여성억압사회, 환경파괴사회 등이기도 하므로 이같은 주체의 다원주의에 기초를 둔 새로운 개념화가 필요하다 하겠다.

3) 민주주의의 형식과 내용

민주주의론과 관련해 재검토되어야 할 또다른 쟁점은 흔히 '형식적 민주주의'와 '실질적 민주주의'라는 대당으로 표현되는 민주주의의 형식과 내용의 문제다. 이는 민주주의란 과연 무엇인가 하는 민주주의에 대한 정의와 유기적으로 결합되어 있는 문제로서 부르조아 이론(Dahl[a], 2~4면)의 경우 민주주의를 언론·집회·결사의 자유, 보통선거권, 공정선거 등 절차적 측면과 권력의 행사방식(통치형태), 즉 절차적 민주주의로만 협애화하여 파악하고 있는 반면 맑스주의의 경우 이에 반대하여 그 실질적인 내용적 측면을 중시해왔다. 즉 부르조아 민주주의가 형식적 자유와 평등을 보장하는 '형식적 민주주의'이기는 하지만 그 실질적 내용에서는 부자유와 구조적 불

평등으로 민중의 정치권력이 배제된 정치체제(국가유형으로서의 부르조아
독재)라는 것이며 사회주의적 민주주의만이 ‘실질적 민주주의’라는 것이다
(Lenin[a]). 이같은 민주주의에 대한 대립적 이해 중 민주주의를 단순히 절
차적 문제로 파악하는 것은 문제가 많다 하겠다. 왜냐하면 민주주의는 말
그대로 “Demos(인민)의 Kratos(지배)”(Held[a], 10면)를 의미하며 이는
본질적으로 ‘어떻게 지배하느냐’만의 문제가 아니라 ‘누가 지배하느냐’는 국
가권력의 궁극적인 주체의 문제이기 때문이다. (사실 민주주의의 어원이자
그 역사적 효시인 그리스 민주주의의 경우도 플라톤과 아리스토텔레스가
지적했듯이 민주주의는 단순한 다수의 지배가 아니라 다수 ‘무산계급의 지
배’로 이해되고 있다.[7] 이같은 국가권력의 궁극적 주체라는 시각에서 민주
주의를·이해할 경우 부르조아 민주주의는 다수일 수도 더구나 다수 무산자
계급일 수는 없으므로 그 자체가 어불성설인 언어모순이다. 그리고 앞에서
보았듯이 맑스주의의 민주주의론도 통치형태보다 추상성이 높은 국가유형
수준에서의 국가와 민주주의의 사회적 성격을 규정해주는 더 본질적인 내
용규정을 전제로 하지 않고 민주주의에 대한 통치형태로의 이해만을 고립
시켜 파악할 경우 그것을 부르조아 정치학의 통치형태로서의 민주주의론과
동일한 것으로 오해할 소지가 있다.) 또 민주주의에 대한 절차적 이해를
기초로 부르조아 민주주의를 찬양해온 대표적인 초기 다원주의 민주주의론
자들까지도 스스로 자기비판을 통해 인정하듯이, 현대자본주의 사회가 “정
치적 평등과 민주주의적 과정을 왜곡시킬 만큼 강력한 사회적 자원 및 경
제적 자원의 불평등을 만들어”냄으로써 “평등이 실현되는 것이 아니라 저
해되는 방향으로, 자유가 증진되기보다는 저해되는 방향으로” 나아가고 있
기 때문이다(Dahl[c], 60면; Lindblom). 따라서 맑스주의 민주주의론의 문제
의식, 즉 민주주의의 형식과 내용에 대한 구별, 실질적 민주주의의 기준에
서 본 부르조아 민주주의의 한계, 실질적 민주주의로서의 사회주의의 구상
자체는 현실사회주의 실험의 파국과는 상관없이 계속 유효한 것이라 하

---

7) 예를 들어 플라톤의 경우 귀족정은 “재산기준을 기초로 부자가 권력을 장악하고
   빈자가 배제되는” 체제인 반면 “민주정은 빈자가 승리, … 타세력을 몰아내고 모든
   시민에게 동등한 시민권과 관직을 부여하는” 체제로 정의(Plato, 261면)하고 있고
   이는 아리스토텔레스도 동일하다.

겠다.

그렇다고 맑스주의 민주주의론은 문제가 없는 것일까? 그렇지 않다고 할 수 있다. 문제는 그간의 전통적 맑스주의가 민주주의의 내용과 형식 양 측면의 관계를 파악하는 데서 그 실질적 내용과 형식적 측면을 변증법적으로 통일시켜 파악해야 함에도 불구하고(Kiss, 34면) 사실상 양자를 대립적으로 설정하고 양자택일적 문제로 파악해온 경향이 강하다는 것이다. 민주주의를 탈역사화하여 절차의 문제로 협애화하는 것도 문제이지만 역으로 실질적 내용이라는 이름하에 그 형식적 측면을 무시하는 것도 문제가 많다. 그럼에도 불구하고 '형식적 민주주의냐 아니면 실질적 민주주의냐'라는 그릇된 양분법 내지 양자택일적 문제설정으로 나아가고 사회주의적 민주주의는 실질적 민주주의라는 이름하에 형식적 민주주의는 침해할 수 있는 것으로 상정해온 것이 아니냐는 점이다. 예를 들어 레닌의 경우도 앞에서 보았듯이 분명히 프롤레타리아독재를 통치형태 수준이 아니라 국가유형의 수준에서 이해를 하고 있으며 더 나아가 그 민주적인 통치형태인 사회주의적 민주주의에 대해서는 비록 그 형태가 쏘비에뜨라고 할지라도 ① '민주주의적' 경기규칙의 하나로서 정부교체의 원칙 수락, ② 선거결과에 따른, 한 정당에서 다른 정당으로의 평화적 방법에 의한 정부교체, ③ 다당제에 의한 노동자·농민 등 근로계급의 대표화 등을 그 필수요건으로 지적하면서도(Salvadori, 260면), 동시에 프롤레타리아독재의 '독재'를 통치형태적 의미의 "폭력에 직접 의존하고 어떠한 법에도 제한받지 않는 지배"(Lenin〔a〕, 117면)라고 주장함으로써 이후 스딸린주의에 의해 전면화되듯이 프롤레타리아독재를 통치형태의 독재와 억압성으로 격하하는 한편 형식적 민주주의를 경시하도록 하는 단초를 제공해주고 있다.

민주주의의 본질적 의미와 궁극적 목표는 실질적 내용에서의 '민중의 지배'이고 이 점에서 형식적 민주주의의 한계는 자명하다. 그러나 이는 형식적 민주주의가 민주주의의 충분조건이 아니라는 뜻이지 실질적 민주주의라는 이름하에 형식적 측면을 파괴하거나 무시하는 것이 정당화될 수 있다는 뜻은 아닐 것이다. 다시 말해 민주주의에서 절차성은 결코 민주주의의 충분조건이 될 수는 없지만 필요조건이기는 한 것이다. 그런 점에서 절차적 민주주의가 없는 실질적 민주주의는 바람직한 것이냐는 것을 넘어서 가능한 것인가라는 것을 심각하게 자문해보아야 한다. 이와 관련하여 "형태는 본질적이고 본질은 형태화한다"(Form is essential, essence is formed)는 레닌의 테제(Lenin〔d〕, 144면)에 주목할 필요가 있다. 또 이같은 문제의식을 기초로 하여 다음과 같은 경고를 되새겨볼 필요가 있다.

"우리는 결코 형식적 민주주의의 우상숭배자였던 적이 없다." 그것이 실제 뜻하는 것은 곧 우리가 항상 부르조아 민주주의의 정치적 형태를 사회적 본질과 구별해왔다는 것이다. 즉 우리는 항상 형식적 평등과 자유라는 사탕발림의 외피 뒤에 숨겨진 자유의 부재와 사회적 불평등의 단단한 본질을 밝혀내왔다. 그러나 그것은 형식적 평등과 자유를 던져버리기 위해서가 아니라 노동자계급으로 하여금 이같은 외피에 만족하지 말고 정치권력을 장악하여 그 외피에 새로운 사회적 내용을 채우게 하기 위해서다. 프롤레타리아트의 역사적 사명은 모든 형태의 민주주의를 파괴하는 것이 아니라 부르조아 민주주의 대신 사회주의적 민주주의를 창조하는 것이다. (Luxemburg, 98~99면)

결론적으로 민주주의의 본질적 의미와 궁극적 목표는 실질적 민주주의라는 이름하에 형식적 측면을 파괴하거나 무시하는 데로 나아가는 것이 아니고 절차적인 면에서도 민주주의의 지속적 발전이 이루어지고 그 위에 내용적 측면까지 채워져야 하는 것이라고 할 수 있다. 다시 말해 민주주의에 대한 올바른 이해란 민주주의를 단순한 지배방식으로 이해하는 것도 아니고 누가 지배하느냐는 지배의 주체 문제로 이해하는 것도 아니다. 그것은 다수민중의 지배라는 내용과 민주적 방식의 지배라는 형식 양자의 변증법적 통일이라고 할 수 있다.

전통적 입장의 이같은 편향(실질적 민주주의와 형식적 민주주의의 형이상학적 대립구도와 실질적 민주주의에 대한 '맹신')은 여러가지 부수적인 문제점들을 야기해왔다고 볼 수 있다.

그 첫째로는 형식적 민주주의, 특히 부르조아 민주주의의 형식적 민주주의를 단순히 '환상적'이고 '사기적'인 것으로 간주해버리는 편향을 가져왔다고 볼 수 있다(Weber, 5면). 분명히 부르조아 민주주의의 형식적 측면은 그 한계에도 불구하고 그것이 민주주의의 전부 내지 그 자체인 것처럼 인식되게 하는 이데올로기 효과를 야기해왔다는 점에서 환상적 측면이 있는 것은 부인할 수 없는 사실이다. 그러나 그 형식적 민주주의의 상당부분은 단순히 환상적인 것이 아니고 '현실적'(real)인 것이며, 문제는 그렇지만 그것이 부분적이고 불완전한 것이라는 데 있다고 볼 수 있다. 그럼에도 불구하고 부르조아 민주주의의 양면성 중 한 면(환상성)만을 강조함으로써 이에 대한 비판이 이를 부분적이기는 하지만 '현실적'인 것이라고 느끼고 있는 많은 대중들로부터 고립되는 부작용을 야기했다. 뿐만 아니라 그러한 일면적 강조는 이같은 형식적 민주주의는 환상적인 것이므로 무시해버리거나 파괴해버려도 된다는 식의 그릇된 판단을 방조해온 것이 아닌가 싶다.

둘째로, 위의 편향은 나아가 형식적 민주주의를 단순한 수단으로, 실질적 민주주의를 목적으로 간주하고 "목적이 수단을 정당화한다"는 논리를 배태해온 것이 아닌가 싶다. 앞에서 지적한 실질적 민주주의를 위해 형식적 민주주의는 무시될 수 있다는 발상과 유기적으로 결합해 있는 이같은 논리는 한 연구자의 지적대로 "이는 수단이 동시에 목적을 조건지으며 어느 경우든 주어진 목적은 해당수단들이 진실로 그 목적에 이르게 한다는 것을 보여줄 수 있는 그러한 수단들만을 규정짓는다"는 수단-목적 간의 변증법적 관계를 무시한 오류라고 할 수 있다(Draper, 70면).

더 나아가 이러한 편향의 결과로 단순한 형식적 민주주의와 실질적 민주주의 간의 관계에 대한 수단-목적 관계적 인식을 넘어서 궁극적으로는 민주주의와 사회주의 간의 관계를 수단과 목적 간의 관계로 이해하는 민주주의에 대한 '도구적' 관점이 일정하게 내재해온 것이 아닌가 싶다(Cerroni, 260면). 따라서 민주주의를 단순히 '사회주의를 위한 수단 내지 방법'이 아니라 사회주의와 분리될 수 없는 유기적인 한 구성요소로서 그 자체를 하나의 존중해야 할 가치로 복원하는 것이 필요하다 하겠다.

이와 관련된 또다른 문제는, 형식적 민주주의와 정치적 민주주의, 실질적 민주주의와 경제적 민주주의 간의 유기적 연관이 있기는 하지만 이들간에 일 대 일 조응의 등식이 성립되지는 않음에도 불구하고 형식적 민주주의=정치적 민주주의, 실질적 민주주의=경제적 민주주의라는 과잉단순화된 등식을 갖게 한 것이 아니냐는 점이다. 나아가 이같은 등식을 기초로 형식적 민주주의에 대한 경시는 쉽게 정치적 민주주의에 대한 경시로 이어져온 경향이 있는데, 정치적 민주주의 자체도 민주주의의 일부이자 사회주의의 유기적인 한 구성요소라는 문제의식에서 그 자체를 중요한 가치로 중시하는 방향으로 나아가야 하지 않느냐는 것이 필자의 생각이다(Kagarlitsky, 133면; Vacca, 116면 참조). 또 이같은 문제의식은 "더이상 본연의 의미의", 즉 전통적 의미의 '정치의 종언'이란 맑스의 테제와는 모순되지 않는 것이며 이같은 정치적 민주주의는 "정치의 새로운 실천"(Balibar[b], 106면)으로 채워져야 하지 않느냐는 것이다.[8]

　이와 관련하여 마지막으로 자문해보아야 할 문제는, 현실사회주의 경험의 파국이 단순히 실질적 민주주의에는 문제가 없었으나 형식적 민주주의의 측면에서 잘못되어 생겨난 것인가 하는 문제다. 즉 이들 사회가 아무리 관료적 왜곡 등 문제점이 있었다고는 하지만 본질적으로 사회주의 사회였으며, 정치적으로 볼 때 절차적 측면의 결함에도 불구하고 국가권력의 주체가 프롤레타리아트인 사회였는가, 더 구체적으로 체제에 대한 "생산자계급의 높은 수준의 정치참여와 정치적 지지가 존재"했고 "실질적 권력의 대부분이 소수의 파워엘리뜨가 아니라 생산자계급에 속해" 있었던 사회(Szymanski, 200면)였느냐는 점이다. 이에 대해 현실사회주의 사회가 그동안 축적했던 다양한 차원의 실질적 민주주의의 성과에도 불구하고 이들 사회의 권력주체가 과연 프롤레타리아트였는가에 대해서는 극히 회의적이며 오히려 이들 사회가 프롤레타리아독재였다기보다는 "프롤레타리아트에 대한 독재"(Mezaros, 116면)였다고 보는 것이 더 정확한 평가가 아닌가 싶다. 그렇다고 이들 사회를 '국가자본주의'(Bettelheim)로 보기에도 문제가 많다는 점에서 이 사회의 실질적인 생산관계와 사회성격, 국가성격에 대한 연구가 시급하다 하겠다.

---

8) 맑스의 '정치의 종언', '국가소멸' 테제는 정치 일반이나 국가 일반의 소멸이라는 의미가 아니라 전통적 의미의 정치와 국가, 즉 억압성으로 특징지어지는 정치와 국가의 소멸을 의미한다는 것이 필자의 생각이다. 따라서 민주주의의 발전은 국가의 소멸, 정치의 종언 테제와 모순되는 것이 아니라고 볼 수 있다.

4) 부르조아 민주주의의 재평가

국가유형론 차원에서의 계급독재론과 형식적 민주주의와 실질적 민주주의라는 문제의식은 맑스주의 정치이론의 정당한 문제의식이라는 것은 이미 앞에서 지적한 바 있다. 그러나 국가권력의 계급적 성격과 실질적 민주주의 문제에만 지나치게 집착하는 '본질주의적' 태도는 이보다 낮은 차원에서의 '누가 지배하느냐'가 아닌 '어떻게 지배하느냐' 하는 문제, 즉 통치형태론 내지 국가형태론의 부재를 초래함으로써 통치형태론을 가뜩이나 취약한 고리인 맑스의 국가이론에서도 더욱 취약한 고리로 만들어왔음은 주지의 사실이다(Bobbio[a], 제2장; Althusser[b]; Balibar[c], 184면; Hunt[b], 88면).

자본주의 국가의 형태론의 경우 고작 부르조아 민주주의, 파시즘, 보나빠르띠슴, 제3세계와 관련해서는 부르조아 민주주의, 종속적(신식민지) 파시즘, 전통적 권위주의 정도의 '원시적 수준의' 이론화가 이루어져 있을 따름이다. 이같은 이론화의 경우도 그 질적 규정이 극히 조야한 수준을 벗어나지 못하고 있어 많은 문제점을 드러내고 있다. 예를 들어 보나빠르띠슴과 파시즘 내지 전통적 권위주의와 종속파시즘 간의 관계는 그 계급적 기반으로서의 독점자본주의의 존재 여부라는 질적 규정으로 구별이 가능하나 파시즘과 부르조아 민주주의의 질적인 구별에는 문제점이 많다. 보나빠르띠슴과 파시즘, 제3세계의 전통적 권위주의와 종속파시즘은 모두 공공연하게 공개적으로 억압적인 테러독재체제라는 공통점을 갖고 있기는 하지만 보나빠르띠슴과 파시즘, 전통적 권위주의와 종속파시즘 사이에는 전자들이 그 물적 토대로서의 독점자본주의의 부재, 후자들의 경우 독점자본주의의 존재라는 차별성이 존재한다. 그러나 독점자본주의하에서의 대표적인 두 개의 국가 내지 통치 형태, 민주적인 형태의 계급독재인 부르조아 민주주의와 공공연한 테러독재인 파시즘 간의 구별은 결국 공개적 테러성, 즉 공개적인 억압성 여부에 의하게 되는바, 공개적 억압성이란 결국 연속체(continuum)상의 정도 문제라는 점에서 양자를 구별해줄 수 있는 질적 규정은 부재한 꼴이 되고 만다.[9] 우리나라의 경우 '다행히' 부르조아 민주주의의 기본요건의 하나인 사상·표현의 자유를 가로막는 국가보안법의 존재로 인해 '상대적으로' 용이하게 질적 규정이 가능한 면이 있기는 하지만 제6공화국의 국가성격에 대한 논란은 상당부분 이같은 국가형태론 내지 통치형태론의 애매성에 기인하고 있는 바가 큰 것이 아닌가 싶다.[10] 어떻든 이같은 통치형태론의 미발달은 다양한 자본주의 국가들간의 통치기제, 재생산 메커니즘 등에서의 차별성의 인식을 차단함으로써 그에 상응하는 운동방식의 개발을 저해하고 있다 하겠다.

이같은 통치형태의 차별성이란 문제의식에 기초해서 볼 때 부르조아 민주주의에 대한 재평가가 필요한 것이 아닌가 싶다. 즉 자본주의 계급국가라는 국가유형적 규정이 부여하는 구조적 한계를 전제로 한 위에서 부르조아 민주주의의 다른 국가형태 내지 통치형태에 대한 상대적인 진보성과 상대적인 체제안정성을 적극적으로 재검토할 필요가 있다고 볼 수 있다. 이와 관련하여 보통선거권 등으로 대표되는 형식적 민주주의의 '전면화'로서의 부르조아 민주주의를 탄생시킨 것은 "자본주의가 아니라 (노동자계급을 포괄한 민중들의) 자본주의에 대한 투쟁"이었음을 우선 상기할 필요가 있다(Heller, 131면; Therborn).

이같은 부르조아 민주주의와 계급투쟁의 연관을 무시하고 "독점자본의 정치적 상부구조는 민주주의에서 정치적 반동으로 전화된다. 민주주의는 자유경쟁에 조응하고 반동은 독점에 조응한다"는 레닌의 테제(Lenin〔c〕, 43면)를 기계적인 토대-상부구조 일 대 일 조응이론으로 만들어 경쟁자본주의 국가=부르조아 민주주의, (국가)독점자본주의 국가=파시즘 내지 정치적 반동국가로 이해하는 것은 오류라 하지 않을 수 없다. 계급투쟁의 결과로 보통선거제도가 보편화되고 부르조아 민주주의가 서구자본주의 사회에 전면화되는 것은 사실상 20세기 중반에 들어서인데 과연 국가독점자본주의

---

9) 이와 유사한 문제제기로는 백낙청, 61면. '이완된 신식민지파시즘' 등 제6공화국의 국가성격과 민주변혁 전략에 대한 중요한 논쟁으로는 김세균, 최장집 참조.

10) 제5공화국과 제6공화국의 국가성격에서의 연속성과 단절성을 둘러싼 논쟁은 '본질불변론'으로부터, 신식민지파시즘(제5공화국)에서 부르조아 민주주의(제6공화국)로 이행하고 있다는 주장까지 다양한 평가가 제기되고 있다. 이같은 다양한 평가에 대한 요약은 손호철(b), 217~19면 참조.

하의 민중의 민주적 권리가 보통선거권조차 없었던 경쟁적 자본주의 시대
보다 후퇴했다고 이야기할 수 있을까? 물론 부르조아 민주주의는 전적으
로 계급투쟁의 산물만은 아니고 이같은 밑으로부터 압력을 수용할 수 있었
던 선진자본주의의 "팽창성과 탄력성"(Therborn)의 결과이기도 하며 이같
은 팽창성과 탄력성에 제국주의가 상당히 기여했다는 점에서 대외적 측면
에서의 '정치적 반동화' 테제는 의미가 있다 하겠다.[11] 70년대 이후 전면적
으로 가시화된 자본주의의 위기(이에 따른 탄력성, 팽창성의 상실), 그리
고 이에 관련된 계급적 역관계의 변화에 따라 서구에서도 그동안 획득된
민주주의적 성과들이 신보수주의의 공세 속에 후퇴하고 밑으로부터의 압력
에 의해 민주주의를 수용한 부르조아 민주주의 내지 자유민주주의 속에 내
재해온 자유주의와 민주주의 간의 모순이 그 물적 토대의 위기와 함께 첨
예화하면서 '민주주의에 대항하는 자유주의'(liberalism aganist democracy)
라는 제로섬적 관계로 전환된 것은(Held〔b〕, 2면) 부르조아 민주주의가 자
본주의의 산물이 아니라 계급투쟁의 전리품이라는 사실을 또다른 시각에서
입증해주고 있다 하겠다.

  그러면 이같은 부르조아 민주주의의 상대적 진보성과 계급투쟁과의 연관
이 일부의 주장처럼 부르조아 민주주의에 특별히 '부르조아적'이라는 명칭
을 부여할 이유가 없도록 만드는 것(Hunt〔a〕, 16면)일까? 그렇지 않다는
것이 필자의 생각이다. 왜냐하면 부르조아 민주주의도 부르조아독재, 즉
자본주의 국가의 한 형태인 한 그 계급적 한계를 벗어날 수 없기 때문이
다. 그렇다면 문제는 부르조아 민주주의의 상대적 진보성과 계급적 한계라
는 모순적 현실을 전제로 하여 부르조아 민주주의를 어떻게 받아들일 것이
냐는 것이다.

---

11) 이는 결코 레닌의 '정치적 반동화' 테제가 국내적으로는 당시 세계대전이란 특수
   상황에 기초를 둔 역사특수적 분석이고 일반적으로는 국제적 측면에만 맞는다는
   주장은 아니다. 다만 독점이 국내적으로도 정치적 반동화 경향을 일반적으로 갖고
   이 테제는 계속 유효하지만 계급투쟁 등의 매개를 무시하고 이를 국가형태규정의
   유일한 규정요인으로 삼는 독점자본주의의 상부구조=파시즘 내지 정치적 반동국
   가라는 등식에 반대한다는 의미일 뿐이다. 또 대외적으로도 식민주의로부터 신식
   민주의로의 변화 등 세계적인 역관계의 변화에 따라 정치적 반동화의 내용이 약화
   된 것이라고 볼 수 있다.

이 문제에 관련해서 필자는 한 연구자의 다음과 같은 구별이 매우 유용하다고 생각한다. 그것은 우리가 흔히 부르조아 민주주의라고 뭉뚱그려 부르는 것 중 두 가지의 구성요소, 즉 부르조아 민주주의적 정치제도 내지 국가장치와 부르조아 민주주의에서 얻어진 일반민중의 민주적 권리들을 구별해야 한다는 것이다(Weber, 8면). 이중 전자는 그것이 전적으로 계급적 성격으로 환원될 수는 없다 하더라도 모든 국가장치가 그러하듯 계급적 성격과 무관할 수 없다는 점에서 본질적으로 부르조아적이고 따라서 새로운 민주주의를 위해서는 이와의 단절적 계기가 필요하다 하겠다. 그러나 민주적 권리의 경우 대부분 말 그대로 특별히 부르조아적이어야 할 이유가 없는 '일반민주주의' 내지 '인류보편적' 유산, 더 나아가자면 민중 스스로 투쟁을 통해 획득한 (부르조아 민주주의적 권리가 아닌) 민중적 권리로 보아야 하며 따라서 이는 더욱 발전시켜나가야 한다는 것이 필자의 생각이다.

일각에서 뻬레스뜨로이까와 관련하여 부르조아 민주주의는 인류보편적 유산이므로 파기될 것이 아니고 무조건 더욱 발전시켜나가야 한다는 일면적 평가를 하고 있다. 이들이 실제 주장하고 싶은 것은 민주적 권리(후자)를 더욱 발전시켜나가자는 의미인데 부르조아 민주주의의 두 부분을 구별하지 않고 이중 후자(민주적 권리)에만 주목하여 부르조아 민주주의 전체를 뭉뚱그려 계승·발전시켜야 한다는 주장으로 귀결되는 경우가 많지 않나 싶다. 물론 일부 학자들의 경우 이를 넘어서 부르조아적 정치제도와 국가장치 역시 특별히 계급적일 이유가 없다고 주장하면서 정치제도와 국가기구까지 계속 계승·발전시켜야 한다고 주장하고 있다. 그러나 국가장치란 사용자에 따라 아무런 목적에나 사용할 수 있는 '중립적'인 단순한 도구가 아니며 국가권력의 성격과 국가장치 간에는 상당한 상대적 자율성에도 불구하고 유기적 연관이 존재하고 있다는 점을 감안할 때 이는 지나친 단순화라는 느낌이 든다. 새로운 정치의 내용과 새로운 정치의 실천은 새로운 형태를 요구할 수밖에 없다. 반면에 부르조아 민주주의와의 전면적인 단절론을 주장하는 입장의 경우는 이 양 측면 중 전자(제도와 국가장치)에 초점을 맞추어 부르조아 민주주의를 파악하고 있는 것이 아닌가 싶다. 따라서 이같은 전면단절론의 또다른 일면적 파악은 전면계승론의 역편향으로서 부르조아 국가제도와 국가장치뿐만이 아니라 부르조아 민주주의하에서

제도화된 민중의 민주적 권리까지도 부르조아적인 것이므로 파괴하여야 한
다는 그릇된 결론을 유도해내고 있다. 따라서 이같은 구별은 부르조아 민
주주의를 평가하는 데서 계승·발전시켜야 할 부분과 단절해야 할 부분을
원칙적 수준에서 구별하게 해준다는 장점이 있는 것이 아닌가 싶다.

  마지막으로 통치형태의 차별성이라는 측면에서 부르조아 민주주의의 상
대적인 강고함과 체제안정성에 주목하고 이에 대해 더욱 깊은 관심을 기울
여야 할 필요가 있다고 본다. 그간의 통치형태론의 경시와 부르조아 민주
주의의 형식적 민주주의를 단순히 '환상'으로 치부하는 경향은 (서구자본주
의 사회에서의 민주변혁운동의 '실패'의 중요한 원인이 된) 이같은 부르조
아 민주주의의 상대적인 체제안정성의 숨은 비결을 파악하려는 노력을 차
단해왔다고 볼 수 있다(Hunt〔b〕, 106면). 따라서 "민주공화제는 자본주의의
최상의 정치적 외피이어서 자본이 일단 이같은 외피를 확보하면 그것은 그
권력을 너무도 확실하게 확립함으로써 인물이나 제도, 정당을 바꾼다고 그
권력을 흔들어놓을 수 없다"(Lenin〔b〕, 20~21면)는 레닌의 분석을 다시금
되새겨보면서 그람시의 '확대국가론'(extended state), 알뛰쎄의 이데올로기
적 국가장치라는 문제의식을 더욱 발전시켜 부르조아 민주주의의 상대적인
강고함의 근원이 되고 있는 내적 다이내믹에 대한 좀더 심도있는 연구를
펴나가야 하겠다(아래 참조).

  5) 다원주의와 민주주의

  다음에 짚어보아야 할 문제는 앞에서 간접적으로 언급된 바 있는 다원주
의와 민주주의의 관계 문제다. 다원주의의 문제는 뻬레스뜨로이까의 '사회
주의적 다원주의'론과 관련하여 이미 상당히 논의가 진행되어온 주제다.

  여기에서 우리는 다원주의=부르조아 민주주의, 부르조아 정치이론이라
는 통념을 근본적으로 재검토해볼 필요가 있다고 생각한다. 이같은 통념은
전부는 아니지만 상당부분 부르조아 정치이론가들이 다당제를 근거로 현대
자본주의 국가를 국가권력이 계급의 경계를 넘어서 다양한 사회집단에 의
해 분산적 내지 다원적으로 공유되어 있는 다원주의 사회라고 주장하는 데

대한 반작용에 기인하고 있다는 생각이 든다. 분명히 현대자본주의 국가는 공산당을 포함하여 다당제를 허용하고 있지만 그렇다고 해서 앞에서 국가권력통일성 테제와 관련하여 언급한 바 있듯이 부르조아 정치이론의 주장대로 자본주의 국가가 국가권력을 노동자계급도 공유하고 있는 **국가권력의 다원주의 국가는** 결코 아니라고 볼 수 있다. 즉 정치조직의 다원주의(다당제)가 **국가권력의 다원주의를** 의미하는 것은 아니다. 이는 의견의 다원주의가 진리의 다원주의가 아니고 이해(利害)의 다원주의가 소유의 다원주의가 아닌 것과 동일한 논리다.

진리 자체는 다원적일 수 없지만 무엇이 진리인가는 무오류성의 화신이나 현대판 '철인왕'(哲人王)인 당에 의해 일방적으로 정의될 수 없다는 점에서 무엇이 진리인가에 대한 치열한 이데올로기 투쟁을 허용하는 의견의 다원주의는 필요하며 진리는 이같은 의견의 다원주의를 통해서만 획득될 수 있는 것이 아닌가 한다. 이 점에서 의견의 다원주의와 '경향'(tendency)의 금지(Althusser[a], 20~22면; 권형기)(분파금지를 경향금지로까지 확대시킨 스딸린에 의해 강제되었다)에 의해 자기정정의 기제를 상실한 것이 현실사회주의 파국의 가장 큰 원인의 하나가 아닌가 싶다. 이와 관련하여 이같은 다원주의를 허용하는 "형식적 민주주의에서는 오류가 학습과정에서 생겨난다. 그러나 원리적으로 보면 그같은 오류는 언제라도 자기정정이 가능하나 '유일한 참된 과학의 계획'은 이같은 자기정정이 불가능하다"는 점에서 "대중의 오류는 중앙위원회의 지혜보다 가치가 있다"는 비판은 (Heller, 133면) 지나친 일반화의 문제점에도 불구하고 자기정정 능력과 의견의 다원주의라는 관점에서 볼 때는 중요한 지적이라 할 수 있다.

정치적 다원주의로 주제를 옮기자면 '전통적 입장'은 정치적 다원주의의 두 수준을 명확히 구별하지 않음으로써, 정치조직의 다원주의(다당제)가 즉 정치권력의 다원주의를 허용하는 것으로 오인함으로써 정치적 다원주의 일반에 비판적 시각을 갖고 있는 것이 아닌가 싶다. 일견 '급진적'으로 보이는 이 입장은 사실은 '주류 다원주의 국가론'에 수렴하는 입론이다. 즉 사회주의 사회에서 부르조아지 내지 소부르조아지의 정치조직을 허용하는 것은 이들이 국가권력을 공유하도록 허용하게 되는 것이라는 이야기인데, 그렇다면 역으로 노동자계급정당을 허용하고 있는 선진자본주의 국가들의 경우 노동자계급이 국가권력을 공유하고 있는 것이 되고 따라서 주류 다원주의 국가이론이 맞다는 이야기가 된다. 또 이는 앞에서 본 국가권력통일성 테제의 폐기를 의미한다. 그러나 현실적으로 자본주의 사회에서 공산당 등 노동자계급 대표가 의회에 진출하고 연정에 참여하여도 자본가계급은 생산수단의 소유를 기초로 한 경제적 힘 등을 통해 자신들의 헤게모니를 관철하고 국가권력의 통일성은 계속 유지되고 있다. 이처럼 사회주의 사회의 경우도 그것이 사회주의 사회라면 설사 자본가 내지 소부르조아적 입장을 대변하려는 세력이 있어 정치조직의 다원주의의 허용에 따라 이들의 정치조직이 생겨나더라도 그것이 바로 국가권력의 공유를 의미하는 것은 아니고, 민주적 정치투쟁을 통해 프롤레타리아트의 헤게모니가 관철되고 이를 통해 국가권력의 통일성이 유지되어야 하고 또 유지된다고 볼 수 있다.

이와 관련해서, '전통적' 입장이 이같은 정치조직의 다원주의를 허용할 경우 이 조건 속에서 프롤레타리아트의 헤게모니가 관철되어 국가권력의 통일성이 유지되는 것이 아니라 역으로 부르조아지 내지 소부르조아지의 헤게모니가 관철되어 국가유형의 반전이 일어나는 것이 아닌가 하는 우려 때문에 이에 반대할 가능성도 있다. 그러나 소수의 지배인 자본주의 사회에서도 다당제를 허용하면서 자본가계급의 헤게모니가 관철되는데 다수의 지배인 사회주의 사회에서 다당제를 허용하면 프롤레타리아트가 아니라 자본가계급의 헤게모니가 관철된다면 그 사회는 진정한 의미의 다수의 지배, 진정한 의미의 사회주의 사회가 아니거나 문제가 잘못되어도 무언가 근본적으로 잘못된 것임에 틀림없다. 따라서 핵심은 정치적 다원주의의 허용 여부의 문제가 아니라 정치적 다원주의 속에서 프롤레타리아트의 헤게모니를 관철하는 조건과 전략에 달려 있는 것이 아닌가 한다. 결론적으로, 프롤레타리아트의 헤게모니(나아가 덧붙인다면 당의 지도적 역할)란 단순한 법적 강제에 의해 확보되어서는 안되고 민주적인 계급투쟁을 통해 확보될 때만이 진정한 것이며 부단한 자기정정을 통해서만 진정한 헤게모니가 될 수 있다는 점에서, 이를 가능케 하는 기제로서의 정치조직의 다원주의와 의견의 다원주의는 허용되어야 하고 그것이 국가권력의 다원주의나 진리의 다원주의를 의미하는 것은 아니라는 것이 필자의 생각이다.

하나만 더 짚고 넘어가자면 계급이 대립하고 있는 자본주의 사회와 달리

"인민대중이 하나의 사회경제적 생명체로 결합되어 있는 사회주의 사회에
서는 다원주의와 다당제가 허락될 수 없다"(『로동신문』)는 북한의 주장이나
"다원주의란 계급적 구분을 기초로 한 조직원리"(산사연)라는 주장이다. 이
같은 주장은 기본적으로 모든 정당은 적대적 계급투쟁의 산물이어서 적대
적 모순이 해소된 사회주의 사회에서는 복수정당이나 정치조직의 다원주의
는 필요없다는 스딸린의 정당론[12]에 기초를 두고 있다. 이는 우선 사회주
의 사회를 생산수단의 형식적 사회화만 끝나면 적대적 모순이 해소된 독자
적인 생산양식의 사회로 파악하는 세칭 '사회주의 생산양식론'(SMP)에 기
초를 두고 있다는 문제점을 안고 있다. 더 근본적인 것은 정치적 다원주의
가 계급구분, 특히 적대적 계급구분을 기초로 한 조직원리인가 하는 의문
이다. 사회주의 사회도 무계급사회가 아니라 노동자계급과 농민계급이라는
비적대적이지만 계급은 계급인 복수계급이 존재하므로 따라서 정치조직의
다원주의가 단순히 계급구분의 조직원리라면 사회주의에서도 복수정당이
필요하다는 얘기가 된다. 소유형태의 일원성이 이익의 일원성을 의미하는
것은 아니므로 설사 소유형태의 일원화로 단일계급화가 이루어진 무계급사
회에서도 이익의 다원성은 남는다. 따라서 이같은 다양한 이익을 매개시켜
이들 특수이익과 사회 전체의 이익을 변증법적으로 통일해주는 기제로서의
정치조직의 다원주의는 필요하다는 것, 따라서 정치조직의 다원주의 문제
를 적대적 계급관계의 존재 여부 문제와 등치시키는 것은 잘못된 생각이라
는 것이 필자의 견해다. 또 사회 전체의 이익이 궁극적으로 일치된다 하더
라도 그것이 과연 무엇인가를 결정하는 의견의 다원주의는 필요하고 이같
은 의견의 민주적 투쟁을 매개하는 정치적 다원주의(여기에서 정치적 다원
주의는 반드시 다당제라는 정당의 형태일 필요는 없다)는 필요한 것이라고
생각한다.

---

12) "복수정당 즉 정당의 자유는 그 이해가 적대적이며 화해할 수 없는…대립적 계
    급이 존재하는 사회에서만 존재할 수 있다. 그러나…비적대적이고 우호적인 노동
    자와 농민 두 계급이 존재하고 있는 소련에서는 복수당이 존재할 수 있는 지반,
    요컨대 정당의 자유를 위한 지반이 없다"는 것이 스딸린의 주장이다. (Stalin, 819
    면)

6) 시민사회와 민주주의

현실사회주의의 좌절은 시민사회와 민주주의의 관계에 대한 관심을 고조시켜왔다. 현실사회주의 체제에서의 민주주의 질식의 원인을 시민사회의 미발달로 파악하는 입장이 크게 득세하고 있는 가운데 이와같은 사회주의적 시민사회론에 대한 반론도 만만치 않게 제기되고 있다. 즉 시민사회라는 문제의식은 맑스가 생산양식이란 개념을 발견하기 전의 '초기'맑스기에 그것도 헤겔류와는 다른 용법으로 사용하였다는 해석(Althusser〔c〕, 109~10면)을 기초로, 사회주의적 시민사회라는 개념은 ① 상품-화폐 관계를 근거로 한 사적 이해가 대립하는 부르조아 사회의 개념을 사회주의로까지 확대시킨 것이며, ② 시민사회론의 탈국가화가 소유의 탈국가화 내지 사유화와 결합되어 있어, ③ 국가-시민사회의 대당과 시민사회의 강화는 국가소멸의 문제의식에 문제점을 야기한다는 반론이다(산사연, 64~66면). 국가-시민사회의 문제의식에 대한 총체적인 평가는 이 글의 주제 밖의 일이므로 간단하게만 언급하겠다. 우선 상당히 '정통적' 입장을 고수하고 있는 학자들까지도 맑스 내에 '시민사회-국가'와 '토대-상부구조'라는 두 개의 대당이 공존하고 있고 맑스가 시민사회-국가의 대당에 집착해야 했던 '정당한' 이유가 있다는 점을 인정하고 있다(Balibar〔c〕, 225~30면).

국가-시민사회라는 대당이 토대-상부구조라는 분석의 틀을 발견하기 이전의 부르조아적 문제의식에 오염된 대당이라는 주장은 이 대당이 토대-상부구조라는 대당에 의해서는 설명될 수 없는 또다른 문제의식과 문제설정을 가지고 있다는 것을 간과한 것이라는 느낌이 든다. 즉 토대-상부구조는 기본적으로 사회현상을 설명하는 데서 유물론적 관점을 정초하는 문제설정이라면 국가-시민사회라는 대당은 토대-상부구조라는 대당과 유기적으로 연관되어 있으면서도 이같은 대당으로 대치될 수 없는 또다른 사회분석의 또다른 측면에 대한 문제설정이라고 볼 수 있다. 국가-시민사회의 대당은 근본적으로 제도화된 '공적' 권력으로서 국가와 이같은 공적 권력 밖에서의 사회세력들의 제도적 연관의 총체라는 대립으로서 이같은 구별이 제기하려고 하는 문제의식을 토대-상부구조라는 대당이 이를 대치하여 설명해줄 수 있을지 회의적이라고 하겠다. 즉 맑스는 그의 '말기'저작인 「고타강령 비판」에서 '(시민)사회에 대한 국가의 종속'이란 문제를 제기하고 있는데, 이리한 문제의식이 토대-상부구조라는 대당으로 대치되어 설명될 수는 없다고 볼 수 있다(아래 참조). 그리고 시민사회론에서 말하는 탈국가화가 반드시 소유의 사유화를 의미해야 할 이유가 없고 오히려 국가의 실질적인 사회통제, 소유의 사회화를 의미할 수 있다고 본다. 물론 사회주의적 시민사회론이라는 문제를 제기한 뻬레스뜨로이까 논쟁에서는 이같은 사회주의적 시민사회론이 소유의 사유화와 관련되어 토의된 것은 사실이나 그렇다고 해서 사회주의적 시민사회와 소유의 사유화 간에 필연적인 논리적 연관이 있다고 보기는 어렵다. 또 국가소멸의 문제도 시민사회론의 합리적 핵심은 시민사회의 강화를 통한 국가-시민사회의 분리의 강화라는 측면보다는 오히려 이같은 분리의 소멸이 국가에 의한 시민사회의 흡수가 아니라 생산의 실질적 사회화와 병행되는 '국가의 사회화' 내지 더 넓게는 '정치의 사회화'에 있는 것이 아닌가 싶다. 사실 이러한 문제의식이 위에서 언급한 맑스의 「고타강령 비판」에서의 문제의식, 즉 "자유는 국가를 사회 위에 군림하는 기관으로부터 사회에 완전히 종속된 기관으로 전화시키는 것이며 현재에서도 국가의 형태는 우리가 '국가의 자유'를 제한하고 있는 데에 비례하여 그만큼 자유롭거나 자유롭지 않은 것이다"는 문제제기라고 할 수 있다(Marx, 537면, 강조는 인용자).

이와 관련해서 필자가 더 강조하고 싶은 것은 자본주의 사회에서의 시민사회와 민주주의의 문제다. 다소 '실용주의적'이라는 비판을 받을지는 모르지만 특히 여기에서 주목하고 싶은 것은 시민사회라는 개념의 적실성 여부를 떠나서 시민사회라는 문제의식이 가능케 해주는 민주주의적 함의다. 왜냐하면 그간의 민주주의 분석, 특히 정치적 민주주의 분석은 지나치게 좁은 의미의 국가의 문제에만 집중되어온 느낌이 들기 때문이다. 물론 정치외 민주주의의 문제에서 결정적인 것은 국가권력의 문제이지만 민주주의의 문제에서 그람시의 '확장된 국가'(extended state, Sassoon, 112면), 즉 정치사회(협의의 국가)+시민사회로서의 국가(Gramsci, 52면)라는 광의의 국가에 대한 인식이 더 강조되어야 하지 않나 싶다. 또는 시민사회라는 문제의식을 넘어서고 나아가 헤게모니의 문제의식에 물질성을 부여한 알뛰쎄의 이데올로기적 국가장치론(Althusser〔d〕)에 대한 더 많은 관심이 필요하다고 하겠다. 즉 민주주의의 문제는 단순한 좁은 의미의 국가(권력과 장치)의 민주화의 문제가 아니라 가족관계, 커뮤니케이션(언론 등), 교육 등과 이를 재생산해내는 광의의 국가 내지 이데올로기적 국가장치의 민주화의 문제이기도 하기 때문이다. 특히 이같은 관심은 앞에서 지적한 부르조아 민주주의의 상대적 강건함을 가능케 하는 그 근원을 파악케 해주고 이에 따라 이를 극복할 수 있는 전략적 사고를 심화시켜줄 수 있지 않나 싶다.

여기에서 한걸음 더 나아간다면 사회관계의 중심축이 생산관계이기는 하지만 양자가 등치될 수 있거나 사회관계 전체가 단순하게 생산관계로 환원될 수는 없다는 사실에 주목, 민주주의의 발전이라는 관점에서 생산관계와 계급모순의 문제 이외에도 신사회운동 등이 부각시키고 있는 비계급적인 여타 사회적 모순에 대한 더 깊은 관심과 이들 문제의 민주화(매일매일 일상생활의 민주화)를 위한 더 많은 노력도 함께 기울여야 하지 않나 싶다. 그러나 이같은 노력이 앞에서 보았듯이 포스트맑스주의식으로 민주주의의 문제에서 계급모순의 중심성까지도 부정하는 '절대적 상대주의'와 탈중심화로 나아가는 것은 문제가 있다고 생각한다. 특히 계급의 문제가 서구자본주의에 비해 상대적으로 해결되지 않는 한국의 상황에서는 더더욱 그러하다. 현실사회주의의 실험의 파국이 기존관념들에 대한 근본적인 사고를 우리에게 강제하고 있는 것은 부인할 수 없는 사실이지만 그렇다고 그같은 실험의 파국이 한국사회의 계급모순을 소멸시키거나 우리 사회의 기본모순으로부터 '절대적으로' 상대적인 적대로 격하시키기라도 했단 말인가?

7) 맺 음 말

국내외 정세의 변화는 민주변혁운동의 앞날에 많은 어려움을 예고해주고 있다. 이같은 어려움이 크면 클수록 변혁운동에서 민주주의의 중요성은 더욱 커질 것이고 민주주의에 대한 더욱 발본적인 사고와 자기정정, 그리고 이의 투철한 실천은 더욱 강하게 요구되게 될 것이다.

맑스의 분석대로 민주변혁운동의 첫걸음은 "민주주의의 투쟁에서 승리하는 것"(Marx & Engels, 490면)이고 레닌의 말대로 이같은 변혁은 "민주주의를 통하지 않고는 불가능"하며 "완전한 민주주의의 실천 없이는 그 승리를 강화시킬 수 없다"(Lenin(c), 74면)는 것은 확실하다. 따라서 어려울 때일수록 "민주주의를 궁극적으로 끝까지 발전시키고, 이같은 발전을 위한 형태를 찾아내고, 이들을 실천에 의해 검증"(Lenin(b), 76면, 강조는 원저자)하는 노력이 그 어느 때보다도 더 절실하다고 하겠다.

참고문헌

Althusser, L.(a), "On the 22th Congress of the French Communist Party," *New Left Review*, no. 104, 1977.

__________(b), "The Crisis of Marxism," in L. Althusser et al., *Power & Opposition in Post-Revolutionary Societies*, London: Ink Links 1979.

__________(c), *For Marx*, London: New Left Review 1977.

__________(d), "Ideology and Ideological State Apparatus," in L. Althusser, *Lenin & Philosophy & Other Essays*, Monthly Review 1971.

Anderson, P., *In the Tracks of Historical Materialism*, London: New Left Books 1983.

Bachrach, P. et al., "Decisions & Non-decisions," *American Political Science Review*, no. 57, 1963.

Balibar, E. (a) *On the Dictatorship of the Proletariat*, London: Monthly Review Books 1977(『민주주의와 독재』, 연구사 1988).

________(b), *Cinq Études du Matérialisme Historique*(『역사유물론 연구』, 푸른산 1989).

________(c), "État, Parti, Ideologie"(「국가, 당, 이데올로기」, 윤소영 역, 『에티엔 발리바르 정치경제학 비판』, 한울 1987 중 보론).

Barros, R., "The Left and Democracy: Recent Debates in Latin America," *Telos*, no. 68, Summer 1986.

Bettelheim, C., "On the Transition between Capitalism and Socialism," in Paul Sweezy & C. Bettelheim, *On the Transition to Socialism*, NY: Monthly Review 1971.

Bobbio, N.(a), *Which Socialism ?*, Oxford: Polity Press 1987.

__________(b), *Democracy & Dictatorship*, Oxford: Polity Press 1988.

Bobbio N. 외, 『マルクス主義と國家: イタリア左翼の公開討論』, 東京: 三一書房 1980.

Carrillo, S., *Eurocommunism and the State*, London: Lawrence & Wishart 1977.

Cerroni, U., "Democracy & Socialism," *Economy & Society*, vol. 7, no. 3, 1978.

Chilcote, R., "Post-Marxism: The Retreat from Class in Latin America," *Latin American Perspectives*, vol. 17, no. 2, 1990.

Claudin, F.(a), *Eurocommunism & Socialism*, London: New Left Review 1978.

__________(b), "Democracy and Dictatorship in Lenin & Kautsky," *New Left Review*, no. 106, 1977.

Dahl, R.(a), *Polyarchy*, New Haven: Yale Univ. Press 1971.

_______(b), *Who Governs?*, New Haven: Yale Univ. Press 1981.

_______(c), *A Preface to Economic Democracy*, Cambridge: Polity Press 1985.

Draper, H., *The Dictatorship of the Proletariat from Marx to Lenin*, NY: Monthly Review 1987.

Economy & Society [Special Issue: State, Democracy, Socialism], no. 20: 2, 1991.

Engels, F., "The Origins of Family, Private Property, and the State," R. Tucker (ed.), *The Marx Engels Reader*, NY: W. W. Norton & Co. 1978, Second Ed.

Geras, N.(a), "Post-Marxism ? ," *New Left Review*, no. 163, 1987.

_______(b), "Ex-Marxism without Substance," *New Left Review*, no. 168, 1988.

Gramsci, A., *Selections from the Prison Notebooks*, NY: International Pub. 1971.

Hall, S. et al. (eds.), *The Politics of Thatcherism*, London: 1983.

Hall, S. & M. Jacques (eds.), *New Times*, London: New Left Books 1989.

Held, D.(a), *Models of Democracy* (『민주주의의 모델』, 인간사랑 1989).

_______(b), "Introduction: New Forms of Democracy," in D. Held et al. (eds.), *New Forms of Democracy*, Beverly Hills: Sage 1986.

Heller, Agnes, "On Formal Democracy," in John Keane (ed.), *Civil Society and the State*, London: New Left Books 1988.

Hunt, Alan(a), "Taking Democracy Seriously," in A. Hunt (ed.), *Marxism & Democracy*, London 1980.

__________(b), "Marx-The Missing Dimension: The Rise of Representative Democracy," in B. Matthews, *Marx, 100 Back Years On*, London: Lawrence & Wishart 1983.

Jessop, B., *State Theory: Putting the Capitalist State in Its Place*, Cambridge: Polity Press 1990.

Jessop, B. et al., "Authoritarian Populism, Two Nations, and Thatcherism," *New Left Review*, no. 147, 1984.

Kagarlitsky, B., *The Disintegration of the Monolith*, London · New York: Verso 1992.

Kautsky, K., *The Dictatorship of the Proletariat*, Westport: Greenwood Press 1970.

Keane, J. (ed.), *Civil Society & the State*, London : Verso 1988.

Kiss, A., *Marxism & Democracy*, Budapest: Akademiai Kiado 1982.

Laclau, E. & C. Mouffe(a), *Hegemony & Socialist Strategy*, London: New Left Books 1985.

__________(b), "Post-Marxism without Apologies," *New Left Review,* no. 166, 1987.

Lenin, V.I.(a), "The Proletarian Revolution and the Renegade Kautsky," *Collected Works*, vol. 25.

__________(b), "The State and the Revolution," *On the Dictatorship of the Proletariat*, Progress 1976.

__________(c), "A Caricature of Marxism & Imperialist Economism," *Collected Works*, vol. 23.

__________(d), "Conspectus of Hegel's Book *The Science of Logic*," *Collected Works*, vol. 38.

Lindblom, C., *Politics & Markets*, New York: Basic Books 1977.

Luxemburg, R., *The Russian Revolution and Leninism or Marxism*(『러시아혁명 —— 레닌주의냐 마르크스주의냐』, 두레 1989).

Mandel, E., *From Stalinism to Eurocommunism*, London: New Left Books 1978.

Marx, K., "Critique of the Gotha Program," in R. Tucker (ed.), *The Marx Engels*

Reader, NY: W.W. Norton & Co. 1978.

Marx, K. & F. Engels, "Manifesto of the Communist Party," in R. Tucker (ed.), *The Marx Engels Reader*, NY: W.W. Norton & Co. 1978.

Mezaros, I., "Political Power & Dissent in Post-Revolutionary Societies," in L. Althusser et al., *Power & Opposition in Post-Revolutionary Societies*, London: Ink Links 1979.

Migranian, A., "For the USSR Authoritarianism Is a Dream," *Telos*, no. 84, Summer 1990.

Mouzelis, N., "Marxism or Post-Marxism," *New Left Review*, no. 167, 1988.

Munck, R., "Farewell to Socialism? A Comment on Recent Debates," *Latin American Perspectives*, vol. 17, no. 2, 1990.

Plato, *Republic*, Cambridge: Harvard Univ. Press 1965.

Popov, G., "The Dangers of Democracy," *The New York Review of Books*, August 16, 1990.

Popper, Karl, *The Poverty of Historicism*, London: Routledge & Kegan Paul 1957.

Poulantzas, Nicos, *State, Power, Socialism*, London: New Left Books 1978.

Roberts, Kenneth, "Democracy & the Dependent Capitalist State in Latin America," *Monthly Review*, Oct. 1985.

Salvadori, M., *Karl Kautsky and the Socialist Revolution*, London: New Left Books 1979.

Sassoon, A., *Gramsci's Politics*, London: Hutchinson 1987, Second Ed.

Social Sciences Roundtable, "Democratization of Contemporary Societies," *Social Sciences*, no. 3, 1990.

Stalin, J., "On the Draft Constitution of the U.S.S.R. (1936)," in J. Stalin, *Problems of Leninism*, Peking 1976.

Szymanski, Albert, *Is the Red Flag Flying: The Political Economy of the Soviet Union Today*, New York: Zed 1979.

Therborn, Göran, "The Rule of Capital and the Rise of Democracy," *New Left Review*, no. 103, 1977.

Vacca, G., "The Eurocommunist Perspective: The Contribution of the PCI," in R. Kindersley (ed.), *In Search of Euro-Communism*, London: Macmillan Press 1981.

Vasconi, Tomás, "Democracy and Socialism in South America," *Latin American Perspectives*, vol. 17, no. 2, 1990.

Weber, Henri, "Eurocommunism, Socialism, and Democracy," *New Left Review*, no. 110, 1978.

Wolf, F. O., "Eco-Socialist Transition on the Threshold of the Twenty-First Century," *New Left Review*, no. 158, 1986.

Wood, Ellen Meiksins, *The Retreat from Class*, London: Verso 1986.

A. 미그라니안, 「마르크스정치이론에서 본 개인·사회·국가의 상호작용」, 풀빛 편집부, 『사회주의 대개혁의 논리』, 풀빛 1990.

A. 체푸렌코, 「페레스트로이카의 맑스상: 맑스주의의 붕괴인가 혹은 위기인가?」 와 「보론」, 윤소영 편역, 『루이 알튀세르』, 민맥 1991.

권형기, 「레닌적 당 이론」, 『현실과 과학』 10, 1991.

김세균, 「한국에서 민주주의 논의에 관한 비판적 검토」, 『학술토론회: 우리에게 민주주의는 가능한가』, 서울대 민교협, 1991년 9월 26일.

『로동신문』 1989년 12월 22일자, 「자료: 사회주의 개혁노선에 대한 북한, 쿠바, 중국의 비판」, 『사상문예운동』, 제3호(1990년 봄호).

모스크바대학 원탁회의, 「사회주의적 다원주의 논쟁」, 송주명 편역, 『페레스트로이카(I)』, 새날 1990.

백낙청, 「토론요지」, 『학술토론회: 우리에게 민주주의는 가능한가』, 서울대 민교협, 1991년 9월 26일.

산업사회연구회, 「소련의 정치개혁과 사회주의적 민주주의」, 학술단체협의회, 『사회주의개혁과 한반도』, 한울 1990.

손호철(a), 『한국정치학의 새 구상』, 풀빛 1991.

______(b), 「한국국가론 연구현황」, 『사회평론』 1992년 신년호 별책부록 『한국사회 이해를 위한 길잡이』, 사회평론사 1992.

이병천, 「맑스역사관의 재검토」, 『사회경제평론』 4, 1991.

정명기, 「지연된 혁명인가 지연된 민주화인가」, 성균관대학교 사회과학연구소, 『제3세계의 민주화와 한국의 위상』, 인간사랑 1989.

최장집, 「우리에게 민주주의는 가능한가」, 『학술토론회: 우리에게 민주주의는 가능한가』, 서울대 민교협, 1991년 9월 26일.

한겨레연구소 편, 『사회주의대논쟁 I』(백산서당 1990) 중 제3부 「정치개혁논쟁」.

황태연, 「사회주의 개혁의 역사와 현황」, 『대학신문』, 1990년 3월 12일.

뻬레스뜨로이까 이후 1990년대 한국사회의
'새로운' 민주주의론

1. 역사적 배경

뻬레스뜨로이까와 현실사회주의 진영의 붕괴, 특히 보수파의 쿠데타 '촌극'으로 가속화된 소연방의 해체라는 세계사적 충격 속에서 국내의 진보운동진영은 혼란, 자기반성, 내부분열을 겪으면서 새로운 활로를 모색하고 있다.

'포스트현실사회주의' 시대에 적응하기 위한 국내 진보운동진영의 이같은 모색을 이해하기 위해서는 무엇보다도 먼저 이러한 운동을 위치짓고 있고 이를 근본적으로 조건지어온 한국현대사의 특수성에 대한 인식이 선행되어야 한다고 볼 수 있다.

한국사회의 발전방향에 관한 '두 개의 길'을 놓고 벌어졌던 해방공간에서의 다양한 사회적 갈등이 한국전쟁을 통한 분단체제의 최종'봉인'으로 일단락된 뒤 한국사회에는 극도로 협소해진 이데올로기 지형, 즉 '우경반쪽' 이데올로기 지형이 자리잡게 되었다. 『자본론』과 같은 고전을 학문적 목적에

---

* 『월간중앙』 1992년 5월호에 수록된 「진보진영의 대안찾기, 어디까지 왔나」를 보완한 것.

서 소지하는 것까지도 '이적출판물의 소지'로 불법화되어야 했던 이같은 이데올로기적 동맥경화증이 한국전쟁 이후의 한국사회를 진보적 정치운동의 불모지로 만들어왔음은 주지의 사실이다.

그러나 억압적 정치체제 속에서 급속히 진행되어온 종속적인 자본주의 발전의 결과로 제반 사회적 모순이 누적되면서, 80년 광주민중항쟁을 계기로 80년대 들어 이같은 한국사회의 모순을 타파하기 위한 새로운 진보적 사회운동이 배태되기 시작했다. 이같은 진보적 운동진영은 다양한 논쟁과 시행착오를 통해 한국사회의 주된 모순이 외세와 한국민중 간의 갈등, 즉 민족모순이라고 파악하는 세칭 NL(민족해방민중민주주의혁명파)진영과, 그 주된 모순이 국내외 독점자본과 민중 간의 갈등, 즉 계급모순이라고 주장하는 세칭 범PD(민중민주주의혁명파)진영으로 크게 나뉘어 이론투쟁을 전개하면서 그 영향력을 확대해왔다. [1]

이러한 진보운동이 30여 년간의 공백과 단절을 딛고 새롭게 한국사회에 뿌리내리기도 전에 이들을 강타한 것이 바로 뻬레스뜨로이까와 현실사회주의의 몰락이라는 세계사적인 충격이다. 유러코뮤니즘의 선두주자로 일컬어지는 이딸리아공산당이 뻬레스뜨로이까의 충격 이후 당명을 '좌익민주당'으로 개정하고 대중노선으로 노선을 변경하는 데 급급해하고 있다는 사실이 보여주듯이, [2] 현실사회주의의 몰락은 세계 각처의 진보적 정치운동 전반에 커다란 타격을 주고 있다는 것이 부인할 수 없는 사실이다. [3]

그러나 한국진보운동의 경우, 그 역사적 특수성으로 인해 다른 사회들의 진보운동에 비해 상대적으로 큰 충격을 받고 있다고 할 수 있다. 이는 크게 보아 다음 두 가지 사실과 밀접한 관계가 있다고 하겠다.

첫째, 다른 나라들의 경우(물론 서유럽 등은 말할 것도 없고 라틴아메리

---

1) 이에 대해서는 김동택, 「한국사회와 민주변혁론: 1950년대에서 1980년대까지」, 한국정치연구회 사상분과 편저, 『현대민주주의론 2』 (창작과비평사 1992); 박현채·조희연 편저, 『한국사회구성체논쟁』 (죽산 1990) 등 참조.
2) 이의 최근 동향은 이병천 외 편저, 『마르크스주의의 위기와 포스트마르크스주의 I』 (의암 1992)의 제1부 참조.
3) 이 속에서의 새로운 모색에 대해서는 「특집: 혁명의 시대는 갔는가?」, 『사회평론』, 1992년 5월호.

카 등 다른 제3세계의 경우도) 상당히 오랜 진보운동의 역사적 전통 속에서 다양한 이론적 조류를 소화해내고 변화하는 현실에 적응할 수 있는 지적·운동사적 '노하우'를 어느정도 체득하고 있었던 반면, 한국사회의 진보운동은 그 역사적 단절성으로 인해 그렇지 못했다고 할 수 있다. 한마디로 채 싹이 내리기도 전에 강풍을 만난 격이 되어버렸다고 하겠다.

둘째, 80년대 복원된 진보운동의 주된 사상적 조류와 관련이 깊다고 할 수 있다. 즉 다른 나라들의 경우 진보운동 내의 다양한 이론적 조류를 비판적으로 비교·검토하여 선별적으로 수용하고, 나아가 때로는 독자적인 이론화를 해나갔다. 그러나 우리의 진보운동은 일단 그간의 단절을 단기간 내에 복원해내야 할 필요성, 즉 '정통의 복원' 필요성과 현존문제의 해결이라는 실천적 요구의 긴박함과 이에 따른 조급성으로 인해, 지나치게 단순화되고 도식화된 소련의 관변 맑스주의, 특히 스딸린주의에 의해 교조화된 맑스주의에 지나치게 이론적으로 경도되어왔다고 볼 수 있다.

실천적 함의는 비록 약하지만 이론적으로 세련된 서구맑스주의와 달리 내재적 비판능력이 결여된 교조적 맑스-레닌주의에 대한 과잉의존은 결국 현실사회주의 몰락의 충격을 증폭시키는 결과를 가져왔다고 하겠다. 사실 이러한 점을 고려할 때 일부 진보진영의 이론가들이 뻬레스뜨로이까의 충격 이후 맑스주의에 대한 '맹신'으로부터 '청산'과 '고해성사'라는 극에서 극으로 변신하게 되는 것은 충분히 이해할 수 있는 일이라 할 수 있다.

2. 한국사회의 '새로운' 민주주의론

국내 진보진영의 자기모색 배경을 염두에 두고, 새로운 자기모색들을 구체적으로 살펴보기로 하자. 이같은 자기모색은 크게 보아 실천적인 운동이념과는 상대적으로 독립된 각 이론수준에서의 새로운 이론 모색(정치경제학에서의 조절이론 등)과, 직접적으로 실천적인 정치이념과 관련된 새로운 모색의 두 부류로 분류될 수 있다. 이중 이 글에서는 민주주의론에 초점을 맞추어 논의를 진행하고자 한다. 여기에서 주목해야 하는 것은 두 가지 경향이다. 하나는 전체 논쟁구도에서의 민주주의론의 격상과 ‘중심화’이며, 다른 하나는 민주주의론 내에서의 내부분화다.[4] 진보운동의 새로운 민주주의론으로 현재 제기되고 있는 것들은 ① 사회민주주의, ② 사회민주주의와 관련이 있지만 일치하는 것은 아닌 선거사회주의, ③ 사회주의의 ‘신노선’, ④ 포스트맑스주의와 ‘민중주체민주주의’ 등이다.

1) 사회민주주의론

사회민주주의는 잘 알려져 있듯이 세계사적으로 맑스주의 못지않게 오랜 역사를 가진 정치이념이며, 한국사회에서도 한국전쟁 이후 형식적이기는 하지만 근근이 명맥을 유지해온 혁신정당들의 정치이념으로 작동해온 ‘별로 새롭지 않은’ 이념이다. 그러나 이 이론은 80년대 진보운동에서는 그것이 본질적으로 ‘개량주의적’ 한계를 갖고 있다는 면에서 바람직한 대안이 아니라는 점과, 설사 그것이 바람직하더라도 이는 ‘개량의 물적 토대’ 등이 갖추어져 있는 선진국에서 가능한 것이지, 잉여가치의 유출 등으로 이같은 토대가 없는 한국사회에서는 가능하지 않다는 등의 이유로 별로 주목을 받지 못해왔다.

이같은 사회민주주의가 뒤늦게 주목을 받게 된 것은 물론 현실사회주의의 몰락 때문이다. 비록 80년대 진보운동이 직접 ‘전통적’ 맑스주의의 사회주의 모델을 그 목표로 내건 것은 아니었다고 하지만, 많은 경우 묵시적으로 이를 궁극적인 지향점으로 삼고 있었다는 것이 사실이라는 점에서, 현실사회주의의 몰락은 그것이 단순한 ‘실천의 위기’인가 아니면 이를 넘어서 ‘이론 및 모델 그 자체의 위기’인가 하는 논쟁을 불러일으키고 있다. 하지만 어쨌든 이러한 몰락이 상대적으로 스웨덴식 사회민주주의 모델을 매력적인 대안으로 부상시키고 있음은 쉽게 이해할 수 있다.

‘새로운 이념’으로로서의 사회민주주의에 대한 지지는 서유럽의 좌파사회민

---

4) 이는 과거에 민주주의 문제가 다루어지지 않았다는 것이 아니라 과거에도 문제가 되었으나 그 경우 중심축이 민주주의가 아니라 ‘변혁’이었던 반면 최근의 논의에서는 그 중심축이 민주주의로 이동하고 있다는 의미다.

주주의자와 같이 궁극적인 이행전략으로서 사회민주주의가 가능하고 바람직하다는 것을 이론적으로 받아들이는 적극지지론으로부터, 이에 대해서는 회의적이지만 다른 대안이 부재한 상황에서 그것이 가능한 최선책이라는 일종의 '최소주의적' 입장에 이르기까지 다양한 차이가 내재해 있기는 하지만 그 대표적인 입장을 소개하면 다음과 같다.[5]

사회민주주의는 전통적 맑스주의가 주장하는 계급독재론, 자본주의나 사회주의와 같은 계급사회의 국가는 일상적 의미의 독재가 아니라 특정 경제적 지배계급이 국가권력을 배타적으로 소유하고 있다는 의미의 계급독재국가라는 전통적 주장[6]과 달리, 부르조아 민주주의라고 불리는 보통선거권이 확립된 이후의 자본주의 국가는 자본가계급독재국가가 아니며 사회주의 국가도 프롤레타리아독재가 되어서는 안된다고 주장한다.[7]

따라서 현대자본주의 국가는 이를 장악하는 세력이 자기 편에 유리하게 사용할 수 있는 중립적 도구이자 진보적 유산으로서, 노동자계급 등 진보적 운동진영은 보통선거권을 통한 '선거게임'을 통해 '민주적'으로 사회주의로 나아가야 한다는 것이다.

즉 사회주의로의 이행의 두 가지 방식, 즉 '독재적 방식'과 '민주적 방식'을 구별하고 프롤레타리아독재를 전자와 동일시하면서 이의 폐기를 주장하고 후자의 노선을 채택하는 것이다.[8] 이밖에 전통적 입장의 전위당노선의 폐기와 대중정당노선의 채택, '봉기노선' 내지 비합법투쟁의 폐기와 선거합법투쟁노선의 채택 등을 그 특징으로 한다.

경제문제에서는 전통적 사회주의관에서 나타나는 임노동의 폐기와 생산수단의 사회화, 계획경제 등에 부정적인 시각을 보이면서 시장의 이용, 생산수단의 사유화 허용, 임노동의 허용을 전제로 하여 자본주의의 모순에서

---

5) 김수길, 「사회민주주의의 재평가와 민주적 대안」, 『사상문예운동』, 제4호(1990
   년 여름호), 346~61면 등 참조.

6) 그 정확한 의미에 대해서는 졸고, 「민주주의를 다시 생각한다」, 『창작과비평』,
   1991년 겨울호, 353~56면(이 책 369~403면).

7) 황태연, 「사회주의 개혁의 역사와 현황」, 『대학신문』, 1990년 3월 12일자.

8) 사회민주주의의 이같은 '오해' 내지 '왜곡'의 고전적 입장에 대해서는 Karl
   Kautsky, *The Dictatorship of the Proletariat* (Westport: Greenwood Press 1970)
   참조.

생겨나는 부작용들을 사회보장제도, 생산과정 및 경영과정에 대한 노동자 참여, 통제권 확대 등을 통해 중화시키려고 한다. 특히 그 실행과정에서 상당히 탈색되기는 하였지만 기업이윤의 일정부분을 의무적으로 임노동자 기금으로 적립시켜 이를 투자기금화함으로써 사적 소유를 점진적으로 집단적 소유로 전환해나가려는 스웨덴의 '기금사회주의'에 많은 관심을 기울이고 있다.[9]

한마디로 사회민주주의는 전통적 사회주의론이 자본주의의 모순을 해결할 수 있는 대안이 아니며 현대자본주의의 성격 변화로 인해 자본주의의 혁명적 위기와 혁명적 이행이 발생할 가능성이 점점 줄어들고 있으므로, 진보진영은 선거게임을 통해 점진적으로 자본주의를 민주화하여 궁극적인 이행을 지향해나가야 한다는 주장이다.[10]

그러나 이같은 이론은 사회민주주의가 70년대말~80년대의 서유럽에서의 '복지국가의 위기'가 잘 보여주듯이 이미 사실상 파산선고를 받은 모델이라는 점, 이 이념이 주관적으로는 궁극적인 사회주의로의 이행을 내세우고 있기는 하지만 결국 구조적 이유 때문에 자본주의의 민주화에 그치는 '민주적 자본주의'론에 불과하다는 점,[11] 이같은 스웨덴식의 사회민주주의가 역사상 제3세계에서는 성공해본 적이 없다는 점을 고려할 때, 서유럽사회가 가진 물적 토대를 갖고 있지 않은 한국사회에 적용하기는 힘들다는 지적이 제기되고 있다.[12] 이같은 이유에서인지는 몰라도 아직까지는 사회민주주의가 민중당 내부 일부분파의 정치적 입장을 대변하는 것 같다는 느낌을 주기는 하지만, 진보진영의 독자적인 중요정치세력으로 자리잡고 있지는 못한 실정이다.

----

9) 이에 대해서는 Gosta Esping-Anderson, *Politics against Markets* (Princeton: Princeton Univ. Press 1985) 등 참조.

10) 김수길, 앞의 글.

11) 이에 대해서는 졸고, 「부르조아 민주주의와 선거: 선거사회주의의 가능성과 한계」, 『경제와 사회』, 1992년 봄호, 50~53면 참조.

12) 황진성, 「과학적 사회주의의 왜곡—— 사회민주주의」, 『고대문화』, 제34호 (1991), 121~24면 참조.

2) 선거사회주의로서의 '민중민주주의'

둘째로 지적할 수 있는 것은 선거사회주의다. 선거사회주의는 선거를 통해 사회주의로의 이행을 이루려 한다는 점에서 사회민주주의와 공통점이 많다. 그러나 선거사회주의를 사회민주주의와 구별해서 별도의 새로운 이념으로 소개하는 것은, 선거사회주의의 독특한 한국적 변형의 하나라고 할 수 있는 선거사회주의로서의 '민중민주주의'를 다루기 위해서다.[13] 따라서 여기에서 선거사회주의는 넓은 의미의 선거사회주의, 즉 선거를 통해 사회주의를 쟁취하려는 운동 일반을 의미하는 것이 아니고 선거사회주의의 한 형태로서의 '민중민주주의'를 의미한다.

"현대는 레닌식 고전적 변혁모델의 건설이 가능하지 않은 시대"[14]라는 대전제에서 출발하는 이 선거사회주의론의 독특한 특징은 그 주체로서의 '민중'에 대한 개념화다. 이 이론은 한국의 역사적 특수성에 주목하여 "현실적으로 실재하는 경제·사회·정치적 집단 범주"이자 "사실상 계급의 현실적 존재양태"라고 볼 수 있는 민중을 한국사회의 변혁주체로 상정하고 있다.[15]

더 구체적으로 이 민중은 노동자계급을 중심으로 농민과 하층서민계층 등 생산관계에서 피지배적 위치에 놓인 집단, 즉 전통적 변혁운동에서 의미하는 계급동맹으로서의 민중을 중심선으로 하되, 권위주의체제에 의해 정치적으로 소외된 정치적 수준에서의 민중, 외세와 분단에 의해 피해를 보고 있는 세계체제와 남북분단 수준에서의 민중, 마지막으로 "억압의 경험에 대한 기억"과 관련된 언술의 수준에서의 민중이 중층적으로 규정하는

---

13) 그 대표적인 예는 최장집, 「민중민주주의의 조건과 방향」, 서울대 민교협 심포지움 발표논문(1991년 9월), 『사회비평』, 제6호(1991)에 재수록(이하 인용은 『사회비평』의 면수).

14) 「특집 전환기의 새 이론: 최장집 ── 민중주축 선거사회주의 모색」, 『한겨레신문』, 1992년 1월 23일자.

15) 최장집, 「민중민주주의의 조건과 방향」, 334~35면.

객관적 범주이면서도 동시에 주관적 범주인 포괄적이고 역동적인 사회집단을 가리킨다는 것이다. [16]

이 시각은 또 전통적인 토대-상부구조론을 부정하는 대신 국가·정치사회·시민사회라는 3층구조론에 입각하여, [17] 과거의 경우 과대성장된 억압적 강권기구를 통한 비헤게모니적 지배로 인해 한국사회에 시민사회가 형성될 수 없었으나 6공하에서는 헤게모니가 성립되면서 시민사회의 형성·확대가 가능해졌다는 것이다. 따라서 한국사회의 변혁은 시민사회에서의 민중의 힘을 대의제를 통해 관철시키는 선거사회주의의 길이 되어야 한다는 주장이다.

이때 실현목표인 선거사회주의로서의 민중민주주의는 정치과정에서의 다원적 민주주의를 수용하여 그 사회주의의 내용도 사적 소유제도의 폐지가 아니라, 이의 공적인 통제를 지향하고 효율성과 경쟁적 시장체제를 존중하며 세계자본주의 체제와의 통합을 부정적으로 보지 않는 ‘최소강령적 프로그램’으로서 ‘자본과의 타협’을 배제하지 않는다는 것이다. [18]

결론적으로 이같은 최소강령적 공통강령을 통해 분열된 운동진영을 단결시키는 한편, 운동의 중심적 역량을 정치사회의 제도권에서의 세력화에 두고 선거를 통한 사회주의화를 추구하되, 시민사회와 정치사회의 비제도적 영역에서 대중운동이 그에 대한 하부구조를 형성, 이를 보완한다는 것이 이 프로젝트의 핵심이다.

이러한 프로젝트 역시 현실적인 정치세력으로는 아직 뚜렷이 자리잡고 있지는 못한 실정이며 다만 이론진영에서만 이 프로젝트가 ① 선거사회주의 일반이 갖고 있는 문제점을 극복하지 못했고, [19] ② 그 주체로서의 민중개념이 극히 모호하며, [20] ③ 선거사회주의라고 하지만 그 주체가 민중으로

---

16) 같은 글, 335~36면.

17) 이는 그람시의 시민사회론에 뿌리를 두고 있으면서도 그람시의 경우 국가=정치사회+시민사회라는 문제의식인 반면 국가=좁은 의미의 국가(정부), 정치사회=정당 등 제도정치권, 시민사회라는 변형된 3분구조라는 데(따라서 그람시보다는 Stepan식의 이론화라는 점)에 주목할 필요가 있다.

18) 최장집, 「민중민주주의의 조건과 방향」, 339면.

19) 선거사회주의 일반의 문제점에 대해서는 졸고, 「부르조아 민주주의와 선거: 선거사회주의의 가능성과 한계」, 앞의 책, 45~53면 참조.

표현됐을 따름이지 그 내용에서는 사실상 궁극적인 이행전략으로서의 사회
주의를 포기하고, 사회민주주의와 마찬가지로 자본주의를 민주화하는 민주
자본주의의 수준을 넘지 못하고 있고, ④ 최소강령 이후의 전망이 결여되
어 있다는 등의 문제제기가 이루어지고 있을 따름이다.[21]

3) 한국사회주의 '신노선'

셋째의 새로운 이념은 PD진영의 '인천지역민주노동자연합' 등 노동현장
에서 활동하던 3개 정파 비합법노동운동가 중 다수가 최근 출범 후 민중
당과 통합한 한국노동당을 발기하면서 채택하고 나온 '한국사회주의 신노
선'이다. '신노선'은 아직 완전히 체계화된 수준이 아니며 이 노선이 전제
로 하고 있는 정확한 이론적 틀이 무엇인가에 대해서는, 지상에 발표된 문
헌들을 검토할 때, 그 내부에서도 미묘한 차이가 존재하고 있기는 하지만
그 기본골격을 단순화해 요약하자면 다음과 같다.

이 입장은 우선 다른 '새로운 이념'들과 달리 전통적 변혁이론의 핵심적
내용들을 상당히 계승하고 있다고 볼 수 있다. 이같은 입론은 현실사회주
의 실험의 파국에 대해 다른 입장들의 일반적인 평가와는 다른 평가를 내
리고 있다는 데 기초를 두고 있다. 즉 다른 입장들이 현실사회주의의 파국
을 맑스주의, 특히 맑스-레닌주의 자체의 파국으로 이해하고 있는 데 반해
'신노선'은 이를 맑스주의라는 이론 그 자체의 위기가 아니라, 단순한 실천
의 위기, 즉 스딸린주의의 파산으로 파악하고 있다.[22] 특히 일찍이 맑스주
의의 위기론을 주창해왔고 최근에 국내 진보진영의 '자기반성'에 상당한 영
향을 끼치고 있는 알뛰쎄리안 맑스주의가 이같은 스딸린주의의 핵심을 생
산력주의라는 경제주의로 파악하고 있는 데 반해, 이 '신노선'은 스딸린주

---

20) 유팔무, 「어떤 민주주의가 어떻게 가능한가」, 서울대 민교협 심포지움 토론,
『사회비평』, 제6호(1991), 359면.
21) 백낙청, 서울대 민교협 심포지움 토론, 『사회비평』, 제6호(1991), 358면.
22) 박우철, 「한국사회주의 운동의 미래 2」, 『월간 길』, 1992년 1월호, 209면.

의의 본질을 객관적인 생산력발전 수준을 무시한 ‘생산관계 제일주의’와 경제가 모든 것을 해결해줄 것이라는 ‘경제결정론’으로 파악하고 있다.[23]

예를 들어 프롤레타리아독재의 경우도 이것을 일상적인 독재(통치방식으로서의)로 이해하는 속류적인 개념화에 반대하여, 이는 국가유형 차원의 개념화로서 노동자계급의 권력이라는 사회주의 그 자체와 같으며 그것이 민중과의 동맹이나 민주주의와 대립하는 것이 아니라고 주장하고 있다.[24] 따라서 문제는 프롤레타리아독재 그 자체에 있는 것이 아니라, 더욱더 민주적이고 민중의 자발적이고 주체적인 참여를 의미하는 이 개념이 스딸린주의에 의해 당독재, 당과 국가의 융합 등 억압적인 것으로 변질된 데 있다는 것이다.

따라서 프롤레타리아독재라는 개념은 법치국가 이념의 준수, 다당제의 실질적인 보장, 국가와 당의 분리, 견해 및 결사의 자유 등 민주주의의 최대확대 등 원래의 정신과 부합하는 내용을 복원해낸다는 전제하에서 계승되어야 한다는 입장인 것 같다. 전통적인 변혁이론의 전위당이론에 대해서도 진리의 독점과 당의 무오류성 등은 스딸린주의적 왜곡에 불과하기 때문에 “계급대중의 정치적 이해를 대변하고 그 정치적 각성을 돕는 선진층의 결집”으로서의 전위당이론은 계속 유효하며, “정당이 계급의 후진적 대중까지를 100% 포괄하는 것이 아니라는 점”은 부르조아 정당사에서도 동일하다고 밝히고 있다.[25]

그렇다면 ‘신노선’의 새로운 내용은 무엇인가? 이는 진보진영의 조직이 ‘직업적 혁명가’의 비합법전위정당을 중심으로, 나아가 이같은 비합법전위정당과 반합법통일전선체, 합법정당으로 구성된다는 3분법적 논리는 정당결성의 자유가 없었던 러시아나 5공식의 군사독재체제에서나 의미가 있는 것이고, 사상과 진보정당결성 자유 등이 허용되는 부르조아 민주주의하에서는 직업적 혁명가에 제한되지 않고 혁명적 노동자 등 일정한 한계 내에서 가능한 한 넓은 범위의 일반대중을 결집시키고 견인해낼 수 있는 합법적인 ‘전위적 대중정당’을 구심체로 하여 발전해나가야 한다는 발상이다.[26]

---

23) 같은 글, 209면.
24) 같은 글, 215~16면.
25) 같은 글, 219면.

이같은 새로운 인식의 이면에는 그동안 이들 세력이 견지해온 한국의 국가성격, 나아가 사회성격에 대한 독특한 평가가 자리잡고 있다. 이는 한국사회를 국내외 독점자본이 국가권력과 단일메커니즘으로 결합된 '신식민지국가독점자본주의' 사회로 파악하면서도 한국사회의 발전이 종속심화가 아니라 종속약화를 통한 자립화로 나아가고 있다는 평가다.

나아가 한국사회는 이러한 자립화를 통해 확보한 물적 토대를 기초로 제6공화국 이후 개량화가 이루어지고 있으며, 제6공화국은 5공 등 억압성을 주된 통치기제로 삼던 '신식민지파시즘' 체제와는 질적으로 성격을 달리하는 부르조아 민주주의 체제 내지 이것으로 이행하고 있는 정치체제라고 판단하고 있다. 따라서 "한국자본주의는 독점의 주도 속에서 세계적으로 유례없이 성장을 거듭하는 등 종속이 완화되면서 개량의 물적 토대가 넓어져가는" 추세이기 때문에 '신노선'에 따른 합법적 진보정당 활동을 통해 '평화적 이행'이 가능하다는 것이다.[27]

그러나 이같은 '신노선'에 대해서도, 이 노선의 채택과정에서 이에 반대해 조직을 이탈한 '소수파'의 경우 ① 전위적 대중정당이란 유러코뮤니즘이 입증해주듯이 전위정당도 대중정당도 아닌 '잡탕'이 되고 말 것이며, ② 종속약화를 통한 개량의 물적 토대 확보와 부르조아 민주주의화에 대해서도 사노맹사건, 서울사회과학연구소사건, '신노선'의 당사자인 한국노동당창당추진위원회의 주대환 대표 구속사태 등이 보여주듯이 한국현실에 대해 낙관론적 오판을 하고 있다는 비판이 제기되고 있다.[28]

이밖에 이 노선이 기층대중역량의 성숙을 기초로 한 정치조직으로의 외화를 통해 합법정당과 기층대중조직이 상호강화작용을 하며 변증법적으로 발전해나가는 것이 아니라, 오히려 기층대중조직 수준에서의 역량이 현장에서 제도정치 쪽으로 빠져나감으로써 노동운동 등 기층운동이 조합주의적 경향 등에 잠식당하여 머리만 큰 '가분수형' 운동이 되는 것에 대한 우려도

---

26) 최진섭, 「한국사회 전위당논쟁과 신노선」, 『말』, 1992년 3월호, 161면.

27) 「특집 전환기의 새 이론: 정인 —— 사회주의 신노선」, 『한겨레신문』, 1992년 1월 16일자.

28) 「특집 전환기의 새 이론: 오의택 —— 정통맑스주의」, 『한겨레신문』, 1992년 2월 4일자와 최진섭, 앞의 글, 162~63면.

제기되고 있다.

4) 포스트맑스주의의 민중주체민주주의

마지막으로 들 수 있는 것은 민중당의 핵심이론가들이 내세우고 있는 '공식이념'으로서의 포스트맑스주의와 민중주체민주주의다.[29] 앞에서 지적한 새로운 이념들은 어떻든 사회적 갈등의 중심축으로서의 생산관계와 계급갈등의 중심성과 변혁의 주체로서의 노동자계급의 중심성을 인정하고 있는 반면, 이 이념은 그것마저도 부인하는 '급진적'인 대안이다. 포스트구조주의, 포스트모더니즘 등 최근 유행하고 있는 '포스트주의 증후군'의 일환으로 부상하고 있는 포스트맑스주의는 80년대 서구에서 반짝했던 반핵·환경보호·여성해방 운동 등 신사회운동에 이론적 기초를 제공한 이론으로, 서구철학에서 니체·하이데거·푸꼬·데리다로 이어지는 반(反)계몽주의적이고 반(反)합리주의적인 전통에 그 뿌리를 두고 있다.

특히 이 이론은 맑스주의가 ① 사회관계에서는 생산관계에, 사회적 적대에서는 계급적 적대에 중심성을 부여하고, ② 이를 기초로 하여 노동자계급을 변혁의 주된 동력으로 특권화하는 한편, ③ 대문자 R로 시작되는 혁명, 즉 특정 순간의 폭발적이고 전면적인 단절을 탈자본주의화의 계기로 특권화하는 근본주의적 사회관, 근본주의적 주체관, 근본주의적 변혁관에 기초를 두고 있다고 비판하고 있다.[30]

나아가 이 이론은 '거대이론'을 통해 사회현상을 총체적으로 인식하고 이를 총체적으로 변혁시킬 수 있다고 생각한 맑스의 '지적 오만'과 '이론적 전체주의'가 현실사회주의의 경험이 보여주듯이 그 실천과정에서 전체주의화된 것은 필연적 현상이라고 공박하고 있다.[31] 결국 계급관계와 노동자계

---

29) 장기표, 「민중주체민주주의가 새로운 이념이 되어야」, 『창작과비평』, 1992년 봄호, 81~87면 등 다양한 글 참조.

30) E. Laclau & C. Mouffe, *Hegemony & Socialist Strategy*, London: Verso 1985, 2면.

31) 이병천, 「맑스역사관의 재검토」, 『사회경제평론』 4, 1991, 144~45면.

급이 특권화될 이유가 없을 뿐 아니라, '담화'와 '접합적 실천'에 선행하는
어떠한 사회적 실체나 객관적 이해관계라는 것은 존재하지 않고, 역사에는
어떠한 예정된 법칙이나 내적 논리도 존재하지 않고 비결정성과 우연성만
이 존재한다는 것이다.

이같은 현실인식의 토대 위에서 포스트맑스주의는 주체위치의 다원성(예
컨대 노동자계급이자 여성이며 경상도인이며 불교신자)을 기초로 하여 자
본주의 사회의 다양한 적대관계 속에서 등가관계에 놓여 있고 담화에 의해
접합되는 제한적이고 부분적인 새로운 복합적 집합주체인 민중이 주체가
되는 민중주체민주주의를 그 대안으로 제시하고 있다. 이때 주목해야 하는
것은 여기에서의 민중은 전통적 의미의 민중, 즉 노동자, 농민, 도시 반프
롤레타리아트 등 사회의 주모순을 기초로 한 계급동맹으로서의 민중과는
질적으로 내용을 달리하여, 담화에 의해 접합된 각계각층의 불특정 디수인
으로서의 민중을 의미한다.

나아가 이 프로젝트는 자유주의적 이데올로기를 부정하는 것이 아니라,
이를 급진적이고 다원적인 민주주의 방향으로 심화, 확대하는 것으로서
"공장의 울타리를 넘어선 생활세계의 수많은 복합적 영역에서 확장된 적대
와 불평등에 주목", "시민사회 내의 모순의 복합적 차원에 조응하는 환경
운동, 평화운동, 여성운동, 청년운동, 인종차별 반대운동, 민족운동 등의
다양한 새로운 사회운동의 독자적 의의를 승인하는 복합적인 집합적 처방
의 프로젝트"라는 것이다.[32]

이러한 새 이념 역시 ① 포스트맑스주의가 기본적으로 맑스주의를 속류
경제결정론(계급관계의 중심성을 인정한다는 것이 바로 계급적 이해가 기
계적·자동적으로 정치세력으로 전환된다는 식의), 생산력주의, 진화론
적·목적론적 역사철학으로 '오해' 내지 '왜곡'하고 있으며,[33] ② 그 대안으
로서 모든 것이 담화이자 담화가 모든 것을 결정하는, 나아가 담화밖에는
어떠한 사회적 이해도 사회적 실체도 존재하지 않는다는 '담화만능론' 내지
'담화환원론', 따라서 담화만 잘하면 어떠한 사회변혁도 가능하다는 '담화
혁명론'으로 귀착되고 있다는 비판이 제기되고 있다.[34] 다시 말해 이는 이

---

32) 같은 글, 165면.

33) E. M. Wood, *The Retreat from Class* (London: Verso 1986) 참조.

데올로기와 정치에 절대적 자율성을 부여함으로써 정치와 역사를 우연성에 의해 결정된다는 식으로 무작위화하고 있다는 비판이다.

이밖에 이 이론은 계급모순의 중심성은 맑스의 생존시기 등 자본주의의 특수한 국면의 특수한 현상에 불과하고, 현대자본주의에서는 기타 다양한 적대의 증식에 따라 계급모순의 중심성이 무너진 '포스트모던'한 사회로 인식하고 있으나 과연 그러한지에 대해서는 의문이 제기되고 있으며,[35] 더 나아가 서구의 현실에 기초를 둔 이 이론을 우리 현실에 기계적으로 적용할 수 있을 정도로 우리의 현실이 계급모순의 상대화 · '포스트모던'화하였는가 하는 반문이 일고 있다.

특히 이같은 이론은 우리 사회가 한국전쟁 등의 역사적 특수성에 의해 계급정치가 저발달되어오다가 최근에야 어렵게 이를 복원시키고 있는, '전(前)계급정치적' 단계에서 '계급정치'로의 이행단계에 놓여 있는 상황에서 서구식의 탈계급화를 주창함으로써 '계급정치의 조로화'를 초래할 것이라는 우려다.[36]

5) 기 타

한편 위에 소개한 다양한 새로운 이념 이외에도 PD좌파로 불리는 민중회의 등 전통적 입장에 더 충실하고자 하는 사회세력들의 경우, 역시 다양한 방식으로 변화한 환경에 '적응'하고자 노력하고 있다.

이같은 적응노력으로 나타나고 있는 반응은 ① '현실사회주의의 몰락'으로 붕괴한 것은 변형된 사회주의도 아니고 관료적 국가자본주의라는 점에서, '맑스주의의 위기'가 아니라 혁명적 맑스주의의 도약 계기라는 뜨로쯔끼

---

34) 이같은 문제점과 이에 따른 민중주체민주주의와의 관계에서 생기는 긴장에 대해서는 박성수, 「마르크스의 역사철학은 폐기될 수 있는가?」, 『사회평론』, 1992년 2월호, 82~97면.

35) Alex Callinicos, *Against Postmodernism* (NY: St. Martin's Press 1989) 중 "A Break in Capitalism?," 132~44면.

36) 졸고, 「부르조아 민주주의와 선거: 선거사회주의의 가능성과 한계」, 앞의 책, 47~48면.

주의적 대응으로부터[37] ② '현실사회주의의 몰락'을 실천의 오류이자 사회주의하에서의 계급투쟁의 패배로 이해하면서 올바른 전통적 이론에 입각한 올바른 실천에서 해답을 구하는 입장,[38] ③ 단순한 실천의 위기를 넘어서 이론의 위기를 인정하되 맑스주의의 청산이 아니라 이중 '산 것'과 '죽은 것'을 구별하여 그 합리적 핵심을 계승발전시킴으로써 자기정정을 시도하는 입장,[39] ④ 나아가 이중 '산 것'과 '죽은 것'의 구별로도 해결될 수 없는 근본적인 모순이 맑스주의 내에 존재한다고 인정하면서 이의 돌파를 모색하는 입장 등을 들 수 있다.[40]

이같이 그 반응은 다양한 형태로 나타나고 있기는 하나 기본적으로는 사노맹사건으로 투옥중인 박노해 시인이 최후진술에서 표현한 "긴 호흡, 강한 걸음"처럼 그간의 지나친 교조주의와 조급성을 탈피하고 긴 호흡의 역사와 변혁운동의 '새로운 순환'을 위한 진지한 자기반성과 자기정정의 색조를 띠고 있다 하겠다.

3. 결론에 대신하여

노동해방과 인간해방을 내건 맑스주의가 '당의 무오류성'이란 형식으로 스딸린주의화하여 자기정정 능력을 상실하고 내적 모순을 증폭시킴으로써 파국을 자초한 현실사회주의에 비해, 아직 상대적으로 '건재'해 있는 서구사회의 상대적인 체제안정성을 가능케 한 것이 바로 서구사회에서의 맑스주의 등의 진보적 정치이념과 진보운동, 즉 이의 투쟁에 의한 서구사회의

---

37) 정성진, 「다시 '10월'로」, 『창작과비평』, 1992년 봄호, 88~97면.
38) 「특집 전환기의 새 이론: 오세철──민중민주주의」, 『한겨레신문』, 1992년 1월 4일자.
39) 김호균, 「맑스주의는 무엇을 버리고 무엇을 살릴 것인가」, 『전망』, 1991년 11월호, 48~58면 등.
40) 윤소영, 「편자 서문」, 에띠엔느 발리바르 외, 『맑스주의의 역사』, 민맥 1991, 7~15면 등.

자기정정이었다는 점에서, 현실사회주의의 파국이 넓게는 진보적 정치이념, 좁게는 맑스주의의 종말이나 진보운동의 파국을 의미하는 것은 아니다.

사실 자본주의 그 자체, 자본주의의 구조적인 모순 그 자체가 이같은 진보적 정치이념과 운동의 최대 '배양자'라는 점에서 자본주의 체제가 존재하는 한 이러한 이념과 운동은 존재할 것이고 그 모순을 극복하기 위해 투쟁할 수밖에 없을 것이다. 특히 그같은 모순이 첨예하게 집약되어 있는 한국 자본주의의 경우 더더욱 그러하다.

이같은 커다란 문제의식을 전제로 하여 생각해볼 때 최근 진보운동 내의 새로운 이념 모색은 80년대 운동이 갖고 있던 일정한 '편향'을 정정한다는 의미에서, 또 나아가 다양한 대안들간의 민주적인 이론투쟁을 통한 운동의 발전이란 측면에서 원칙적인 수준에서는 불가피하고 바람직한 현상이라고 할 수 있다.

다만 문제는 이같은 모색이 "자본의 역사가 통합의 역사였다면 노동의 역사는 분열의 역사였다"는 한 역사가의 탄식처럼 가뜩이나 분열된 진보운동진영의 내부분열과 상호간의 필요 이상의 소모전을 야기해 '적전 분열'하는 것을 어떻게 방지하느냐는 점이다. 이는 특히 국내 진보운동역사의 일천함과 역량의 취약성을 고려할 때 더욱 그러하다. 또한 이같은 새로운 모색의 내용 그 자체가 아니라 새로운 모색의 창출과정에서 파생되는 부작용의 극소화라는 문제도 남아 있다.

즉 한 이론의 교조적 맹신자들이 이를 청산하고 새로운 이론의 맹신자로 변신하는 데서 생겨나는 이론·정치적 부작용과 이같은 '유행성 첨단주의'로 인해 이론과 운동이 축적되지 못하고 일회성 소모적인 것으로 흐르는 것을 방지하는 문제다.

이 점에서 국내 진보진영에서의 맑스주의 위기는 맑스주의 그 자체의 위기이기에 앞서 이를 교조적으로 이해해온 "한국맑스주의자의 위기" 내지 "맑스주의 이해의 위기"라는 유팔무 교수의 지적[41]과, "참다운 신념은 실력을 바탕으로 해서만 성립한다고 할 때 요즈음 80년대적 신념의 상실을

---

41) 유팔무, 「그람시 시민사회론의 이해와 한국적 수용의 문제」, 『경제와 사회』 12, 1991년 겨울호, 52면.

목청높이 공표하는 말소리도 그냥 귀넘어듣게 되지 않을 때가 많다. 그처럼 숱한 신념을 상실하고도 그것이 의당 상실되었어야 하는 것임을 곧바로 확인하고 심지어 새로운 확신으로 대체할 만큼 괄목할 실력의 비약이 그 새에 있었단 말인가"라는 백낙청 교수의 경고[42]를 되새겨볼 필요가 있다.

어쨌든 이제 과거와 같은 극단에서 또다른 극단으로의 일회성 이론섭렵이나 유행을 넘어서 이 책에서 소개한 다양한 민주주의 논쟁과 역사적 경험(좌절의 경험까지도 포함하여), 나아가 현실사회주의의 몰락과 자본의 국제화 등 변화한 세계질서까지도 포괄할 수 있는 한국사회의 '21세기형' 한국적 민주주의론과 민주변혁론을 천착해나갈 필요가 있다.

---

42) 백낙청, 「신념과 실력」, 『창작과비평』, 1992년 봄호, 2면.

새로운 세계질서와 민주주의

1. 문제제기

'제2의 러시아혁명'이라고 불리는 뻬레스뜨로이까는 세계질서를 '뻬레스뜨로이까'하고 있다.

'세계사회주의 체제'를 구성하고 있는 현실사회주의 사회들의 경우 사회주의 역사상 유례없는 위기 속에 그 생존 자체가 심각한 도전을 받고 있고 세계자본주의 체제의 경우도 '걸프전 이후 질서'(post-gulf war order)와 관련하여 그 내적 질서에 변화를 겪고 있다. 또 이들 양 체제간의 관계에 대해서도 '새로운 사고'와 관련하여 탈냉전구조가 가시화되고 있다.

「공산당 선언」 이후 150년이 지난 현재, 급변하는 세계질서 속에서 유럽을 배회하고 있는 것이 '공산주의라는 유령'이 아니라 '자유주의라는 유령' 임은 부인할 수 없는 사실이다. 이와같은 현상을 두고 일각에서는 자유주의의 최종적 승리와 역사의 종언을 천명하고 있다. 그러나 이같은 진단처럼 역사는 과연 끝났는가?

이 글의 목적은 이와같은 문제의식에서 1990년대와 21세기의 상당기간을

---

* 한국정치학회가 주최한 제2회 한국정치세계학술대회(1991년)에 발표한 「세계질서 개편의 정치경제학과 민주주의」를 축약한 것.

지배할 새로운 세계질서의 본질은 무엇인가 하는 새로운 세계질서의 '정치경제학'을 간략히 살펴본 뒤 이러한 변화가 민주주의에 끼칠 영향을 현대세계체제의 각 구성지역별로 분석해보는 데 있다.

2. 새로운 세계질서의 정치경제학

1) 현실사회주의 사회

현대사회체제는 세계자본주의 체제와 세계사회주의 체제로 구성되어 있다. 이중 가장 급격한 변화를 겪고 있는 것은 잘 알려져 있듯이 세계사회주의 체제다. 당초 누적된 모순을 해소하기 위해 '수동적 혁명'으로 촉발된 현실사회주의의 개편에 대해서는 사회주의 강화론, 자본주의로의 회귀, 이보전진을 위한 일보후퇴론, '두 개의 길'론 등 다양한 평가가 제기되어왔다. 그러나 서독에 의한 동독의 흡수통합이 웅변적으로 보여주듯이 현실사회주의의 개혁은 '사회주의의 강화'라는 선언적 목표와는 달리 '탈(脫)사회주의'로 나아가고 있는 것이 냉엄한 현실이다. 이 점에서 탈냉전은 단순한 데땅뜨가 아니라 한 진영의 붕괴이며 '넓은 의미의 냉전'은 지속되고 있다.[1]

이같은 사회구성의 내적 성격 변화(탈사회주의화) 이외에도 사회주의 사회들은 코메콘(동유럽상호경제협력기구)의 해체와 서구자본의 적극적 도입 등을 통해 세계자본주의 체제로 통합되고자 함으로써 세계체제로서 세계사회주의 체제가 와해되거나 최소한 부분적으로 와해되는 데로 귀결될 전망이다. 다만 여기에서 부분적 와해라는 단서조항이 필요한 것은 북한, 중국, 쿠바 등 비(非)유럽 사회주의 국가들의 경우 이에 대한 저항이 지속되고 있고 개별 사회주의 사회의 특수성으로 인해 전면해체를 이야기하는 것은

---

1) Fred Halliday, "Triumph of the West," *New Left Review*, no. 180(1990년 3·4월호), 13면.

시기상조이기 때문이다. 그러나 이들 잔존 반(反)뻬레스뜨로이까 사회주의 국가들도 이들이 과거와 같이 세계사회주의 체제를 구성하는 것이 아니고 세계자본주의 체제에 포위된 '고립된 섬'으로 남게 될 것이다. 나아가 사회주의 일반의 내적 모순과 외압 등으로 인해 이들 사회들도 점진적인 '통제된 개방'으로 나아갈 가능성이 크다.

이러한 현실사회주의 사회가 탈사회주의화하고 세계자본주의 체제로 편입해가는 것은 이들 사회의 국제경쟁력의 수준을 감안할 때 이들 사회가 선진자본주의 사회(특히 서유럽)에 종속되고 '제3세계화'하는 결과를 가져올 것이다.[2] 특히 서독에 흡수통합된 동독의 경우 결국 통일독일의 '내국 식민지'(internal colony)화 내지 '호남화'될 것이 자명하다.[3] 결국 이러한 변화는 이들 사회에서 새로운 민족모순과 계급모순을 배태시킴으로써 중장기적으로는 새로운 변혁운동을 불러일으킬 가능성이 높다. 또 이렇게 자본주의로 회귀함으로써 이들 사회의 급진개혁파들이 기대하고 있는 자본주의의 장점이 제대로 발현될 수 있을지는 미지수다. 오히려 예상되는 것은, 특히 소련의 경우, 현실사회주의의 단점과 자본주의의 단점을 결합한 '최악의 조합'이다.[4] 이는 현실사회주의 사회의 노동자 등 민중의 대부분이 '소비자'로서는 자본주의적 풍요를, '생산자'로서는 현실사회주의적 '무사안일주의'를 원하는 자기분열을 겪고 있는바[5] 자본주의로 회귀하는 것이 그 장점을 드러낼 정도로 기아와 실업의 위협을 통해 냉엄한 자본주의적 규율

---

2) 이와 유사한 견해로는 Eric Hobsbawm, "The End of Affairs"(Round Table), *Marxism Today*, 1990년 1월호, 45면; Saul Landau, "The East Joins the South," *Monthly Review*, 1990년 10월호, 29∼37면.

3) 이와 관련하여 한 연구자는 동·서독간의 관계를 "새로운 가부장적 관계"로 개념화하고 있다. Klaus von Beyne, "Transition to Democracy or Anschluss? The Two Germanies and Europe," *Government and Opposition*, vol. 25, no.2 (1990), 180면 참조.

4) 한 소련학자의 경우 '부정적 수렴'(negative convergency)이라는 개념을 통해 이와 유사한 우려를 표명하고 있다. Boris Kagarlitsky, "Importance of Being Marxist," *New Left Review*, no. 178(1989), 33면.

5) "러시아식으로 일하고 미국식으로 벌자"는 이러한 그릇된 분위기에 대해서는 Boris Kagarlitsky, "Preface to Chaos," *New Politics*, vol. 3, no. 2(1991년 겨울호), 177면.

과 통제를 이들에게 강제하기에는 이들의 힘이 아직은 너무 강력하지 않은
가 싶기 때문이다. 또 이들 사회의 자본주의화는 서구식 자본주의가 아니
라 귀속재산의 불하와 마찬가지로 구체제하의 특권층이 자본가로 변신하는
악성 관료자본주의와 외국과의 연계에 의해 이윤을 얻으려는 매판자본주의
로 나아갈 것이다.

한편 이러한 변화는 현대세계체제를 결국 세계체제론이 주장해온 대로
단일 세계자본주의 체제로 수렴하는 방향으로 바꾸어나갈 것이며 따라서
지금까지 세계체제의 기본모순 중의 하나였던 '진영모순'은 사실상 소멸하
거나 격하되고 민족모순과 계급모순의 중요성이 부상될 것이다[6](아래 참
조).

2) 선진자본주의 사회

위에서 지적한 현실사회주의 체제의 위기는 일부의 주장처럼 자본주의체
제의 '무(無)위기성'이나 자본주의의 최종적 승리, '역사의 종말'을 반사적
으로 보증해주는 것은 아니다. 굳이 자본주의의 '전반적 위기론'과 같은 고
추상적이고 '본질주의적' 세계자본주의 분석에 의존하지 않더라도 선진자본
주의 사회 역시 '일상적 위기'가 아닌 '유기적 위기'(organic crisis)를 겪고
있다.

국내적인 국가독점자본주의적 규제와 미국의 헤게모니하의 국제적 규제
(브레턴우즈 체제로 표상되는), 대량생산과 대량소비를 연계한 포디즘체제
를 통해 자본주의 사상 유례없는 장기간의 안정과 호황을 누려온 전후 선
진자본주의는 1970년대 이후 포디즘의 위기와 관련하여 평균이윤율의 하락
등 위기가 장기화되고 있다.[7] 또 국가독점자본주의의 발달은 독점자본의
초과이윤 보장을 위한 '사회지출'의 수요 증가와 독점자본 팽창의 폐해(실

---

6) 이와 유사한 견해로는 Samir Amin, "The Future of Socialism," *Monthly Review*,
   1990년 7·8월호, 26면.

7) Alan Lipietz, "Behind the Crisis of the Exhaustion of a Regime of Accumulation,"
   Review of Radical Political Economics, vol. 18, no. 1-2(1986년 봄·여름호).

업 등)를 중립화하기 위한 '사회자본'의 팽창을 야기함으로써 국가의 재정
위기를 불러일으키고 있다.[8] 국제적으로도 브레턴우즈 체제의 내적 모순들
이 이러한 위기와 결합해 현재화함으로써 국제적 규제의 골격이 붕괴하고
말았다.

이러한 모순과 위기의 심화에도 불구하고 선진자본주의 사회의 노동운동
과 좌파변혁운동의 침체를 고려할 때 가까운 장래에 이들 사회에서 급격한
사회변혁이 이루어지리라고 기대할 수는 없을 것 같다. 그러나 신보수주의
라는 자본의 공세 역시 국가재정 위기 등의 문제를 해결하는 데 성공을 거
두지 못하고 있으며 과학기술혁명과 결부해 선진독점자본이 추진하고 있는
네오포디즘체제로 이행함으로써 위기를 극복하는 것 역시 많은 장애와 저
항으로 인해 그리 쉽게 실현되지 못할 것이라는 점에서 사회적 교착상태하
에 위기가 장기적으로 지속될 것을 전망해볼 수 있다. 특히 일부 학자들의
경우 단기적으로(1990년대)는 이러한 자본주의의 위기가 오히려 심화될 것
이라고 전망하고 있다.[9] 다만 현실사회주의 위기와 관련하여 나타나고 있
는 새로운 자본의 공세와 동구 등 새로운 시장의 등장이 이러한 위기를 해
소하는 데 커다란 기여를 할 것으로는 보인다.

이밖에 세계자본주의 체제에서 주목할 또다른 측면은 세계체제의 헤게모
니 이행 문제다. 세계자본주의 체제의 헤게모니가 변화하는 문제에 대해서
는 미국 헤게모니 쇠퇴론과 쇠퇴부정론이 맞서 논쟁을 벌이고 있는 것은
주지의 사실이다.

세계체제 헤게모니란 단순히 경제적 헤게모니뿐만이 아니라 정치·군사
적 헤게모니를 요구한다는 점에서 경제력의 부상을 이유로 일본의 헤게모
니화를 논하기에는 아직 시기상조임에는 틀림이 없다. 특히 이번의 걸프전
쟁은 세계헤게모니를 위해서는 경제적 헤게모니뿐만이 아니라 정치·군사
적 헤게모니가 필요하다는 것을 잘 보여주었다. 따라서 세계자본주의 체제

---

8) James O'Conner, *The Fiscal Crisis of the State*, NY: St. Martin's Press 1973.

9) I. Wallerstein, "The Capitalist World Economy: Middle Run Prospects," *Alter-
   natives*, vol. 14, no. 3(1989년 7월호), 279~83면; 황병덕, 「세계자본주의의 장기
   불황과 미국 헤게모니의 위기」, 『한국과 국제정치』, vol. 7, no. 1(1991년 봄호),
   229면.

의 헤게모니 문제는 단기적으로는 미국의 헤게모니가 재강화되는 추세를 보일 것이다. 이와 관련하여 주목되는 것은 역사상 헤게모니 쇠퇴의 원인이 되어온 군사비부담 문제를 해결하기 위해 미국이 군비부담 분담제라는 새로운 전략('무임승차자'(free-rider) 규제 전략)을 창안했다는 점, 우루과이라운드, 이라크사태에 대한 다국적군 참전 등 국가독점자본주의의 국제적 규제의 강화를 통해 미국 헤게모니하의 '초제국주의' 체제를 구축하려고 노력하고 있다는 점이다. 그러나 헤게모니의 영구화나 제국주의간의 모순이 극복된 초제국주의화란 자본주의의 기본법칙상 현실적으로 거의 불가능하다는 점에서 중장기적으로는 미국의 헤게모니가 쇠퇴하고 제국주의간의 모순이 심화되는 것은 불가피하지 않나 싶다. 특히 전후 미국 헤게모니 체제가 성립하도록 해준 중요한 계기 중의 하나인 진영모순이 현실사회주의의 개혁과 관련하여 약화될 전망이라는 점, 동구변혁 이후 유럽통합운동이 '유럽합중국'화를 향해 가속화되고 있다는 점 등은 모두 이러한 추세가 심화될 것임을 예고해주고 있다 하겠다. 이밖에 이라크사태와 관련한 일본의 자위대파병 움직임 등 일본의 재무장화와 군사대국화의 움직임이 시사적이다.

3) 제3세계

앞에서 지적한 세계체제의 변화는 제3세계의 내적 발전 다이내믹(그 구체적 내용은 개별 사회구성에 따라 차이가 있기는 하지만)과 결합하여 다음과 같은 변화를 제3세계에 가져다줄 것이다.

(1) 사회주의 지향국의 쇠퇴

그동안 제3세계에서는 제국주의 식민지체제의 붕괴와 함께 세계사적 역관계의 변화(사회주의에 유리한) 때문에 자본주의 단계를 뛰어넘어 '비(非)자본주의적 길'을 통해 사회주의로 나아갈 수 있다는 사회주의 지향론에 의해[10] 버마, 이집트, 앙골라, 에티오피아, 모잠비크, 남예멘, 니까라과 등이 '사회주의 지향의 길'을 걸어왔다. 특히 생산력의 발전수준 등이 뒤떨어진 이들 사회의 '사회주의 지향'에서 핵심적인 것은 이 지향의 헤게모니를 사회주의 진영이 담보해주며 지원해준다는 가설이었다. 그러나 최근 소련이 사회주의 지향론을 공상적 주의주의라고 비판하면서 이들 사회에 자본주의화를 '권유'하고 나섰을 뿐 아니라[11] 원조를 중단함으로써 사회주의 지향국의 쇠퇴가 예상된다. 사실 이에 따라 니까라과, 남예멘이 이미 사회주의 지향의 길에서 이탈했고 나머지 사회들도 그러한 방향으로 나가고 있다.

(2) 양적 팽창과 재구조화

많은 학자들이 '제3세계의 종말'을 이야기하고 있는 이 시점에서 '기이하게도' 제3세계의 양적 팽창을 전망하는 이유는 앞에서 지적했듯이 동구 등 현실사회주의 국가들이 세계자본주의 체제에 편입하면서 '제3세계화'할 것이 자명하기 때문이다.

이러한 현실사회주의 사회들의 제3세계로의 편입은 국제분업체계 전반의 재조정을 가져옴으로써 제3세계 전반의 재구조화를 초래할 것이다. 특히 이들의 편입은 신흥공업국(NICs)이라고 불리는 한국 등 제3세계 '엘리뜨 군단'(종속적 국가독점자본주의국)에 대해 새로운 경쟁대상으로 등장하여 한국 등에 국제분업상의 '지위하강' 요인으로 작용할 수도 있다. 그러나 역으로 한국 등 NICs의 독점자본이 동구시장에 적극 뛰어들어 선진자본주의에 대해서는 경쟁력이 없는 자본재의 수출특화를 이루어낼 수 있다면 이는 NICs의 '지위상승' 계기로 작용할 수도 있다.

---

10) 그 이론적 기초와 현황에 대해서는 각각 G. Kim et al., *Lenin and National Liberation in the East*, Progress 1978, ch. 3과 ch. 5; A. Kulikov, *Political Economy*, Progress 1989, 132면.

11) A. Kiva, "Socialist Orientation: Realities and Illusions," *International Affairs*, 1988년 7월호, 78~86면 참조.

(3) 제국주의 지배강화와 민족해방 사회변혁운동의 고양

우루과이라운드가 잘 보여주듯이 선진자본주의 국가들이 내적 모순, 특히 1970년대 이후 가시화된 축적위기를 극복하기 위해 제3세계를 지배하고 제3세계에 개입할 필요성이 높아지고 있다. 반면 현실사회주의의 위기, '새로운 사고'의 '계급협조주의적' 노선으로 인해 이를 상쇄할 만한 견제추를 잃어버림으로써 제3세계가 선진자본주의의 한층 노골적인 지배와 개입 밑에 놓일 것으로 예상된다. 물론 새로운 사고의 지지자들은 새로운 사고가 냉전체제를 와해함으로써 제국주의 개입의 구실을 제거할 것이라는 낙관론을 피력하고 있으나[12] '양의 탈을 쓴 늑대를 양으로 보고' 일방적 무장해제를 선언한 새로운 사고는[13] 니까라과에서의 반혁명의 성공, 빠나마에 대한 미국의 무력개입, 이라크사태 등이 보여주듯이 이미 그 정반대 효과를 가져오고 있다.

이러한 선진자본주의 지배강화는 일방적인 지배강화로 끝나는 것이 아니라 제3세계에 민족모순과 계급모순의 심화를 가져옴으로써 궁극적으로는 민족해방 및 사회변혁운동의 고양을 야기할 것이다. 특히 앞에서 지적했듯이 동구에서도 세계자본주의 체제로 편입한 이후 종속화되면서 새로운 민족모순과 반제국주의 운동이 생겨나고 자본주의적 수탈이 되살아남에 따라 계급모순의 부활과 새로운 사회변혁운동의 성장이 이루어질 것이다.[14] 따라서 진영모순의 소멸에 대비되는 민족모순과 계급모순의 부상이 기대된다.

그러나 '제국주의'의 지배강화는 이러한 민족모순 및 계급모순의 심화를 통해 운동고양의 객관적 조건만을 창출할 뿐이라는 점에서 이에 상응하는

12) Y. Krasin 외, 「현대세계와 공산주의」, 『사회주의 대개혁의 논리』, 풀빛 1990, 321면.

13) 아찌노세 히데후미, 「현대자본주의의 제국주의적 본질은 변했는가」, 『오늘의 정치경제학』, 한울 1989, 131면.

14) Cliff Durand, "The Exhaustion of Developmental Socialism," *Monthly Review*, 1990년 12월호, 18면.

주체적 역량의 성숙이 없이 자동적으로 운동의 고양, 나아가 성공을 보증
해주는 것은 아니다. 특히 일단 변혁이 성공을 거둔다 하더라도 세계사회
주의 체제의 해체와 함께 외부로부터의 반혁명적 개입을 방지할 만한 견제
추의 상실과 세계체제로부터의 고립이라는 객관적 조건 때문에 장기적으로
생존하는 데 어려움이 예상된다. [15]

(4) 내적 분화의 심화

자본주의의 불균등발전법칙에 의해 1970년대 이후 제3세계에서는 NICs
라고 불리는 종속적 국가독점자본주의 사회의 등장 등 그 내부분화가 가시
화되어왔다. 이러한 내부분화는 불균등발전법칙 이외에도 다양한 사회성격
의 차이, 초국적독점체의 선별적 투자전략 등과 결합하여 더욱 가속화될
전망이다. 이같은 내부분화의 심화는 그 사회성격과 모순구조의 차별화에
따른 극복과제 및 변혁유형의 다양화라는 함의 이외에도 국제적인 제3세계
연대운동을 더욱 어렵게 한다는 문제를 제기한다. 그러나 내부분화에 따른
'다양성' 속에서도 관통되는 종속이라는 '통일성'을 고려할 때 '제3세계의
종말론'은 시기상조이며 허구라고 할 수 있다.

4) 민족국가에 대한 도전

마지막으로 앞에서 본 세계체제의 각 구성요소의 정치경제학적 성격과
상관없이 예상되는 변화는 민족국가에 대한 다양한 수준의 도전이다. 물론
민족국가에 대한 도전문제는 1970년대 초국적기업의 부상과 자본의 국제화
와 관련하여 '민족국가종말론'이라는 형태로 제기된 바 있으나 이러한 예측
은 현실과 거리가 먼 것이었음이 입증된 바 있다. [16] 그러나 이와는 또다른

---

15) 이와 유사한 견해로는 Caros Vilas, "Is Socialism Still an Alternative for the
  Third World," *Monthly Review*, 1990년 7·8월호, 20면 참조.

16) 그 대표적인 예는 Raymond Vernon, *Sovereignty at Bay*, NY: Basic Books
  1971; R. Murray, "The Internationalization of Capital and the Nation State,"

차원의 도전이 예상되는바, 이 가운데 하나는 더욱 구심력적인 운동으로서
유럽합중국과 같은 더 높은 수준의 정치적 단위로 이행하려는 움직임에 따
른 도전이라고 할 수 있다. 이보다 보편적이고 심각한 도전은 원심력적인
운동으로서 세계 각처에서 일어나고 있는 민족문제와 결부된 분리주의 운
동이다. 이러한 민족문제는 최근 유혈사태로 발전한 이라크(쿠르드족), 인
도, 유고슬라비아, 소련 등에서뿐만 아니라 제1,2,3세계의 경계를 뛰어넘
어 모든 지역에서 민족국가에 심각한 도전을 가져올 것으로 예상된다. 우
리나라의 경우도 예외는 아니어서 지역문제는 이제 위험수위를 넘어선 상
태이고 근본적인 치유책이 제시되지 않는 한 이같은 사태로 발전하는 것을
막기 힘들다고 볼 수 있다. [17]

3. 새로운 세계질서와 민주주의

1) 민주주의에 대한 이론적 전제

위에서 지적한 세계질서의 재편이 민주주의에 어떠한 영향을 끼치게 될
것인가를 논의하기 위해서는 민주주의에 대한 이론적 전제가 필요하다 하
겠다.

민주주의를 논하는 데서 항상 부딪히는 어려움은 민주주의가 무엇을 의
미하는가에 대한 이론적 합의가 없다는 사실이다. 이 글에서는 이러한 합
의가 없음을 전제로 하여 앞으로 논의하는 데서 이론적 기초가 될 민주주
의의 개념화 문제를 간략하게 짚고 넘어가고자 한다.

New Left Review, no. 67(1971년 5 · 6월호); Bill Warren, "How International Is
Capital?," *NLR*, no. 68(1971년 7 · 8월호).

17) 일찍이 미국의 국제원조처(AID)까지도 한국 근대화모델에 대한 KDI-Harvard
프로젝트에 관한 논평에서, 이 연구가 심각한 한국의 지역문제를 간과했다고 비판
한 바 있다. D. Steinberg, "Development Lessons from the Korean Experience,"
Journal of Asian Studies, vol. XLII, no. 1(1982년 11월호), 94~95면.

 민주주의의 첫번째 개념화는 민주주의를 그 절차적 측면보다는 지배 내지 국가권력의 사회적 성격 또는 내용을 중심으로, 즉 '다수민중의 지배'로 이해하는 방식이다. 민주주의의 어원이자 그 역사적 효시인 그리스의 민주주의가 이같은 이해방식으로, 이때 민주주의는 말 그대로 Demos(인민)의 Kratos(지배)를 의미한다. 특히 이 경우 플라톤과 아리스토텔레스가 지적했듯이 민주주의의 요체는 단순한 수적인 다수의 지배가 아니라 '무산빈민계급의 지배'로 이해된다. 즉 이러한 전통에 따르면 "민주적 절차에 따라 귀족들이나 부자들이 집권할지라도 그 정체는 여전히 귀족정 내지 과두정인 반면, 설령 폭력적 방식으로 집권하거나 또는 독재적 방식으로 통치하더라도 그 정권이 다수 피지배대중의 정권이라면 여전히 민주정"이라는 것이다.[18]

 민주주의에 대한 두번째 이해방식은 현대민주주의와 관련하여 가장 광범위하게 퍼져 있는 이해방식으로, 민주주의를 단순히 권력의 행사방식과 관련한 절차적 측면에 국한해 파악하는 방식이다. 즉 민주주의를 '누가 지배하느냐'의 문제로 이해하는 첫번째 방식과 달리 이러한 입장은 민주주의를 단순히 '어떻게 지배하느냐'의 문제로 바꾸어버린다. 민주주의를 언론·집회·결사의 자유, 보통선거권, 공정한 선거 등으로 이해하는 '초기'달(Dahl)류의 다원주의나 보비오(Bobbio)류의 '자유주의적 사회주의'가 그 대표적인 예로 이러한 이해방식은 민주주의=자유민주주의라는 등식을 가능케 한다.

 그러나 민주주의의 일면만을 절대화하는 이러한 이해방식들은 모두 문제가 있고, 민주주의에 대한 올바른 이해는 극히 원칙적인 이야기이지만, 그 실질적인 내용과 절차 내지 형식적 측면을 변증법적으로 통일시켜 파악할 때 가능하다고 볼 수 있다. 민주주의를 탈역사화하여 절차의 문제로 협애화하는 것도 문제이고 역으로 실질적 내용이라는 이름하에 그 형식적 측면을 무시하는 것도 문제가 많다 하겠다. 결국 이러한 일면적 파악은 '형식적 민주주의냐 아니면 실질적 민주주의냐'라는 그릇된 이분법 내지 양자택일적 문제설정으로 나아가게 된다고 볼 수 있다. 민주주의의 궁극적 목

---

18) 김세균, 「자유주의란 무엇인가」, 『사회평론』, 1991년 6월호, 116면.

표는 실질적인 내용에서 '민중의 지배'이고 이 점에서 형식적 민주주의는 한계가 자명하지만 그것이 실질적 민주주의라는 이름하에 형식적 측면을 파괴하거나 무시하는 데로 나아가서는 아니되고 절차 면에서도 민주주의의 지속적인 발전이 이루어지고 그 위에 내용적 측면까지 채워져야 한다는 것이 필자의 생각이다. 즉 민주주의에서 절차성은 결코 충분조건이 될 수는 없지만 필요조건이기는 하지 않느냐는 것이다.

이러한 문제의식에서 양 측면간의 연관을 무시하고 단순히 형식논리적으로 '순수가정'적 상황을 상정해본다면 다음과 같은 네 가지 경우를 가상해 볼 수 있다.

① 절차성 ×, 내용성 ×

② 절차성 ○, 내용성 ×

③ 절차성 ×, 내용성 ○

④ 절차성 ○, 내용성 ○

민주성이란 제로 대 100%의 문제가 아니고 많은 경우 정도의 문제일 수 있다는 점에서 위의 가정적 유형으로 현존하는 사회들을 분류하는 데는 어려움이 따르고 또 많은 논쟁을 유발할 수 있다. 그러나 이 글의 논의를 위해 다소 과잉단순화의 위험을 무릅쓰고 굳이 분류를 해본다면 제3세계의 경우 대부분 ①의 유형에 속한다고 볼 수 있고(1980년대의 세칭 '민주화'에도 불구하고 이같이 분류하는 이유에 대해서는 아래 참조), 선진자본주의 사회들은 ②의 유형에 가깝다고 볼 수 있다. 현실사회주의 사회의 경우 그 사회 성격을 어떻게 보느냐에 따라 ①의 유형으로 분류될 수도, ③의 유형으로 분류될 수도 있다고 하겠다. 즉 현실사회주의 사회들이 아무리 관료적 왜곡 등 문제점이 있다고는 하지만 본질적으로 사회주의 사회이며, 더 나아가 절차적인 면의 결함에도 불구하고 국가권력의 성격 면에서 민중의 지배가 관철되고 있는 사회로 파악할 경우 이들 사회를 ③의 유형으로 인식하게 된다.[19] 그러나 이와 달리, 이들 사회를 다수민중이 소외되고 국가부르조아가 국가권력의 주체인 국가자본주의 사회로 보거나 그렇지 않더라도 '프롤레타리아독재'라는 이름 아래 '프롤레타리아트에 대한 독재'가 이루어

---

19) 이같은 대표적인 입장으로는 Albert Szymanski, *Is the Red Flag Flying: The Political Economy of the Soviet Union* (London: Zed 1979), ch. 5 참조.

져온 체제로 인식하는 경우 ①의 유형으로 파악하게 된다. [20] 현실사회주의
사회를 국가자본주의 사회로 정의하는 데에는 문제가 많지만, 현실사회주
의의 위기가 실질적 민주주의에는 문제가 없었으나 단순히 절차적 민주주
의의 결여로 생겨난 것으로 보는 것은 문제가 있다는 점에서 오히려 ①의
유형에 가깝지 않느냐는 생각이 든다.

한편 형식성과 내용성이 채워진 민주주의(④ 유형)는 맑스가 '꿈꾸었던'
이상으로서 아직까지는 실현되지 못한 공백으로 남아 있다고 볼 수 있다.

아무튼 이 논문에서는 민주주의의 절차적 측면과 내용적 측면이라는 두
가지 기준에서 세계체제의 3대 구성부문인 선진자본주의 사회, 제3세계,
현실사회주의 사회의 민주주의적 현 위상을 간단히 진단하면서, 이것을 기
초로 하여 세계체제의 재편이 이들 사회의 민주주의에 어떠한 영향을 끼칠
것인가를 분석해나가고자 한다.

2) 선진자본주의 사회와 민주주의

선진자본주의 사회의 민주주의 내지 민주화 문제를 이야기하는 것은 얼
핏 기이하게 들릴 수 있다. 특히 민주주의＝절차적 민주주의＝자유민주주
의라는 등식에 기초를 둔 서구'중심적' 이해방식에 따르면 선진자본주의 사
회에서 민주주의는 이미 '달성'된 것이기 때문이다. 그러나 민주주의는 완
성체로 존재하는 것이 아니고 부단히 발전하고 완성시켜나가야 하는 경향
성이다.

이러한 문제의식에서 바라볼 때 선진자본주의 사회를 특징짓는 자유민주
주의 체제는 모든 국민에게 형식적 평등·자유·참정권을 부여함으로써 고
대그리스 민주주의나 봉건제, 동일한 자본주의 국가 중 보나빠르띠슴, 파

---

20) Charles Bettelheim, "On the Transition between Capitalism & Socialism,"
"Move on the Society of Transition," in Paul Sweezy & C. Bettelheim, *On the
Transition to Socialism*, NY: Monthly Review 1971; Istvam Mezaros, "Political
Power & Dissent in Post-Revolutionary Societies," in L. Althusser et al., *Power &
Opposition in Post-Revolutionary Societies*, London: Ink Links 1979, 116면.

시즘, 제3세계 독재체제와 같은 비민주적인 국가형태 내지 통치형태에 비해 민주적인 것은 사실이다. 또 절차적 민주주의를 더욱 발전시키고 나아가 실질적 민주주의까지도 충족시켜나간다는 사회주의적 민주주의가 이론과 달리 실질적 민주주의라는 이름 아래 형식적 민주주의조차 충족시키지 못해오다 위기에 봉착한 현실사회주의의 위기와 개편이 이들 사회의 자유민주주의를 상대적으로 '특권화'시켜주고 있는 것은 부인할 수 없는 사실이다. 그러나 이들 사회의 정치체제는 아무리 절차 면에서 민주적이라 할지라도 그것이 자본주의 국가의 한 형태이며 따라서 자본가계급의 계급권력과 헤게모니의 한 관철형태라는 한계, 즉 형식적 평등 뒤에 은폐된 실질적 불평등과 다수민중의 정치권력으로부터의 소외라는 문제는 계속 남고 민주주의 본래의 뜻인 진정한 의미의 '민중의 지배'(실질적 민주주의)와는 거리가 멀다 하겠다. 이러한 이유 때문에 달, 린드블럼과 같은 대표적인 '초기' 다원주의적 민주주의론자들까지도 현대자본주의 사회는 "정치적 평등과 민주주의적 과정을 왜곡할 만큼 강력한 사회적 자원 및 경제적 자원의 불평등을 만들어내고"[21] 있음으로써 "평등이 실현되는 것이 아니라 저해되는 방향으로, 자유가 증진되기보다는 저해되는 방향으로" 나아가고 있고 "다원주의가 민주주의적이기 때문이 아니라 민주적이 아니기 때문에 시장체제와 결합하게 되는 역설적인 결과"를 초래하고 있다고 자기비판을 하고 있다. 뿐만 아니라 자유민주주의의 기준 그 자체로 볼 때도 제3세계는 물론 "서구사회에서 자유민주주의는 실현된 것인가? 그 대답은 명백히 '아니다'이다"라는 비판까지 제기되고 있다.[22]

실질적 민주주의 문제는 일단 논외로 하고라도 단순한 형식적 민주주의와 실질적 민주주의를 매개하는 연관고리들 중의 일부라고 볼 수 있는 사회적 민주주의, 산업민주주의, 경제민주주의 등 세칭 '새로운 형태의 민주주의'에서도 선진자본주의 사회의 현주소의 한계는 자명하다 하겠다.[23] 이

---

21) Robert Dahl, *A Preface to Economic Democracy*, Cambridge: Polity Press 1985, 60면. 이밖에 Charles Lindblom, *Politics & Markets* (New York: Basic Books 1977) 등 참조.

22) 최장집, 「서구에서 자유민주주의는 성공했는가」, 『사회평론』, 1991년 6월호, 127면.

밖에 절차적 민주주의란 면에서도 선진자본주의 사회의 민주성은 제도화된 억압성과 제약 등으로 인해 절대적인 것이 아니고 상대적인 것일 뿐이다.[24]

이러한 일반적인 문제점 이외에도 주목해야 할 점은 1980년대 이후 부상한 신보수주의화라는 역사적 국면과 관련하여 그간 선진자본주의 사회에서 획득된 민주주의적 권리와 성과들이 형식, 내용 양면에서 오히려 후퇴해오고 있다는 점이다. 이러한 민주주의의 후퇴는 이미 1970년대 중반 '반역의 1960년대'에 대한 반작용으로 세계질서의 '초제국주의적' 지배전략을 지향하는 '삼각위원회'(Trilateral Commission)의 연구보고서에서 지적한 "민주주의의 과잉"과 "통치 가능성의 위기"라는 진단에서 예고된 바 있다.[25] 세칭 '또끄빌효과'에 대한 우려는 전후 선진자본주의 사회의 기본골격을 이루어온 '포디즘'과 '케인즈주의'의 소진과 그 내적 모순의 위기화로서의 '복지국가의 위기', 생산의 국제화와 신국제분업에 의한 선진자본주의 사회의 '탈산업화'와 이에 따른 갖가지 사회적 부작용, '새로운 냉전'의 개시 등 복합적 요인과 결합하여 신보수주의라는 정치세력으로 물질화되어 '법과 질서' 사회로의 회귀를 주도해오고 있다. 이러한 민주주의의 퇴화에 대해 풀란차스는 선진자본주의 사회가 "정치적 민주주의 제도들의 급격한 후퇴와 소위 '형식적' 자유의 다양한 형태의 축소와 결합된 사회경제생활의 모든 영역에 대한 국가통제가 강화된" '권위주의적 국가주의'(authoritarian statism)로 나아갈 것이라고 예측한 바 있다.[26] 이밖에 레이건주의와 새처주의로 상징되는 이러한 정치체제의 변화에 대해 그 어느 때보다도 세련된 인간적 얼굴을 하고 있기 때문에 더욱더 위험한 '우호적 파시즘'(friendly fascism)[27]이라는 극단적 평가로부터 억압과 규율의 강화가 다수민중의 '비

---

23) 이들 새로운 민주주의의 전망에 대해서는 David Held et al. (eds.), *New Forms of Democracy* (London: Sage Pub. 1986) 참조.

24) 이에 대해서는 Alan Wolfe, *The Seamy Side of Democracy: Repression in America*, NY: Longman 1978, Second Ed. 등.

25) Michel Crozier et al., *The Crisis of Democracy: Report on the Governability of Democracies to the Trilateral Commission*, NY: New York Univ. Press 1975.

26) Nicos Poulantzas, *State, Power, Socialism*, London: Verso 1978, Part 4.

27) Bertman Gross, *Friendly Fascism: The New Face of Power in America*, Boston:

합리적’ 지지 속에 이루어지는 ‘권위주의적 포퓰리즘’(authoritarian populism)이라는 평가[28]까지 다양한 평가가 제기되고 있다. 다양한 이들 개념화 중 어떠한 것이 가장 올바른 개념화이든간에 중요한 것은 신보수주의화와 함께 이들 사회에서 민주주의의 실질적 측면에서는 말할 것도 없고 언론 및 정보의 자유 등 형식적 민주주의 면에서도 민주주의가 후퇴해온 것이 세계질서 개편 시기 이전의 정세였다는 점이다. (이같은 후퇴는 국가의 초헌법적 행위 나아가 비상시국의 계엄령계획까지 밀실에서 입안한 이란콘트라 스캔들이 가장 웅변적으로 보여주고 있다.) 특히 여기에서 주목해야 할 점은, 원래 민주주의와는 꽤 거리가 먼 고전적 자유주의가 밑으로부터의 압력에 의해 민주주의를 수용하여 변신한 자유민주주의 속에 내재해온 자유주의와 민주주의 간의 갈등과 모순이 이를 지탱해온 물적 토대의 위기와 함께 첨예화되면서 ‘민주주의에 대항하는 자유주의’(liberalism against democracy)의 제로섬적인 공세로 바뀌어왔다는 점이다.[29] 마지막으로 이러한 후퇴는 미국·영국 등 보수세력이 집권한 국가들에 국한된 것이 아니고, 사회민주주의의 내재적 한계와 생산의 국제화 등 정치·경제의 국제화의 영향으로 프랑스, 노르웨이, 그리스, 포르투갈, 스페인 등 사회당 내지 사회민주당 집권 국가들까지를 포함하여 전반적인 국제적 신자유주의(global neoliberalism)화 내지 ‘자유방임 및 내핍(austerity)의 국제화’로 귀결되어왔다는 점이다.[30]

South End Press 1980.

28) Stuart Hall et al. (eds.), *The Politics of Thatcherism*, London, 1983, 10~11면.

29) D. Held, “Introduction: New Forms of Democracy,” in D. Held et al., 앞의 책, 2면.

30) 이에 대해서는 Otto Holman, “In Search of Hegemony: Socialist Government and the Internationalization of Domestic Politics in Spain,” *International Journal of Political Economy*, vol. 19, no. 3(1989년 가을호), 6~101면; James Petras, “The Contradictions of Greek Socialism,” *New Left Review*, no. 163(1987년 5·6월호); Jan Fagerberg et al., “The Decline of Social-Democratic State Capitalism in Norway,” *New Left Review*, no. 181(1990년 5·6월호), 60~94면; Donald Share, “Dilemmas of Social Democracy in the 1980s,” *Comparative Political Studies*, vol. 21, no. 3(1988년 10월호), 408~35면 등.

　일단 이러한 현실을 전제로 하여 세계질서의 재편은 선진자본주의 사회의 민주주의에 어떠한 영향을 끼칠 것인가?

　여기에서 서구사회에서 민주주의, 즉 자유민주주의는 시장의 원리에서 자동적으로 도출된 것이 아니라 노동자계급 등의 밑으로부터의 투쟁의 산물이며 또 이러한 밑으로부터의 요구를 수용할 수 있었던 선진자본주의의 '탄력성과 팽창성'의 결과(개량의 물적 토대)라는 점을 상기할 필요가 있다. 그러나 앞에서 보았듯이 이러한 토대의 위기와 함께 축적의 논리와 민주주의 간의 갈등이 첨예화되면서 '민주주의의 과잉'이란 기치 아래 진행되어온 자본의 공세로 선진자본주의 사회는 민주주의의 후퇴를 경험해왔고 이 추세는 현실사회주의의 탈사회주의화 등 세계질서의 재편, 축적위기로부터 탈출하기 위한 선진자본주의의 근본적인 재구조화의 필요성 등과 결합하여 더욱 가속화될 것으로 보인다. 이렇게 민주주의 후퇴경향이 지속되리라 전망하는 이유는 민주주의가 밑으로부터의 압력의 산물이며 기본적으로 사회세력간의 역관계를 반영하는 것인데, 현재 선진자본주의 사회에서 진행되고 있는 자본의 공세, 특히 세계질서 재편과 관련해 예상되는 이러한 공세의 가속화를 막을 만한 민중부문의 사회적 힘이 없기 때문이다. 즉 선진자본주의 사회의 민중부문 등 민주주의 수호세력들이 1920~30년대의 파시즘과 같은 급격하고 전면적인 정치적 반동화를 막을 만한 사회적 기반과 힘은 확보하고 있지만 현재 진행되고 있는, '야금야금형 권위주의(creeping authoritarianism)화'를 막기에는 역부족인 것 같다. 특히 이와 관련하여 주목할 점은 1980년대 이후 계속되고 있는 좌파 정당과 운동의 침체가 더욱 가속화되면서 이에 대항할 만한 대항헤게모니 프로젝트가 없다는 현실이다. 물론 자본의 신자유주의와 네오포디즘적 전략에 대항하여 생산과정에서의 유연전문화, 탈중앙화, 자율화 등을 강조하는 포스트포디즘론이 제기되고 있기는 하나 프루동류의 소생산자연합체에 기초를 둔 '연합민주주의'가 현실적으로 가능한 대안인지, 나아가 이 대안('디자이너사회주의'[?])이 현실적인 힘을 발휘할 수 있을지는 의문이다.[31]

31) Paul Hirst et al., "Flexible Specialization versus Post-Fordism," *Economy & Society*, vol. 20, no. 1(1991년 2월호), 1~56면; Michael Rustin, "The Politics of Post-Fordism," *New Left Review*, no. 175(1989년 5・6월호), 54~77면; Simon

둘째, 현실사회주의의 위기에 따른 일종의 경쟁의 소멸, 이에 따른 '개혁의지'의 소멸은 민주주의의 발전을 저해하게 될 것이다. 특히 이와 관련하여 서구의 아이디어, 즉 자유주의적 승리는 자명하고 이제 "이전의 모든 모순은 해소되고 모든 인간의 욕구는 충족"됨으로써 '역사의 종말'에 이르게 되었다는 '의제(pseudo)헤겔주의'가 대대적인 각광을 받고 있다는 사실이 시사적이다. 32) 이제 모든 모순은 사라지고 역사는 행복한 종언을 기했는데 민주주의의 발전을 이야기하는 것부터가 난센스 아닌가?

셋째, 특히 유럽의 경우 유럽통합운동은 "서구자본주의를 재편하기 위한 제1의 축으로서 탈규제·자유방임·내핍의 전유럽화"를 가져옴으로써 민주주의의 후퇴를 가속화할 전망이다. 특히 "민주적 의사형성으로부터 유럽공동체(EC) 내 대다수에게 생사여탈적 상관성을 가진 결정을 분리하고, 그것을 코메콘과 그들 단체간의 로비, 유럽관료간의 협상과 협정으로 옮기는 경향"은 주목할 만하다. 33) 물론 일각에서는 유럽의회 내에 진보적 세력이 개별국가의 의회에 비해 상대적으로 과잉대표되고 있다는 점을 들어 유럽통합운동이 민주주의에 끼칠 영향에 대해 낙관적인 견해를 피력하고 있으나 이는 '도구주의적' 낙관론이라 하겠다.

이러한 민주주의 후퇴경향을 상쇄하는 반경향이 없는 것은 아니다. 우선 신보수주의가 상당히 '막바지'에 달한 감이 있다는 것과 신보수주의의 폐해가 가시화되면서 이에 대한 저항이 늘어나고 있다는 점이다. 영국에서 일어난 주민세와 관련한 대규모 저항이라든가 독일통일 뒤 심각하게 대두되고 있는 반(反)기민당운동 등이 그 예다. 그러나 이러한 저항이 전반적인 정세를 역전시킬 수 있을지에 대해서는 회의적이다.

두번째로 고려해야 할 사실은 특히 세계질서 재편과 직접적으로 연관이

Clarke, "The Crisis of Fordism or the Crisis of Social-Democracy?," *Telos*, no. 83 (1990년 봄호), 71~98면 등.

32) Francis Fukuyama, "The End of History," *The National Interest*, 16(1989년 여름호), 3~18면. 이에 대한 비판적 평가로는 Stephen Bronner, "Reflections on the End of History," *New Politics*, vol. 3, no. 1(1990년 여름호), 111~28면.

33) Jorg Huffschmid, 「시장통합 1992——배경, 공격방향 그리고 전망」, 『동향과 전망』, 1991년 여름호, 155면. 이밖에 Frank Deppe, 「서구노동운동과 유럽공동체」, 『동향과 전망』, 1991년 여름호, 155~64면 참조.

있는 것으로 세계사회주의 체제의 해체와 세계자본주의 체제로의 편입, 세계사회주의 체제의 해체에 따른 선진자본주의 사회의 제3세계 지배·개입에 대한 견제주의의 소멸이라는 변화다. 이러한 변화는 이들 사회에 새로운 팽창의 대상을 제공하여 새로운 위기탈출의 계기를 마련해줌으로써 고전적 자유주의로 하여금 민주주의의 요구를 수용하도록 만들었던 '탄력성과 팽창성'을 회복할 수 있도록 만들어줄 수 있다는 점이다. 그러나 이 점에서도 현실사회주의 사회 등 새로운 팽창의 대상이 선진자본주의 사회에 이러한 긍정적 효과를 물질화해내는 데는 꽤 시간이 필요할 것이라는 점에서 단기적으로 새로운 변화가 '민주주의에 대항한 자유주의'를 '민주주의를 수반하는 자유주의'로 복귀시킬 수 있을지는 의심스럽다. 또 중장기적으로 세계체제의 변화가 선진자본주의 사회의 물적 토대 면에서 새로운 개량의 여지를 마련해줄 수 있다 해도 이것이 자동적으로 민주주의 후퇴추세의 반전 내지 민주주의의 확대로 이어질 것이라고는 이야기할 수 없고, 설사 그것이 민주주의의 확대로 귀결되더라도 그것은 현실사회주의 사회와 제3세계에서 민주주의가 후퇴하는 것을 바탕으로 하는 것임을 잊지 말아야 한다. 이 점에서 포스트포디즘류의 사회민주주의적 프로젝트가 베른슈타인류의 '사회제국주의'(social-imperialism)(타지역의 희생 위에 자국의 민주주의를 확대하는)로 전락해서는 안된다는 경고에 주목할 필요가 있다.[34]

　이러한 민주주의의 후퇴는 사회적 부문 등에 따라 불균등하게 진행됨으로써 민주주의의 양극화로 나아가게 될 것이라는 점도 또다른 특색이다. 즉 신보수주의가 야기해온 '두 개의 나라'(two nations)화(근면하게 일하는 사람들의 '선량한 나라'와 실업자, 빈민, 여성, 복지수혜자, 소수민족 등 '기생적 나라'라는)[35]가 가속화되면서 후자의 소외계급 및 집단들에게 민주주의 후퇴의 영향이 집약적으로 응집될 것이다. 특히 통일독일에서 가시화되고 있는 소수민족에 대한 적대행위와 신나찌주의 등 인종주의·국수주의의 팽창은 이들 선진사회의 제3세계에 대한 지배·개입의 강화와 함께 새

---

34) S. Clarke, "Overaccumulation, Class Struggle and the Regulation Approach," *Capital and Class*, no. 36(1988년 겨울호), 88~89면.

35) Bob Jessop et al., "Authoritarian Populism, Two Nations and Thatcherism," *New Left Review*, no. 147(1984년 9·10월호), 50~52면 참조.

로운 유럽중심주의, 나아가 '유럽야만주의'(Eurobabarianism)로 나아갈 우려가 있다.[36]

마지막으로 기존 제3세계와 동구 등 '신규' 제3세계에 대한 선진자본주의 사회의 지배의 강화에 따른 '대외적 민주주의'의 후퇴다. 이들 사회의 제3세계 개입 견제추의 상실은 니까라과, 빠나마, 걸프전 등이 보여주듯이 제3세계에 대한 직접적인 개입과 '억압의 수출'을 강화함으로써 제3세계의 민주주의와 자결권을 더욱 침해하게 될 것이다.[37] 이와 관련하여 "남을 노예로 삼고서는 누구도 자유로울 수 없다"는 금언을 상기해볼 필요가 있다.

3) 현실사회주의 사회와 민주주의

세계질서의 재편과 관련하여 현실사회주의 사회들이 '아시아 사회주의' 국가들을 제외하곤 대부분 '탈사회주의'의 방향으로 나아가고 있음은 이미 지적한 바 있다. 이러한 '탈사회주의화'의 일환으로 동구 등 이들 사회에서는 프롤레타리아독재와 당독재의 포기, 다당제의 허용, 자유로운 경선 등 '정치적 민주화'가 급속히 진행되고 있으며 대부분의 국가에서 '중도우파' 세력이 집권하는 사태가 발생하고 있다.

현재 '이행기'에 놓여 있는 이들 사회의 정치체제의 성격에 대해서는 '탈공산주의이자 전(前)민주주의적'(post-communist and predemocratic) 체제라든가 '맹아적 다원주의' 체제 등 다양한 평가가 제기되고 있다.[38] 그러나 이들 사회들은 시장경제가 본격적으로 작동하고 세계자본주의 체제로 통합하게 되면서 정치체제에서도 이에 조응하여 '자본주의 국가화' 내지 '자유

---

36) John Feffer, "The New Eurocentralism," *New Politics*, vol. 3, no. 2(1991년 겨울호), 122면. 이밖에 Grace Lee Boggs, "Beyond Eurocentralism," *Monthly Review*, vol. 41, no. 9(1990년 2월호), 12~18면.

37) 특히 이와 관련하여 선진자본주의 사회의 반(反)국제주의적, 반(反)제3세계적 정치문화의 대두에 대해서는 Susanne Jonas, "Central America in the 1990s," *Monthly Review*, 1990년 6월호, 22~23면.

38) Barnabas Racz, "Political Pluralism in Hungary: the 1990 Elections," *Soviet Studies*, vol. 43, no. 1(1991), 107~36면; Stephan White, "Democratization in the

민주주의화'가 이루어질 가능성이 높다.

이러한 변화를 민주주의라는 문제의식에서 과연 어떻게 평가해야 할 것인가에 대해서는 편차가 큰 의견들이 개진될 수 있다. 뻬레스뜨로이까 이전의 현실사회주의에서 생산관계의 성격이 정확히 무엇이었고 따라서 이들 사회의 사회성격과 국가성격을 무엇이었다고 파악하느냐에 따라[39] 상당히 다른 평가가 생겨나게 된다. 다시 말해 현재 동구 등 다수 현실사회주의 사회에서 진행되고 있는 변화와 앞으로 예상되는 변화가 형식적 민주주의 내지 민주주의의 형식성이라는 측면에서 전진이라는 데는 별 이의가 없을 것이다. 그러나 이 변화가 실질적 민주주의라는 민주주의의 내용성에서도 과연 전진이냐 하는 평가는 바로 뻬레스뜨로이까 이전의 사회성격, 국가성격에 대한 인식과 유기적으로 결합되어 있다. 앞에서 지적했듯이 이들 사회가 아무리 관료적으로 왜곡되었다고는 하지만 국가권력이 본질적으로 다수 생산자계급에게 속해 있는 사회, 더욱 구체적으로 "생산자계급의 높은 수준의 정치참여와 체제에 대한 높은 수준의 정치적 지지가 존재하며… 실질적 권력이 생산자계급에게 속해 있는" 사회였다면[40] 뻬레스뜨로이까 이후의 변화는 형식적 민주주의 면에서는 전진일지라도 실질적 민주주의에서는 후퇴로 인식하게 될 것이다. 그러나 이와 달리 이들 사회가 '프롤레타리아트에 대한 독재'체제였고 다수 생산자계급이 실질적인 면에서도 국가권력으로부터 소외되어 있었다면 뻬레스뜨로이까 이후의 변화는 민주주의의 형식, 내용 양면에서 전진으로 인식될 가능성이 크다.

현실사회주의 사회의 정확한 사회성격 및 국가성격에 대해 필자 나름의 확실한 판단이 서지 않는 상황에서 이에 대해 체계적인 해답을 주기는 어

USSR," *Soviet Studies*, vol. 42, no. 1(1990년 1월호), 3~35면; Alexander Pacek, "Changing Political Process in Soviet-Type System," *Crossroads*, no. 28(1989), 75~91면 등 참조.

39) 이같은 문제의식에 대해서는 Rossana Rossanda, "Power & Opposition in Post-Revolutionary Societies," in L. Althusser et al., 앞의 책, 11면과 Paul Sweezy, "Preface to a New Edition of Post-Revolutionary Society," *Monthly Review*, 1990년 7·8월호, 5면.

40) A. Szymanski, 앞의 책, 200면. 이같은 결론에 이르게 되는 이 학자의 구체적 자료분석에 대해서는 같은 책, 4장과 5장 참조.

려운 실정이다. 다만 단편적인 지식에 입각해 지적하자면 현실사회주의 사
회가 이루어놓은 많은 긍정적인 업적에도 불구하고 이들 사회에서 생산자
계급이 국가권력의 주체였다고 이야기하기에는 무리가 많지 않나 싶다.
(예를 들어 자본주의 사회에서도 허용되는 파업권이 없었다는 점 등.) 특
히 이와 관련하여 주목해야 할 점은 뻬레스뜨로이까가 진행되면서 이들 사
회의 노동자를 비롯한 민중이 자신의 역사를 만들어가는 역사의 주체로 다
시 등장했다는 사실이다. 41) 특히 노동자계급의 경우 "이번에는 몇개의 소
시지로 우리를 매수하지는 못할 것"이라는 파업노동자 지도부의 발언처럼
단순한 경제주의를 넘어서 '작업장 민주주의' 등 근본적인 개혁을 이들이
요구하고 나섰다는 점이다. 42) 이러한 민중의 재주체화는 뻬레스뜨로이까
이후의 변화를 민주주의의 실질적 측면에서도 '전진'으로 파악하는 것이 올
바르다는 것을 확인시켜주지 않나 싶다. 그러나 이러한 전진은 일시적 현
상이고 본격적으로 자본주의화하고 세계시장에 편입하게 되면서 민주주의
를 확장할 수 있는 계기를 잃고 실질적 민주주의가 후퇴하고 나아가 형식
적 민주주의 면에서도 후퇴하지 않을까 하는 우려가 든다. 그 이유는 두
가지다.

우선 앞으로 이들 사회에서도 자본가계급권력(국내외)이 팽창하고 지배
하게 되면서 설사 이들 사회에서 자유민주주의가 가능해진다 하더라도 과
거의 정치권력으로부터의 소외(프롤레타리아독재 이름하의 '프롤레타리아
트에 대한 독재')와는 또다른 형태의 서구형 정치권력으로부터의 소외로
귀결될 것이기 때문이다. 뿐만 아니라 현실사회주의 사회하에서 불완전하
다고는 하지만 실질적 민주주의 면에서 상당히 이루어졌던 성과들까지도
시장의 원리와 함께 사라져버릴 가능성이 높다. 이와 관련하여 자본주의가
본격적으로 되살아나게 되면 이들 사회의 20% 정도만이 옛날보다 나아지
고 나머지 다수는 오히려 상황이 나빠질 것이라는 한 학자의 주장이 시사
적이다. 43) 또 『슈피겔』지의 최근 여론조사에 따르면, 동독인 등 85%가 자

---

41) Jullius Jacobson, "The Collapse of Totalitarianism," *New Politics*, vol. 2, no. 4
   (1990년 겨울호), 137면.

42) Garry Fields, "Soviet Workers Reenter History," *New Politics*, vol. 2, no. 4
   (1990년 겨울호), 129면.

신을 이등시민이라고 자조하고 있으며 57%가 벌써 통일을 후회하고 있다고 한다.

두번째로 형식적 민주주의 면에서도 새로운 후퇴를 전망하는 이유는 이들 사회에서 자유민주주의 체제보다는 새로운 권위주의 체제가 성립될 가능성이 높기 때문이다. 이들 사회의 급진개혁파의 경우 시장＝자유, 계획＝독재라는 낡은 공식에 입각하여 시장이 민주주의, 즉 자유민주주의를 가져다줄 것이라고 낙관하고 있으나 이는 제3세계의 역사에서 아무것도 배우지 못하는 오류다. 즉 제3세계의 경우 종속적 자본축적과 관련하여 권위주의와 독재체제가 정상적 국가형태가 되어왔고 이는 제3세계에 신규편입될 현실사회주의 사회에서도 마찬가지일 가능성이 크다. 이에 대해 CIA까지도 동구 등의 "새로운 민주주의는 새로운 생산관계 속에서 좌초해버리고 과거에 비해 훨씬 더 불평등해지고 다수의 경우 생활수준이 후퇴하는가 하면 과거의 권리들마저도 잃게 될 것"이라고 전망한 것으로 알려지고 있다.[44] 사실 동구의 경우 이미 "자유민주주의적 경향의 점진적 후퇴와 국수주의와 반유대주의 등의 요소가 결합된 조합주의적 국가민중주의(corporate national populism)"의 대두가 가시화되고 있는 실정이다.[45]

이와 관련하여 주목할 점은 이들 사회의 자유주의의 선두주자(급진개혁파)들이 이들 사회에 도입된 새로운 민주주의가 시장의 도입 등 필요한 경제개혁에 장애가 되므로 경제개혁을 위해 민주주의는 유보되어야 한다는 제3세계에 낯익은 '개발독재'논리를 공공연히 펴기 시작했다는 점이다.[46] 특히 아이러니컬한 것은 이들 사회를 분석하기 위한 '전체주의' 모델이 서구학계에서도 그간 비판을 받아오다가 뻬레스뜨로이까와 동구 민중혁명에

---

43) S. Amin, "The Future of Socialism," *Monthly Review*, 1990년 7·8월호, 20면.

44) S. Landau, "The East Joins the South," *Monthly Review*, 1990년 10월호, 36면.

45) Slavoj Zizek, "Eastern Europe's Gilead," *New Left Review*, no. 183(1990년 11·12월호), 51면.

46) Gavril Popov, "The Dangers of Democracy," *The New York Review of Books*, 1990년 8월호; "An Authoritarian Perestroika? A Roundtable," *Telos*, no. 84 (1990년 여름호), 125~41면.

의해 이들 사회의 시민사회의 역동성을 과소평가했다는 이유로 최후의 일
격을 받고 사장되고 있는 것[47]과는 대조적으로 이들의 경우 바로 이 전체
주의 모델을 수입하여 자신들의 사회를 전체주의로 규정하고 이에 비해 제
3세계의 권위주의나 개발독재는 상대적으로 진보적이고 민주적이므로 개발
독재가 이들 사회가 "추구해야 할 꿈"이라고 자신들의 논리를 정당화하고
있다는 점이다.

마지막으로 세계질서의 재편은 이들 사회의 구성원들에게 불균등하게 영
향을 끼쳐 상층부의 경우 민주주의의 확대를, 하층부에는 민주주의의 축소
라는 양극화로 귀결될 가능성이 크다. 특히 전체인구의 절반 이상을 차지
하는 여성의 경우 구체제하에서 획득한 민주적 권리들의 후퇴로 가장 커다
란 피해를 입을 것으로 보인다. 서독여성의 권리와 동독여성의 권리를 구
체적으로 분석한 한 연구는 이러한 분석을 기초로 결국 "통일비용을 부담
하게 될 것은 양국의 여성"이라는 결론을 내리고 있다. [48]

한편 반(反)뻬레스뜨로이까노선에 입각하여 전통적 입장을 고수하고 있
는 소수 현실사회주의 국가(북한, 중국 등)들에서는 이러한 개편이 민주주
의의 후퇴로 작용할 수도, 확대로 작용할 수도 있다 하겠다. 즉 세계질서
의 개편이 이들 사회의 고립감과 위기의식을 강화함으로써 체제수호 차원
의 민주주의 후퇴(안보논리에 입각한)로 귀결될 가능성이 있다. 그러나 한
편 동구 민중혁명 등 다른 현실사회주의 사회의 경험은 관료주의 등 사회
주의에 내재한 문제를 개선하지 않고서는 체제유지에 심각한 위협이 생겨
날 것이라는 인식을 낳아 민주주의 확대를 통한 자기정정의 길로 나아갈
가능성도 있다. 극히 인상주의적 수준에서 이야기하자면 단기적으로는 외
압으로부터 체제를 보호하려는 급박함으로 인해 민주주의가 후퇴하겠지만,
중장기적으로는 문제를 더욱 근본적으로 해결하기 위해 점진적으로 민주주

---

47) Terry Clark, "State-Society Relations in the Soviet Union: A Model of Democra-
tization," *Crossroads*, no. 28(1989), 64~65면; Donna Bahry et al., "Soviet Citizen
Participation on the Eve of Democratization," *American Political Science
Review*, vol. 84, no. 3(1990년 9월호), 821~48면 등.

48) Hedwig Rudolph, "After German Unity: A Cloudier Outlook for Woman,"
Challenge, vol. 33, no. 6(1990년 11·12월호), 33~40면.

의를 확대해나가지 않을까 싶다.

   4) 제3세계와 민주주의

   제3세계에서 민주주의(실질적 민주주의는 말할 것도 없고 형식적 민주주의조차)는 역사적으로 '인연이 멀어왔고' 오히려 다양한 형태의 독재체제가 '정상'국가형태가 되어왔다는 것은 주지의 사실이다. 식민지체제의 붕괴와 함께 형식적 독립을 획득한 제3세계에서 시장과 자본주의의 도입은 민주주의를 가져다줄 것이라든가 민주주의에는 일정수준의 사회경제근대화가 기본 전제조건으로 필요한바 서구로부터 자본, 기술 등 근대적 생산요소들을 원조의 형태 등으로 '확산'받아 사회경제근대화를 이루면 그 부산물로 민주주의는 자연스럽게 이루어질 것이라는 낙관론은 1960년대말과 1970년대 제3세계 전반을 휩쓴 군부독재의 물결에 의해 파산선고를 받은 지 오래다. 특히 제3세계에 민주주의가 정착되지 않은 원인을 전통사회로 표현되는 시장 내지 근대화의 결여, 즉 자본주의의 결여로 파악한 이들 이론의 진단과 달리 제3세계 내에서도 자본주의의 발전과 사회경제근대화의 수준이 가장 높은 브라질, 아르헨티나, 한국 등에서 제3세계 역사상 유례없이 더욱 강력하고 더욱 제도화되고 체계적인 새로운 독재체제(학자에 따라 관료적 권위주의 체제 내지 종속적 파시즘으로 성격짓는)가 등장했다는 사실은 제3세계의 민주주의 문제에 대한 인식론적 전환을 강제하게 되었다. 이러한 인식론적 전환은 제3세계의 민주주의는 선진자본주의와 제3세계 간의 정치경제학적 다이내믹의 차이, 양자간의 세계자본주의 체제상의 위상의 차이, 선진국의 발전과 제3세계의 '저발전', 선진국의 민주주의와 제3세계의 독재 간에 내재해 있는 세계체제적 연관을 파악해야 한다는 문제의식을 낳았다.
   그러나 1980년대 제3세계 전반을 휩쓴 '민주화'의 물결과 함께 제3세계에서도 '민주주의의 재발견'이 이루어지고 있다. 잘 알려져 있듯이 1980년대 이후 아시아와 라틴아메리카의 많은 나라들에서 외채위기로 가시화된 군부독재의 '기능적 효능성'의 소진(한국 등 아시아 신흥공업국은 여기에서 예외이지만), 사회적 모순의 심화에 따른 민중부문의 저항의 심화, 지배블록

의 분열, 민중저항과 그 가능성 소진에 대한 대응책으로 미국의 주도 아래
'강제'된 '의식개량화'로서의 '민주화 프로젝트'의 복합적 결과로 군부정권이
퇴진하고 세칭 '민주화'가 진행되고 있다. 검은 대륙 아프리카도 최근 들어
뒤늦게 이러한 민주화에 가담하여 1990년대 들어 민주화의 도미노현상이
중앙아프리카와 서부아프리카에서 일어나고 있다. 1991년 4월 베냉에서 아
프리카사상 처음으로 선거에서 현직 대통령이 패배하는 '선거혁명'이 일어
났는가 하면 가봉, 카메룬 등 최소한 16개국이 다당제 도입 등 민주개혁을
약속했다. 따라서 이 글에서는 이러한 민주화추세를 전제로 하여 이에 대
한 과학적 평가를 한 뒤 세계질서의 개편과 관련하여 제3세계 민주주의의
장래를 진단하고자 한다.

　최근의 민주화에 대해 크게 세 가지로 평가해볼 수 있다. [49] 첫번째 입장
은 민주화를 '인정'하는 것으로 제3세계에서 민주주의가 재건되었거나 재건
되고 있다고 보는 견해다. [50] 두번째 입장은 이와는 정반대로 최근의 민주
화는 '거짓' 민주화이며 정치체제의 본질은 전혀 바뀌지 않았다는 '본질불
변론'이다. [51] 세번째 입장은 최근 이루어진 일정정도의 '제한된' 민주화를
인정하면서도 그 한계를 명확히하는 한편 제3세계의 구조적 특성과 관련하
여 이러한 구조적 특성이 해소되지 않는 한 민주주의의 장기생존 가능성에

---

49) 하나의 특정 입장에 여러 요소가 복합적으로 내재해 있는 경우가 대부분이기 때
　　문에 이하 세 입장의 분류는 다소 무리가 따를 수 있으나 편의상 그중 가장 근사
　　한 입장이라고 판단되는 입장에 분류하였다.

50) 이같은 분류방법에 의하면 이 첫번째 입장은 G. O'Donnell et al., *Transitions
　　from Authoritarian Rule*, Baltimore: The Johns Hopkins Univ. Press 1986; James
　　Malloy et al. (eds.), *Authoritarians & Democrats*, Pittsburgh: Pittsburgh Univ. Press
　　1987 등. 민주화에 대한 다양한 연구업적이 축적되었음에도 불구하고 대부분의 연
　　구가 과정에 대한 분석과 국면적 요인 분석에 치중되어 있을 뿐, 그 다이내믹에
　　대한 체계적인 연구는 아직 없는 상태다. 다소 형식적이기는 하지만 그나마 이에
　　대한 체계적인 정리로는 김일영, 「그리스에 있어서 정치체제의 변동과 민주화의
　　전망」, 성균관대 사회과학연구소, 『제3세계 민주화와 한국의 위상』, 인간사랑
　　1989, 30~34면.

51) Edward Harman et al., "Resurgent Democracy: Rhetoric and Reality," *New
　　Left Review*, no. 154(1985년 11·12월호), 83~98면과 국내의 경우 제5공화국과
　　제6공화국의 차별성을 인정하지 않는 입장들.

대해 회의적인 입장을 견지하는 것이다. [52]

　최근 ‘민주화’를 겪은 제3세계 국가들의 정치체제는 구체제에 비해 상대
적으로 ‘민주적’인 것은 사실이나 이들 체제를 민주주의, 즉 자유민주주의
체제로 성격규정하는 데는 군사정권＝독재체제, 민간정권＝자유민주주의
체제라는 그릇된 판단기준이 내재해 있는 것이 아닌가 싶다. 이들 나라 중
어느 나라를 민주주의 체제로 분류할 수 있을 것인가는 구체적 분석이 따
라야 하는 문제이지만 구체분석에 의하지 않고도 자유민주주의의 가장 일
차적인 판단기준의 하나인 사상·언론·출판·결사의 자유(오도넬 등의 민
주화 프로젝트도 ‘정치적 민주주의’의 기본적 척도로 특정 정당이나 이데올
로기의 제한 내지 이의 형성과정에 대한 제약 여부를 들고 있다)[53]라는 면
에서 이 기본요건을 충족시키고 있는 나라가 있는지 의심스럽다. 예를 들
어 한국의 경우 사상의 자유를 제약하는 국가보안법 등이 그대로 남아 있
고 남미국가들의 경우 ‘더러운 전쟁’에 의한 인권침해에 대한 조사·처벌조
차도 군부의 반발로 좌절되고 있는 것은 형식적 민주주의만을 기준으로 해
서 볼 때도 그 한계가 자명하다 하겠다. 1980년대 제3세계 민주화 사례 중
가장 극적인 형태로 민주화를 이룩했다는 필리핀조차도 자유민주주의라기
에는 이미 반동화추세를 보여 ‘엘리뜨민주주의’로 추락했을 뿐 아니라 당초
우려한 ‘마르코스 없는 마르코스체제’로 전화하는 경향까지 보이고 있다.
특히 이들 민주화라는 것이 대부분 “통제되어 있고, 극히 점진적이고, 파
편적이며, 예방적”이라는 점, 나아가 “과거의 정부로부터는 단절”일지 몰
라도 “과거의 국가구조와는 지속성”이 특징이라는 점에 주목할 필요가 있
다.[54]

　결론적으로 이들 민주화라는 것이 상당부분은 ‘자유화’의 수준이며 ‘민주

---

52) Kenneth Roberts, “Democracy and the Dependent Capitalist State in Latin
　　America,” *Monthly Review*, 1985년 10월호, 12~26면; J. Petras, “The Redemo-
　　cratization Process,” *Contemporary Marxism*, 14(1990), 1~15면; Tomás A. Vas-
　　coni, “Democracy and Socialism in South America,” *Latin American Perspectives*,
　　vol. 17, no. 2(1990년 봄호), 25~38면.

53) G. O’Donnell et al., 앞의 책, 9면.

54) J. Petras, “The Redemocratization Process,” 앞의 책, 1, 10면.

화'라고 부를 수 있는 경우도 민주주의 체제가 아니라 기껏해야 "제한된 민주주의" 수준을 벗어나지 못하고 있다. [55]

이러한 평가를 기초로 세계질서의 개편과 관련하여 제3세계 민주주의의 장래를 전망하자면 다음과 같다. 우선 논의를 위해 상기해야 하는 것은, 자유민주주의는 국가가 최소한 형식적 자유, 형식적 민주주의를 보장하며 형식적 중립성을 띠는 자본주의 국가의 한 민주적 지배형태로서 형식적 자유·민주주의, 중립성을 확보하기 위해서는 자본가계급의 지적·이데올로기적·정치적 헤게모니와 이러한 헤게모니를 가능케 하는 물적 토대가 전제되어야 한다는 사실이다. 다시 말해 자유민주주의는 자본가계급이 이러한 물적 토대와 헤게모니를 기초로 하여 노동자계급 등 민중부문을 형식적인 면에서는 물론 실질적 면에서까지도 배제하는 것이 아니라 체제내에 포섭하고 '동의'와 '강제력'이라는 두 개의 통치기제 중 '동의'를 주된 통치기제로 하여 자본주의적 질서를 유지하고 재생산할 수 있을 때 가능한 체제다.

따라서 제3세계 민주주의의 장래란 궁극적으로 제3세계의 자본가계급이 이러한 물적 토대와 헤게모니를 확보할 수 있느냐에 달려 있다고 해도 과언이 아니다. 즉 제3세계에서 앞으로 민주주의(자유민주주의)가 발전하고 제도화될 것이냐에 대한 답은 과잉단순화의 우려가 있기는 하지만 궁극적으로는 제3세계에서 해외독점자본과 토착예속자본이 앞으로 현지국가의 공권력이 공공연하고 직접적으로 개입하지 않아도 자신의 헤게모니만으로 민중부문을 통제하고 포섭해낼 수 있느냐에 달려 있다 하겠다. 필자의 생각에 이에 대한 답은 부정적이고 따라서 제3세계에서 민주주의의 장래는 그리 밝지 못하다고 생각된다.

'종속'이라고 불리는, 세계자본주의 체제에서 제3세계가 처해 있는 불평등한 관계 내지 위상은 이러한 물적 토대와 자본가계급의 헤게모니를 힘들게 만들어왔다. 또 자본주의의 불균등발전법칙에 의해 예상되는 제3세계의 내부분화의 심화를 고려할 때 일반법칙화해 이야기하기는 어렵지만 일반적으로 이들 사회의 '탈종속', 자립화의 전망은 매우 제한되어 있기 때문이

---

55) 제한적 민주주의의 개념과 특징에 대해서는 T. A. Vasconi, 앞의 글, 30~31면.

다. 특히 앞에서 지적했듯이 세계질서의 개편과 관련하여 예상되는 제3세
계에 대한 선진자본주의의 지배와 개입의 강화를 고려할 때 더욱 그러하
다. 이밖에 주목해야 할 사실은 사회경제근대화가 민주주의를 가져다줄 것
이라는 통념과 달리 최근의 제3세계 민주화가 대만, 한국 등 아시아 ‘신흥
공업국’을 제외하고 나머지 경우(특히 라틴아메리카와 아프리카) 아이러니
컬하게도 경제 면에서 ‘상실된 10년’(lost decade)[56]이라고 불리는 만성적이
고 구조적인 경제위기 속에서 배태되었다는 사실이다. 만성적 위기와 선진
자본주의의 지배 강화와 종속 ‘심화’의 추세 속에서 이들 ‘민주화’ 국가들이
얼마나 오랫동안 ‘사회적 타협’을 유지하고 민주주의의 게임을 할 수 있을
지 극히 의심스럽다 하겠다.

  다만 긍정적인 것이 있다면 오랜 독재의 폐해 속에서 민주주의의 중요성
에 대한 광범위한 합의가 이루어졌다는 사실[57](비록 그것이 긍정적 지지가
아니라 다른 것보다는 낫다는 차선적 선택의 ‘부정적 합의’(negative
consensus)이기는 하지만)[58]이지만 이 합의가 제로섬적인 극한적 위기상황
에서 얼마나 힘을 발휘할 수 있을지 회의적이다. 이밖에 군이 자신의 기
준, 즉 민주주의를 유보하는 대신 경제발전을 가져다준다는 기준으로도 실
패했기 때문에 제3세계 민주주의를 낙관적으로 보는 견해가 존재하나 이는
독재체제=군사정권으로 보는 그릇된 이론화다.

  다만 한국 등 경제적 ‘성공’ 속에서 민주화를 배태시켰고 ‘종속약화’의 가
능성이 존재하는 아시아 ‘신흥공업국’의 경우 예외일 수 있다. 이들 나라에
서 종속약화를 통해 자유민주주의의 전제조건인 물적 토대와 자본가계급의
헤게모니를 확보할 수 있을 것인가는 ‘종속 강화’, ‘약화’가 법칙적 차원의

---

56) Gabriel Marcella, "The Latin American Military, Low Intensity Conflict and
   Democracy," *Journal of Interamerican Studies and World Affairs*, vol. 32, no. 1
   (1990년 봄호), 45면.
57) 이와 관련, "60년대 라틴아메리카의 논쟁의 핵심적 축이 혁명이었다면 80년대의
   핵심주제는 민주주의"라는 한 학자의 논평이 시사적이다. Ronaldo Munck,
   "Farewell to Socialism?," *Latin American Perspectives*, vol. 17, no. 2(1990년 봄
   호), 113면.
58) James Malloy, "The Politics of Transition in Latin America," J. Malloy et
   al., 앞의 책, 253면.

문제가 아니라 구체적 선택이 매개되는 구체분석의 문제라는 점에서 예단할 수는 없다. 다만 이는 궁극적으로 이들 나라가 지속적인 산업구조조정의 성공을 통해 국제분업의 위계질서 속에서 지위상승을 계속할 수 있느냐에 달려 있는 문제라 하겠다. 이와 관련하여 최근 들어 3당통합 이후 가시화되고 있는 권위주의로 회귀하는 경향은 일단 논외로 하더라도 기술투자의 회피와 부동산투기, 재(財)테크 등 자본의 투기자본화, 토지공개념, 금융실명제를 통해 이러한 투기자본화를 방지하고 생산적 자본화를 강제할 수 있는 국가의 상대적 자율성의 결여 등은 성공적인 구조조정을 통한 지위상승 가능성을 어둡게 해주고 있다 하겠다. [59]

이제까지 제3세계 중 절대다수를 차지하는 '자본주의 지향국'을 중심으로 논의를 진행해왔기 때문에 간략하게 '사회주의 지향국'에 대해 언급하고자 한다. 이들 사회의 경우 앞에서 지적했듯이 세계질서의 재편과 관련, '탈사회주의 지향국'화와 '자본주의 지향국'화가 불가피하기 때문에 더이상 이들 사회의 '혁명적 민주주의'에 대해 이야기하는 것은 의미가 없다고 볼 수 있다. 문제는 이들 사회의 탈사회주의 지향국화가 이들 사회의 민주주의에 어떠한 영향을 끼칠 것이냐 하는 점이다. 이에 대한 평가는 이들 사회가 유사한 발전수준의 자본주의 지향국에 비해 민주주의의 형식과 내용이라는 면에서 어떠한 성과를 그동안 축적해놓았는가에 대한 평가가 전제되어야 하는바, 이는 그간에 누적된 연구업적 등에 비추어볼 때 현실사회주의 사회의 평가 이상으로 어려운 과제라 하지 않을 수 없다. 다만 여기에서 주목하고 넘어가야 할 것은 그중 니까라과의 경험이다. 단정적 결론을 내리기에는 시기상조이기는 하지만 니까라과는 다른 사회주의 지향국이나 사회주의 사회와 달리 '민주적 헤게모니'와 '혁명적 다원주의'에 의해 소모사체제에 비해 민주주의의 내용 면만이 아니라 형식 면에서도 괄목할 만한 발전을 축적해왔고 민주주의의 내용과 형식의 변증법적 통일이라는 면에서 이론과 실천 양면에서 새로운 가능성을 보여왔다. [60] 그러나 이 실험은 복합적 이유이기는 하지만 궁극적으로 미국의 탈안정화전략과 소련의 새로운

---

59) 졸고, 「자본주의국가와 토지공개념: 6공화국의 토지공개념법안의 입법과정을 중심으로」, 『한국정치연구』, 제3호(1991) 참조.

60) Special Edition, "The Sandinista Legacy: The Construction of Democracy,"

사고에 의해 선거에 의한 '반혁명'이란 형태로 좌초해버렸다. (이러한 단정적 결론을 내리기에는 시기상조이기는 하지만) 니까라과의 경우 한 연구자의 지적대로 앞으로 자유민주주의는 어느정도 (그것은 다른 제3세계와 마찬가지로 한계가 있지만) 확대될지 몰라도 그동안 쌓아놓은 '민중민주주의'(popular democracy)의 후퇴는 불가피하다 하겠다.[61]

4. 결론에 대신하여

이 글에서는 급변하는 세계질서와 관련하여 세계질서 개편의 정치경제학적 본질과 함의를 분석하는 한편 이를 기초로 하여 이러한 변화가 민주주의에 끼칠 영향을 지역별로 간략하게 진단해보았다.

앞의 분석에서 보았듯이 '역사의 종말'이라는 일부의 낙관론과는 달리 민주주의의 전망은 그리 밝지 않은 듯하다. 다만 그나마 희망적인 것이 있다면 민주주의의 중요성에 대한 인식과 이에 대한 열망이 매우 광범위하게 대중적으로 공유되어 있다는 사실일 것이다. 문제는 이러한 인식과 열망을 어떻게 객관적인 물질적 힘으로 전화시켜 민주주의 발전을 위한 동력으로 만드느냐는 문제일 것이다. 역사적으로 민주주의는 시장 등의 논리에서 자동적으로 도출되거나 위로부터 주어진 것이 아니라 다수민중의 투쟁의 산물이라는 점에서 더욱 그러하다. 따라서 세계체제의 개편과 관련한 민주주의 전망은 민중의 이러한 인식과 열망을 어떻게 동력화하여 1980년대 이후 가속화되어온 자본의 공세를 역전시키느냐는 문제일 따름이다. 특히 이와 관련하여 민주주의의 내용과 형식의 관계에 대한 과학적인 이론화, 이 관

Latin American Perspectives, vol. 17, no. 3(1990년 여름호); Dong Brown, "Sandinismo and Problems of Democratic Hegemony," *Latin American Perspectives*, vol. 17, no. 2(1990년 봄호), 25~38면 참조.

61) Philip Williams, "Elections and Democratization in Nicaragua: The 1990 Elections in Perspective," *Journal of Interamerican Studies and World Affairs*, vol. 32, no. 4(1990년 겨울호), 13~34면.

계를 채워나가는 매개고리에 대한 발견, 이의 실현조건과 이를 실천적으로 획득해낼 수 있는 구체적인 전략의 개발 등 "민주주의를 심각하게 문제로 삼는" 민주주의의 근본적인 재이론화와 이의 실천이라는 엄중한 과제가 민주주의를 생각하는 모든 사회과학자들과 민중에게 주어져 있다 하겠다.

계를 채워나가는 매개고리에 대한 발견, 이의 실현조건과 이를 실천적으로 획득해낼 수 있는 구체적인 전략의 개발 등 "민주주의를 심각하게 문제로 삼는" 민주주의의 근본적인 재이론화와 이의 실천이라는 엄중한 과제가 민

찾아보기(인명)

ㄱ

그람시, A.　23, 129, 326, 333, 340,
　345, 375, 377, 392, 397
김근태　229
김대중　227, 232, 233, 235, 251, 257
김동길　204
김세균　24
김영삼　161, 240, 251, 272
김용학　328
김우중　224
김일성　294

ㄴ

나까무라　180
니체, F. W.　28, 415

ㄷ

달, R.　283, 298, 431, 434
데리다, J.　28, 415
드브레이, R.　342
들뢰즈, G.　362

ㄹ

라이트, E. O.　131, 150, 358
라끌라우, E.　362
레닌, V. I.　318, 324, 385, 392
레이건　195
로버츠, K.　370
록펠러　78, 194
린드블럼, C.　298, 434
링컨　193

ㅁ

마르코스　447
맑스, K.　77, 78, 324, 343, 381, 397,
　415
매디슨, J.　306, 315
맥가번　197
메를로-뽕띠　339
무페, C.　362
뭉크, R.　370

ㅂ

바스꼬니, T.　370
박광주　38

박노해   418
박현채   280
발리바르, E.   355
배로스, R.   370
백기완   219, 232, 238
백낙청   420
보비오, N.   331, 371, 431
보카라   347, 364
볼페, D.   340, 359
부시   195
뷔시-글뢱스만, C.   342
브로델, F.   285
블로끄, M.   285
비에른봄, P.   342
비트겐슈타인, L.   28

ㅅ

셰보르스끼, A.   327, 331
소모사   450
송주명   39
스딸린, J.   395
스프래그   327
신준희   41
싸르트르   339
쎄라, J.   58
쏘쒸르, F.   28

ㅇ

아리스토텔레스   383, 431
아옌데   78

안병직   179
알뛰쎄, L.   336, 363, 392, 398
양성우   162
양우진   41
엘젠한스, H.   177
오도넬, G.   447
오세철   225, 239
오페, C.   153
월러스틴, I.   286
웨버, H.   342
유팔무   419
이길재   260
이병천   41, 372, 378
이성형   39, 41
이승만   31
잉그라오, P.   343

ㅈ

정명기   370
정주영   160, 178, 183, 186, 191, 203, 224
제숍, B.   343, 371
제이, J.   306, 315
제퍼슨   193
조봉암   31

ㅊ

최장집   23, 40, 176
칠코트, R.   370

ㅋ

카우츠키, K. 371, 375
커밍스, B. 294
클린턴 191

ㅍ

파슈카니스, E. 359
페로 179, 187, 191
페트라스, J. 332
포트, P. 332
포퍼, K. 382
푸꼬, M. 340, 341, 361, 362, 415

풀란차스, N. 25, 50, 76, 133, 158,
    337, 343, 377, 378, 435
프랭크, A. G. 170
프리드만, M. 83
플라톤 383, 431

ㅎ

하이데거, M. 28, 415
한상진 38
해밀턴, A. 306, 310, 315
헌트, A. 371
험프리 197
홉스, T. 83, 306
황태연 371

456

찾아보기(사항)

ㄱ

가치잠식 364
개량주의 407
개량화 136, 143, 146, 414
　의사(疑似)── 135, 146
개발독재 14, 443
개인숭배 295
개혁 279
거대이론 415
걸프전쟁 425
경기규칙 333, 384
경영자혁명 354
경쟁적 자본 25
경제결정론 57, 59, 413
경제의 정치화 364
경제주의 28, 350
경제환원론 20, 21
계급 126
　──동맹 277, 323, 410
　──모순 41, 428
　──의 중심성 16, 17
　──정당 193
　──정책 126, 130, 154
　──정치 193
　──타협 365

　──형성 132
　──환원론 17, 130, 157
계급론
　구조주의론 354
　생산관계론 354
계급투쟁 26, 132
　계급간의 투쟁 328
　계급에 관한 투쟁 328
고타강령 비판 397
과대대표 314
과두정 431
과소결정 381
과소대표 314
과잉결정 344
과학기술혁명(STR) 140
과학주의 14
관료적 자율성 133
관료정치 150, 293
광주민중항쟁 30, 78, 267, 288
교육
　노동력 재생산 138
　──정책 134
구조-행위 18, 22, 26
구조기능주의 13, 346
구조적 선택성 153
구조주의적 맑스주의 340

국가　126
　계급권력　165
　계급독재　376
　계급투쟁의 장　17, 41, 341
　관념적 총자본　137
　국가운영자집단　164
　사회적 관계의 응집　15～18, 128,
　341, 360, 375, 378
　상부구조　164
　정치사회　23, 266
　제도의 집합체　164
　총독점자본　189, 272
　총자본　66, 68, 82, 165, 169, 242, 272
　──구조　132
　──소멸　18, 387
　──연합　306, 314
　──연합주의자　193
　──의 중심성　18, 19
　──정책　130, 132, 154
　개입──　318
　국민──　33, 275
　복지──　194, 318, 364
　지식──　154
　확장된──　397
국가권력　15～19, 127
　──구조　293
　──통일성 테제　16, 42, 346, 360,
　373
국가기구　176
　저항쎈터　334
국가능력　53, 56
국가독점자본주의론　363

단계론　347
　융합테제　364
국가론　13～16, 19, 26
　계급독재론──　41
　관계-전략적──　360
　관료적 발전──　181
　국가주의──　15, 16, 20, 29
　다원주의적──　29, 374
　도구주의적──　128, 344
　맑스주의──　15, 24
　신좌파──　38, 374
　전략관계적──　21, 22
　조절이론의──　22
　확대──　392
국가유형　17, 24, 319, 349
국가자율성　53, 65
　구조적 자율성　53, 71, 74, 82
　도구적 자율성　53
　대내적 자율성　53, 74
　대외적 자율성　53
　상대적 자율성　20, 21, 26, 39, 65,
　337, 344
　절대적 자율성　20, 65
국가장치　26, 127, 133
　이데올로기적──　29
국가형태　24～26, 42, 319
　공개적 테러독재체제　42
　군부독재　351
　군부파시즘　207
　민족민중국가　345
　보나빠르띠슴　30, 77, 388
　부르조아 민주주의　42, 207, 244,

388, 389

예외국가 45, 266, 348

전통적 권위주의 388

종속적 파시즘 388

파시즘 320, 349, 388, 390

국가 밖의 정치 18

국가보위에 관한 특별조치법 74

국내 부르조아지 352

국민당 30, 175, 183, 186, 203, 204, 224

국민회의 236

국제경제 32

국제분업 101

국제정치경제 32

군산복합체 199

권력블록 224, 243, 346, 350, 352

권력자원동원이론 323

전통적 권위주의 30

귀족정 383

규율(discipline) 363

그리스공산당 339

금융과두제 90, 93

금융실명제 74, 125

금융자본 93, 355

급진적 자유주의 368

기금사회주의 409

기동전 333

기부금입학제 141

기술개발

　모방적 전략 105

　의존적 전략 115

　전통적 전략 115

기회비용 232

긴급조치 74

ㄴ

남북대화 69

남북한관계 295

남한조선노동당 사건 223

내각책임제 300

내국식민지 423

내재비판 32

노동

　비생산적—— 356

　생산적—— 356

노동귀족 355

노동분업 285

뉴DJ플랜 219, 234, 235

뉴딜연합 193, 278

닉슨독트린 68

ㄷ

다당제 392, 413

다원주의 27, 308, 314, 392

　국가권력의—— 393

　소유의—— 393

　의견의—— 393

　이해의—— 393

　인과적—— 20

　정치조직의—— 393

　주체의—— 17, 41, 308, 379~381

　진리의—— 303

담화 416

—— 구성 206
—— 환원론 416
당파 308
대외의존 122
대중매체정치 196
대중정당노선 408
대통령중심제 300
독일사민당 327
독재
　국가유형 373
　통치형태 373
　부르조아 —— 372, 379
　프롤레타리아 —— 369, 372, 379, 413, 432
독점
　—— 심화(강화) 91, 96, 121
　—— 완성 92
　—— 이윤 91
　—— 적 초과이윤 90
　조기적 —— 91
독점-탈독점 84, 115
독점자본 176
　—— 의 직접지배 199
독점자본주의 25, 318
　단계론 99
　특성론 99
또끄빌효과 435

ㄹ

레닌-카우츠키 논쟁 371
레이거노믹스 195

ㅁ

마오주의 340
맑스주의
　—— 위기 13, 15, 370
　정통 —— 370
매판자본 352
멜뤼신 342
무결정 142
무산자 308, 313
무역특화지수 101
무임승차자 426
무정부주의 351
문민정치 218
문화혁명 340
물적 토대 326
미국 연방주의 교서 305
민생주의 118
민족국가종말론 429
민족모순 428
민족해방운동 33
민주-반민주의 대립구도 218, 245, 276
민주당 204, 221, 226, 230, 235 259, 279
민주대개혁과 민주정부수립을 위한 정치연합 217
민주변혁운동 398
민주변혁이론 379
민주연합
　민주당 민주연합파 230
　민주연합당 230

460

민주좌파연합당 339
민주적 국가통제 242, 243
민주적 사회주의론 365
민주정 383, 431
민주주의 26, 369, 430
　간접—— 26
　경제적—— 119, 386
　급진적—— 26
　기층—— 333
　대의제—— 26, 333
　민중—— 297, 410, 451
　민중주체—— 214, 379, 407, 415
　부르조아—— 25, 26, 29, 317, 372
　사회—— 25, 26, 318, 323, 331, 371,
407, 408
　산업—— 119
　선진—— 41
　실질적—— 370, 382, 434
　연합—— 437
　의사—— 300
　일반—— 241, 276, 391
　자유—— 25, 316, 321, 433, 448
　절차적—— 26, 384, 433
　정치적—— 386
　제한적—— 135, 218, 294, 370
　직접—— 26, 333
　초계급적—— 371
　형식적—— 370, 382, 432, 434, 443
민주화 프로젝트 76
민중 410
민중당 209
민중민주운동 논쟁

대중운동-정치운동 병행론 246
　대중운동강화론 246
　민주당 내 진보블록 강화론 246
　민주연합당론 246
　전면적인 정치세력화론 245
　진보정당 결성론 246
민중사회 24
민중운동
　——의 국제화 200
　다국적—— 200
민중후보 209, 212, 228
민통련 226
밀리반드-풀란차스 논쟁 338

ㅂ

반독점전선 280
반(反)유신연합전선 76
반전운동 197
반제반봉건혁명 295
반제(反帝)전선 280
반합리주의 28
법치국가 413
베트남특수 64
변혁이론 30
보비오논쟁 371
보수대연합 243, 272, 300
보통선거권 318, 319, 390
복합국면 349
볼셰비끼 322
봉기노선 408
부마항쟁 76

북한권력구조
　김일성 1인지배 294
　전인민국가론 294
　프롤레타리아 국가론 294
북한바로알기운동 294
북한사회주의 32
분단모순 31
분리주의운동 430
분리통치 308
분석적 맑스주의 327, 332
불균등발전법칙 199
브레턴우즈 체제 424
비결정성 416
비대칭적 상호의존 121
비합법투쟁 408
뻬레스뜨로이까 295, 391, 404, 421, 441

ㅅ

4·19혁명 30
사회구성 17
사회자본 136
사회적 소유 120
사회제국주의 439
사회주의 27
　——— 생산양식론 395
　——— 의 신노선 407
산업공동화(産業空洞化) 117
산업구조조정 80, 122
산업자본 94
산학복합체 140
삼각동맹 49, 294

삼권분립 311
3당통합(합당) 222, 251
1/3의 장벽 327
3저호황 82
3%조항 212
상호작용론 20, 21
새처주의 82, 251
생산
　——— 집적 91
　——— 집중 91
생산관계 19, 20, 23, 326
생산력 88
생활영역 22
서노협 229
선거
　수의 게임 194, 325
　——— 전제주의 311
　노동집약적——— 205
　자본집약적——— 205, 211, 220
선거사회주의 316, 322, 407, 410
　——— 의 딜레마 327
선거인단 192
선건설 후통일론 69
선별적 억압(탄압) 136, 143, 219
세계사회주의체제 33
세계자본주의체제 27
세계체제 33
소권력(micro-power) 19, 362
수동적 혁명 422
스딸린주의 295, 412
승자독식주의 192
시민사회 22, 156, 266, 396

시민사회론 22, 23
식민지초과이윤 58
신국제분업질서 112
신군부 77
신기능주의 363
신보수주의 25, 194, 241, 364, 425, 435, 438
　권위주의적 국가주의 25, 364, 435
　권위주의적 포퓰리즘 436
　우호적 파시즘 435
신쁘띠부르조아 356
신사회운동 365, 366, 415
신자유주의 436
신좌파 338
신철학 14
신흥공업국 107, 427
13대 대선 225, 269
　독자적 민중후보 225
　비판적 지지 225
14대 대선 217
　독자적 민중후보 225, 237
　독자후보 234
　범민주단일후보 225, 227, 231
14대 총선 201
썬벨트 286
쏘비에뜨 384

ㅇ

아날(Annales)학파 285
안보이데올로기 69
안정화정책 80, 83

양당체제 329
억압적 국가통제 242
언어학 28
NL진영 405
엘리뜨주의 307, 313
역사적 타협 331
연방주의 306
영국 보수당 251
예비선거제도 196
오도넬-슈미트 '민주화프로젝트' 76
5·30선거 31
오스트로맑스주의 361, 365
5·16쿠데타 30
우루과이라운드 286, 428
워터게이트사건 197
원조경제 62
위상학 19
유기적 위기 424
유러코뮤니즘 129, 323, 338, 360, 369, 371, 375, 377, 405
유럽공동체(EC) 352
유럽합중국 426
유산자 308, 310, 313
유신 30, 67, 70
유연전문화 437
6공화국 국가형태
　부르조아 민주주의 270
　파시즘적 자유민주주의 270
6월항쟁 30
6·29항복선언 135
은행민영화 94
의사(pseudo)민주화 40

의회주의 324

의회참여전술 322

이데올로기 27

이데올로기주의 28

이딸리아공산당 331

이란-콘트라 스캔들 197

이윤율저하 경향 364

이중권력전략 341, 360

이행 15

인간본성 305, 307

인권외교 76

인민주의 41

인중(引衆)정당 328

일국자본주의 199

일반이익 345

임금노동자기금정책 332

잉여가치 356

ㅈ

자본

　——국제화 332

　——분파 165, 169, 177

　——일반 165

　개별—— 165, 177

　총—— 55, 165

자본논리 26

자본논리학파 359

자본주의의 불균등발전법칙 429, 448

자생주의 351

자유주의 28

자유화 82

자유화정책 83

자율화정책 80

장기 지속(longue durée) 61

재벌해체 183

재산권 314

재생산 15

재정안정계획 63

전교조 143, 258

　——운동 138

전국연합 217, 227, 231, 236

전노운협 229

전노협 226

전대협 226

전면적 억압 219

전반적 위기 32

전위당 413

절대적 상대주의 382

접합적 실천 416

정당

　계급—— 192

　실용주의—— 192, 196

　이념—— 192

　전위적 대중—— 413

　진보—— 192, 281

정당체계

　극단다원주의—— 330

　온건다원주의—— 329

정세분석 27

정치 18, 21

　——의 종언 387

　——자금 160

　——적인 것(the political) 20, 21

464

정치결정론 57, 59
정통좌파 85, 323, 371
제국주의 321
제도적 조합주의 347
제로섬적 축적 54, 65
제3세계 33, 427, 445
제2금융권 95
제한전쟁론 31
조합주의 414
조합주의적 국가민중주의 443
종속 121, 448
    ——의 심화 52, 121
    —— 적 국제분업구조 104
종속-탈종속 84, 86, 121
종속이론 85
좌익민주당 405
주민소환제 260
주체사상 224
주체위치 416
주한미군 철수 69
중립내각 235
중층결정 18, 26, 28
중화학공업화 71, 75
    —— 투자조정조치 82
지방자치제 255, 257
지배 엘리뜨 310
지배계급
    국가계급 188
    국가관료 188
지배블록 174, 205, 300
지배연합 49
지시적 계획 81

지식사회학 312
지역갈등 30, 211, 221, 248, 274
    국가 내 통일 264
    분리주의 263
    호남귀족 253
    호남대통령 262
    호남정치 265, 276
지역감정 203
지역연구
    공간의 정치경제학 284
    세계구조역사적 접근 284
    지역권력구조연구 283
지역운동 282
지역통합전략 64
지하경제 117
진성민간파시즘 225, 245
진영모순 27, 32, 426
진지전 333, 375

ㅊ

철인왕 393
체계이론 20
초과착취 60
초제국주의 426
총액임금제 242
최소강령 411
최종심급 344
추상-구체 21
축적전략 21

ㅋ

KDI-Harvard 프로젝트 56, 63
케인즈주의 194, 435
코메콘 422, 438
코민테른 340, 350

ㅌ

탈규제 82
탈근대 28
탈동원 351
토대-상부구조 19~23, 26, 39, 396, 411
토지공개념 74, 125
통일 292
통일모델 32
  수렴형—— 297
  연방제—— 297
  흡수—— 295, 296
통일정책 295
통화주의 81

ㅍ

파시즘 25, 29, 39
  정치적 반동화 테제 380
  탈파시즘화 40, 41, 241, 294
  ——적 자유민주주의 273
  이완된—— 297
파워엘리뜨 387
판옵티시즘 363

8 · 3조치 69, 72
페로현상 191
평균이윤 91
평화적 이행 366
포디즘 424, 435
포스트현실사회주의 404
포스트구조주의 415
포스트맑스주의 16, 18, 19, 23, 26,
  129, 329, 367, 378, 398, 407, 415
포스트모더니즘 415
포스트자본주의 371, 379
포스트주의 14, 28
포스트포디즘 437
포지티브섬적 축적 65
포퓰리즘 224
표출적 총체성 344
프랑스공산당 342, 357
프랑스사회당 342
PD 진영 405

ㅎ

한국국가론 논쟁 37
한국국가성격 37
  공개적 독재체제 67
  과대성장국가 50
  관료적 권위주의(B-A) 38, 47, 294
  관료적 발전국가 177
  대리통치체제 177, 187
  매판군부파시즘 39
  매판파시즘 47
  민족민주(ND)국가 41, 52, 62

식민지대리통치 39
신식민지파시즘 29, 39
신중상주의적 집정관제 38, 47
종속적 파시즘 49, 294
한국노동당 412
한국사회성격
　관료자본주의 54
　국가독점자본주의 86, 100
　국가자본주의 42, 82, 387
　반(半)자본주의 90
　식민지반봉건주의 39
　식민지반자본주의 86
　신식민지국가독점자본주의 39, 414
　아제국주의 87, 180, 289
　제국주의화 107
　종속자본주의 65
　종속적 국가독점자본주의 40, 65,
　82, 86, 129, 135
　주변부자본주의 86, 341
　중진자본주의 87, 88, 178, 180, 187
한국사회주의 신노선 412
한국자본주의
　—— 발전단계 49, 86
　—— 성숙도 49, 86
　—— 자립도 86
　—— 천민성 117
한국전쟁 30
한일협정 63
해체주의 17~19, 26, 362, 367, 382
헤게모니 24, 129, 345, 350, 377
　강제력 448
　동의 448
　—— 위기 350
　프롤레타리아 —— 358, 375, 394
헤게모니 프로젝트(전략) 21, 206,
　208, 222
　1국민(one-nation) —— 222, 252
　2국민(two-nation) —— 222, 252,
　269
혁명적 군중노선 294
혁명적 조합주의 294
현실사회주의 14, 15, 26, 84, 342, 417
현실주의 32
호명 221, 250
후기구조주의 14

창비신서 · 123

전환기의 한국정치　　　　ⓒ 손호철 1993

1993년 11월 20일　초판 발행
1995년 2월 15일　2쇄 발행

지은이　손　　호　　철
펴낸이　김　　윤　　수
펴낸곳　(주)창작과비평사

121-070 서울 마포구 용강동 50-1
전화 718-0541 · 0542 (영업)
718-0543 · 0544 (편집)
716-7876 · 7877 (독자관리)
FAX. 713-2403
지로번호 3002568
대체구좌 010041-31-0518274
등록 1986. 8. 5　제10-145호

ISBN 89-364-1123-3　　　　값 8,500원